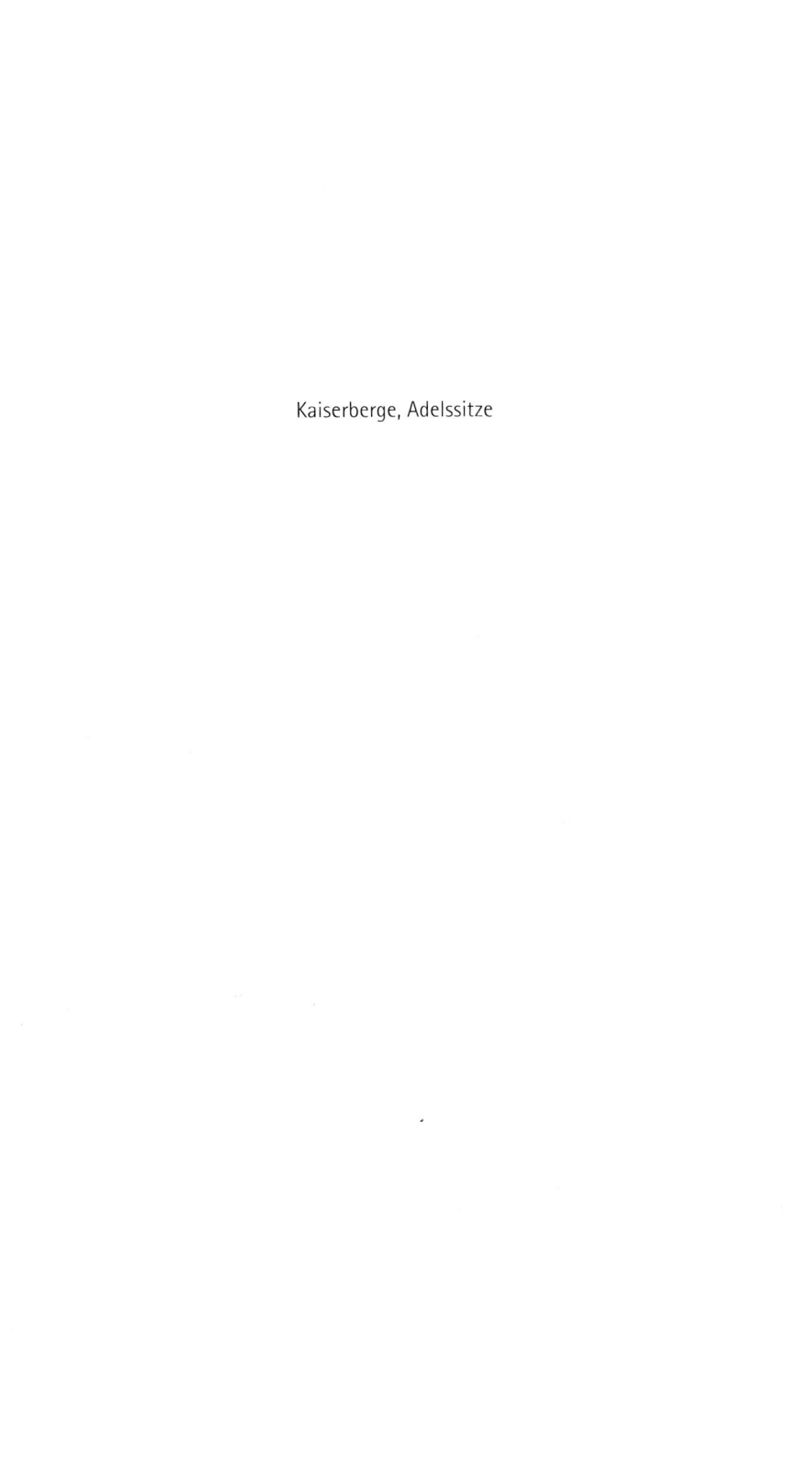

Kaiserberge, Adelssitze

Dieses Buch widme ich meiner Frau Margot und meinen Töchtern Ellen, Nicole, Natalie und Sarah, die über so viele Jahre meine Leidenschaft für Architektur, Burgen und Schlösser verbunden mit unzähligen Reisen und Erkundungen mittragen mussten.

Günter Schmitt

Kaiserberge, Adelssitze

Die Burgen, Schlösser, Festungen
und Ruinen der Schwäbischen Alb

www.bvd.de

Inhalt

Hinweise zur Benutzung des Buches. 15
Einführung 16

Zollernalbkreis. 32

Gemeinde Bisingen
1 – Hohenzollern 34
2 – Bismarckhöhe, Hörnle 43
3 – Ror 43

Stadt Hechingen
4 – Friedrichstal 43
5 – Zell 44

Stadt Balingen
6 – Hundsrücken 44
7 – Streichen 44
8 – Burgbühl Roßwangen 44
9 – Hirschberg 44

Gemeinde Hausen am Tann
10 – Wenzelstein 45
11 – Burzel Hausen 45
12 – Oberhausen 45

Gemeinde Dotternhausen
13 – Plettenberg 46

Gemeinde Weilen unter den Rinnen
14 – Heidenschlössle 46

Gemeinde Schömberg
15 – Oberhohenberg, Hohenberg . . 46

Gemeinde Obernheim
16 – Burgbühl und Ortsburg
       Obernheim 46
17 – Tanneck, Riederburg 47

Gemeinde Meßstetten
18 – Hossingen. 47
19 – Oberdigisheim 47
20 – Burgen Meßstetten 47

Gemeinde Straßberg
21 – Burg Straßberg 48
22 – Neues Schloss Straßberg 51

23 – Schalksburg Oitringen. 51

Gemeinde Stadt Albstadt
24 – Ehestetten, Taubenfels 51
25 – Stadtburg Ebingen. 52
26 – Stadtschloss Ebingen,
       Hohenberger Schloss 52
27 – Häringstein, Schlossfels 52
28 – Stauffenberg-Schloss Lautlingen 53
29 – Altentierberg 57
30 – Oberer Berg, Tierberg 57
31 – Vogelfels. 57
32 – Wildentierberg und Heubelstein 58
33 – Heersberg. 58
34 – Schalksburg 59
35 – Burg Iailfingen 62
36 – Weilersburg 62
37 – mögliche Burgen Onstmettingen,
       Tailfingen, Truchtelfingen. . . . 62

Gemeinde Jungingen
38 – Hohenjungingen 62

Stadt Burladingen
39 – Ortsburg Killer 63
40 – Azilun, Hausener Kapf. 63
41 – Jagdschloss Burladingen. 63
42 – Hochwacht, Burladingen 63
43 – Große Falkenburg 64
44 – Kleine Falkenburg 64
45 – Hasenfraz, Frazenhaas 64
46 – Leckstein, Lägstein 65
47 – Ringelstein. 65
48 – Hohenringingen. 66
49 – Frundsburg, Eineck 66
50 – Salmendingen 66
51 – Erdhügelburg Aufhofen. 67
52 – mögliche Burgen Hörschwag,
       Ringingen, Starzeln. 67
53 – Hohenmelchingen 68
54 – Hölnstein 71

Landkreis Tübingen 74

Gemeinde Mössingen
55 – Andeck 75

56 – Wasserburg und
  Schloss Talheim............ 75

Landkreis Reutlingen.........76

Stadt Reutlingen
57 – Achalm................... 78
58 – Alte Burg 81
59 – Stöffeln 81
60 – Rösslesberg 81

Stadt Pfullingen
61 – Obere Burg Pfullingen....... 81
62 – Schloss Pfullingen.......... 82
63 – Schlössle Pfullingen 82
64 – Hörnle Urselberg 82

Gemeinde Lichtenstein
65 – Hochbiedeck 83
66 – Untergreifenstein 83
67 – Obergreifenstein 83
68 – Stahleck.................. 83
69 – Schloss Lichtenstein 84
70 – Alter Lichtenstein 92

Gemeinde Sonnenbühl
71 – Hohengenkingen 92
72 – Burgstall Genkingen 92
73 – Steinhaus Genkingen 93
74 – Schnatren, Hohenerpfingen .. 93
75 – Ortsburg Erpfingen 93

Stadt Trochtelfingen
76 – Schloss Trochtelfingen 94
77 – Burg bei Trochtelfingen 97
78 – Haideck 97
79 – Steinhilben................ 97
80 – Hielock................... 97

Gemeinde Hohenstein
81 – Hohenstein................ 98
82 – Ödenburg................ 101
83 – Steinhaus Oberstetten 101
84 – Eglingen................. 101
85 – Meidelstetter Burg 101

Gemeinde Pfronstetten
86 – Burghalde Aichelau........ 102
87 – Burgstall Aichstetten 102

Gemeinde Zwiefalten
88 – Sigeberg................. 102
89 – Schlossberg Baach......... 102
90 – Burg Rieder 103
91 – Schlossberg Sonderbuch.... 103

Stadt Hayingen
92 – Stadtburg Hayingen 103
93 – Schloss Ehrenfels.......... 103
94 – Alt-Ehrenfels 104
95 – Schloss Ehestetten 104
96 – Maisenburg 104
97 – Schülzburg............... 105
98 – Burg Weiler 105
99 – Burg Derneck............. 106

Stadt Münsingen
100 – Hohengundelfingen....... 110
101 – Niedergundelfingen....... 113
102 – Turm Bichishausen 113
103 – Bichishausen 114
104 – Hohenhundersingen 117
105 – Hochburg Hundersingen... 120
106 – Burg Buttenhausen....... 120
107 – Wasserburg Buttenhausen . 120
108 – Schloss Buttenhausen..... 120
109 – Stadtschloss Münsingen... 121
110 – Reichenau............... 124
111 – Hohloch................. 124
112 – Burggraben Böttingen..... 124
113 – Schloss Magolsheim 124
114 – Littstein 124
115 – Harrassen 125

Gemeinde Mehrstetten
116 – Burghalde Mehrstetten.... 125

Gemeinde Gomadingen
117 – Baldenlauh.............. 125
118 – Blankenstein............. 125
119 – Schloss Grafeneck 126
120 – Gomadingen 130
121 – Steingebronn............ 130

Stadt Bad Urach
122 – Seeburg 130
123 – Uhenfels. 130
124 – Fischburg 131
125 – Blankenhorn 131
126 – Höhlenburg Schorren,
  Venedigerloch 131
127 – Baldeck. 131
128 – Hohenwittlingen 132
129 – Residenzschloss Urach 135
130 – Hohenurach 140
131 – Wasserburg Urach 145
132 – Pfälen. 145

Gemeinde Grabenstetten
133 – Hofen 145

Landkreis Esslingen 146

Stadt Neuffen
134 – Hohenneuffen 148
135 – Großes Haus Neuffen 154
136 – Melchior-Jäger-Schloss
  Neuffen 154

Gemeinde Lenningen
137 – Sulzburg. 155
138 – Schlössle Oberlenningen. . . 158
139 – Wielandsteiner Burgen 161
140 – Hohgreutfels 165
141 – Hohengutenberg 165
142 – Wuelstein. 165
143 – Untere Dieboldsburg, Rauber. 166
144 – Sperberseck 169
145 – Obere Diepoldsburg. 169

Gemeinde Owen
146 – Teck 170

Gemeinde Bissingen an der Teck
147 – Hahnenkamm 175

Stadt Weilheim an der Teck
148 – Limburg 175
149 – Lichteneck 175
150 – Randeck 176

Stadt Neidlingen
(kleiner Anteil Burg Reußenstein –
Grundstückstrennung durch die Landkreisgrenze)
151 – Wasserschloss Neidlingen. . 176
152 – Neidlinger Burg „Im Hof" . . 176
153 – Neidlinger Burg an der Lindach 176
154 – Merkenberg 177
155 – Windeck 177
156 – Heimenstein. 177

Landkreis Göppingen 178

Stadt Wiesensteig
157 – Reußenstein (kleiner Anteil
  Stadt Neidlingen, Landkreis
  Esslingen). 180
158 – Schloss Wiesensteig 183

Gemeinde Aichelberg
159 – Burg Aichelberg. 186
160 – Aichelberger Burg Turmberg . 186

Gemeinde Bad Boll
161 – Landsöhr, Bertaburg 186

Gemeinden Gruibingen und Mühlhausen im Täle
162 – Burg Gruibingen 186
163 – Leimberg 187
164 – Mühlhausen. 187

Gemeinde Drackenstein
165 – Drackenstein 187

Gemeinde Bad Ditzenbach
166 – Hiltenburg 188
167 – Burg Ditzenbach 192

Gemeinde Deggingen
168 – Berneck 192
169 – Deggingen 192

Gemeinde Bad Überkingen
170 – Schloss und Burgstall
  Hausen. 192

171 – Burg Überkingen 192
172 – Bühringen 193
173 – Böhringen 193

Stadt Geislingen
174 – Stadtschloss Geislingen ... 193
175 – Mögliche Geislinger Burgen
 Steinhaus und Lindenhof.. 193
176 – Helfenstein mit Ödenturm . 194
177 – Altenstadter Berg 198
178 – Geiselstein.............. 198
179 – Schloss Eybach 198
180 – Burg Eybach............. 198

Gemeinde Kuchen
181 – Spitzenberg 199
182 – Hunnenburg............. 199

Gemeinde Schlat
183 – Rommental 199

Gemeinde Böhmenkirch
184 – Vordere Burg Roggenstein . 199
185 – Hintere Burg Roggenstein . 200
186 – Ravenstein............... 200

Gemeinde Lauterstein
187 – Nenningen............... 200
188 – Schloss Weißenstein...... 201

Stadt Donzdorf
189 – Schloss Donzdorf......... 204
190 – Scharfenberg............ 207
191 – Messelstein 210
192 – Schloss Winzingen 210
193 – Ramsberg................ 210

Gemeinde Salach
195 – Staufeneck.............. 211

Stadt Göppingen
196 – Hohenstaufen 214

Gemeinde Wäschenbeuren
197 – Burg Wäscherschloss 220
194 – Burren 210

Ostalbkreis 224

Stadt Schwäbisch Gmünd
198 – Hohenrechberg 226
199 – Höhenburg Degenfeld..... 232
200 – Ortsburg Degenfeld....... 232
201 – Herdtlinsweiler 232
202 – Weiler in den Bergen 232
203 – Burghalde Weiler......... 232
204 – Stubenberg 233
205 – Bargau 233

Gemeinde Waldstetten
206 – Granegg................ 233
207 – Schwarzhorn 233

Stadt Heubach
208 – Rosenstein.............. 234

Gemeinde Essingen
209 – Burgstall Essingen........ 237
210 – Lauterburg 237

Stadt Aalen
211 – Kochenburg 237
212 – Winken................. 237
213 – Baierstein............... 238
214 – Eggenberg 238

Gemeinde Westhausen
215 – Reichenbach 238
216 – Agnesburg 238

Stadt Lauchheim
217 – Schloss Kapfenburg....... 239

Stadt Bopfingen
218 – Flochberg............... 245
219 – Schenkenstein........... 248
220 – Schlössle Michelfeld...... 248

Gemeinde Riesbürg
221 – Alte Bürg Holheim........ 248

Landkreis Donau-Ries 249

Gemeinde Ederheim
- 222 – Niederhaus. 250
- 223 – Hochhaus. 253
- 224 – Rauhaus. 253
- 225 – Weiherberg 253
- 226 – Mühlberg. 253

Stadt Harburg
- 227 – Harburg 254
- 228 – Schlossberg Mauren 261

Gemeinde Mönchsdeggingen
- 229 – Burg Thurneck 261
- 230 – Jagdschloss Thurneck 261

Gemeinde Amerdingen
- 231 – Schloss Bollstadt 261
- 232 – Stauffenberg-Schloss Amerdingen 262

Landkreis Dillingen an der Donau 263

Markt Bissingen
- 233 – Schloss Bissingen 264
- 234 – Burg Hochstein 264
- 235 – Schloss Hochstein 264
- 236 – Göllingen 264
- 237 – Burgmagerbein 265
- 238 – Diemantstein 265
- 239 – Hohenburg. 265
- 240 – Burg Fronhofen 265

Gemeinde Ziertheim
- 241 – Dattenhausen 266

Gemeinde Syrgenstein
- 242 – Schloss Altenberg 266
- 243 – Bloßenstaufen 266
- 244 – Staufen. 267
- 245 – Hageln 267

Gemeinde Zöschingen
- 246 – Zöschingen. 267

Landkreis Heidenheim 268

Gemeinde Dischingen
- 247 – Burg Katzenstein 270
- 248 – Dunstelkingen 276
- 249 – Eglingen 276
- 250 – Schloss Duttenstein 276
- 251 – Alte Burg Demmingen. 277
- 252 – Schloss Ballmertshofen. . . . 277
- 253 – Knollenburg. 278
- 254 – Burg auf dem Eisbühl 278
- 255 – Schloss Taxis 279

Gemeinde Nattheim
- 256 – Auernheim 283

Gemeinde Steinheim am Albuch
- 257 – Irmannsweiler 283
- 258 – Michelstein im Stubental . . 283

Gemeinde Königsbronn
- 259 – Herwartstein 283
- 260 – Burghalde Königsbronn . . . 283

Stadt Heidenheim
- 261 – Schloss Hellenstein 284
- 262 – Burg Moropolis 290
- 263 – Schlössle Schnaitheim 290
- 264 – Aufhausen 290
- 265 – Unteres Schloss Oggenhausen. 290
- 266 – Oberes Schloss Oggenhausen. 291
- 267 – Furtheim. 291

Stadt Herbrechtingen
- 268 – Bindstein 291
- 269 – Hürgerstein 292
- 270 – Eselsburg 292

Gemeinde Dettingen am Albuch
- 271 – Falkenstein. 292

Stadt Giengen an der Brenz
- 272 – Hürben 293
- 273 – Schloss Burgberg. 293

Gemeinde Hermaringen
274 – Hermaringen 293
275 – Güssenberg 294
276 – Stronburg. 297
277 – Benzenberg 297

Gemeinde Sontheim
278 – Ravensburg 297
279 – Bergenweiler 297
280 – Schloss Brenz. 298
281 – Schlösschen Brenz. 302

Stadt Niederstotzingen
282 – Burgschloss Niedestotzingen. 302
283 – Steinschloss Niederstotzingen 302
284 – Oberstotzingen 302
285 – Stetten. 303
286 – Kaltenburg. 304

Alb-Donau-Kreis 308

Gemeinde Asselfingen
287 – Burgen in Asselfingen 311

Gemeinde Rammingen
288 – Burg Rammingen. 311
289 – Rödenburg 311

Stadt Langenau
290 – Albeck. 312
291 – Osterstetten. 312
292 – Ufenloch. 312

Gemeinde Bernstadt
293 – Burg Bernstadt 313
294 – Schloss Bernstadt 313
295 – Salzbühl. 313
296 – Lonetaler Schlössle 314
297 – Breitenbühl 314

Gemeinde Breitingen
298 – Schlössle Breitingen 314
299 – Burgstall Breitingen 314

Gemeinde Holzkirch
300 – Burg am Hägle Holzkirch . . 315

Gemeinde Weidenstetten
301 – Weidenstetten 315

Gemeinde Altheim (Alb)
302 – Schlossberg Zähringen 315

Gemeinde Westerstetten
303 – Westerstetten 315

Gemeinde Dornstadt
304 – Alter Schlossberg Bollingen. . 316

Gemeinde Blaustein
305 – Schloss Klingenstein 316
306 – Ehrenstein 317
307 – Hohlenstein 317
308 – Oberherrlingen. 317
309 – Schlosshalde Weidach 318
310 – Hohenstein. 318
311 – Lauterstein 318
312 – Arnegg 318
313 – Neidegg 319

Stadt Blaubeuren
314 – Felsenburg Hohenstein-
   Altental 319
315 – Hohengerhausen,
   Rusenschloss. 320
316 – Burgstall Gerhausen 323
317 – Ruck 323
318 – Blauenstein 323
319 – Bürgle Sonderbuch 323
320 – Gleißenburg. 324
321 – Günzelburg. 324
322 – Ortsburg Weiler 324
323 – Sirgenstein. 325

Gemeinde Heroldstadt
324 – Ennabeuren 325

Stadt Schelklingen
325 – Hohenschelklingen 326
326 – Adelssitze in Schelklingen . 329
327 – Muschenwang 329
328 – Schloss Neusteußlingen . . . 330
329 – Hohenjustingen. 330

Stadt Ehingen
330 – Altsteußlingen........... 331
331 – „Bürgele" und „Burgstall"
     Altsteußlingen........... 331
332 – Hochdorf 331
333 – Schloss Granheim........ 331
334 – Burgstall Granheim....... 332
335 – Bürgle Kirchen........... 332
336 – Schlossgarten Kirchen 332
337 – Schloss Mochental 333
338 – Wartstein............... 338
339 – Monsberg............... 341
340 – Alt-Monsberg 341
341 – St. Ruprecht............. 342

Gemeinde Lauterach
342 – Reichenstein 342
343 – Neuburg................ 342

Gemeinde Rechtenstein
344 – Rechtenstein 343

Landkreis Biberach 346

Gemeinde Zwiefaltendorf
345 – Burg Zwiefaltendorf 347
346 – Schloss Zwiefaltendorf.... 347
347 – Hassenberg 348

Gemeinde Langenenslingen
348 – Schlossberg Friedingen.... 348
349 – Habsberg 348
350 – Schatzberg.............. 349

Landkreis Sigmaringen 352

Stadt Gammertingen
351 – Schloss Gammertingen.... 353
352 – Motte Gammertingen..... 357
353 – Baldenstein 357
354 – Hustneck 357
355 – Kiverlinsburg 357
356 – Schloss Bronnen
     Laucherttal................ 358

Gemeinde Neufra
357 – Schloss Neufra........... 358
358 – Hinterlichtenstein........ 358
359 – Vorderlichtenstein........ 359

Gemeinde Hettingen
360 – Hettingen............... 362

Gemeinde Veringenstadt
361 – Veringen................ 366
362 – Altveringen Veringendorf.. 369
363 – Affelstetten 369

Gemeinde Bingen
364 – Bittelschieß 369
365 – Wallanlage Bittelschieß ... 370
366 – Burgstall Hornstein....... 370
367 – Hornstein............... 371

Stadt Sigmaringen
368 – Schloss Sigmaringen...... 375
369 – Jungnau................. 383
370 – Schiltau 383
371 – Isikofen................. 383
372 – Hertenstein 384
373 – Gebrochen Gutenstein 385
374 – Höhlenburg Schmeien..... 388
375 – Burg Gutenstein, Burgfelden. 388
376 – Schloss Gutenstein 388
377 – Lenzenberg-Langenfels.... 389

Gemeinde Inzigkofen
378 – Schloss Inzigkofen........ 389
379 – Nickhof-Utkofen 389
380 – Dietfurt 390

Gemeinde Stetten am kalten Markt
381 – Schloss Stetten 390
382 – Weckenstein 390
383 – Storzinger Schlössle 390
384 – Eppenburg 391
385 – Schauenburg 391

Gemeinde Beuron
386 – Höhlenburg Weiler 392
387 – Oberfalkenstein.......... 395
388 – Unterfalkenstein 399

389 – Auchtbühl 399
390 – Höhlenburg Neidingen 399
391 – Heidenschloss Neidingen . . 399
392 – Hausen. 400
393 – Werenwag 403
394 – Lägelen-Wagenburg 406
395 – Lengenfeld. 406
396 – Höhlenburg Petershöhle . . . 406
397 – Pfannenstil. 407
398 – Kreidenstein. 407

Gemeinde Leibertingen
399 – Ortsburg Leibertingen. 407
400 – Feste Wildenstein 408
401 – Wildensteiner Burg
 Hexenturm. 415
402 – Altwildenstein 418
403 – Unterwildenstein. 418
404 – Wildensteiner Burg
 Hahnenkamm 418

Landkreis Tuttlingen 419

Gemeinde Fridingen an der Donau
405 – Schloss Bronnen 420
406 – Stiegelesfels. 424
407 – Burgstall Stain. 424
408 – Burgstallhöhlenburg 425
409 – Krinnerfels 425
410 – Ziegelhöhlenburg. 425
411 – Ifflinger Schloss Fridingen. . 426
412 – Altfridingen 430

Gemeinde Buchheim
413 – Rockenbusch 430
414 – Burgstall Bachtal. 430
415 – Höhlenburg am Scheuerlehof 430
416 – Schänzle. 430
417 – Kallenberg 431

Gemeinde Irndorf
418 – Spaltfels. 434

Gemeinde Bärenthal
419 – Lengenfels 434
420 – Bärenthal. 434

421 – Ensisheim. 434

Stadt Mühlheim an der Donau
422 – Vorderes Schloss Mühlheim 435
423 – Hinteres Schloss Mühlheim 439
424 – Espach 439
425 – Bräunisburg. 440
426 – Kraftstein. 440

Gemeinde Kolbingen
427 – Burghalde Kolbingen. 440
428 – Walterstein 440
429 – Burgstall Kolbingen. 441

Stadt Tuttlingen
430 – Schalkenberg. 441
431 – Wasserburg 441
432 – Luginsfeld 441
433 – Honberg 442

Gemeinde Wurmlingen
434 – Schallon. 446

Gemeinde Rietheim-Weilheim
435 – Altrietheim. 446
436 – Fürstenstein. 446

Gemeinde Dürbheim
437 – Wallenburg 447

Stadt Spaichingen
438 – Baldenberg. 447

Gemeinde Egesheim
439 – Michelstein 447

Gemeinde Wehingen
440 – Wehingen. 448

Gemeinde Deilingen
441 – Heidenschlössle Deilingen. . 448

Literaturverzeichnis. 449
Glossar 455
Abbildungsnachweis/Abkürzungen 457
Inhalt alphabetisch 458
Vita 463

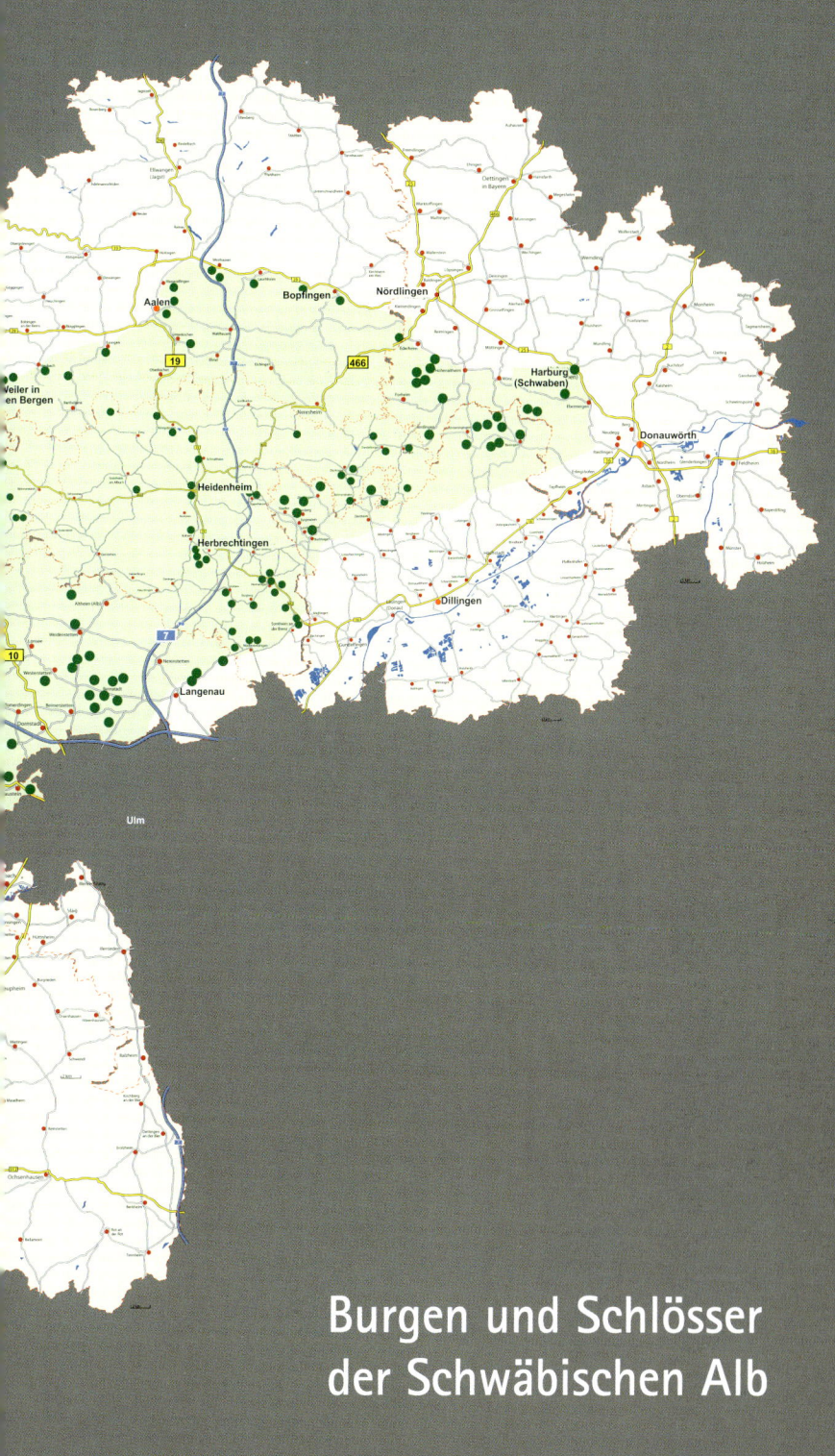

Burgen und Schlösser der Schwäbischen Alb

Hinweise zur Benutzung des Buches

Mit dem vorliegenden Buch erhält der Leser nicht nur eine Zusammenfassung der von 1988 bis 1995 publizierten sechs Bände der inzwischen vergriffenen Burgenführer Schwäbische Alb. Sämtliche Objekte wurden – soweit bekannt – nach dem neuesten Forschungsstand aktualisiert, mehrere sind hinzugekommen, sei es durch zuletzt nicht berücksichtigte Anlagen oder durch Neuentdeckungen. 458 Objekte werden beschrieben, davon 71 ausführlich, 370 katalogartig und zusätzlich 17 als Hinweis zu vermuteten oder nicht lokalisierten Burgen. Die Gliederung erfolgt nach 13 Landkreisen und deren Anteil an der Schwäbischen Alb. Am Beginn jedes Kapitels zeigt jeweils eine Karte Lage und Nummerierung der Landkreisobjekte. Die Reihenfolge ist nicht alphabetisch, sondern folgt nach Möglichkeit der Topografie. Begrenzt wird der bearbeitete Bereich mit dem nördlichen Albtrauf, östlich mit dem Steilabfall zum Nördlinger Ries, südlich teilweise mit der Donau und östlich mit dem Faulenbachtal zwischen Tuttlingen und Spaichingen.

Als Einführung zum Buch werden bezüglich der Schwäbischen Alb Abschnitte zur Zeit- und Baugeschichte vorgestellt. Die Objektbeschreibung beginnt mit einem Steckbrief, der den Leser übersichtlich und kurz darüber informiert, in welchem Landkreis, welcher Gemeinde oder welchem Ortsteil sich das Objekt befindet. Angegebene Meereshöhen in Metern beziehen sich auf NN Normalnull-Höhen. Es folgen Hinweise zum Erhaltungszustand, zu Besitzer und zur Besichtigung. Die angegebenen Öffnungszeiten können sich ändern, sie sollten zweckmäßigerweise auf den entsprechenden Internetseiten eingesehen werden. Auf barrierefreien Zugang wird hingewiesen. Lageangaben beziehen sich auf die jeweiligen Topografischen Karten 1:25000 der Landesvermessungsämter Baden-Württemberg und Bayern mit Gauß-Krüger-Koordinaten, Rechts- und Hochwert in Kilometern, zusätzliche Angaben bei den ausführlich beschriebenen Objekten mit GPS-Daten. Übersichtlich aufgeführt werden dann die bekannten Hauptbauphasen, die chronologisch erfasste Geschichte, die Beschreibung der Anlage mit Benennung von Typus und Anlagenmerkmalen sowie auf der abschließenden Objektseite eigens gefertigte aktuelle Grundrisse und Lagepläne. Im Anhang findet der Leser ein Register der Burgen und Schlösser, den jeweiligen ausführlich beschriebenen Objekten zugeordnet Literaturhinweise und ein Glossar.

Bei der Einstufung „Ruine" handelt es sich um Anlagen, deren Mauern über Gelände stehen, bei der Einstufung „Burgstelle" sind es in der Regel Anlagen mit Geländespuren von Wall, Graben, Schuttriegel, Mulden und Mauerwerk in Form von Kernmauern oder Mauerzügen, die nicht über das Gelände ragen, aber auch einzelne Quader oder Buckelquader aufweisen.

Am Beginn wird auf einer Karte die unterschiedliche Burgen- und Schlösserdichte am Albtrauf und den Tälern deutlich. Mit dem Bestand von etwa 280 Burgen von 1000 bis um 1300 gehört die Schwäbische Alb zu den burgenreichsten Regionen Deutschlands. Von herausragender Bedeutung sind aber auch Landesfestungsbauten, Schlösser der Renaissance und des Historismus. Die Schwäbische Alb ist in jeder Hinsicht eine Reise wert.

Einführung

Die Schwäbische Alb, der schwäbische Jura, das Mittelgebirge der tiefen Täler, die Zeugenberge, die Kalkfelsen, die lang gestreckte Barriere des Albtraufs, die Höhlen, Burgen, Schlösser und Ruinen: Kein Mittelgebirge ist in seiner Topografie der Schwäbischen Alb vergleichbar. Dieses einzigartige Gebilde entsteht vor etwa 30 Millionen Jahren, als eine Anhebung zu ihrer keilförmigen Schrägstellung führt und Jahrmillionen später gut 350 Vulkanschlote gewaltige Durchbrüche erzeugen.

Von Löwenmenschen, Kelten und Römern

Heuneburg

Früh gibt es Jäger und Sammler in den Tälern und deren Höhlen. Archäologen fanden in Lone- und Achtal von Menschen zwischen 35000 und 40000 Jahren vor heute bearbeitete Elfenbeinfiguren und Flöten, die ältesten bekannten Kunstgegenstände der Menschheit.
Keltische Grabhügel, Viereckschanzen als Gehöfte und befestigte Großsiedlungen wie die Heuneburg über der Donau bei Hundersingen lassen sich ab dem 8. bis zum 1. Jahrtausend v. Chr. nachweisen. Mit dem um 45 bis 50 n. Chr. errichteten Donau-Limes treten die Römer in die Geschichte der Alb ein. Durch territoriale Erweiterungen entsteht ab 75 n. Chr. der Alb-Limes, zunächst mit Kastellen unter anderem von Lautlingen, später Donnstetten, Gomadingen und Heidenheim. Nach dem Bau des großen rätischen Limes werden diese Kastelle verlassen, das Reiterregiment von Heidenheim nach Aalen verlegt, und zwischen 250 und 260 wird der Limes aufgegeben. In der Folge bricht das Römische Reich auseinander und die alemannische Landnahme mit ersten Besiedelungen um 400 beginnt. Wallanlagen auf Trauf- und Bergkanten entstehen bereits im Neolithikum, der Urnenfelder-, Hallstatt- und Latènezeit. Deren Datierbarkeit und Mehrfachnutzung, die Unterscheidung in Befestigung und Höhensiedlung bleibt unsicher; oft sind Wallgräben in diesen Anlagen mittelalterlich.

Frühes Mittelalter   (600–1000)

Infolge verlorener Kämpfe der Alemannen mit den Franken unter König Chlodwig um 500/537 entsteht das Herzogtum Alemannien. Sein Siedlungsraum wird als Provinz in das fränkische Reich der Merowinger integriert. Durch die Franken beginnt im 7. Jahrhundert nachweisbar die Christianisierung mit Schwerpunkt im Bereich der Ostalb. Herbrechtingen ist „fiscus", Königsbesitz. Befestigte Wohnsitze des Adels gibt es noch nicht. Erst die im 9./10. Jahrhundert entstandene Anlage auf dem Runden Berg Urach könnte diesem Begriff entsprechen. Durch die noch bevorzugte Holzbauweise sind die entstehenden Anlagen zum Ende des Jahrtausends in Bezug auf Besitzer, Baumaßnahme und Nutzung schwer nachweisbar. Gesichert entstehen noch vor oder um 1000 Anlagen auf dem Rösslesberg bei Gönningen, Vorgänger der Wäscherburg, Anlagen auf dem Weiherberg und Mühlberg bei Ederheim sowie die Burg Gammertingen, eine Motte auf zwei Hügeln als Sitz der späteren Grafen von Gammertingen.

Mittelalter (1000–um 1100)

Romanischer Burgenbau

Mit dem Aufbruch in ein neues Jahrtausend entstehen Kirchen und Klöster, allerdings überwiegend in anderen Regionen. In der Geschichte wird das 11. Jahrhundert durch den Investiturstreit zwischen dem Salier Heinrich IV. (1056–1106) und Papst Gregor VII. geprägt, der zu unterschiedlicher Parteinahme von Adel und Klerus führt.

Bauherren der Burgen sind zu dieser Zeit Angehörige des Hochadels: Fürsten, Grafen, Edelfreie. Das Jahrhundert bildet aber auch die Grundlage für die Entstehung des Lehenswesens. Noch sind Anlagen des niederen Adels, der abhängigen Ministerialen, einfache Bauten, die innerhalb oder am Rande von Siedlungen stehen. Archäologisch sind sie wenig erforscht und nur sporadisch nachgewiesen. Bis zur Mitte des 11. Jahrhunderts entstehen erste Adelsburgen auf exponierten Albhöhen, die dann um 1100 zunehmen. Es sind meist einfache Anlagen, deren bauliche Formen nicht mehr nachvollziehbar sind, da sie meist in Folgebauten aufgehen. Deren Entstehung ist durch Archäologie und Urkunden gesichert.

Zu Anfang des Jahrhunderts erbauen die Grafen von Achalm bei Reutlingen ihre namengebende Burg, die weiträumige Harburg entsteht, das Steinhaus in Oberstetten wird gebaut. Ab der Mitte des Jahrhunderts errichten die Herzöge von Zähringen ihre Limburg und dann die Burg Teck; um 1070 gründet Friedrich Herzog von Schwaben seine namengebende Dynastenburg auf dem

Baldenstein

Hohenstaufen, Burg späterer Könige und Kaiser; ebenso die seit 1061 genannten Zollern ihre Burg auf dem Hohenzollern. Einflussreiche Grafenfamilien folgen mit ihren Höhenburgen: die von Dillingen mit Hohengerhausen bei Blaubeuren, die von Gammertingen mit Baldenstein, die von Altshausen mit Veringen und die von Pfalzgraf Manegold von Schwaben mit dem klangvollen Burgennamen Moropolis bei Heidenheim. Gründungen von Edelfreien werden zu bedeutenden Anlagen wie Sigmaringen durch die Edelfreien von Sigmaringen-Spitzenberg und die von Helfenstein mit ihrer Burg über Geislingen. Bescheidene Erdhügel- und Turmburgen entstehen und die Burg Azilun bei Burladingen wird in eine vorgeschichtliche Anlage inkorporiert.

Für den Zeitraum bis um 1100 sind gut 55 bis 60 Burgengründungen nachgewiesen.

Hohes Mittelalter   (um 1100–1270)

Romanischer und gotischer Burgenbau

Seit Ende des 11. Jahrhunderts folgen Angehörige des Adels dem Aufruf der Päpste zur Eroberung des Heiligen Landes. Als Kreuzfahrer erhoffen sie sich durch ihre Teilnahme den Erlass von Sünden, aber auch Wohlstand. Im Land setzt sich das Lehenswesen durch. Könige, Angehörige des Hochadels, Bischöfe und Äbte verleihen Grundbesitz an zugehörige Dienstleute und weitere Abhängige. Aus ihnen entwickelt sich schließlich der Ritterstand der Ministerialen, der zu einer Burgenhäufung unvorstellbaren Ausmaßes führt. Das 12. und 13. Jahrhundert ist untrennbar verbunden mit der Staufischen Dynastie. Man spricht von stauferzeitlicher Epoche und Bauten. Die wahrscheinlich von den Riesgaugrafen abstammende Familie nennt sich nach ihrer neuen Burg auf dem Bergkegel bei Göppingen. Durch die Heirat Friedrichs von Staufen mit der Erbtochter Heinrich V. gelangt das gesamte salische Hausgut an die Staufer. Geschickt verstehen sie, ihre Konkurrenten, die Welfen und Zähringer, in Schach zu halten, Einfluss zu mehren und ihren Besitz bis in das Elsass zu erweitern. Im Bereich der Stammlande werden die Burgen Flochberg, Harburg und andere zu Reichsburgen, wieder andere sind Burgen staufischer Ministerialen, und um ihre namengebende Stammburg entsteht mit Staufeneck, Hohenrechberg, Scharfenberg, Ramsberg, Wäscherburg und anderer ein Ring von Satellitenbur-

Katzenstein

Burgentypen der Schwäbischen Alb
Beispiele mit rekonstruierten Darstellungen von für die Schwäbische Alb typischen Anlagen.

Günter Schmitt

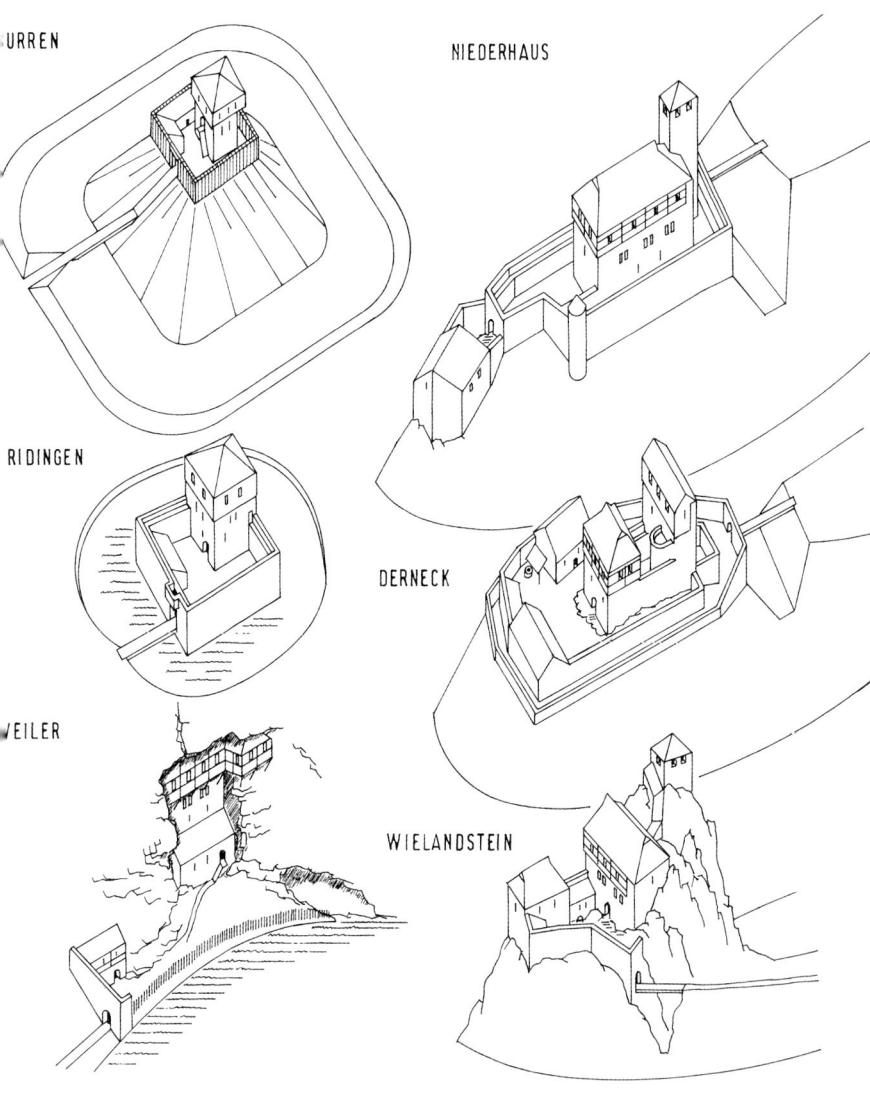

Burren	Fridingen	Niederhaus	Derneck	Wielandstein
Niederungsburg	Niederungsburg	Höhenburg	Höhenburg	Höhenburg
Erdhügelburg	Wasserburg	Frontturmburg	Spornburg	Felsenburg
Motte	Weiler		Schildmauerburg	
	Höhlenburg			

gen. Die Stauferkaiser Friedrich I. Barbarossa, Heinrich VI. und Friedrich II. bestimmen die mitteleuropäische Politik. Zur gleichen Zeit begründen die Zollerngrafen ihre Dynastie, die bis in die Gegenwart mit Sigmaringen und der brandenburg-preußischen Linie der Könige und Kaiser ihren Bestand haben sollte. Im 12. Jahrhundert spaltet sich die Linie der Grafen von Hohenberg ab. Anna von Hohenberg wird durch die Heirat mit Rudolf I. von Habsburg zur Stammmutter der Habsburger. Auch andere kommen unter den Staufern zu Einfluss wie die Grafenfamilien von Dillingen, von Oettingen, von Steußlingen, von Veringen und von Helfenstein, um nur ein paar zu nennen. Aber auch Edelfreie und Ministerialen erlangen durch Parteinahme Ansehen und Besitz. Andere wiederum, wie die Herren von Neuffen, verlieren durch Unterstützung von König Heinrich VII., den gegen seinen Vater Friedrich II. rebellierenden Sohn, an Einfluss. Aus dieser Familie stammt tragischerweise der bekannte Lyriker und Minnesänger Gottfried von Neuffen, der wie Albrecht II. von Hohenberg und Hugo von Werenwag in der Heidelberger Liederhandschrift Manesse aufgeführt wird.

Das Lehensverhältnis gewinnt weiter an Bedeutung. Aus Ministerialen werden angesehene Familien, die eine gewisse Eigenständigkeit auch im Bauen entwickeln. Die Adligen streben nach Macht. Die Burg wird zum Machtsymbol, sie ist elitär, ihr ökonomischer Wert jedoch fragwürdig. Sie macht den Unterschied zwischen Adel und den anderen Ständen augenscheinlich.

Für den Burgenbau gilt das Hohe Mittelalter als Höhepunkt. Man strebt auf die Höhen der Alb, auf ausgesetzte Felsen, Spornenden, Bergkuppenlagen und Gipfel. Der Mauerwerksbau entwickelt sich zum qualitätvollen Steinbau zunächst aus Kleinquadern, dann Quader und Buckelquader. Im Detail verliebt man sich in Bauformen von Fenstern und Portalen. Dieser Anspruch auf Qualität wird in den nachfolgenden Bauphasen des Profanbaus bis zur Renaissance nicht mehr erreicht. Die Burg bleibt in der Ausformung blockhaft skulptural und kann in architektonischer und kunsthistorischer Hinsicht einem Vergleich mit dem Kirchenbau nur selten standhalten. Auf der Alb richtet sich der Burgenbau vor allem nach topografischen Gegebenheiten, ist vertikal und damit auf bewusste Fernwirkung ausgerichtet.

Buckelquader am Harburger Bergfried.

Einen großen Anteil nehmen die Klein- und Kleinstburgen ein, deren Kernburg oft nur aus einem Wohnturm oder festen Wohnbau besteht. Fast alle dieser Anlagen sind nur noch durch Geländemerkmale, Schuttriegel und Archäologie nachweisbar. Zu den Kleinanlagen gehört auch die **Erdhügelburg**, die Motte als **Niederungsburg**, die von der Turmburg zu unterscheiden ist. Deren Topografie wird unter anderem beim

Hauptturm – Bergfried – Frontturm
Grundrisse im Vergleich der Burgen um 1100–1270

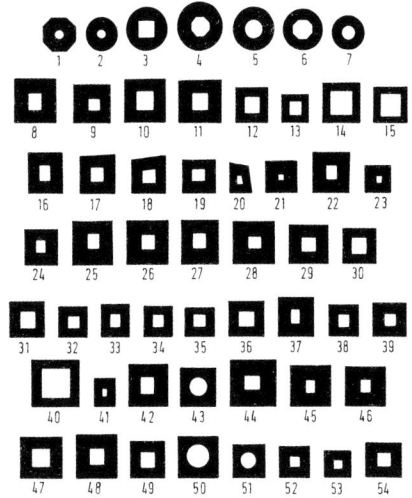

1, 2 Hohenberg
3 Schenkenstein
4 Staufeneck
5 Graneyy
6 Ödenturm Obergeschoss
7 Mühlheim
8 Reichenstein
9 Spitzenberg
10 Hohenstaufen
11 Ödenturm Erdgeschoss
12 Hiltenburg II
13 Hiltenburg I
14 Burren I
15 Burren II
16 Hohenstein
17 Ödenburg
18 Schatzberg
19 Hohenschelklingen
20 Hohenhundersingen
21 Blankenstein
22 Hohengundelfingen
23 Bichishausen
24 Werenwag
25 Dietfurt
26 Jungnau
27 Sigmaringen
28 Burgstall Stein
29 Kallenberg
30 Luginsfeld
31 Achalm
32 Alte Burg
33 Vordere Burg Stöffeln
34 Hintere Burg Stöffeln
35 Reußenstein
36 Burgstall Genkingen
37 Hohenringingen
38 Burladingen Hochwacht
39 Hasenfratz
40 Veringen I
41 Hohenmelchingen
42 Vorderlichtenstein
43 Hinterlichtenstein
44 Salmendingen
45 Wildentierberg
46 Schalksburg Oitringen
47 Harburg Faulturm
48 Harburg Diebsturm
49 Katzenstein
50 Hohenberg
51 Bloßenstaufen
52 Niederhaus
53 Güssenberg
54 Herwartstein

Burren nahe der Wäscherburg, in Sonderbuch, Kirchen und Irmannsweiler deutlich. Die etwas größere Kategorie der Burgen besteht aus einer Ringmauer, an deren Feldseite bei auffallend vielen Anlagen der **Bergfried** als **Frontturm** steht und der Wohnbau an diesen angrenzt oder durch einen Hof getrennt wird. Gute Beispiele gibt es mehrfach, etwa
 Niederhaus und Katzenstein auf der Ostalb, Reußenstein bei Wiesensteig, Hohenschelklingen im Achtal oder gleich mehrfach Hohengundelfingen, Reichenstein, Bichishausen und Hohenhundersingen im Großen Lautertal. Ganz ähnlich verhalten sich die Anlagen mit **Schildmauern**. Sie stehen in ihrer Verbreitung weit hinter den Frontturmburgen, und nicht jeder starke Mauerrest im Gelände ist eine Schildmauer. Gute Beispiele zeigen noch Hohenwittlingen bei Urach, Wartstein und Maisenburg im Großen Lautertal, Hettingen im Laucherttal, Kaltenburg und Sperberseck. Selte-

Hohenrechberg.

ner ausgeführt als im benachbarten Bodenseeraum sind Wohntürme wie auf Straßberg, Veringen, Hohenerpfingen oder Hölnstein. Dies gilt jedoch nicht, wenn Bergfriedruinen mit möglichen nicht bekannten hölzernen Aufbauten auch als **Wohntürme** gelten können. Neben den überwiegend kleineren Anlagen gehen die größeren, meist weiträumig angelegten auf Vorgängerburgen des Hochadels zurück. Ein sehr anschauliches, erhaltenes Beispiel zeigt die Harburg, aber auch Burgruinen wie der Hohenstaufen und der Oberhohenberg, der Hohenzollern mit seiner Überbauung aus dem 19. Jahrhundert und die Burgen der Zähringer auf Teck und Limburg lassen dies gut erkennen.

Besonders auffallend erscheinen Albburgen in ihren Sonderformen von teils bizarren **Felsenburgen** an und auf teils frei stehenden Felsnadeln und Kämmen. Die Wildensteiner Burgen und der Stiegelesfels im Oberen Donautal, aber auch Roggenstein bei Eybach, Baldeck bei Urach und die Wielandsteiner Burgengruppe im Lenninger Lautertal sind herausragende Beispiele. Weniger spektakulär erscheinen dagegen die **Höhlenburgen**, die ebenfalls vermehrt in den Steilwandfelsen des Oberen Donautales auftreten.

Neben dem Hauptturm ist der **Wohnbau** wichtigster Bestandteil innerhalb der Kernburg. In der Regel ist er zwei-, seltener auch dreigeschossig, oft in späteren Bauphasen, wie bei der Wäscherburg, um ein Geschoss erhöht. Das Erdgeschoss ist in der Regel massiv, das Obergeschoss häufig in Holz-Lehmbauweise ausgeführt, die Dächer mit Hohlziegeln oder Schindeln gedeckt. Seine Nutzung ist multifunktional. Im Erdgeschoss befinden sich in der Regel Nebenräume, in kleineren Anlagen auch Ställe oder Werkstätten. Obergeschosse werden meist von einer außen liegenden Treppe erschlossen. Sie dienen als Wohnung der Burgherrenfamilie mit Kammern, Küche und Aufenthaltsraum. Als Abort dient ein Erker oder ein in die Mauer gebauter Abtritt. Fenster sind spärlich, auf ein Minimum begrenzt. Besitzt der Wohnbau einen Saal, wird er zum **Palas**. Burgkapellen unterliegen unterschiedlichen Gesichtspunkten und sind meist in den Wohnbau integriert oder bilden ein eigenes Gebäude wie ursprünglich auf dem Hohenzollern, Harburg und Veringen. Weitere Gebäude, meist eingeschossig, sind aus Holz-Lehmbauweise errichtet und dienen als Lager, Stallung, dem Handwerk, dem Gesinde und der landwirtschaftlichen Nutzung, soweit diese nicht Vorburgen oder separaten Wirtschaftshöfen vorbehalten sind.

Eine Ring- oder Umfassungsmauer, oft noch nicht überdeckt, umschließt meist mit Einbindung von Turm und Gebäuden die Kernburg. Sie bildet mit Wehrgängen und Brustwehren das grundlegende Verteidigungsprinzip. Erschlossen wird die Burg über ein mit Holzflügeln zu verschließendes Tor. Darüber kann sich ein Wehrerker befinden, der auch zur Kommunikation dient. Dem Tor ist bei Spornburgen ein Hals- oder Abschnittsgraben vorgelagert, der, sofern das Gelände dies zulässt, an einen Zwinger anschließt. Zugbrücken entstehen später.

Für die Schwäbische Alb mit ihren idealen Standortmöglichkeiten bedeutet der Zeitraum des Hohen Mittelalters eine Burgenmehrung von beispielloser und nicht wiederkehrender Anzahl. Nachgewiesen sind im Zeitraum von 1100 bis 1270 gut 270 Baumaßnahmen, von denen allein 220 Burgenneugründungen und mindestens 50 Neubauten anstelle von Vorgängeranlagen zu verzeichnen sind.

Spätes Mittelalter   (1270–1500)

Gotischer Burgenbau

Durch das tragische Ende der Stauferdynastie ab Mitte des 13. Jahrhunderts beginnt das „Interregnum". Nicht nur für das Reich, sondern auch für die Schwäbische Alb, das Stammland der Staufer, sind damit umfassende, unter anderem wirtschaftliche Veränderungen verbunden. Adel und Klerus streben nach Selbstständigkeit und Besitzmehrung. 1273 erfolgt die Wahl des im Südwesten nicht unbekannten Rudolf I. von Habsburg zum römischen König, was – „knapp formuliert – aus den Habsburgern Österreicher machte" (A. Niederstätter). Die bisher wenig in Erscheinung getretenen Grafen von Württemberg werden nun plötzlich zur domi-

Schülzburg, Lautertal.

Staufeneck 1535.

nanten Herrschaft, was zu einem Gerangel um die Vormachtstellung führt. Bereits zur Mitte des 13. Jahrhunderts gelangen die Württemberger in den Besitz der Grafen von Urach. Damit besaßen sie unter anderem die Burgen Urach, Hohenurach, Wittlingen, Seeburg und zeitweise die Reichsburg Achalm. In der direkten Auseinandersetzung mit Habsburg konnten sie sich den Machtbereich um Teck, Aichelberg, Sigmaringen und Veringen sichern. Auf Umwegen gelangten sie zudem in den Besitz der ehemals hohenbergischen Stadt Ebingen, im Zuge des Niedergangs der Zollern in den Besitz von Schalksburg und damit der Stadt Balingen; es folgen Bereiche der Westalb und an der oberen Donau Tuttlingen, schließlich auf der Ostalb Heidenheim, der ehemals umfangreiche Besitz der Grafen von Helfenstein. Durch den Münsinger Vertrag 1482 werden die beiden getrennten württembergischen Landesteile wieder vereint. Mit ihren zu Landesfestungen erhobenen Hohenneuffen, Hohenurach, Hellenstein bei Heidenheim, Honberg bei Tuttlingen und den im Hegau liegenden Hohentwiel manifestieren sie ihre zum Herzogtum aufgestiegene Herrschaft. Der Machteinfluss Württembergs führt bereits 1311 zum Krieg mit den Reichsstädten, in dessen Zusammenhang die Reutlinger unter anderem die Burgen Ror, Hohenjungingen, Hochbiedeck und die Greifensteiner Burgen zerstören oder schwer beschädigen. Zum Ende des 15. Jahrhunderts besitzt Württemberg die Hälfte der Schwäbischen Alb. Habsburg indessen verfügt noch vor allem über Besitzungen im Bereich der südlichen Alb, und 1381 fällt ihnen die Grafschaft Hohenberg zu. Die Grafen von Helfenstein gehören bis zu ihrem Niedergang mit Besitzungen um Geislingen, Wiesensteig und Blaubeuren zu einflussreichen Adelsfamilien wie den mehrfach verzweigten Grafen von Oettingen im Bereich der Ostalb. Aber auch die Grafen von Zollern gewinnen nach dem Wiederaufbau ihrer zerstörten Stammburg 1464 wieder an Einfluss. 1396 gelangt die Reichsstadt Ulm an den größten Teil des Helfensteiner Besitzes mit der Stadt Geislingen; die Grafen von Rechberg erweitern ihren Besitz um ihr Stammland.

Was den Burgenbau angeht, lässt sich eine eindeutige Entwicklung zur Verbesserung der Befestigungs- und Wohnverhältnisse ablesen. Es wird augenscheinlich: der hochmittelalterliche Burgenbau mit Buckelquaderbauweise ist nicht mehr gefragt, Mauerwerk entsteht aus Bruchstein oder Abbruchmaterial und wird verputzt. Nach 1270 entstehen nur noch etwa zehn neue Burgen, zum Beispiel Derneck im Großen Lautertal, Sulzburg im Lenninger Lautertal, Hölnstein, die Niederungs- und Stadtburg Fridingen und die Zitadelle Münsingen. Schon die im 14. Jahrhundert errichteten Stadtburgen in Neuffen, Hayingen, Schelklingen und Geislingen sind feste Häuser an den Stadtmauern. Bestehende Burgen wie Schülzburg, Rosenstein, Hohenrechberg, Falkenstein und Sigmaringen werden entscheidend ausgebaut und erweitert. Hohenurach, Hohenneuffen, Hellenstein und Helfenstein erhalten erste Festungsbauten, Honberg wird als frühneuzeitlich württembergische Festung erbaut. Im 15. Jahrhundert werden mindestens zwölf spätgotische Schlossbauten, zum Beispiel in Trochtelfingen durch die Werdenberger oder in Donzdorf durch die Rechberger, errichtet. Das wichtigste Bauwerk überhaupt entsteht 1443/60 mit dem neuen Residenzschloss der Württemberger in Urach. Es zeigt noch den Hang zum Spätgotischen Bau, steht aber bereits am Aufbruch zu zukünftigen Prachtbauten der Renaissance.

Mit dem 15. Jahrhundert ist das Ende der mittelalterlichen Adelsburg verbunden. Zum einen konnte sie den geforderten Wohnverhältnissen nicht mehr entsprechen, zum anderen war sie mit dem Aufkommen der Feuerwaffen nicht mehr wehrfähig. Die Burgen waren vielfach ökonomisch am Ende und damit der auch im Burgenbesitz befindliche Adel. Viele Adlige gehen nun im aufstrebenden Bürgertum der Städte auf, sterben aus oder stehen in Diensten oberitalienischer Städte wie die Burladinger, Holsteiner und Melchinger. Es sind aber auch Gründe der Repräsentation und des Prestiges, die den Burgen zu schaffen machen.

Von den etwa 270 Burgenneubauten, die bis um 1270 auf der Schwäbischen Alb entstanden sind, werden um 1300/1. Hälfte 14. Jahrhundert bereits etwa 220 bis 240 nicht mehr bewohnt und befinden sich im Zerfall.

Frühe Neuzeit   (1500–1660)

Schloss- und Festungsbauten der Renaissance

In der Frühen Neuzeit ändern sich Denk- und Lebensweise. Amerika wird entdeckt und man reist. Italien ist nicht weit. Dort lebt man großzügig und modern. Die Oberschichten erstreben anspruchsvolle Architektur. Filippo Brunelleschi und Andrea Palladio haben Maßstäbe gesetzt. Es entstehen symmetrische Gebäude mit rhythmischen Fassaden, die oft funktionale Logik im Grundriss zurückstellen. Die Renaissance lebt – mittelalterliche Bauweise ist ad acta gelegt. Der Baustil behandelt die Wiederentdeckung der Antike und führt sie zur Vollendung. Auch in Frankreich wird schon längst neu

Wiesensteig, Sgraffito-Fassade.

Kapfenburg, Portal.

gebaut. Die Formensprache verändert sich deutlich zu stärkerer Ausformung der Fenster mit Leibungen und Kreuzstock. Zunehmend bestimmen Fassadenmalerei und Sgraffito-Technik, die sehr aufwendig am Schloss Wiesensteig ausgeführt ist, das Erscheinungsbild. Innenräumlich entstehen prächtige Räume mit Vertäfelungen, Wandmalereien wie auf Wildenstein und Säle mit bemalten Holzdecken, etwa in Urach, oder Kassettendecken wie auf Harburg, Kapfenburg und in Oberlenningen. Beispielgebend für Türen- und Portalgestaltungen werden das Residenzschloss in Urach, die Kapfenburg und Schloss Brenz. Wesentliche Neubauten sind die Vierflügelanlagen von Weißenstein, Hohenjustingen, Neidlingen, Duttenstein, Wiesensteig sowie die württembergischen Schlösser Pfullingen und Grafeneck. An den gut 30 Neubauten von Einflügel-Rechteckbauten ist bei einigen der Hang zum repräsentativen Fachwerkbau erkennbar, zum Beispiel in Oberlenningen mit prächtiger Farbgebung und Fenstern mit Ziehläden, dann in Schnaitheim, am Stadtadelssitz in Schelklingen und am abgebrochenen Schloss in Eybach. Dagegen stehen zwei- bis dreigeschossige Massivbauten unter anderem in Taxis, Donzdorf mit vier Ecktürmen, Winzingen, Herrlingen und im später erneuerten Bernstadt. Von den groß angelegten Neubauten mit ihren Vorgängerbauten sind besonders die auf Fernwirkung bezogene, aufwendig angelegte Kapfenburg des Deutschen Ordens, Harburg der Oettinger, Sigmaringen der Hohenzollern, Schülzburg, Staufeneck, Lauterburg und das schon zum Barock tendierende Brenz der Württemberger zu nennen. Der Schwerpunkt Württembergs lag jedoch im Festungsbau mit der Absicht der Landessicherung. Hierzu werden die bestehenden Anlagen von Hohenurach, Hellenstein und vor allem der Hohenneuffen mit gewaltigen Rondellen verstärkt. Aber auch die Zollern bauen ihre Stammburg zur Festung aus, und die Grafen von Zimmern errichten ihre neuzeitliche Festung Wildenstein in besonders auffallender Bauform.

Einen tiefen Einschnitt bringt die Reformation. Nach Martin Luthers Thesenanschlag 1517 brennt Mitteleuropa. Reichsstädte werden im Wesentlichen protestantisch, unter anderem auch Württemberg, das nun ganz im Gegensatz zu den verbliebenen katholisch-habsburgischen Bereichen der südlichen Alb und Oberschwabens steht. Unterschiedliche Position bezieht der restliche Adel, und zwar quer durch die Familien. Sei es der Blick auf den freiheitlich gesinnten Bauernstand der Eidgenossen, die Schrift Luthers über „Die Freiheit des Christenmenschen", die Abgabenlast oder einfach der nicht mehr zeitgemäße Zustand der Leibeigenschaft und die allgemeine Rechtlosigkeit: die Bauern begehren 1525 auf. Klöster und Kirchen werden geplündert, die Burgen Hohenstaufen und Teck unwiederbringlich zerstört, andere beschädigt. Noch 1516 gelangt Herzog Ulrich nach der Ermordung des Hans von Hutten in Reichsacht und 1519 muss er nach dem Überfall auf die Reichsstadt Reutlingen das Land verlassen. Im Verlauf seiner Kriegszüge wird auch die helfensteinische Hiltenburg zerstört. Erst 1534 kehrt er zurück. Und mehr noch, denn von 1546 bis 1547 ist der Albbereich vom Schmalkaldischen Krieg betroffen.

Residenzschloss Urach.

Als Folge der Reformation und des daraus resultierenden habsburgischen Machtwillens, die Protestanten mit Gewalt in den Schoß der katholischen Kirche zurückzuführen, kommt es 1618 zum folgenschweren Krieg, der die Schwäbische Alb dreißig Jahre lang schwer trifft. 1634 wird die Ostalb weiträumig Aufmarschgebiet der Schlacht von Nördlingen, im gleichen Jahr werden die Festungen Hohenurach, Hohenneuffen und Hohenzollern belagert, 1643, im Zuge der Schlacht von Tuttlingen, wird die bereits demolierte Festung Honberg endgültig zerstört, nur der Hohentwiel im Hegau unter dem württembergischen Kommandanten Konrad Widerholt hält stand. Burgen und Schlösser wie Flochberg, Kochenburg und die Kapfenburg werden beschädigt und erhalten wechselnde Besatzungen. Am Ende des Krieges 1848 steht der Westfälische Frieden, durch den im Grunde der vor dem Krieg bestehende Status wieder hergestellt wird. Der Krieg ist von außerordentlicher Brutalität, Zerstörungswahn, Pest und Nahrungsmangel geprägt. Zwei Drittel der Alb sind danach entvölkert.

Trotz widriger Umstände durch Kriege, Reformation und nicht ideale Bauplätze ist die Alb für neue Baumaßnahmen populär. Immerhin werden 10 Schlösser neu als Mehrflügel-Anlagen, gut 30 neu als Einflügel-Kompaktanlagen gebaut und bis 20 wesentliche Um- und Erweiterungsbauten realisiert. Hinzu kommen entscheidende Baumaßnahmen an 5 Festungen und der Neubau der Kleinfestung Wildenstein.

Absolutismus   (1660–1770)

Schloss- und Festungsbauten des Barock

Durch den Dreißigjährigen Krieg entsteht ein Stillstand im Bauwesen. Nach seinem Ende wird die entvölkerte Alb im Württembergisch-Protestantischen durch Zuzug von Schweizern, im Habsburgisch-Katholischen durch Vorarlberger und Tiroler wieder belebt. Doch bereits zu

Beginn des von 1701 bis 1714 andauernden Spanischen Erbfolgekrieges wird die Alb durch Plünderungen und Truppenmassierungen belastet, Schlösser werden beschädigt und Albeck durch Bayern und Franzosen zerstört.

In der Baukultur beginnt eine drastische Veränderung. Doch dies ist zunächst eine katholisch-päpstliche Geschichte, die von Rom aus mit der Gegenreformation einhergeht. Zu Beginn des 17. Jahrhunderts entstanden, beeinflusst der Barock sämtliche Künste. Bald wird die führende Rolle an Frankreich abgegeben und der Barock unter Ludwig XIV. zur Staatsarchitektur. Nach dem Krieg entwickelt sich bei Adel und Klerus gleichermaßen ein augenscheinlicher Drang zur Selbstdarstellung in großartigen Bauten und Gartenanlagen, was dem damaligen Verständnis von Herrschaft entspricht. Architektur und Raumfolgen werden einem bestimmten Ordnungsprinzip unterworfen. Im Vergleich zur Renaissance wirken die Baukörper deutlich vertikal. Durch Architektur, Skulptur, Stuck, Fresko, Ausstattung und Gartenanlagen wird das Schloss zum Gesamtkunstwerk. Frankreich und Italien sind die Vorbilder. Architekten und Künstler orientieren sich an deren Bauwerken und die Bewohner an französisch-aristokratischer Lebensweise und Sprache. Doch da taucht ein Problem auf. Um Schlossanlagen nach diesen Vorbildern bauen zu können, benötigt man Ebenen, und die stehen auf der Alb nur auf den im Winter unwirtlichen Hochflächen zur Verfügung. Was noch im Mittelalter für den Burgenbau mit ausgesetzten Hochlagen galt, ist nun nicht mehr von Bedeutung. Außerdem sind Verwaltung und Regierung längst nach Stuttgart und Ludwigsburg verlegt, wo großräumige, repräsentative Anlagen gebaut werden.

Mochental

Mühlheim an der Donau.

Dennoch ist diese Bauepoche nicht spurlos an der Schwäbischen Alb vorbeigegangen. Herzog Karl Eugen beauftragt den Architekten Johann Friedrich Weyhing mit einem Großprojekt. Das Renaissanceschloss Grafeneck wird durch eine weitere Dreiflügelanlage, Theater- und Kirchenbau, zum Jagd- und Sommerschloss umgebaut und erweitert. Die Dreiflügelanlage in Unterstotzingen und die Zweiflügelanlage in Eybach entstehen. Größere Neubaumaßnahmen werden an bereits bestehenden Anlagen durchgeführt, durch die Oettinger auf Hochhaus, in Katzenstein, Harburg und den Neubau des Jagdschlosses Thurneck; durch die Rechberger mit ihrem Schloss in Donzdorf mit beachtlichem Barockgarten, durch die Syrgensteiner auf Altenberg, die Speth in Hettingen, Zwiefaltendorf, Gammertingen und Neufra, und durch die Hohenzollern in Sigmaringen. Die Enzberger beauftragen für das hintere Schloss in Mühlheim den namhaften Architekten des Deutschen Ordens, Johann Caspar Bagnato, der wohl auch für das Jagdschloss Bronnen und das vordere Schloss Mühlheim gearbeitet hat.

Nicht weniger bauwütig sind die Klöster. Abgesehen von der die Landschaft beherrschenden Klosteranlage in Neresheim mit der Kirche des bedeutenden Architekten Balthasar Neumann lassen auch die Äbte anderer Klöster zu ihren Klosterbauten Sommerschlösser repräsentativ neu erbauen. Zwiefalten erstellt die Dreiflügelanlage Ehrenfels, Marchtal die Dreiflügelanlage Mochental, das Damenstift Buchau ihr Verwaltungsschloss in Straßberg und das Reichsstift Augsburg baut Schloss Diemantstein mit Kirche und Wirtschaftshof aus.

Gut 15 Schlösser entstehen neu und etwa gleich viel werden entscheidend umgebaut. Nicht mitgezählt sind die barocken Modernisierungen, die an keinem der Adelssitze spurlos vorübergegangen sind. Auch an den Festungen wird hinzugebaut, die württembergischen werden bastioniert und der Hohenneuffen erhält im Vorfeld weiträumige Vorbefestigungen. Aufwendige Baumaßnahmen an der Teck zu einer weiteren württembergischen Landesfestung werden nach dem plötzlichen Tod von Herzog Karl Alexander 1737 eingestellt.

Revolution – Säkularisation   (1770–1910)

Schlossbau des Klassizismus und Historismus

In der Baugeschichte betritt der Klassizismus als Gegenbewegung zum Barock in der zweiten Hälfte des 18. Jahrhunderts die Architekturbühne. Aus England kommend, vertritt er klare Formen antiker Sprache. In diesem Zusammenhang erhält auch der barocke, geometrisch angelegte Garten durch den englischen Landschaftspark eine neue Formensprache. Häufig sind beide Anlagenformen auch nebeneinander wie am Schloss Donzdorf vorzufinden. Die Schlossbauten bil-

Hohenzollern

Lichtenstein, Ausmalung Rittersaal.

den in der Regel einfache Rechteckbauten oder Zweiflügelanlagen mit minimierter Architektursprache und feiner Innenausstattung. Als auffallendes Beispiel entsteht 1776 das Spetlische Schloss in Gammertingen, für das als Architekt kein Geringerer als Pierre Michel d´Ixnard beauftragt wird. In Amerdingen lassen die von Stauffenberg ihr Schloss mit beachtlicher Innenausstattung und Landschaftspark errichten, Thurn und Taxis führen an den Schlössern in Taxis und Duttenstein, die Hohenzollern in Sigmaringen wesentliche Maßnahmen an Bauten und Gärten durch; die neuen Schlösser Ensisheim, Granheim und Buttenhausen entstehen.

Auf der Bühne der Geschichte bringt das 18. und beginnende 19. Jahrhundert einschneidende Veränderungen, die bis in unsere Zeit wirksam sind. 1798 führt die Französische Revolution zum Flächenbrand, der alle Regionen Europas erfasst. 1799 folgt der Staatsstreich Napoleons, in dessen Folge der Zweite Koalitionskrieg auch die Alb mit dem Durchzug von Truppenkontingenten betrifft. 1805 kommt es vor Ulm zur Entscheidung, Österreich unter General Mack verliert durch seine Niederlage allen vorderösterreichischen Besitz und Anspruch. Bereits 1803 werden die Städte durch den Reichsdeputationshauptschluss mediatisiert, und die Klosterbesitzungen gehen als Entschädigung für den Verlust der linksrheinischen Besitzungen an den Adel. Auch kleine Territorien verschwinden, sodass nun durch den Zugewinn der Grafschaft Hohenberg, der Reichsstädte und die Klosterbesitzungen Zwiefalten und Neresheim die Alb im Wesentlichen zum Königreich Württemberg gehört. Ausnahmen bilden Bereiche der Grafschaft Oettingen auf der Ostalb und der Südwestalb des Großherzogtums Baden. Dank der Amalie Zephyrene von Hohenzollern-Sigmaringen, einer Vertrauten von Kaiserin Josephine, bleiben auch die Fürstentümer Hohenzollerns von Sigmaringen und Hechingen selbstständig. Noch in der ersten Hälfte des 19. Jahrhunderts wird eine steigende Tendenz zum Historismus ersichtlich, eine aus den Wurzeln der Romantik und des Klassizismus hervorgehende Richtung mit Baustilen vergangener Epochen, die sich zu einer eigenen qualitätsvollen Richtung mit besonderer Auswirkung herausbildet. Es sind aber nicht nur die Romane Walter Scotts, die Interesse am Mittelalter und dessen Burgen bewirken, es ist auch Gustav Schwab zu verdanken, der mit seiner „Neckarseite der Schwäbischen Alb" Aufmerksamkeit weckt. Die Bauwerke, die nun entstehen, sind von unterschiedlicher Intention, wie man gleich feststellen wird. Sie sind jedoch allemal diejenigen Objekte, die der Schwäbischen Alb als Bauwerke ihr eigenes Gesicht geben und jeden Albwerbeprospekt- und Reiseführertitel schmücken: zuallererst der Hohenzollern, türmereich mit Fernwirkung vor der Alb stehend, ein Neubau von 1850–1866. Entstanden ist er auf Veranlassung von Friedrich Wilhelm IV., König von Preußen, als Monument königlich aristokratischer Denkweise, als Stammsitz einer großen Dynastie. Für die Nachwelt ist er ein Gesamtkunstwerk von besonderem Rang, die herausragende Leistung des Architekten Friedrich August Stüler aus Berlin.

Ganz anders Schloss Lichtenstein. Es entsteht 1840 bis 1857 durch Wilhelm I. Graf von Württemberg, Herzog von Urach, nach dem Roman „Lichtenstein" von Wilhelm Hauff. Architekt Carl Alexander von Heideloff aus Nürnberg führt es aus. Ein eher kleines schmuckes „Märchenschloss" auf einem ausgesetzten Felsen, das gerade deshalb gerne besucht wird.

Die Zeit des Historismus führt uns noch 1895 bis 1906 zum Schloss Sigmaringen, in dem die Hohenzollern durch Architekt Emanuel von Seidl aus München umfangreiche Baumaßnahmen ausführen lassen. Gerade dieses Objekt gibt uns die Möglichkeit, Baugeschichte über Jahrhunderte hinweg aufzuzeigen.

21. Jahrhundert

Die Baugeschichte der Burgen, Schlösser und Festungen ist mit den vorangegangenen Ausführungen nicht beendet. Sie werden durch Zeitgeschichte und entsprechende Nutzungen geprägt, die sie auch am Leben erhalten. Für ihren Bestand sind stetige Investitionen zum Unterhalt und auch notwendige Baumaßnahmen erforderlich. Zahlreiche Objekte sind als Museum, Kunstgalerie, Gastronomie, Hotel, Wanderheim oder Jugendherberge der Öffentlichkeit zugänglich oder werden als Schule und Rathaus genutzt. Fast unlösbar scheint die dauerhafte Erhaltung von Ruinen. Erfahren sie keinen Schutz wie auf Hohenrechberg, werden sie nicht in regelmäßigen Zeitabschnitten gesichert und instand gesetzt, erfolgt der zwangsweise unwiederbringliche Zerfall.

Günter Schmitt

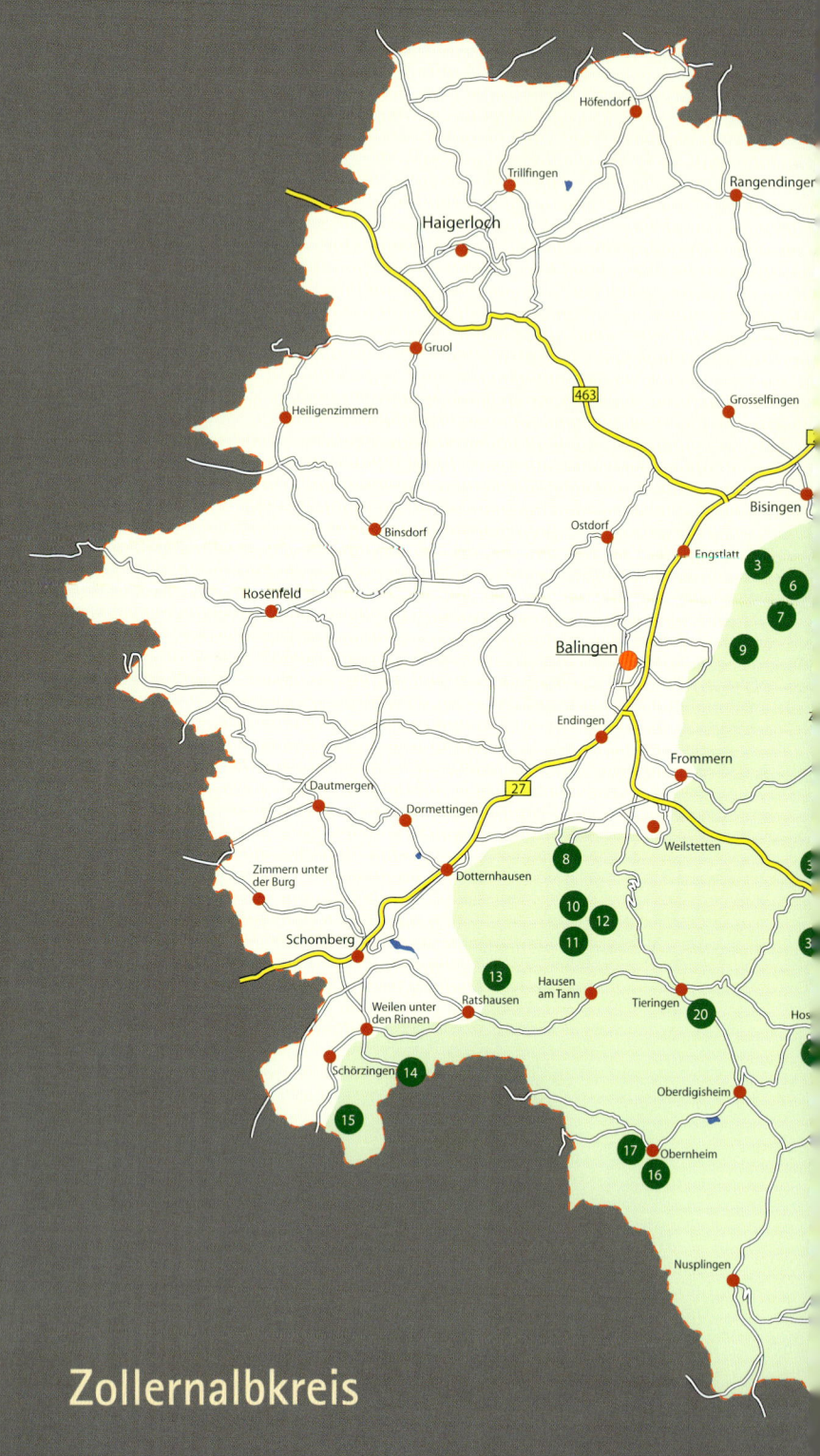

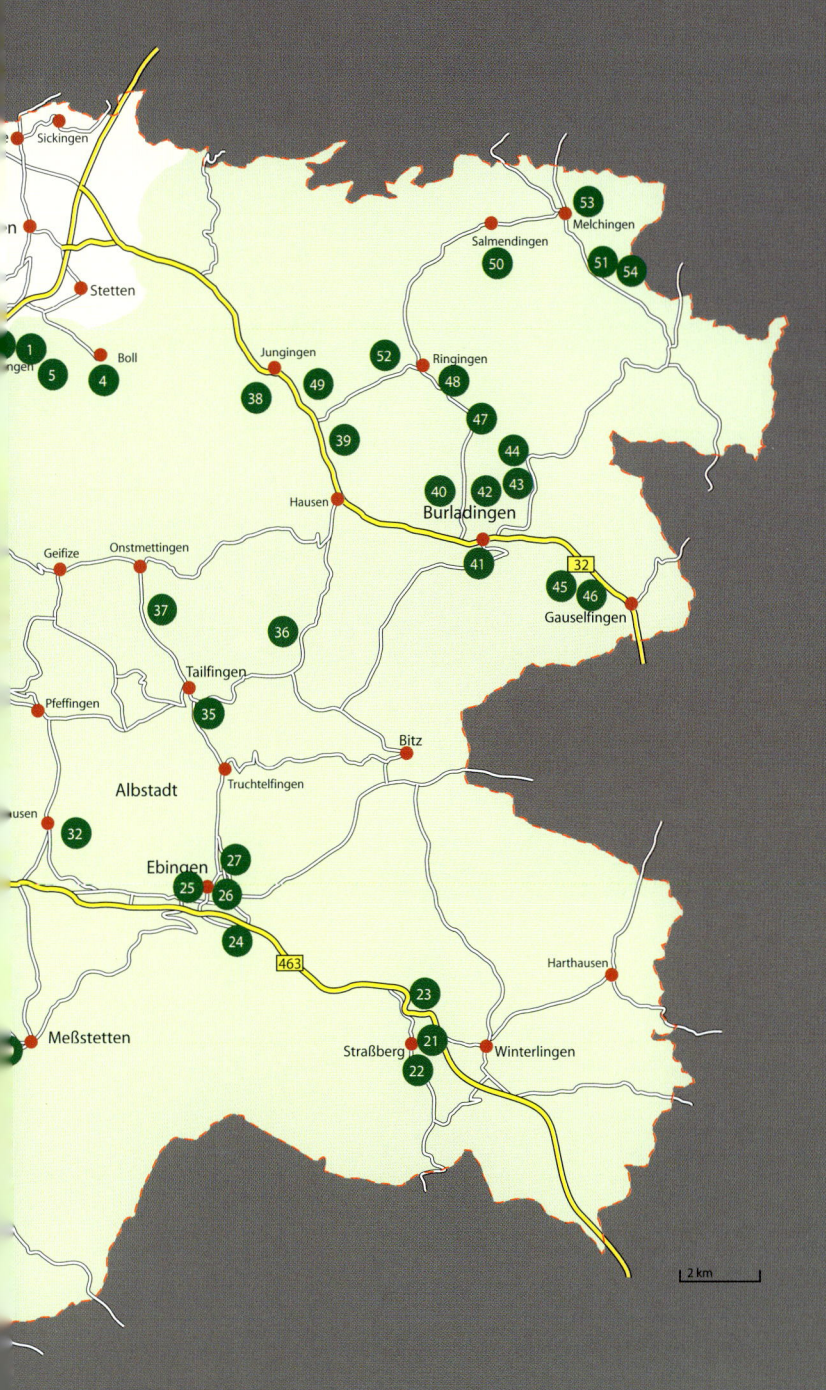

Hohenzollern 1

Bisingen-Zimmern, Zollernalbkreis,
Baden-Württemberg
Meereshöhe: 850 m, Weidenbachtal 550 m
Erhaltungszustand: erhaltene Schloss-Burg-Festungsanlage
Besitzer: gemeinsamer Besitz der Häuser Preußen und Hohenzollern-Sigmaringen
Besichtigung: Öffnungszeiten Burganlage, Innenräume, Museum, Kasematten, Geheimgang, Gastronomie: 1. November bis 15. März: 10 bis 16.30 Uhr. 16. März bis 31. Oktober 9 bis 17.30 Uhr. Besucher-Telefon: 07471 2428, www.burg-hohenzollern.com; barrierefrei
Lage: TK 7619; r 97640, h 53950

Türmereich und äußerst imposant steht südlich von Hechingen der die Landschaft beherrschende Hohenzollern.
Von der B 27 von Hechingen in Richtung Balingen zweigt eine beschilderte Straße zum gebührenpflichtigen Parkplatz am Berghang des Hohenzollern ab. Ein Fußweg führt direkt hoch zur Burg. Shuttle-Service vom Parkplatz. Parkplatz–Burg Hohenzollern 0,5 km.

Bauphasen

I. Bauphase 11.–13. Jh.
Bauherren: Grafen von Zollern. Entstehung unbekannt. Nach den Grabungsergebnissen von Freiherr Rudolf von Stillfried bestand die Burg des 13. Jhs. aus einer Ringmauer mit Schalen- und Rundtürmen sowie einer dreieckigen Vorbefestigung. Innerhalb der Kernburg stand an der Nordwestmauer die St.-Michaels-Kapelle, im nördlichen Bereich frei stehend ein großer Wohnturm und weitere Gebäude.

II. Bauphase 1454–1486
Bauherr: Graf Jos Niclas I. von Zollern, *1443, †1488, Sohn des Eitel Friedrich I.
Wiederaufbau der Burg nach der Zerstörung von 1423. Spätmittelalterliche Neuanlage mit U-förmiger Kernburg als Randhausburg mit vier Türmen unter Einbezug der St.-Michaels-Kapelle.

III. Bauphase 1618–1650
Bauherren: Graf Johann Georg von Hohenzollern-Hechingen, *1577, †1623 und Fürst Philipp Christoph, *1616, †1671, Sohn des Johann Georg. Ausbau zur Festung mit einer doppelten Toranlage zur Südseite und dem die Kernanlage umfassenden Bastionsring. 1650 Neubau von Kasernen und Kommandantenwohnung.

Torturm zum Hochschloss.

König Friedrich Wilhelm IV.

IV. Bauphase 1850–1866

Bauherr: König Friedrich Wilhelm IV. von Preußen, *1795, †1861, Sohn König Wilhelms III., verheiratet mit Prinzessin Elisabeth von Bayern. Friedrich Wilhelm – intelligent, fantasiebegabt und gleichzeitig konservativ aristokratisch – bleibt in der Geschichte als widerspruchsvoller preußischer König in Erinnerung.

Architekt: Friedrich August Stüler, *1800, †1865; als bedeutender „Architekt des Königs" steht Stüler in der klassizistischen Tradition Karl Friedrich Schinkels. Unter seinen zahlreichen Bauten zählt die Gesamtplanung der Museumsinsel in Berlin zu den bedeutendsten Leistungen.

Vorplaner, Vorsitzender der Baukommission: Freiherr Rudolf von Stillfried, *1804, †1882.

Architekt der Festungsbauwerke: Ingenieur-Offizier Moritz von Prittwitz-Gaffon, *1795, †1850.

Landschaftsarchitekt: Peter Joseph Lenné, *1789, †1866, Generaldirektor königlich preußischer Gärten.

Wiederaufbau als Neubau auf den Außenmauern des Hochschlosses unter Einbezug der St.-Michaels-Kapelle. Von Prittwitz inkorporiert die Bastionen des 17. Jhs. in das Konzept. Gänzlich neu ist der Rampenturm.

Geschichte

Die Herkunft der Zollern ist nicht genau bekannt. Seit dem 10. Jh. entstehen Adelsfamilien, die über Grafentitel verfügen. Möglicherweise gehören die Zollern dazu, was sie zu den ältesten Hochadelsgeschlechtern Schwabens machen würde. Ihre Burg auf dem Hohenzollern ist der namengebende Stammsitz späterer Könige und Kaiser.

1061 Erste bekannte Erwähnung der Zollern in den Annalen des Mönches Berthold in der Abtei Reichenau: „Burchardus et Wezil de Zolorin occiduntur" (werden getötet).

1179 Burkhard nennt sich nach den Burgen Zollern und Hohenberg. Etwas danach erfolgt die Teilung in die hohenbergische Linie unter Graf Burkhard und die zollerische unter dem jüngeren Bruder Graf Friedrich.

1191, 1192 König Heinrich VI. belehnt Graf Friedrich III. (I.) mit der Burggrafschaft Nürnberg.

1214 Teilung des Besitzes. Friedrich IV. (II.) erhält die schwäbischen Stammbesitzungen, sein Bruder Konrad I. wird Begründer der fränkischen und später brandenburgisch-preußischen Linien.

1267 „sub castro zollre": erste bekannte Erwähnung der Burg im Kopialbuch des Klosters Stetten bei Hechingen.
1422/23 Infolge mehrfacher Raubzüge des Grafen Friedrich XII. ziehen 18 schwäbische Reichsstädte vor den Hohenzollern und zerstören die Stammburg nach zehn Monaten Belagerung. Danach Wiederaufbau.
1667 Österreich belegt die Burg mit einer Besatzung.
1744/45 Französische Besatzung im Österreichischen Erbfolgekrieg.
1794 Die Burg wird dem Zerfall überlassen.
1823–1827 Nach den Plänen von Major Friedrich Arnold erfolgt der Abbruch von baufälligen Gebäuden, Festungsbauwerken und der Neubau eines Aussichtsturmes.
1850 Grundsteinlegung zum Wiederaufbau der Burg.
1859 Preußische Mobilmachung. Die noch nicht fertiggestellte Anlage erhält 380 Mann Besatzung.
1867 Einweihung der neuen Burg Hohenzollern in Anwesenheit von König Wilhelm I. und Königin Augusta.
1952 Prinz Louis Ferdinand von Preußen lässt die Särge von König Friedrich I. und König Friedrich II. dem Großen von Preußen in die evangelische Kirche auf den Hohenzollern bringen. Nach der Wiedervereinigung werden diese 1991 nach Potsdam zurück überführt.
1970, 1978 Erhebliche Schäden durch Erdbeben.
2001, 2004 Freilegung von Kasematten und unterirdischen Gängen mit didaktischer Erschließung.

Anlage

Typus
Höhenburg-Schloss in ausgeprägter Gipfellage, Grafenburg, Fürstenburg.

Anlagenmerkmal
Hochschloss, Randhausanlage des Historismus, Neugotik; Festungsbauwerke, große Rampenanlage mit Toren, Quaderbauweise, schiefergedeckte Sattel- und Helmdächer; romanische Michaels-Kapelle, Buckelquader, Quader, Steinmetzzeichen.

Beschreibung
Die neue Burg des Historismus wird durch König Wilhelm IV. von Preußen und seinen Architekten Friedrich August Stüler zu einem Gesamtkunstwerk ersten Ranges. Es ist in seiner Architektursprache Ausdruck repräsentativen Denkens, Monument und Denkmal einer großen Dynastie. Es ist Burg, Schloss und Festung, Stammsitz und romantische Illusion, bewusst ganz auf Fernwirkung angelegt. Zeithistorisch gesehen eine rückwärts aristokratisch beherrschte Haltung. So steht das Hochschloss monumental für sich, umgeben von einem wiederum eigenständigen Bastions-

Königlicher Wohnbereich.

Burg Hohenzollern: das Original und der Übersichtsplan.

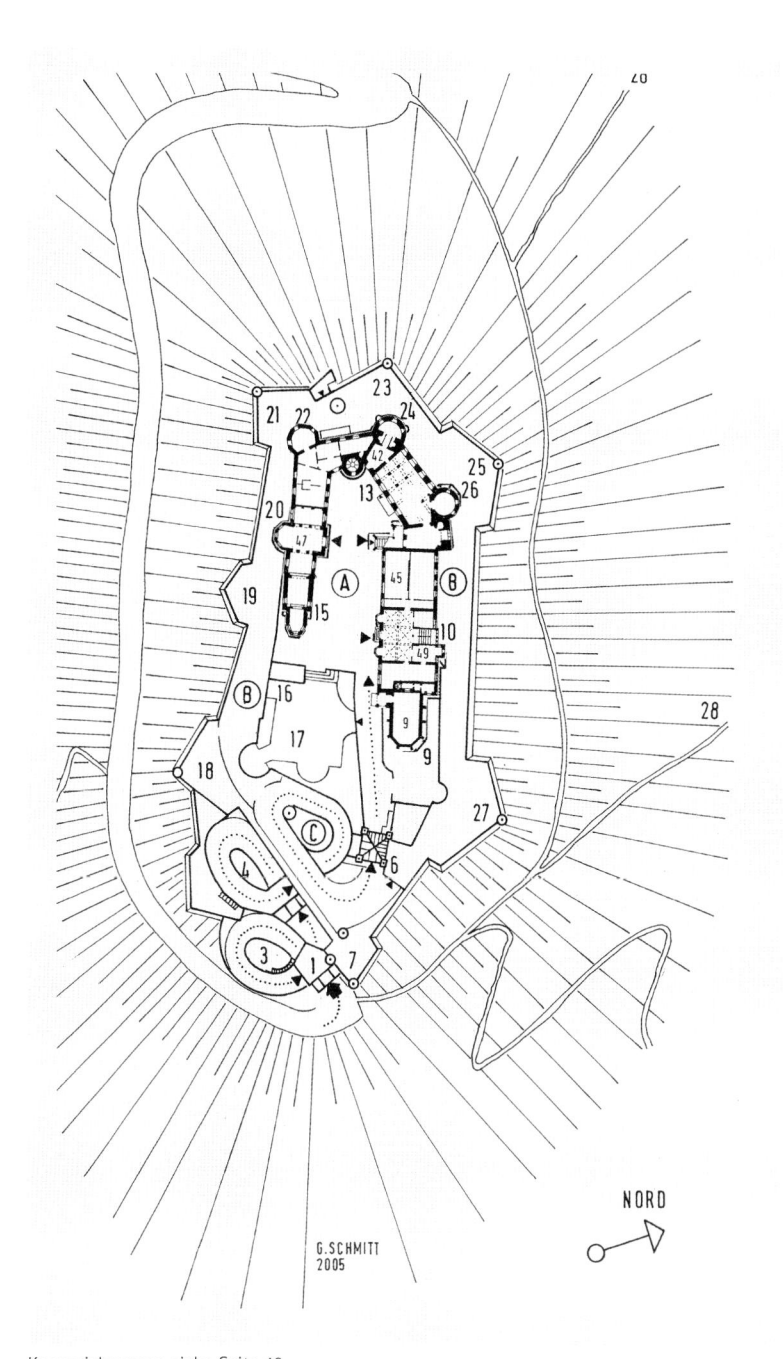

Kennzeichnungen siehe Seite 42.

Grafensaal

ring. Nach Südosten schließt dieser mit dem ideenreich ausgeklügelten schneckenförmigen Rampenturm ab.
Alle drei unterschiedlichen Bauwerks- und Nutzungsformen werden durch Gleichverwendung der Materialien in bräunlich gelbem Malbstein zu einer optischen Einheit.
„Vom Fels zum Meer" – mit diesem Wahlspruch, dem preußischen Adler und dem Reiterrelief beginnt symbolhaft das Adlertor als Auftaktbauwerk der Anlage.
Das Durchschreiten von Toren, überwölbten Durchfahrten und ein Rundgang auf den Bastionen mit weiten Ausblicken gehört zu den bleibenden Eindrücken des Hohenzollernbesuchs. Hinter dem Torturm führt eine Rampe zum Burghof des **Hochschlosses**. Drei- und viergeschossige Gebäude mit hochgezogenen Zinnenkränzen und schiefergedeckten Dächern umfassen U-förmig den Hof. Vorgestellte Türmchen mit spitzen Helmdächern, quer gestellte Baukörper mit neugotischen Giebelaufsätzen, ein runder Treppenturm und Stufengiebel bestimmen die differenzierten Fassaden.
Hinter dem gedeckten Aufgang des Nordwestflügels beginnt die Besichtigung der **Repräsentationsräume**.
Empfangshalle – entsprechend den englischen „halls" Balkendecke mit Sprengwerk, über dem Wandtäfer rankengeschmuckte Stammbäume der Zollern.

Grafensaal – dreischiffige, sechszonige prächtige Säulenhalle. Breites Mittelschiff mit Kreuzrippengewölbe in tiefgelbem Grund und goldenen Ranken; die zu den Außenwänden gestellten Seitenschiffe mit Tonnengewölbe in dunkelblauer Fassung. Jeweils vier Fenster in hohen Nischen mit Grisaillen. Fußbodenbelag gebänderter Plattenboden mit Sternornamenten. Dem Raum zugeordnet der Kaiser- und Bischofsturm.

Bibliothek – ehemals Markgrafenzimmer mit Bücherschränken, darüber großflächige Wandausmalung mit Darstellungen zur älteren Geschichte der Zollern.

Königliche Gemächer – im Südflügel vom Markgrafenturm beginnend mit dem Salon des Königs, dann traditionelle Abfolge mit Enfilade und hofseitigem Korridor bis zum Michaelsturm mit dem Salon der Königin.

Schatzkammer – im Erdgeschoss unter dem Grafensaal; der Eingangsbereich als museale Waffenhalle und Schatzkammer in der dreischiffigen Pfeilerhalle der ehem. Küche.

Kasematten – seit 2004 vom Burghof aus zugänglich der freigelegte unterirdische schusssichere Bereich mit sichtbarem Baubestand der hochmittelalterlichen Anlage.

St.-Michaels-Kapelle – katholisch, am Ende des Südflügels. Langhaus auf rechteckigem Grundriss mit Satteldach, Polygonalchor mit Dreiachtelschluss, Netzrippengewölbe. Ältester Bestand der Anlage 12. und 13. Jh., Glasfenster um 1280, Mauerwerk mit Quader und Buckelquader.

Christuskapelle – evangelisch, am Ende des Nordflügels, zeitgleich mit dem Hochschloss erbaut. Als neugotischer Bau in Anlehnung an die gotische Sainte-Chapelle in Paris.

St.-Michaels-Kapelle.

Schmale hochgezogene Maßwerkfenster, steile Rippengewölbe in flächig dunkelblauer Ausmalung.
Auferstehungskapelle – russisch-orthodoxisch, nicht zugänglich, als Unterkirche erbaut für Prinzessin Kira, Großfürstin von Russland, Ehefrau des Louis Ferdinand von Preußen.

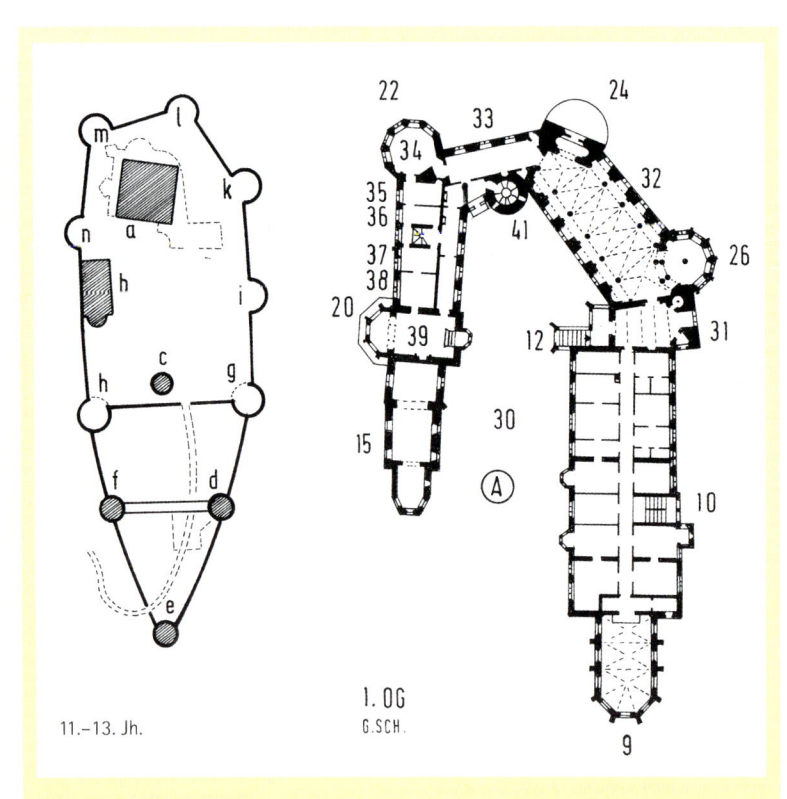

Grundriss der hochmittelalterlichen Burg
11.–13. Jh. nach Stillfried
a Hauptturm
b St.-Michaels-Kapelle
c Runder Turm
d, e, f Vorhof mit Rundtürmen
g–m Rund- und Schalentürme

Grundriss und Lageplan der Neuen Burg
A Hochschloss
B Bastionsring
C Rampenturm
1 Adlertor
3 Wilhelmsturm
4 Niederes Vorwerk
6 Torturm
7 Scharwacht-Bastei
9 Christus-Kapelle
10 Wehrhausflügel, Gastronomie, Shop
13 Nordwestflügel
15 St.-Michaels-Kapelle
16 Kiosk
17 Burggarten
18 St.-Michaels-Bastei mit Kronprinzen-Grabstätte
19, 21, 23, 25, 27 Bastionen
20 Michaelsturm
22 Markgrafenturm
24 Bischofsturm
26 Kaiserturm
28 Fußwege vom Parkplatz
30 Burghof
31 Stammbaumhalle
32 Grafensaal
33 Bibliothek
34–39 Königliche Gemächer
41 Treppenturm

Lageplan und Grundriss
Günter Schmitt 1991, 2005, 2012

2 Bismarckhöhe, Hörnle, Käpfle; Bisingen-Wessingen

Erhaltungszustand: Burgstelle nördlich am Hohenzollern. Halsgraben, ringförmige Geländeleiste am Hang. Kernburgfläche etwa 20 x 20 m; diese durch Wege- und Wasserleitungsbau stark verändert; mit dem Abhubmaterial Teile des Grabens verfüllt. Baumbestand und dichtes Buschwerk.
Besichtigung: Frei zugänglich.
Lage: TK 7619; 640 m, GK. R 96 151, H 54 704, 800 m ostnordöstlich Wessingens.
Typus: Höhenburg in Spornlage, Satellitenburg zum Hohenzollern.
Geschichte: Nicht bekannt, von J. A. Kraus als Burgplatz der zollerischen Truchsessen von Staufenberg vermutet; spätere Stammburg im Starzeltal. 1435 im zollerischen Lagerbuch „Burgstall uf Wessinger Hörnlin".

3 Ror; Bisingen

Erhaltungszustand: Burgruine mit aufrecht stehendem Mauerwerk der 2,40 m starken Schildmauer und Grundmauerbereiche. Trapezförmige Kernburg mit etwa 25 x 36 m; durch Archäologie nachgewiesener Wohnbau; Unterburg am Spornende, mächtiger Halsgraben, davor Doppelwallgraben.
Besichtigung: Frei zugänglich.
Lage: TK 7719; 673 m, GK. R 93 700, H 49 850, 2,5 km südlich von Bisingen.
Typus: Höhenburg in Spornlage, Hochadelsburg.
Geschichte: Um 1100 erste Burg in Holzbauweise der Herren von Bisingen. Truchsessen der Zollern. Datierung durch Fundkeramik LDA. Zwei Steinbauphasen 12. und spätes 13. Jh.; 1311 Zerstörung durch die Reutlinger. 1342 Bisinger Linie ausgestorben.

4 Friedrichstal; Hechingen-Boll

Erhaltungszustand: Jagdschloss ersatzlos abgebrochen; erhalten die ehemalige Schlossökonomie und ein Obelisk mit Datum 1805.
Besichtigung: Privatbesitz, Freibereiche eingeschränkt zugänglich.
Lage: TK 7620; 575 m, GK. R 00 480, H 53 480. 1,5 km südöstlich von Boll.
Typus: Jagdschloss, Fürstenschloss, Barockanlage.
Geschichte: 1729 Neubau durch Fürst Friedrich Ludwig von Hohenzollern-Hechingen; 1746 Erneuerung durch Fürst Joseph Friedrich; 1889 Abbruch.

5 Zell; Hechingen-Boll

Erhaltungszustand: Abgegangene Burg und Burgsiedlung anstelle der Wallfahrtskirche Maria Zell. Burgplatz: Hangterrasse am nördlichen Steilhang des Zeller Horns.
Besichtigung: Frei zugänglich.
Lage: TK 7619; 675 m, GK. R 98 650, H 53 290. südöstlich des Hohenzollerns.
Typus: Höhenburg in Spornlage, Hochadelsburg, Satellitenburg zum Hohenzollern.
Geschichte: 1251 Werner Schenk von Zell, Gefolgsmann der Zollern. Bis zum 14. Jh. mehrfache Nachweise der Schenken von Zell. Übernahme von Erbteilen der Walger von Bisingen; Vermutung zur Verbindung mit den Schenken von Stauffenberg. 1633, 1757 Neubau der Wallfahrtskirche.

6 Hundsrücken; Balingen-Streichen

Erhaltungszustand: Burgstelle, 33 m langer und bis 7 m tiefer Halsgraben, Kernburgfläche spitzes Dreieck von etwa 7 bis 8 m Breite und 26 m Länge, kein Steinbaunachweis. Flächenverringerung durch Felssturz am nördlichen Steilhang.
Besichtigung: Frei zugänglich.
Lage: TK 7719; 931 m, GK. R 94 760, H 49 160. 1,2 km nördlich von Streichen am nordwestlichen Ende des Hundsrücken-Schlössleswald.
Typus: Höhenburg in Spornlage.
Geschichte: Hochmittelalterliche Anlage, Bestand und Besitzer nicht bekannt.

7 Streichen; Balingen-Streichen

Mehrere mögliche Burgen oder feste Häuser:
Burg der in Streichen erwähnten Ritter von Schalksburg vermutet bei der Flur „Bürgle" am Friedhof. Anfang des 14. Jhs. wird im Ort ein Burgstall erwähnt. Mögliche Burg vermutet bei der Flur „Hinterwiesen" und der Flur „im Schlössle". Hier sollen im 19. Jh. noch Baureste zu sehen gewesen sein.

8 Burgbühl Rosswangen; Balingen-Rosswangen

Erhaltungszustand: Burgstelle mit geringen Geländespuren auf einer bewaldeten Bergkuppe am nördlichen Steilhang des Schafberges. Kernburg etwa 30 x 35 m.
Besichtigung: Frei zugänglich.
Lage: TK 7718; 701 m, GK. R 87 570, H 43 300. 600 m südlich der Kirche.
Typus: Höhenburg in Bergkuppenlage.
Geschichte: 1255 bestätigt Walger I. von Bisingen in einer Urkunde die Erbauung der Rosswanger Burg durch seinen verstorbenen Vater, seinen Bruder Baldebert und sich selbst. Walger gehört zur Linie der Kerus von Bisingen. Die Burg wird noch zu Lebzeiten des Vaters zerstört.

9 Hirschberg; Stadt Balingen

Erhaltungszustand: Burgstelle am Ende eines langen Höhensporns, Tren-

nung in Kernburg 16 x 50 m und Vorburg 30 x 56 m durch Abschnittsgräben, kein Steinbaunachweis.
Besichtigung: Frei zugänglich
Lage: TK 7719; 722 m, GK. R 91 900, H 47 300. 1,35 km südlich der Kirche von Heselwangen.
Typus: Höhenburg in Spornlage.
Geschichte: Entstehung und Abgang 13. Jh. Nachweis durch Fundkeramik, Chr. Bizer. Besitzer nicht bekannt, möglicherweise die Familie der Balinger Ministerialen oder die Herren von Schalksburg.

10 Wenzelstein; Hausen am Tann

Erhaltungszustand: Burgstelle auf einem 70 x 75 m großen Felsen. Mauerschutt eines Gebäudes, Zisterne, Wallgraben am Fußpunkt des Felsens, Unterburg zur Ostseite.
Besichtigung: Frei zugänglich.
Lage: TK 7719; 951 m, GK. R 88 340, H 41 960. 1,9 km nordöstlich von Hausen am Tann.
Typus: Höhenburg in Gipfellage, Hochadelsburg.
Geschichte: Entstehung spätes 11. Jh. Abgang vor 1250, Nachweis durch Fundkeramik, Chr. Bizer. 1050 Landoldus de Winzelun.

11 Burzel; Hausen am Tann

Erhaltungszustand: Burgstelle auf frei stehender 9 x 80 m schmaler Bergkuppe, Kernburg nordseitig ca. 6 x 23 m durch Gräben begrenzt, kein Steinbaunachweis.
Besichtigung: Frei zugänglich.
Lage: TK 7719; 850 m, GK. R 88 400, H 40 930, 300 m südwestlich von Oberhausen.
Typus: Höhenburg in Gipfellage.
Geschichte: Besitzer unbekannt, vermutlich die Herren von Hausen, gen. „die Ungeschaffenen", Ministerialen der Grafen von Hohenberg und der Tierberger. 13. Jh. Aufgabe als Wohnsitz.

12 Oberhausen; Hausen am Tann

Erhaltungszustand: Teilerhaltene Schlossanlage, zweigeschossiger, zweiflügeliger Schlossbau, Krüppelwalmdach, landwirtschaftlicher Betrieb.
Besichtigung: Privatbesitz, Freibereiche eingeschränkt zugänglich.
Lage: TK 7719; 790 m, GK. R 88 710, H 41 150. 1,4 km nordöstlich von Hausen am Tann.
Typus: Renaissanceschloss.
Geschichte: 1555 Neubau durch Peter Scheer von Schwarzenberg. 1657 an Rittmeister Johann Werner Freiherr

von Stuben, 1817 an den Verleger Dr. Johann Friedrich Freiherr Cotta von Cottendorf, 2. Hälfte 19. Jh. Abbruch von Nebengebäuden.

13 Plettenberg; Dotternhausen

Erhaltungszustand: Burgstelle am südlichsten Ende des Plettenbergs. Dreiecksförmige Anlage mit Vorburg und Kernburg durch Wallgraben getrennt. Kernburgbereich Länge 42 m, Breite durch Felsbruch verringert, Schuttriegel am Halsgraben.
Besichtigung: Frei zugänglich.
Lage: TK 7718; 986 m, GK. R 86 300, H 40 320. 3,5 km südöstlich von Dotternhausen.
Typus: Höhenburg in Spornlage, Ministerialenburg.
Geschichte: Bestand um 1200 bis um 1300, Herren von Dotternhausen 1228–1314 Ministerialen der Grafen von Urach, Hohenberg und Zollern.

14 Heidenschlössle; Weilen unter den Rinnen

Erhaltungszustand: Burgstelle an einer Talecke. Doppelgraben, dreiecksförmige Restfläche der Kernburg, 14 x 16 m, Schuttriegel, Unterburg. Grundstücksanteil Deilingen, Landkreis Tuttlingen.
Besichtigung: Frei zugänglich.
Lage: TK 7818; 810 m, GK. R 83 580, H 38 240. 300 m nördlich von Deilingen.
Typus: Höhenburg in Spornlage.
Geschichte: Besitzer und Bestand nicht bekannt, möglicherweise Bezug zur Burg Hohenberg.

15 Oberhohenberg; Schömberg-Schörzingen

Erhaltungszustand: Umfangreiche Burgstelle, geringe Mauerreste, Mauerschutt, Vorbefestigungen, ehemalige bedeutende Burganlage mit ummauertem Städtchen an der Südseite des Burgbergcs.
Besichtigung: Frei zugänglich.
Lage: TK 7818; 1011 m, GK. R 82 270, H 36 260. 2 km nordwestlich von Schörzingen.
Typus: Höhenburg in ausgeprägter Gipfellage, Hochadelsburg.
Geschichte: 2. Hälfte 12. Jh. Entstehung, Nachweis durch Fundkeramik, Chr. Bizer. Stammburg der bedeutenden Dynastie der Hohenberger. 1179 Graf Burkhard von Hohenberg, Graf Albrecht II. in der Manessischen Liederhandschrift, dessen Schwester Gertrud wird durch Heirat mit Graf Rudolf von Habsburg zur Stammmutter der Habsburger. 1449 Zerstörung durch die Rottweiler in der Fehde gegen Jost von Hornstein.

16 Burgbühl und Ortsburg Obernheim; Obernheim

Burgbühl: Vermutete Burg auf dem bei Obernheim gelegenen, vorgeschichtlich besiedelten „Burgbühl". Kuppenoberfläche ca. 80 x 130 m.
Ortsburg Obernheim: Mögliche Burg als „Hainburg" 1200–1500 erwähnt,

„vor dem Tor Hainburg Acker". 1140 der Edelfreie Gozbertus von Obernheim. Niederadel von 1251–1391 genannt.
Lage: Burgbühl: TK 7819; 970 m, GK. R 88 170, H 36 610. 1,7 km nordwestlich von Obernheim. Lage der Ortsburg von Obernheim nicht nachgewiesen.

17 Tanneck, Riederburg; Obernheim-Tanneck

Mögliche Burg der im 13. und 14. Jh. erwähnten Familie der Niederadeligen von Tanneck. Vermutet bei der Flur Riederburg, dem Hügel zwischen Tanneck und dem Burgbühl bei Obernheim.
Lage: TK 7818; 953 m, GK. R 87 860, H 37 120. 500 m südöstlich von Tanneck.

18 Hossingen; Meßstetten-Hossingen

Erhaltungszustand: Burgstelle, geringe Mauerreste, Kleinquader, Schutt. Vorburg mit Wallgraben, ehemalige Ringmauer, Halsgraben, Kernburg mit Lage von Gebäuden, Kernmauerwerk, vermutlich Wohnturm auf dem Felsen zur Talseite.
Besichtigung: Frei zugänglich.
Lage: TK 7819; 825 m, GK. R 94 200, H 38 400. 750 m südsüdwestlich von Hossingen.
Typus: Höhenburg in Spornlage.
Geschichte: Mögliche Entstehung 1. Hälfte 12. Jh. Besitzer nicht nachgewiesen, vermutlich die „Hossen", Ministerialen der Zollern oder Hohenberger. Flurbezeichnung „Hossenbühl" und „Hossenhalde".

19 Oberdigisheim; Meßstetten-Oberdigisheim

Erhaltungszustand: Burgstelle innerhalb der Ortsbebauung. Grabenreste, 1968 noch Graben im Rechteck von 24 x 36 m mit Anschluss zum Kohlstattbrunnenbach. Weitere vermutete Burg des Ortsadels auf dem Felsen nahe Steinstall.
Besichtigung: Privatbesitz, eingeschränkt zugänglich.
Lage: TK 7819; 785 m, GK. R 91 990, H 37 520. Grundstück Breitenstraße 10, Flur „Unter der Burg".
Typus: Ortsburg.
Geschichte: Bestand nicht bekannt. Ortsadel als Besitzer seit dem 12. Jh. in drei Familienzweigen mit unterschiedlichen Wappen genannt.

20 Mögliche Burgen Meßstetten; Meßstetten

Abgegangene Burg „Burgstall Schlössle" beim Sendeturm Kählesbühl im Truppenübungsplatz und Ortsburg „In der Burg", Sitz des 1251 bis 1382 genannten Ortsadels.
Mögliche Burg bei der Flur „Hinter der Burg" an der Straße nach Laufen, vermutlich identisch mit „Heyliburch" der Herren von Tierberg.

Burg Straßberg 21

Straßberg, Zollernalbkreis, Baden-Württemberg
Meereshöhe: 755 m, Schmeietal 680 m
Erhaltungszustand: erhaltene Burganlage
Besitzer: Privat
Besichtigung: Burganlage von außen einsehbar, Innenbesichtigung nicht möglich
Lage: TK 7820; r 07090, h 38070; 48° 10' 50,5"" N, 9° 5' 40,3" O

Zwischen Balingen und Sigmaringen liegt etwa auf halber Strecke an der B 463 im Schmeietal die Ortschaft Straßberg. Am nordöstlichen Talrand steht die dem Ort namengebende Burg.
Ein Fußweg beginnt von der Straße im Schmeietal am nordwestlichen Berghang. Er führt bezeichnet (AV Dreieck) von der Nordseite zum Baugebiet und weiter direkt vor die Burg. Straßberg-Burg 0,6 km. Eine weitere Möglichkeit besteht (bezeichnet AV Dreiblock) von der B 463 aus. Der Zufahrtsweg ist nur für Anlieger nutzbar.

Bauphasen

I. Bauphase 2. Hälfte 12. Jh.
Entstehung der Burg durch einen nicht bekannten Bauherrn, Nachweis durch Keramikfunde, Chr. Bizer.

II. Bauphase um 1200/13. Jh.
Bauherr: Vermutlich die Hohenberger als Lehensbesitzer des Damenstifts Buchau.
Entstehung der stauferzeitlichen Anlage mit Wohnturm und Wohnbau. Weitere Baumaßnahmen bis zum 15. Jh.

III. Bauphase 1597
Bauherr: Eitel Friedrich von Westerstetten. Erweiterungsmaßnahmen, Überbauung des inneren Burghofs.

IV. Bauphase 1635–1650
Baufrau: Äbtissin Katharina von Spaur, reg. 1610–1650. Abbruch von Gebäuden der Vorburg, Neubau der Schlosskirche.

V. Bauphase 1782–1783
Baufrau: Äbtissin Maximiliana von Stadion zu Tann- und Warthausen, reg. 1775–1803. Architekt: Bauinspektor Jäger aus Buchau. Abbruch des obersten Geschosses am Wohnturm, neues Dach für den Palas, Überbauung des Torbereiches.

Geschichte

1253 Erste bekannte Erwähnung der Siedlung Straßberg neben „burc" in einer Urkunde des Klosters Beuron.
1334 In Besitz der Grafen von Hohenberg als Lehen.
1345–1625 Wechselnde Lehensbesitzer.
1625 Eigenbesitz des Stifts.
1745 Abbruch der Schlosskirche.
1802 Im Zuge der Säkularisation an Thurn und Taxis.
1836 Karl Anton von Hohenzollern-Sigmaringen erwirbt Straßberg.
1966 Hohenzollern-Sigmaringen verkauft die Burg an Dr. Ing. Ralf Laschimke. In den Folgejahren grundlegende Instandsetzungsmaßnahmen.

Anlage

Typus
Höhenburg in Spornlage, Lehensburg des Damenstifts Buchau.

Anlagenmerkmal
Wohnturm, Palas, Torhaus; Kleinquader, Quader, Buckelquader, Bruchstein.

Beschreibung
Burg Straßberg liegt malerisch auf einem nach Westen gerichteten, von einer spitzen Talecke ausgehenden Sporn. Die Anlage besteht aus dem Vorburgbereich mit der Kirchenruine, einem südwestlichen Unterburgbereich und der Kernburg.

Falkensaal im Wohnturm.

Ein Graben trennt die Bereiche. Das von steilen Felsen begrenzte Areal der Kernburg mit Wohnturm, Palas und Torhaus umfasst etwa 25 x 40 m.

Palas – ehemals frei stehendes Bauwerk, durch den oberen Burghof vom Wohnturm getrennt. Dreigeschossig mit Satteldach, im Erdgeschoss Tonnengewölbe, im 1. Obergeschoss das Fürstenzimmer mit spätmittelalterlicher Bohlenbalkendecke, Ofen von 1695, Küche mit Kreuzgratgewölbe, im 2. Obergeschoss der sog. Rittersaal.

Wohnturm – ursprünglich fünfgeschossig, fünfeckiger Grundriss mit etwa 124 m^2, Mauerstärke 2,80 m, Walmdach, Außenverblendung in Quader- und Buckelquaderbauweise, Buckel grob bis 9 cm vorstehend. Erschließung seit 1597 vom Treppenhaus des Palas in das 1. Obergeschoss, Eingangsraum seit 1906 als Kapelle mit beutender Ausmalung der Beuroner Kunstschule. Im danebe liegenden Raum das sog. Angstloch als Einstieg in den engen Raum des Defensivgeschosses. Das 2. Obergeschoss bildet durch Herausnahme der Balkendecke zum darüber liegenden Geschoss eine Raumeinheit mit unterschiedlichen Lichtöffnungen.

A Kernburg
B Vorburg
C Unterburg
1 Wohnturm
2 Wohnbau-Palas
3 Torhaus
4 Innerer Burghof, später überbaut
5 Tordurchfahrt
6 Brücke
7 Raum mit sog. „Angstloch", Wohnturm
8 Kapelle mit Ausmalung, Wohnturm
9 Gewölbekeller Wohnbau
10 Abschnittsgraben
11 Äußerer Hof
12 Hinterer Hof, Lage eines Gebäudes
13 Höhlenportal
14 Ummauerter Felskopf

Grundrisszeichnung
Günter Schmitt 2012

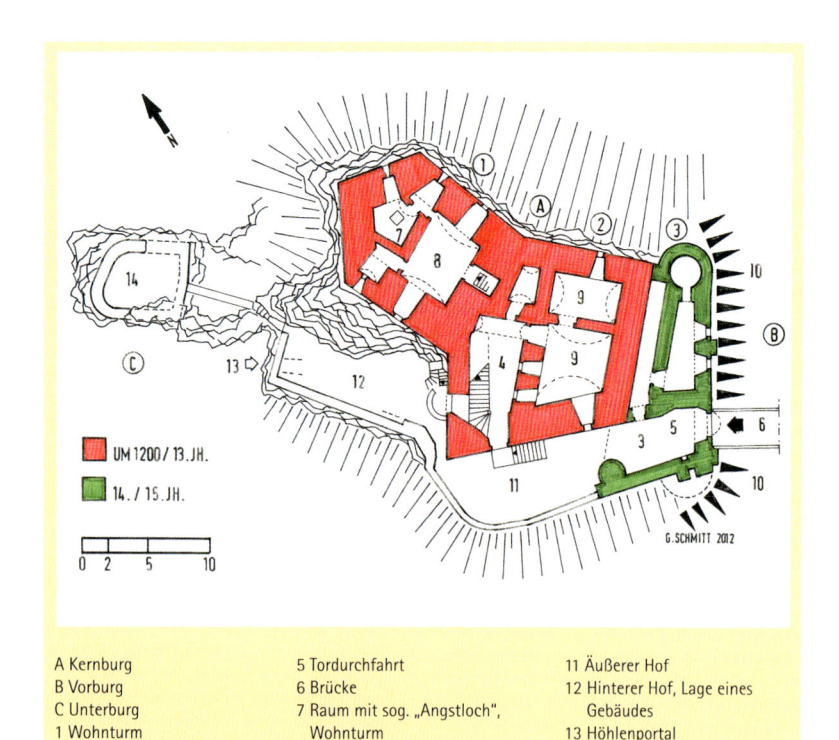

22 Neues Schloss Straßberg; Straßberg

Erhaltungszustand: Erhaltener dreigeschossiger barocker Rechteckbau 14,30 x 27,50 m, Mansardendach, 4 zu 9 Fensterachsen, innen verändert, axiales Treppenhaus, Grundriss dreischiffig, Mittelkorridor, Stuckdecken teilweise verdeckt.
Besichtigung: Außen frei zugänglich, innen zu den Dienstzeiten der Gemeindeverwaltung.
Lage: TK 8720; 680 m, GK. R 06 680, H 37 530. Innerhalb der Ortsbebauung.
Typus: Barockschloss, Einflügelkompaktbau.
Geschichte: Um 1745 Neubau durch Maria Carolina Gräfin von Königsegg-Rothenfels, Fürstäbtissin des Damenstifts Buchau. 1803 an Thurn und Taxis, 1836 an Hohenzollern-Sigmaringen, 1880 an die Gemeinde Straßberg.

23 Schalksburg-Oitringen; Straßberg

Erhaltungszustand: Burgruine mit Mauerresten auf einer Felsrippe mit Felskopf zum Schmeietal. Halsgraben, Bergfried ca. 7 x 7,40 m, H bis 5,50 m, innenseitig Quader, Felskopf mit Mauerresten eines polygonalen Bauwerks, Kleinquader, Felsstufen, Höhle, Bestandssicherung erforderlich.
Besichtigung: Frei zugänglich.
Lage: TK 7820; 755 m, GK. R 06 820, H 38 930. 1,3 km nördlich von Straßberg.
Typus: Höhenburg in Spornlage, Felsenburg.
Geschichte: Entstehung um 1100, Aufgabe vor Mitte 13. Jh., Nachweis durch Fundkeramik, Chr. Bizer. Besitzer nicht bekannt.

24 Ehestetten, Taubenfels; Stadt Albstadt

Erhaltungszustand: Burgstelle, geringe Mauerreste, Schutt, Wall, Halsgraben. Felskopf der Kernburg ca. 18 x 28 m, Quader der Grundmauer des Turms. Umfangreiches Areal der Vorburg.
Besichtigung: Frei zugänglich.
Lage: TK 7820; 855 m, GK. R 3 440, H 40 000. 2,2 km südöstlich von Ebingen.
Typus: Höhenburg in Spornlage.
Geschichte: Entstehung um 1100,

Aufgabe bereits Ende 1. Hälfte 12. Jh., Nachweis durch Fundkeramik, Chr. Bizer. Bauherr nicht bekannt, vermutlich zur in Besitz der Herren von Winzeln befindlichen Siedlung Ehestetten gehörend.

25 Stadtburg Ebingen; Stadt Albstadt

Erhaltungszustand: Ersatzlos abgebrochen.
Lage: TK 7720; GK. R 02 050, H 41 610, südöstlichste Ecke der ehemaligen Stadtbefestigung.
Typus: Stadtburg.
Geschichte: Angenommene Entstehung 11. oder 12. Jh. Die Bezeichnung „Nellenburg" kann ein Hinweis zu den Bauherren, den Grafen von Nellenburg, sein. In deren Umfeld stehen die Ministerialen von Ebingen. Stadtgründer sind die Grafen von Hohenberg.

26 Stadtschloss Ebingen, Hohenberger Schloss

Erhaltungszustand: Ersatzlos abgebrochen.
Lage: TK 7720; GK. R 01 960, H 41 820. Nordwestliche Stadtmauer am Zufluss eines Seitenarms der Schmiecha. Seit 1974 an dessen Stelle das evangelische Gemeindehaus.
Typus: Festes Haus, Stadtschloss.
Geschichte: Entstehung: 14. Jh., möglicher Wohnsitz Ottos II. Graf von Hohenberg, oder erst 15. Jhs. als Sigmund Graf von Hohenberg zu Ebingen hier wohnt. 1880 Abbruch nach Brandschaden.

27 Häringstein, Schlossfels; Stadt Albstadt-Ebingen

Erhaltungszustand: Burgstelle, geringe Mauerreste, Quader grob, Felskammlage, höchste Stelle Kernburg 17 x 28 m, Hangseite doppelter Wallgraben.
Besichtigung: Frei zugänglich, Aussichtsturm.
Lage: TK 7720; 953 m, GK. R 02 780, H 42 190. 1,1 km nordöstlich von Ebingen über dem Schmiechatal.
Typus: Höhenburg in Gipfellage.
Geschichte: Entstehung Mitte 13. Jh., Nachweis durch Fundkeramik, Chr. Bizer. Mitte 13. Jh. Zerstörung durch Feuer. Besitzer: vermutet die Herren von Ebingen, gleich oder später die Herren von Häringstein.

Stauffenberg-Schloss Lautlingen 28

Albstadt-Lautlingen, Zollernalbkreis, Baden-Württemberg
Meereshöhe: 685 m, Eyachtal 660 m
Erhaltungszustand: erhaltene Schlossanlage
Besitzer: Stadtgemeinde Albstadt
Besichtigung: Schlosspark mit Ausstellungsparcours frei zugänglich; Öffnungszeiten Stauffenberg-Gedenkstätte und Musikhistorische Sammlung Jehle: Mi, Sa, Sonn- und Feiertage 14 bis 17 Uhr und nach Vereinbarung, Info: 07431 763-103 und 07431 160-1204, www.albstadt.de/museen/stauffenberg; barrierefrei für den Schlosspark
Lage: TK 7719; GK. R 97 080, H 41 880; GPS. 8° 54' 56" O; 48° 22' 18" N

Die B 463 führt von der Albhochfläche bei Albstadt-Ebingen hinunter in das Eyachtal Richtung Balingen. Unter dem markanten Heersberg an der aus Norden kommenden und nach Westen fliesenden Eyach liegt Lautlingen.

Unmittelbar westlich der Kirche steht auf einer Hangterrasse die ehemalige Schlossanlage der Grafen von Stauffenberg. Von der B 463 erreicht man innerhalb der Ortschaft den bezeichneten Parkplatz am Schlossareal.

Bauphasen

I. Bauphase 15. Jh./um 1500
Bauherren: Die Edelfreien von Tierberg zu Lautlingen und Wildentierberg. Neubau einer Schlossanlage mit Ringmauer.

II. Bauphase 1623–1625
Bauherren: Herren von Westerstetten. Grundlegende Umbau- und Modernisierungsmaßnahmen. Neueinrichtung von Wohn- und Amtsräumen.

III. Bauphase 1842–1846
Bauherr: Freiherr Franz Ludwig Phillip Schenk von Stauffenberg, *1801, †1881. Neubau des Schlosshauptbaus in Stile einer italienischen Landvilla an Stelle des Vorgängerbaus.

Geschichte

Seit dem 11. Jh. werden die Edelfreien Herren von Lautlingen nachweisbar. Deren Nachfolger sind die Herren von Tierberg, die im Umfeld durch ihre Familienzweige mehrere Burgen besitzen. Die Schlossanlage steht jedoch nicht im Zusammenhang mit einer Ortsburg.
1518 Erste bekannte Erwähnung des Schlosses anlässlich der Belehnung

Stauffenberg-Gedenkstätte, Museum.

des Hans Konrad von Tierberg mit dem Blutbann durch Kaiser Maximilian.

1550 Übergang durch Erbe an Ulrich von Westerstetten.

1619 Georg Dietrich von Westerstetten überträgt die Herrschaft an Wolf Friedrich Schenk von Stauffenberg, den Neffen seiner Ehefrau Barbara, geborene von Stauffenberg.

1625 Übergang durch Erbe an den Neffen aus der Wilflinger Linie Georg Dietrich von Stauffenberg. Er gilt als Stifter der Lautlinger Linie.

1842 Abbruch des erneuerungsbedürftigen Schlossbaus, Beginn mit der Neubaumaßnahme.

1886 Als Erbe Übergang an Alfred Schenk Graf von Stauffenberg, Oberhofmarschall des letzten württembergischen Königs Wilhelm II. Verlegung des Hauptwohnsitzes nach Lautlingen. Aus der Ehe mit Karoline Gräfin von Üxküll-Gyllenband entstammen die Kinder Bertold, Alexander und Claus.

1936 Bertold wird Schlossbesitzer.

20. Juli 1944 Das Attentat auf Adolf Hitler scheitert. Claus und Bertold werden hingerichtet, die Familie in Sippenhaft genommen. Claus Schenk Graf von Stauffenberg, geb. 1907 in Jettingen, steht als bekannteste Person für den Widerstand gegen das nationalsozialistische Terrorregime des Dritten Reiches.

Nach 1945 Das Schloss wird Wohnstätte für die verbliebenen Familien von Claus und Bertold.

1972 Alfred Schenk Graf von Stauffenberg, Sohn des Bertold, verkauft das Schloss an die Gemeinde. Einrichtung eines Stauffenbergzimmers und der Musikhistorischen Sammlung Jehle.

1976 Umbau, 2005/07 Renovierung, Einrichtung einer Gedenkstätte, die dem Widerstandskämpfer Claus Schenk Graf von Stauffenberg gewidmet ist.

2008–2010 Ausbau der Schloss-Scheuer zum Bürgerhaus.

Anlage

Typus
Ortsschloss, Grafenschloss.

Anlagenmerkmal
Anlage mit Ringmauer, Kompaktbau, Nebengebäude.

Beschreibung

Am südlichen Talhang liegt innerhalb der Ortsbebauung auf einer Hangterrasse die Schlossanlage. Eine bis 3,50 m hohe Ringmauer mit Rundtürmen von um 1500 umfasst ein nahezu rechteckiges Areal von ca. 70 x 100 m. In Tuffquadern gefasste Rundbogentore erschließen den Bereich von drei Seiten. In der Nordwestecke steht der zweigeschossige ehem. Fruchtkasten mit steilem Satteldach und Dachreiter, 1920 zum Forsthaus umgebaut, dann Wohn- und Verwaltungsbau. Nach Süden folgt die ehemalige Schlossökonomie, ein Rechteckbau mit Walmdach, Riegelfachwerk und Tuffquadern, seit 2010 Burgerhaus.

Schlossbau

Frei innerhalb der Ringmauer steht der dreigeschossige Schlossbau mit Walmdach. Ein schlicht wirkender Baukörper im Stile italienischer Landvillen auf rechteckigem Grundriss von 12,58 x 21,97 m, mit vier zu sieben Fensterachsen, Eckquaderung, Sandsteinsockel und Vorbau mit Arkadenbögen. Seine Lage ist in etwa identisch mit dem Standort des Vorgängerbaus, der jedoch mit seinen Sichtfachwerkaufbauten und einem Treppenturm wesentlich dominanter die Anlage bestimmte.

Das Innere des Schlossbaus ist dreischiffig, hat ein zweiläufiges Treppenhaus und ist durch die Herausnahme von Wänden verändert. Im Erdgeschoss befand sich der Bereich des Speisesalons, der Bibliothek und des Arbeitszimmers. In den oberen Geschossen ist die Musikhistorische Sammlung Jehle und der neu didaktisch eingerichtete Bereich der Stauffenberg Gedächtnisstätte von besonderem Interesse.

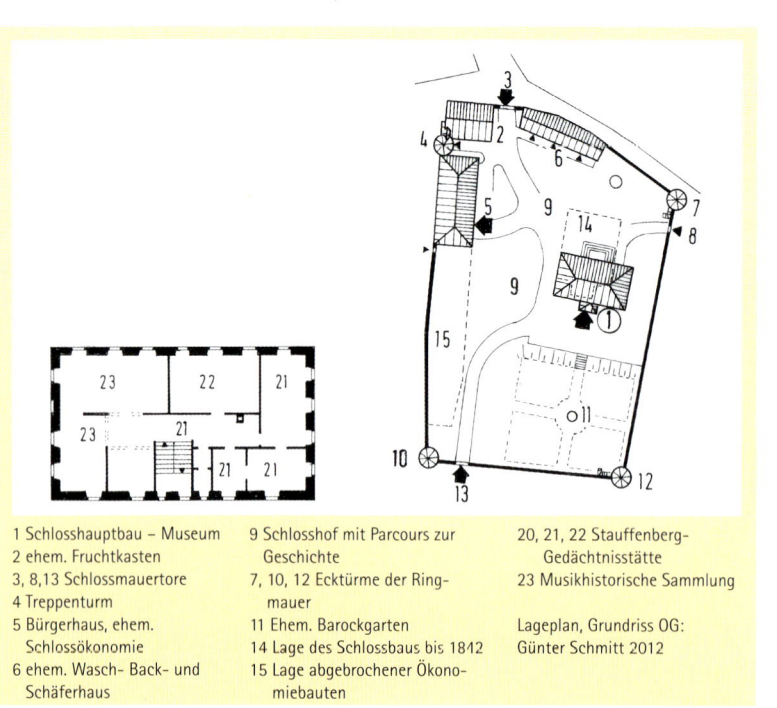

1 Schlosshauptbau – Museum
2 ehem. Fruchtkasten
3, 8,13 Schlossmauertore
4 Treppenturm
5 Bürgerhaus, ehem. Schlossökonomie
6 ehem. Wasch- Back- und Schäferhaus
9 Schlosshof mit Parcours zur Geschichte
7, 10, 12 Ecktürme der Ringmauer
11 Ehem. Barockgarten
14 Lage des Schlossbaus bis 1842
15 Lage abgebrochener Ökonomiebauten
20, 21, 22 Stauffenberg-Gedächtnisstätte
23 Musikhistorische Sammlung

Lageplan, Grundriss OG: Günter Schmitt 2012

29 Altentierberg; Albstadt-Lautlingen

Erhaltungszustand: Burgstelle über dem Eyachtal. Vorburg an der Bergecke, bogenförmig tiefer Graben, Burgfelsen der Kernburg ca. 40 x 40 m mit Mauerschutt der Ringmauer und von Gebäuden.
Besichtigung: Frei zugänglich.
Lage: TK 7719; 864 m, GK. R 95 970, H 40 885; 1,6 km südwestlich Lautlingen.
Typus: Höhenburg in Spornlage, Ministerialenburg.
Geschichte: Entstehung um 1200, Aufgabe im Zusammenhang mit dem Tod Konrads 1477, dem Letzten von Altentierberg; Nachweis durch Fundkeramik, Chr. Bizer.
Die Altentierberger sind Ministerialen der Grafen von Zollern-Schalksburg.

30 Oberer Berg Tierberg; Albstadt-Lautlingen

Erhaltungszustand: Burgstelle, vermutlich einer angefangenen und nicht benutzten Burg, Morrisey. Bogenförmiger Wallgraben an höchster Stelle des Berges, keine Bebauungsspuren.
Besichtigung: Frei zugänglich.
Lage: TK 7719; 982 m, GK. R 01 960, H 41 820; 400 m südwestlich vom Tierberger Hof.
Typus: Höhenburg in Bergkuppenlage.
Geschichte: Bauherr und Entstehung nicht bekannt, vermutlich ein Zweig der Herren von Tierberg.

31 Vogelfels; Albstadt-Lautlingen

Erhaltungszustand: Burgstelle auf einem Steilhangfelsen, Abgrenzung durch zwei Gräben, Mauerschutt im Geviert ca. 9 x 10 m, Graben zum Burgfelsen der Kernburg, ca. 6 x 12 m, geringe Reste von Kleinquadermauerwerk.
Besichtigung: Frei zugänglich.
Lage: TK 7719; 870 m, GK. R 95 500, H 40 260; 2,4 km südwestlich von Lautlingen.
Typus: Höhenburg in Hanglage, Felsenburg, Hochadelsburg.
Geschichte: Entstehung 2. Hälfte 11. Jh. Bestand bis 12. Jh., Nachweis durch Fundkeramik, Chr. Bizer. Besitzer nicht bekannt.

32 Wildentierberg und Heubelstein; Albstadt-Margrethausen

Wildentierberg: Frei zugängliche Burgruine mit geringen Bauwerksresten auf einer längsovalen Gipfelkuppe; Bergfriedrest 8,20 x 8,30 m, Quader, Buckelquader. Entstehung 1. Hälfte 13. Jh., Aufgabe vor 1500, 1330 Johann von Tierberg zu Wildentierberg, die von Wildentierberg bewohnen spätestens seit 1518 Schloss Lautlingen.
Lage: TK 7719; 954 m, GK. R 98 640, H 43 300; 1000 m östlich von Margrethausen.
Heubelstein: Frei zugängliche Burgstelle in Hanglage unter dem Heubelstein, Kernburg auf einem Felsklotz, Graben, Mauerschutt. Bestand 2. Hälfte 12. Jh. bis 2. Hälfte 13. Jh. Besitzer nicht bekannt.
Lage: TK 7719; 805 m, GK. R 98 200, H 43 750; 600 m nordöstlich von Margrethausen.

33 Heersberg; Albstadt-Laufen

Erhaltungszustand: Burgstelle über dem Eyachtal. Eindrucksvoller Halsgraben, Burgfelsen ehemals mit drei Bereichen gänzlich bebaut etwa 32 x 70 m, östlich Spornterrasse, südlich Hangterrasse und Felskamm, Schuttriegel Kernmauerwerk, Quader.
Besichtigung: Frei zugänglich.
Lage: TK 7719; 854 m, GK. R 96 450, H 42 730; 1,1 km nordwestlich von Lautlingen.
Typus: Höhenburg auf Hangterrassenkuppe, Ministerialenburg.
Geschichte: Entstehung 1. Hälfte 13. Jh., Aufgabe 14. Jh., Nachweis durch Fundkeramik, Chr. Bizer. Besitzer nicht bekannt, möglich Laufener oder Lautlinger Ortsherren, eher die Herren von Tierberg, möglicherweise Burg Neuentierberg.

Schalksburg 34

Albstadt-Laufen, Zollernalbkreis, Baden-Württemberg
Meereshöhe: 910 m, Eyachtal 590 m
Erhaltungszustand: Ruine mit deutlich aufrecht stehendem Mauerwerk, Turm erneuert
Besitzer: Land Baden-Württemberg
Besichtigung: Ruine und Aussichtsturm frei zugänglich
Lage: TK 7719; GK. R 94 040, H 43 940; GPS 48° 14' 4" N, 8° 55' 12" O

Südlich von Balingen erstreckt sich das tief eingeschnittene Eyachtal in Richtung Albstadt-Ebingen. Bei der Ortschaft Laufen liegt nordöstlich auf einem markanten Felsen, einem Ausläufer des Steinbergs, die Ruine Schalksburg.
Vom Wanderparkplatz bei Laufen führt der bezeichnete Weg AV Dreieck steil hoch zum Burgfelsen. Parkplatz–Schalksburg 1,5 km. Näher ist es vom Wanderparkplatz am südlichen Ortsende von auf der Hochfläche liegendem Burgfelden, AV Dreieck. Burgfelden–Schalksburg 1,3 km.

Bauphasen

I. Bauphase 11. Jh.
Entstehung der Schalksburg. Datierung durch Auswertung von Keramikfunden, Chr. Bizer. Kein Nachweis von Bauten.

II. Bauphase 1. Hälfte 13. Jh.
Bauherr: Herren von Schalksburg, Ministerialen der Grafen von Veringen. Ausbau der Burg mit Frontturm.

III. Bauphase 2. Hälfte 13.–16. Jh.
Weiterer Ausbau der Burg unter den Grafen von Zollern-Schalksburg und ab 1403 den Grafen von Württemberg.

Geschichte

Im 13. und 14. Jh. werden mehrfach Herren von Schalksburg genannt. Die Besitzer sind Ministerialen der Grafen von Veringen, andere sind Reichsministerialen und wieder andere Ministerialen der Grafen von Hohenberg. Zuvor war der Berg vorgeschichtlich besiedelt.

1226/66 Verkauf an die Grafen von Zollern.
1288 Nach der Erbteilung an Friedrich „der Merkenberger".
1403 Graf Friedrich von Zollern-Schalksburg (V.), genannt Mülli, verkauft die Herrschaft an Graf Eberhard III. von Württemberg.
1464 Während der Fehde zwischen Hans von Rechberg und Württemberg ist die Burg an dessen Bruder Ulrich von Rechberg verpfändet. Belagerung und Zerstörung der eigenen Burg durch Jos Niclas von Zollern im Auftrag Württembergs. Danach Instandsetzung.
1555 Herzog Christoph von Württemberg lässt baufällige Gebäude abbrechen.
1957–1960 Erhöhung der Frontturmruine zum Aussichtsturm durch den Schwäbischen Albverein.

Anlage

Typus
Höhenburg, Ministerialenburg, Grafenburg.

Anlagenmerkmal
Teilrekonstruierter Frontturm, Buckelquader, Quader; Umfassungsmauer, Rundturm, Quader, Bruchstein, Wälle, Gräben.

Beschreibung
Die Schalksburg liegt auf einem großräumigen dreiecksförmigen Plateau, das nur ostseitig durch einen tiefer liegenden schmalen Grat mit der Hochfläche verbunden wird. Gänzlich bebaut war dieses Areal mit einer Länge von etwa 220 m und einer Grundbreite von 180 m jedoch nie.
Die Anlage mit fünf Bereichen beginnt mit der etwa 120 m langen **Vorbe-**

festigung. Zu sehen sind zwei Abschnittsgräben, Schuttriegel von Kernmauerwerk und die Mauerschale eines Flankierungsturmes. Es folgen der Zugangsbereich, der an der Plateaukante situierte Bereich mit Frontturm, die Kernburg im Südwesten und der dazwischen liegende Arealbereich.

Vermutlich war die Bergkante gänzlich mit einer **Umfassungsmauer** umschlossen, die sich mit Schuttriegel, Vermauerung des Geländetrichters und den 6 m hohen Resten eines Rundturmes abzeichnen.

Sperrriegel der Anlage bildete an der Kante des Hochplateaus der Bereich des **Frontturms**. Original ist der etwa 3,50 m hohe untere Mauerteil des fast quadratischen Turmes mit Seitenlängen von 7,38 x 7,58 m, Mauerstärke 2,57 m, innenseitig Kleinquader, außen Quader und Buckelquader: Länge bis 87 cm, Höhe bis 62 cm, Buckel grob bis 30 cm vorstehend. Die Erhöhung zum Aussichtsturm erfolgte unter Verwendung von vorhandenem Steinmaterial. Auf einem leicht ansteigenden, nach Süden steil abfallenden Felskopf mit etwa 35 x 50 m lag die Kernburg. Ein verebneter Graben und Schuttriegel, die eine bauliche Zuweisung nicht mehr zulassen, sind noch erkennbar.

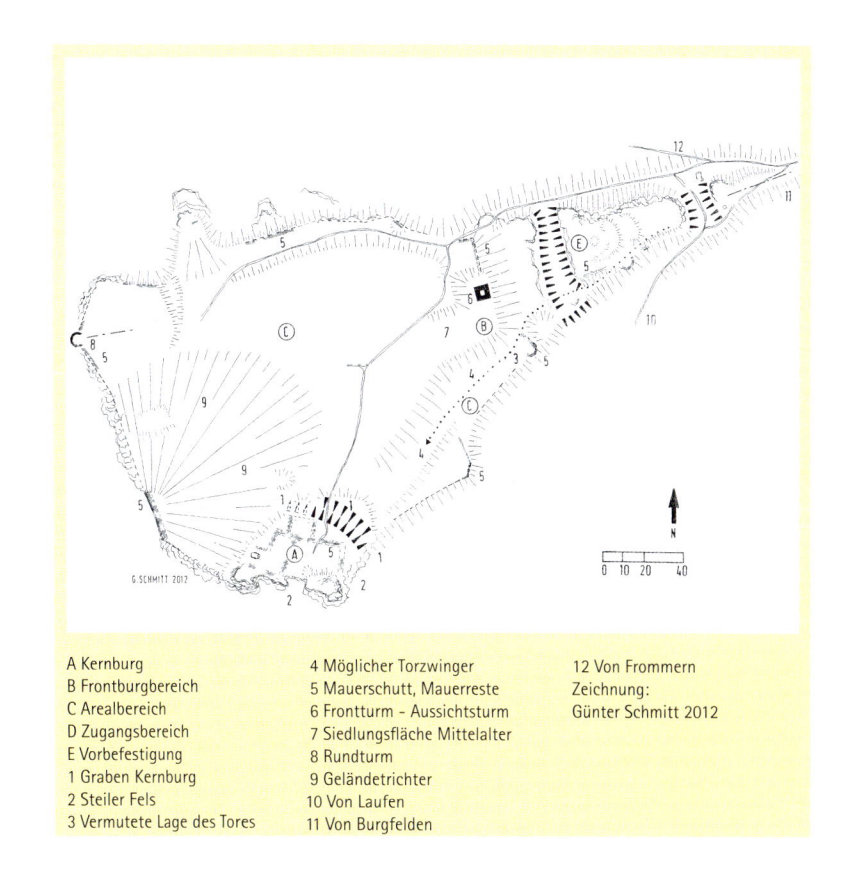

A Kernburg
B Frontburgbereich
C Arealbereich
D Zugangsbereich
E Vorbefestigung
1 Graben Kernburg
2 Steiler Fels
3 Vermutete Lage des Tores
4 Möglicher Torzwinger
5 Mauerschutt, Mauerreste
6 Frontturm - Aussichtsturm
7 Siedlungsfläche Mittelalter
8 Rundturm
9 Geländetrichter
10 Von Laufen
11 Von Burgfelden
12 Von Frommern
Zeichnung:
Günter Schmitt 2012

35 Burg Tailfingen; Albstadt-Tailfingen

Erhaltungszustand: Burgstelle auf dem Schlossberg, ehemals großräumige frühe Höhenburg, Wallgraben am Fuß zur Hochfläche, doppelter Wallgraben der Kernburg, Schuttriegel, freigelegte und wieder überdeckte Grundmauern der Burgkapelle.
Besichtigung: Frei zugänglich, AP.
Lage: TK 7720; 937 m, GK. R 01 990, H 45 950; 1 km südöstlich von Tailfingen.
Typus: Höhenburg in Gipfellage, Hochadelsburg.
Geschichte: Entstehung 11. Jh., Aufgabe 12. Jh. Nachweis durch Fundkeramik, Besitzer nicht bekannt, vermutet die Herren von Tailfingen.

36 Weilersburg; Albstadt-Tailfingen

Erhaltungszustand: Burgstelle über dem Weiler Tal. Doppelter Wallgraben teilweise verebnet, dahinter kleine Vorburg, Kernburg mit fünfeckigem Wohnturmrest ca. 8 x 9 m, Quader.
Besichtigung: Frei zugänglich.
Lage: TK 7720; 850 m, GK. R 04 195, H 48 030; 3,2 km nordöstlich von Tailfingen.
Typus: Höhenburg in Spornlage.
Geschichte: Entstehung 2. Hälfte 12. Jh. Aufgabe 1. Hälfte 14. Jh.; Nachweis durch Fundkeramik, Chr. Bizer. Anlage in einer vorgeschichtlichen Besiedlung. Die Herren von Weilersburg sind zeitweise auch Ortsherren von Tailfingen.

37 Mögliche Burgen Onstmettingen, Tailfingen, Truchtelfingen; Albstadt

Onstmettingen
Mögliche Burg in der Flur „Bei der Burg" bzw. „An der Burg". Nachweis der Herren von Onstmettingen von 1275 bis um 1300, Verwandte der Schwelcher und der Freien von Talheim.
Tailfingen
Mögliche Ortsburg vermutet in der Substanz des Kirchturms der Peterskirche. Inhaber möglicherweise die Herren von Tailfingen oder deren Nachfolger.
Truchtelfingen
Mögliche Burg bei der Flur „Bugstall" auf dem Leimenfelsen nordöstlich der Ortschaft. Ortsadel im 13. und 14. Jh. nachgewiesen.

38 Hohenjungingen; Jungingen

Erhaltungszustand: Burgstelle mit archäologisch freigelegten und wieder überdeckten Grundmauern. Vorburg auf südöstlicher Hangterrasse; Kernburg mit ringförmigem Wallgraben; bebauter Bereich 20 x 30 m, ehemalige Rechteckanlage mit Wohnbau und Nebenbau.
Besichtigung: Frei zugänglich.
Lage: TK 7620; 739 m, GK. R 03 050, H 53 455; 800 m südwestlich von Jungingen.
Typus: Höhenburg in Gipfellage, Hochadelsburg.
Geschichte: Entstehung 2. Hälfte 12. Jh.;

1311 Zerstörung durch die Reutlinger im Krieg gegen Württemberg. Stammburg der Edelfreien von Jungingen, bekannt im 15. Jh. als Hochmeister des Deutschen Ordens.

39 Ortsburg Killer; Burladingen-Killer

Erhaltungszustand: Abgegangene Burg in überbautem privaten Grundstück. Grabungen des LDA 1954: Wassergraben im Geviert von 24 x 24 m, Ringmauer, Turm oder festes Haus.
Lage: TK 7620; 645 m, GK. R 04 770, H 53 160; 200 m nördlich der Kirche von Killer.
Typus: Ortsburg, Wasserburg, Ministerialenburg.
Geschichte: Namengebende Burg der Herren von Killer, Ministerialen der Grafen von Zollern. Nachgewiesen seit dem 13. Jh., nennen sich auch nach ihren Besitzungen von Ringingen und Ringelstein.

40 Azilun; Burladingen-Hausen im Killertal

Erhaltungszustand: Burgstelle, längsovaler Gipfel 20 x 150 m, mit Felswänden in vier Abschnitten, Gräben, Kernburg ca. 25 x 30 m, Ringmauerreste mit Kleinquadern, Teilabgang durch Felssturz.
Besichtigung: Frei zugänglich.
Lage: TK 7620; 884 m, GK. R 06 635, H 51 660; 1,8 km nordöstlich von Hausen auf dem Kapf.
Typus: Höhenburg in Gipfellage, Hochadelsburg.
Geschichte: Entstehung Ende 11. Jh. im Bereich einer vorgeschichtlichen Siedlung; Aufgabe Mitte 13. Jh.; Nachweis durch Fundkeramik, Chr. Bizer. In der 1138 verfassten Zwiefalter Chronik Nennung des Konrad von Azilun und seiner Schwester Tuticha, verheiratet mit Otto von Urach.

41 Jagdschloss Burladingen; Stadt Burladingen

Erhaltungszustand: Schloss und Turm ersatzlos abgebrochen. Ehemals dreigeschossiger spätgotischer quadratischer Bau mit Turm an der Fehla.
Lage: TK 7720; 720 m, GK. R 08 880, H 50 150; 120 m südlich der Kirche St. Georg in Burladingen.
Typus: Jagdschloss der Spätgotik, Grafenschloss.
Geschichte: 1492 Neubau durch Graf Friedrich von Hohenzollern, Umbauten 1670, 1796, 1816 Abbruch des dritten Geschosses, neues Dach, 1925 Brandzerstörung und Abbruch.

42 Hochwacht; Stadt Burladingen

Erhaltungszustand: Burgstelle auf dreiseitig felsiger Bergkuppe, 25 x 40–50 m, Kernburg mit Schutthügel eines ca. 6,50 x 6,50 m großen Turmes, grobes Kleinquadermauerwerk.
Besichtigung: Frei zugänglich.

Lage: TK 7720, 895 m, GK. R 08 925, H 50 740; 500 m nördlich von Burladingen.
Typus: Höhenburg in Kuppenlage eines Bergrückens, Hochadelsburg.
Geschichte: Verm. Entstehung 1. Hälfte 12. Jh.; durch die Edelfreien von Burladingen; Aufgabe 14. Jh.; 1140 Konrad von Burladingen; 1350 Konrad von Burladingen ist Reiterführer für Bologna, 1365 für Siena.

43 Große Falkenburg; Stadt Burladingen

Erhaltungszustand: Burgstelle einer eigenständigen Anlage 50 m neben der Kleinen Falkenburg. Bogenförmiger Wallgraben, Kernburg 20 x 30 m Grundfläche, Mauerschutt, Front-Ringmauer, grobes Quadermauerwerk.
Besichtigung: Frei zugänglich.
Lage: TK 7720; 840 m, GK. R 09 890, H 50 780; 1,1 km nordöstlich von Burladingen, Westseite des Annatals.
Typus: Höhenburg an einer Bergecke, Hochadelsburg.
Geschichte: Entstehung 2. Hälfte 12. Jh. durch einen nicht bekannten Zweig der Edelfreien von Burladingen; Aufgabe um 1200; Nachweis durch Fundkeramik, Chr. Bizer.

44 Kleine Falkenburg; Stadt Burladingen

Erhaltungszustand: Burgstelle einer eigenständigen Anlage 50 m neben der Großen Falkenburg. Doppelter bogenförmiger Wallgraben; Kernburgfelsen, Grundfläche 10 x 18,50 m, geringe Mauerreste eines Frontturms und Wohnbaus; Quader; Kleinquader.
Besichtigung: Frei zugänglich.
Lage: TK 7720; 840 m, GK. R 09 890, H 50 790; 1,15 km nordöstlich von Burladingen, Westseite des Annatals.
Typus: Höhenburg auf einem Bergrandfelsen, Frontturmburg, Hochadelsburg.
Geschichte: Entstehung um 1100 durch einen nicht bekannten Zweig der Edelfreien von Burladingen, Aufgabe vor 1300; Nachweis durch Fundkeramik, Chr. Bizer.

45 Hasenfraz, Frazenhaas; Burladingen-Gauselfingen

Erhaltungszustand: Burgruine über dem Fehlatal, zwei Burgbereiche in-

nerhalb des 45 x 190 m großen Kernburgareals; Bereich Burgfelsen und Bereich Kuppe mit Resten von zwei Wohntürmen hinter doppeltem Wallgraben, Grundriss 6,43 x 6,60 m und 6,10 x 6,80 m, Bruchsteinmauerwerk.
Besichtigung: Frei zugänglich.
Lage: TK 7720; 839 m, GK. R 11 520, H 48 680; 950 m nordwestlich von Gauselfingen.
Typus: Höhenburg in Spornkuppenlage, Frontturmburg.
Geschichte: Entstehung um 1200, Aufgabe Ende 13. Jh.; Nachweis durch Fundkeramik, Chr. Bizer; Bewohner nicht bekannt, möglicherweise die Herren von Schirmberg oder von Lichtenstein.

46 Leckstein, Lägstein; Burladingen-Gauselfingen

Erhaltungszustand: Burgruine am Steilhang des Fehlatals, Kernburgfelsen mit 14 x 24 m Grundfläche hinter Felsrinnengraben; Reste des fünfeckigen Wohnturms 8,20 x 12,15 m, Bruchstein. Geringe Reste der Ringmauer, Kleinquader grob.
Besichtigung: Frei zugänglich.

Lage: TK 7720; 785 m, GK. R 11 850, H 48 450; 500 m westlich von Gauselfingen.
Typus: Höhenburg in Hangterrassenlage.
Geschichte: Entstehung 2. Hälfte 12. Jh.; Aufgabe 1. Hälfte 14. Jh.; Nachweis durch Fundkeramik, Chr. Bizer. Bewohner nicht bekannt, möglicherweise die Herren von Lichtenstein.

47 Ringelstein; Burladingen-Ringingen

Erhaltungszustand: Wohnturmruine unterhalb der Hochflächenkante durch einen Felsgraben getrennt. Fünfeckiger Grundriss von 7 x 10 m, grob hammerrechtes Quader- und Kleinquadermauerwerk.
Besichtigung: Frei zugänglich.
Lage: TK 7620; 870 m, GK. R 08 480, H 52 460; 1,6 km südsüdöstlich von Ringingen.
Typus: Höhenburg auf Hangkantenfelsen, Frontturmburg, Ministerialenburg.
Geschichte: Entstehung 2. Hälfte 12. Jh. durch die 1274 genannten niederadligen Herren von Ringelstein. Aufgabe Mitte 14. Jh.; Nachweis durch Fundkeramik, Chr. Bizer.

48 Hohenringingen; Burladingen-Ringingen

Erhaltungszustand: Burgruine am Ende eines Höhenrückens. Vorburgbereich mit Doppelwallgraben, Abschnittsgraben, Kernburg 25 x 35 m mit Bergfried als Frontturm ca. 7,50 x 8,50 m, Eckquaderung, Bruchstein. Archäologischer Nachweis von Frontmauer und Wohnbau.
Besichtigung: Frei zugänglich, Bergfried als Aussichtsturm.
Lage: TK 7620; 878 m, GK. R 08030, H 53750, 250 m südöstlich von Ringingen.
Typus: Höhenburg in Spornlage.
Geschichte: Entstehung um 1200; 1180 Dietrich und Otto von Ringingen; um 1400 an die Swelcher von Wielandstein; 15. Jh. Aufgabe als Wohnsitz.

49 Frundsburg, Eineck; Burladingen-Ringingen

Erhaltungszustand: Burgstelle über dem Killertal, Vorburgbereich, Halsgraben, Kernburg mit Ringwall, 8 x 29 m Grundfläche mit Schuttriegel einer trapezförmigen Anlage, vermuteter Frontturm, Wohnbau am Spornende.
Besichtigung: Frei zugänglich.
Lage: TK 7620; 833 m, GK. R 04750, H 54520; 1,5 km östlich von Jungingen
Typus: Höhenburg in Spornlage.
Geschichte: Entstehung 12. Jh., Aufgabe um 1250; Nachweis durch Grabungsbefund, Lauer. Burgbesitzer nicht bekannt, möglicherweise die Herren von Ringingen oder von Killer.

50 Salmendingen; Burladingen-Salmendingen

Erhaltungszustand: Burgruine, Wallgrabenbereiche um Vor- und Kernburg, winkelförmiger Hauptgraben, Kernburggrundfläche fünfeckig ca. 20x30 m, Ringmauerschutt, Wohnturmrest, Frontturm 9,50x10,50 m, Quader- und Kleinquadermauerwerk, grob.
Besichtigung: Frei zugänglich.
Lage: TK 7620; 845 m, GK. R 09100, H 57520; 200 m südsüdwestlich der Kirche
Typus: Höhenburg in Hangkantenlage, Ministerialenburg.
Geschichte: Entstehung um 1200 unter den Herren von Salmendingen, Ministerialen der Grafen von Hohenberg. 1245 Peregrinus von Salmendingen. 1385 Burgstall.

51 Erdhügelburg Aufhofen; Burladingen-Stetten

Erhaltungszustand: Burgstelle im Wiesengrundstück, Erdhügel, Reste von Wall und Graben im Geviert von etwa 6 x 9 m, keine Bauwerksspuren.
Besichtigung: Frei zugänglich.
Lage: TK 7621; 710 m, GK. R 13 450, H 55 170; nördlich der Kirche im Stettener Ortsteil Aufhofen hinter dem Friedhof.
Typus: Niederungsburg, Erdhügelburg.
Geschichte: Entstehung und Eigentümer sind nicht bekannt. Möglicherweise ist es die erste Burg der 1138 in der Zwiefalter Chronik genannten Herren von Hölnstein, die dann um 1300 ihre Höhenburg erbauen.

52 Mögliche Burgen Hörschwag, Ringingen, Starzeln

Hörschwag
Mögliche Burg bei der Flur „Burgäcker", „Burghäldele" und „Hinter der Burg". Nicht bekannter Ortsadel. Hörschwag ist bis Mitte 15. Jh. Teil der Herrschaft Hölnstein.
Ringingen
Mögliche Burg „Horwe" als vermutete Ortsburg der seit dem 12. Jh. genannten Herren von Ringingen.
Starzeln
Mögliche Burg bei der Flur „Burgstall" bei den „Weiherwiesen". Ortsadel nicht bekannt.

Hohenmelchingen 53

Burladingen-Melchingen, Zollernalbkreis, Baden-Württemberg
Meereshöhe: 825 m, Laucherttal 720 m
Erhaltungszustand: Ruine mit deutlich aufrecht stehendem Mauerwerk, Bestand gesichert
Besitzer: Stadtgemeinde Burladingen
Besichtigung: frei zugänglich, barrierefrei für den oberen Bereich
Lage: TK 7620, GK. R 11490, H 57480; GPS 48° 21' 18,9" N, 9° 9' 14,4" O

Im nördlichen Bereich des Laucherttales liegt die Ortschaft Melchingen. Östlich der Kirche geht der Talhang in einen Bergrücken über, der die beachtliche Ruine Hohenmelchingen trägt. Am östlichen Ortsrand von Melchingen nahe der Kirche beginnt der bezeichnete Wanderweg AV Raute hoch zur Ruine. Kirche-Hohenmelchingen 0,6 km. Eine weitere Möglichkeit besteht vom Wanderparkplatz „Weiherbach". Dieser ist über die Laucherstraße erreichbar. Parkplatz-Hohenmelchingen 0,8 km.

Bauphasen

I. Bauphase 12. Jh.
Bauherr: Herren von Melchingen, Ministerialen der Grafen von Achalm. Bau eines Bergfrieds und Wohnbaus, Datierung durch Keramikfunde, Chr. Bizer.

II. weitere Bauphasen nach 1250 bis um 1400
Bauherr: Herren von Melchingen. Nicht datierte Baumaßnahmen: Ringmauer, Toranlage, Vorderhaus, Badstubenhaus und zeitlich zuletzt das Hinterhaus.

Geschichte

Die 1138 mit „Adelbertus" in der Zwiefalter Chronik nachgewiesene Familie von Melchingen ist stammes- und wappengleich mit den Herren von Hölnstein und Lichtenstein. Sie sind Ministerialen der Grafen von Achalm, später deren Rechtsnachfolger der Grafen von Württemberg. Im 14. Jahrhundert stehen die Melchinger als Reiterführer in Diensten bedeutender Städte Norditaliens wie Florenz und Pisa. Ihr Niedergang erfolgt durch den Verkauf der Grundherrschaft.
1254 Burkhard von Melchingen Zeuge für Graf Ulrich von Württemberg.
1279 Der Bruder Arnold Zeuge für Graf Albrecht von Hohenberg; 1279 beide Brüder Zeugen für die Grafen von Zollern. Teile des Burgbesitzes wechseln mehrfach.
1439 Nennung von Vorderhaus, hinterem Stock und 1451 des baufälligen Badstubenhauses anlässlich einer Veräußerung durch Hans von Melchingen an die Grafen von Werdenberg. Um diese Zeit oder etwas später ist die Burg nicht mehr bewohnt. 1504 Tod des Bero, letztes bekanntes Mitglied der Familie.

1975–1980 Instandsetzung der Ruine durch die Stadt Burladingen, Leitung Architekt Wilfried Pfefferkorn.

Anlage

Typus
Höhenburg in Bergrückenlage, Ministerialenburg.

Anlagenmerkmal
Bergfried, Kleinquader, Ringmauer, Wohnbauten in Bruchsteinmauerwerk, Eckquaderung, Graben.

Beschreibung
Hohenmelchingen überdeckt sowohl den Randbereich des Höhenrückens als auch den anschließenden westlichen Steilhang. Ein bogenförmiger Graben mit vorgelagertem Wall begrenzen die Anlage zur Bergseite. Ihnen folgt polygonal abgekantet die Umfassungsmauer. Zur Nordseite geht sie in die Außenmauer des Hinterhauses über und am Talhang bildet das Tor mit anschließendem Zwinger den Abschluss.
Zentrum ist der auf einem Felskopf der Hangkante sitzende Turmstumpf des **Bergfrieds**. Er zeigt mit den angrenzenden Mauern eines Gebäudes den Erstbestand des 12. Jhs. und dokumentiert den Standort an der Hangkante. Sein

Badstubenhaus

rechteckiger Grundriss mit Kleinquaderverblendung hat Seitenlängen von 4,68 bis 5,68 m, Innenraum nur 1,04 x 1,90 m. Markante Neubauten des 14. Jhs sind drei Bauwerke, die sich fächerartig von der Nord- über die westliche Hangseite zur Südseite gruppieren. Hauptbauwerk ist die auffällige Ruine des **Vorderhauses**. Ein dreigeschossiger Wohnbau auf unregelmäßig fünfeckigem Grundriss am ostseitigen Felsen aufgebaut, Zugang mit Rundbogenportal von der Hofseite, Bruchsteinmauerwerk, Eckquaderung. Gegenüber an der Nordmauer steht das **Badstubenhaus**. Das **Hinterhaus**, das jüngste Bauwerk mit 11,70 x 29 m mit bis zu 7 m hohen Außenmauern, befindet sich am Graben und tritt aus der Ringmauerflucht nach Norden vor.

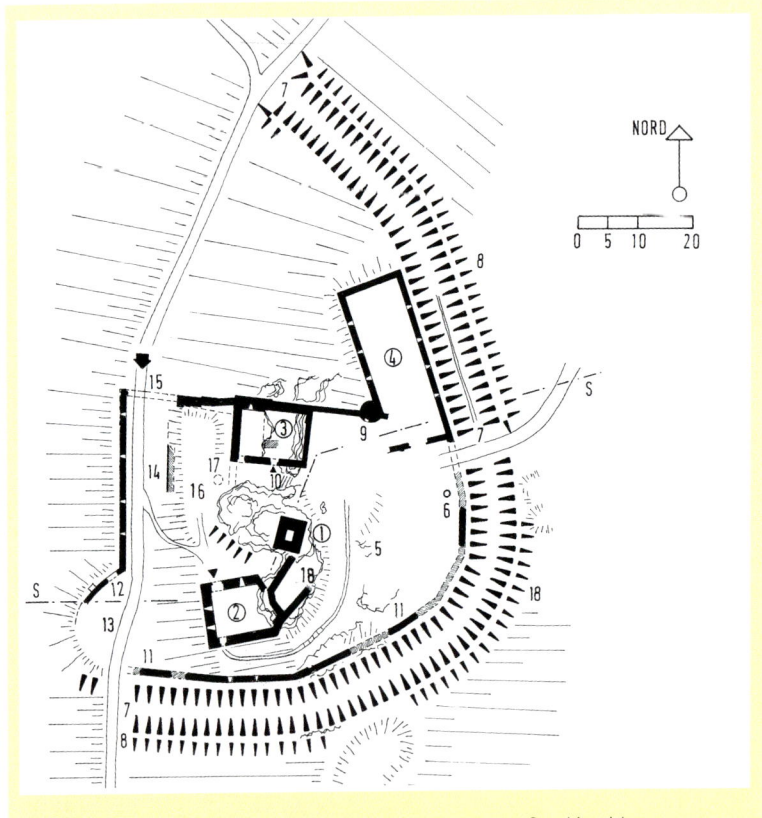

1 Bergfried
2 Vorderhaus
3 Badstubenhaus
4 Hinterhaus
5 Oberer Burghof
6 Brunnen
7, 8 Graben, Wall
9 Backofen
10 Reste einer Treppe
11, 12 Ringmauer
13 Unterer Burghof
14 Zwinger
15 Tor
16 Mittlerer Burghof
17 Reste Zisterne
18 Vermuteter Wohnbau 12. Jh.

Grundrisszeichnung.
 Günter Schmitt unter Verwendung von Planunterlagen des Architekten Wilfried Pfefferkorn

Hölnstein 54

Burladingen-Stetten unter Holstein, Zollernalbkreis, Baden-Württemberg
Meereshöhe: 815 m, Laucherttal 700 m
Erhaltungszustand: Ruine mit deutlich aufrecht stehendem Mauerwerk, Bestand gesichert.
Besitzer: Stadtgemeinde Burladingen
Besichtigung: Frei zugänglich, Grillstelle
Lage: TK 7621; GK. R 13910, H 54840; GPS 48° 19' 52,3 N, 9° 11' 11,8" O

Unmittelbar nach dem Zusammenfluss der aus Norden kommenden Erpf in die nach Süden fließende Lauchert liegt Stetten unter Holstein. Östlich der Ortschaft steht auf dem Felsen der dicht bewaldeten, steil aufragenden Burghalde die Ruine der ehemaligen Burg Hölnstein.
Am Ortsausgang in Richtung Erpfingen zweigt in östlicher Richtung die Burghaldenstraße zum Sportplatz ab. Bei Erreichen des Waldrandes führt ein bezeichneter Wanderweg AV Dreieck zur Burgruine. Parkmöglichkeit am ausgewiesenen Wanderparkplatz oder beim Sportplatz. Waldrand-Ruine Hölnstein 0,7 km.

Westliche Ringmauer und Wohnturm.

Bauphasen

Bauphase Ende 13. Jh./14. Jh.
Bauherr: Herren von Hölnstein, Ministerialen der Grafen von Württemberg; möglicher Baubeginn noch unter Johannes (I.) gen. 1279, oder dessen Sohn Johannes (II.) gen. 1304, 1345. Entstehung mit Wohnturm, Ringmauer und Gebäuden nicht vor Ende des 13. Jhs. Um 1100 wird die Burg archivalisch belegt. Einen eindeutigen Nachweis durch Fundkeramik gibt es hierzu nicht, Chr. Bizer.

Geschichte

Die zuerst edelfreie Familie von Hölnstein wird 1138 mit Adelbert und Ogger in der Zwiefalter Chronik genannt. Sie ist durch ihre Wappengleichheit stammverwandt mit den Herren von Melchingen und Lichtenstein. 1496 ist die Familie von Hölnstein ausgestorben.
1279 Berthold von Hölnstein und dessen Sohn Johannes (I.) sind Zeugen für Marquard von Ehingen.
1388 Durch Erbteilung geht der gesamtheitliche Besitz verloren. Ursula von Hölnstein, Enkelin Johannes (II.) und ihr Stiefbruder Friedrich von Magenbuch verkaufen ihren Teil an Klaus Ungelter – ein Drittel des Wohnturms, des Hauses, der Scheuer und Rechte. Auf der Burg sitzen nun gleichzeitig Hölnsteiner, Ungelter und Lichtensteiner.
Ab 1401 Mehrfacher Wechsel von Besitzteilen.
Vor 1488 Graf Jos Niclas I. von Zollern erwirbt den gesamten Besitz.
1534 Nicht mehr bewohnt.
1585 Graf Eitelfriedrich von Zollern lässt „den Turm auf dem Burgstall Stetten" wegen Einsturzgefahr abbrechen.
1985 Instandsetzung der Ruine durch die Stadt Burladingen.

Anlage

Typus
Höhenburg in Bergkuppenlage, Ministerialenburg.

Anlagenmerkmal
Wohnturm, grob hammerrecht bearbeitete Quader, Ringmauer, Bruchstein.

Beschreibung
Markant stehen die Mauerreste der ehemaligen Burg auf einer zur Talseite über Felsen abfallenden Bergkuppe. Von der flacher ansteigenden Südseite ist der Kernburg ein verebneter Bereich vorgelagert. Dahinter folgt ein das Gelände abriegelnder Wall mit 60 m langem Graben.
Etwas erhöht liegt die **Kernburg** mit 5 m hohen Resten der imposanten Ringmauer. Sie folgt mit ca. 215 m Länge polygonal dem Kuppenrand: Stärke 110 cm, Reste des Wehrgangs, Zu-

gangsseite mit Betonrahmen gefasstem Burgtor. Bauwerksruinen gibt es an der Südostecke mit einem 11,60 x 16,20 m großen Gebäude und an der Südmauer ein weiteres mit Gewölbekeller.

An der äußersten Ecke zur Talseite stehen, auf einem weit in das Areal eingreifenden erhöhten Felsen, die Mauerreste des **Wohnturmes**. Sein Grundriss ist mit etwa 11,50 x 12 m fast quadratisch, das Mauerwerk grob hammerrecht und lagerhaft mit Kalksteinquadern und gerundeten Gebäudeecken errichtet; Mauerstärken 1,15 bis 1,75 m. Der felsendurchsetzte Kernburgbereich ist aufgrund der Keramikfunde als ursprünglicher Burgbereich zu verstehen. Darin befinden sich zur Talseite mehrere Höhlen, die über einen Fußpfad vom westlichen Ende des Grabens oder über Eisenklammern an der nördlichen Mauerrecke des Wohnturmes zu erreichen sind.

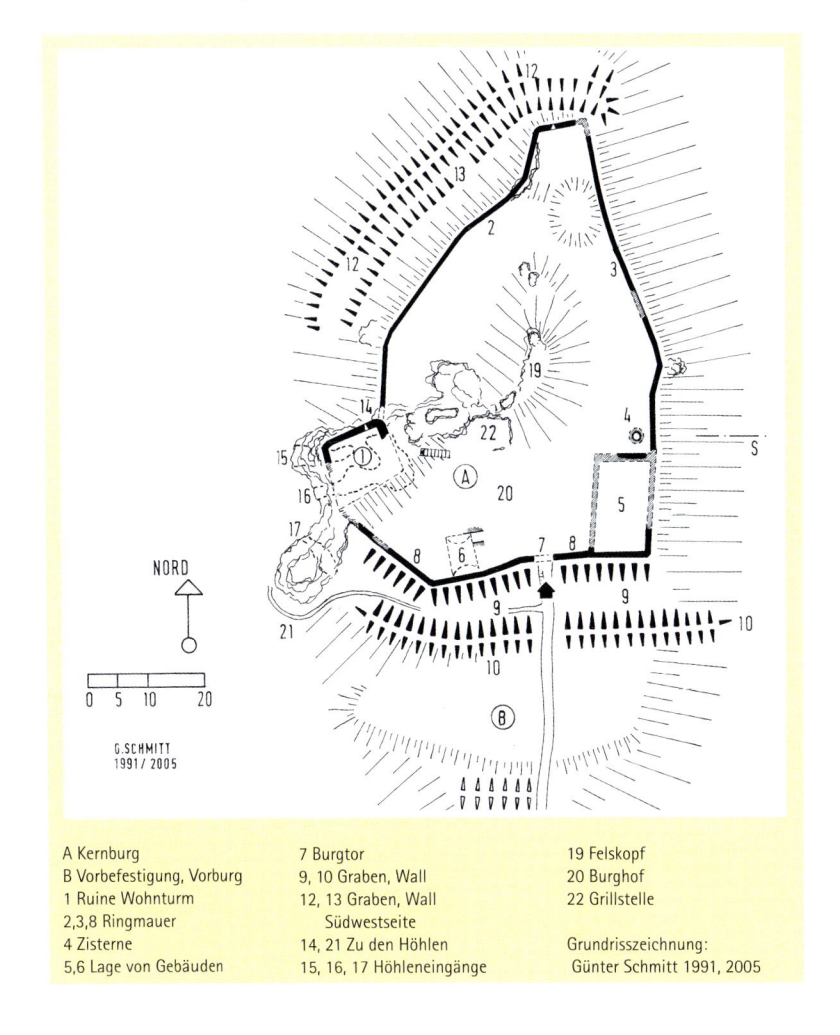

A Kernburg	7 Burgtor	19 Felskopf
B Vorbefestigung, Vorburg	9, 10 Graben, Wall	20 Burghof
1 Ruine Wohnturm	12, 13 Graben, Wall Südwestseite	22 Grillstelle
2,3,8 Ringmauer	14, 21 Zu den Höhlen	Grundrisszeichnung:
4 Zisterne	15, 16, 17 Höhleneingänge	Günter Schmitt 1991, 2005
5,6 Lage von Gebäuden		

Landkreis Tübingen

55 Andeck; Mössingen-Talheim

Erhaltungszustand: Burgstelle am Ende eines 450 m langen Höhensporns des Farrenbergs. Vorburg mit Graben und Schildwall, Kernburg hinter Hauptgraben mit Schuttriegel, Rechteckanlage ca. 20 x 32 m mit Schildmauer, Wohnbau, vermutetem Turm, Buckelquader, Quader im Hangschutt.
Besichtigung: Frei zugänglich.
Lage: TK 7620; 780 m, GK. R 06450, H 60440; 1,5 km westlich von Talheim.
Typus: Höhenburg in Spornlage, Schildmauerburg, Hochadelsburg.
Geschichte: Entstehung kurz vor 1250, Bauwerksmerkmale, durch die zollerischen Schenken von Neuenzell-Zell; 1282 Werner von Neuenzell nennt sich „Schenk von Andeck". 1392 Belagerung durch die Städte Rottenburg und Horb. Aufgabe 2. Hälfte 15. Jh.

56 Wasserburg und Schloss Talheim; Mössingen-Talheim

Erhaltungszustand: Burgstelle, Wassergraben im Geviert, Grundfläche 16 x 19 m, teilweise verfüllt, keine Bauwerksspuren.
Besichtigung: Privatgrundstück, gut einsehbar.
Lage: TK 7620; 570 m, GK. R 07940, H 60320; östlich der Schule zwischen Beethovenstraße und Kreuzstraße.
Typus: Niederungsburg, Wasserburg, Ortsburg.
Geschichte: Entstehung unbekannt, 1392 Belagerung durch die Städte Rottenburg und Horb. 1414 in Besitz der Schenken von Andeck. 1518 Eigentum der Herren von Karpfen. Um 1580 Neubau des Steinbaus neben der Wasserburg, 1838 Abbruch.

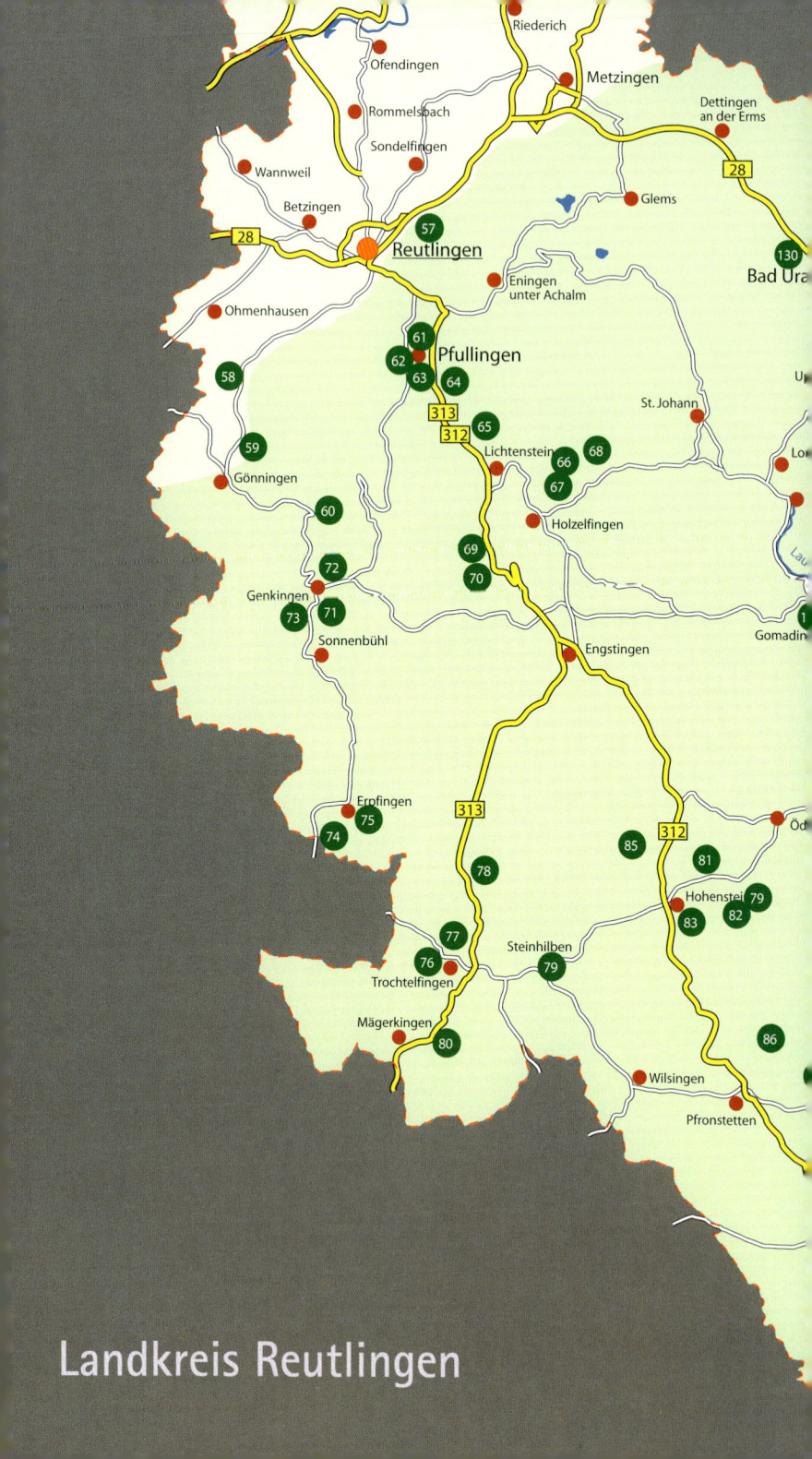

Landkreis Reutlingen

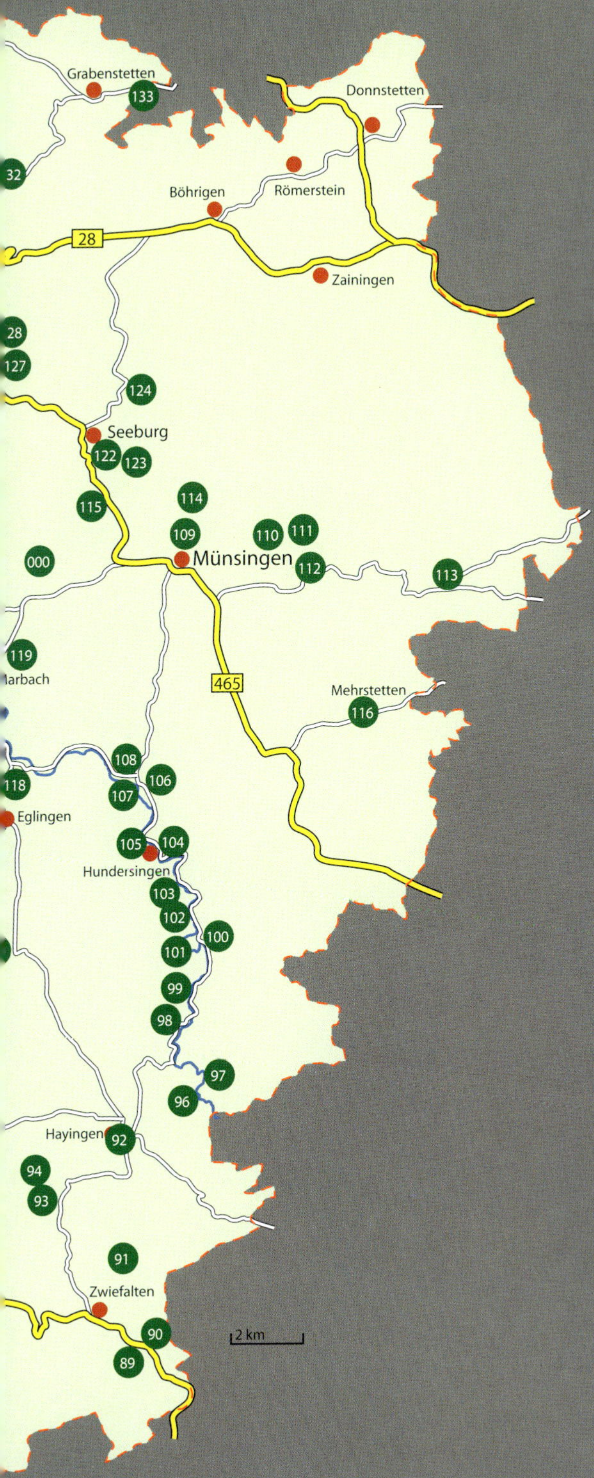
Grabenstetten
133
Donnstetten
32
Böhrigen
Römerstein
28
Zainingen
28
127
124
Seeburg
122
123
114
115
109
110
111
000
Münsingen
112
113
119
larbach
465
Mehrstetten
116
108
106
118
107
Eglingen
105
104
Hundersingen
103
102
100
101
99
98
97
96
Hayingen
92
94
93
91
Zwiefalten
90
89
2 km

Achalm

Stadt Reutlingen, Landkreis Reutlingen, Baden-Württemberg
Meereshöhe: 707 m, Reutlingen 408 m
Erhaltungszustand: Ruine mit deutlich aufrecht stehendem Mauerwerk, Bestand zum Teil gesichert, Aussichtsturm
Besitzer: Stadt Reutlingen
Besichtigung: frei zugänglich, Grillstelle
Lage: TK 7521; GK. R 18120, H 72970; GPS 48°29'39" N, 9°14'38"

Östlich der Altstadt von Reutlingen liegt der äußerst markante Bergkegel der Achalm. Ein frei vor dem Albtrauf stehender, weithin die Landschaft beherrschender Zeugenberg.

In Reutlingen führt die B 28 in Richtung Metzingen und Stuttgart. Bei der bezeichneten Abzweigung „Achalm" am Stadtausgang der Straße bis zu den Parkplätzen am Scheibengipfel folgen. Ein Fußweg führt der Straße entlang bis zum Höhenrestaurant und weiter auf bezeichnetem Wanderweg AV Dreieck zur Ruine auf dem Achalmgipfel. Parkplätze–Achalm 1,6 km.

Bauphasen

I. Bauphase 1. Hälfte 11. Jh.
Obere südliche Burg. Bauherren: die Brüder Egino I. und Rudolf Grafen von Achalm. Entstehung der Burg mit Torzwinger, Kernburg mit Ringmauer und Wohnbau.

Untere nördliche Burg. Bauherr: Liutold Graf von Achalm, †1098, Sohn des Rudolf. Entstehung einer eigenständigen Anlage mit Ringmauer und Wohnbau oder einer bewohnten Anlage als Burgerweiterung. Datierung durch Fundkeramik, Chr. Bizer und Schriftennachweis.

II. Bauphasen 13. und 14. Jh.
Mehrere Ausbauphasen vorwiegend unter den Grafen von Württemberg; Burgkapelle St. Georg, Erweiterung Torbereich. Errichtung des Bergfrieds nicht vor Ende des 13. Jhs. Aufgabe der unteren nördlichen Burg 1. Hälfte 13. Jh.

Geschichte

In der Zwiefalter Chronik von 1138 wird von der Burggründung durch die Brüder Egino und Rudolf berichtet. Nach dem frühen Tod des Egino vollendet Rudolf die Burg. Dieser hat sieben Söhne und drei Töchter. Der Bruder seiner Frau Adelheid ist Reichskanzler Kaiser Heinrichs III. und der Kaiser selbst vermutlich ihr Vetter.

1098 Nach dem Tod des letzten Grafen von Achalm Liutold Übergang als Erbe an Graf Werner in Hessen, dann an die Welfen, 1135 an die Grafen von Gammertingen und über deren Erbtochter Adelheid an Bertold von Neuffen.

1235 Vergebliche Belagerung der Achalm durch die Truppen Kaiser Friedrich II. in der Auseinandersetzung mit seinem Sohn König Heinrich VII. Nach der Schlacht im Ermstal wird die Burg 1236 Reichsgut und Wohnsitz des Konrad von Plochingen.

1281 König Rudolf von Habsburg entzieht die Achalm den Württembergern. Graf Ulrich III. von Württemberg erhält sie 1330 wieder als Reichspfand durch Kaiser Ludwig zurück.

1377 Verstärkung der Burg im Städtekrieg durch Graf Ulrich von Württemberg. Niederlage der Württemberger in der Schlacht bei Reutlingen.

1519 Besetzung durch den Schwäbischen Bund.

1645 Verstärkung mit Palisaden, 1646 Auftrag zum Abbruch der Burg. 1650 und 1658 endgültiger Abbruch im Auftrag von Herzog Eberhard III. von Württemberg.
1838 Instandsetzung der Bergfriedruine, 1932 Aufstockung.
1950 Erwerb durch die Stadt Reutlingen, 1966/67 Instandsetzungsmaßnahmen.

Anlage

Typus
Höhenburg in ausgeprägter Gipfellage, Grafenburg, Reichsburg, Doppelburg.

Anlagenmerkmal
Bergfried, Eckquader, Bruchstein, Wohnbau, Ringmauer, Zwinger, Kleinquader.

Beschreibung
Markant vor dem Albtrauf steht der längsovale Zeugenberg Achalm. Seine Oberfläche ist durch eine flache Senke in einen südlichen oberen und einen nördlichen unteren Burgbereich getrennt. Beide Anlagen, entstammen dem gleichen Gründungszeitraum.

Die südliche Anlage an höchster Stelle gelegen mit ca. 35 x 75 m, umschloss eine Ringmauer, an dessen Nordwestecke der Wohnbau stand. Frei steht der **Bergfried** auf fast quadratischem Grundriss von 7,16 x 7,25 m. Er besitzt Eckquaderung mit lagerhaftem, teilweise hammerrechtem Bruchsteinmauerwerk und ist historisierend erhöht. In der Südostecke lag ein weiterer Turm und davor die 1646 zugeschüttete Zisterne.

Die nördliche, etwa 2 m tiefer liegende Anlage ist mit ca. 33 x 65 m die kleinere Burg. Reste der bis 4 m hohen Ringmauer zeigt Verblendung mit Kleinquadern. Beide Teilburgen waren durch einen gemeinsamen tiefer liegenden Zwischenhof und einen vorgelegten Torzwinger gesichert, von dem noch Mauerreste mit einer Spitzbogenpoterne stehen.

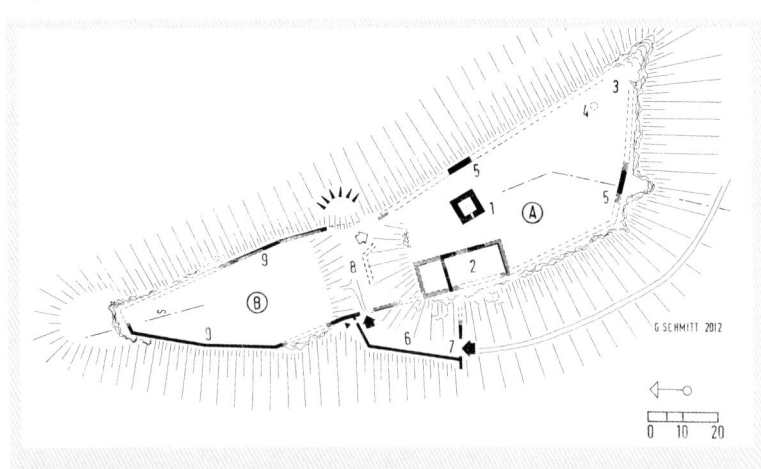

A Südliche Obere Burg
B Nördliche Untere Burg
1 Bergfried, Aussichtsturm
2 Wohnbau
3 Lage des Südost-Turms
4 Lage der Zisterne
5 Ringmauer Obere südliche Burg
6 Torzwinger
7 Äußeres Tor
8 Zwischenhof
9 Ringmauer Untere nördliche Burg
Übersichtsplan: Günter Schmitt 2013

58 Alte Burg; Stadt Reutlingen

Erhaltungszustand: Burgstelle, ovale Bergoberfläche durch einen Graben in zwei Bereiche getrennt: auf dem nördlichen Schuttriegel der Ringmauer, Aussichtsturm; auf dem südlichen kleineren Bereich ca. 14 x 16 m Grundmauern eines 6,40 x 6,40 m großen Bauwerks, Quadermauerwerk.
Besichtigung: Frei zugänglich, Aussichtsturm.
Lage: TK 7520; 593 m, GK. R 11050, H 69030; 1,2 km nordwestlich von Bronnweiler.
Typus: Höhenburg in Gipfellage.
Geschichte: Entstehung und Bauherr nicht bekannt, vermutet als erste Burg der seit 1056 genannten Herren von Stöffeln. Bei Inbesitznahme um 1250 bis 1300 durch die Johanniterkommende Hemmendorf nicht mehr bewohnt.

59 Stöffeln; Reutlingen-Gönningen

Erhaltungszustand: Burgstelle auf einem Sporn des Stöffelbergs mit 7 Quergräben, Vorburg; Vordere Burg: Ringmauer mit 27 m Viertelkreisradius, zwei Fronttürme. Hintere Burg: Rechteckanlage 25 x 42 m, Wohnbau, über Eck gestellter Frontturm 5,9 x 6,2 m.
Besichtigung: Frei zugänglich.
Lage: TK 7520; 736 m, GK. R 11690, H 66680; 800 m nordnordöstlich von Gönningen.
Typus: Höhenburg in Spornlage, Doppelburg, Hochadelsburg.
Geschichte: Entstehung durch die Edelfreien von Stöffeln, Vordere Burg 1. Hälfte 12. Jh., Aufgabe 13. Jh. Entstehung Hintere Burg ab Mitte 13. Jh. Nachweis durch Fundkeramik, Chr. Bizer. 1300 Verkauf an Württemberg. 1388 Zerstörung im Städtekrieg durch die Reutlinger.

60 Rösslesberg; Reutlingen-Gönningen

Erhaltungszustand: Burgstelle, Gipfelfläche dreieckig 40 x 100 m, Graben mit vorgelegtem Wall, kein Steinbaunachweis, vermutete Holzbauweise.
Besichtigung: Frei zugänglich.
Lage: TK 7521; 716 m, GK. R 13580, H 65180; 2,3 km ostsüdöstlich von Gönningen.
Typus: Höhenburg in Gipfellage.
Geschichte: Entstehung und Besitzer unbekannt, Aufgabe vor Mitte 11. Jh., Nachweis durch Fundkeramik, Chr. Bizer. Vermutete frühe hochmittelalterliche Anlage mit nicht genau bekannter Nutzung.

61 Obere Burg Pfullingen; Stadt Pfullingen

Erhaltungszustand: Ersatzlos abgebrochen, überbautes Grundstück, Anfang 20. Jh.; Grundmauern und Tuffsteinquader.
Lage: TK 752; ca. 498 m, GK. R 16960, H 69180; Grundstück zwischen Leonhardstraße und Mühlkanal.

Typus: Ortsburg, Wasserburg, Hochadelsburg.
Geschichte: Entstehung unbekannt, möglicherweise frühmittelalterlicher Herrenhof. Stammsitz der Grafen von Pfullingen, 1066 Ortsadel mit Konrad Erzbischof von Trier, 1262 Erwähnung der Burg, 1355 an Württemberg, 1388 Zerstörung.

62 Schloss Pfullingen; Stadt Pfullingen

Erhaltungszustand: Erhalten Süd- und Ostflügel der ehemaligen Vierflügelanlage, dreigeschossig, Walmdach, Südflügel Länge 33 m mit über die Traufe reichenden Ecktürmen, Wendelstein, Schlosskapelle, bauzeitliche Raumaufteilung.
Besichtigung: Außenbereiche frei zugänglich, öffentliche Einrichtungen.
Lage: TK 7521; ca. 498 m, GK. R 16 500, H 69 890; 300 m nordwestlich der Kirche.
Typus: Renaissanceschloss, Zweiflügelanlage, ehemaliges vierflügliges Wasserschloss.
Geschichte: 1260 „Rempenburg" oder „Untere Burg", Stammsitz der Rempen von Pfullingen, 1487 an Württemberg, 1560-1565 Neubau anstelle der Burg durch Herzog Christoph von Württemberg als Jagdschloss, Architekt: Alberlin Tretsch. 1835 Teilabbruch, 1954 an die Stadt Pfullingen.

63 Schlössle Pfullingen; Stadt Pfullingen

Erhaltungszustand: Zweigeschossiger Rechteckbau, massives Erdgeschoss, Aufbau in Ständer-Riegelbauweise mit Krüppelwalmdach. Grundriss zweischiffig, dreizonig. Museumsnutzung.
Besichtigung: Stadtgeschichtliches Museum, Öffnungszeiten: Mai bis Oktober, Sonn- und Feiertage 14 bis 17 Uhr.
Lage: TK 7521; ca. 498 m, GK. R 16 580, H 69 770; 200 m westlich der Kirche.
Typus: Herrenhaus.
Geschichte: Um 1450 Neubau als Alterssitz des Caspar Remp von Pfullingen, Nachweis Dendro. 1978 bis 1981 Instandsetzung und Umnutzung zum Museum.

64 Hörnle Urselberg; Stadt Pfullingen

Erhaltungszustand: Burgstelle über dem Echaztal, Wallgraben, Verebnungen, kein Steinbaunachweis.
Besichtigung: Frei zugänglich.
Lage: TK 7521; ca. 600 m, GK. R 18 205, H 68 980; 1,6 km südöstlich der Kirche in Pfullingen.
Typus: Höhenburg in Spornlage.
Geschichte: Entstehung und Bauherr nicht bekannt; nach LDA Archäologie, H. Schmidt, hochmittelalterliche Anlage vermutet, 12. Jh.; mögliche Burg der Herren von Pfullingen oder von Greifenstein.

65 Hochbiedeck; Lichtenstein-Unterhausen

Erhaltungszustand: Burgstelle über dem Zellertal am Ende eines 350 m langen Grates. Hinter dem zweiten Graben die Kernburg mit 4–7 x 40 m Grundfläche, möglicher Wohntturm, Verebnungen, nordseitig zwingerartiger Absatz, vermutete Holzbauweise.
Besichtigung: Frei zugänglich.
Lage: TK 7521; 627 m, GK. R 19 490, H 67 580; 1,6 km nördlich von Unterhausen.
Typus: Höhenburg in Spornlage
Geschichte: Entstehung vermutet 1. Hälfte 13. Jh.; 1311 Zerstörung durch die Reutlinger. Besitzer nicht bekannt, vermutlich zu den Greifensteinern gehörende Burg.

66 Untergreifenstein; Lichtenstein-Unterhausen

Erhaltungszustand: Burgstelle über dem Zellertal auf 80 m Länge. Halsgraben, Vorburgbereich, Abschnittsgraben, Kernburg auf schmalem Felskamm mit zwei Gebäuden: vermuteter Wohnturm mit Graben 13. Jh., zur Westseite Wohnbau 12. Jh., Reste von Mauerwerk, Kleinquader, Tuffquader.
Besichtigung: Frei zugänglich.
Lage: TK 7521; 720 m, GK. R 20 540, H 66 830; 1,7 km nordöstlich von Unterhausen, 150 m westlich von Obergreifenstein.
Typus: Höhenburg in Talhanglage, Felsenburg, Hochadelsburg.
Geschichte: Entstehung 3. Viertel 12. Jh., Nachweis durch Fundkeramik, Chr. Bizer. Stammburg der Edelfreien von Greifenstein, 1311 Zerstörung durch die Reutlinger im Reichskrieg gegen Württemberg.

67 Obergreifenstein; Lichtenstein-Unterhausen

Erhaltungszustand: Burgruine über dem Zellertal, Vorbereich zwischen Ringgraben und U-förmigem Hauptgraben, Kernburg mit aufgemauerter polygonaler Ringmauer, Wohnbau fünfeckig am Graben. Eckquaderung, Bruchstein, Bestand gesichert.
Besichtigung: Frei zugänglich, Schutzhütte, AP.
Lage: TK 7521; 760 m, GK. R 20 700, H 66 830; 1,8 km nordöstlich von Unterhausen, 150 m von Untergreifenstein.
Typus: Höhenburg in Bergkantenlage, Hochadelsburg.
Geschichte: Entstehung Mitte 13. Jh. durch Rumpold I. oder Rumpold II. von Greifenstein. 1311 Zerstörung durch die Reutlinger im Reichskrieg gegen Württemberg.

68 Stahleck; Lichtenstein-Unterhausen

Erhaltungszustand: Burgstelle am Zellertalschluss. Polygonale Kernburg von ca. 23 x 26 m hinter einem abgewinkelten verflachten Halsgraben, Schuttriegel am Graben, kein Steinbaunachweis.
Besichtigung: Frei zugänglich.
Lage: TK 7521; 711 m, GK. R 22 020, H 67 190; 3,2 km nordöstlich von Unterhausen.
Typus: Höhenburg in Spornlage, Ministerialenburg.
Geschichte: Bewohnte Anlage etwa von Mitte 13. Jh. bis Mitte 14. Jh., Nachweis durch Fundkeramik, Chr. Bizer. 1254 Ritter Konrad von Stahleck, 1322 Dietrich von Stahleck.

Schloss Lichtenstein 69

Lichtenstein-Honau, Landkreis Reutlingen, Baden-Württemberg
Meereshöhe: 820 m, Echaztal 565 m
Erhaltungszustand: erhaltene Gesamtanlage
Besitzer: Herzog von Urach Graf von Württemberg
Besichtigung: Öffnungszeiten und Führungen Schlossanlage, Schlossinnenräume: Februar, März und November: Sa., So. Feiertage 10 bis 16 Uhr. 1. April bis 31. Oktober: Montag bis Sonntag 9 bis 17.30 Uhr. Dezember und Januar geschlossen. Sonderführungen für kleine Gruppen in die Wohnbereiche von Herzog Wilhelm in dem oberen Geschossen des Schlosses. Telefon 07129 4102, verwaltung@schloss-lichtenstein.de, www.schloss-lichtenstein.de; barrierefrei für Schlosshof, Garten, Aussichtskanzel, Gastronomie im Vorfeld.
Lage: TK 7521; GK. R 19 180, H 63 240; GPS 48° 24' 24" N, 9° 15' 29" O

Lichtenstein, Sinnbild der Romantik auf bizarrer Felsnadel über tiefen Abgründen, gilt als Wahrzeichen der Schwäbischen Alb. Es liegt südlich von Reutlingen am Ursprung des eny eingeschnittenen Echaztales. Von der B 312 Reutlingen–Riedlingen führt nach Erreichen der Hochfläche eine bezeichnete Straße zum Parkplatz beim Schloss.

Bauphasen

I. Bauphase 3. Viertel 12. Jh.
Bauherr: Herren von Lichtenstein, vermutlich Gebhard von Lichtenstein, erw. 1182, Ministeriale des Markgrafen Heinrich von Ronsberg. Entstehung der Lichtensteiner Stammburg. Vermutlich Burghaus auf ausgesetztem Felsen, Buckelquaderbauweise. Datierung durch Fundkeramik, Chr. Bizer.

II. Bauphase um 1390–1400
Bauherr: Graf Eberhard III. der Milde von Württemberg, *1364, †1417, oder noch dessen Vater Eberhard der Greiner, †1392. Wiederherstellung der Burg nach Zerstörungen, Ausbau zum Wohnsitz des württembergischen Burgvogts.

III. Bauphase 1802
Bauherr: Herzog Friedrich II. von Württemberg, König seit 1806, *1754, †1816; Abbruch der oberen durch Brand zerstörten Geschosse. Neubau eines Jagd- und Forstschlösschens auf den Grundmauern der Burg.

IV. Bauphase 1840–1857
Bauherr: Wilhelm (I.) Graf von Württemberg, seit 1867 Herzog von Urach, *1810, †1869; Ehefrauen: 1. Prinzessin Theodolinde von Leuchtenberg, 2. Florestine Prinzessin von Monaco. Architekt: Carl Alexander von Heideloff aus Nürnberg, *1789, †1865, Maler, Bildhauer, Architekt im Sinne der Romantik, zahlreiche Restaurierungen und Neubauten von Kirchen, Profanbauten – u. a. Schloss Rosenau, Veste Coburg. Bauleitung: Johann Georg Rupp, Bauinspektor aus Reutlingen.

1840 bis 1842 Schlossneubau auf den Grundmauern der Burg. Bis 1857 Neubau der Außenschlossanlage, Ringmauer mit historisierenden Festungswerken.

Äußere Festungswerke.

V. Bauphase 1895–1910
Bauherr: Wilhelm Karl (II.) Herzog von Urach Graf von Württemberg, *1864, † 1928, Sohn des Wilhelm (I.). Ehefrauen: 1. Amalie Herzogin in Bayern, 2. Wiltrud Prinzessin von Bayern. Neubauten in der Außenschlossanlage: Gästebau 1895, Gerobau 1900, Fürstenbau 1910.

Geschichte

Die Herren von Lichtenstein sind Ministerialen der Grafen von Achalm-Gammertingen und deren Rechtsnachfolger der Markgrafen von Ronsberg. Sie sind durch ihre Wappengleichheit stammesverwandt mit den Hölnsteinern und Melchingern. Ihre namengebende Stammburg ist die Burg Lichtenstein, die Vorgängeranlage des Schlosses. Die beiden Lichtensteiner Burgen bei Neufra im Fehlatal und der Alte Lichtenstein nahe dem Schloss sind jüngere Burgengründungen und kommen somit als namengebende Burg nicht in Betracht. Mit dem im Türkenkrieg 1687 gefallenen Anton von Lichtenstein ist die Familie ausgestorben.

Drittes Viertel 12. Jh. Entstehung der Burg Lichtenstein.
1182 Gebhard von Lichtenstein schenkt Güter in Altingen bei Herrenberg dem Kloster Ottobeuren.
12. und 13. Jh. Mehrfache Erwähnung der Lichtensteiner.
1377 Zerstörung oder Beschädigung der Burg durch die Reutlinger.
1389–1394 Übergang des Besitzes an Graf Eberhard von Württemberg durch den Vergleich mit den Reichsstädten. Lichtenstein wird Wohnsitz von Burgvögten.
Ab 1567 Wohnsitz des württembergischen Forstknechts.
1800 Schlossbrand.
1838 Wilhelm (I.), Graf von Württemberg, erwirbt von seinem Vetter, dem König Wilhelm I. von Württemberg, den Besitz Lichtenstein.
1840–1842 Schlossneubau.
16. Juli 1869 Wilhelm (I.), Herzog von Urach, Graf von Württemberg, stirbt auf Lichtenstein. Das Schloss wird Sommersitz seines Sohnes Wilhelm Karl.
1980–1999 Restaurierungs- und Sicherungsmaßnahmen an Schloss, Bauwerken der Außenschlossanlage und Ausstattung.

Anlage

Typus
Höhenburg-Schloss, Felsenburg, Ministerialenburg, Hochadelsschloss, Schloss-Burg-Festung des Historismus – Neugotik.

Anlagenmerkmal
Rundturm, zwei- und dreigeschossiger Rechteckbau, historisierende Baudetails, Graben, mehrgliedrige Außenschlossanlage mit Ringmauer und Geschütztürmen.

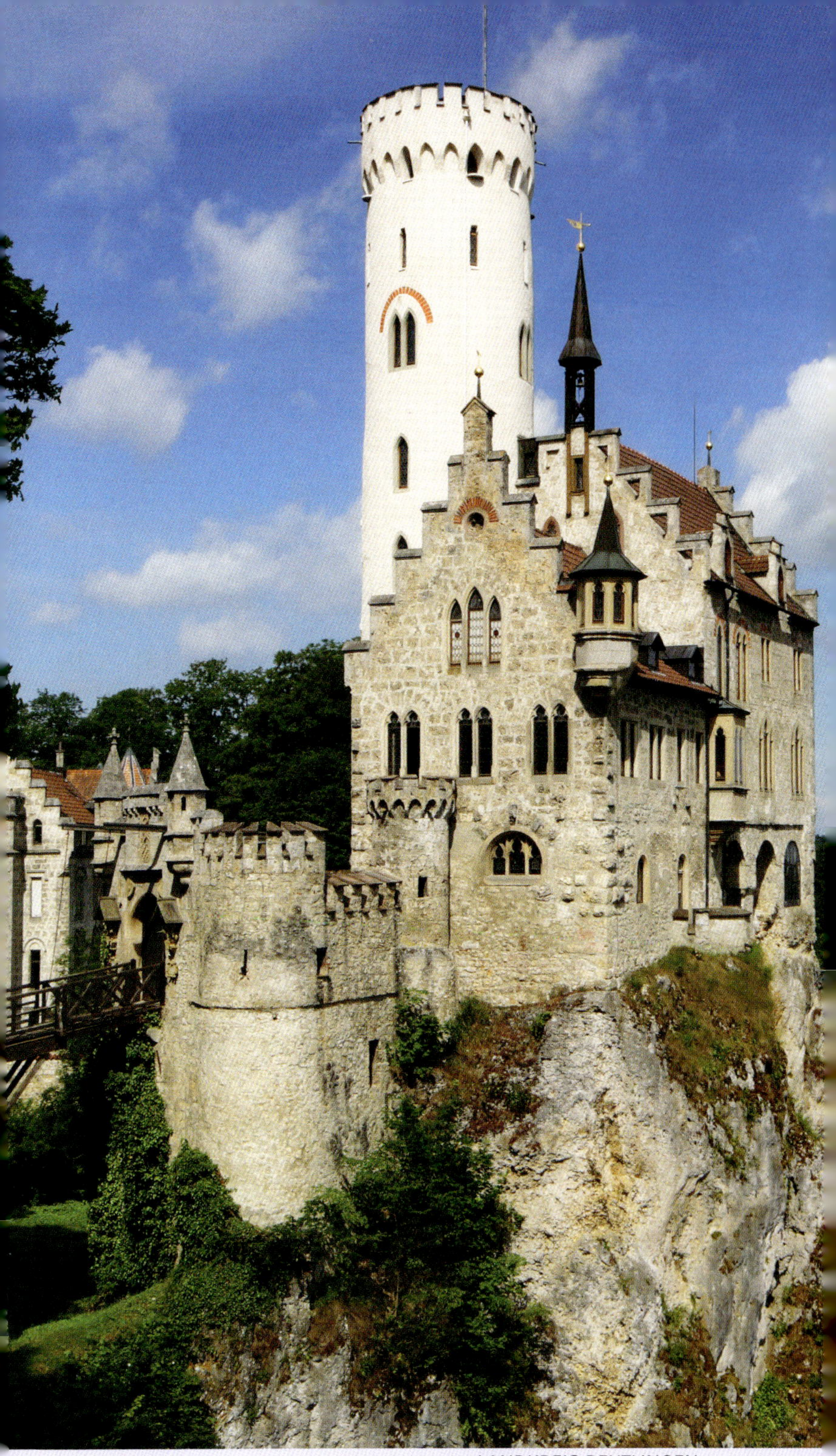

Beschreibung

Lichtenstein ist durch seine Architektur, Lage und Entstehungsgeschichte das romantische Burg- und Märchenschloss schlechthin. Ein Kuriosum, entstanden aus der Idee Graf Wilhelms von Württemberg, dem Roman „Lichtenstein" von Wilhelm Hauff ein adäquates Denkmal zu setzen, eine Burg nach einem Roman zu bauen und nicht umgekehrt. So steht Lichtenstein aus Felsen gewachsen bizarr in einer wild, romantisch anmutenden Landschaft.

Die Gesamtanlage liegt auf einem Höhenkamm, der über Felsen zum Echaztal steil abfällt. Graben und Ringmauer mit historisierenden Geschütztürmen unterschiedlichster Ausformung begrenzen ein Areal von etwa 60 x 140 m. Innerhalb dieser Außenschlossanlage stehen torseitig mehrere Gebäude um einen großräumigen Burghof. Der anschließende Bereich ist Landschaftsgarten. Von der Aussichtskanzel „Luginsland" bieten sich dem Besucher neben dem bestaunenswerten Burgfelsen auch atemberaubende Tiefblicke.

Schlossbau

Auf engstem Raum eines isolierten Steilwandfelsens über tiefem Abgrund steht der Kernbau mit Brücke, Tor und ummauertem Vorhof. Das Tor mit Schwungrutenzugbrücke zeigt das Wappen Württembergs, Renaissancebüsten rechts Vladislav V., König von Polen, links Herzog Heinrich von Münsterberg. Über dem Hof erhöht steht der Schlossbau. Zur Südostseite ist er zweigeschossig, zur Nordwestseite dreigeschossig, schmuck ausgestattet mit Stufengiebeln, Erkertürmchen, Dachreiter, Erker zur Talseite, gotisierende Fenster in Steingewänden, zur Nordwestseite Kapellenerker. Ausfüh-

Erkerzimmer mit Enfilade.

Waffenhalle

rung in Quadermauerwerk der Basisbereiche jedoch in Buckelquader der stauferzeitlichen Bauphase. Im Kontrast zu den kraftvollen Steinbauten steht der verputzte, weit über die Dachfirste ragende Treppenrundturm mit Zinnen, und Maschikulikranz.

Innenbesichtigung

Von wesentlicher Bedeutung ist die nach Entwürfen Heideloffs ausgeführte Innenausstattung, denn sowohl Raumschalen als auch Inventar sind, wenn auch teilweise überarbeitet, erhalten.
Erdgeschoss: Waffenhalle, Trinkstube mit offener Balkendecke, Wandtäfer, darüber Rankenwerk mit Jagdszenen. Die **Kapelle** zur Nordseite mit Netzgewölbe und Schlusssteinen, Apsis mit Rippengewölbe, Ausstattung 14./15. Jh., bedeutender ehem. Altarflügel mit

Rittersaal

Tod Mariens, 15. Jh.

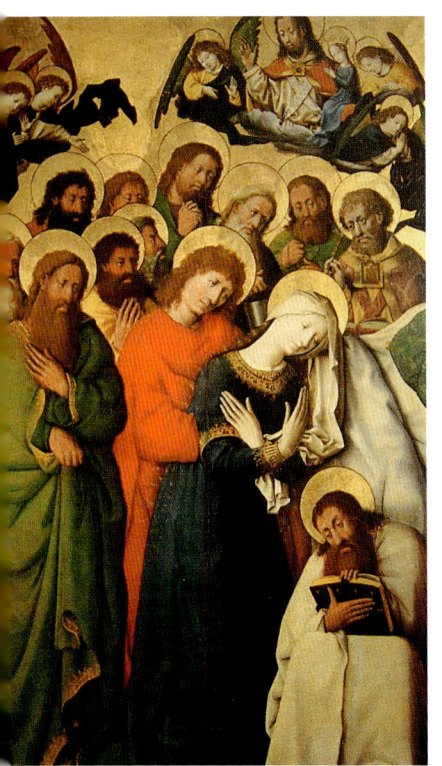

dem Tod Mariens, 15. Jh., sog. Meister vom Lichtenstein.

Obergeschoss: Ahnensaal, auch sog. Königszimmer, Ausstattung mit Wandbildern Württemberger Herzöge und Grafen. Anschließend das Wappenzimmer und Erkerzimmer. Zur Nordseite der Rittersaal als reich ausgestatteter Repräsentationsraum mit hohen Spitzbogenfenstern, Erker, Felderdecke, gotisierenden Stilelementen, aufwendiger Wandbemalung, an den Erkerleibungen Darstellungen aus Hauffs Roman.

2. und 3. Obergeschoss

Überraschend kleinteilig und in beachtlich originalem, jüngst restauriertem Zustand befinden sich in den darüber liegenden Geschossen die Wohnbereiche Wilhelms. Im 2. Obergeschoss Wohnbereich der Ehefrauen Theodolinde von Leuchtenberg, dann der Florestine von Monaco, die allerdings die Wandbemalungen mit Tapeten überziehen ließ. Das Musikzimmer als Bildergalerie ausgestattet, im südöstlichen Bereich Gästezimmer. Schmale Treppen führen zum Dachbereich mit dem Wohnbereich Herzog Wilhelms.

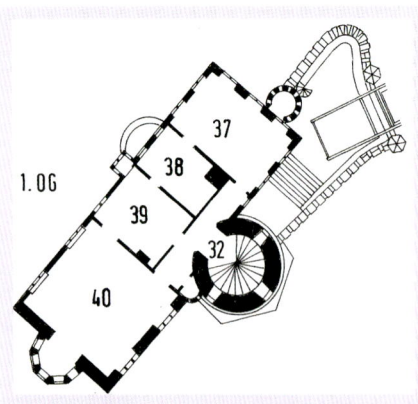

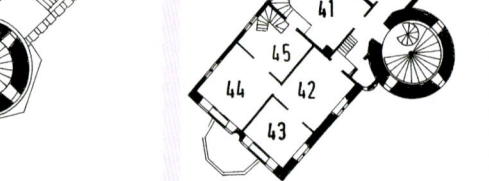

37 Ahnensaal
38 Wappenzimmer
39 Erkerzimmer
40 Rittersaal
41 Musikzimmer
42,43 Ankleide, Schlafzimmer
44 Schreibzimmer
45 Teezimmer
46 Gästezimmer

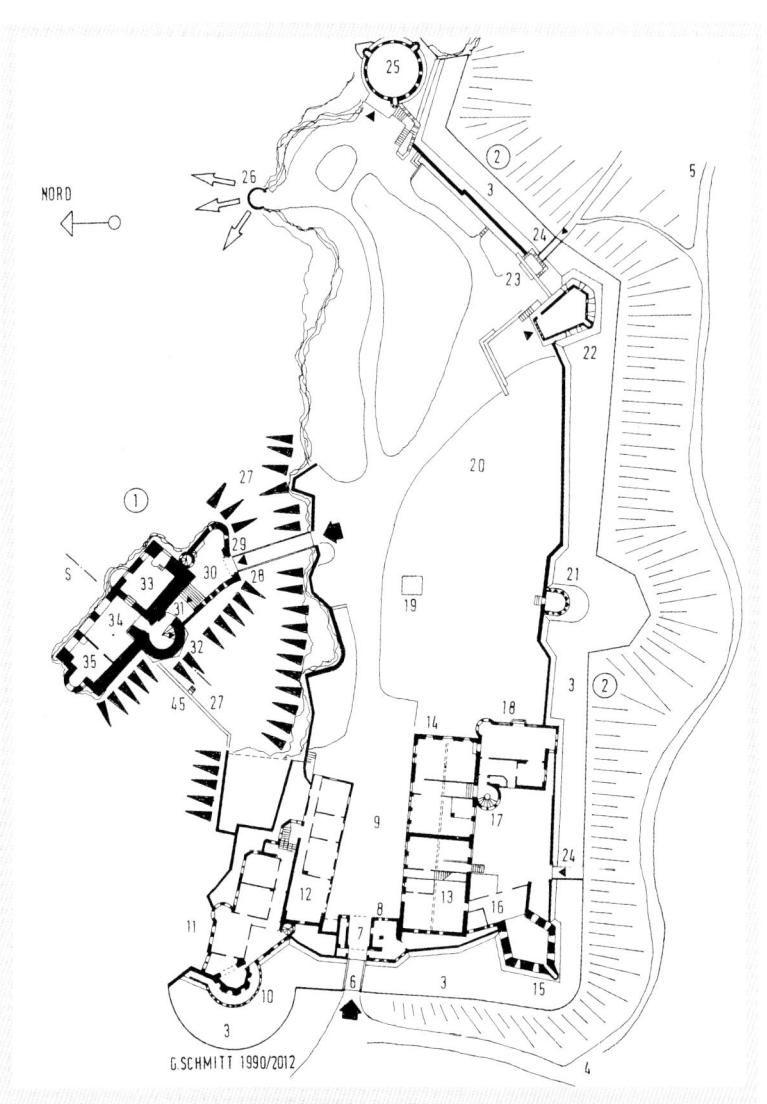

1 Burg-Schloss
2 Äußere Festungswerke
3 Graben
4 vom Parkplatz
6, 7 Torbau mit Brücke
9 Schlosshof
10 Mathildenturm
11 Gerobau 1899/1900
12 Gästebau 1895
13, 14 Verwalter- und Ritterbau
15 Eugenien-Bastion
18 Fürstenbau 1908/1910
19 Garten-, Puppenhaus
20 Landschaftspark
21 Karlsturm
22 Marien-Bastion
23, 24 Alter Fremdeneingang
25 Augusten-Bastion
26 Aussichtskanzel „Luginsland"
27 Graben
28, 29, 30 Vorhof mit Tor und Brücke
32 Treppenturm
33 Trinkstube
34 Waffenhalle
35 Kapelle

Übersichtsplan:
Günter Schmitt 1990/2012

LANDKREIS REUTLINGEN 91

70 Alter Lichtenstein; Lichtenstein-Honau

Erhaltungszustand: Burgruine über dem Echaztalschluss. Vorburg und Kernburg 30 x 55 m hinter bogenförmigem Doppelgraben, Umfassungsmauer, 4,3 m starke Schildmauer mit gerundetem Turm, Quader, Bossen- und Buckelquader.
Besichtigung: Frei zugänglich.
Lage: TK 7521; 800 m, GK. R 19520, H 63060; 900 m südlich von Honau, 400 m südöstlich von Schloss Lichtenstein.
Typus: Höhenburg in Bergeckenlage, Schildmauerburg, Ministerialenburg.
Geschichte: Entstehung 1. Hälfte 13. Jh. durch die Herren von Lichtenstein. Nachweis durch Fundkeramik, Chr. Bizer. Vermutete Zerstörung 1311 durch die Reutlinger.

71 Hohengenkingen; Sonnenbühl-Undingen

Erhaltungszustand: Burgruine mit geringen Mauerresten. Nördlicher Vorburgbereich, Zwingermauern, Eckquader, Bruchstein. Kernburg mit großem Wohnturm Grundriss ca. 12 x 14 m, zur Feldseite abgeschrägte Ecken, Kleinquader, Mauerschutt.
Besichtigung: Frei zugänglich, AP.
Lage: TK 7521; 861 m, GK. R 15330, H 62560; 1,7 km südöstlich von Genkingen.
Typus: Höhenburg in Gipfellage, Ministerialenburg.
Geschichte: Entstehung um 1200, Aufgabe letztes Drittel 14. Jh.; Nachweis durch Fundkeramik, Chr. Bizer. 1190 die Herren von Genkingen, Ministerialen der Markgrafen von Ronsberg; die von Genkingen seit 1138 in der Zwiefalter Chronik genannt.

72 Burgstall Genkingen; Sonnenbühl-Genkingen

Erhaltungszustand: Burgstelle am Spornende, ringförmiger Wallgraben vom Halsgraben ausgehend, Felskopf der Kernburg ca. 8 x 37 m, Basisrest eines ca. 7 x 7,8 m großen Turmes.
Besichtigung: Frei zugänglich.
Lage: TK 7521; 780 m, GK. R 14040, H 64540; 1,5 km nördlich von Genkingen.
Typus: Höhenburg in Spornlage, Ministerialenburg.
Geschichte: Bestand 13. Jh.; Nachweis durch Fundkeramik, Chr. Bizer. Burg der 1138 in der Zwiefalter Chro-

nik genannten Herren von Genkingen, Ministerialen der Grafen von Achalm und deren Rechtsnachfolger.

73 Steinhaus Genkingen; Sonnenbühl-Genkingen

Erhaltungszustand: Ersatzlos abgebrochen. Ehemalige Burg im Grundstück „Burggraben", neu überbaut, Privatbesitz; 1968 noch Burggraben im Geviert, Grundmauern 1,6 m stark, Bruchstein.
Lage: TK 7521; ca. 720 m, GK. R 13 650, H 63 430; 300 m nördlich der Kirche.
Typus: Burg in Ortslage, Ministerialenburg.
Geschichte: Entstehung und Abgang unbekannt. Burg der bereits 1138 in der Zwiefalter Chronik genannten Herren von Genkingen, Ministerialen der Grafen von Achalm und deren Rechtsnachfolger. 1370 verkaufen die Brüder Anselm und Konrad Gülten aus dem Steinhaus.

74 Schnatren, Hohenerpfingen; Sonnenbühl-Erpfingen

Erhaltungszustand: Burgruine über dem Erpftal. Bogenförmiger Felsgraben, dahinter Vorbereich und durch weiteren Graben abgetrennte Kernburg. Auffallende 11 m hohe polygonale Schildmauer; in deren Schutz das Burghaus: massiver Basisbau mit nicht mehr vorhandener Holzbauweise von 3 Geschossen, Bossenquader, Quader, Bruchstein. Nördliche Unterburg mit Mauerrest.
Besichtigung: Frei zugänglich.
Lage: TK 7621; 780 m, GK. R 13 850, H 56 700; 800 m westlich von Erpfingen.
Typus: Höhenburg in Bergeckenlage, Schildmauerburg.

Geschichte: Entstehung 2. Hälfte 12. Jh, Ende vor 1385; Nachweis durch Fundkeramik, Chr. Bizer. Ortsadel der Schenken von Erpfingen; 1304 Christine von Erpfingen, 1350 vermutlich in Besitz der Herren von Salmendingen.

75 Ortsburg Erpfingen; Sonnenbühl-Erpfingen

Erhaltungszustand: Ersatzlos abgebrochen. Ehemaliger ummauerter Wohnbau und Turm. Später auf den Mauern des Wohnbaus das Pfarrhaus, von dem ein Steg zur Turmruine und zur Kirche führte.
Lage: TK 7621; 730 m, GK. R 14 670, H 56 920; bei der Kirche.
Typus: Burg in Ortsrandlage.
Geschichte: Entstehung unbekannt. Sitz der Schenken von Erpfingen, einem Familienzweig der Schenken von Andeck. 1347 Verkauf der vermutlich nicht mehr bewohnten Burg an die Werdenberger; 1450 an Württemberg, der Wohnbau wird Pfarrhaus; 1864 Abbruch des Pfarrhauses und Sprengung von Turm und Burgfelsen; Bau des neuen Pfarrhauses.

Schloss Trochtelfingen 76

Stadt Trochtelfingen, Landkreis Reutlingen,
Baden-Württemberg
Meereshöhe: 720 m, Seckachtal 700 m
Erhaltungszustand: erhaltener Schlossbau
Besitzer: Stadt Trochtelfingen
Besichtigung: Außenbereiche frei zugänglich, Innenbesichtigung Treppenturm und Korridore eingeschränkt an Schultagen möglich
Lage: TK 7621; GK. R 18080, H 52140; an der Straße „Am Graben"

An der B 313 von Reutlingen nach Gammertingen liegt am Rande des nach Süden führenden Seckachtals die Stadt Trochtelfingen. Mit ihren schmucken Fachwerkhäusern, Türmen, Kirche und Schloss ist sie das anschauliche Beispiel einer spätmittelalterlichen Stadt.

Der Schlossbau steht unmittelbar gegenüber der Kirche in der südwestlichen Ecke der Altststadt.
Man zweigt von der B 313 bezeichnet nach Trochtelfingen, zur Stadtmitte ab und fährt in Richtung Rathaus und Kirche. Parkmöglichkeit besteht beim Schloss.

Bauphasen

Bauphase 2. Hälfte 15. Jh.
Bauherren: Georg von Werdenberg, †1500, dessen Söhne Christoph, †1534, und Felix, Grafen von Werdenberg. Neubau des spätgotischen Schlosses mit Nebengebäuden.

Geschichte

Trochtelfingen wird im 13. Jh. unter den Pfalzgrafen von Tübingen zur Stadt. Über die Grafen von Hohenberg kommt sie an Württemberg. Eine 1320 genannte Stadtburg ist möglicherweise die Vorgängeranlage des Schlosses.
Um 1316 Trochtelfingen an Graf Heinrich von Werdenberg als Mitgift der Agnes, Tochter des Grafen Eberhard von Württemberg. Es entsteht die Linie der Grafen von Werdenberg zu Trochtelfingen.
1511 Graf Felix von Werdenberg erschlägt den Grafen Andreas von Sonnenberg.
1534 Tod des Grafen Christoph von Werdenberg, Übergang der Herrschaft durch die Erbtochter Anna an deren Ehemann Graf Friedrich II. von Fürstenberg. Das Schloss wird Wohnsitz des Obervogts.
1726 Stadtbrand, 52 Häuser und der Fruchtkasten des Schlosses werden durch Brand zerstört.
1813 Abbruch des Verbindungsganges vom Schloss zur Kirche.
1860 Die Stadt Trochtelfingen erwirbt das Schloss.
Seit 1869 Nutzung als Schul- und Rathaus.
2006–2013 Instandsetzungsmaßnahmen, Außenreovation.

Anlage

Typus
Stadtschloss, Grafenschloss.

Anlagenmerkmal
Spätgotischer Kompaktbau, Stufengiebel, Treppenturm, Bruchstein- und Backsteinmauerwerk, Eckquaderung verputzt.

Beschreibung
Die Schlossanlage der Grafen von Werdenberg umfasst um 1500 den südwestlichen Bereich innerhalb der Stadtummauerung. Sie bildete mit Schlossbau, Kastenbau, Zehntscheuer, Fruchtkasten und einem weiteren Gebäude einen eigenen Bereich. Das obere Tor, von dem noch ein Rundturm steht, war diesem zugeordnet. Die nordöstliche Ecke bildete der

Fruchtkasten, an dessen Stelle heute das Rathaus steht. Graf Eberhard II. ließ in der Kirche eine Familiengruft anlegen, in der 12 Werdenberger bestattet sind.

Der **Schlossbau**, ein stattlicher dreigeschossiger Rechteckbau mit Stufengiebeln, steht als Solitärbau Nord-Süd gerichtet zwischen Straße und Kirchenbereich. Ein Gebäude mit 3 zu 8 Fensterachsen, Doppel- und Dreifachfenster in gekehlter Steinrahmung. Zur Westseite aus der Mitte gerückt steht der **Treppenturm** mit über die Traufe reichendem Zeltdach und Dachreiter; über dem Eingangsportal das Allianzwappen der Grafen von Werdenberg-Heiligenberg. Innenräumlich besitzt der Turm eine Wendelsteintreppe mit Sterngewölbeabschluss.

Das **Schlossinnere** ist jeweils vierzonig und mehrfach umgebaut: Im Erdgeschoss nordseitig ein Tonnengewölbe; im 2. Obergeschoss Halle mit eng gelegtem sichtbarem Deckengebälk, zwei Türen besitzen steinerne profilierte Ziergewände. Ein separater Eingang mit Treppe, im südlichen Gebäudeabschnitt, stammt aus dem 19. Jh.

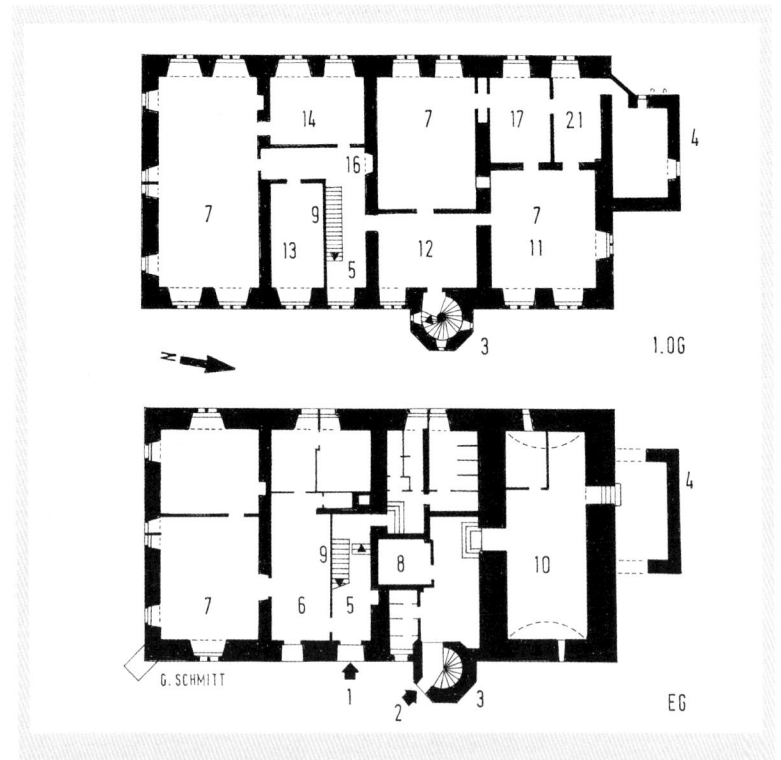

1 Eingang EG
2 Eingang Turm, Wappenstein
3 Treppenturm
4 Anbau
7 Schulräume
10 Schlosskeller Tonnengewölbe
11 Raum mit Stuckdecke
12 Raum mit gotischer Balkendecke
13, 14, 17, 21 Nebenräume
Grundrisszeichnungen:
Günter Schmitt

77 Burg bei Trochtelfingen; Stadt Trochtelfingen

Erhaltungszustand: Burgstelle über dem Seckachtal innerhalb einer vorgeschichtlichen Anlage. Süd- und Westseite Wallgraben, Nord- und Ostseite Hangterrassen mit Schuttriegel; Kernburg: Rechteckanlage 9 x 26 m, nordseitiger Rundbau der Marienkapelle von um 1660.
Besichtigung: Frei zugänglich.
Lage: TK 7621; 779 m, GK. R 18 320, H 53 200; 1 km nördlich von Trochtelfingen.
Typus: Höhenburg in Bergkuppenlage, Ministerialenburg.
Geschichte: Entstehung 2. Hälfte 12. Jh., Aufgabe 2. Hälfte 13. Jh.; Nachweis durch Fundkeramik, Chr. Bizer. Vermuteter Stammsitz der 1279, 1299 genannten Herren von Trochtelfingen, Ministerialen der Pfalzgrafen von Tübingen.

78 Haideck; Stadt Trochtelfingen

Erhaltungszustand: Burgstelle auf ovaler Bergkuppe. Doppelter Wallgraben; Kernburg: Mulden, Schuttriegel, an höchster Stelle Turmfundament, Kleinquader im Hangschutt.
Besichtigung: Frei zugänglich.
Lage: TK 7621; 768 m, GK. R 18 510, H 54 700; 2,6 km nördlich von Trochtelfingen.
Typus: Höhenburg in Gipfellage, Hochadelsburg.
Geschichte: Entstehung um 1100 als Stammburg der Edelfreien von Haideck. 1139 Frideloh, 1159 Ulrich von Haideck, Äbte der Benediktinerabtei Reichenau. 1311 Zerstörung durch die Reutlinger im Reichskrieg der Städte gegen Württemberg.

79 Steinhilben; Trochtelfingen-Steinhilben

Erhaltungszustand: Weitestgehend abgebrochen, Teile in vorhandenen Bauten. Ehemalige Anlage am Rande der nun erdverfüllten Hülbe: polygonale Ringmauer mit Tor, Burghaus westseitig, Schlossbau ostseitig frei stehend, Scheune beim Tor, Schlossbrunnen mit Brunnenhaus.
Besichtigung: Bereich des Standorts bei der ehemaligen Hülbe frei zugänglich.
Lage: TK 7621; 800 m, GK. R 21 030, H 52 500; 200 m ostsüdöstlich der Kirche.
Typus: Ministerialenburg, Schloss in Ortslage.
Geschichte: Entstehung unbekannt. Ortsadel von 1247 bis zum 16. Jh. genannt. Sie sind stammes- und wappengleich mit den Familien von Melchingen, Hölnstein und Lichtenstein. 1857 Abbruch des Schlosses.

80 Hielock; Trochtelfingen-Mägerkingen

Erhaltungszustand: Burgstelle auf einem Felskopf über dem Seckachtal. Bogenförmiger verflachter Wallgraben, Kernburg 10 x 22 m, Schuttriegel von Kernmauerwerk, Quader mittlerer Größe. 1890 Grundmauern eines 9,5 x 12,5 m großen Burghauses, nicht datierte Fundkeramik.
Besichtigung: Frei zugänglich.
Lage: TK 7721; 745 m, GK. R 17 270, H 50 105; 550 m ostsüdöstlich von Mägerkingen.
Typus: Höhenburg in Bergrandlage, Ministerialenburg.
Geschichte: Entstehung und Besitzer unbekannt, vermutet der seit 1138 genannte Ortsadel von Mägerkingen, Ministerialen der Grafen von Achalm-Gammertingen und deren Rechtsnachfolger.

Hohenstein

Hohenstein-Oberstetten, Landkreis Reutlingen, Baden-Württemberg
Meereshöhe: 787m, Hochebene ca. 735 m
Erhaltungszustand: Ruine mit deutlich aufrecht stehendem Mauerwerk, Bestand gesichert.
Besitzer: Gemeinde Hohenstein
Besichtigung: Frei zugänglich, Grillstelle
Lage: TK 7622; GK. R 25 370, H 55 860; GPS 48°20'23,6',N, 9°20'29,4',O

An der B 312 von Reutlingen nach Zwiefalten liegt die Gemeinde Hohenstein. Ihr Name ist im Zuge der Gemeindereform entstanden und steht für mehrere Ortschaften. Vom Ortsteil Hohenstein-Oberstetten zweigt am Ortsende Richtung Hohenstein-Ödenwaldstetten nach 50 m ein Weg zum Wanderparkplatz „Im Grund" ab. Der Fahrweg führt bezeichnet „Burgruine Hohenstein" weiter bis zum Waldrand einer Lichtung vor dem Burghügel. Parkplatz–Hohenstein 1,2 km.

Bauphasen

I. Bauphase ab Mitte 12. Jh.
Bauherr: Edelfreie von Hohenstein, möglicherweise Albert von Hohenstein, gen. 1161/1192. Entstehung der Burg, bauliche Abfolge der Kernburg unklar. Datierung durch Keramikfunde, Chr. Bizer.

II. Bauphase 13./14. Jh.
Bauherr: Grafen von Zollern/Kaib von Hohenstein. Befestigung und Ausbau der Vorburg; Kernburg, bauliche Abfolge unklar.

Geschichte

Die Gründungsgeschichte der Burg Hohenstein, der nachbarlich gelegenen Ödenburg und dem Steinhaus Oberstetten stehen in engem Zusammenhang mit den 1138 in der Zwiefalter Chronik genannten Brüdern Ernst von Hohenstein und Albert von Oberstetten. Nachdem die Burg ab Mitte 12. Jh. entsteht, wird vermutlich der ursprüngliche Burgenname der ersten, heute bezeichneten Ödenburg, auf den Nachfolgesitz übertragen, Chr. Bizer.

Um 1200 Albert von Hohenstein überträgt Güter in Oberstetten an die Klöster Zwiefalten und Weißenau.

Vor 1220 Albert von Berolzheim, Sohn der Irmgard von Hohenstein, verkauft als Erbe den Besitz an Graf Friedrich von Zollern.

1315 Berchtold Kaib sitzt als zollerischer Vogt auf der Burg. Die Kaib sind zunächst Pfandinhaber, dann Eigenbesitzer und nennen sich von Hohenstein.

1408 Aufgabe als Wohnsitz. Hans Kaib bezieht die Burg Ehrenfels bei Zwiefalten.

1438 Der Burgstall ist Besitz der Späth von Ehestetten.

1497 An das Kloster Zwiefalten.

1803 An Württemberg.

1981 An die Gemeinde Hohenstein.

1983–1985 Instandsetzung der Ruine.

Anlage

Typus
Höhenburg in Gipfellage, Hochadelsburg, Edelfreie.

Anlagenmerkmal
Bergfried, Quader, Kleinquader, Eckquader; Ringmauer, grob hammerrechte Quader, Bruchstein.

Beschreibung
Hohenstein liegt auf einem spitzen Hügel im Bereich der freien Albhochfläche. Ein 55 m langer Graben mit vorgelegtem Wall schützt die Anlage von der flacheren westlichen Zugangsseite.
Zwei Bereiche sind zu unterscheiden. Auf dem Hügel die Kernburg und die auf einer Terrasse am Hügel liegende **Vorburg**. Deren noch bis 5 m hohe Ringmauer beginnt auf der Nordseite, knickt im rechten Winkel zur Westseite ab, folgt dem Graben und führt polygonal von der Südseite zur Hangkante der Kernburg.
Die **Kernburg** umfasst den Bereich der Hügelkuppe, die ehemals von einer eigenen Mauer umfasst war. An dessen mit Felsen durchsetzten Nordostspitze steht die bis 9 m hohe Ruine des Turmes auf rechteckigem Grundriss von 6,80 x 8,05 m, innen 2,67 x 3,85 m. Südseitig liegt der erhöhte Eingang, Turmmauerwerk: Eckquader, Quader, Kleinquader.

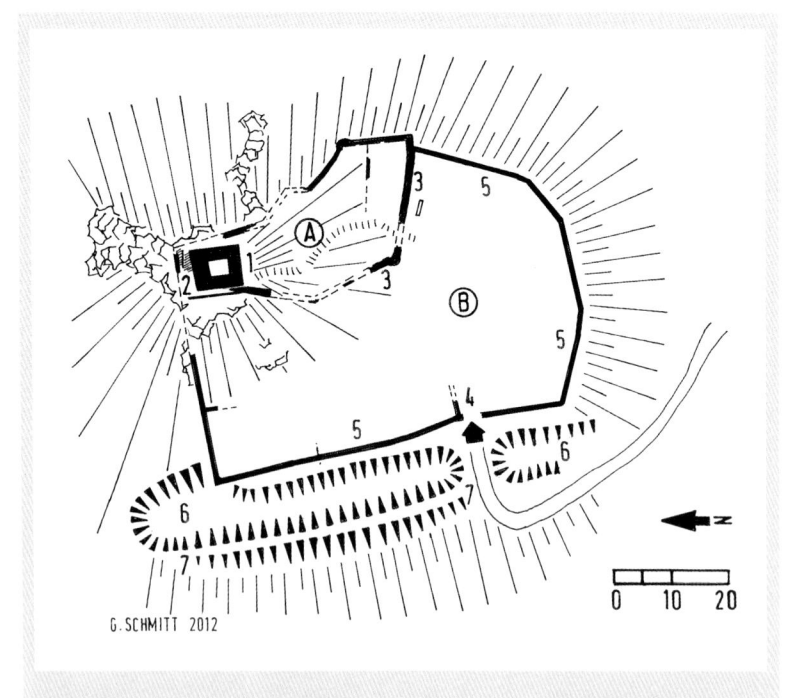

A Kernburg
B Vorburg
1 Bergfried
2 Aussichtspunkt
3 Ringmauer Bergfried
4 Zugang, Lage des Tores
5 Ringmauer Vorburg
6 Graben
7 Wall

Übersichtsplan: Günter Schmitt unter Verwendung von Planunterlagen des LDA; Prof. Hans Mohl, Architekt Wilfried Pfefferkorn

82 Ödenburg; Hohenstein-Oberstetten

Erhaltungszustand: Burgruine mit geringen Mauerresten. Anlage auf 10 m hohen Felswänden im Bereich eines Wasserbehälters. Reste der Zwingermauer und Ringmauer der Kernburg; Kleinquader. Turm zur Südostseite, Grabungsbefund.
Besichtigung: Frei zugänglich.
Lage: TK 7622; 805 m, GK. R 25 360, H 54 660; 600 m östlich von Oberstetten.
Typus: Höhenburg in Gipfellage, Hochadelsburg.
Geschichte: Entstehung um 1100 durch die Edelfreien von Hohenstein, Aufgabe Mitte 12. Jh.; Nachweis durch Keramik, LDA Schmidt. Vermutlich wird der ursprüngliche Burgenname Hohenstein auf die 1,2 km nördlich Mitte des 12. Jhs. neu erbaute Burg übertragen.

83 Steinhaus Oberstetten; Hohenstein-Oberstetten

Erhaltungszustand: Grundmauern im Erdreich eines massiven Gebäudes mit Feuerstelle.
Besichtigung: Grundmauerfreilegungen des LDA von 1983 bis 1985 wieder überdeckt.

Lage: TK 7622; 781 m, GK. R 24 800, H 54 730; Flur Bergwiesen, Kuppe am östlichen Ortsrand.
Typus: Festes Haus, vermuteter Adelssitz.
Geschichte: Entstehung 1. Hälfte 11. Jh., Aufgabe 1. Hälfte 12. Jh.; Nachweis durch Keramik, LDA Schmidt, Bizer. Möglicher erster fester Wohnbau der 1138 in der Zwiefalter Chronik genannten Edelfreien Brüder Albert von Oberstetten und Ernst von Hohenstein.

84 Eglingen; Hohenstein-Eglingen

Erhaltungszustand: Ehemaliger Schlossbau identisch mit dem Gemeindehaus, zweigeschossiger Rechteckbau mit Satteldach, mehrfach umgebaut, Teile der Ringmauer. Ehemalige Schlossanlage: Rechteckummauerung 30 x 60 m mit Eckturm und Tor, Schlossbau 10 x 15 m, Ökonomiebau, Nebengebäude.
Lage: TK 7622; 770 m, GK. R 31 530, H 56 940; 200 m südwestlich der Kirche.
Typus: Ortsburg, Schloss.
Geschichte: Burg des seit 1249 genannten Ortsadels, vermutet bei der Kirche. Anfang 14. Jh. im Besitz der Grafenecker zu Eglingen; vermuteter Neubau anstelle des Schlosses; im 15. Jh. an die Speth, die in der Nachfolge das Schloss erbauen; 1835 an die Gemeinde; 1858 Umbau zum Schul- und Rathaus.

85 Meidelstetter Burg; Hohenstein-Meidelstetten

Erhaltungszustand: Burgstelle auf dem „Reifenbrünnelesfelsen", Doppelgraben, Felskopf der Kernburg, Mulden, geringe Mauerreste, Quader, Kleinquader.
Besichtigung: Frei zugänglich.
Lage: TK 7621; 828 m, GK. R 22 540, H

57 160; 800 m nordnordwestlich von Meidelstetten.
Typus: Höhenburg in Bergkuppenlage, Ministerialenburg.
Geschichte: Entstehung verm. 2. Hälfte 12. Jh.; Aufgabe Anfang 13. Jh.; Fundkeramik, Chr. Bizer. Besitzer vermutlich Rodeger von Meidelstetten und dessen Sohn Heinrich, Ministerialen der Grafen von Achalm, genannt in der vor 1220 entstandenen Chronik des Klosters Weißenau.

86 Burghalde Aichelau; Pfronstetten-Aichelau

Fragliche Höhenburg, Entstehung, Abgang und Besitzer nicht bekannt. Bisher keine Nachweise im Gelände; bewaldete Talhangecke zum Oberstetter Tal; Flurname Burghalde. Nennung des Ortsadels 1283, LBW; die Ortschaft hohensteinischer oder gundelfingischer Besitz dann im 14. Jh. an die Speth.
Lage: Genaue Lage nicht bekannt, TK 7722; vermutet GK. ca. R 27 800, H 51 200; 1,7 km von Aichelau

87 Burgstall Aichstetten; Pfronstetten-Aichstetten

Erhaltungszustand: Burgstelle auf einer mit Felsen durchsetzten Spornecke im Tiefental. Keine Bauwerksspuren, Oberflächenfunde, 1825 noch Mauerreste, auf der Hochfläche die Flur Schlossäcker.
Besichtigung: Frei zugängliches Gelände.
Lage: TK 7722; 680 m, GK. R 30 540, H 49 030; 1,8 km ostnordöstlich von Aichstetten.
Typus: Höhenburg in Spornlage.
Geschichte: Entstehung um die Mitte 13. Jh. Aufgabe Anfang 14. Jh.; Nachweis durch Fundkeramik, Chr. Bizer.

88 Sigeberg; Zwiefalten-Upflamör

Erhaltungszustand: Burgstelle auf einem schmalen Felsensporn im Geisinger Tal. Kleine Anlage auf zwei Felsen, Felsgraben, Kernburg ca. 13 x 14 m, kein Steinbaunachweis, Oberflächenfunde. Vorbefestigung mit Wallgraben auf der Hochfläche.
Besichtigung: Frei zugänglich.
Lage: TK 7722; ca. 655 m, GK. R 30 440, H 42 340; 800 m nordöstlich von Upflamör.
Typus: Höhenburg in Spornlage, Ministerialenburg.
Geschichte: Bestand möglich um 1200 bis vor 1300, Keramiknachweis. 1210 bis 1246 Werner von Sigeberg, Ministeriale der Grafen von Altshausen, 1265 Siegfried von Siegeberg, Ministeriale der Abtei Reichenau.

89 Schlossberg Baach; Zwiefalten-Baach

Erhaltungszustand: Burgstelle über dem Zwiefalter Aach-Tal am östlichen Ende des Schlossbergs. Halsgraben, Kernburg: Rechteck mit abgeschrägter Nordostecke ca. 45 x 60 m, Schuttriegel der Ringmauer und eines Turmes.

Besichtigung: Frei zugänglich.
Lage: TK 7722; 618 m, GK. R 35 150, H 42 960; 700 m südwestlich von Baach.
Typus: Höhenburg in Spornlage, Ministerialenburg.
Geschichte: Entstehung und Abgang unbekannt. Nennung der Herren von Baach nicht sicher zuzuordnen. 1188 Ulrich von Baach, 1306, 1336 Konrad von Baach in Urkunden des Klosters.

90 Burg Rieder; Zwiefalten-Baach

Erhaltungszustand: Abgegangene Burg, vermutet im südlichen Bereich der Rieder Hochfläche über dem Zwiefalter Aach-Tal.
Lage: Genaue Lage nicht bekannt, TK 7722; ca. R 35 600, H 43 500; ca. 300 m nördlich von Baach.
Typus: Höhenburg, Ministerialenburg.
Geschichte: Entstehung und Abgang nicht bekannt, 1111 Dietrich und Ludwig von Rieder, auch Riedt.

91 Schlossberg Sonderbuch; Zwiefalten-Sonderbuch

Erhaltungszustand: Burgstelle an der Quelle des Rentalbaches. Kreisförmiger Ringgraben, Wall, ca. 44 m Durchmesser, Hügeloberseite ca. 12 m. Vermuteter Wohnturm in Holzbauweise.
Besichtigung: Frei zugänglich.
Lage: TK 7722; 675 m, GK. R 35 960, H 46 150; 300 m südlich von Sonderbuch.
Typus: Niederungsburg in leichter Hanglage, Erdhügelburg.
Geschichte: Entstehung um 1100, Abgang unbekannt. 1132 Nennung der Brüder Ulrich und Rupert von Sonderbuch anlässlich einer Schenkung an das Kloster Zwiefalten, deren Schwestern Mechthilde und Liutgart.

92 Stadtburg Hayingen; Stadt Hayingen

Erhaltungszustand: Baurest Grundmauern, Balkenlage, jetzt Scheune. Ehemaliger Rechteckbau etwa 10,70 x 14,50 m, die Nordostecke der Stadtbefestigung bildend und aus dieser gänzlich vorstehend, dreigeschossiger Holzbau.
Besichtigung: Nordöstlicher Stadtbereich frei zugänglich.
Lage: TK 7722; ca. 655 m, GK. R 35 620, H 48 790; Karlsplatz 5.
Typus: „Stadtburg", Stadthaus, Hochadelssitz.
Geschichte: Entstehung 1375/76, Nachweis Dendro, Bauforschung S. Uhl. Angenommener Stadtsitz der Edelfreien von Gundelfingen, bedeutendste Grundherren der Stadt. 1668 Schloss genannt.

93 Schloss Ehrenfels; Stadt Hayingen

Erhaltungszustand: Dreiflügelanlage, südwestlicher Hofabschluss durch zwei Kavaliershäuser, Südostflügel-Schlosshauptbau, zweigeschossiger Rechteckbau, Walmdach, aus der Mittelachse risalitartig vorstehender Kapellenbau mit

Eingangsportal. 66 m lange dreischiffige Untergeschosshalle mit Kreuzgratgewölben.
Besichtigung: Privatbesitz, von außen gut einsehbar, Saalvermietung.
Lage: TK 7722; 590 m, GK. R 33 500, H 47 420; 2,4 km südwestlich von Hayingen.
Typus: Barockschloss.
Geschichte: 1735 bis 1740 Neubau als Sommersitz durch Abt Augustin Stegmüller aus Zwiefalten, Fertigstellung 1744 bis 1765 unter Abt Benedikt. 1803 an den späteren König Friedrich von Württemberg, der Ehrenfels seinem Staatsminister Philipp Christian von Normann schenkt.

94 Alt-Ehrenfels; Stadt Hayingen

Erhaltungszustand: Burgruine über dem Glastal. Halsgraben, Kernburg ca. 20 x 22 m, Schildmauer nachträglich bis 4,5 m verstärkt. Rundturm 14. Jh. auf der Nordwestecke der Schildmauer, Rest bis 6 m hoch, Ringmauer, Quader, Bruchstein.
Besichtigung: Frei zugänglich.
Lage: TK 7722; 605 m, GK. R 33 500, H 48 090; 2,2 km westsüdwestlich von Hayingen im Glastal.
Typus: Höhenburg in Spornlage, Schildmauerburg, Hochadelsburg.
Geschichte: Entstehung 13. Jh., 1275 Anselm von Ehrenfels, Edelfreier aus der Familie der Gundelfinger, 1342 Swigger (XVIII.) von Gundelfingen zu Ehrenfels, 1408 an die Kaib von Hohenstein, 1474 an Zwiefalten, 1516 Abbruch der Burg.

95 Schloss Ehestetten; Hayingen-Ehestetten

Erhaltungszustand: Teilerhaltene polygonale Anlage ca. 70 x 80 m, Ringmauer. Schlossbau 11,50 x 32 m, zweigeschossig, Satteldach, Westtrakt 1495, EG Kreuzgratgewölbe, OG Stuckierungen 17. Jh. Osttrakt mit Rundturm und Erker, 1583. Rondell an der Südostecke der Ringmauer, Bestand gesichert.
Besichtigung: Privatbesitz, von außen gut einsehbar.
Lage: TK 7622; ca. 715 m, GK. R 32 330, H 53 920, östlicher Ortsrand.
Typus: Burg in Ortsrandlage, Hochadelsburg, Schloss-Festung.
Geschichte: Entstehung um 1300, Swigger (XVIII.) von Gundelfingen zu Ehestetten und Ehrenfels. 1364 an Heinrich Speth, 1495 Neubau Herrenhaus, nach 1517 Rondellbau, 1612 bis 1616 Modernisierung, 1932 an Privat.

96 Maisenburg; Hayingen-Indelhausen

Erhaltungszustand: Burgruine mit Vorburggebäuden auf einem Felsen über dem Lautertal. Halsgraben, Kernburg 15 x 35 m mit Schildmauer, 14 m Länge, 3,78 m Stärke, Buckelquader, Quader, gegenüber Wohnbau, Zwinger und Tor Südostseite, Bestand 1991 gesichert.
Besichtigung: Privatbesitz, Bereich Kernburg frei zugänglich, Fußweg beim Nordgiebel der Scheuer.

Lage: TK 7722/7723; 620 m, GK. R 37 100, H 49 860; 1 km südsüdöstlich von Indelhausen.
Typus: Höhenburg in Spornlage, Schildmauerburg, Hochadelsburg.
Geschichte: Entstehung 1099/1100 Edelfreie von Maisenburg. 1125 Witigou der Ältere von Maisenburg, um 1200 Neubau, 1306 Bertold (I.) von Gundelfingen zu Maisenburg, nach 1379–1538 an die von Baustetten, 1764 an die Familie von Speth, seit 1820 Zerfall der Kernburg.

97 Schülzburg; Hayingen-Anhausen

Erhaltungszustand: Bedeutende Burg-Schlossruine am Talhang zum Lautertal. Ringmauer, am Graben Renaissancebau 1605, viergeschossig durch Hans Reinhard II. EG mit Buckelquadern der Burg. Westseite Wohnbau der Burg zweigeschossig massiv, ehemals mit Fachwerkaufbau, Nebengebäude.
Besichtigung: Anlage wegen baufälliger Brücke (2013) gesperrt.
Lage: TK 7723; 610 m, GK. R 37 680, H 50 360; 200 m südöstlich von Anhausen.
Typus: Höhenburg-Schloss in Spornlage.
Geschichte: Entstehung 2. Hälfte 12. Jh. durch die Herren von Wilzingen, 1208 Hermann und Sohn Heinrich, Ministerialen des Grafen Heinrich I. von Wartstein, 1329 an Walter von Stadion, Ausbau der Burg. Seit 1452 in Besitz der Familie von Speth zu Schülzburg, 1560, 1606 Ausbau zum Renaissanceschloss, 1749 Umbauten, 1884 Zerstörung durch Feuer, 1984 bi 1987 Bestandssicherung.

98 Burg Weiler; Hayingen-Münzdorf

Erhaltungszustand: Burgstelle auf mit Felsen durchsetztem Bergkegel über dem Lautertal. Westseitig ringförmig angelegter Wallgraben, verebnete Hangflächen, Oberseite 4 x 5 m, kein Steinbaunachweis.
Besichtigung: Frei zugänglich.
Lage: TK 7622; 650 m, GK. R 36 980, H 52 190; 1,4 km nördlich von Indelhausen.
Typus: Höhenburg in Gipfellage, Hochadelsburg.
Geschichte: Entstehung um 1100, frühes 12. Jh., Abgang vor 1200; Nachweis durch Fundkeramik, Chr. Bizer. Vermutlich die Burg der 1105 genannten Edelfreien, die in der 2. Hälfte des 12. Jhs. ihre größere Burg Hohengundelfingen errichten und sich nach dieser Burg von Gundelfingen nennen.

Burg Derneck

Hayingen-Münzdorf, Landkreis Reutlingen, Baden-Württemberg
Meereshöhe: 655 m, Lautertal 588 m
Erhaltungszustand: Teilerhaltene Burganlage mit Wanderheim.
Besitzer: Schwäbischer Albverein
Besichtigung: frei zugänglich zu den Öffnungszeiten: Mitte März bis 30. April: an Wochenenden und Osterferien. 1. Mai bis Ende Herbstferien: täglich, danach bis Mitte März geschlossen. Bewirtschaftung Burgschenke, Wanderheim des Schwäbischen Albvereins
Telefon 07121 1688 398 und 07386 217, barrierefrei
Lage: TK 7622; GK. R 36 920, H 52 510; GPS 48° 18' 34,2" N, 9° 29' 47,8" O

Zwischen Indelhausen und Gundelfingen mündet das Ehestetter Tal in das Große Lautertal. Auf dem von beiden Tälern umschlossenen Höhenrücken liegt Burg Derneck. Hinter der Lauterbrücke Richtung Münzdorf befindet sich ein Wanderparkplatz, von dem ein bezeichneter Fußweg hoch zur Burg führt. Parkplatz Derneck 0,5 km. Weitere Möglichkeit: Von der Straße Richtung Münzdorf nach 700 m rechts in den Wald und in einer Kehre hoch bis zum Parkplatz bei der Forsthütte. Parkplatz–Derneck 0,6 km.

Bauphasen

I. Bauphase kurz vor 1350
Bauherr: Degenhart von Gundelfingen zu „Degeneck", *um 1285, †nach 1351, Edelfreier, Sohn des Konrad (VIII.), Ehefrau: Gräfin Anna von Kirchberg. Entstehung der Burg mit Frontturm, Schildmauer und Wohnbau.

II. Bauphase 2. Hälfte 14. Jh.
Bauherr: Die Brüder Swigger (XXII.), *um 1320, † um 1393; Stephan (I.) *um 1320, † um 1384 oder Stephan (II.) *um 1360, †1428. Verstärkung der Schildmauer unter Einbezug des Frontturms, massive Befestigung der Vorburg, Neubauten, Zwingermauer.

III. Bauphase 2. Hälfte 18. Jh.
Bauherr: Fürsten zu Fürstenberg. Aufstockung des „Jägerhauses", vermutlicher Abbruch des Wohnbaus.

Geschichte

Stifter der Gundelfinger Familie zu Derneck ist Degenhart aus der Gundelfinger Linie zu Niedergundelfingen. Im Gegensatz zu dieser, die mit Swigger (XXI.) 1412 ausstirbt, bleibt die Linie von Degeneck bis 1546 bestehen.

1351 Degenhart (I.) von Gundelfingen nennt sich nach seiner Burg „von Degeneck".

1357 Swigger (XXII.) und Stephan (I.) von Degeneck bezeugen die Gefangennahme ihres Onkels Swigger von Hohengundelfingen durch den Ritter Martin Falterer.

1365 Swigger (XXII.) verpfändet seiner Mutter Anna von Kirchberg, Werner von Zimmern und seinem Bruder Stephan (I.) die Hälfte seiner Burg.

1546 Nach dem Tod des Swigger (XXIX.), letzter der Degenecker, Übergang als Erbe an die Adoptivtochter

Maria und deren Ehemann Graf Georg von Helfenstein.
1627 An das Haus Fürstenberg, nach 1647 mehrfacher Besitzerwechsel und 1768 erneut an Fürstenberg.
1828 An Württemberger.
1928–1965 Unterhaltung einer Försterwohnung.
1967/68 Zunächst Erbpacht, dann Erwerb durch den Schwäbischen Albverein. Ausbau zum Wanderheim.

Anlage

Typus
Höhenburg in Spornlage, Schildmauerburg.

Anlagenmerkmal
Schildmauer, Ringmauer, Zwinger, Halsgraben; Eckbuckelquader, verputztes Bruchsteinmauerwerk, Fachwerk.

Beschreibung
Derneck ist ein anschauliches Beispiel einer spätmittelalterlichen kleinen Burganlage mit jüngeren Veränderungen in einer beschaulichen Landschaft. Sie ist als spätmittelalterliche Gründung die jüngste der Gundelfinger Burgen und liegt am Ende eines Höhenrückens, den das Lauter- und Ehestetter Tal begrenzen.

Über den 8 bis 10 m breiten Halsgraben führt der Burgweg zur westlichen Bergseite des äußeren Zwingers, der großräumig die Frontseite schützt und von der Nord- über die Ostseite bis zum Westbau reicht. Der innere schmale, vor der Schildmauer liegende Zwinger stammt noch aus der I. Bauphase.

Kernburgbereich
Hinter der hoch aufragenden imposanten Schildmauer liegt die heute als Einheit wirkende eigentliche Burganlage. Bei genauer Betrachtung besteht sie aus zwei Bereichen. In der I. Bauphase ist Derneck eine kleine Burganlage mit einer Kernburg von etwa 15 x 20 m. Der Frontbereich aus dieser Zeit besteht aus einem zur Westseite stehenden Turm, an dessen Flanke zur Ostseite eine Schildmauer anschließt. Sie ist identisch mit der Mauer des jetzigen Bauwerks. Dahinter wird die von einer Mauer eingefasste Kernburg mit Wohnbau und dazwischen liegendem Hof durch S. Uhl als wahrscheinlich angenommen.

In der zweiten Bauphase entsteht unter Einbezug des Turmes und Erweiterung mit einem Halbrundturm die 15,75 m lange und 4,70 m starke **Schildmauer**. Die Ecken der Erstphase weisen Quader und Buckelquader auf. Sie haben jedoch mit der Formensprache der stauferzeitlichen Buckelquader der Nachbarburgen nichts mehr zu tun. Erst jetzt ist der Baubeginn zum Ausbau der Burg in der heutigen Fassung mit massiver Ringmauer und Westbau anzunehmen. Ergänzt wird die Anlage durch Bauten in der fürstenbergischen Zeit.

Auffallend wirkt der aus der Ringmauerflucht vorstehende **Westbau**, jetzt Wanderheim des Albvereins. Das Erdgeschoss der II. Phase ist massiv, der Aufbau 1. Obergeschoss mit Satteldach in Riegelfachwerk stammt von 1768. Am Südgiebel liegt innerhalb eines kleinen Zwischenhofs der Burgbrunnen. Daran schließt die zur **Burgschenke** ausgebaute ehemalige Scheune an und als weitere Randhausbebauung folgen an, der Ostmauer Holzschopf und Backhaus.

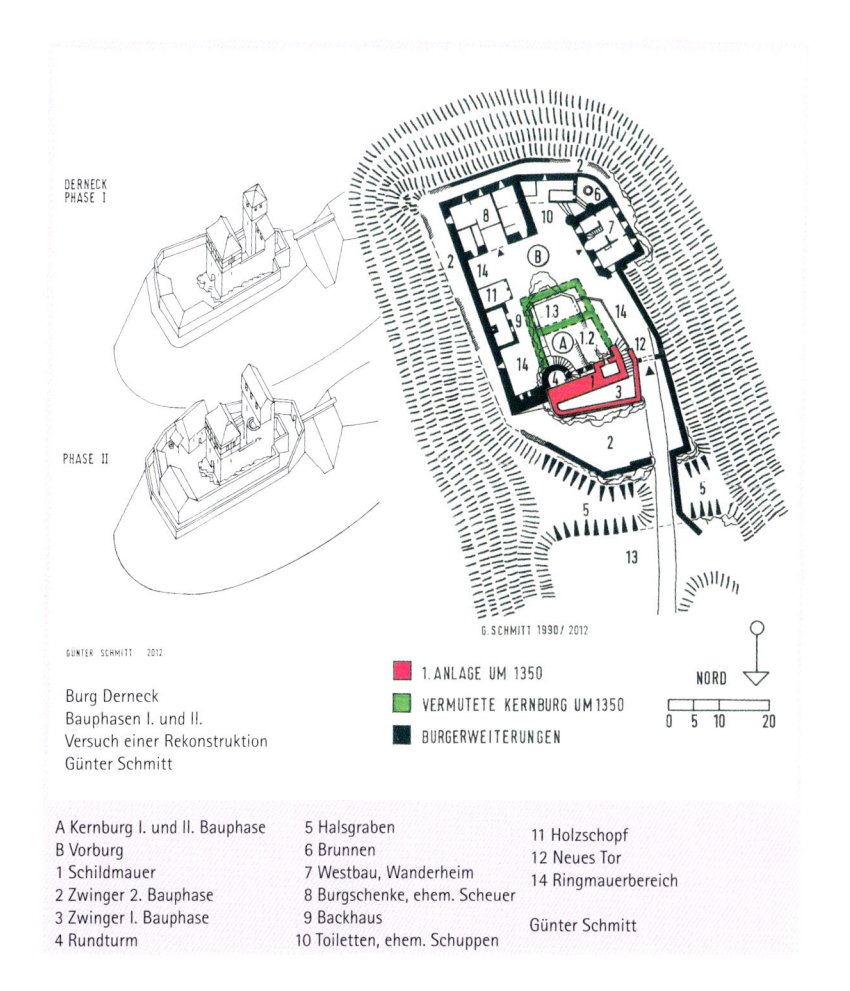

Burg Derneck
Bauphasen I. und II.
Versuch einer Rekonstruktion
Günter Schmitt

- 1. ANLAGE UM 1350
- VERMUTETE KERNBURG UM 1350
- BURGERWEITERUNGEN

A Kernburg I. und II. Bauphase
B Vorburg
1 Schildmauer
2 Zwinger 2. Bauphase
3 Zwinger I. Bauphase
4 Rundturm
5 Halsgraben
6 Brunnen
7 Westbau, Wanderheim
8 Burgschenke, ehem. Scheuer
9 Backhaus
10 Toiletten, ehem. Schuppen
11 Holzschopf
12 Neues Tor
14 Ringmauerbereich

Günter Schmitt

LANDKREIS REUTLINGEN 109

Hohengundelfingen 100

Münsingen-Gundelfingen, Landkreis Reutlingen, Baden-Württemberg
Meereshöhe: 725 m, Lautertal 610 m
Erhaltungszustand: Ruine mit deutlich aufrecht stehendem Mauerwerk, Bestand gesichert
Besitzer: Privat
Besichtigung: frei zugänglich, Bestand gesichert, AP
Lage: TK 7623; GK. R 37 580, H 54 080; GPS 48° 19' 25" N, 9° 30' 21" O

Beliebtes Ausflugsziel im mittleren Bereich des Großen Lautertales ist die Ortschaft Gundelfingen mit dem Atelier-Museum Geiselhart und der östlich auf steilen Felsen ragenden Burgruine Hohengundelfingen. Vom Parkplatz beim „Gasthof Wittsteig" führt der bezeichnete Fußweg AV Dreieck steil hoch zur Ruine. Wittsteig-Ruine 0,7 km. Fast eben ist Hohengundelfingen vom Parkplatz auf der Hochfläche an der Straße von Gundelfingen nach Dürrenstetten zu erreichen. Parkplatz–Ruine 0,5 km.

Bauphasen

I. Bauphase 2. Hälfte 12. Jh.
Bauherr: Edelfreie von Gundelfingen, vermutlich Swigger (IV.), *um 1160, † nach 1228. Nicht bekannter Bautenstand. Datierung durch Keramikfunde, Chr. Bizer

II. Bauphase um 1200/1. Hälfte 13. Jh.
Bauherr: Möglicherweise Swigger (VI.), *um 1190, †vor 1251. Entstehung des Bergfried-Wohnturms.

III. Bauphase 2. Hälfte 13. Jh.–14.Jh.
Nicht zuzuordnen, Ausbau der Burg mit nördlicher Erweiterung.

Geschichte

Erste Burg der 1105 genannten Edelfreien ist vermutlich die um 1100 entstandene Burg Weiler, Chr. Bizer. Sie errichten dann in der 2. Hälfte des 12. Jhs. ihre neue größere Burg und nennen sich von Gundelfingen. Mitglieder der Familie errichten in der Folge die Burgen Niedergundelfingen, Bichishausen, Maisenburg und Derneck.
1236 Erste bekannte Nennung der Burg anlässlich der Übertragung eines Guts des Swigger (VIII.) in Frickingen an das Kloster Salem.
Um 1250 Erbteilung unter sieben Söhnen. Swigger (VIII.) erhält Hohengundelfingen.
Nach 1293 Verkauf an das Haus Habsburg. In der Folge mehrfache Verpfändung auch an Gundelfinger Familienangehörige.
Zwischen **1377** und **1389** Zerstörung der Burg durch die Reichsstädte. Anschließender Zerfall.
1805 An Württemberg.
1939 An Hans Römer, Fabrikant aus Neu-Ulm. 1949–1965 Instandsetzungs- und Mauerergänzungsmaßnahmen.

Anlage

Typus
Höhenburg in Spornlage, Frontturmburg, Hochadelsburg, Edelfreie.

Anlagenmerkmal
Bergfried-Wohnturm, Prallbuckelquader, Halsgraben, Unterburg, Bruchsteine.

Beschreibung
Hohengundelfingen gehört zu einer Aufreihung von Burgentypen im Lautertal, deren Geländesituation von schmalen Felskämmen gekennzeichnet wird.
Ein 12 m breiter Halsgraben trennt die Kernburg von der angrenzenden, wenig höheren Hochfläche. Der Burgplatz liegt auf einem Felskamm, der zum Tal hin in Terrassen bogenförmig an einer Felsnase endet. Treppen und brüstungsartige Mauern bestimmen den Gesamteindruck.
An oberster Stelle des Felsens steht der äußerst markante, gut 10 m hohe Stumpf des annähernd quadratischen **Bergfrieds**. Durch seine Größe mit Seitenlängen von 8,00 bis 8,30 m ist er mit hölzernem Aufbau auch als Wohn-

turm denkbar, Mauerstärke 2,80 m. Zu seinem auffallenden Erscheinungsbild gehören die Außenseiten mit Prallbuckelquadern. Zur Ausführung wurde ein bestimmtes Maß vorausgesetzt, was einem formalen Anspruch zu genügen hatte. Quaderlängen bis 190 cm, Höhen bis 75 cm, Buckel gerundet bis 50 cm vorstehend. Zum hochmittelalterlichen Bestand gehört die zur Burgseite folgende Zisterne mit angrenzender Mauer. Wohnbauten sind südlich am Turm und auf der Felsnase denkbar.

Ein weiterer zur Kernburg gehörender Bereich ist die Unterburg am Fuße des talseitigen Felsens mit Resten der Umfassungsmauer.

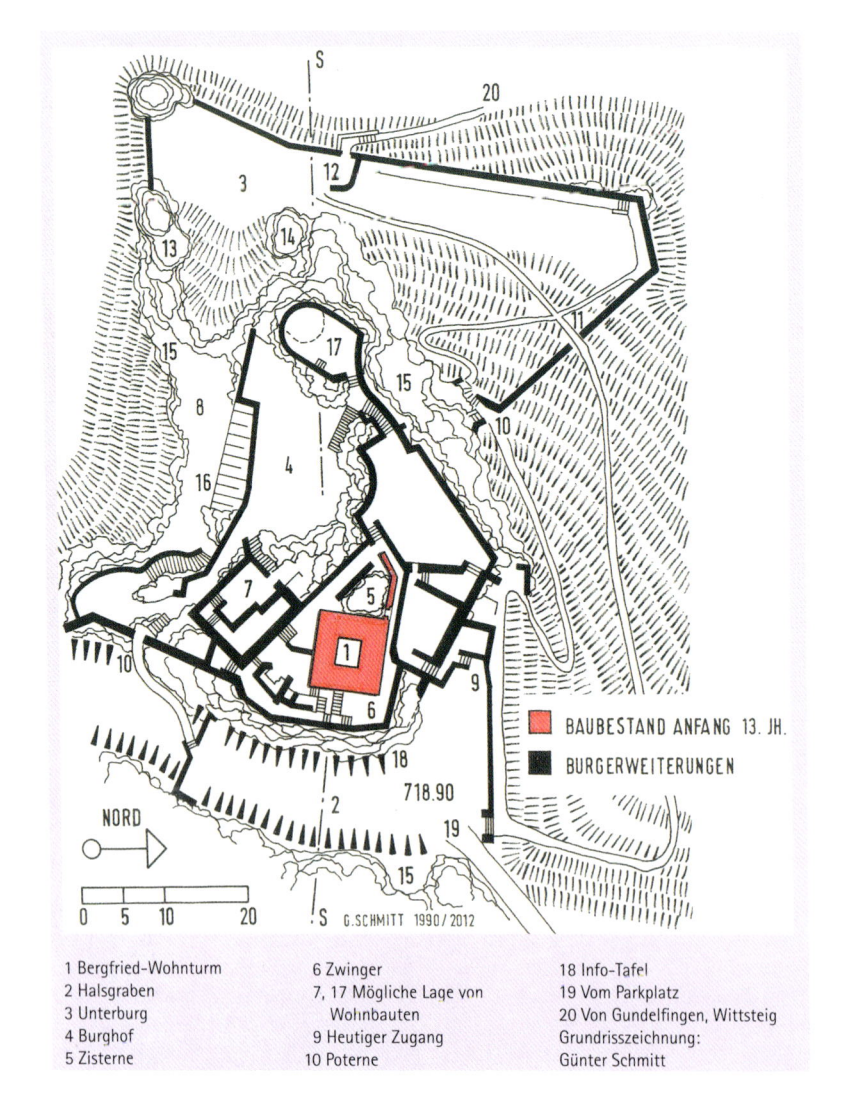

BAUBESTAND ANFANG 13. JH.
BURGERWEITERUNGEN

1 Bergfried-Wohnturm
2 Halsgraben
3 Unterburg
4 Burghof
5 Zisterne
6 Zwinger
7, 17 Mögliche Lage von Wohnbauten
9 Heutiger Zugang
10 Poterne
18 Info-Tafel
19 Vom Parkplatz
20 Von Gundelfingen, Wittsteig
Grundrisszeichnung:
Günter Schmitt

101 Niedergundelfingen; Münsingen-Gundelfingen

Erhaltungszustand: Teilerhaltene Burganlage auf einem Umlaufberg der Lauter. Markante Ringmauer unterschiedlicher Bauphasen, Kleinquader 12. Jh., Buckelquader um 1250, später Bruchstein, S. Uhl. Nordseite Lage des Wohnbaus, Südseite Haus mit Torhalle, Überbauung 1920, Brunnen.
Besichtigung: Privatbesitz, nicht zugänglich, von außen einsehbar.
Lage: TK 7623; 653 m, GK. R 37 100, H 53 880; im Bereich der Ortsbebauung.
Typus: Höhenburg in Gipfellage, Hochadelsburg.
Geschichte: Entstehung 12. Jh. durch die Edelfreien von Gundelfingen, 1409 an Wolf von Stein zu Klingenstein, 1617 an Reichlin von Meldegg, seit 1833 in wechselndem Privatbesitz.

102 Turm Bichishausen; Münsingen-Bichishausen

Erhaltungszustand: Ersatzlos abgebrochen.
Lage: TK 7623; 590 m, GK. R 37, H 55; Lage im Ort Bichishausen nicht bekannt.
Typus: Turmburg, mögliche Erdhügelburg.
Geschichte: Einziger Hinweis ist die um 1306 geschriebene Notiz auf der Rückseite eines Habsburger Rodels: „Herr Heinrich von Gundelfingen, der Bichishausen als Burglehen vom Kloster Reichenau hat, hatte den Turm in Bichishausen von Habsburg zu Lehen; er zerstörte ihn im Frieden, ohne die Vögte der Herrschaft Österreich zu fragen, um seine eigene nahe bei (prope positum) gelegene Burg fester zu machen."

Bichishausen 103

Münsingen-Bichishausen, Landkreis Reutlingen, Baden-Württemberg
Meereshöhe: 640 m, Lautertal 610 m
Erhaltungszustand: Ruine mit deutlich aufrecht stehendem Mauerwerk, Bestand gesichert
Besitzer: Landkreis Reutlingen
Besichtigung: frei zugänglich, Stahltreppe zur Kernburg
Lage: TK 7623; GK. R 37 160, H 55 120; GPS 48° 19' 59" N, 9° 29' 59" O

Im mittleren Bereich des Großen Lautertales liegt zwischen Gundelfingen und Hundersingen in einer Talecke die Ortschaft Bichishausen.
Etwa auf halber Hanghöhe stehen markant die Mauern der Burgruine.

Im Bereich der Ortsbebauung führt vom Fuße des Burgfelsens eine Straße in Richtung Steighöfe und Ehestetten. Nach 50 m zweigt ein bezeichneter Fußweg zur Ruine ab. Parkmöglichkeit im Ort oder beim Parkplatz am Biergarten „Bootshaus".

Bauphasen

I. Bauphase um 1200/1. Hälfte 13. Jh.
Bauherr: Edelfreie von Gundelfingen, vermutlich Swigger (VI.), *um 1190, † vor 1251. Entstehung der Burg mit Bergfried und Wohnbau.

II. Bauphase um 1250/Anfang 2. Hälfte 13. Jh.
Bauherr: Vermutlich Konrad (II.), Sohn des Swigger (VI.), Stifter der Linie von Bichishausen, *nach 1230, †vor 1302. Erweiterung der Burg um einen massiven Wohnbau.

III. Bauphasen 2. Hälfte 14. Jh. und folgend
Bauherr: Johann Truchsess von Magolsheim. Möglicher Abbruch des Bergfrieds, Neubau von Schildmauer und Palas unter Einbezug von Bauteilen der Vorgängeranlage. Neubauten im Bereich der Vorburg.

IV. Bauphase nach 1510
Bauherr: Heinrich Treisch von Buttlar. Aufstockung des Gebäudes vor dem Wohnbau, Ausbau und Modernisierung.

Geschichte

1296 Konrad (II.) nennt „meine Burg Gundelfingen genannt Bichishausen".
Um 1306 Aus der Notiz eines Habsburger Rodels ist zu erfahren: Herr Heinrich von Gundelfingen, der den „prope positum" nahe bei gelegenen Turm zerstörte, um seine eigene Burg fester zu machen. Da geht es vermutlich um den Turm im Ort und nicht um die Burg.
1353 Heinrich (X.) von Gundelfingen verkauft Bichishausen an Johann, Truchsess von Magolsheim.

Wohnbau Innenbereich.

1510 In Besitz des Heinrich Treisch von Buttlar.
1545 In Besitz des Wolf von Vellberg zu Vellberg. Die Burg ist nicht mehr bewohnt.
1973 Erwerb durch den Landkreis Reutlingen. Bis 1975 Instandsetzungs- und Freilegungsmaßnahmen.

Anlage

Typus
Höhenburg in Spornlage, Frontturmburg, Schildmauerburg, Hochadelsburg.

Anlagenmerkmal
Bergfried, Buckelquader; Schildmauer, Wohnbau, Bruchsteinmauerwerk, Halsgraben.

Beschreibung
Die Burg liegt in Talhanglage auf einem schmalen Felskamm, der von der Lauter umflossen wird. Hinter dem Halsgraben ist die Anlage stufenförmig in drei Bereichen aufgebaut. An höchster Stelle bildet die Felsrippe ein dreieckförmiges Plateau von etwa 25 m Länge und 10 m Breite. Auf ihr kann die Kernburg der ersten Bauphase angenommen werden. Nahe am Halsgraben stand der **Bergfried**. Bis zu

2,5 m hohe Baureste zeigen einen quadratischen Grundriss mit Seitenlängen von 5,22 bis 5,35 m, Innenraum nur 1,11 x 1,08 m; Außenseiten mit Quadern und Buckelquadern von beachtlicher Größe, Längen bis 190 cm, Höhen bis 100 cm. Der Turm steht damit im Kontext mit im Umfeld errichteten Bauten. Angrenzend lag vermutlich ein kleiner Hof mit Brunnen und abschließendem Wohnbau.

Zur jüngeren Kernburg gehört der **große Wohnbau** auf rechteckigem Grundriss von ca. 8 x 20 m. Mit seiner am Felsen aufgebauten viergeschossigen Südseite stellt er den beachtlichsten Ruinenteil der Anlage. Bauzeitlich dazu gehört die 3,60 m starke **Schildmauer**, die noch ältere Mauerteile einbindet.

Am südlichen und westlichen Bereich des Wohnbaus liegt etwa 10 m tiefer auf einer Hangterrasse die **Vorburg** mit Schildmauer, Tor, Gebäude mit Gewölbekeller, Burghof, Reste der Umfassungs- und Zwingermauern. Neu ist die Stahltreppe zur Erschließung der Kernburg.

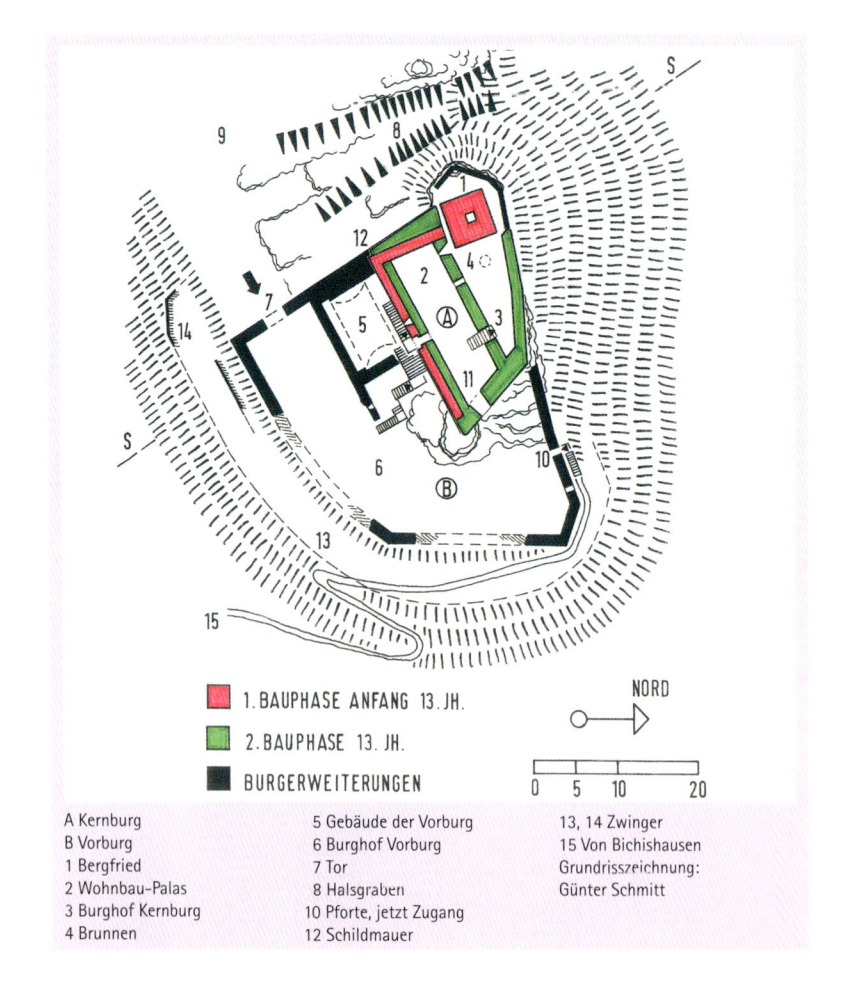

■ 1. BAUPHASE ANFANG 13. JH.
■ 2. BAUPHASE 13. JH.
■ BURGERWEITERUNGEN

A Kernburg
B Vorburg
1 Bergfried
2 Wohnbau-Palas
3 Burghof Kernburg
4 Brunnen
5 Gebäude der Vorburg
6 Burghof Vorburg
7 Tor
8 Halsgraben
10 Pforte, jetzt Zugang
12 Schildmauer
13, 14 Zwinger
15 Von Bichishausen
Grundrisszeichnung: Günter Schmitt

Hohenhundersingen 104

Münsingen-Hundersingen, Landkreis Reutlingen, Baden-Württemberg
Meereshöhe: 690 m, Lautertal 610 m
Erhaltungszustand: Ruine mit deutlich aufrecht stehendem Mauerwerk, Bestand gesichert
Besitzer: Stadt Münsingen
Besichtigung: frei zugänglich, Stahltreppe zur Kernburg, AP
Lage: TK 7622; GK. R 36 910, H 56 340; GPS 48° 20' 37,3" N, 9° 29' 49,9 O

Im oberen Bereich des Großen Lautertales liegt die weitläufige Ortschaft Hundersingen. Sie wird ostseitig an der Einmündung eines Trockentales aus Richtung Bremelau von der die Landschaft bestimmenden Burgruine Hohenhundersingen überragt.
Ein bezeichneter Fußweg, beginnend nahe der Bushaltestelle „Alte Post", führt steil hoch zur Ruine. Hundersingen-Ruine 0,4 km. Weitere Möglichkeit: Oberhalb der Kirche vom Parkplatz beim Friedhof geht es den aussichtsreichen Hangweg fast eben zur Ruine. Friedhof-Ruine 0,5 km.

Bauphasen

I. Bauphase Ende 12. Jh.
Bauherr: Edelfreie von Hundersingen, möglicherweise der um 1192 genannte Rudolf.
Entstehung mit Bergfried und Vorbefestigungen. Datierung durch Keramikfunde, Chr. Bizer.

II. Bauphasen 2. Hälfte 13. Jh./ um 1400
Bauherr: Edelfreie von Hundersingen. Ausbau der Burg in nicht bekannten Zeitabschnitten im Bereich der unteren Kernburg und vermutete Schildmauer im Anschluss an den Bergfried.

Geschichte

Als erste Burg und damit Stammsitz der Edelfreien von Hundersingen gilt die Hochburg. Erstgenannter mit eindeutiger Zuordnung zu Hohenhundersingen ist „liber" Rudolf. Er ist Zeuge in einer um 1192 ausgestellten Urkunde des Pfalzgrafen Rudolf I. von Tübingen anlässlich der Gründung von Bebenhausen.
1221 Rudolf in Bari, 1237 Sigebot mehrfach genannt in Urkunden Kaiser Friedrichs II.
1314 Sigebot und Rudolf von Hundersingen erklären das Öffnungsrecht ihrer Burg für Graf Eberhard II. den Greiner von Württemberg.
1352 Der Besitz wird Württembergisch, Verpfändung an die von Speth, 1464 an Hans „den Jüngeren", Truchsess von Bichishausen.
Um 1500 Aufgabe als Wohnsitz, Zerfall.
1966 Bestandssicherung durch die Gemeinde Hundersingen, seit 2001 in Pflege der Fördergemeinschaft Burgruine Hohenhundersingen e. V.

Anlage

Typus
Höhenburg in Spornlage, Frontturmburg, Hochadelsburg, Edelfreie.

Anlagenmerkmal
Bergfried als Frontturm, Prallbuckelquader; Umfassungsmauer, Bruchsteinmauerwerk, Gräben, Wälle.

Beschreibung
Hohenhundersingen liegt auf einem mit Felsen durchsetzten Kamm als Eckkante zu einem tief eingeschnittenen Seitental. Der schmale und steil terrassierte Burgplatz ist in die bergseitige Vorburg und die Kernburg mit einem oberen und unteren Abschnitt gegliedert.
Etwas unterhalb der Hochfläche beginnt der **Vorburgbereich** mit drei

Gräben und Wällen, die terrassiert über Felsen dem Kamm der Talecke folgen.

Hauptmerkmal der Burg ist die über zwei Bereiche gestaffelte **Kernburg** mit seinem auffallend markanten **Bergfried**. Er sitzt mit unregelmäßigem viereckigem Grundriss keck an äußerster Stelle des Felskopfes über dem Halsgraben: Seitenlängen von 2,75 bis 5,95 m; Turmhöhe bis 9,50 m, Eingangsgeschoss etwa 6,00 m über Gelände, Innenraum ca. 1,60 x 2,05 m mit Tonnengewölbe, darin ein schmaler Durchschlupf zum oberen Geschoss. Besonders skurril wirkt das Erscheinungsbild durch ausgeprägte Buckelquader mit unregelmäßiger Schichtung, nicht horizontal verlaufendem Fugenbild, ungleichen Größen und weit vorstehenden Buckeln; Längen bis 135 cm, Höhen bis 70 cm.

Die anschließende, nach Westen abknickende Felsrippe besteht aus einem mit Bruchsteinen vermauerten Block. Breite 4,10 m, Länge ca. 16 m. Er bildet die Basis für eine angenommene, jedoch abgegangene Schildmauer, S. Uhl.

Zur Talseite fällt diese Felsrippe steil zur terrassierten **Unterburg** ab. Die Geländesituation lässt innerhalb der Umfassungsmauer noch Bebauung erkennen und den Hauptwohnbau im Schutze von Felsrippe und Schildmauer als denkbar erscheinen.

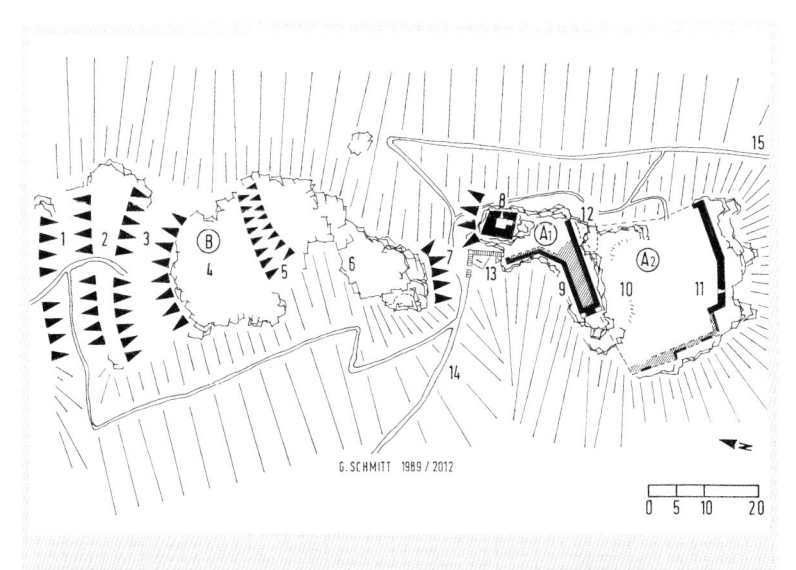

A1 Kernburg oberer Bereich
A2 Kernburg unterer Bereich
B Vorburg
1, 2, 3 Graben, Wall
4 1. Vorburg
5 Graben, 2. Vorburg
7 Felsspalte, Halsgraben
8 Bergfried
9 Schildmauer
10 Lage des Wohnbaus
11 Lage eines Gebäudes
12 Höhle
13 Stahltreppe, Info-Tafel
14 Vom Friedhof
15 Von Hundersingen
Zeichnung: Günter Schmitt 2012 unter Verwendung von Planunterlagen von Dr. Ing. Stefan Uhl

105 Hochburg Hundersingen; Münsingen-Hundersingen

Erhaltungszustand: Burgstelle mit überdeckten Mauerresten, Zeichnung von K. A. Koch um 1930: Graben, Umfassungsmauer, Grundriss eines Wohnturms oder festen Wohnbaus 7 x 11 m.
Lage: TK 7622; ca. 620 m, GK. R 35 980, H 56 490; im Ortsteil Oberdorf, Grundstück Hochburg 16 angrenzend zu Hochburg 14.
Typus: Höhenburg, Hochadelsburg.
Geschichte: Entstehung 1. Hälfte 12. Jh. durch die 1138 in der Zwiefalter Chronik mehrfach genannten Edelfreien von Hundersingen. Nachweis durch Fundkeramik, Bizer. Abgang unbekannt.

106 Burg Buttenhausen; Münsingen-Buttenhausen

Erhaltungszustand: Burgruine am Ende der Kirchhalde. Teilerhaltene Ringmauer der Kernburg 60 x 65 m mit Strebepfeiler, jetzt Friedhofsmauer, verebneter Halsgraben.
Besichtigung: Frei zugänglich.
Lage: TK 7622; 660 m, GK. R 35 620, H 58 380; oberhalb der Ortsbebauung.
Typus: Höhenburg in Spornlage.
Geschichte: Entstehung unbekannt, vermutlich durch die Edelfreien von Gundelfingen. 1330 von Hildebrand von Stockhorn an Bischof Eberhard von Konstanz, 1409 an Wolf Stein zu Klingenstein, mehrfacher Wechsel, ab 1740 Zerfall.

107 Wasserburg Buttenhausen; Münsingen-Buttenhausen

Erhaltungszustand: abgegangene Wasserburg.
Lage: TK 7622; 620 m, GK. R um 35 400, H um 58 250; im Bereich der Lauter unterhalb von Schloss Buttenhausen.
Typus: Niederungsburg, Wasserburg.
Geschichte: Entstehung und Bauherr nicht bekannt. 1778 Unterscheidung zwischen „altes Schloss auf dem Berg" und dem „unteren Schloss" oder „Wasserschloss". Um 1800 ersatzloser Abbruch.

108 Schloss Buttenhausen; Münsingen-Buttenhausen

Erhaltungszustand: Erhaltene Schlossanlage am Nordhang des Lautertales. Hauptbau: zweigeschossiger Rechteckbau 17 x 31 m mit Mansarddach, über dem Eingang Wappen derer von Weidenbach, Nebengebäude.
Besichtigung: Außenbereiche frei zugänglich, Café Ikarus im Nebengebäude, Gartenanlagen, Kunstparcour.
Lage: TK 7622; 640 m, GK. R 35 390, H 58 370; am Ortsende Richtung Dapfen.
Typus: Klassizismus-Schloss in Höhenlage.
Geschichte: 1816 Neubau durch Baron von Münch, 1822 an dessen Schwiegersohn von Weidenbach, 1934 an die Stadt Stuttgart, Einrichtung: „Beschäftigung und Verwahrungsheim", 2005 Bruderhaus Diakonie, Stiftung Gustav Werner und Haus am Berg.

Stadtschloss Münsingen 109

Stadt Münsingen, Landkreis Reutlingen,
Baden-Württemberg
Meereshöhe: 720 m
Erhaltungszustand: teilerhaltene Gesamtanlage
Besitzer: Land Baden-Württemberg
Besichtigung: Außenbereiche frei zugänglich, Stadtmuseum im Schloss, Ausstellung zu Geschichte und Kultur der Münsinger Alb, Öffnungszeiten: ganzjährig Do und So 13.30 bis 17 Uhr und nach Vereinbarung,
Telefon: 07381 182-115, www.muensingen.de
Lage: TK 7522; R 36 820, H 63 860; Schlosshof 1–3

Münsingen liegt auf der Albhochfläche südlich von Bad Urach am Verkehrsknotenpunkt verschiedener Verbindungsstraßen. Bekannt wurde Münsingen durch den Truppenübungsplatz, der jetzt besuchenswertes Biosphärengebiet ist.

Das ehemalige Stadtschloss liegt in der Südostecke der ehemals ummauerten Altstadt. Unmittelbar an dessen Südseite führt die B 465 von Bad Urach in Richtung Ehingen. Parkmöglichkeit gibt es innerhalb der Altstadt auf gebührenpflichtigen Parkplätzen.

Bauphasen

I. Bauphase 13./14. Jh.
Bauherr: Grafen von Württemberg. Entstehung als eigenständige Anlage außerhalb der Stadtbebauung.

II. Bauphase 15. Jh./1483–1500
Bauherr: Graf Eberhard V. „Im Bart" von Württemberg, *1445, †1496, Ehefrau Barbara Gonzaga von Mantua. Einbezug der Grafenburg in die Stadtbefestigung als Zitadelle. Grundlegender Um- oder Neubau des vermuteten Stadtburghauses „Altes Schloss". 1485 Nachweis durch Dendrochronologie.

III. Bauphase 17.–18. Jh.
Bauherr: Herzöge von Württemberg. Umbau des „Alten Schlosses" 1603, möglicherweise als Fruchtkasten, ab 1654 Baumaßnahmen, Umbau und Aufstockung Gebäude Schlosshof 1.

Geschichte

Spätestens 1339 Stadterhebung, 1378 Belagerung im Städtekrieg.
1482 Die Württembergischen Grafen Eberhard V. „Im Bart" und Eberhard „Der Jüngere" unterzeichnen auf dem Landtag in der Stadtburg Münsingen den Vertrag zur Wiedervereinigung der getrennten württembergischen Landesteile.
1631–1646 Mehrfache Besetzungen im Dreißigjährigen Krieg.
1800 Einquartierung von französischen Truppen in Stadt und Schloss.
Vor 1850 Verfüllung des Stadtgrabens, darauf Neubau des Amtsgerichts.
1921 Beginn zur Einrichtung eines Heimatmuseums, zuletzt 2009 Neueröffnung.

Anlage

Typus
Stadtburg, Zitadelle, Grafenburg-Schloss.

Beschreibung
An höchster Stelle der mittelalterlichen Stadtecke liegt die ehem. Stadtburg-Schlossanlage. Sie deckte seit dem 15. Jh. als Zitadelle gleichzeitig die schwächste Stelle der Stadtbefestigung.
Durch den Abbruch des Oberen Tores, der Stadt- und Zwingermauern sowie der zur Stadt gerichteten Burgmauern hat die Anlage ihren baulichen Zusammenhang verloren. So stehen die Gebäude als Solitärbauten in einem Bereich, der ursprünglich ein kompaktes zusammenhängendes Ensemble bildete. Zudem stehen die im 19. Jh. errichteten Bauten von Oberes Tor 2, Finanzamt, Schlosshof 3 und Amtsgericht im Bereich des ehem. Grabens. Drei Gebäude entstammen der Burg- bzw. der Schlossanlage.

„Altes Schloss"
Das sog. „Alte Schloss", Schlosshof 2, mit unbekannter Entstehungsgeschichte wurde möglicherweise als Burghaus in der südöstlichen Ecke errichtet. Davor lagen Zwinger, Eck-

turm und Graben. Genannt wird es 1482 im Zuge von Vertragsverhandlungen, dann 1483/85 umgebaut oder teilweise neu gebaut und als Fruchtkasten genutzt. Als drei- bis viergeschossiger kubischer Kompaktbau mit Krüppelwalmdach, Giebel in Ständer-Riegelbauweise und unregelmäßiger Fenstergliederung ist es das markanteste Bauwerk. Das Innere mit zwei unterschiedlichen Gewölbekellern besteht aus einer dreischiffigen - fünfzonigen Ständerkonstruktion, an den Wänden Reste von Wandbemalungen, im 2. Obergeschoss das Stadtmuseum.

Diagonal zum „Alten Schloss" steht in der Stadtzugewandten Ecke das auch als **Schloss** bezeichnete Gebäude Schlosshof 1. Der ehem. Verwaltungssitz des württembergischen Amtmanns ist ein zweigeschossiger lang gestreckter Viereckbau mit Eckturm. Massiver Unterbau mit Scharten 13./14. Jh. mit zweigeschossiger Fachwerkaufstockung 17./18. Jh.

Schlosshof 4 ist das dritte Gebäude der Anlage. Im 16. Jh. als Marstall erbaut, später als kleiner Fruchtkasten genutzt, steht es aus der Anlage nach Süden gerückt an der ehem. Stadtmauer.

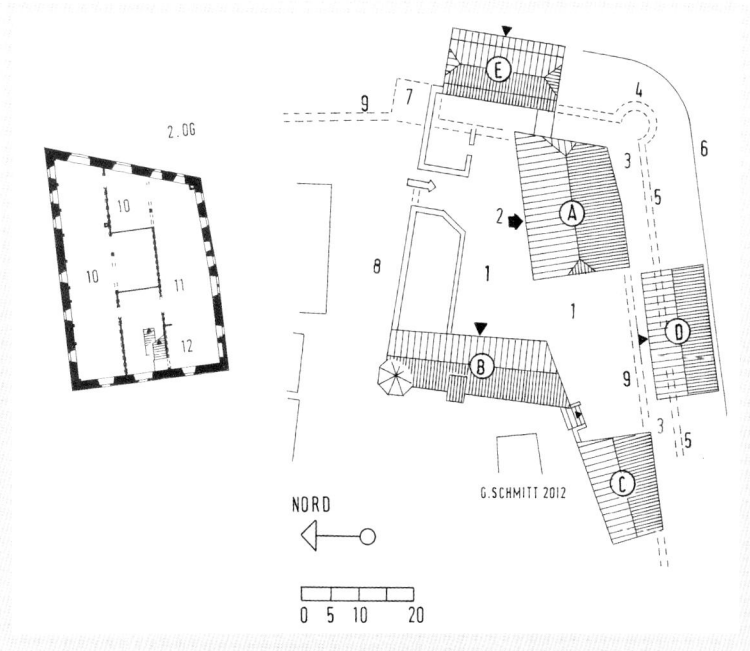

A Schlosshof 2, sog. „Altes Schloss" Fruchtkastenbau, Stadtmuseum, 14. und 15. Jh.
B Schlosshof 1, „Schloss?", Außenstelle Landratsamt, ehem. württembergische Verwaltung, 13./14. und 17./18. Jh.
C Schlosshof 4, Kreisforstamt, 16. Jh. ehem. Marstall, 16. Jh.
D Schlosshof 3, Amtsgericht, 19.Jh.
E Finanzamt, 19. Jh.
1 Schlosshof
2 Eingang Stadtmuseum
3, 5 Zwinger, Zwingermauer, Graben
4 Eckturm
6 B 465 Karlstraße
7 Oberes Tor
8 Hauptstraße
9 Stadtmauer
10-12 Stadtmuseum
Lageplan:
Günter Schmitt 2012

110 Reichenau; Münsingen-Auingen

Erhaltungszustand: Burgstelle auf einer Kuppe im Biosphärengebiet. Ringförmiger Wallgraben, zur Südostseite weiterer Wallgraben. Kernburg auf zwei Ebenen ca. 30 x 60 m, 5 m tiefe Zisterne, kein Steinbaunachweis.
Besichtigung: Frei zugänglich.
Lage: TK 7523; 821 m, GK. R 38 770, H 65 870; 2 km nördlich von Auingen.
Typus: Höhenburg in Bergkuppenlage, Hochadelsburg.
Geschichte: Entstehung um 1100 vermutet durch nicht genannte Edelfreie von Reichenau, Aufgabe um 1300, Nachweis durch Fundkeramik, Chr. Bizer; 1454 Lagerbuch Urach: „bis an das burgstall richenowe".

111 Holoch; Münsingen-Böttingen

Erhaltungszustand: Burgstelle im Biosphärengebiet. Kleine Anlage auf einer Kuppe am südlichen Ende eines Berges, verebnete Oberfläche, keine Bebauungsspuren.
Besichtigung: Frei zugänglich.
Lage: TK 7523; 824 m, GK. R 40 790, H 65 870; 1,6 km nördlich von Böttingen.
Typus: Höhenburg in Gipfellage.
Geschichte: Entstehung Mitte 13. Jh., Aufgabe Anfang 14. Jh., Nachweis durch Fundkeramik, Chr. Bizer; Burgenname und Besitzer nicht bekannt, möglicherweise Ministerialen der Herren von Reichenau.

112 Burggraben Böttingen; Münsingen-Böttingen

Vermutete Burg bei der Flur Burggraben und Burggarten.
Lage: TK 7523; genaue Lage nicht bekannt. GK. R 40, H 63

Geschichte: Entstehung und Besitzer nicht bekannt. Der Ort seit dem 13. Jh. unter württembergischer Hoheit.

113 Schloss Magolsheim; Münsingen-Magolsheim

Erhaltungszustand: Ersatzlos abgebrochen.
Lage: TK 7523; 780 m, GK. R 43 840, H 63 200; am südlichen Ortsrand.
Typus: Burg-Schloss in Ortslage.
Geschichte: Entstehung vermutlich 13. Jh., 1268 Herren von Hundersingen, um 1350 Truchsessen von Magolsheim, ein Zweig der Uracher Ministerialen der Truchsessen von Urach; 1370 Erwähnung als Burg, 15./16. Jh. Neubau oder Ausbau zum Schloss, 1743 Abbruch.

114 Littstein; Münsingen-Rietheim

Erhaltungszustand: Burgstelle über der Trailfinger Schlucht. Bogenförmiger Halsgraben, Kernburg auf einem 5 m höher liegenden Talrandfelsen, ca. 18 x 32 m, Schuttriegel zur Feldseite, keine Bebauungsspuren.
Besichtigung: Frei zugänglich.

Lage: TK 7522; 760 m, GK. R 35 240, H 66 840; 2 km ostnordöstlich von Rietheim.
Typus: Höhenburg in Bergrandlage.
Geschichte: Entstehung 13. Jh. durch nicht bekannte Bauherren, kurzer Nutzungsbestand; Nachweis durch Fundkeramik, Chr. Bizer.

115 Harrassen; Münsingen-Rietheim

Erhaltungszustand: Burgstelle am Ende eines Höhenrückens über dem Ermstal. Kleine Spornburg, Halsgraben, Kernburg durch Felsen begrenzt, keine Bauwerksspuren.
Besichtigung: Frei zugänglich.
Lage: TK 7522; 630 m, GK. R 32 940, H 68 000; 1,7 km nördlich von Rietheim.
Typus: Höhenburg in Spornlage.
Geschichte: Bestand Mitte 13. Jh. bis Mitte 14. Jh., Nachweis durch Fundkeramik, Chr. Bizer; Besitzer nicht bekannt.

116 Burghalde Mehrstetten; Mehrstetten

Vermutete Burg bei der Flur Burghalde.
Lage: TK 7623; genaue Lage nicht bekannt, GK. R 41, H 57.
Geschichte: Entstehung, Abgang und Besitzer nicht bekannt. Der Ort um 1300 Zubehör von Hohengundelfingen.

117 Baldenlauh; Gomadingen-Dapfen

Erhaltungszustand: Burgstelle über dem Pfaffen- und Brunnental, gegenüber von Blankenstein. Halsgraben, Kernburgfelsen dreieckig 17 x 23 m, geringer Schutt, kein Steinbaunachweis.
Besichtigung: Frei zugänglich.
Lage: TK 7622; ca. 700 m, GK. R 31 570, H 58 350; 900 m westsüdwestlich von Wasserstetten.
Typus: Höhenburg in Bergeckenlage.
Geschichte: Entstehung, Burgenname und Geschichte nicht bekannt. 1316 Waldname „Baldenloch", 1745 „Baldenlauh ein alt zerfallen Schloß"; möglicherweise Sitz eines Zweigs der Speth; 1318 Dietrich Speth zu Dapfen.

118 Blankenstein; Gomadingen-Dapfen

Erhaltungszustand: Burgruine über dem Brunnental. 40 m langer Graben, Kernburg mit Schuttriegel, Wohnturmruine: ca. 7 x 7 m, Buckelquader, Mauererhöhung 1977.
Besichtigung: Frei zugänglich, 1977 Bestand gesichert.
Lage: TK 7622; 710 m, GK. R 31 760; H 58 160: 800 m südwestlich von Wasserstetten.
Typus: Höhenburg in Bergeckenlage, Hochadelsburg.
Geschichte: Entstehung drittes Viertel 12. Jh., Turm 13. Jh.; Aufgabe letztes Viertel 14. Jh.; Nachweis durch Fundkeramik, Chr. Bizer; Edelfreie von Blankenstein, Bertold 1182, 1228 Hildeboldus; 1251 Verlagerung des Herrschaftsmittelpunkts nach Steinheim an der Murr; 1320 an Württemberg.

Schloss Grafeneck 119

Gomadingen-Dapfen, Landkreis Reutlingen, Baden-Württemberg
Meereshöhe: 690 m, Dolderbachtal 650 m
Erhaltungszustand: teilerhaltene Schlossanlage
Besitzer: Samariterstift Grafeneck
Besichtigung: Außenbereiche mit Gedenkstätte frei zugänglich, Dokumentationszentrum für die Opfer der „Euthanasie"-Verbrechen im Nationalsozialismus Öffnungszeiten: ganztägig 8 bis 20 Uhr, Telefon 07385 966-206. Schlosscafé Öffnungszeiten: So, Feiertage, Mai bis Sept. 14 bis 18 Uhr, Okt. bis April 14 bis 16 Uhr, www.gedenkstaette-grafeneck.de; barrierefrei
Lage: TK 7622; GK. R 31 890, H 61 730

Im oberen Bereich des Großen Lautertales zweigt beim Landgestüt Marbach das Dolderbachtal in Richtung Münsingen ab. Am „Husarensprung", einer Talverengung, liegt das ehemals bedeutende Schloss Grafeneck. Von der Straße Münsingen-Marbach führen jeweils aus beiden Richtungen kommend Abzweigungen über die Bahnlinie hoch zur weitläufigen Anlage. Parkmöglichkeiten bestehen im Bereich vor dem ehemaligen Schloss, dem Dokumentationsraum und der Gedenkstätte.

Bauphasen

I. Bauphase 2. Hälfte 13. Jh.
Bauherr: Herren von Grafeneck, Ministerialen der Grafen von Urach. Entstehung der Burg mit nicht bekannten Bauteilen.

II. Bauphase 1556–1560
Bauherr: Christoph Herzog von Württemberg, *1515, †1568, Ehefrau: Anna Maria von Brandenburg-Bayreuth. Abbruch der Burg, Neubau eines Renaissanceschlosses als Vierflügelanlage, Ringmauer mit Ecktürmen.

III. Bauphase 1765–1772
Bauherr: Carl Eugen Herzog von Württemberg, *1737, †1793, Bauherr der Schlösser Monrepos, Solitude, Hohenheim, Scharnhausen, Neues Schloss Stuttgart. Ehefrauen: 1. Elisabeth von Brandenburg-Bayreuth, 2. Franziska Gräfin von Hohenheim. Architekt: Johann Friedrich Weyhing. Umbau zum Barockschloss. Abbruch des Südflügels, Neubau einer Dreiflügelanlage auf der südlichen Schlossmauer, Überbauung des Halsgrabens mit Kirche, Nebengebäude; im Tal die Dreiflügelanlage „Husarenstall".

Geschichte

Die Gründung der Anlage geht auf die Burg der 1261 genannten Ministerialenfamilie von Grafeneck zurück. Im 15. Jh. verlegen sie ihren Sitz nach Burgberg und Eglingen.

Dokumentationszentrum „Euthanasie".

Ölbild von A. F. Harper um 1780.

Um 1490 In Besitz von Eberhard V. „Im Bart" Graf von Württemberg.
1837 Verkauf und Abbruch der unter Herzog Karl Eugen errichteten Schlossbauten.
1904 Verkauf an Freiherr Max von Tessin, 1923 an Graf von Kanitz, 1925 an Eugen Wörwag.
1928 Erwerb durch die Samariterstiftung. Umbau zum Heim für Behinderte.
1939 Beschlagnahmung durch die Nationalsozialisten.
1940 Beginn der „systematisch-industriellen Ermordung" von 10 600 Menschen mit geistiger Behinderung oder psychischer Erkrankung mit Giftgas in einer Gaskammer.
1947 Rückgabe an die Samariterstiftung.
1963 Auf dem Heimfriedhof entsteht ein erster Gedenkort, 1990 die Gedenkstätte Grafeneck und 2005 das Dokumentationszentrum für die Opfer der „Euthanasie"-Verbrechen im Nationalsozialismus.

Anlage

Typus
Renaissanceschloss, Barockschloss in Höhenlage, Hochadelsschloss.

Anlagenmerkmale
Bestand: Dreiflügelanlage, Ringmauer, Halsgraben, Neubauten.

Beschreibung
Grafeneck ist im heutigen Bestand eine Einrichtung der Samariterstiftung. Die weiträumige Anlage liegt auf einer lang gezogenen, nach Süden gerichteten Spornterrasse. Deren Bauten werden durch die Nutzung als Heimstätte für geistig, körper-

lich, psychisch und sozial behinderte Menschen in mehreren Wohngruppen bestimmt. Im Vorgelände befindet sich die Gedenkstätte mit Friedhof und im Bereich der architektonisch anspruchsvollen Wohnbauten das besuchenswerte Dokumentationszentrum für die Opfer der „Euthanasie"-Verbrechen des Nationalsozialismus.

Die eigentliche **Schlossanlage** besteht aus dem Schlossgarten und dem Schloss mit Ummauerung. Dazwischen liegt der ehemalige Halsgraben, in den 1772 eine Kirche mit Gewölbe und Stirnmauern gebaut wurde.

Umfasst wird der weiträumige Kernbereich auf drei Seiten durch 12 m hohe Futtermauern mit Resten von Rundtürmen an den Ecken. Der dreigeschossige **Schlossbau** ist der substanzielle Kernbau des Renaissanceschlosses. Durch den in der Barockbauphase abgebrochenen Südflügel wird das Schloss zur Dreiflügelanlage. Es ist geprägt durch sein Mansardendach, besitzt Zwillingsfenster mit Steinrahmung, über dem Eingangsportal das Wappen des Freiherrn Max von Tessin. Das Innere ist bis auf das Erdgeschoss mit Tonnengewölben mehrfach verändert.

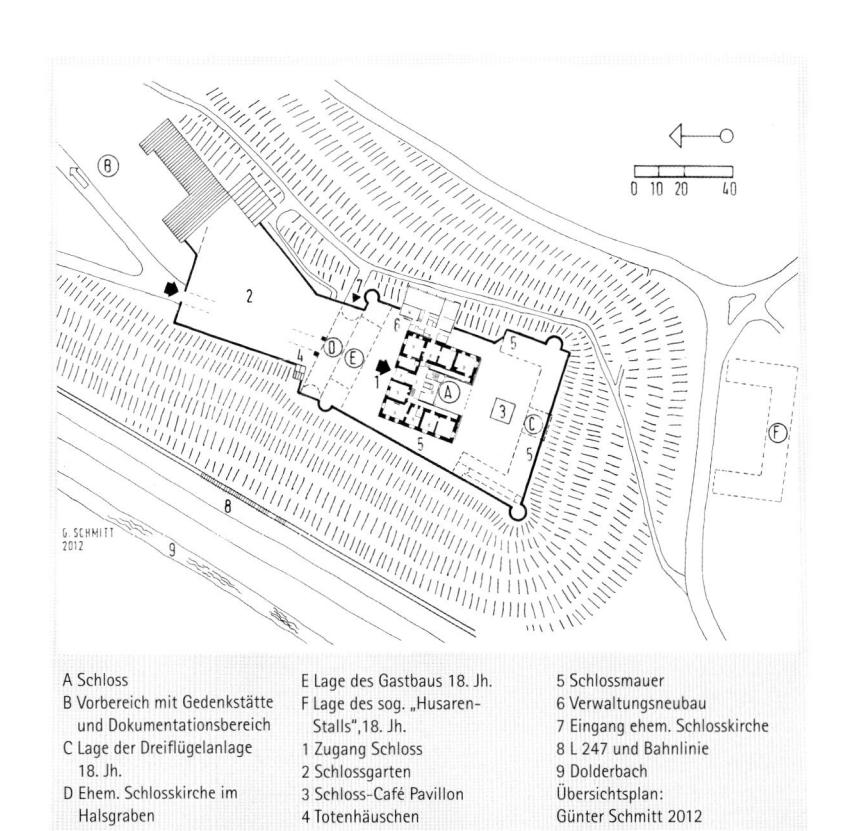

A Schloss
B Vorbereich mit Gedenkstätte und Dokumentationsbereich
C Lage der Dreiflügelanlage 18. Jh.
D Ehem. Schlosskirche im Halsgraben
E Lage des Gastbaus 18. Jh.
F Lage der sog. „Husaren-Stalls",18. Jh.
1 Zugang Schloss
2 Schlossgarten
3 Schloss-Café Pavillon
4 Totenhäuschen
5 Schlossmauer
6 Verwaltungsneubau
7 Eingang ehem. Schlosskirche
8 L 247 und Bahnlinie
9 Dolderbach
Übersichtsplan:
Günter Schmitt 2012

120 Gomadingen; Gomadingen

Erhaltungszustand: Burgstelle auf dem Burgfelsen über dem Lautertal, keine Bauwerksspuren.
Lage: TK 7522; ca. 670 m, GK. R 29050, H 62620; auf dem Grundstück des Rathauses.
Typus: Höhenburg in Talrandortslage, Ministerialenburg.
Geschichte: Entstehung 2. Hälfte 12. Jh., 1200 Ritter Nodung von Gomadingen, Sohn des Burkhard, 1272 Werner, Abgang nicht bekannt.

121 Steingebronn; Gomadingen-Steingebronn

Erhaltungszustand: Burgstelle auf dem Burgfelsen am Ende eines nach Westen gerichteten Höhensporns am Beginn des Schörzbachtales, kein Steinbautennachweis.
Lage: TK 7522; 699 m, GK. R 30460, H 62920; Standort bei Kirche und Rathaus.
Typus: Höhenburg in Spornlage, Ortsrandburg, Ministerialenburg.
Geschichte: Entstehung vermutet 13. Jh., 1276 Heinrich Speth, bis zum Erwerb von Ehestetten 1364 Stammsitz der Speth zu Steingebronn, 1562 an Württemberg, Abgang nicht bekannt.

122 Seeburg; Bad Urach-Seeburg

Erhaltungszustand: Burgstelle am Ende des Burgbergs zwischen Seetal und Mühltal. Burganlage ca. 30 x 120 m, Halsgraben, Zwingeranlage, Abschnittsgraben, Vordere Burg: Mauerreste, Kleinquader, Kriegerdenkmal. Kernburg auf frei stehendem Felsklotz, 1596 noch Turmbestand.
Besichtigung: Frei zugänglich, Burgfelsen über Steigeisen, begehbar.
Lage: TK 7522; 630 m, GK. R 33920, H 67600; 250 m südwestlich der Kirche.
Typus: Höhenburg in Spornlage.
Geschichte: Entstehung vor 1150, Nachweis durch Fundkeramik, Chr. Bizer; 1208 Bertold von Seeburg, Zweig der Familie von Stein; 1311 in Besitz Württembergs, vergebliche Belagerung durch die Reichsstädte, vor 1556 Abgang.

123 Uhenfels; Bad Urach-Seeburg

Erhaltungszustand: Erhaltene Schlossanlage auf einer Bergkuppe zum Mühltal. Ringmauer mit Rundtürmen und Tor, mehrteiliger Schlossbau, Hauptbau mit Stufengiebeln, Rundturm, Hofbau mit Fachwerkaufbau, Krüppelwalmdach, Anbau mit Zwerchhaus.
Besichtigung: Privatbesitz, nicht zugänglich.
Lage: TK 7522; 700 m, GK. R 34340, H 67520; 360 m südöstlich von der Kirche in Seeburg.
Typus: Schloss des Historismus in Höhenlage.
Geschichte: 1872 bis 1883 Neubau nach eigenen Entwürfen durch Karl Ferdinand Freiherr von Hayn, Hofmarschall des Königs von Württemberg, Bildhauer, Maler. Ab 1899 an private Besitzer.

124 Fischburg; Bad Urach-Seeburg

Erhaltungszustand: Burgstelle auf einem in das Fischburgtal vorstehenden Felsen. Abriegelung durch zwei Quergräben, Kernburg ca. 17 x 35 m, geringe Mauerreste, Kleinquader, Schutthügel, zur Südseite Felsterrasse.
Besichtigung: Frei zugänglich.
Lage: TK 7522; 640 m, GK. R 34 780, H 69 240; 1,6 km nordnordöstlich von der Kirche in Seeburg.
Typus: Höhenburg in Spornlage, Hochadelsburg.
Geschichte: Entstehung 1. Hälfte 12. Jh. durch die Edelfreien von Fischburg, Aufgabe Anfang 14. Jh., Nachweis durch Fundkeramik, Chr. Bizer; vor 1304 Heiligun von Fischburg.

125 Blankenhorn; Bad Urach-Sirchingen

Erhaltungszustand: Burgstelle auf einem Felsen über dem Ermstal, Wall, Halsgraben, Kernburg ca. 13 x 22 m, 2 m hoher Schutthügel einer Frontbefestigung, geringe Reste der Ringmauer, Kleinquader.
Besichtigung: Frei zugänglich.
Lage: TK 7522; ca. 650 m, GK. R 31 290, H 68 740; 1,2 km ostsüdöstlich von Sirchingen.
Typus: Höhenburg in Spornlage.
Geschichte: Mögliche Entstehung 2. Hälfte 11. Jh., Aufgabe Mitte 13. Jh., Nachweis durch Fundkeramik, Chr. Bizer; Besitzer nicht bekannt, Burgenname nicht geklärt.

126 Höhlenburg Schorren, Venedigerloch; Sirchingen

Erhaltungszustand: Höhle im westlichen Schorrenfelsen über dem Ermstal. Auf 4 m hoher Felsstufe Höhle mit verzweigtem Innenraum, Felspfeiler, Halle bis 7 m Höhe, verschiedene Balkenlöcher, mögliche Höhlenvorbauten.
Besichtigung: Frei zugänglich.
Lage: TK 7722; 690 m, GK. R 30 330, H 70 240; 1,2 km nordwestlich von Sirchingen.
Typus: Höhlenburg.
Geschichte: Entstehung 2. Hälfte 12. Jh., Aufgabe Ende 13. Jh., Nachweis durch Fundkeramik, Chr. Bizer; Besitzer und Burgenname nicht bekannt, denkbar Burg Schorren.

127 Baldeck; Bad Urach-Wittlingen

Erhaltungszustand: Burgruine auf Felsen über dem Ermstal. Halsgraben, Frontmauer, Kernburg und Nebenbereiche in und um die Felsen gebaut, Höhle.
Mauerreste: Quader, Kleinquader.
Besichtigung: Frei zugänglich.
Lage: TK 7522; 625 m, GK. R 31 650, H 68 730; 1,9 km südwestlich von Wittlingen.
Typus: Höhenburg in Spornlage, Felsenburg.
Geschichte: Entstehung 2. Hälfte 12. Jh., 1256 Belagerung und Zerstörung von „castris Baldegge" durch Pfalzgraf Rudolf von Tübingen, den Grafen von Württemberg, von Grüningen und von Zollern. Die Baldecker in württembergischen Diensten bis 1565 genannt.

Hohenwittlingen 128

Bad Urach-Wittlingen, Landkreis Reutlingen, Baden-Württemberg
Meereshöhe: 677 m, Ermstal 508 m
Erhaltungszustand: Ruine mit deutlich aufrecht stehendem Mauerwerk, Bestand gesichert
Besitzer: Land Baden-Württemberg
Besichtigung: frei zugänglich, AP. Grillstelle, Info Telefon 07125 9432-0
Lage: TK 7522; GK. R 31 400, H 70 260; GPS 48° 28' 9,1" N, 9° 25' 26" O

Von Bad Urach verläuft nach Süden in Richtung Münsingen das tief in die Alb eingeschnittene obere Ermstal. An dem von Osten einmündenden Föhrental liegt auf einem mächtigen Felsklotz die Burgruine Hohenwittlingen.
Hier zweigt von der B 465 Bad Urach-Münsingen eine Straße zur Ortschaft Wittlingen ab. In der Ortsmitte folgt man dem Hinweis Hohenwittlingen bis zum Wanderparkplatz P65. Von hier zunächst der Straße entlang, dann bezeichnet im Wald zur Ruine. Parkplatz-Ruine 1,1 km. Weitere Möglichkeit: Vom Wanderparkplatz im Ermstal an der Straßenabzweigung Wittlingen bezeichnet AV Dreiblock hoch zur Ruine. Parkplatz-Ruine 1,0 km.

Bauphasen

I. Bauphase 12. Jh.
Bauherr: Herren von Wittlingen. Entstehung der Burg möglicherweise auch vor 1100. Nachweis durch Fundkeramik 12. Jh., Chr. Bizer.

II. Bauphase um 1200/13. Jh.
Ausbau der Burg, Entstehung der Schildmauer in Buckelquaderbauweise, Neubau oder Verstärkung der Ringmauer, Wohnbau. Weiterer Ausbau vermutlich nach dem Übergang an die Grafen von Württemberg.

III. Bauphase 16. Jh.
Bauherr: Vermutlich Ludwig Herzog von Württemberg, *1554, †1593. Instandsetzung der Anlage nach Brandschaden, Einbau von Gefängnissen.

Geschichte

Im 11. Jahrhundert werden Herren von Wittlingen genannt. Mechthild, Schwester des Grafen Cuno und Liutold von Achalm, heiratet Graf Cuno von Lechsgmünd. Ihr Enkel Burkhard nennt sich 1089 und 1110 „von Wittlingen". Ob es sich dabei um die Burg oder um den Ort handelt, ist nicht bekannt.
Um 1248 Übergang des Hohenwittlinger Besitzes an Bischof Eberhard von Konstanz.
1251 Graf Ulrich I. von Württemberg erwirbt Hohenwittlingen von Bischof Eberhard. 1254 tauscht Ulrich mit Graf Heinrich von Fürstenberg die Hälfte der Burg gegen die Hälfte der Grafschaft Urach.
1311 Vergebliche Belagerung der Burg im Reichskrieg gegen Graf Eberhard den Erlauchten von Württemberg.
1548 Im Zuge des Versuchs der Rekatholisierung Württembergs flieht Johannes Brenz, württembergischer Theologe und protestantischer Reformator, auf den Hohenwittlingen. Anschließend Flucht nach Basel. 1553 dann Propst in Stuttgart und Leiter des württembergischen Kirchenwesens.
1576 Erheblicher Schaden durch Brand. Ausbau zum Gefängnis. Bis 1617 Inhaftierung von Männern der württembergischen Täufergemeinden.
1648 Abzug der württembergischen Garnison. Hohenwittlingen wird bis 1705 Wohnsitz eines Forstknechts. Anschließender Verfall.
1953–1963 Instandsetzung und Aufmauerung der Schildmauer zum Aussichtsturm durch die Staatliche Forstverwaltung.

Anlage

Typus
Höhenburg in Spornlage, Schildmauerburg, Grafenburg.

Anlagenmerkmale
Schildmauer, Buckelquader, Ringmauer, Halsgraben.

Beschreibung
Hohenwittlingen liegt auf einem von zwei Tälern begrenzten, nach Nordwesten gerichteten Höhenrücken, des-

sen Ende über steile Felsen abfällt. In David Friedrich Weinlands verfasstem „Rulaman" ist dies der „Tulkafels", in dessen Höhlen die Erzählung aus der Zeit der Höhlenmenschen stattfindet.

Ein Vorgraben und der bis 14 m tiefe Halsgraben trennt die Anlage vom Höhenrücken. Der Burgweg führt an der nördlichen felsigen Bergflanke zum nordwestlichen Spornende mit der auf einer etwas tiefer liegenden Hangterrasse gelegenen Unterburg.

Eine Wegkehre führt hoch zur **Kernburg**, deren Ringmauer ein Areal von etwa 24 x 70 m umfasst. An dessen Ermstalseite zeigen Mauerreste die Lage von zwei gekoppelten Wohnbauten. Darüber erhöht liegt eine schmale Geländeterrasse. Sie wird durch die bis 7 m hohe und 1,80 m starke instand gesetzte Ringmauer abgeschlossen.

Am Ende der Anlage steht die 23,5 m lange **Schildmauer** mit zum Halsgraben vorgelegtem Zwinger. Mauerstärke an der Basis 5,3 m, an der Aussichtsplattform 4,5 m, mehrfach instand gesetzt. Original erhalten ist der südwestliche stützmauerartige Abschluss mit Buckelquadern: Oberflächen verwittert, Länge bis 108 cm, Höhen bis 64 cm.

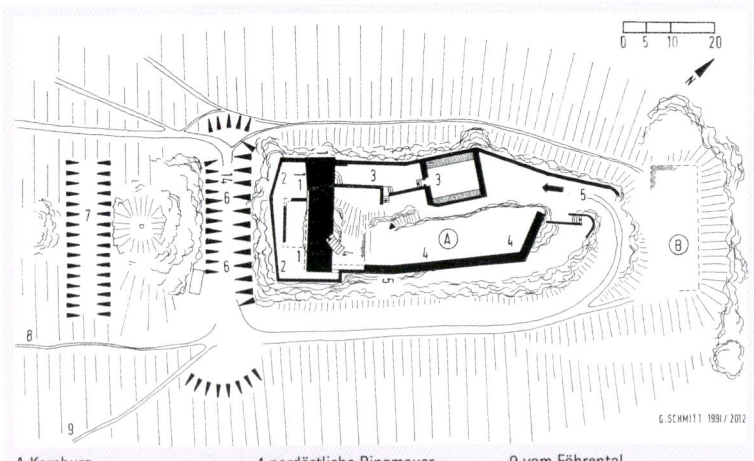

A Kernburg
B Unterburg
1 Schildmauer
2 Zwinger
3 Wohnbauten
4 nordöstliche Ringmauer
5 Lage des Tores
6 Halsgraben
7 Vorgraben
8 Von Wittlingen
9 vom Föhrental

Grundrisszeichnung:
Günter Schmitt 2012

Residenzschloss Urach

Stadt Bad Urach, Landkreis Reutlingen, Baden-Württemberg
Meereshöhe: 463 m
Erhaltungszustand: erhaltene Schlossanlage
Besitzer: Land Baden-Württemberg
Besichtigung: Außenbereiche und Schlossgarten frei zugänglich, Öffnungszeiten: 1. April bis 31. Oktober, Di bis So 10 bis 17 Uhr. 1. November bis 31. März Mi u. Fr 13 bis 16 Uhr, Di u. Do 10 bis 16 Uhr, Sa, So u. Feiertage 12 bis 17 Uhr, Telefon 07125 1584-90, info@schloss-urach.de, www.schloss-urach.de; barrierefrei, Lift für alle Geschosse
Lage: TK 7522; GK. R 29 420, H 72 800; Bismarckstraße 18

Zwischen Metzingen und Münsingen erstreckt sich das von steilen Hängen und Felswänden gesäumte Ermstal. An der Einmündung der Elsach in die Erms und gleichzeitig der B 28 aus Richtung Ulm in die B 465 Ehingen–Metzingen liegt die mittelalterlich geprägte Stadt Bad Urach. Sie ist zentraler Ausgangsort für Ausflüge in die nähere und weitere Umgebung.
Das Residenzschloss liegt mit seiner Parkanlage markant am südwestlichen Altstadtrand direkt an der Erms. Parkmöglichkeit besteht auf den beim Schloss gelegenen ausgewiesenen Parkplätzen P8 und P9 der Straße „Beim Tiergarten".

Bauphasen

I. Bauphase 1443–1450
Bauherr: Ludwig I. Graf von Württemberg Urach, *1412, †1450, Ehefrau: Mechthild, Tochter des Pfalzgrafen Ludwig II. bei Rhein. Schlossneubau mit Ummauerung, Rechteckbau, Erdgeschoss mit flach gedeckter Halle, zwei Fachwerkgeschosse mit Wohn- und Repräsentationsräumen.

II. Bauphase 1460–1474
Bauherr: Eberhard V. im Bart Graf von Württemberg Urach, ab 1495 als Herzog Eberhard I., *1445, †1496. Ehefrau: Barbara Gonzaga, Tochter des Markgrafen Ludovico II. Gonzaga von Mantua. Schlossum- und -ausbau: Erdgeschosshalle Ausbau mit Kreuzrippengewölben, 1. Obergeschoss Ausbau zum Fest- und Empfangssaal mit Ausmalung, genannt Palmensaal; 2. Obergeschoss Einbau eines weiteren Saales.

III. Bauphase 1534/35
Bauherr: Ulrich Herzog von Württemberg, *1487, †1550, Ehefrau: Sabine, Tochter des Herzogs Albrecht IV. von Bayern. Schlosserweiterung: Fachwerkanbau nach Südwesten und Rondellturm nach Südosten.

IV. Bauphase um 1600–1609
Bauherr: Johann Friedrich Herzog von Württemberg, *1582, †1628, Ehefrau: Barbara Sophie, Tochter des Kurfürsten Joachim von Brandenburg. Modernisierung, künstlerische Ausgestaltung des Saales im 2. Obergeschoss zum „Goldenen Saal".

V. Bauphase um 1650–1670
Bauherr: Eberhard III. Herzog von Württemberg, *1614, †1674, Ehefrau: 1. Anna Katharina von Salm-Kyrburg, 2. Maria Dorothea Sophia von Öttingen. Barockisierung: Stuckierung, Wandtäfelungen, Kassettendecken.

VI. Bauphase 1762–1780
Bauherr: Carl Eugen Herzog von Württemberg, *1728, †1793, Ehefrau: 1. Elisabeth Sophie von Brandenburg-Bayreuth, 2. Franziska Therese Gräfin von Hohenheim. Architekt: Johann

Goldener Saal mit Ädikulaportal.

Adam Groß d. J. Modernisierung und Ausstattung der Räume im Sinne des Spätrokoko und Frühklassizismus, Umbau des Palmensaals zum Appartement mit Gardesaal.

Geschichte

Urach erlangt Bedeutung, als die Grafschaft Württemberg 1442 geteilt wird. Dabei erhält Ulrich V., der Vielgeliebte, die nordöstliche und Ludwig I. die südwestliche Landeshälfte. Ludwig bestimmt Urach zur Residenz und lässt bereits ein Jahr später neben der schon bestehenden hochmittelalterlichen Wasserburg sein neues Residenzschloss errichten.

1474 Glanzvolle Hochzeit des Grafen Eberhard V. „im Bart" mit Barbara Gonzaga von Mantua.

1482 Beendigung der 40-jährigen Teilung durch den Münsinger Vertrag. Verlegung des Hofs von Urach nach Stuttgart.

1518 Kaiser Maximilian, Aufenthalt im Uracher Schloss.

1546/47 Besetzung von Stadt und Schloss im Schmalkaldischen Krieg durch die Truppen des Fernando Alvarez, Herzog von Alba.

1611/12 Vorübergehende Verlegung des Hofes von Stuttgart nach Urach.

1634 Belegung von Schloss und Stadt durch kaiserliche Truppen. 1638 Bernhard von Weimar besetzt die Stadt.

1790 Abbruch der nordwestlich angrenzenden Wasserburg.

1796 Das Schloss wird Quartier der Generäle Vaudamme und Duhesme.

1819 Versteigerung von Schlossmobiliar durch König Wilhelm I. von Württemberg.

1829 Das Schloss wird Dienstwohnung von zwei evangelischen Geistlichen.

Goldener Saal.

1958–1968 Abbruch des Treppenhausanbaus, Renovierung, Instandsetzung, statische Sicherung, schwerwiegende Eingriffe durch den Einbau des Treppenhauses im südwestlichen Gebäudetrakt mit Entfernung der Raumabfolge.
1999–2000 Modernisierung des Museums- und Besucherinfobereichs, Einbau Lift.

Anlage

Typus
Stadtschloss, Residenzschloss, Hochadelsschloss, spätgotischer Schlossbau, Saalbau.

Anlagenmerkmale
Kompaktbau, Fachwerk, Torturm, Altstadtrandlage.

Beschreibung
Bis 1790 bildet der Uracher Schlossbau mit Wasserburg, Nebengebäuden und Ummauerung südlich der Amanduskirche einen eigenen abgeschlossenen Bereich. Von dieser Anlage stehen noch der Schlossbau, der nordöstliche Hof mit Brunnen, der Torturm, der ehemalige Kameralamtsbau und die ehemalige Hausschneiderei, jetzt Besucherinfo.
Schloss Urach steht für ein selten erhaltenes Beispiel einer spätmittelalterlichen Residenz des 15. Jhs. Der Hauptbau besticht durch seinen klaren Baukörper als dreigeschossiger Rechteckbau mit zwei massiven Geschossen und einem Fachwerkaufbau mit steilem Satteldach. Im Gegensatz dazu steht der südwestliche Anbau des 16. Jhs. mit Turm- und Erkervorbau, abgewalmten Dächern und Fachwerkfassaden.

Innenbesichtigung
Erdgeschoss: Die sog. Dürnitz ist eine außergewöhnliche vierschiffige und sechszonige gotische Halle mit Rippengewölben auf Achteckpfeilern, 14,6 x 33,5 m, Höhe 4,55 m. In der Südwestmauer Durchgang zum Treppenhaus von 1968 mit Ausstellung des Schwäbischen Albvereins.

1. Obergeschoss: Der Palmensaal besitzt Wandbemalung, quadergefasste hohe Fensternischen, dazwischen Palmen mit den Wappen der Ahnen des Grafen Eberhards „im Bart" und dessen Wahlspruch „Attempto", ich wag's. Flachdecke auf Stahlstützen anstelle einer ehemaligen Bohlen-Balkendecke auf Holzstützen. Assemblée-Zimmer im Turm und Weißer Saal bestechen durch feine Rokokostuckierung von 1765 und farbig gefasste Blechblumenlüster.

2. Obergeschoss: Ausstellungssaal mit der Sammlung von Prunkschlitten des Württembergischen Landesmuseums, ursprünglich der gräflich-herzogliche, räumlich mehrfach unterteilte Wohnbereich.

Als einer der prächtigsten Renaissancesäle in Württemberg gilt der **„Goldene Saal"**. Graf Eberhard im Bart lässt ihn anlässlich seiner Hochzeit mit Barbara Gonzaga von Mantua ausstatten und Herzog Johann Friedrich im Stile der Renaissance prächtig umgestalten. Ein dreischiffiger Rechtecksaal mit reich ornamentierten Ädikulaportalen, bemalte Holzdecke mit vier ornamentierten Säulen mit Postamenten, Wände mit großflächiger Ausmalung im Sinne italienischer Groteskdekoration, Palmbaum mit „Attempto" des Grafen Eberhards im Bart, großflächige Befensterung. Ausstattung: u. a. Kastenofen mit Prunkaufsatz von 1619, Brautbett von Herzog Ludwig und der Ursula von Pfalz-Veldenz von 1585.

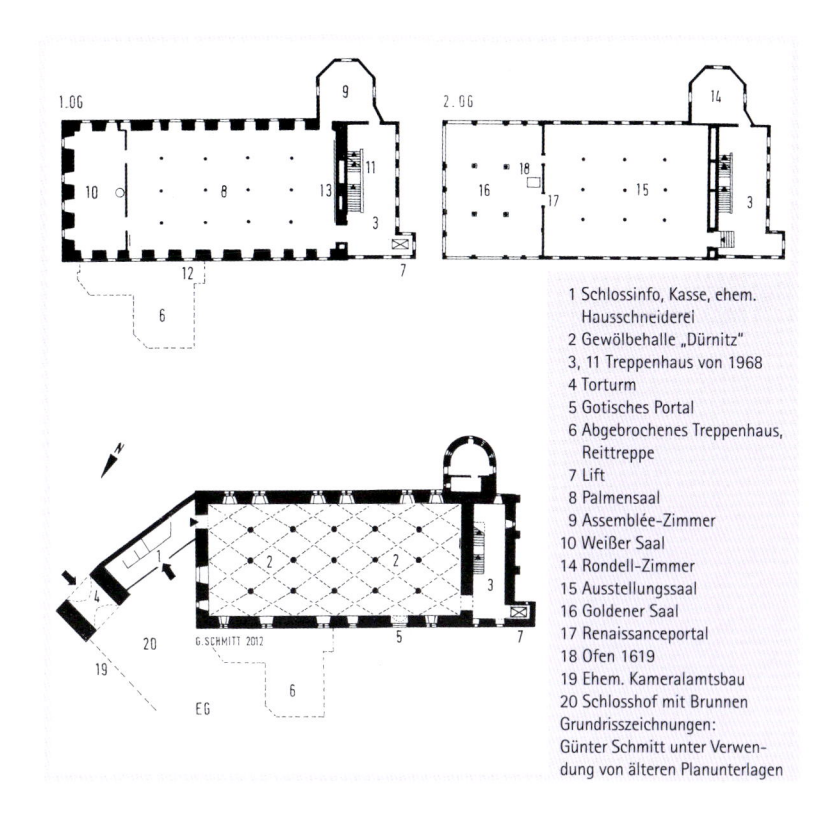

1 Schlossinfo, Kasse, ehem. Hausschneiderei
2 Gewölbehalle „Dürnitz"
3, 11 Treppenhaus von 1968
4 Torturm
5 Gotisches Portal
6 Abgebrochenes Treppenhaus, Reittreppe
7 Lift
8 Palmensaal
9 Assemblée-Zimmer
10 Weißer Saal
14 Rondell-Zimmer
15 Ausstellungssaal
16 Goldener Saal
17 Renaissanceportal
18 Ofen 1619
19 Ehem. Kameralamtsbau
20 Schlosshof mit Brunnen
Grundrisszeichnungen:
Günter Schmitt unter Verwendung von älteren Planunterlagen

Hohenurach 130

Stadt Bad Urach, Landkreis Reutlingen, Baden-Württemberg
Meereshöhe: 692 m, Bad Urach 463 m
Erhaltungszustand: umfangreiche Burg- und Festungsruine mit bedeutenden Bauwerksresten, Bestand zum großen Teil gesichert, Durchführung weiterer Maßnahmen
Besitzer: Land Baden-Württemberg
Besichtigung: frei zugänglich, versch. Grillstellen im gesamten Bereich
Lage: TK 7522; GK. R 28 015, H 72 940; GPS 48° 29' 36" N, 9° 22' 42" O

Auf der westlichen Talseite der Erms, gegenüber von Urach, liegt auf einem hoch aufragenden Bergkegel die Landschaft beherrschende Festungsruine Hohenurach. Von Bad Urach führt die B 28 Richtung Metzingen und Stuttgart. Am bezeichneten Hinweis „Jugendherberge" westlich durch die Eisenbahnunterführung zum Wanderparkplatz P19 abzweigen. Von hier geht der bezeichnete Wanderweg AV Dreieck über das Sattelkreuz hoch zur Ruine, Parkplatz-Ruine 2,0 km. Über den am Wanderweg beginnenden und nicht markierten Fußpfad sind es 1,4 km. Weitere Möglichkeit vom gebührenpflichtigen Wanderparkplatz Wasserfall P23 auf der nördlichen Bergseite über das Sattelkreuz 1,9 km. Empfohlene Rundwanderung über den Uracher Wasserfall-Hohenurach.

Bauphasen

I. Bauphase 12. Jh.
Bauherr: Grafen von Urach. Entstehung der Burg. Nachweis durch Fundkeramik. Bautenstand nicht bekannt. Die Entstehung der Burg wird oft auf 1030 bis 1055 datiert und soll im Zusammenhang mit der zur gleichen Zeit genannten Gründung der Burg Achalm durch Egino I. und dessen Bruder Rudolf stehen. Diese Entstehung ist nicht nachgewiesen. Möglicherweise handelt es sich um die Ortsburg in Urach.

II. Bauphase 1428/15. Jh.
Bauherr: Grafen von Württemberg, Maßnahmen 1428: Ludwig I. Graf von Württemberg-Urach, *1412, †1450, Bauherr des Uracher Schlosses. Neubau des gotischen Palas-Ostbaus, weitere Um- und Ausbaumaßnahmen.

III. Bauphase 1538–1556
Bauherr: Ulrich Herzog von Württemberg und Teck Graf von Urach, *1487, †1550, danach dessen Sohn Christoph, *1515, †1568. Architekt für Christoph: Albrecht Tretsch. Ausbau zur Landesfestung: Bau des Nordostbaus, der Arsenal- und Vorratsbauten in der Kernanlage, Außenbereiche mit Wallanlage, Geschütztürmen, Torgewölbe zur Oberburg und Anlegen von Zwingeranlagen mit Halbrundschalentürmen.

IV. Bauphase 1663–1669
Bauherr: Eberhard III. von Württemberg, *1614, †1674. Instandsetzung der Kriegsschäden. Neubau des vorgesetzten Wachhauses mit Kasematten und Tordurchfahrt 1666.

Geschichte

Der Ursprung der Grafenfamilie von Urach liegt im ostfränkischen Bereich bei Würzburg. Egino I. und sein Bruder Rudolf erbauen im 11. Jh. die Burg Achalm bei Reutlingen. Nach einer Erbteilung erhält Egino II. den Uracher Besitz. Beim Tod Bertolds V. von Zähringen kommt über dessen Schwester Agnes umfangreicher Zähringischer Besitz aus dem Breisgau, Burgund und der Schweiz an deren Ehemann Egino V. von Urach.

1235 Erster bekannter Nachweis der Stammburg Hohenurach. Die Brüder Egino V., Bertold und Rudolf Grafen von Urach, stehen auf Seiten des abtrünnigen Stauferkönigs Heinrich VII. Die kriegerischen Auseinandersetzungen und die verlorene Schlacht im Ermstal gegen Kaiser Friedrich II. könnte zum Verkauf oder zur Übergabe des Uracher Besitzes geführt haben.

Um 1254–1265 Württemberg ist Eigentümer.

1490 Graf Eberhard „Im Bart" lässt seinen geisteskranken Vetter Graf Heinrich von Mömpelgard auf der Burg 29 Jahre bis zu dessen Tod in Hausarrest setzen.

1519 Einnahme durch den Schwäbischen Bund in der Auseinandersetzung mit Ulrich von Württemberg.

1534 Beschuss und Wiedereinnahme durch Ulrich.

1546/47 Schmalkaldischer Krieg, Belagerung und Einnahme durch spanische Truppen unter Fernando Alvarez, Herzog von Alba.

1590 Nikodemus Frischlin, herausragender Humanist, Professor der Freien Künste zu Tübingen, stürzt während eines Fluchtversuchs aus dem Hohenuracher Gefängnis zu Tode.

1609 Matthäus Enzlin, Kanzler Herzog Friedrichs I., in Haft, 1613 zum Tode verurteilt und hingerichtet.

1634 Dreißigjähriger Krieg, Belagerung und Einnahme durch kaiserliche Truppen, 1638 durch protestantische Truppen unter Bernhard von Weimar, 1641–1648 unter bayerischer Besatzung.

1694 Zerstörung des großen Zwingers durch Blitzschlag in den Pulverturm.

1732 Gräfin Würben, geb. Wilhelmine von Grävenitz, Mätresse Herzog Eberhard Ludwigs, in Haft.

1761 Herzog Karl Eugen beschließt die Festungsaufgabe, 1765 Freigabe zum Abbruch von Baumaterial zum Neubau von Schloss Grafeneck.

2006–2013 Bestandserhaltende Maßnahmen.

Anlage

Typus
Höhenburg-Festung in ausgeprägter Gipfellage, Grafenburg, Landesfestung.

Anlagenmerkmale
Festungsbauten, Geschütztürme, Rondelle, Zwinger, Toranlagen, Kasemattenbauten.

Beschreibung
Hohenurach, entstanden als hochmittelalterliche Burg, gehört im 16./17. Jh. zu den sieben wichtigsten württembergischen Landesfestungen. Strategisch durch die topografische Gegebenheit in Gipfellage steht sie äußerst günstig über dem Ermstal. Dies allerdings nicht immer zur Freude der Uracher Bevölkerung, denn während des Dreißigjährigen Krieges fordern sie vom Sieger den Abbruch der Festung.

Durch die konsequente neuzeitliche Festungsüberbauung ist von der mittelalterlichen Anlage außer der Ruine des gotischen Palas-Ostbaus und vereinzelten Mauerzügen nicht viel geblieben.

Der Festungsbau beinhaltet mehrere Bereiche: Im Vorfeld befinden sich die **Toranlagen** mit Durchfahrt, Wachstubenbau und Kasematten. Im Anschluss folgen die südliche Vorbefestigung mit künstlichem Erdwall, Schanze und Geschützturm „Upfinger Turm".

Dreiseitig umfasst die große und kleine **Zwingeranlage** die Kernanlage. Sie ist bestückt mit Halbrundschalentürmen, dem „Dettinger Turm" als weiterem Geschützturm an der Nordspitze und einem Pulverturm zur Westseite.

Kernanlage, sogenannte Oberburg

Von einer polygonalen Ringmauer umschlossen überdeckt sie die gesamte Oberseite des Bergplateaus. Ohne den vorgestellten Torbau mit Tordurchfahrt umfasst dieser Bereich ein Areal von etwa 40 x 65 m. Die Gebäude, teilweise als Ruinen, teilweise abgegangen, stehen auf der Außenmauer als Hausrandanlage und umgeben den zentral liegenden Hof mit Brunnen. Auffallend wirkt der **Nordostbau** mit aufrecht stehender mehrgeschossiger Giebelwand. Er ist ein zum Hof stehender Winkelbau mit ehemaliger Hofküche, Nebenräumen und dem sog. heimlichen Gewölbe. An der Westmauer des Hofes lagen Badhaus und Zeughaus. Über einen ehemaligen Rundturm mit Wendelstein werden jetzt Wehrgang und Wall erschlossen.

Bauhistorisch von Bedeutung ist der an den Nordostbau angrenzende spätgotische **Palas-Ostbau** aus dem 15. Jh., ca. 11 x 30 m, ehemals mit acht Drillingsfenstern an der Längsseite, quadergefassten Flachbogennischen, Sitzbänken, erhalten ein Drillingsfenster mit romanischer Spolie im Scheitel des Sturzes.

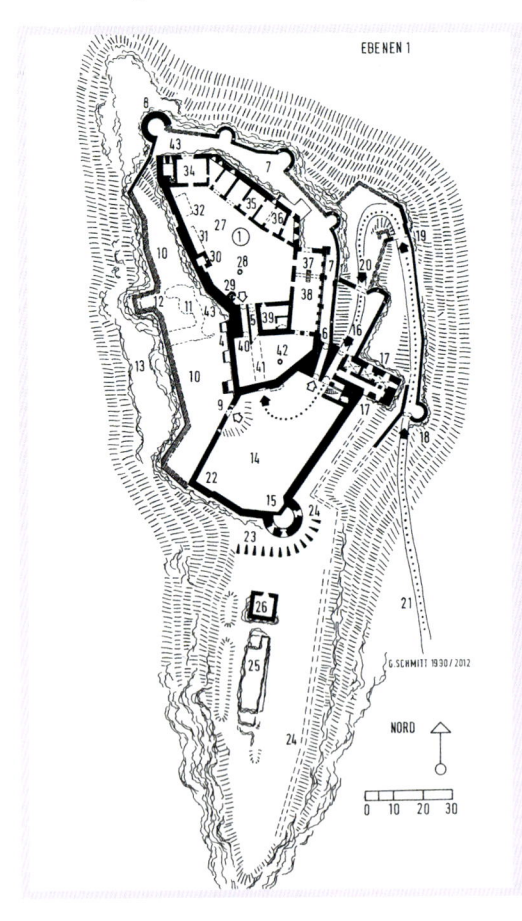

EBENEN 1

1 Kernanlage, sog. Oberburg
5, 40, 41, 42 Oberes Torgewölbe mit Küche, Wall und Zisterne
7 Kleiner Zwinger
8 Dettinger Turm
9 Tor zum Großen Zwinger
10 Großer Zwinger
11 Hohenuracher Felsenhöhle
12 Lage des Pulverturmes
14 Vorhof, Erdwall
15 Upfinger Turm
16, 18, 19, 20 Toranlagen
17 Wachstubenturm mit Kasematten
26 Kapelle von 1662
27, 28 Innerer Hof mit Zisterne
31 Lage des Badhauses
32 Lage des Zeughauses
34, 35, 36 Nordostbau
37, 38 Palas-Ostbau

Grundrisszeichnung:
Günter Schmitt 1990, 2012

131 Wasserburg Urach; Stadt Bad Urach

Erhaltungszustand: Ersatzlos abgebrochen, ehemalige Stadtburg und Sitz der Grafen von Urach. Wasserburg im Schwanenteich an der Stadtmauer, Kompaktbau mit massivem Erdgeschoss, Aufbau in Fachwerk; Satteldach, Nebengebäude, Ringmauer.
Lage: TK 7522; 463 m, GK. R 29 340, H 72 720; ostseitig am Schloss.
Typus: Niederungsburg, Wasserburg, Grafenburg.
Geschichte: Entstehung 11. Jh. durch Graf Egino II. von Urach, 1260/65 an Württemberg, 1443 Schlossneubau östlich angrenzend, Abbruch von Burgnebengebäuden, 1790 ersatzloser Abbruch der Wasserburg. Zur Geschichte siehe Hohenurach und Schloss.

132 Pfälen; Stadt Bad Urach

Erhaltungszustand: Ersatzlos abgebrochen, Burg und Ort Pfälen an der Einmündung des Kaltentales in das Pfälertal.
Lage: TK 7422; nicht genau lokalisiert, R 31–32, H 73–74. Vermutet am Ende des Fuchsberges, auf der Höhe südöstlich vom Pfälhof oder im Tal.
Geschichte: Entstehung nicht bekannt, 1398 Heinrich Pfäler. 1445 tauscht dessen Witwe Burg und Weiler mit Graf Ludwig von Württemberg gegen Gülten in Benzingen. 15. Jh. Abgang, bis 1832 Burgsiedlung an der Einmündung des Kaltentals in das Elsachtal.

133 Hofen; Grabenstetten

Erhaltungszustand: Burgruine auf einem Felsen über dem Tal der Schwarzen Lauter. 2 Wälle, Halsgraben, rekonstruierte Frontmauer mit Tor, original nördlicher Mauerbereich, Bruchstein 14. Jh. Kernburg 40 x 50 m.
Besichtigung: Frei zugänglich.
Lage: TK 7422; 685 m, GK. R 35 120; H 76 040; 1 km ostsüdöstlich von Grabenstetten.
Typus: Spornburg, Hochadelsburg.
Geschichte: Entstehung um 1100, vermutet durch die Edelfreien von Sperberseck, Aufgabe 2. Hälfte 15. Jh., Nachweis durch Fundkeramik, Chr. Bizer; 1275/77 Konrad, genannt Schwenzlin, Ministeriale der Herzöge von Teck, 1323 „Hanrich Sewenzli von Hofe".

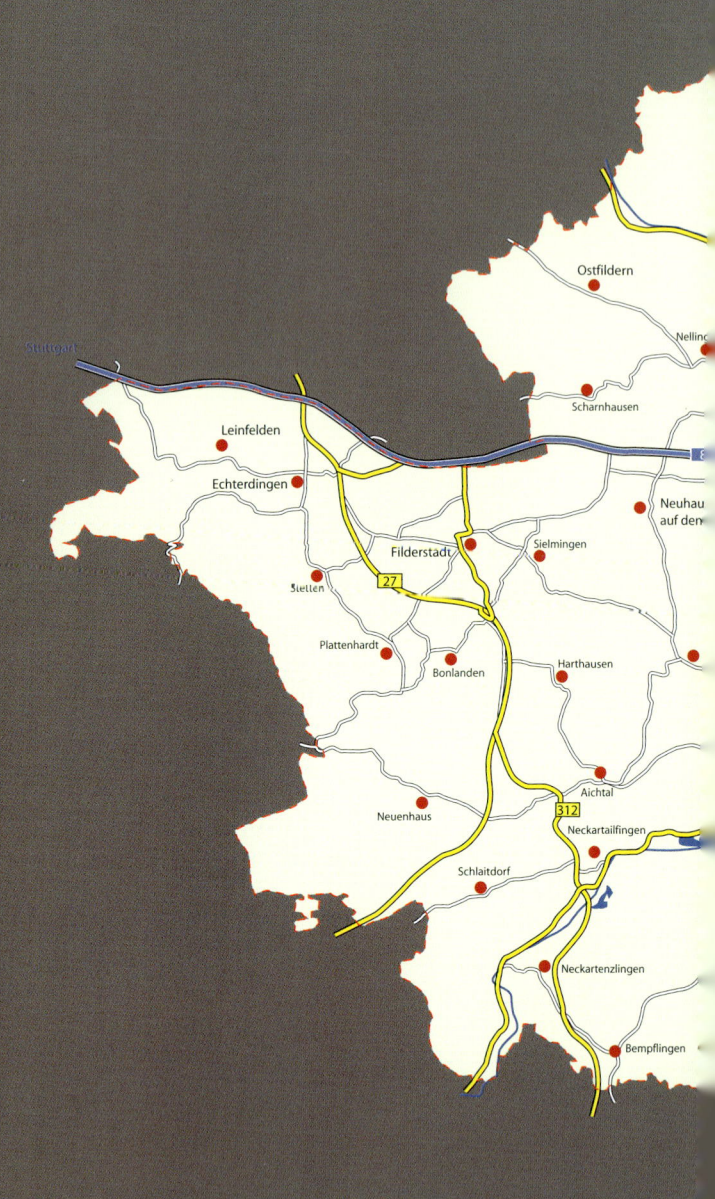

Landkreis Esslingen

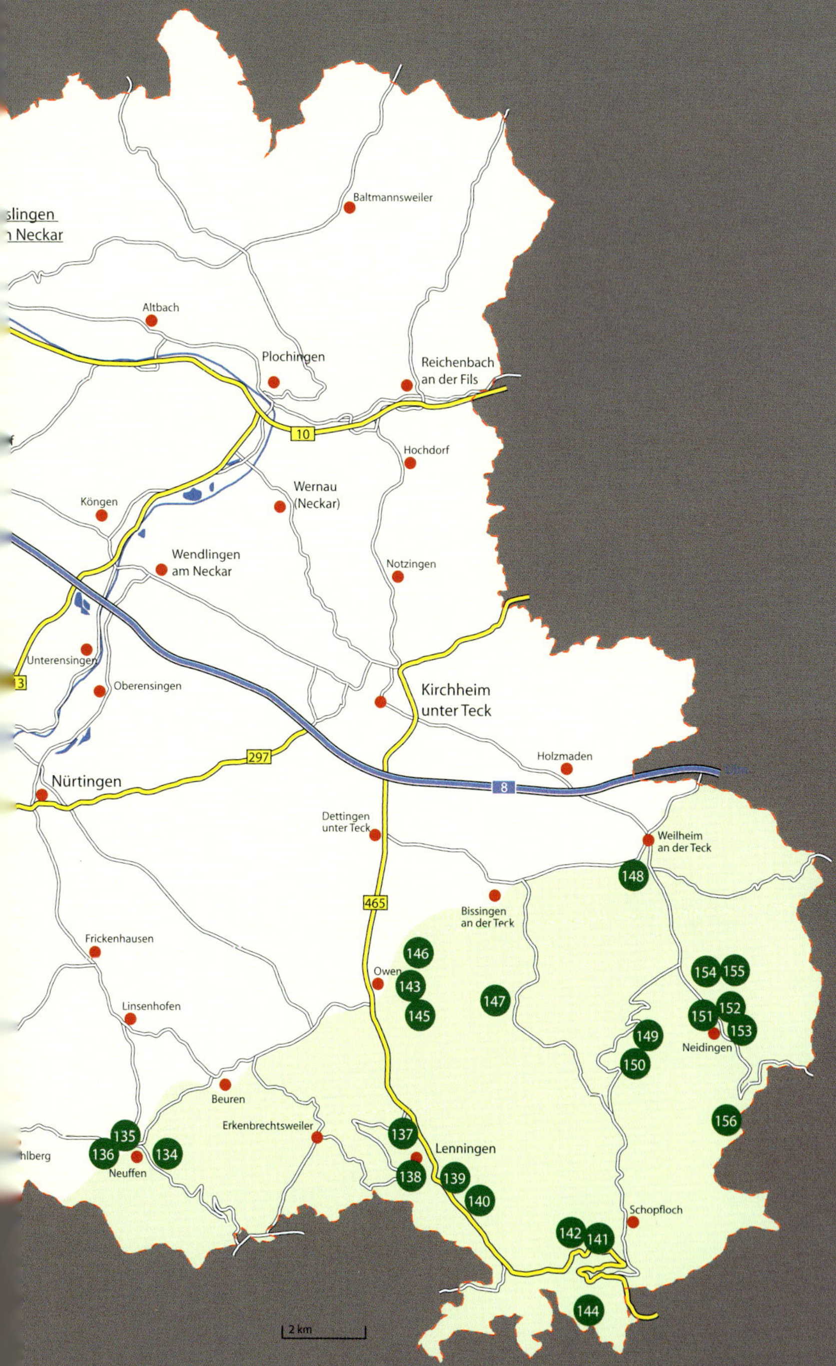

slingen
n Neckar
Baltmannsweiler
Altbach
Plochingen
Reichenbach
an der Fils
10
Hochdorf
Wernau
(Neckar)
Köngen
Wendlingen
am Neckar
Notzingen
Unterensingen
Oberensingen
Kirchheim
unter Teck
Holzmaden
297
Nürtingen
8
Dettingen
unter Teck
Weilheim
an der Teck
148
465
Bissingen
an der Teck
Frickenhausen
146
Owen
143
147
145
154
155
151
152
153
Neidingen
149
150
Linsenhofen
Beuren
156
Erkenbrechtsweiler
135
136
134
hlberg
Neuffen
137
Lenningen
138
139
140
Schopfloch
142
141
144
2 km

Hohenneuffen 134

Stadt Neuffen, Landkreis Esslingen, Baden-Württemberg
Meereshöhe: 743 m, Stadt Neuffen 408 m
Erhaltungszustand: umfangreiche Burg- und Festungsruine mit deutlich aufrecht stehenden Bauwerksteilen, Bestand gesichert
Besitzer: Land Baden-Württemberg
Besichtigung: Öffnungszeiten: 1. November bis 31. März Mi bis So 9 bis 17 Uhr, 1. April bis 31. Oktober Mi bis Sa 9 bis 22 Uhr, Mo, Di 9 bis 19 Uhr; Veranstaltungen, Gaststätte Mo, Di geschlossen, Kiosk zu den Öffnungszeiten. Info Gaststätte: Telefon 07025 2206, www.hohenneuffen.de, www.schloesser-und-gaerten.de, burg.hohen.neuffen@t-online.de; barrierefrei für Teilbereiche, teilweise steiler Zufahrtsweg
Lage: TK 7422; GK. R 29 040, H 79 860; GPS 8° 33′ 20″ N, 9° 23′ 33″ O

Der nördliche Albtrauf zwischen Reutlingen und Kirchheim unter Teck wirkt auf das Albvorland besonders ausgeprägt. Zu den markantesten Stellen gehört der vor dem Trauf stehende Hohenneuffen mit seiner mächtigen und viel besuchten Festungsruine.

Von der Stadt Neuffen am Fuße des Hohenneuffen und von Bad Urach führen bezeichnete Straßen über Erkensbrechtsweiler direkt zu den gebührenfreien Parkplätzen hinter der Ruine. Parkplätze–Ruine 0,9 km.

Bauphasen

I. Bauphase um 1100
Bauherr: Mangold von Sulmetingen, dem Hochadel zugehörig, gen. 1087, †1122, Sohn des Bertold von Sulmetingen-Sperberseck, Ehefrau: Mathilde von Urach. Entstehung der Burg auf dem Gipfelplateau mit etwa 55 x 60 m, Bau der Schildmauer und Ringmauer bis um 1170, innere Bebauung nicht nachgewiesen. Zugang über den östlichen Bergrücken zur südlichen Schildmauer.

II. Bauphase 14. und 15. Jh.
Bauherren: Grafen von Württemberg. Ausbau zur Landesburg. Neubau der äußeren Ringmauer, Torturm, Allewindeturm, Ausbau der Vorbefestigung.

III. Bauphase ab 1543
Bauherren: Ulrich VI. Herzog von Württemberg, *1487, †1550, Ehefrau: Sabine von Bayern. Christoph Herzog von Württemberg, *1515, †1568, Sohn des Ulrich, Ehefrau: Anna Maria von Brandenburg-Bayreuth. Ausbau zur Renaissancefestung. Abbruch von Wohnbauten. Neubau einer Kommandantur mit Fürstenzimmern, Zeughaus, Schmiede und weiterer Bauten innerhalb der Ringmauer der mittelalterlichen Kernburg. Abbruch von Ecktürmen. Neubau von Rondellen und Kasematten: Schwarzer, Wachstuben, und Neuffener Turm. Verlegung des Zugangs zur Nordseite mit Brücke über acht Brückenpfeilern. Sicherung des Zugangs mit Torturm, Durchfahrt und Rondell, sog. Ludwigsbastion. Vorhof mit Kasernen und Kasematten, im Bereich der Vorbefestigung Vorwerke und Pulverturm.

IV. Bauphase 1735–1742
Bauherr: Carl Alexander Herzog von Württemberg, *1684, †1737, Ehefrau: Maria Augusta von Thurn und Taxis. Architekt: Jean Antoine d'Herbort

Feldseite mit Allewindeturm.

aus Bern, Umbau- und Erweiterungsmaßnahmen: Verlegung des Festungszugangs an die Bergflanke mit Gewölbebrücke, Tor und Zugbrücke. Modernisierung der Vorwerke nach dem Festungsbauschema von Vauban.

Geschichte

Mangold gilt als Gründer der Burg. Er entstammt dem einflussreichen Hochadelsgeschlecht der Sulmetinger bei Biberach, dessen Vater Bertold die nahe gelegene Burg Sperberseck erbauen ließ. Mangold fällt im letzten Gefecht des Investiturstreits und sein Sohn, der sich von Neuffen nennt, stirbt kinderlos. In der Nachfolge nennt sich die von Bertold von Weißenhorn ausgehende Besitzerfamilie von Neuffen. Sie sind staufische Parteigänger und stehen in enger Beziehung zu Kaiser Friedrich II. Die Vorteilnahme ist zu Ende als sie für den abtrünnigen Kaisersohn König Heinrich VII. Partei ergreifen. Aus dieser Familie stammt der bedeutende Minnesänger Gottfried von Neuffen, *um 1210, †1255. 47 seiner Lieder sind in der Heidelberger Liederhandschrift „Manesse" aufgeführt.

Später wird die Burg unter den Grafen und Herzögen zu einer der wichtigsten württembergischen Landesfestungen.

1122 Egino, Sohn des Mangold, nennt sich von Neuffen. Um 1150 stirbt er als letzter männlicher Nachkomme im Kloster Zwiefalten. Übergang an Bertold (II.) von Weißenhorn, ein Verwandter des Egino.

1212 Bertold (III.) von Neuffen und Anselm von Justingen holen im Auftrag der Fürstenversammlung den jungen König

Zugangsbauwerk Ludwig-Bastion.

Friedrich II. von Sizilien nach Konstanz.
1235 Heinrich und Gottfried von Neuffen geraten im Zuge der verlorenen Schlacht im Ermstal – Swiggertal als Parteigänger König Heinrichs VII. in Gefangenschaft.
1301 Um 1290 stirbt die Familie von Neuffen im Mannesstamme aus. Über die Erbin Luitgart und deren Ehemann Konrad von Weinsberg kommt der Besitz an Eberhard I. Graf von Württemberg.
Ab 1361–1366 Sitz des Grafen Ulrich von Württemberg mit Unterbrechung von 1363 bis 1365.
1449 Im Städtekrieg gegen Graf Ulrich ziehen die Truppen von Schwäbisch Gmünd vor den Hohenneuffen. Die württembergische Besatzung wagt einen Ausfall, erschlägt 34 Gegner und nimmt 65 gefangen.
1525 Vergebliche Belagerung durch die aufständischen Bauern.
1621 Dreißigjähriger Krieg. Verstärkung der Besatzung durch die protestantische Union auf 100 Mann.
1634–1635 Belagerung durch kaiserliche Truppen, die nach 14 Monaten die Übergabe der Festung erzwingen. 1639 Rückgabe an Württemberg.
1795 Beschluss des Landtags zur Aufgabe als Festungsnutzung, 1801 Freigabe zum Abbruch.
1948 Dreiländerkonferenz auf dem Hohenneuffen der Regierungsvertreter von Baden, Württemberg und Württemberg-Hohenzollern über den Zusammenschluss der Südweststaaten. 1952 durch Volksabstimmung realisiert.
1966/67, 2010–2012 Instandsetzungsmaßnahmen, neue Zugangsbrücke auf der Nordseite.

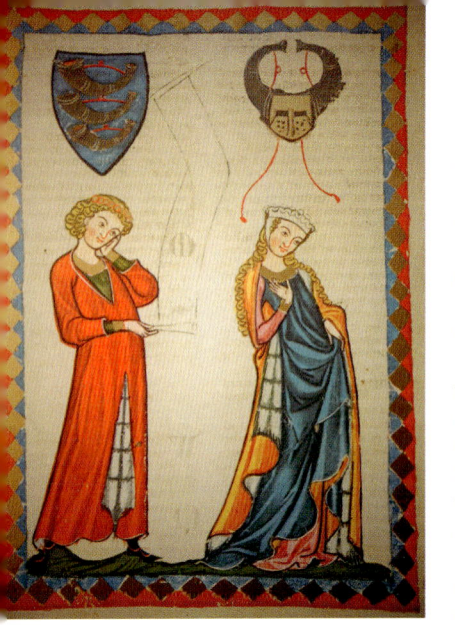

Anlage

Typus
Höhenburg, Festung in ausgeprägter Gipfellage, Hochadelsburg dann württembergische Landesfestung.

Anlagenmerkmale
Schildmauer, Ringmauer der Burg, Rondelle, Festungsbauwerke, Vorwerk, Quader, Eckquader, Bruchstein.

Beschreibung
Entstanden aus einer mittelalterlichen Burg um 1100 gilt der Hohenneuffen für die Schwäbische Alb als das herausragendste Beispiel einer rondellierten Festung des 16. Jhs. Seine Fernwirkung auch in ruinösem Zustand ist außergewöhnlich imposant und als Ausflugsziel besonders beliebt. Dennoch, bei aller Begeisterung und Romantik, die Geschichte der Festung benennt auch Grausamkeiten. So wird der Hohenneuffen unter Graf Ulrich zur Schreckenskammer. 1512 kommt hier Abt Georg Fischer aus Zwiefalten in den Kerker, der Vogt Bälz von Neuffen wird zu Tode gefoltert, auch Conrad Breuning, Mitglied des Landtags, wird gefoltert, an Armen und Füßen über ein Feuer gehalten und später in Stuttgart hingerichtet.

Die **Festungsanlage** ist in sechs Abschnitte zu unterscheiden:
Die Vorwerke, der verebnete Umgang der Kernfestung, der nordseitige befestigte Zugangsbereich, die Kernfestung mit Rondellen und die mittelalterliche Kernburg mit Schild- und Ringmauer.
Wenig Beachtung finden die vom Sattel aus terrassenartig angelegten **Vorwerke**. Deren Gräben, Wälle, Eskarpen und Reste von unterschiedlichen Türmen entstammen den Festungsbaumaßnahmen des 16. bis 18. Jhs.
An starken Festungsmauern vorbei geht der Weg zur **überwölbten Durchfahrt**, der sog. Friedrich-Bastion und der Ludwig-Bastion. Der nordseitig angeschlossene Hof wird von einer Mauer mit Schalentürmen umfasst. Hier beginnt eine Rampe, die über eine neue Brücke zum Schwarzen Turm, dem Hauptzugang, führt.

Kernfestung
Die Kernfestung, auch als Hochschloss bezeichnet, integriert den am äußersten südwestlichen Felsabsturz situierten Bereich der mittelalterlichen Kernburg. Deren Südseite wird durch die bis zu 3,4 m starke polygonale Schildmauer und der weitere Bereich mit Resten der Ringmauer dokumentiert. An der Nordseite steht der Restaurantbau mit Kiosk, ehemals Zeughaus und Kommandantur. Dieser ursprünglichen Kernburganlage sind die südostseitigen Festungsbauten mit Oberem Wall, den gewaltigen Rondellen von Wachstubenturm, Neuffener Turm, Allewindeturm mit Kasematten und dem nordwestseitigen Schwarzen Turm vorgelagert. Sie geben dem Hohenneuffen sein unverwechselbares Erscheinungsbild.

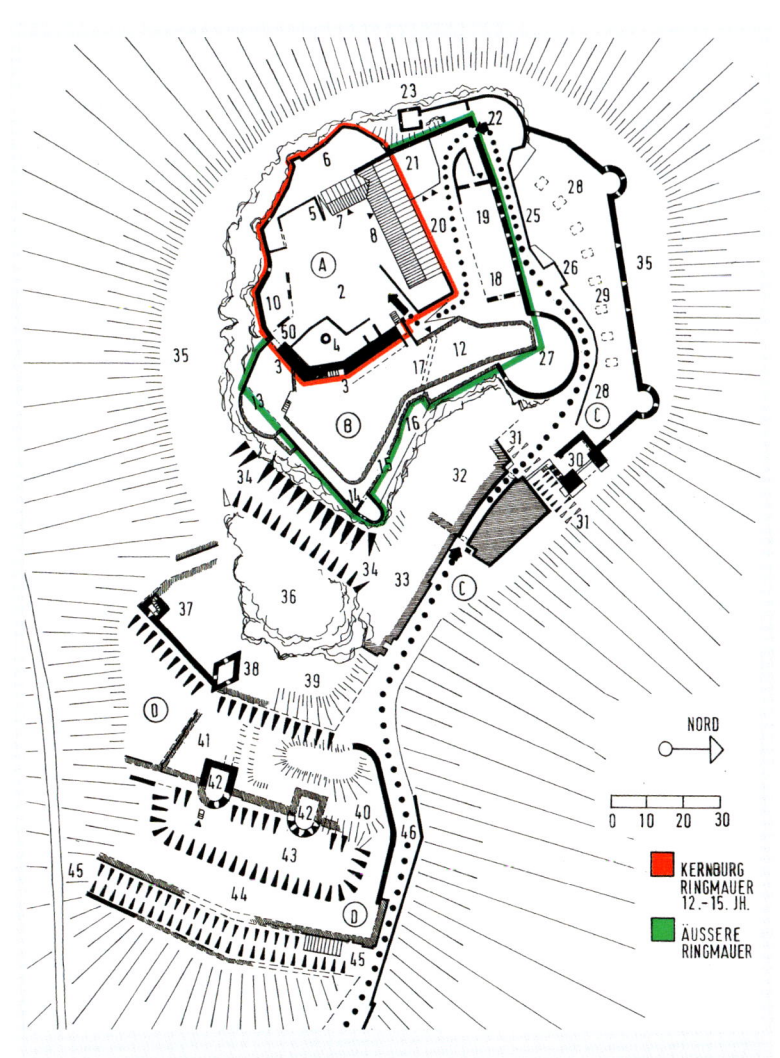

A Kernburgbereich der mittelalterlichen Burg
B Bereich Oberer Wall mit Rondellen
C Zugangsbereich
D Vorwerke
2 Oberer Hof
3 Schildmauer der Burg
6 Sog. Westbastei
7, 8 Kiosk, Restaurant
10 Lage der Schmiede und Ställe
13 Neuffener Turm
14, 15, 16, 17 Allewindeturm mit Kasematten
18, 19 Ehem. Kaserne und Kirche
20 Vorhof
22 Schwarzer Turm, Schwarzes Tor
23 Pulverturm
25 Gewölbebrücke
27 Wachstubenturm
28, 29 Unterer Hof mit Lage der Brückenpfeiler
30 Sog. Ludwig-Bastion
31, 32 Sog. Friedrich-Bastion mit Gewölbedurchfahrt
34 Graben von Burg und Festung
36 Ehem. Zugang der Burg
37 Sog. Rudolf-Bastion
38 Pulverturm
39–45 Vorwerke
46 Lage des äußeren Tores mit Zugbrücke

Zeichnung:
Günter Schmitt 1990/2012

KERNBURG RINGMAUER 12.–15. JH.
ÄUSSERE RINGMAUER

135 Großes Haus Neuffen; Stadt Neuffen

Erhaltungszustand: Erhaltener Adelssitz an der Stadtmauer. Dreigeschossiger Rechteckbau mit Satteldach, zweigeschossig massiv, 2. OG in Städer-Riegelbauweise 1595, Grundriss dreischiffig, Zugang zum Wehrgang.
Besichtigung: Stadtmuseum, Öffnungszeiten: sonntags 11 bis 17 Uhr, Tel. 07025 77923 965.
Lage: TK 7422; 408 m, GK. R 27 750, H 79 660; an der westlichen Stadtmauer.
Typus: Stadtschloss, Gotik-Renaissancebau.
Geschichte: 1364/65 Neubau durch Heinrich (III.) Schilling von Cannstatt, 1477 an die Familie von Neuhausen, 1595 Neubau 2. OG und Dach, 1707 Umbau, 1979 an die Stadt Neuffen.

136 Melchior-Jäger-Schloss; Stadt Neuffen

Erhaltungszustand: Erhaltener Adelssitz an der Stadtmauer. Ummauerter Schlosshof, Nebengebäude, Brunnen. Schloss dreigeschossiger Rechteckbau mit zur ehemaligen Stadtmauer angesetzten zwei Türmen.
Besichtigung: Schlosshof frei zugänglich, Städtische Einrichtung.
Lage: TK 7422; 408 m, GK. R 27 710, H 79 700; an der westlichen Stadtmauer.
Typus: Stadtschloss, Renaissanceschloss.
Geschichte: 1590 Neubau durch Melchior Jäger von Gärtringen, fürstlich württembergischer Geheimer Rat, 1708 an Reichsfreiherr Johann von Weißenstein, 1745 Oberamtssitz, 1953 an die Stadt Neuffen.

Sulzburg

Lenningen-Unterlenningen, Landkreis Esslingen, Baden-Württemberg
Meereshöhe: 492 m, Lenninger Lautertal 420 m
Erhaltungszustand: Ruine mit deutlich aufrecht stehenden Bauwerksteilen, Bestand gesichert
Besitzer: Landkreis Esslingen
Besichtigung: frei zugänglich, AP. Grillstelle
Lage: TK 7422; GK. R 33 830, H 80 490; GPS 48° 33' 41" N, 9° 27' 25,8" O

Südlich von Kirchheim unter Teck erstreckt sich das Lenninger Lautertal mit den Ortschaften Unter- und Oberlenningen. Auf einem im Tal sich erhebenden Hügel steht westlich des alten Ortskerns von Unterlenningen die Ruine Sulzburg.
Von Kirchheim unter Teck führt die B 465 in Richtung Blaubeuren und Ulm. In Ortsmitte von Unterlenningen folgt man über der Lauter der Burgstraße bergwärts, dann den bezeichneten Burghofweg bis zum Parkplatz beim Gasthaus „Burgstüble". Von hier geht ein bezeichneter Fußweg direkt hoch zur Ruine Sulzburg. Parkplatz-Sulzburg 150 m.

Schildmauer der Vorburg.

Bauphasen

I. Bauphase um 1300
Bauherr: Herren von Neidlingen, Ministerialen der Herzöge von Teck, vermutlich Heinrich von Neidlingen, gen. 1302–1341. Entstehung der Burg mit Ringmauer und Wohnbau, später Hinterhaus genannt, Nachweis durch Fundkeramik, Chr. Bizer.

II. Bauphase Mitte 14. Jh.
Bauherr: Herren von Neidlingen. Zweiteilung der Burg, Neubau eines zweiten Wohnbaus, genannt Vorderhaus, Vorburg mit innerem Zwinger.

III. Bauphase um 1400
Bauherr: Herren Speth von Sulzburg, vermutlich Funk Speth, gen. 1383–1407, Errichtung des äußeren Zwingers.

IV. Bauphase zweite Hälfte 17. Jh.
Bauherr: vermutlich Philipp Ludwig Schilling, †1660, württembergischer Forstmeister. Modernisierung, Überbauung des inneren Hofes, Einbau des Tores in die Schildmauer.

Geschichte

Die Sulzburg gehört im Umfeld der Teck zu den später entstandenen Burgen. Ihr Bauherr entstammt dem Teck'schen Ministerialengeschlecht der Herren von Neidlingen, die seit 1257 bezeugt sind.

1335 Heinrich von Neidlingen verpflichtet sich, „unser festi Sulzpurch" niemals gegen Württemberg einzusetzen.

1341/1344 Nach dem Tod Heinrichs Teilung des Besitzes unter den vier Söhnen. Zwei Brüder erhalten jeweils die Hälfte der Burg.

1370 Eine Hälfte gelangt durch Heirat der Agnes von Neidlingen an Funk Speth. Dieser erwirbt von Werner von Neidlingen die zweite Hälfte und wird Gesamtbesitzer.

1442 Erneute Teilung des württembergischen Lehens der Brüder Dietrich und Wilhelm Speth in das „Vordere" und „Hintere Haus".

1634 Dreißigjähriger Krieg. Plünderung und Verwüstung der Burg während der Abwesenheit des auf Seiten der Kaiserlichen stehenden Burgherrn Johann Friedrich Speth.

1641 Phillip Ludwig Schilling in Besitz des Lehens. Ab 1676 mehrfacher Besitzerwechsel.

1751 Der Pächter beginnt mit dem Abbruch von Gebäuden.

1818 Durch eine Versteigerung gelangt der Besitz über die Gemeinde an 28 Unterlenninger Bauern.

1966/67 Bestandssicherung mit Aufmauerungen durch den Eigentümer, den Landkreis Esslingen.

Anlage

Typus
Höhenburg in leicht ausgeprägter Gipfellage, Ministerialenburg.

Anlagenmerkmale
Ringmauer, Wohnbauten, Zwinger, Vorburg mit Schildmauer, Bruchstein, Eckquaderung.

Beschreibung
Die Ruine Sulzburg steht am Ende eines von Nordwesten nach Südosten gerichteten dreiseitig steil abfallenden Hügels. Im nordwestlichen Vorfeld steht die weiträumige **Vorburg** mit mächtiger Schildmauer und Rundbogentor. Schildmauer: Länge 24 m, Höhe 7,5 m, Stärke 1,9 m. Beidseitig der Einfahrt standen jeweils große unterkellerte Wirtschaftsbauten. Im Schutze der Vorburg liegt die **Kernburg**. Ihre Ringmauer umfasst eine im Grundriss zum Rechteck tendierende 19 x 23 m große Anlage. An der zur Vorburg gerichteten Mauer steht der kleinere und ältere Wohnbau des „Hinterhauses", an der gegenüberliegenden Außenmauer der größere und etwas jüngere Wohnbau des „Vorderhauses". Dazwischen liegt zentral der Burghof mit Zisterne und Zugangstor. Ein innerer Zwinger ist diesem Zugang vorgelagert. Ein weiterer äußerer Zwinger schützte die Anlage von Kernburg und Vorburg.

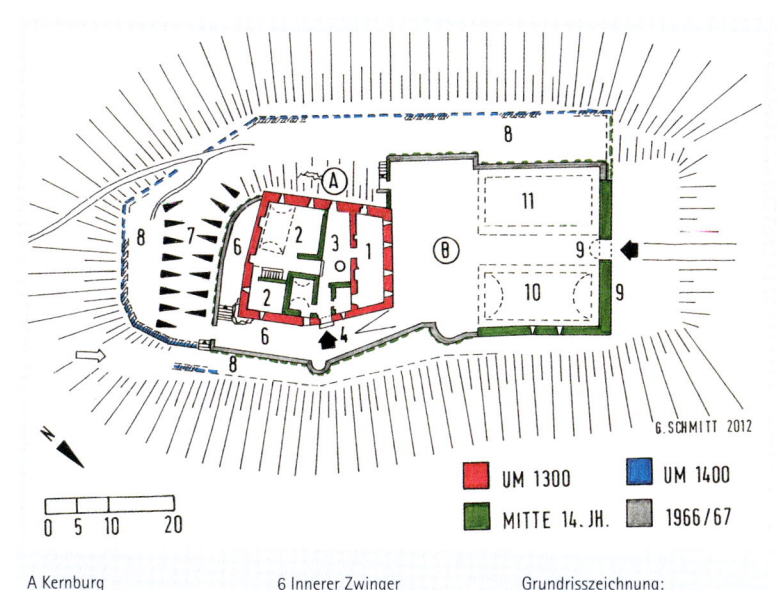

UM 1300
UM 1400
MITTE 14. JH.
1966/67

A Kernburg
B Vorburg
1 Wohnbau „Hinterhaus"
2 Wohnbau „Vorderhaus"
3 Burghof mit Zisterne
4 Burgtor zur Kernburg
6 Innerer Zwinger
7 Graben
8 Äußerer Zwinger
9 Schildmauer
10, 11 Lage der Wirtschaftsbauten

Grundrisszeichnung:
Günter Schmitt 2013 unter Verwendung von Planunterlagen des Architekten Otto Holder

Schlössle Oberlenningen 138

Lenningen-Oberlenningen, Landkreis Esslingen, Baden-Württemberg
Meereshöhe: 460 m, Lenninger Lautertal 450 m
Erhaltungszustand: erhaltener Renaissancebau
Besitzer: Gemeinde Lenningen
Besichtigung: Außenbereich frei zugänglich, Öffnungszeiten: Museum für Papier- und Buchkunst: Sa 10 bis 12 Uhr, So 14 bis 17 Uhr; Hausmuseum und Gemeindebücherei: Di, Mi, Do 11 bis 18 Uhr, Fr 14 bis 18 Uhr, Sa 10 bis 12 Uhr
Info Tel. 07026 609-14
Lage: TK 7422; GK. R 34 720, H 79 290; Schlossrain 15

Südlich von Kirchheim unter Teck erstreckt sich das Lenninger Lautertal. Von dort führt auch die B 465 in Richtung Blaubeuren und Ulm. Hauptort des tief in die Alb eingeschnittenen Tales ist Oberlenningen. Das sogenannte Schlössle liegt mit seiner auffallend schmucken Farbgebung westlich über der Bebauung. In Ortsmitte parken und die wenigen Meter zum Schlössle aufsteigen. Etwas Parkmöglichkeit besteht an der Straße Schlossrain vor der Anlage.

Bauphasen

I. Bauphase 1429
Bauherr: Eberhard von Freyberg zu Lenningen, gen. 1411, †um 1438. Neubau eines spätmittelalterlichen Herrensitzes, möglicherweise anstelle einer Mitte des 12. Jhs. entstandenen Ortsburg der Edelfreien von Lenningen.

II. Bauphase 1593–1596
Bauherr: Hans Georg Schilling von Cannstatt zu Owen, †1610. Abbruch „seines Sitzleins" und Neubau des Renaissancebaus unter Einbezug von Mauerteilen im Erdgeschoss des Vorgängerbaus.

III. Bauphase 1775 und 1785
Bauherr: vier bürgerliche Eigentümer als Bewohner des Bauwerks. Auffallende Erweiterungsbauten zur Südwest- und Nordostseite.

1500 Gall Schilling von Cannstatt in Besitz des Herrensitzes.
1592 Hans Georg Schilling von Cannstatt zu Owen benennt den Herrensitz als sein „Sitzlein". Nach dem Neubau des Schlosses 1593 bis 1596 bleibt es Familienbesitz bis 1637 zur Heirat der Erbtochter Agnes mit Philipp Ludwig Linckh.
1641 Philipp Ludwig Linkh verlegt seinen Wohnsitz auf die Sulzburg.
Ab 1658 Mehrfachbesitzer, 1685 in Alleinbesitz des Johann Christoph Ankele, danach bis zu vier bürgerliche Eigentümer, die das Gebäude bewohnen.
1983 Erwerb durch die Gemeinde Lenningen vom Oberlenninger Papierfabrikanten Scheufelen.
1990–1992 Instandsetzung, Restaurierung und Umbau zum Bürgerhaus mit Bücherei und Museen.

Geschichte

Durch Ellen von Lenningen, Erbtochter des Ortsadels, gelangt der Besitz an Konrad von Freyberg, Burgherr auf Wielandstein. Dessen Sohn Eberhard errichtet den Vorgängerbau des Oberlenninger Renaissanceschlosses.

Anlage

Typus
Renaissanceschloss in Ortslage.

Anlagenmerkmale
Kompaktbau mit Anbauten, Fachwerkbau, Fenstererker mit Ziehläden.

Beschreibung

Oberlenningen besitzt ein kleines, äußerst markantes Renaissanceschlösschen, das ortsbildprägend über der Bebauung liegt. Die Auffälligkeit des dreigeschossigen Kompaktbaus liegt in seinem äußeren Erscheinungsbild mit zweigeschossigem, in Rot gehaltenem Ständer-Riegelsichtfachwerk und drei- zu fünfteiligen Fenstererkern mit in kräftigem Gelb gefassten Ziehläden an den beiden Obergeschossen. Besonders auffallend kennzeichnen außerdem die aus Wohnungsnot entstandenen vier unterschiedlichen Fachwerkanbauten das Erscheinungsbild.

Der Grundbau ist mit 14,84 x 15,16 m annähernd quadratisch, das Erdgeschoss massiv, die Obergeschosse gänzlich in Fachwerk jeweils dreischiffig und dreizonig. Das Erdgeschoss mit Eingangshalle und Treppenhaus ist axialsymmetrisch, besitzt seitlich fünf Gewölberäume und Holzbalkendecken mit Brettausmalung von 1593. Die Obergeschosse zeigen Sichtfachwerk, Türstöcke mit kannelierten Pilastern und Triglyphen der Spätrenaissance. Im 1. Obergeschoss ist die Bücherei, im 2. das **Museum für Papier- und Buchkunst** eingerichtet. Ein kleines feines Museum mit moderner Didaktik und anschaulichem Präsentationskonzept: Kurzer Abriss über die Geschichte des Papiers mit handgeschöpften Papiersorten aus aller Welt; Bereich Papierkunst mit modernen Papier-Raum-Installationen; Abteilung Buchkultur: von Bildenden Künstlern konzipierten Büchern.

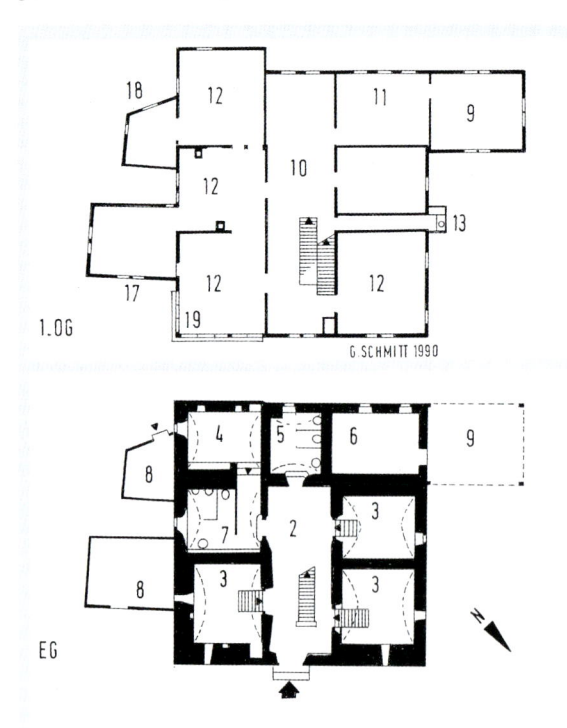

2 Haupteingang und Eingangshalle
3, 4, 5, 7 Gewölberäume
8, 17, 18 Anbauten
9 Anbau 1. OG
10 Treppenhalle, Zugang 2. OG Papiermuseum
12 Büchereiräume

Grundrisszeichnungen: Günter Schmitt unter Verwendung von Planunterlagen der Architekten Aldinger & Aldinger Wendlingen, 1990

Wielandsteiner Burgen 139

Lenningen-Oberlenningen, Landkreis Esslingen, Baden-Württemberg
Meereshöhe: 670–700 m, Lenninger Lautertal 460 m
Erhaltungszustand: Ruinen mit aufrecht stehenden Mauern, Bestand gesichert am Hinteren Wielandstein
Besitzer: Gemeinde Lenningen
Besichtigung: frei zugänglich, für das Begehen der Felsen von Vorderer bis Zwischen-Wielandstein ist Trittsicherheit erforderlich
Lage: TK 7422; GK. R 35 760 – 36 050, H 79 000; GPS 48° 32' 51" N, 9° 29' 11,4" O

Von Kirchheim unter Teck erstreckt sich nach Süden das Lenninger Lautertal, durch das auch die B 465 in Richtung Ulm führt. Westlich über der Ortschaft Oberlenningen liegen auf einem bewaldeten Felskamm die umfangreichen Ruinen der Wielandsteiner Burgen.
In Oberlenningen Parkmöglichkeit beim Heinrich-Scheufelen-Platz und Sportplatz. Von hier den bezeichneten „Wielandsteinweg" bergwärts zum Waldrand folgen. Bei Eintritt in den Wald die Wandertafel beachten. Nach Erreichen der Wegkehre führt hier ein Fußpfad zu den Felsen des Vorderen Wielandsteins. Der Hauptweg bezeichnet AV Raute führt weiter zur Ruine Hinterer Wielandstein. Dieser ist auch von der Hochfläche beim Engelhof aus erreichbar. Oberlenningen-Hinterer Wielandstein 1,7 km.

Bauphasen und Baubestand

Belegung durch Nachweis von Fundkeramik; Chr. Bizer.

1. Alt-Wielandstein
Entstehung um 1100, Bestand bis um 1200.

Hinterer Wielandstein.

Vorderer Wielandstein.

Bauherr: Edelfreie einer nicht bekannten Familie. Baumaßnahmen nicht bekannt.

2. Hinterer Wielandstein und Zwischen-Wielandstein
I. Bauphase vor Mitte 12. Jh.
Bauherr: Edelfreie einer nicht bekannten Familie. Entstehung der Burg.

II. Bauphase 2. Hälfte 12. Jh.
Bauherr: Edelfreie einer nicht bekannten Familie. Burgerweiterung mit Wohnbau auf dem Felsen Zwischen-Wielandstein.

III. Bauphase Mitte 13. Jh.
Bauherr: Herren von Wielandstein, Ministerialen der Herzöge von Teck. Neubau der Burg mit großem Wohnbau, ab 2. Hälfte 13. Jh. Aufgabe der Burgerweiterung Zwischen-Wielandstein als Wohnplatz.

3. Mittlerer Wielandstein
Entstehung vor Mitte 13. Jh.; Bestand bis um 1400.
Bauherr: Herren von Wielandstein, Edelfreie, möglicherweise Bertold, gen. 1240, oder Ulrich, gen. 1241; Kernburg mit Burghaus oder Wohnturm, Unterburg.

4. Vorderer Wielandstein
Entstehung ab Mitte 13. Jh. Bestand bis Mitte 14. Jh.
Bauherr: Herren von Wielandstein, möglicherweise noch Bertold und Ulrich oder deren Nachkommen.

Geschichte

Nach der nicht bekannten Gründerfamilie folgen in der ersten Hälfte des 13. Jhs. die Edelfreien von

Wielandstein. Bertold, gen. 1240, und Ulrich, gen. 1241, sind Folgebauherren. Zur Mitte des 13. Jhs. verlieren die Familienangehörigen ihren freien Stand und werden Ministerialen der Herzöge von Teck. Seit 1279 taucht die Familienbezeichnung Swelcher auf. Nicht alle vier Wielandsteiner Burgen sind gleichzeitig bewohnt.

1240 Im Streit zwischen dem Kloster Bebenhausen und Ritter Craft von Sperberseck wird Ritter Bertold von Wielandstein genannt. 1241 Ulrich von Wielandstein Zeuge einer Urkunde.

Um 1330 Bertold, Letzter der Swelcher, verlegt seinen Wohnsitz von der Burg Wielandstein nach Kirchheim.

1387 Wielandstein ist württembergischer Besitz.

1478 Ulrich von Württemberg verkauft Wielandstein als Lehen an den Kirchheimer Obervogt Heinrich Schilling von Cannstatt. Beim Verkauf werden Schloss und zwei Burgställe aufgeführt.

1525 Verwüstung der noch bestehenden Hinteren Burg durch die aufständischen Bauern.

1533 Verkauf an die Gemeinde Oberlenningen. Abbruch von Gebäuden.

1976–1979 Instandsetzung der Ruine Hinterer Wielandstein.

Anlage

Typus
Höhenburgen, Felsenburgen, Burgengruppe, Hochadels- dann Ministerialenburg.

Anlagenmerkmale
Burghäuser, Wohnbauten, Abschnittsgräben, Kleinquader, Quader, Bruchstein.

Beschreibung
Die Wielandsteiner Felsenburgen, aufgereiht auf einem Ost-West gerichteten, gut 300 m langen geradlinig verlaufenden Felskamm, sind für den Burgenbau von besonderer Bedeutung. Vier eigenständige Burgen stehen mit ihren Bauresten durch Gräben getrennt auf bizarren Felsformationen.

Alt-Wielandstein: Von dieser ältesten Burg, mit einer Grundfläche von etwa 13 x 30 m, gibt es lediglich Geländespuren und Kleinquader im Hangschutt.

Vorderer Wielandstein: Auf einem Felsklotz sitzend trug diese Anlage ein fast quadratisches Burghaus mit Schildmauer von etwa 21 x 21 m. Die Schildmauer mit 12 m Höhe und 3,8 m Stärke besitzt lagerhafte hammerrechte Quaderung, Eckquaderung und Buckelquader.

Mittlerer Wielandstein: Geteilt ist diese Anlage in eine östliche untere Burg und die Kernburg. Auf und innerhalb des bizarren Felsens gibt es Mauerreste eines Wohnbaus, eines etwa 5 x 7,5 m großen Turms und der dreiseitigen Umfassungsmauer mit ehemals verputztem Bruchsteinmauerwerk.

Hinterer Wielandstein: Der Fels ist Schutzschild dieser Burg und konnte so auf eine Schildmauer verzichten. Zugänglich über eine Brücke. Die instand gesetzten Mauerbereiche zeigen das anschauliche Beispiel einer kleinen hochmittelalterlichen Felsenburg. Der Wohnbau mit rekonstruiertem gotischem Portal ist gänzlich an die burgseitige Steilwand des Felsens gelehnt. Es gibt Reste der Umfassungsmauer, Grundmauern von Nebengebäuden, eine Zisterne und auf dem Felskopf Spuren einer Bebauung.

Burgenübersicht

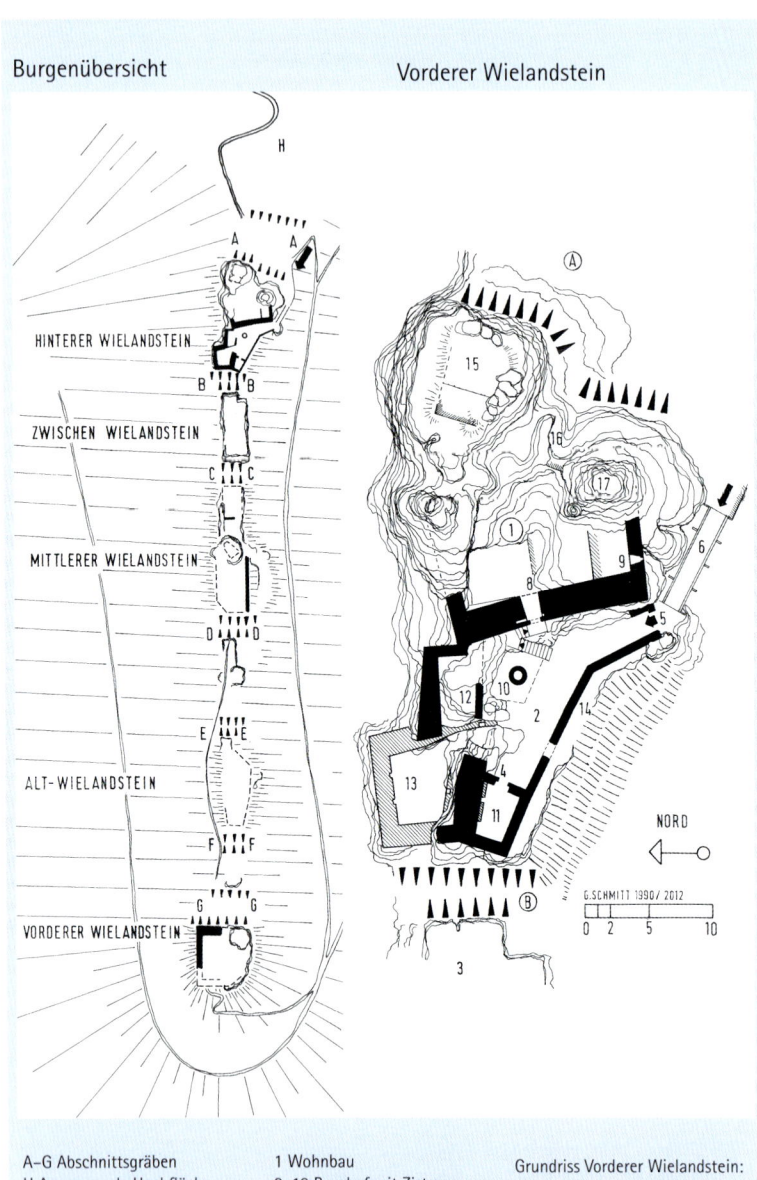

Vorderer Wielandstein

A–G Abschnittsgräben
H Angrenzende Hochfläche

Lageplan:
Günter Schmitt 1990/2012

1 Wohnbau
2, 10 Burghof mit Zisterne
5, 6 Lage des Tores und Brücke
8 Eingangsportal Wohnbau
11, 12, 13 Lage von Nebengebäuden
14 Umfassungsmauer
15 Bauwerksreste

Grundriss Vorderer Wielandstein:
Günter Schmitt 1990 unter Verwendung von Planunterlagen von Architekt Wilfried Pfefferkorn

140 Hohgreutfels; Lenningen-Oberlenningen

Erhaltungszustand: Burgstelle; zu den Wielandsteiner Burgen gehörende Anlage auf einem Felsen über dem Lenninger Lautertal. Zwei bogenförmige Gräben, Wälle, dazwischen Vorbereich, Kernburg ca. 10 x 10 m, kein Steinbaunachweis.
Besichtigung: Frei zugänglich, AP.
Lage: TK 7422; 739 m, GK. R 36 220, H 78 840; 250 m südöstlich der Ruine Hinterer Wielandstein.
Typus: Beobachtungs- und Schutzburg, Höhenburg in Talrandfelsenlage.
Geschichte: Bestand etwa Mitte 13. Jh. bis Mitte 14. Jh., Nachweis durch Fundkeramik, Chr. Bizer.

141 Hohengutenberg; Lenningen-Gutenberg

Erhaltungszustand: Burgstelle über dem Talende des Lenninger Lautertales. Dreiteilige Anlage, Quergräben auf kammartigem 120 m langem Sporn, Westseite Zwinger, Bergseite Vorburg, Spornende Vorbereich, dazwischen Kernburg ca. 14 x 44 m, Mauerschutt, geringe Mauerreste Ringmauer, Kleinquader grob, Bestandssicherung erforderlich.
Besichtigung: Frei zugänglich.
Lage: TK 7423; 592 m, GK. R 38 350, H 77 650; 200 m nördlich über Gutenberg.
Typus: Höhenburg in Spornlage, Herzogsburg.
Geschichte: Entstehung 12./13. Jh., 1285 Eigenburg der Herzöge von Teck, 1387 an die Grafen von Württemberg, 1598 Zerstörung durch Feuer.

142 Wuelstein; Lenningen-Gutenberg

Erhaltungszustand: Burgstelle auf einem Felsen über dem Lenninger Lautertal, zur Burg Hohengutenberg gehörend. Halsgraben, Burgfelsen mit vermutetem fünfeckigem Turm mit 6 bis 10 m Seitenlängen, Schuttriegel, 2 Felsterrassen.
Besichtigung: Frei zugänglich, AP.
Lage: TK 7423; 714 m, GK. R 38 280, H 78 000; 500 m nördlich von Gutenberg.
Typus: Beobachtungs- und Schutzburg, Höhenburg in Bergeckenlage.
Geschichte: Entstehung nicht bekannt, Besitzer Herzöge von Teck, Abgang spätestens im Zusammenhang mit der Brandzerstörung von Hohengutenberg.

Untere Diepoldsburg „Rauber" 143

Lenningen-Unterlenningen, Landkreis Esslingen, Baden-Württemberg
Meereshöhe: 735 m, Lenninger Lautertal 410 m
Erhaltungszustand: Ruine mit deutlich aufrecht stehendem Mauerwerk, Bestand gesichert
Besitzer: Landkreis Esslingen
Besichtigung: frei zugänglich, AP. Grillstellen im Vorbereich
Lage: TK 7422; GK. R 36 080, H 81 820; GPS 48° 34' 21,4" N, 9° 29' 19,4" O

Bei Kirchheim unter Teck bestimmt der aus dem Albtrauf vorspringende Teckberg die Landschaft. Dieser ist durch den „Sattelbogen" mit dem Albtrauf verbunden. Auf dem folgenden Felsgrat liegt die Burgruine Rauber, auch Untere Diepoldsburg genannt. Der kürzeste Weg zum Rauber erfolgt über die Ortschaften Bissingen a. d. Teck oder über Schopfloch nach Ochsenwang. Von hier führt eine bezeichnete Straße am Trauf entlang Richtung Diepoldsburg zum Wanderparkplatz Rauberweide. Nun zu Fuß zum Hof Diepoldsburg und bezeichnet AV Dreieck abwärts zu den Ruinen Rauber und Obere Diepoldsburg.

Bauphasen

Entstehungsbauphase 2. Hälfte 13. Jh. Bauherr: wahrscheinlich die Herzöge von Teck und nicht die Edelfreien von Diepoldsburg, möglicherweise unter Ludwig I., †1282, oder Konrad II., †1292, Herzöge von Teck. Entstehung der Anlage mit Ringmauer und Halsgraben. Bestand bis 15. Jh.; Nachweis durch Fundkeramik, Chr. Bizer.

Geschichte

Die Untere Diepoldsburg „Rauber" steht zur Besitzergeschichte in engem Zusammenhang mit der Oberen Diepoldsburg. Sie ist die Stammburg der Edelfreien Familie, die sich nach Diepoldsburg nennen und diese um 1200 erbauen.
Nachdem die Untere Diepoldsburg erst in der 2. Hälfte des 13. Jhs. entsteht, wird es wahrscheinlich, dass die Diepoldsburger nichts mehr mit dem Bau dieser Anlage zu tun haben.
1297 Untere und Obere Diepoldsburg in Besitz der Herzöge von Teck.
Um 1400 Aufgabe der Oberen Diepoldsburg als Wohnsitz.
1406 Nennung der Unteren Diepoldsburg in Besitz von Eberhard III. der Milde Graf von Württemberg. Die Brüder Bertold und Hans Schwenzlin von Hofen erhalten „Unterdiepoldsburg" als Lehen.
1424 Hans Schwenzlin verkauft sein Lehen an Hans Truchsess von Bichishausen, Landhofmeister der Grafschaft Württemberg. Sein Sohn Albrecht bewohnt möglicherweise noch die Burg, bevor sie als Wohnsitz aufgegeben wird.
1470 Das Lehen wird Eigenbesitz der Truchsessen.
1510 Mit dem Tod des Sohnes von Albrecht stirbt die Familie der Truchsessen von Bichishausen aus. Übergang des Besitzes mit dem Burgstall an die Speth von Sulzburg.
1819 An die Gemeinde Unterlenningen, danach an mehrere private Eigentümer.
1964–1965 Nach Erwerb durch den Landkreis Nürtingen bestandserhaltende und ergänzende Mauerwerksmaßnahmen. Herstellung von Brücke und Tor.

Anlage

Typus
Höhenburg in Spornlage.

Anlagenmerkmale
Ringmauer, gerundete Bauwerksecken, Halsgraben, Bruchsteinmauerwerk.

Beschreibung
Aufgrund der Fundkeramik kann die Untere Diepoldsburg Rauber vermutlich nicht als eigenständige Adelsburg gelten. Sie ist vielmehr die Unterburg auf der Bergkammkante gegen den Sattel zur Teck und damit auch Schutzburg der großen lang gezogenen, etwa 45 m höher gelegenen Oberen Diepoldsburg.

Ein 15 m breiter Halsgraben, über den seit 1965 eine Holzbrücke führt, trennt die Anlage des Raubers vom angrenzenden Gelände. Tor und Brücke sind Interpretationen zu Baumaßnahmen von 1965 aufgrund einer vorhandenen, nach oben geschlossenen, später offenen Mauerbresche. Der Zugang kann auch über die südwestliche Grabenseite ohne Brücke erfolgt sein. Auffallend homogen wirkt die aus Bruchsteinen errichtete, auf den Kanten des Felsblocks stehende, mantelartige **Ringmauer**. Sie umfasst ein Areal von 15 x 43 m, ist durchgängig 1,30 m stark, noch bis 7,5 m hoch und besitzt auffallend abgerundete Bauwerksecken. Eine Verstärkung zur Feldseite gibt es nicht. Damit stellt die Anlage für den Burgenbau der Schwäbischen Alb eine Besonderheit dar.

Im Bereich der erneuerten Südwestmauer befindet sich der Brunnenschacht einer Filterzisterne mit halbkugelförmiger Pfanne von 5 m Durchmesser, Sandlager, wasserdichter Lehmschicht und Filtersteinen.

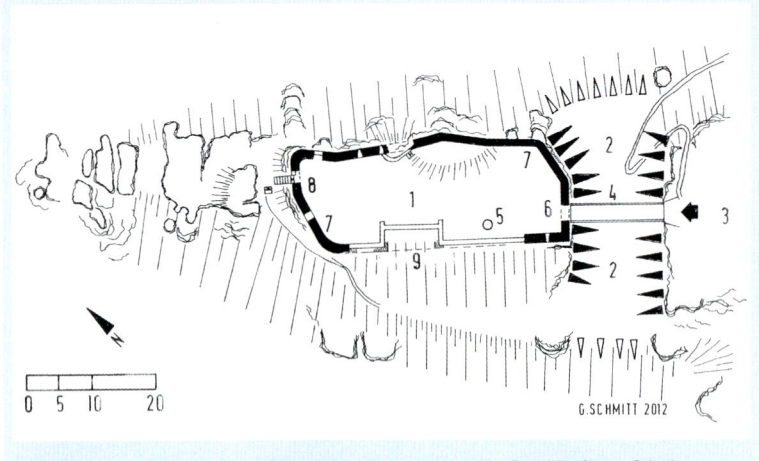

1 Kernburg
2 Halsgraben
3 Anschluss Obere Diepoldsburg
4 Brücke
5 Zisterne
6 Neues Tor
7 Ringmauer
8 Durchgang
9 Neue Mauer, am Sockel Altsubstanz

Grundriss Günter Schmitt 1990/2012

144 Sperberseck; Lenningen-Gutenberg

Erhaltungszustand: Burgruine am Ende eines Höhensporns über dem Donntalende. Wallgraben, Vorburg, Halsgraben. Kernburg: Schildmauer 3,1 m stark, Höhe noch bis 6,4 m, Länge 23 m, Schuttriegel von Gebäuden und Ringmauer, Zwinger, Hangterrasse, Bestandssicherung erforderlich.
Besichtigung: Frei zugänglich.
Lage: TK 7423; 728 m, GK. R 38 590, H 76 030; 1,4 km südlich von Gutenberg.
Typus: Höhenburg in Spornlage, Schildmauerburg, Hochadelsburg.
Geschichte: Entstehung Ende 11. Jh. durch Bertold I. von Sulmetingen, 1092 von Sperberseck, ab 1251 die Sperbersecker im Gefolge der Herzöge von Teck. Aufgabe 14. Jh.

145 Obere Diepoldsburg; Lenningen-Unterlenningen

Erhaltungszustand: Burgruine auf einem von der Albhochfläche zur Teck gerichteten Höhensporn. Länge Gesamtanlage ca. 165 m, 4 Quergräben, Voranlage, Vorburg, dazwischen die Kernburg: 22 x 38 m, Schildmauerrest, Kleinquader, Schuttriegel.
Besichtigung: Frei zugänglich.
Lage: TK 7422; 780 m, GK. R 36 340, H 81 680; 2,3 km nordöstlich von Unterlenningen.
Typus: Höhenburg in Spornlage, Schildmauerburg, Hochadelsburg.
Geschichte: Entstehung um 1200 anstelle einer Burg des 10/11. Jhs. und einer keltenzeitlichen Anlage, Fundkeramik, Chr. Bizer; 1210 der Edelfreie Ulrich von Diepoldsburg, 1297 Eigenbesitz der Herzöge von Teck, 1381 an Württemberg, Aufgabe als Wohnsitz.

Burg Teck 146

Owen, Landkreis Esslingen, Baden-Württemberg
Meereshöhe: 775 m, Lenninger Lautertal 397 m
Erhaltungszustand: Wanderheim, Burg-Festungsruine mit deutlich aufrecht stehendem Mauerwerk, Bestand gesichert
Besitzer: Schwäbischer Albverein
Besichtigung: Während der Öffnungszeiten von Gastronomie und Kiosk frei zugänglich, Aussichtsturm: 1. April bis 31. Oktober Mi bis Sa 10 bis 22 Uhr, So und Feiertage 9 bis 18 Uhr, Kiosk Mo und Di in den Sommermonaten; 1. Januar bis 31. März Mi, Do, So und Feiertage 10 bis 18 Uhr, Fr und Sa 10 bis 22 Uhr. Betriebsferien im Winter nachfragen. Telefon 07021 55208, www.burg-teck-alb.de; barrierefrei
Lage: TK 7422; GK. R 34 770, H 83 560, GPS 48° 35' 17" N, 9° 28' 14" O

Die Teck gehört zu den markantesten vor dem Albtrauf stehenden Burg-Bergen. Mit seinem Wanderheim ist er ein besonders beliebtes Ausflugsziel.
Von der A 8 Stuttgart-München erreicht man über die Ausfahrt „Kirchheim unter Teck" die Straße in Richtung Lenningen. Innerhalb der folgenden Ortschaft Owen führt eine bezeichnete Straße hoch zu den Parkplätzen unterhalb der Teck. Am „Hohlenbol", einer lohnenden Aussichtskuppe, erreicht man nach rechts den Parkplatz „Bölle", nach links die Parkplätze „Hohenbol" und „Hörnle". Von jedem dieser Parkplätze ist ein Aufstieg zur Teck möglich. Bölle-Teck 1,4 km, Hörnle-Teck 1,8 km.

Bauphasen

I.a Bauphase vor 1100
Nicht gesicherte Entstehung. Fundkeramik entsprechend unzureichend, Chr. Bizer. Möglicher Bauherr: Graf Burkhard von Nellenburg, †1101/1102.

I.b Bauphase 1. Hälfte/Mitte 12. Jh.
Bauherr: Herzöge von Zähringen, Konrad I. Herzog von Burgund und Provence, gen.1122, †1152. Gesicherter Bestand der Burg mit Ringmauer, Nennung einer Nikolaus-Kapelle.

II. Bauphase Ende 14./Anfang 15. Jh.
Bauherr: Eberhard III., der Milde, Graf von Württemberg, *1364, †1417, möglicherweise noch dessen Vater Ulrich, †1388. Instandsetzung und Ausbau der Burg, Ringmauer mit Rundtürmen.

III. Bauphase 1736/1737
Bauherr: Carl Alexander Herzog von Württemberg, *1684, †1737, Architekt: Johann Friedrich von Öttinger. Ausbau zur Festung. Einplanierung des Kernburginnenbereiches, Verstärkung der Ringmauer, Erdwallanlagen. Baubeginn von Kaserne, Kommandanten- und Wachthaus. 1737 Einstellung des Projekts.

IV. Bauphase 1889–1955
Bauherr: Schwäbischer Albverein. U-förmige Neubaumaßnahmen im nördlichen Bereich mit Aussichtsturm 1888, dessen Umgestaltung 1945, Mörikehalle 1933, Wanderheim mit Gaststätte 1955.

Geschichte

Schon früh ist in der Hallstattzeit der Teckberg besiedelt. Später, im Mittelalter des 11. Jhs., werden die einflussreichen Herzöge von Zähringen mit der nahe gelegenen Limburg bekannt. Sie gründen dann zur Verdeutlichung ihrer Macht die Burg auf dem Teckberg. Durch die Vergrößerung ihres Herrschaftsbereiches verlagern sie jedoch ihren Schwerpunkt in das Oberrheingebiet und in die heutige Schweiz.

1152 Herzog Bertold IV. von Zähringen, †1186, erhält von Kaiser Friedrich I. Barbarossa die Herrschaft über Burgund und Provence. Als Gegenleistung verspricht er die königlichen Rechte zu wahren und am geplanten Feldzug nach Italien mit fünfhundert Reitern und Bogenschützen teilzunehmen. Als Pfand übergibt er sein „Castrum Thecce", das er 1156 wieder zurück erhält.

1186 Adelbert, Bruder des Bertold IV., im Gefolge Kaisers Heinrich VI., nennt sich „Herzog von Teck".

Um 1299 Teilung des Besitzes unter Hermann II. und Ludwig II.

1303 Hermann II. verkauft seine Hälfte an Habsburg, die 1326 ihren Anteil an Württemberg verpfänden.

1326 Die Württemberger sind in dessen Besitz und 1359 Pfandbesitzer der herzoglich Teck'schen Hälfte.

1381 Württemberg wird Gesamtbesitzer. Die Herzöge von Teck verlegen ihren Sitz in ihr neues Herrschaftsgebiet Mindelheim.

1519 Einnahme der Burg durch den Schwäbischen Städtebund.

1525 Zerstörung der Burg durch die aufständischen Bauern unter Hans Metzger aus Besigheim im Auftrag des Bauernführers Hans Wunderer.

1736 Begonnener und nicht zu Ende geführter Festungsbau.

1941 Erwerb durch den Schwäbischen Albverein.

Ab 1954/55 Ausbau zum Wanderheim.

Anlage

Typus
Höhenburg in ausgeprägter Gipfellage, Hochadelsburg, Herzogsburg.

Anlagenmerkmal
Ringmauer, Kleinquader, Quader, Buckelquader, Bruchstein, Neubebauung mit Aussichtsturm.

Beschreibung
Der Teckberg ist ein äußerst markanter 850 m langer Höhenrücken, der über einen Sattel mit dem Albtrauf verbunden ist, nach Norden ansteigt und an höchster Stelle mit der Burg

endet. Mehrere Gräben durchtrennen den etwas flacher ansteigenden Südkamm. Ein Fußweg führt hier unterhalb der Ringmauer durch den inneren Graben auf die Westseite an der Sibyllenhöhle vorbei zum Eingang auf der Nordseite. Hierher gelangt auch der ostseitig angelegte Versorgungsweg, indem man den ehemaligen Burgweg annehmen kann.

Von der hoch- und spätmittelalterlichen Burg steht nur noch die **Ringmauer** mit ca. 297 m Länge und 7 m Höhe. Sie umfasst ein annähernd ovalförmiges Areal von 50 x 115 m. Damit gehörte die Burg Teck zu den größten Burganlagen der Schwäbischen Alb, was einen Vergleich mit der Achalm und dem Hohenstaufen von 55 x 135 m aufzwängt. Ob hier eine Trennung in Vor- und Kernburg vorlag ist nicht bekannt. Das Mauerwerk besteht aus Bruchsteinen, klein- bis großformatigen Quadern der verschiedenen Bauphasen, mit dem 12. Jh. beginnend und den Festungsbaumaßnahmen endend. Zusätzlich ist die Ringmauer bestückt mit Schalen- und Rundtürmen aus Bruchsteinen. Ecken von vorspringenden Bauteilen zeigen sorgfältig bearbeitete Eckbuckelquader aus Sandstein der III. Bauphase.

Wanderheim des Schwäbischen Albvereins

Auf den Außenmauern der Nordostseite sitzen U-förmig die eingeschossigen Bauten des Wanderheims. Ostseitig der Gästebau, zur Westseite der Gaststättenbau „Mörikehalle" mit Wehrturm und dazwischen der Tor- und Wirtschaftsbau mit Kiosk. Hier gibt es den Zugang zum kleinen Museum und zum Aussichtsturm, dessen Rundumsicht man sich nicht entgehen lassen sollte.

NORD

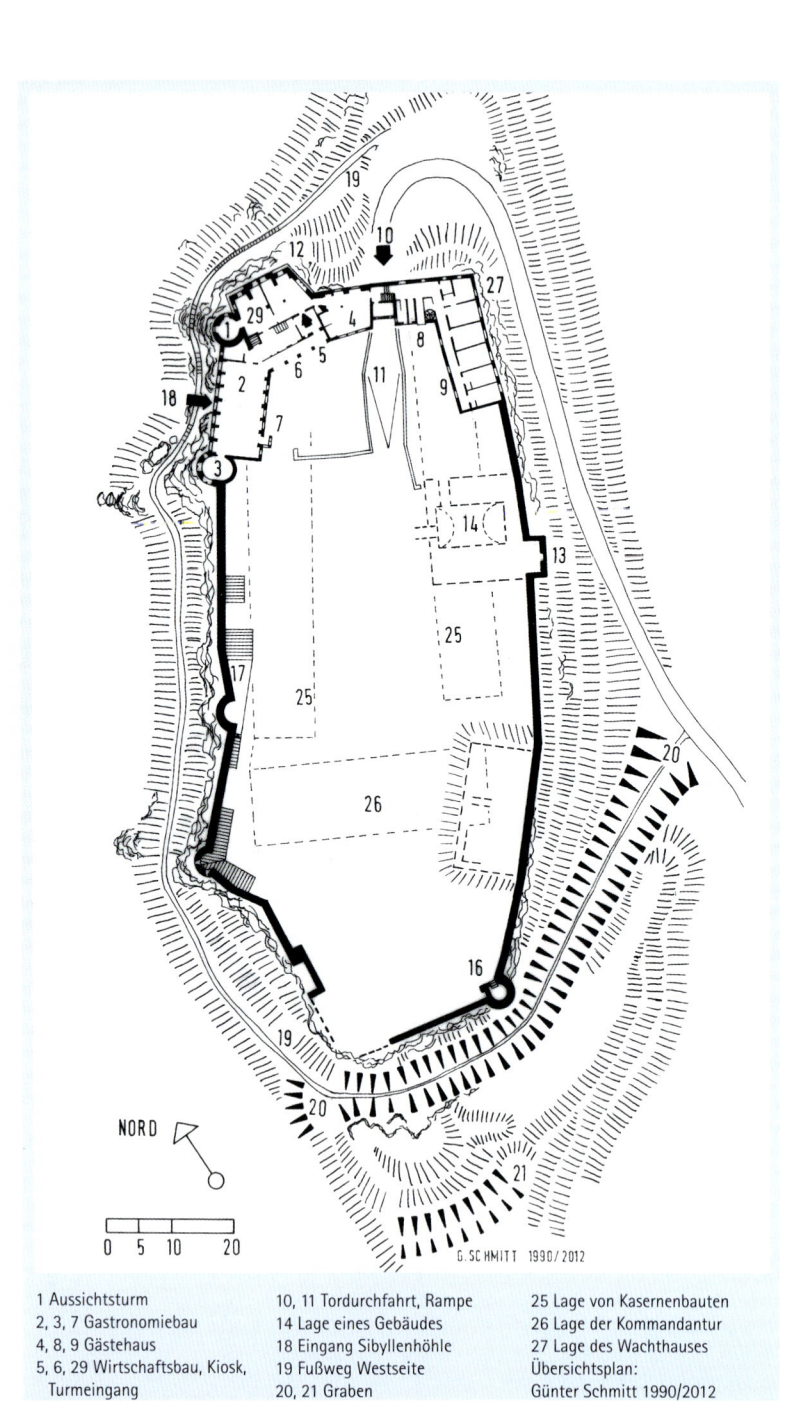

0 5 10 20

G. SCHMITT 1990/2012

1 Aussichtsturm
2, 3, 7 Gastronomiebau
4, 8, 9 Gästehaus
5, 6, 29 Wirtschaftsbau, Kiosk, Turmeingang
10, 11 Tordurchfahrt, Rampe
14 Lage eines Gebäudes
18 Eingang Sibyllenhöhle
19 Fußweg Westseite
20, 21 Graben
25 Lage von Kasernenbauten
26 Lage der Kommandantur
27 Lage des Wachthauses

Übersichtsplan:
Günter Schmitt 1990/2012

147 Hahnenkamm; Owen

Erhaltungszustand: Burgruine auf einem Bergkegel über dem Bissinger Tal. Kernburg: polygonale Ringmauer, Bruchstein, ein Buckelquader. Innenbereich ca. 20 x 30 m, keine Bebauungsspuren. Zwinger, Verebnungen am Hang, Bestand gesichert.
Besichtigung: Frei zugänglich.
Lage: TK 7422; 606 m, GK. R 36 770, H 83 480; 2 km östlich der Teck.
Typus: Höhenburg in Gipfellage, Satellitenburg, Herzogsburg.
Geschichte: Entstehung 2. Hälfte 13. Jh. anstelle einer Burg aus dem 11. Jh. durch die Herzöge von Teck, Nachweis durch Fundkeramik, Chr. Bizer; 1303 an Habsburg, 1326 an Württemberg. Aufgabe vor Mitte 15. Jh.

148 Limburg; Stadt Weilheim

Erhaltungszustand: Burgstelle auf frei stehendem Vulkankegel. Umlaufender Zwinger, Kernburg durch einen Graben in zwei Bereiche getrennt. Nach Grabungen von 1913/14 festgestellt: Ringmauer, zwei Türme, Gebäude, Torlage, Brunnen, Quadermauerwerk, Burgkirche 15. Jh.
Besichtigung: Frei zugänglich.
Lage: TK 7323; 598 m, GK. R 39 600, H 85 340; 1,2 km südlich von Weilheim.
Typus: Höhenburg in Gipfellage, Herzogsburg.
Geschichte: Entstehung vor Mitte 11. Jh. in vorgeschichtlicher Anlage durch Herzog Bertold I., Stammvater der Zähringer, 1078 auf der Burg gestorben. Um 1100 Verlegung des Stammsitzes in das Breisgau, 1078 und 1130 mögliche Verwüstungen der Burg.

149 Lichteneck; Weilheim-Hepsisau

Erhaltungszustand: Burgstelle auf einer 8 m hohen Kuppe einer Hangterrasse über dem Zipfelbach. Ringwallgraben, Kernburg mit Fünfeckringmauer, Quader, Innenbereich Schuttriegel, Mulden, Tuffquader, unterhalb westlich Wall und Damm.
Besichtigung: Frei zugänglich.
Lage: TK 7423; 615 m, GK. R 39 320, H 82 540; 1 km südsüdwestlich von Hepsisau.
Typus: Höhenburg in Hangterrassenlage, Ministerialenburg.
Geschichte: Entstehung 2. Hälfte

13. Jh., Aufgabe Ende 14. Jh. Nachweis durch Fundkeramik, Chr. Bizer. 1282–1317 Marquard (I.) von Neidlingen und Lichteneck, Ministeriale der Herzöge von Teck.

150 Randeck; Weilheim-Hepsisau

Erhaltungszustand: Burgstelle auf einem Spornfelsen an der Bergkante. Bogenförmiger Halsgraben, Wallrest. Kernburg über Geländestufe zweigeteilt ca. 15 x 24 m, Schuttriegel, kein Steinbaunachweis.
Besichtigung: Frei zugänglich.
Lage: TK 7423; 790 m, GK. R 39 740, H 82 300; 1,2 km südlich Hepsisau.
Typus: Höhenburg in Spornlage, Ministerialenburg.
Geschichte: Bestand Mitte 13. Jh. bis 1. Hälfte 14. Jh., Nachweis durch Fundkeramik, Chr. Bizer; 1266/90 Konrad von Neidlingen, 1292/97 Heinrich von Randeck, Sohn des Konrad.

151 Wasserschloss Neidlingen; Neidlingen

Erhaltungszustand: Ersatzlos abgebrochen. Wallreste im Bereich Kindergarten, Reste Torhaus Gebäude Kirchstr. 19 und 21. Ehemalige Vierflügelanlage, drei Ecktürme, Wassergraben, Wall, Vorhof mit Brunnen, Nebengebäude.
Besichtigung: zugänglich im Bereich des Kindergartens.
Lage: TK 7423; 460 m, GK. R 41 790, H 82 350; 90 m nördlich der Kirche.
Typus: Wasserschloss, Renaissanceschloss.
Geschichte: Entstehung 1. Hälfte 16. Jh., vermutlich durch den Ortsherrn Dietrich Speth, 1530 an Wilhelm Vetzer, 1551 an die Herren von Freyberg, 1596 an Württemberg, das Schloss wird Sitz des Vogts, 1821/25 ersatzloser Abbruch.

152 Neidlinger Burg „Im Hof"; Neidlingen

Erhaltungszustand: Burgstelle an der Biegung des Seebachs. Viereckanlage, zweiseitiger Wassergraben, Burghügel ca. 15 x 16 m eines möglichen Wohnturms.
Besichtigung: Privatgrundstück, nicht zugänglich.
Lage: TK 7423; 465 m, GK. R 42 020, H 82 570; am Seebach, 400 m nordöstlich der Kirche.
Typus: Niederungsburg, Wasserburg.
Geschichte: Entstehung und Abgang nicht bekannt. Vermutlich erste Burg der ursprünglich Edelfreien von Neidlingen, wappen- und stammesgleich mit den Herren von Lichteneck und Randeck, mehrfach verzweigt, 1257 Heinrich, Ministeriale der Herzöge von Teck.

153 Neidlinger Burg „An der Lindach"; Neidlingen

Erhaltungszustand: Ersatzlos abgebrochen. Ehemalige Wasserburg östlich der Lindach. Verflachte Wall- und Graben-

reste einer Viereckanlage von ca. 20 m Breite in überbautem Grundstück.
Lage: TK 7423; 460 m, GK. R 41 830, H 82 160; 70 m südsüdöstlich der Kirche, Parz. 282 und 283.
Typus: Niederungsburg, Wasserburg.
Geschichte: Möglicherweise zweite Burg der ursprünglich Edelfreien von Neidlingen, mehrfach verzweigter Ortsadel, später Ministerialen der Herzöge von Teck.

154 Merkenberg; Neidlingen

Erhaltungszustand: Burgstelle auf dem Merkenberg über dem Lindachtal. Ovaler Bergkegel, dreiseitiger Ringwall. **Kernburg:** 13 x 65 m, bewohnter Ostbereich, kein Nachweis von Steinbauten, nicht fertiggestellte Anlage. Ostseitig 160 m langer Graben mit bebauter Vorbefestigung.
Besichtigung: Frei zugänglich.
Lage: TK 7423; 743 m, GK. R 42 490, H 83 520; 1,3 km nordnordöstlich von Neidlingen.
Typus: Höhenburg in Gipfellage, Grafenburg.
Geschichte: Bestand vor Mitte 13. Jh. bis um 1300, Nachweis durch Fundkeramik, Chr. Bizer; 1226–1245 Bauherr Graf Egino von Aichelberg, 1247 die Söhne Diepold und Ulrich Grafen von Merkenberg, 1282 Udihild von Merkenberg, 1334/39 an Württemberg.

155 Windeck; Neidlingen

Erhaltungszustand: Burgstelle der Schutzburg von Merkenberg an der höchsten Stelle des Berggrates über dem Seebachtal. Beidseitig Graben, Kernburg ca. 7 x 15 m, kein Steinbaunachweis.
Besichtigung: Frei zugänglich.
Lage: TK 7423; 722 m, GK. R 43 410, H 83 950; 2,3 km nordöstlich von Neidlingen.
Typus: Höhenburg in Gipfellage, Schutzburg.
Geschichte: Entstehung 2. Hälfte 13. Jh., Aufgabe vor 1400, Nachweis durch Fundkeramik, Chr. Bizer. 1247 Diepold und Ulrich von Merkenberg, Brüder.

156 Heimenstein; Neidlingen

Erhaltungszustand: Burgstelle auf einem Felsen über dem Lindachtal. Halsgraben, Kernburg: ca. 20 x 35 m, Schuttriegel, Mulde eines Gebäudes ca. 6 x 8 m, im Burgfelsen Höhlengang zu einer talseitigen Felsterrasse.
Besichtigung: Frei zugänglich.
Lage: TK 7423; 763 m, GK. R 40 970, H 80 310; 2,5 km südsüdwestlich von Neidlingen, gegenüber von Reußenstein.
Typus: Höhenburg in Bergeckenlage, Ministerialenburg.
Geschichte: Bestand Mitte 13. Jh. bis 1. Hälfte 14. Jh., Nachweis durch Fundkeramik, Chr. Bizer; 1251 Ulrich von Heimenstein, Ministeriale der Herzöge von Teck, möglicherweise ein Familienzweig aus dem Ortsadel von Neidlingen.

Landkreis Göppingen

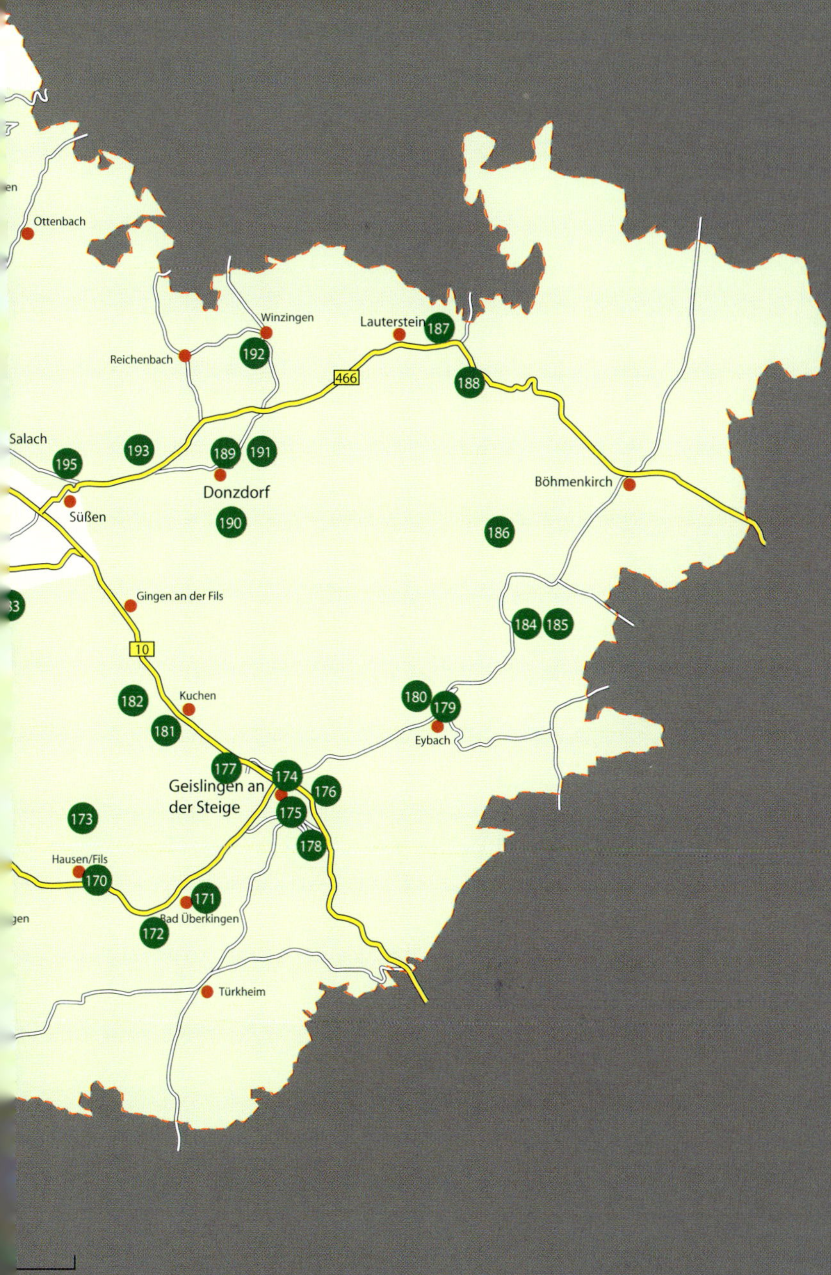
Ottenbach
Winzingen
Lauterstein
187
Reichenbach
192
466
188
Salach
195
193
189
191
Böhmenkirch
Donzdorf
Süßen
190
186
Gingen an der Fils
184
185
10
180
179
182
Kuchen
Eybach
181
177
174
176
Geislingen an
der Steige
175
173
178
Hausen/Fils
170
171
Bad Überkingen
172
Türkheim

Reußenstein 157

Stadt Wiesensteig, Landkreis Göppingen, Baden-Württemberg; kleiner Anteil Neidlingen, Landkreis Esslingen
Meereshöhe: 760 m, Lindachtal 490 m
Erhaltungszustand: bedeutende Burgruine mit deutlich aufrecht stehenden Bauwerksresten, Bestand gesichert
Besitzer: Landkreis Göppingen
Besichtigung: frei zugänglich, AP
Lage: TK 7423; GK. R 41 930, H 80 560; GPS 48° 33' 41" N, 9° 34' 2" O

Südlich von Neidlingen erstreckt sich das von steilen Hängen gesäumte Lindachtal. An seiner östlichen Talkante steht auf ausgesetztem Felsen die äußerst imposante Ruine der Burg Reußenstein.
Auf der Albhochfläche fuhrt von der B 465 zwischen Gutenberg und Donnstetten eine Straße über Schopfloch in Richtung Wiesensteig zum Wanderparkplatz hinter der Ruine. Weitere Möglichkeit von Neidlingen in Richtung Wiesensteig oder von dort im Filstal bis zur Abzweigung Reußenstein. Parkplatz-Ruine 0,5 km.

Bauphasen

I. Bauphase Mitte 13. Jh.
Bauherr: vermutlich Diethoh von Kirchheim, Ministeriale der Herzöge von Teck. Entstehung der Kernburg mit Bergfried und Wohnbau, Anlegung der Vorburg. Datierung durch Fundkeramik, Chr. Bizer.

II. Bauphase 15. Jh.
Bauherr: Grafen von Helfenstein. Ausbau der Burg und Neubau der Unterburg.

Geschichte

Reußenstein ist die Gründung eines Mitglieds aus der angesehenen Patrizierfamilie Kirchheims. Sie sind Ministerialen der Herzöge von Teck und nennen sich nach ihrer neuen Burg „von dem Stein" oder „von Stein". Zum schändlichen Erreignis wird die Burg im 16. Jh., als man 20 Frauen einsperrte, um sie dann in Wiesensteig als Hexen zu verbrennen.
1301 Diethoh, gen. 1283, Sohn des angenommenen Burgengründers, nennt sich in einer auf Burg Hahnenkamm ausgestellten Urkunde „von dem Stein".
1340 Johann von Stein, Enkel des ersten Diethoh, verkauft die Burg an seine Vettern, Konrad und Heinrich, genannt „Ruzze" oder „Reuß" von Kirchheim.
Ab 1383 Reußenstein genannt, zunächst an Konrad von Randeck, dann mehrfache Verpfändung.
1388 Einnahme der Burg im Städtekrieg durch den Schwäbischen Bund. Rückeroberung durch Graf Eberhard den Greiner von Württemberg.
1441 Graf Johann von Helfenstein, Domherr in Augsburg, wird Eigentümer.
Um 1454 Während der Fehde mit den Helfensteinern Einnahme der Burg durch Graf Ulrich von Württemberg, 1455 Rückgabe. Reußenstein wird nun Wohnsitz Helfensteinischer Vögte.
Um 1550 Aufgabe als Wohnsitz.
1627 Nach dem Tod des letzten Helfensteiners mehrfacher Besitzerwechsel.
1806 An Württemberg.
1964 Übernahme durch den damaligen Landkreis Nürtingen, der 1965/66 bestandserhaltende Maßnahmen durchführt.

Anlage

Typus
Höhenburg in ausgesetzter Spornlage, Felsenburg, Ministerialenburg, Grafenburg.

Anlagenmerkmale
Bergfried, Wohnbau, Quader-Tuffquader, Graben; Unterburg, Bruchstein; Vorburg.

Beschreibung
Die imposante Ruine steht ganz im Einklang mit den bizarr an der Talkante aufragenden Felsen. An der Hochflächenkante liegt die etwa 40 x 74 m große Vorburg. Ihr Areal, mit geringen Bebauungsspuren, wird durch einen bogenförmigen Wallgraben begrenzt, der beidseitig an die Talkanten anschließt.

Kernburg

Ein winkelförmig angelegter Graben trennt den Felskopf der Kernburg von der Talkante. Über einen Vorhof erreicht man an der nördlichen Felskante entlang den schmalen Erschließungsweg, der zu einem nur 80 cm breiten ehemals überbauten Felsschlupf führt. Von der folgenden westseitigen Felsterrasse werden stufenweise die kompakt angelegten Bauten mit Wohnbau und Bergfried erschlossen. Deren Feldseiten sind mit der 2 m starken Frontmauer mit Tuffquaderverblendung identisch.

Der **Wohnbau** ist fünfgeschossig, besitzt Scharten, Fenster mit Sitzbänken, Kaminnischen, Öffnungen für Abtritte und eine Kapellennische mit einem überlieferten Madonnafresko von um 1480.

An höchster Stelle steht auf fast quadratischem Grundriss von 5,66 x 5,95 m der **Bergfried**. Sein erhöhter Eingang war gleichzeitig Zugang zum Wehrgang. Zur Kernburg gehört die **Unterburg**. Sie wird vom Graben aus durch einen nordseitig angelegten Zwinger mit eigenem Tor und flankierendem Rundturm erschlossen. Zur Westseite auf einer Terrasse am Steilwandfelsen folgen Burghof, Turm, Zisterne und ein Gebäude mit Tonnengewölbe.

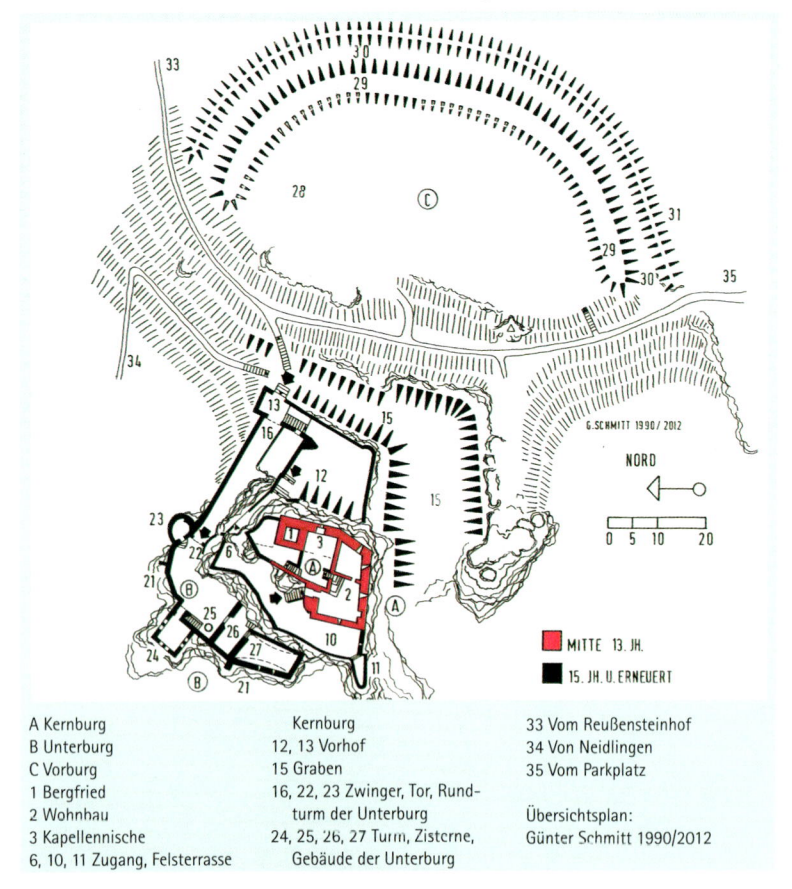

A Kernburg
B Unterburg
C Vorburg
1 Bergfried
2 Wohnbau
3 Kapellennische
6, 10, 11 Zugang, Felsterrasse

Kernburg
12, 13 Vorhof
15 Graben
16, 22, 23 Zwinger, Tor, Rundturm der Unterburg
24, 25, 26, 27 Turm, Zisterne, Gebäude der Unterburg

33 Vom Reußensteinhof
34 Von Neidlingen
35 Vom Parkplatz

Übersichtsplan:
Günter Schmitt 1990/2012

MITTE 13. JH.
15. JH. U. ERNEUERT

Schloss Wiesensteig 158

Stadt Wiesensteig, Landkreis Göppingen,
Baden-Württemberg
Meereshöhe: 592 m
Erhaltungszustand: Südflügel der ehemaligen
Vierflügelanlage erhalten.
Besitzer: Stadt Wiesensteig
Besichtigung: Außenbereiche, Schlosshof frei zugänglich,
Innenbereich zu öffentlichen Veranstaltungen zugänglich. Stadtinfo Tel. 07335 9620-0, www.wiesensteig.de;
barrierefrei, Lift
Lage: TK 7423; GK. R 46 420, H 80 820; Hauptstraße 51

Die A 8 von Stuttgart nach München quert bei Mühlhausen am Aufstieg zum gefürchteten Drackenstein das obere Filstal. Es führt nach Südwesten zum mittelalterlich anmutenden Städtchen Wiesensteig. Steile, bewaldete Talhänge begrenzen die Bebauung mit ihrem an der Hauptstraße gelegenen Schloss.
Von der Autobahnausfahrt Mühlhausen führt die bezeichnete „Schwäbische Albstraße" direkt nach Wiesensteig. Parkmöglichkeit innerhalb der Stadtbebauung.

Bauphasen

I. Bauphase 1551–1555
Bauherr: Graf Ulrich XVII. von Helfenstein, *1524, †1570. Ehefrau: Katharina von Montfort. Ausführung: Maurermeister Peter Biller. Neubau des Renaissanceschlosses des späteren Nordwestflügels mit Sichtfachwerk als Nachfolgebau des 1464 genannten Gebäudes beim Selter-Tor. Mehrfache Bauverzögerungen und Nichteinhaltung des Fertigstellungstermins.

II. Bauphase 1594–1608
Bauherr: Graf Rudolf VI. von Helfenstein, †1627, Letzter der Helfensteiner. Ehefrauen: 1. Anna von Staufen, 2. Anna Konstantia von Fürstenberg. Ausbau zur Vierflügelanlage unter Einbezug des 1555 errichteten Nordwestflügels als repräsentatives Residenzschloss der Renaissance. Nebengebäude und Lustgarten.

III. Bauphase 1812–1813
Bauherren: drei bürgerliche Eigentümer. Südostflügel: Umnutzung für Wohnungen und Fruchtkasten. Abbruch der drei anderen Schlossflügel, Verebnung der Gräben.

IV. Bauphase 1983–1986
Bauherr: Stadt Wiesensteig. Architekt: Paul Anschütz, Wiesensteig. Instandsetzung, Restaurierung, Ausbau zum Bürgerhaus, Anbau Nordwestseite und Treppenturm.

Geschichte

1556 Prächtige Hochzeitsfeier der Barbara von Helfenstein mit Graf Alwig von Sulz.
1562–1566 Schandtat: Bauherr Graf Ulrich XVII. lässt über 70 Frauen als Hexen in Wiesensteig verbrennen.
1642 Die Erbtöchter Maria Johanna und Isabella Eleonora verkaufen ihren Anteil an Kurfürst Maximilian von Bayern. Das restliche Drittel geht durch Heirat der Carolina an das Haus Fürstenberg.
1647 Dreißigjähriger Krieg: Plünderung durch bayrische und königsmarkische Truppen.
1752 Maximilian von Bayern erwirbt von Fürstenberg den restlichen Besitzanteil.
1806 Das Schloss wird Oberamtssitz.
1812 Verkauf an Privat, 1859 an die Stadt Wiesensteig, 1860 an Privat.
1881 Wieder in Besitz der Stadt, danach Mehrfachnutzung: Poststelle, Wohnungen.
Seit 1986 Bürgerhaus.

Anlage

Typus
Residenzschloss, Renaissance-Stadtschloss.

Anlagenmerkmale
Kompaktbau, ehemals Vierflügelanlage, bedeutende Sgraffito-Dekorationen.

Beschreibung
Schloss Wiesensteig hatte mit seiner repräsentativen Vierflügelanlage um 1600 bessere Zeiten gesehen. Es stand gänzlich in der Reihe mit den Schlössern von Hechingen, Meßkirch, Zeil und Wolfegg. Dazu gehörten umfangreiche Nebengebäude wie Kutschenhaus, Viehhaus, Scheuer, Waschhaus, Fruchtkasten und Marstall sowie großzügige Freibereiche mit einem ummauerten Lustgarten.
Seit der Abbruchphase steht noch der zweigeschossige **Südostflügel** mit Sat-

teldach. Straßenseite und geschweifter Südwestgiebel mit sieben zu zwei Achsen besitzen Sgraffito-Quaderung, Kreuzstockfenster in Steinrahmung und eine Tordurchfahrt. Außergewöhnlich reich gestaltete Sgraffito-Technik zeigt die Hofseite mit Mäander- und Rankenband, Friesen und kannelierte Pilaster mit korintisierenden Kapitellen.

Der verbliebene Schlossflügel auf rechteckigem Grundriss von 12,60 x 36,40 m mit Gewölbedurchfahrt besitzt im Erdgeschoss eine Pfeilerhalle mit Kreuzgratgewölben, im Obergeschoss den durch Mezzanin überhöhten und die gesamte Länge einnehmenden Festsaal. Bauwerkserweiterungen mit Treppenturm und nordwestseitigem zweigeschossigem Erschließungsanbau mit historisierendem Erscheinungsbild stammen von 1986.

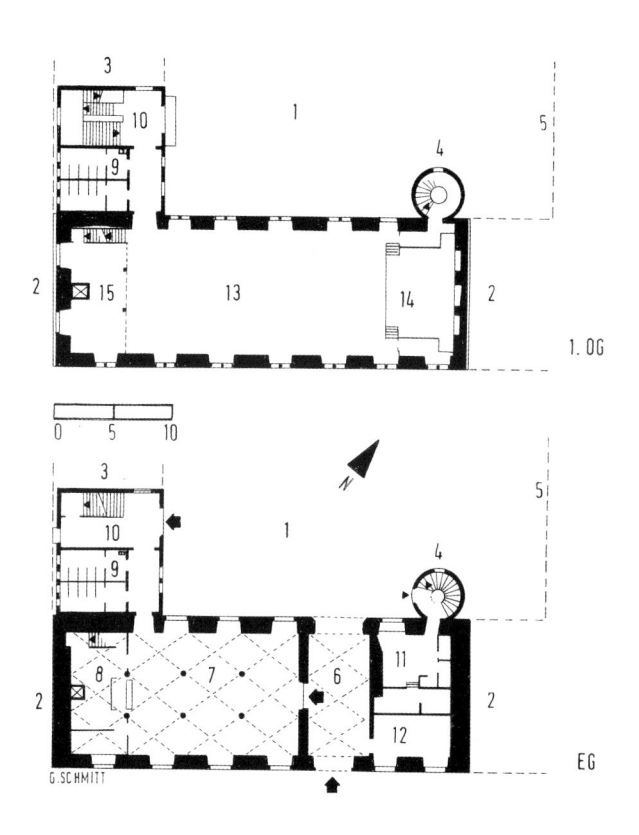

1 Schlosshof
2 Südostflügel 1608
3 Erweiterungsbau 1986 Lage des ehem. Südwestflügels
4 Treppenturm 1986
5 Lage des ehem. Nordostflügels
6 Durchfahrt
7 Säulenhalle, ehem. Marstall
8, 9, 11, 12 Nebenräume
10 Treppenhaus
13, 14, 15 Festsaal mit Bühne und Empore

Grundrisszeichnung:
Günter Schmitt unter Verwendung von Planunterlagen von Architekt Paul Anschütz

159 Burg Aichelberg; Aichelberg

Lage: TK 7323; 608 m, GK. nördliche Burg: R 42 200, H 88 480; südliche Burg: R 42 360, H 88 280; 500 m südlich von Aichelberg.
Typus: Höhenburg in Gipfellage, Grafenburg, Beobachtungs- und Schutzburg zur Burg Aichelberg.
Geschichte: Entstehung: südliche Abschnittsburg Mitte 13. Jh., nördliche Abschnittsburg 2. Hälfte 13. Jh., Aufgabe 2. Hälfte 14. Jh., Nachweis durch Fundkeramik, Chr. Bizer; 1259 Diepold Graf von Aichelberg. 1334 an Württemberg.
Erhaltungszustand: Burgstelle auf einem markant vor dem Albtrauf stehenden Berg; mit der Schutzburg auf dem Turmberg umfangreiche Anlage. Wall, zwei Quergräben zum Turmberg, nordseitig Hangterrassen. Kernburg: ca. 12 x 32 m ohne Bauwerksspuren.
Besichtigung: Frei zugänglich.
Lage: TK 7323; 564 m, GK. R 42 150, H 88 760; oberhalb von Aichelberg.
Typus: Höhenburg in Bergkuppenlage, Grafenburg.
Geschichte: Entstehung kurz nach 1200 durch Diepold Graf von Körsch-Aichelberg, 1226/27, Stammvater der Aichelberger. Nachweis durch Fundkeramik, Chr. Bizer; 1334 Eigenburg der Württemberger, Aufgabe um 1500.

160 Aichelberger Burg Turmberg; Aichelberg

Erhaltungszustand: Zwei Burgstellen auf 230 m langem Gipfelrücken: südliche Abschnittsburg mit drei Quergräben im Vorbereich und besiedelte Kernburg getrennt. Nördliche Abschnittsburg mit viereckigem Wohnturm, Schuttriegel, Graben, Wall.
Besichtigung: Frei zugänglich.

161 Landsöhr, Bertaburg; Bad Boll

Erhaltungszustand: Burgstelle auf einem Höhensporn über dem Albvorland, zweigeteilte Anlage, drei Quergräben, 60 m lange Vorburg, am Spornende Wallgraben, die Kernburg am Graben 26 m breit, Länge 62 m, kein Steinbaunachweis.
Besichtigung: Frei zugänglich.
Lage: TK 7323; 739 m, GK. R 46 360, H 87 480; 1,9 km südlich von Bad Boll.
Typus: Höhenburg in Spornlage.
Geschichte: Vermutete Burg Landsöhr, Bestand und Besitzer nicht bekannt. Angenommen 12./13. Jh., gen. 1243; bekannt als Bertaburg, Hinweis auf Berta, Tochter des Stauferherzogs Friedrich und der Saliertochter Agnes; um 1120 Wohnsitz in oder bei Boll, begraben 1142 in der Stiftskirche Bad Boll.

162 Burg Gruibingen; Gruibingen

Erhaltungszustand: Burgstelle auf dem Dürrenberg über dem Hohlbachtal. Vier Quergräben, Vorbereich, Vorburg in zwei Abschnitten, umlaufender Zwinger. Kernburg: Kernmau-

erwerk, Wohnbau oder Wohnturm ca. 8 x 11 m, Schildmauer.
Besichtigung: Frei zugänglich.
Lage: TK 7423; 652 m, GK. R 48 100, H 83 000; 1,3 km südsüdöstlich von Gruibingen.
Typus: Höhenburg in Spornlage.
Geschichte: Entstehung nicht bekannt, 1237 Freiadel von Gruibingen, 1241 Bertold von Gruibingen, 1391 Herren von Gruibingen, Truchsessen der Grafen von Spitzenberg-Helfenstein, Aufgabe 14. Jh.

163 Leimberg; Gruibingen

Erhaltungszustand: Burgstelle über dem Harttal. Bogenförmiger 10 m tiefer Graben, Wall, Zwinger. Kernburg: 16 x 40 m, Reste Ringmauer, Wohnbau, Kleinquader.
Besichtigung: Frei zugänglich.
Lage: TK 7324; 705 m, GK. R 49 980, H 84 840; 2,3 km ostnordöstlich von Gruibingen.
Typus: Höhenburg in Bergeckenlage, Hochadelsburg.
Geschichte: Entstehung 2. Hälfte 12. Jh. durch die seit 1180 genannten Edelfreien von Leimberg, ab 1367 Verkauf von Burganteilen, 15. Jh. Aufgabe.

164 Mühlhausen; Mühlhausen im Täle

Erhaltungszustand: Burgstelle westlich der Fils. Teilerhaltenes Erdwerk in freiem Wiesengrundstück, Viereckanlage, verebneter Außenwall, Innenwall, verflachter Graben, Erdhügel, Gesamtanlage 80 x 80 m.
Besichtigung: Frei zugänglich.
Lage: TK 7423; 544 m, GK. R 48 640, H 82 300; 400 m nordöstlich der Kirche.
Typus: Niederungsburg, Wasserburg, Erdhügelturmburg.
Geschichte: Entstehung nicht bekannt, Ortsadel im 12. Jh. Pertolfus de Mulhusen, noch 1753 ummauerter Turm, 2. Hälfte 18. Jh. Abbruch.

165 Drackenstein; Unterdrackenstein

Erhaltungszustand: Burg-Schlossstelle am Ursprung des Gosbachtals. Hanggraben, teilverebneter Halsgraben für den Sportplatz, Kernanlage ca. 20 x 25 m, Sockelbereich mit Tuffquader.
Besichtigung: Frei zugänglich.
Lage: TK 7424; 658 m, GK. R 49 460, H 80 170; oberhalb von Unterdrackenstein.
Typus: Höhenburg-Schloss in Talhangspornlage.
Geschichte: Entstehung unbekannt, 1343 Burg in Besitz einer Linie der Herren von Westerstetten, Epitaphe in der Pfarrkirche, 1589 das Schloss an Freiherr Kaspar Bernhard von Rechberg-Donzdorf, 1589 an Graf Rudolf von Helfenstein, 1679 ersatzloser Abbruch.

Hiltenburg 166

Bad Ditzenbach, Landkreis Göppingen, Baden-Württemberg.
Meereshöhe: 716 m, Filstal 510 m
Erhaltungszustand: Ruine mit deutlich aufrecht stehendem Mauerwerk, Bestand gesichert
Besitzer: Gemeinde Bad Ditzenbach
Besichtigung: Ruine frei zugänglich, Bergfried als Aussichtsturm, Museum „Geschichte im Turm", Öffnungszeiten: 1. April bis 31. Oktober So, Feiertage 11 bis 17 Uhr, Führungen nach Absprache, Info Tel. 07334 9601-16; www.hiltenburg.de; Grillstelle
Lage: TK 7424; R 51 750, H 82 700; GPS 48° 34' 48" N, 9° 42' 2" O

Im landschaftlich reizvollen oberen Filstal liegt zwischen Wiesensteig und Geislingen Bad Ditzenbach. Im Südwesten ragt markant der Schlossberg mit der Ruine Hiltenburg aus den steilen bewaldeten Talhängen.

Von der A 8 Ulm-Stuttgart führt von der Ausfahrt Mühlhausen die B 466 in Richtung Geislingen nach Bad Ditzenbach. Im Ort beginnt beim Wanderparkplatz, gegenüber Café Filsblick, ein bezeichneter Weg hoch zur Ruine. Parkplatz-Ruine Hiltenburg 2,5 km.

Bauphasen

Im Zuge der Konservierungsmaßnahmen hat die Auswertung von Keramikfunden neue Erkenntnisse zur Entstehung, aber auch zu bauhistorischen Zusammenhängen erbracht.

I. Bauphase 11. Jh.
Bauherr: nicht bekannt, möglicherweise Edelfreie von Ditzenbach. Entstehung mit Kernburg, Abschnittsgraben und Vorburg. Datierung durch Keramik, R. Rademacher.

II. Bauphase 12. Jh. bis Ende 13. Jh.
Bauherr: staufische Ministerialen von Ditzenbach. Ausbau der Burg in Massivbauweise, Quader, Buckelquader.

III. Bauphase 14. Jh.
Bauherr: Grafen von Helfenstein. Erweiterung durch ringförmige Zwingeranlage und Vorwerke, ab 1396 Ausbau zur Residenzburg unter Friedrich Graf von Helfenstein, †1438. Ehefrau: Agnes von Weinsberg.

IV. Bauphase ab 1441
Bauherren: Grafen von Helfenstein. Umbau zum Wohnsitz für drei Grafenfamilien, Ausbau der Vorburg zur Wohnburg, Einbezug des Abschnittgrabens durch Mauerverschluss zur Gesamtanlage.

Geschichte

Bauherr und Bewohner zur Entstehung der Burg im 11. Jh. sind nicht bekannt. Ob der 1208 in einer Urkunde der Königin Irene erwähnte Eberhard von Ditzenbach auf der Burg im Ort oder auf der Hiltenburg saß, ist ebenfalls nicht bekannt.
1289 Erste urkundliche Erwähnung der „Hiltiburck" in Besitz der Grafen von Helfenstein. Die Burg ist Amtmannssitz.
1356 Bei der Herrschaftsteilung erhält Graf Ulrich XI. die Hiltenburg.
1396 Nach dem Verkauf eines großen Teils des Besitzes mit der Stammburg Helfenstein wird die Hiltenburg Hauptresidenz der Helfensteiner.
1441 Die Hiltenburg wird zum Wohnsitz von drei Helfensteiner Familien.
1516 Zerstörung der Burg durch die Truppen Herzog Ulrichs von Württemberg, nachdem unachtsamer- oder provokanterweise ein Kanonenschuss von der Burg auf die durch das Filstal Ziehenden abgegeben wurde.
1934, 1973–1979 Instandsetzungsmaßnahmen.
2005–2011 Sanierung, Konservierung, wissenschaftliche Untersuchung, Einrichtung des Museums.

Gewölbekeller der Hinteren Burg.

Anlage

Typus
Höhenburg in Gipfellage, Grafen-Residenz-Ganerbenburg.

Anlagenmerkmale
Ringmauer, Zwinger, Vorwerke, zwei Bergfriede, Quader, Buckelquader.

Beschreibung
Konservieren und nicht rekonstruieren war der Leitfaden der jüngsten lobenswerten Maßnahmen zur Erhaltung der Hiltenburg. Durch ihre Lage und Größe von ca. 40 x 120 m zählt sie mit dem Hohenstaufen, der Teck und der Achalm zu den umfangreichsten hochmittelalterlichen Burganlagen.
Die Kernburg, sog. „**Hintere Burg**", liegt mit der Abschnittsmauer zum ehem. Graben an höchster Stelle. Ihre Umfassungsmauer zeigt ostseitig einen Buckelquadersockel und westseitig eine Pforte zum Zwinger. Innerhalb der Anlage gab es mehrere Gebäude, von denen noch zwei Keller mit flachen Tonnengewölben zu sehen sind. An höchster Stelle steht der zur Aussichtsplattform ausgebaute Bergfriedstumpf des ältesten Turmes der Anlage. Grundriss 5,30 x 5,40 m, Eckquaderung.
Zur Westseite schließt der teilweise verfüllte, ursprüngliche **Abschnittsgraben** an. Ab 1441 wird er an den Stirnseiten vermauert und in die Gesamtanlage einbezogen.
Den südwestlichen Abschluss bildet der ehem. Bereich der Vorburg, die sog. „**Vordere Burg**", mit Umfassungsmauer und Tor, ab 1441 zur Wohnburg ausgebaut. Innerhalb gibt es Nachweise zu vier Gebäuden, eines davon mit Spitzbogengewölbe. Der jüngere **Bergfried** ist südostseitig in die Umfassungsmauer gestellt und mit Stahl-Glas-Einhausung zum kleinen Museum ausgebaut. Grundriss 6,80 x 6,70 m, Buckelquader möglicherweise zweitverwendet vermauert.
Außerhalb der Kernanlage gibt es umfangreiche Reste von Zwingermauern und Vorwerken.

Bergfried Vordere Burg mit Museum.

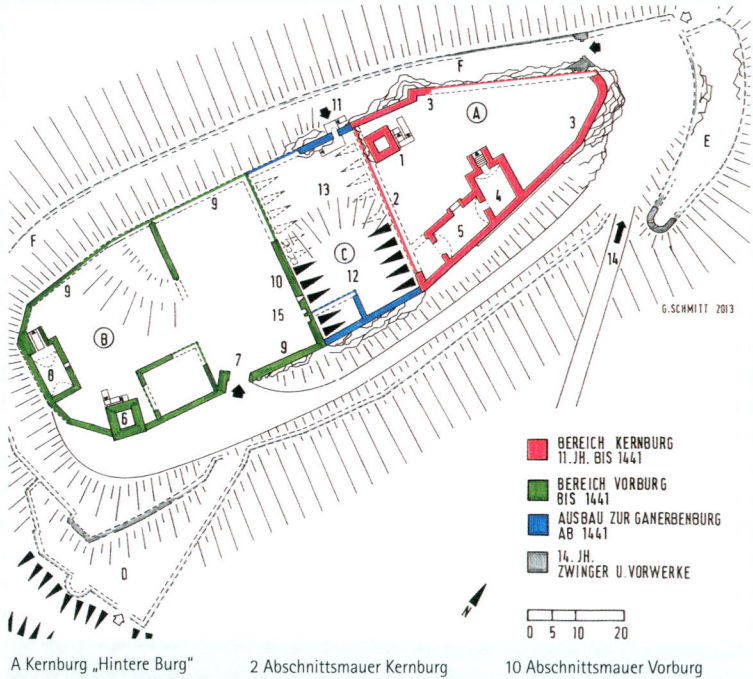

BEREICH KERNBURG 11. JH. BIS 1441
BEREICH VORBURG BIS 1441
AUSBAU ZUR GANERBENBURG AB 1441
14. JH. ZWINGER U. VORWERKE

A Kernburg „Hintere Burg"
B Vorburg, ab 1441 Wohnburg „Vordere Burg"
C Abschnittsgraben, ab 1441 zur Gesamtwohnburg einbezogen
D, E Vorwerke
F Zwinger
1 Bergfried Kernburg 11./12. Jh.
2 Abschnittsmauer Kernburg
3 Umfassungsmauer Kernburgbereich
4, 5 Gewölbekeller
6 Bergfried der Wohnburg 1441
7 Toranlage
8 Keller mit Spitztonne
9 Umfassungsmauer Vorburgbereich
10 Abschnittsmauer Vorburg
11 Pforte zum Zwinger
12, 13 Bereich Abschnittsgraben
14 Von Bad Ditzenbach
15 Lage der Pfisterei oder Küchenbau

Übersichtsplan:
Günter Schmitt 2013

LANDKREIS GÖPPINGEN 191

167 Burg Ditzenbach; Bad Ditzenbach

Erhaltungszustand: Ersatzlos abgebrochen.
Lage: Nicht bekannt, vermutet nahe der Kirche beim Ditzbach, TK 7424; ca. 508 m, GK. R 52 , H 83.
Typus: Burg in Ortslage.
Geschichte: Entstehung und Abgang nicht bekannt, Burg der Herren von Ditzenbach, vermutet zunächst Edelfreie, dann Reichsministerialen, 1208 Eberhard von Ditzenbach in einer Urkunde der Königin Irene, möglicherweise sind die frühen Herren von Ditzenbach auch Inhaber der im 11. Jh. erbauten Hiltenburg.

168 Berneck; Deggingen

Erhaltungszustand: Burgstelle über dem Filstal. Zwei viertelkreisförmige Wallgräben. Kernburg: ca. 45 x 50 m, Mulden, kein Bautennachweis, Buschelkapelle von 1847.
Besichtigung: Frei zugänglich.
Lage: TK 7424; 746 m, GK. R 54 030, H 83 830; 1,1 km südöstlich von Deggingen.
Typus: Höhenburg in Bergeckenlage, Hochadelsburg.
Geschichte: Bestand 2. Hälfte 13. Jh. bis 1. Hälfte 14. Jh., 1288 Konrad Graf von Kirchberg und Berneck, 1296, 1315 Konrad der Jüngere von Berneck. 1372 Burgstall.

169 Deggingen; Deggingen

Erhaltungszustand: Burgstelle über dem Dürrental. Halsgraben, Wallgraben, Vorbereich Spornspitze. Kernburg: 20 x 26 m, Schutt, kein Steinbaunachweis.
Besichtigung: Frei zugänglich.
Lage: TK 7324; 680 m, GK. R 52 100, H 86 150; 2,1 km nordnordwestlich von Deggingen, Flur Schlossgraben.
Typus: Höhenburg in Spornlage, Ministerialenburg.
Geschichte: Bestand 13. Jh., 1270 Heinrich von Deggingen, 1272 Eberhard, 1293 Heinrich. Zunächst staufische, dann Aichelberger und Helfensteiner Ministerialen.

170 Schloss und Burgstall Hausen; Bad Überkingen

Erhaltungszustand: Ersatzlos abgebrochen. Schloss anstelle einer Turmburg in Holzbauweise. Zweigeschossiger Renaissancebau, Satteldach, Eckerker, Zwerchhaus, Anbau, Wassergraben, Nebengebäude.
Lage: TK 7324; 457 m, GK. R 56 440, H 85 730; östlich der Kirche.
Typus: Wasserburg, Ministerialenburg, Renaissance-Wasserschloss.
Geschichte: Entstehung um 1250/1300, Chr. Bizer; 1297 Dietrich von Hausen, Ministeriale der Grafen von Helfenstein, um 1598 Schlossneubau mit Nebengebäuden durch den Ulmer Patrizier Hans Baldinger, letzte Besitzer die Seutter von Lötzen, 1812 Abbruch.

171 Burg Überkingen; Bad Überkingen

Erhaltungszustand: Burg ersatzlos abgebrochen.
Lage: Nicht genau bekannt, nahe der Kirche, südlich die Flur „Burggarten", vermutet am Rötelbach, nicht auf der südwestlich am Ort liegenden Kuppe. TK 7424; ca. 450 m, GK. R 58, H 84.
Typus: Burg in Ortslage.
Geschichte: Entstehung und Abgang nicht bekannt. Die Burg 1363 und 1425 genannt, 1258 Albrecht, Ulrich und Heinrich von Überkingen, 1323 Hein-

rich, 1352 Ulrich, im 14. Jh. an die Grafen von Helfenstein.

172 Burg Bühringen; Bad Überkingen

Erhaltungszustand: Burgstelle über Rötelbach- und Filstal. Drei bogenförmige Gräben. Kernburg: dreieckig, Geländetrichter mit Kernmauer, Kleinquader, am Graben, Lage einer Frontmauer, kein weiterer Steinbaunachweis.
Besichtigung: Frei zugänglich.
Lage: TK 7424; 701 m, GK. R 58 560, H 83 900; 1 km südsüdwestlich von Bad Überkingen.
Typus: Höhenburg in Bergeckenlage, Hochadelsburg.
Geschichte: Entstehung 12. Jh., Aufgabe 2. Hälfte 13. Jh. durch nicht bekannte Edelfreie aus dem Umfeld, möglicherweise die seit 1107 genannten Herren von Türkheim. Nachweis durch Fundkeramik, Chr. Bizer.

173 Böhringen; Bad Überkingen-Unterböhringen

Erhaltungszustand: Ersatzlos abgebrochen, um 1960 Einebnung des Geländes. Viereckerdanlage, Wall, Graben, Kernburg 15 x 15 m, vermutete Erdhügelburg in Holzbauweise.
Lage: TK 7324; 530 m, GK. R 56 380, H 88 160; östlicher Ortsrand an der Straße nach Oberböhringen.
Typus: Ortsburg.
Geschichte: Entstehung, Abgang und Besitzer nicht bekannt. Annahme Bestand 13./14. Jh.

174 Stadtschloss Geislingen; Stadt Geislingen

Erhaltungszustand: Erhaltener Ostflügel einer Zweiflügelanlage, Nordostecke der Stadtbefestigung, ehemals eigenständiger Bereich innerhalb der Stadt. Dreigeschossiger Rechteckbau 11,5 x 32 m, Walmdach, Strebepfeiler. Innenbereich mehrfach umgebaut.
Besichtigung: Außenbereich frei zugänglich, Nutzung Stadtverwaltung.
Lage: TK 7325; 465 m, GK. R 62 250, H 86 800; Nordostecke der Altstadt.
Typus: Stadtburg, Grafenburg, Stadtschloss.
Geschichte: Erstnennung 1380 als Stadtburg der Grafen von Helfenstein, 1396 an die Reichsstadt Ulm, bis 1635 Sitz der Ulmer Vögte, 1810 Kameralamt Württembergs, 1821/22 Abbruch Nordflügel.

175 Mögliche Geislinger Burgen Steinhaus und Lindenhof

Steinhaus
TK 7325, GPS 48° 611203 N, 9° 842259 O. Niederungsburg, Festes Haus, Entstehung 1200 bis 1300, Aufgabe nach 1800. 1994 Archäologie, Reste im Baugelände Kaisheimer Hof.
Lindenhof
TK 7325, GPS 48° 626729 N, 9° 817314 O; Flurname, 420 m, Spornlage, Abschnittswall, Entstehung unbekannt.

Helfenstein mit Ödenturm 176

Stadt Geislingen, Landkreis Göppingen, Baden-Württemberg
Meereshöhe: 610 m, Ödenturm 635 m, Stadt Geislingen 460 m
Erhaltungszustand: Ruine mit deutlich aufrecht stehendem Mauerwerk, erhaltener Ödenturm, Bestand gesichert
Besitzer: Stadt Geislingen
Besichtigung: Ruine frei zugänglich, AP. Öffnungszeiten Burgschenke: März bis November Sa, So, Feiertage; Ödenturm, Historische Ausstellung, Öffnungszeiten: Mai bis Oktober alle Sonntage; 1. Mai, Pfingstmontag 10 bis 17 Uhr. Info, Führungen: Tel. 07331 24279; Hauptebene über Stahlbrücke barrierefrei
Lage: TK 7325; GK. R 62 550, H 86 840; GPS 48° 36' 58" N, 9° 50' 49" O; Ödenturm: r 62700, h 86470; 48° 37' 14" N, 9° 50' 29" O

Geislingen an der Steige, die Viertälerstadt, liegt von bewaldeten Talhängen umfasst verkehrsgünstig an der Eisenbahnlinie Stuttgart-Ulm und an der B 10. Über die Ostseite der Altstadt ragt auf felsigen Bergkanten die umfangreiche Ruine Helfenstein und der dazu gehörende Ödenturm.

Nördlich vom Bahnhof in Geislingen führt eine bezeichnete Straße Richtung Weiler ob Helfenstein. Kurz vor Erreichen der Anhöhe befindet sich an der Straße ein Wanderparkplatz. Parkplatz-Ruine 0,3 km, Parkplatz Ödenturm 0,8 km, über die Ruine 1,5 km. Der Parkplatz ist auch von der B 10 bei Amstetten aus bezeichnet erreichbar.

Bauphasen

I. Bauphase um 1100
Bauherr: Eberhard I. der Ältere von Helfenstein, gen. 1105, 1113. Entstehung der Höhenburg in Spornlage als namengebende Stammburg.

II. Bauphase ab 1300
Bauherr: Ulrich III. Graf von Helfenstein, †1315, dessen Söhne: Ulrich IV., †1326, Stifter der Blaubeurer Linie, Johann I., †1340, Stifter der Wiensteiger Linie. Ausbau zur gräflichen Residenz. Vermutlich Neubau des großen Wohnbaus für die Grafenfamilie, Baumaßnahme am Wohnturm oder fester Wohnbau am Halsgraben, Nebengebäude, Burgkapelle, Wohnbereiche für den Vogt, einen Hofbeamten und Besatzung.

III. Bauphase ab 1400
Bauherr: Reichsstadt Ulm. Ausbau der Burg zur Festung. Verstärkung der Ringmauer, Zwinger mit Rund- und Halbrundtürmen, Geschützturm am Halsgraben und in der Vorbefestigung, Bauwerke für die Besatzung, Zeughaus, Pulverturm, Wirtschaftsbauten. Um 1420 Neubau des „Ödenturms" als Schutzmaßnahme.

Geschichte

Die Familie des Burgengründers Eberhard I. des Älteren entstammt den Edelfreien von Stubersheim. Durch Heirat der Erbtochter des Eberhard II. des Jüngeren von Helfenstein gelangt der Besitz an Ludwig von Spitzenberg, der sich dann Graf von Spitzenberg und Helfenstein nennt. Entscheidende Besitzmehrung und politischer Einfluss bringt die Helfensteiner in den Stand der bedeutendsten Hochadelsfamilien des Südwestens. Nachdem sie jedoch im 14. Jh. einen riesigen Schuldenberg anhäufen, bleibt ihnen nach dem Verlust von Besitz nur noch Wiesensteig.

1287 Vergebliche Belagerung der Burg durch König Rudolf von Habsburg.

1356 Teilung der Herrschaft unter Ul-

rich V. von der älteren Linie Wiesensteig und dessen Vetter Ulrich VI. der jüngeren Linie Blaubeuren.
1396 Verkauf des Besitzes Burg Helfenstein mit Geislingen an die Reichsstadt Ulm.
1514/15 Verstärkung der Besatzung während des Bauernkriegs auf 460 Mann.
1552 Im April Einnahme von Helfenstein durch die Truppen des Markgrafen Albrecht Alkibiades von Brandenburg-Kulmbach, im August Rückeroberung und Zerstörung durch die Reichsstadt Ulm unter Konrad von Bemmelberg, im September der Beschluss des Ulmer Rats, die beschädigte Festung zu schleifen.
1922–1934 Instandsetzungs- und Aufmauerungsarbeiten, Neubau Aussichtsturm.
2011/2012 Neue Zugangsbrücke am nördlichen Halsgraben.

Anlage

Typus
Höhenburg in Spornlage – frühe Festung, Grafenburg - Residenz.

Anlagenmerkmale
Ringmauer, Zwinger mit Rundtürmen, Halsgraben, umfangreiche Vorbefestigung, Aussichtsturm, Ödenturm als außerhalb liegender Schutzturm mit Buckelquadern.

Beschreibung
Helfenstein liegt in aussichtsreicher Lage über der Geislinger Altstadt auf einem von Ost nach West gerichteten schmalen und langen Höhensporn. Ein tief in den Fels geschnittener Halsgraben trennt diesen Höhensporn in zwei Bereiche: den etwa 140 m langen bergseitigen Bereich der Vorbefestigung mit Abschnittsgräben und die

Kernanlage mit Vorderer und Hinterer Burg am Spornende.

Der ursprüngliche Zugang zur Kernanlage erfolgt über eine Brücke an der südlichen Bergkante. Jetzt führt eine neue Brücke auf der Nordseite barrierefrei in die Anlage. Am Zugang erkennbare Mauerreste stammen vorwiegend aus der III. Bauphase der Befestigungszeit. Am besten erhalten ist die **Ringmauer** mit dreiseitig tiefer liegendem Zwinger, bestückt mit Rund- und Halbrundschalentürmen. Sie verdeutlichen den beachtlichen Umfang der Anlage. Auf dem Felsen am Halsgraben gibt es Mauerreste der Burg und des Geschützturms. Der Aussichtsturm am Spornende wurde auf den Grundmauern des gräflichen Wohnbaus errichtet.

Ödenturm

Etwa 400 m südlich der Ruine steht an markanter Stelle der Ödenturm. Er gilt als Vorwerk, Beobachtungs- und Schutzturm. Auffällig wirkt seine Form mit Buckelquaderverblendung vom Quadrat mit Seitenlängen von 8,79 bis 8,94 m zum kreisrunden Aufbau übergehend. Mauerstärke Ost 2,90 m, Prallbuckelquader: Längen bis 124 cm, Höhen bis 62 cm, Buckel bis 24 cm vorstehend.

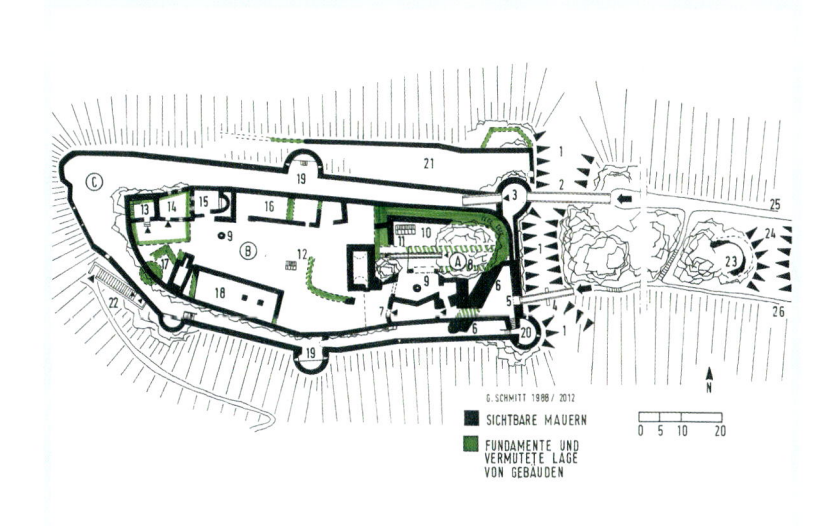

A Festungsbereich, ehem. Kernburg – Vordere Burg
B Festungsbereich, ehem. Hintere Burg
C Zwingeranlagen
1 Halsgraben
2 Neue Brücke
3, 20 Rundtürme
4 Holzbrücke, ursprünglicher Zugang
5 Äußeres Tor
6 Schildmauer, Geschützturm
7 Inneres Tor
8 „Darliss" Geschützturm
9 Zisterne
10 Ehem. „Mauerhaus"
12 Burg- und Festungshof
13 Aussichtsturm
14 Burgschenke
15 Lage der Kapelle
16 Lage Backhaus, Badstube, Unterkünfte
17, 18 Pulverturm, Zeughaus
19 Nordzwinger
21 Halbrundschalentürme
21 Nordzwinger
22 Von Geislingen
23, 24 Vorbefestigung, Geschützturm, Graben
25 Vom Parkplatz
26 Zum Ödenturm

Grundrisszeichnung:
Günter Schmitt 2012 unter Verwendung von Bestandsplänen

177 Burg auf dem Altenstadter Berg; Stadt Geislingen

Erhaltungszustand: Burgstelle an der Talecke des Filstals zum Eybtal. Bogenförmiger Wallgraben, 2. Wall nach 25 m, kein Steinbaunachweis.
Besichtigung: Frei zugänglich, Schutzhütte „Dreimännersitz".
Lage: TK 7324; 585 m, GK. R 59 520, H 87 200; westlich über Geislingen.
Typus: Höhenburg in Spornlage.
Geschichte: Entstehung, Abgang und Besitzer nicht bekannt, kurze Bestandsdauer, möglicherweise Burg der Herren von Böhringen, der Grafen von Helfenstein oder Spitzenberg.

178 Geiselstein; Stadt Geislingen

Erhaltungszustand: Burgstelle auf einer Bergzunge über dem Rohrachtal. Abschnittsanlage ca. 40 x 70 m, Wallgraben, 1926 Trockenmauer im Wall festgestellt, kein Steinbaunachweis eines Bauwerks.
Besichtigung: Frei zugänglich.
Lage: TK 735; 640 m, GK. R 61 820, H 85 630; 1,1 km südsüdwestlich von Geislingen.
Typus: Höhenburg in Spornlage.
Geschichte: Vermutete mittelalterliche Anlage, Entstehung und Abgang nicht bekannt.

179 Schloss Eybach; Geislingen-Eybach

Erhaltungszustand: Erhaltene Schlossanlage. Zweiflügel-Hauptbau, zweigeschossig, Mansardendach, Südflügel 36 m lang mit dreigeschossigem Mittelrisalit. Innenbereiche: Weißer Saal, klassizistische Stuckaturen von Johann Valentin Sonnenschein, Supraporten und Gemälde von Adolf Friedrich Harper, Porträtsammlung. Nebengebäude, Landschaftspark.
Besichtigung: Privatbesitz, nicht zugänglich.
Lage: TK 7325; 460 m, GK. R 64 510, H 89 420; 200 m nordnordwestlich der Kirche.
Typus: Schloss Frühklassizismus, Grafenschloss in Ortslage.
Geschichte: 1540/46 Neubau Renaissanceschloss durch Martin von Degenfeld, 1716 Erhebung in den Reichsgrafenstand, 1766 bis 1775 Schlossneubau anstelle der Vorgängeranlage durch August Christoph Graf von Degenfeld-Schonburg. Architekt: Johann Adam Gross d. J.

180 Burg Hohen-Eybach; Geislingen-Eybach

Erhaltungszustand: Burgstelle auf einem Felsen über dem Eybtal. Felsgraben, Kernburg: geringe Mauerreste von Wohnbau und Stützmauer, Kalktuffkleinquader.
Besichtigung: Frei zugänglich, AP.
Lage: TK 7325; 609 m, GK. R 64 360,

H 89 340; 160 m westlich von Schloss Eybach.
Typus: Höhenburg in Bergeckenlage.
Geschichte: 1265, 1281 Heinrich von Eybach, Ministeriale der Grafen von Helfenstein, 1291 Eigenburg der Helfensteiner, Verkauf an das Kloster Ellwangen, 1456 an Hans II. von Degenfeld, 1711 Wohnung des Pächters, danach Aufgabe als Wohnsitz.

181 Spitzenberg; Kuchen

Erhaltungszustand: Burgstelle auf markantem Bergkegel über dem Filstal. Wall, Ringgraben. Kernburg: dreiecksförmig, Seitenlinien 40–50 m, geringe Mauerreste, Ringmauer, Hauptturm 8,35 x 8,85 m, Tuffquader.
Besichtigung: Frei zugänglich.
Lage: TK 7324; 665 m, GK. R 57 950, H 88 970; 1 km westlich von Kuchen.
Typus: Höhenburg in Gipfellage, Grafenburg.
Geschichte: Entstehung 2. Hälfte 11. Jh., 1083 Ludwig (I.) von Sigmaringen-Spitzenberg, 1092 Erwähnung der Burg, 1172 Gottfried von Spitzenberg, Hofkanzler Kaiser Friedrichs I. Barbarossa, 1. Hälfte 13. Jh. Neubaumaßnahmen, 1296 nach dem Tod des letzten Spitzenbergers, Reichslehen, 1304 als Lehen an Württemberg, 1310/1312 Zerstörung der Burg im Reichskrieg gegen Württemberg.

182 Hunnenburg; Kuchen

Erhaltungszustand: Burgstelle über dem Filstal. Ovaler Bergkegel durch einen Graben zweigeteilt, Kernburg Südostseite ca. 28 x 70 m, kein Nachweis von Steinbauten. Ringgraben, Wall.
Besichtigung: Frei zugänglich.
Lage: TK 7324; 591m, GK. R 56 850, H 89 500; 2,1 km westnordwestlich von Kuchen.
Typus: Höhenburg in Gipfellage.
Geschichte: Entstehung, Abgang und Besitzer nicht bekannt, vermuteter Bestand im 12. oder 13. Jh.

183 Rommental; Schlat

Erhaltungszustand: Burgstelle über dem Weilerbach. Halsgraben, Kernburg: dreiecksförmig ca. 30 x 30 m, am Graben ca. 2,5 m starke Schildmauer, Verblendung Bruchstein, Reste Ringmauer, Bruchstein Braunjura.
Besichtigung: Frei zugänglich, Forsthütte.
Lage: TK 7324; 553 m , GK. R 53 880, H 91 020; 1,7 km östlich von Schlat.
Typus: Höhenburg in Spornlage.
Geschichte: Bestand um 1300 bis um 1400, Nachweis Chr. Bizer; Eigenburg der Grafen von Helfenstein, 1352/56, 1376, 1382 Nennung der Burg; 1343 Albrecht Risch von Rommental, möglicher Burgvogt der Helfensteiner.

184 Vordere Burg Roggenstein; Böhmenkirch-Steinenkirch

Erhaltungszustand: Burgstelle auf dem Lochfelsen über dem Magentäle. Bauwerksmerkmale, die auf ein Bauwerk auf dem Felsturm und einen größeren Wohnbau am Felsen hinweisen, D. Graf.

Besichtigung: Frei, jedoch schwer zugänglich.
Lage: TK 7325; 580 m, GK. R 66 520, H 90 640; 1,7 km südsüdwestlich von Steinenkirch, 130 m nordnordöstlich vom Roggenstein.
Typus: Höhenburg, Felsenburg.
Geschichte: Bestand 12. Jh. bis Mitte 13. Jh., Nachweis durch Fundkeramik, Chr. Bizer; Konrad von Roggenstein: Nennung im Zusammenhang mit Kaiser Friedrich Barbarossa, 1281 ein Konrad von Roggenstein ist Geislinger Bürger.

185 Hintere Burg Roggenstein; Böhmenkirch-Steinenkirch

Erhaltungszustand: Burgstelle an einem Felsen im Magentäle. Felsgraben am Hang. Kernburg auf verschiedenen Ebenen zwischen Hangsattel und Felstürmen, ca. 15 x 30 m, am Felsen Balkenlöcher.
Besichtigung: Frei zugänglich.
Lage: TK 7325; 560 m, GK. R 66560, H 90780; 1,6 km südsüdwestlich von Steinenkirch, 130 m nordnordwestlich vom Lochfelsen – vorderer Roggenstein.
Typus: Höhenburg, Felsenburg.
Geschichte: Bestand 12. Jh. vermutlich zur Vorderen Burg Roggenstein gehörend. Konrad von Roggenstein Nennung im Zusammenhang mit Kaiser Friedrich Barbarossa zwischen 1155 und 1190.

186 Ravenstein; Böhmenkirch-Steinenkirch

Erhaltungszustand: Burgstelle auf Felsen über dem Roggental. Zwei bogenförmige Felsgräben. Kernburg: polygonal, ca. 50 x 60 m, Schutt, Mulden, Zisterne.
Besichtigung: Frei zugänglich.
Lage: TK 7325; 610 m, GK. R 66 250, H 93 140; 1,3 km nordwestlich von Steinenkirch.
Typus: Höhenburg in Bergeckenlage, Hochadelsburg.
Geschichte: Entstehung 11. Jh., 1091 Adelbert von Ravenstein, 1153/56 Berengar bei Kaiser Friedrich I., 1233 Albert Schatzkämmerer bei Kaiser Friedrich II., nach 1233 an die Grafen von Helfenstein, 1378, 1393 Besetzung durch die Reichsstädte, 1543 an die Reichsstadt Ulm, Ausbau zum Forstmeistersitz, 1765 Abbruch.

187 Nenningen; Lauterstein-Nenningen

Erhaltungszustand: Ersatzlos abgebrochen, ehemalige Burg auf dem Galgenberg über dem Lautertal.
Lage: TK 7225; genaue Lage nicht bekannt, südlich Flur Burghalde, ca. 692 m, GK. R 64, H 97; nordwestlich von Nenningen.
Typus: Höhenburg, Ministerialenburg.
Geschichte: Entstehung und Abgang nicht bekannt, 1270 Gebhard, Diethalm und Konrad von Nenningen, Ministerialen der Grafen von Helfenstein-Spitzenberg, die Burg ab 1. Hälfte 14. Jh. nicht mehr bewohnt. Mehrfache Verbreitung des Ortsadels, Anselm 1414 bis 1423 Bischof von Augsburg.

Schloss Weißenstein 188

Lauterstein-Weißenstein, Landkreis Göppingen, Baden-Württemberg.
Meereshöhe: 572 m, Stadt Weißenstein 530 m
Erhaltungszustand: erhaltene Schlossanlage
Besitzer: Manfred und Christina Kage, „Institut für wissenschaftliche Fotografie".
Besichtigung: Außenbereiche zugänglich. Veranstaltungen und Besichtigung der Innenräume – Führungen, Museum, Info Telefon 07332 4317, Stadtinfo Telefon 07332 96690, www.schlossweissenstein.de
Lage: TK 7225; GK. R 65 220, H 96 650; GPS 48° 42' 15" N, 9° 53' 6" O

Östlich von Göppingen führt von Donzdorf die B 466 nach Heidenheim. In einem engen Seitental der Lauter liegt das kleine mittelalterlich geprägte Städtchen Weißenstein mit seinem markant am Talhang liegenden schmucken Schloss. Parkmöglichkeiten im Bereich der Stadtkirche Mariä Himmelfahrt. Von hier beginnt nordseitig ein bezeichneter Fußweg, AV Dreieck, der direkt hoch zum Schloss führt. Kirche–Schloss 100 m.

Bauphasen

I. Bauphase erste Hälfte 13. Jh.
Bauherr: Ministerialen von Weißenstein, möglicherweise der 1241 genannte Ulrich.
Neubau von Burg und Burgweiler.

II. Bauphase 15. Jh.
Bauherr: Vermutlich Wilhelm II. von Rechberg, †1453, Stifter der Linie Weißenstein, Kaiserlicher Rat und dessen Sohn Heinrich, †1489. Neubaumaßnahmen, Südflügel mit Kapelle.

III. Bauphase um 1600 Anfang 17. Jh.
Bauherr: Wolf Konrad Graf von Rechberg zu Staufeneck und Weißenstein, †1617, hält sich einen Hof in Weißenstein. Um- und Ausbau zum Renaissanceschloss auf den Grundmauern der Burg, Türme mit Zwiebelhauben, Torbau.

IV. Bauphase 2. Hälfte 19. Jh.
Bauherr: Otto Ulrich Graf von Rechberg zu Donzdorf-Weißenstein, *1833, †1918, Präsident der ersten Württembergischen Kammer. Neugotische Umgestaltung, 1877 Kapelle, Türme mit Helmdächern, 1864 Abbruch Tafelbau.

Rechberg'sches Stammbuch 1681.

Geschichte

Schloss Weißenstein geht auf eine Burg der Herren von Weißenstein zurück, die 1241 bis 1401 Ministerialen der Helfensteiner und 1258, 1286 Ministerialen der Dillinger sind. Bedeutung erhält Weißenstein im 14. Jh. durch die Herren von Rechberg als Stammsitz einer neuen Linie mit Stadtrechten.
1241 Ulrich von Weißenstein.
Vor 1384 Wilhelm I. von Rechberg zu Hohenrechberg in Besitz von Weißenstein, Stadterhebung.
1519 Einnahme von Stadt und Schloss durch den Schwäbischen Bund.
1548 An die Linie von Rechberg zu Illereichen-Kronburg und Kellmünz.
1580 An Rechberg zu Illereichen-Kronburg und Osterburg.
1633 Besetzung durch die Schweden, 1648 durch Franzosen.
1796 Plünderung durch französische Truppen unter Moreau.
1865 Otto Ulrich Graf von Rechberg bezieht das Schloss als Wohnsitz.
1971 Verkauf des Schlosses durch die Grafen von Rechberg an Manfred Kage.

Anlage

Typus
Höhenschloss in Talhanglage, Renaissanceschloss, Stadtschloss.

Anlagenmerkmal
Vierflügelanlage mit Schenkelmauern zur Stadtbefestigung, Türme, Stufengiebel.

Beschreibung
Schloss Weißenstein liegt stadtbildprägend auf erhöhter Hangterrasse eines Taleinschnitts der Forellenbachquellhöhle. Mit Pfarrkirche und Marktplatz gilt Weißenstein als Mus-

terbeispiel eines spätmittelalterlichen Residenzstädtchens. Schenkelmauern verbinden das Schloss mit der ehemaligen Stadtbefestigung. Die südseitige ist mit einem gedeckten Gang zur Kirche versehen, die nordseitige 1920 abgebrochen.

Auf den Umfassungsmauern der Burg des 13. Jhs. steht die Spätrenaissanceanlage auf unregelmäßigem Grundriss von ca. 40 x 40 m. Ursprünglich als Vierflügelanlage errichtet, wird die Anlage 1864 durch den Abbruch des giebelständigen Tafelbaus zur Dreiflügelanlage mit offenem Schlosshof.

Südflügel: dreigeschossig, besitzt Stufengiebel, einen oktogonalen Eckturm mit Spitzhelmdach. Im Obergeschoss liegt die Schlosskapelle mit vorstehendem Dreiachtelschluss, Rippengewölbe, Maßwerkfenster, Altar um 1700 mit Wappen der Rechberg und Bömmelberg, Ausmalung Historismus 1877.

Ostflügel: zweigeschossig mit Stufengiebel, Satteldach, im Erdgeschoss beachtliche Stuckkassettendecke, breite Balustertreppe.

Nordflügel: dreigeschossig mit geschweiftem Giebel, Satteldach, Eckerker und runder Eckturm.

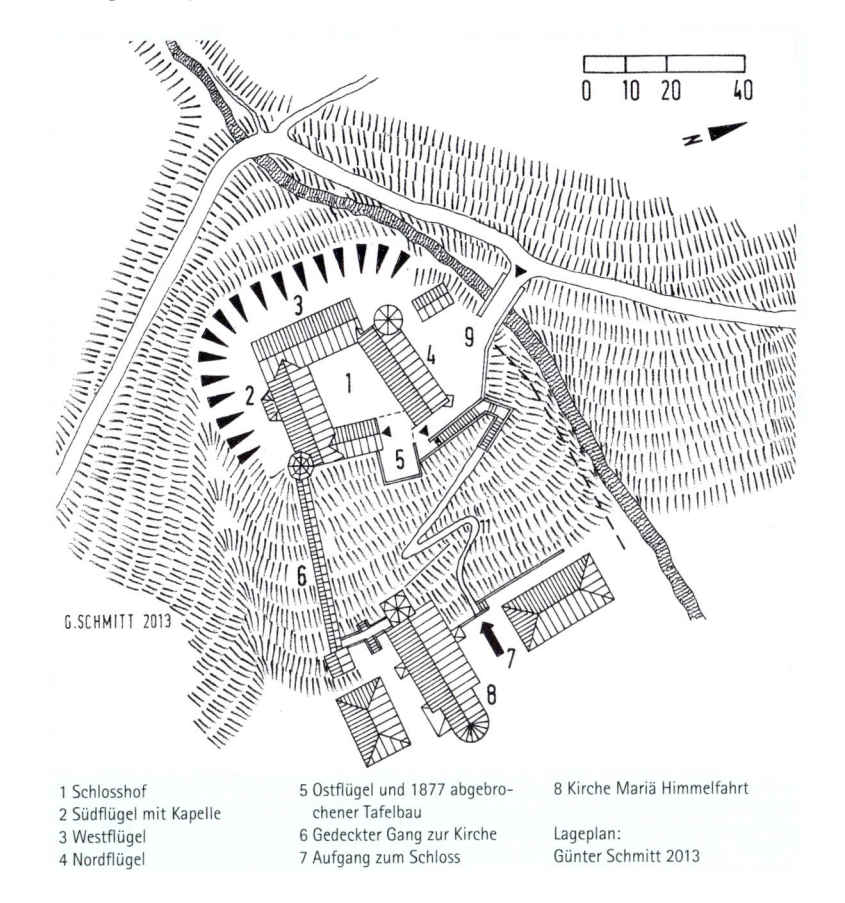

1 Schlosshof
2 Südflügel mit Kapelle
3 Westflügel
4 Nordflügel
5 Ostflügel und 1877 abgebrochener Tafelbau
6 Gedeckter Gang zur Kirche
7 Aufgang zum Schloss
8 Kirche Mariä Himmelfahrt

Lageplan:
Günter Schmitt 2013

Schloss Donzdorf 189

Stadt Donzdorf, Landkreis Göppingen, Baden-Württemberg
Meereshöhe: 405 m
Erhaltungszustand: erhaltene Schlossanlage
Besitzer: Stadt Donzdorf
Besichtigung: Schlosspark, Skulpturengarten, Öffnungszeiten: April bis September 7 bis 21 Uhr, Oktober bis März 7 bis 18 Uhr, Stadtverwaltung und Ausstellung Galerie im Schloss, Öffnungszeiten: Mo, Di, Do 8 bis 17 Uhr, Mi 8 bis 18 Uhr, Fr 7 bis 12 Uhr. Schlosscafé „Castello"; barrierefrei, Lift
Lage: TK 7324; GK. R 59 730, H 94530; GPS 48° 41′ 7″ N, 9° 48′ 37″ O

Östlich von Göppingen liegt im Lautertal am Fuße des 748 m hohen Messelbergs die Stadt Donzdorf. Das schmucke ehemalige Schloss der Grafen von Rechberg mit schönen Parkanlagen liegt in Stadtmitte unmittelbar südlich der Martinskirche. Die B 466 führt vom Filstal bei Süßen in Richtung Heidenheim direkt nach Donzdorf. In Stadtmitte beginnt nahe der Kirche die Schlossstraße Richtung Schnittlingen. Unmittelbar nach der Abzweigung besteht Parkmöglichkeit auf dem ausgewiesenen Parkplatz beim Feuerwehrmagazin nahe Schloss und Schlosspark.

Bauphasen

I. Bauphase um 1478
Neubau des sog. Alten Schlosses als spätgotischer Fachwerkbau.

II. Bauphase um 1565–1568
Bauherr: Hans von Rechberg und Hohenrechberg zu Illereichen, Kaiserlicher Rat. Neubau des sog. Neuen Schlosses als Wasserschloss.

III. Bauphase 1756–1771
Bauherr: Maximilian Emmanuel Graf von Rechberg und Rothenlöwen. Architekt: Johann Michael Keller. Barockbauphase: 1756 Neubau Marstall, jetzt Feuerwehrmagazin; 1764 bis 1765 Umbau des Neuen Schlosses durch den Architekten und Münchner Hofbaumeister Francois de Cuvilliés, Landschaftsarchitekt: Karl von Schell, 1771 Barockgarten.

IV. Bauphase 1843–1857
Bauherr: Aloys Franz Graf von Rechberg. Architekt: Ludwig Friedrich Gaab. 1843 Abbruch des Dienerschaftsgebäudes und Neubau des Rentamts, 1844 Tormauer, 1853 bis 1856 neugotischer Umbau, Erkervorbau, Treppenhaus, 1857 Hofbrunnen.

V. Bauphase 1888–1889
Bauherr: Otto Ulrich Graf von Rechberg und Rothenlöwen. Ausbau zum Familiensitz, Neubau des flach gedeckten Zwischenbaus als Küchentrakt.

Geschichte

Namengebender Stammsitz der Rechberger ist die Burg Hohenrechberg. **1179** Sie sind Ministerialen der Hohenstaufer. Mehrfach verzweigt werden sie 1607 mit Wolf Konrad in den Grafenstand erhoben, Hans von Rechberg zu Illereichen und Scharfenberg gilt als Stifter der Donzdorfer Linie. In der Martinskirche gibt es beachtliche Epitaphe der Rechberger.
1478 Erste bekannte Erwähnung.
1568 Das Neue Schloss ist Wohnsitz des Hans von Rechberg. Bis 1989 ist das Donzdorfer Schloss Sitz der Gräflich von Rechberg'schen Standesherrschaft.
1989 Erwerb der Schlossanlage mit Schlossgarten durch die Stadt Donzdorf. Renovierung und Umnutzung zu einem kommunikativen Zentrum mit Rathaus, Ausstellungs- und Veranstaltungsräume, Vereine und Schlosscafé „Castello". Bezug 1995.

Anlage

Typus
Stadtschloss, Grafenschloss.

Anlagenmerkmal

Mehrflügelanlage, Renaissancebau, Nebenbauten, Schlosspark.

Beschreibung

Verschiedene Bauten unterschiedlicher Zeitstellung kennzeichnen das Erscheinungsbild der Schlossanlage. Mehrwinklig umfassen sie mit dem langrechteckigen ehemaligen Marstall von 1756 den Schlosshof mit Brunnen. Nach Süden erstreckt sich der wieder hergestellte und mit modernen Skulpturen ausgestattete beachtliche Schlosspark und Barockgarten.

Im Blickfeld der Parkanlagen liegt das „Neue Schloss". Als dreigeschossiger Renaissancerechteckbau von 16 x 26 m, mit viergeschossigen Achtecktürmen an den Gebäudeecken, ist es das markanteste Bauwerk. Die Erdgeschossfassade besitzt gemalte rote Quaderung, ein Pilasterportal mit Wappen des Hans von Rechberg und der Margarethe Anna von Hohenrechberg. Am Schlosshof gegenüber steht das „Alte Schloss" von 1478 mit Rentamtsbau von 1843, und als Zwischenbau der flach gedeckte Mittelbau von 1889.

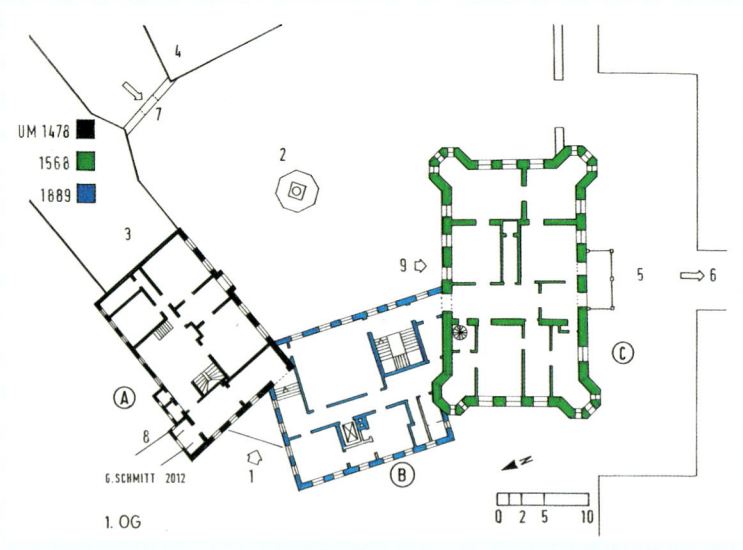

A Altes Schloss um 1478
B Zwischenbau 1889
C Neues Schloss 1568
1 Haupteingang im EG
2 Schlosshof mit Brunnen
3 Ehem. Rentamtsbau 1843
4 Feuerwehrmagazin, ehem. Marstall 1756
5 Schlossterrasse – Schlosscafé
6 Barockgarten
7 Schlosshoftor 1844
8 Gang zur Kirche
9 Wappenportal im EG

Grundrisszeichnung:
Günter Schmitt 2012 unter Verwendung von Planunterlagen der Stadtverwaltung

Scharfenberg 190

Stadt Donzdorf, Landkreis Göppingen, Baden-Württemberg
Meereshöhe: 617 m, Lautertal Donzdorf 416 m
Erhaltungszustand: Ruine mit bedeutenden Mauerresten und Teilausbau, Bestand gesichert
Besitzer: Privat
Besichtigung: Das Burgtor wird meist für den Besucher offen gehalten. Burghof, Gotischer Wohnbau und Renaissancebau mit Aussichtsturm sind zugänglich; barrierefrei für Zugang und Burghof
Lage: TK 7324; GK. R 59 840, H 92 670; GPS 48° 40' 9,7" N, 9° 48' 41" O

Östlich von Göppingen liegt im Lautertal an der B 466 die Stadt Donzdorf. Im Süden der Stadt steht auf einem der Albhochfläche vorgelagerten Bergkegel die Burgruine Scharfenberg.
Südlich vom Schlossbereich in Donzdorf führt eine bezeichnete Straße Richtung Kuchalb. Nach etwa 2 km beginnt kurz nach dem Scharfen-Hof unterhalb des Burgberges der private Zufahrtsweg zur Ruine. Im Bereich der Einfahrt besteht an der Straße etwas Parkmöglichkeit. Straße-Ruine Scharfenberg 0,3 km.

Ölbild um 1845.

Bauphasen

I. Bauphase
um 1150, 2. Hälfte 12. Jh.
Bauherr: Herren von Scharfenberg, Edelfreie. Entstehung der Burg.

II. Bauphase
Ende 1. Hälfte 13. Jh.
Bauherr: vermutlich die Herren von Rechberg. Bau der Anlage in Buckelquaderbauweise mit Ringmauer, Tor und Wohnturm oder festem Wohnbau.

III. Bauphase 14./15. Jh.
Bauherr: Herren von Rechberg zu Scharfenberg. Ausbau der Burg mit Bergfried und Vorderem Wohnbau.

IV. Bauphase 16. Jh.
Bauherr: Herren von Rechberg zu Scharfenberg. Möglicherweise unter Hans von Rechberg zu Scharfenberg. Ausbau zum Renaissanceschloss. Neubau des Hinteren Schlossbaus unter Einbezug von Bauteilen des 13. Jhs., äußeres Torhaus mit Zwingermauer und Ecktürmen.

Geschichte

In der ersten Hälfte des 12. Jhs. treten Edelfreie von Scharfenberg im Gefolge der Staufer auf. Deren Besitznachfolger, die Rechberger, werden als Ministerialen der Hohenstaufer und durch ihre nahe dem Hohenstaufen liegende Stammburg Hohenrechberg bekannt. Mit ihrem Sitz Scharfenberg bilden sie einen eigenen Familienzweig.
1156 Die Freiadligen Otto, Friedrich und Bertold von Scharfenberg sind Zeugen einer Urkunde von Kaiser Friedrich I. Barbarossa. 1194 letzte bekannte Erwähnung dieser Familie mit Gottfried von Scharfenberg.
Um 1310 Anlässlich von Streitigkeiten um Landbesitz Überfall und Einnahme der Burg des Albrecht von Rechberg zu Hohenrechberg durch Eberhard von Staufeneck und Ulrich von Helfenstein. Danach Übergang des Besitzes an die Grafen von Helfenstein.
1379 Gebhard von Rechberg erwirbt von der Grafenwitwe Anna von Helfenstein Scharfenberg zurück.
1547 Mit dem Tod des Georg erlischt die Linie der Rechberger zu Scharfenberg. Übergang des Besitzes an Hans von Rechberg und Hohenrechberg zu Illereichen.
1568 Verlegung des Wohnsitzes in das neu erbaute Schloss in Donzdorf.
1735 Carl Alexander Herzog von Württemberg erwirbt den Besitz Scharfenberg.
1745 Übergang an die Linie Rechberg zu Weißenstein.
1822 Brandschaden durch Blitzeinschlag, ab 1825/26 nicht mehr bewohnt.
1971 Erwerb durch Dieter Keller, 1978 bis 1983 umfangreiche Instandsetzung.

Anlage

Typus
Höhenburg-Schloss in Gipfellage, Hochadels-Ministerialenburg, Renaissanceschloss.

Anlagenmerkmale
Ringmauer, Buckelquader, Steinmetzzeichen, Gotischer Wohnbau, Renaissancebau, Bergfried.

Beschreibung
Auf einer ausgeprägten, jetzt bewaldeten Bergkuppe steht die Ruine Scharfenberg. Um einen zentralen Burghof sind vier Bauwerke gruppiert, die ostseitig durch die Ringmauer mit Tor abgeschlossen werden. Hauptbauwerk ist der zur Nordseite stehende **Renaissancebau** des 16. Jhs., ein zweischiffiger Rechteckbau von 15 x 21 m. Dessen hofseitige Fassade mit Pilasterportal besitzt zwei übereinander liegende Spitzerker und einen Erker zur Nordseite. Der untere Bereich der östlichen Außenmauer ist stauferzeitlich und zeigt auf 9,50 m Länge Buckelquaderverblendung mit einzelnen, selten verwendeten Diamantformen.

Gegenüber auf der Südseite des Hofes steht der trapezförmige **Gotische Wohnbau**. Dessen vier Geschosse hoher Giebel zeigt quadergefasste Spitz- und Rundbogenöffnungen. Zwischenbau und **Bergfried** von 7,20 x 7,60 m bilden die Westseite des Hofes. Er gehört mit Bruchsteinmauerwerk und Eckquaderung zu den nachstaufischen Baumaßnahmen. Beide Bauten sind zurückhaltend und zeitgemäß zur Wohnnutzung ausgebaut.

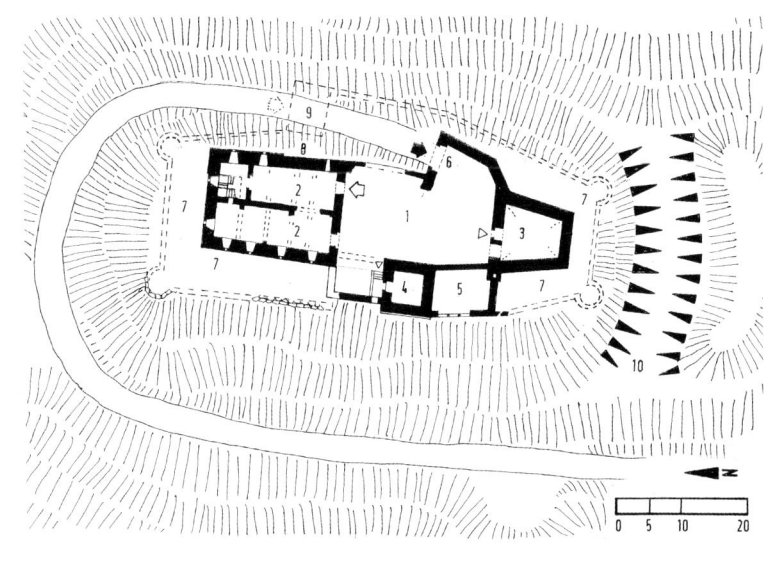

1 Burghof
2 Renaissancebau Hinterer Wohnbau 16. Jh.
3 Gotischer Bau Vorderer Wohnbau 14./15. Jh.
4 Bergfried 14. Jh.
5 Zwischenbau
6 Burgtor
7 Lage von Zwinger, Zwingermauern mit Ecktürmen
8 Buckelquader 13. Jh.
9 Lage des Torhauses 16. Jh.
10 Graben

Zeichnung: Günter Schmitt 2012

191 Messelstein; Stadt Donzdorf

Erhaltungszustand: Burgstelle auf dem Messelstein über dem Lautertal. Bogenförmig verflachter Graben zwischen Felsen und Hochflächenkante.
Besichtigung: Frei zugänglich, AP.
Lage: TK 7324; 748 m, GK. R 61 280, H 95 150; 1,6 km ostnordöstlich von Donzdorf.
Typus: Höhenburg in Hochflächenrandlage.
Geschichte: Bronze-, urnenfelder- und hallstattzeitliche Besiedelung. Entstehung als hochmittelalterliche Burg im 12. Jh., Aufgabe 16. Jh. Nachweis durch Fundkeramik, Chr. Bizer. Vermutete Herren von Messelstein. Noch 1842 Rittergut mit eigener Markung.

192 Schloss Winzingen; Donzdorf-Winzingen

Erhaltungszustand: Erhaltene Schlossanlage. Schlosshauptbau, zwei Bauphasen aus Renaissance und Barock, dreigeschossiger Rechteckbau 15 x 23 m, Satteldach, Wappenportal, 1. OG Stuckdecken, Nebengebäude im winkelbildenden Schlosshof.
Besichtigung: Privatbesitz, Außenbereiche, Schlosshof zugänglich.
Lage: TK 7224; 446 m, GK. R 60 540, H 97 350; am südlichen Ortseingang.
Typus: Schloss in Ortsrandlage, Barockschloss.
Geschichte: Ortsburg der 1307–1369 genannten Ministerialen von Winzingen. 1610 Neubau durch Joachim Berchtold von Roth, 1621 an Freiherr Benjamin von Bubenhofen, 1743/44 Barockisierung unter Coronatus von Bubenhofen, 1826 an Alois Graf von Rechberg und Rothenlöwen.

193 Ramsberg; Donzdorf-Reichenbach unter Rechberg

Erhaltungszustand: Erhaltene Anlage, ehemalige Burg mit Wohnbau und Wohnturm. Halsgraben, Ringmauer mit Tor, Buckelquader, zur Talseite Stallbau und Wohnbau: dreigeschossiger Rechteckbau in mehreren Bauphasen, Satteldach. Auffällige Untergeschosshalle: Keuzrippengewölbe auf Achteckpfeilern, Steinmetzzeichen.
Besichtigung: Privatbesitz, von außen einsehbar.
Lage: TK 7324; 515 m, GK. R 58 000, H 95 440; 1,9 km westnordwestlich von Donzdorf.
Typus: Höhenburg-Schloss in Spornlage, Reichsministerialenburg.
Geschichte: Entstehung Mitte 13. Jh., 1270/94 Konrad von Plochingen, Reichsministeriale – Nennung der Burg, 1327 in Besitz der Herren von Rechberg, um 1450 Baumaßnahmen, 1560 an Hans Joachim von Bubenhofen – Baumaßnahmen, 1683 an Franz Albert von Rechberg, 1830 Abbruch des Wohnturms, 1972 an Privat.

194 Burren; Wäschenbeuren

Erhaltungszustand: Burgstelle, Graben-Wallanlage im Geviert, Burghügel ca. 18 x 18 m, entspricht der 2. Bauphase Mitte 13. Jh. Massiver Turm ca. 8 x 8 m.
Besichtigung: Frei zugänglich.
Lage: TK 7224; 450 m, GK. R 51 270, H 05 370; 1,1 km nordöstlich von Wäschenbeuren.
Typus: Niederungsburg, Erdhügelburg.
Geschichte: Nach Grabungsbefund, Dr. H. Zürn: um 1000–1050 erste Anlage mit Viereckturm, Holzumwehrung; um 1250–1300 zweite Anlage mit Viereckturm, Holzumwehrung, Wallgraben; um 1750 dritte Anlage mit turmähnlichem Gebäude.

Staufeneck

Salach, Landkreis Göppingen, Baden-Württemberg
Meereshöhe: 529 m, Filstal 355 m
Erhaltungszustand: Ruine mit deutlich aufrecht stehendem Mauerwerk, erhaltener Bergfried, Bestand gesichert, teilweise starke Verwitterungsschäden, Vorburg mit verschiedenen Altbauten, Hotel- und Restaurantneubau
Besitzer: Privat
Besichtigung: Vorburg, Kernburg und Bergfried mit Turmaufstieg frei zugänglich. Barrierefreier Zugang für Hofbereiche und Hotelrestaurant
Lage: TK 7324; GK. R 56 540, H 95 105; GPS 48° 41' 30" N, 9° 46' 0" O

Staufeneck liegt markant auf der Talecke an der Einmündung des Lautertales in das Filstal. Die B 10 führt hier von Stuttgart nach Ulm und die B 466 zweigt hier in Richtung Heidenheim ab.
Die Zufahrt nach Staufeneck führt nicht von der am Fuße sich ausdehnenden Ortschaft Süßen, sondern von der nordwestlich folgenden Ortschaft Salach aus. In Ortsmitte folgt man den Hinweisen „Burg Staufeneck" bis zum Parkplatz hinter der Anlage.

Bauphasen

I. Bauphase um 1240
Bauherr: Friedrich von Staufen, †um1284, Reichsministeriale, Burgmann auf der Burg Hohenstaufen. Entstehung der Burg mit Bergfried, Wohnbau und Ringmauer in Buckelquaderbauweise.

II. Bauphase 14. Jh.
Bauherr: Herren von Rechberg. Aufstockung des Wohnbaus in Ständer-Riegelbauweise.

III. Bauphase um 1500/16. Jh.
Bauherr: Herren von Rechberg zu Staufeneck, Baubeginn vermutlich unter Georg II. Ausbau zum Renaissanceschloss. Neubau des neuen Schlosses: Westbau, Umbau Wohnbau Ost 1592.

Geschichte

Die Herren von Staufeneck gehören zu den führenden Reichsministerialen der herzoglich-königlichen Burgmannschaft. Im Wappen tragen sie wie die Staufer den steigenden Löwen und der Burgengründer nennt sich Friedrich.

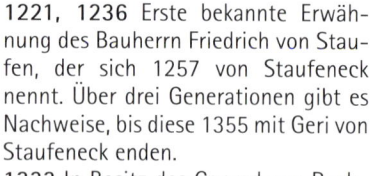

1221, 1236 Erste bekannte Erwähnung des Bauherrn Friedrich von Staufen, der sich 1257 von Staufeneck nennt. Über drei Generationen gibt es Nachweise, bis diese 1355 mit Geri von Staufeneck enden.
1333 In Besitz des Conrad von Rechberg zu Staufeneck und Ramsberg. Sein Sohn Albrecht I. gilt als Stifter der Staufenecker Linie.
Um 1500 Georg von Frundsberg, gefürchteter Landsknechtführer, Verwandter der Rechberger, bringt seine Familie nach Staufeneck.
1519 Übergabe der Burg an die Truppen des Schwäbischen Bundes.
1599–1608 In der Auseinandersetzung um das Erbe von Staufeneck, hervorgerufen durch die nicht standesgemäße Verheiratung der Maria von Rechberg mit ihrem Schreiber Johann Feigenputz, lässt Herzog Friedrich von Württemberg die Burg besetzen.
1642 In Besitz des Wilhelm von Guyn, 1665 an Ferdinand von Degenfeld.
1826–1828 Zerfall und Teilabbruch.
1990 Verkauf durch die Stadt Böblingen an Erich Straubinger.
2002–2012 Restaurant und Hotelneubaumaßnahmen.

Anlage

Typus
Höhenburg, Reichsministerialenburg, Satellitenburg, Renaissanceschloss.

Anlagenmerkmale
Runder Bergfried, Wohnbau, Ringmauer, Buckelquader, Steinmetzzeichen, Graben.

Beschreibung
Staufeneck zählt zu den Musterbeispielen einer staufischen Ministeria-

lenburg des 13. Jhs. Auf einer Taleckenkuppe gelegen bildete sie den Eckpfeiler von Satellitenburgen um den Hohenstaufen.

Die **Vorburg**, im 16. Jh. weiträumig angelegt, werden von einer im Rechteck stehenden Mauer mit Gebäuden unterschiedlicher Zeitstellung und zuletzt noch mit einem überdimensionierten Hotelbau umschlossen.

Etwas erhöht über der **Vorburg** und durch einen Graben getrennt liegt die **Kernburg**. Als 24 x 45 m gänzlich in Buckelquader errichtete Anlage wirkt sie mit dem imposanten Bergfried, den Resten der Ringmauer und des Wohnbaus besonders homogen.

Direkt hinter dem Burgtor steht der runde 26,5 m hohe **Bergfried** mit 10,25 m Durchmesser, erhöhtem Rundbogeneingang und weiteren Zugangsdurchbrüchen des 16. Jhs. Innenräumlich zeigt der Turm Mehrfachwechsel von rund auf achteckig, die Buckelquaderverblendung in gelb-braunem Donzdorfer Sandstein ist von außergewöhnlich gleichmäßiger Qualität: Randschlag scharriert, kissenförmiger Buckel mit Zangenloch, verschiedene Steinmetzzeichen, Quaderlängen bis 110 cm, Höhen bis 57 cm.

Den ostseitigen Abschluss der Kernburg bildet der breit gelagerte **Wohnbau** des 13. Jhs. Von ihm stehen noch der Gewölbekeller und die zweigeschossigen Außenmauern mit unterschiedlichen bauzeitlichen Rundbogenöffnungen.

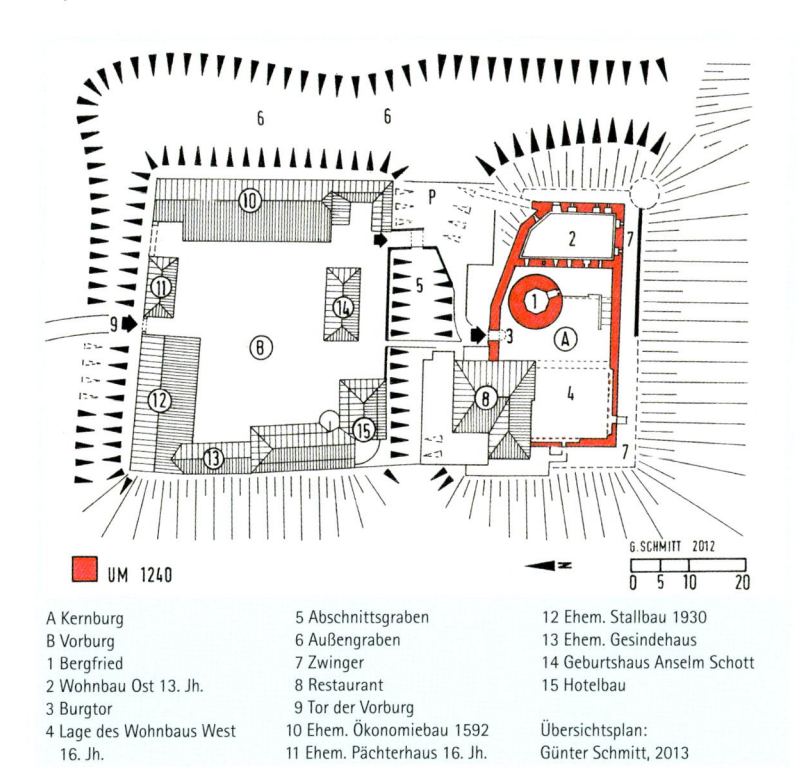

UM 1240

A Kernburg
B Vorburg
1 Bergfried
2 Wohnbau Ost 13. Jh.
3 Burgtor
4 Lage des Wohnbaus West 16. Jh.
5 Abschnittsgraben
6 Außengraben
7 Zwinger
8 Restaurant
9 Tor der Vorburg
10 Ehem. Ökonomiebau 1592
11 Ehem. Pächterhaus 16. Jh.
12 Ehem. Stallbau 1930
13 Ehem. Gesindehaus
14 Geburtshaus Anselm Schott
15 Hotelbau

Übersichtsplan:
Günter Schmitt, 2013

Hohenstaufen 196

Göppingen-Hohenstaufen, Landkreis Göppingen, Baden-Württemberg
Meereshöhe: 684 m, Ort Hohenstaufen 603 m, Albvorland um 430 m
Erhaltungszustand: Ruine mit aufrecht stehenden Mauern und ausgegrabenen Mauerbereichen, Bestand gesichert
Besitzer: Land Baden-Württemberg
Besichtigung: Ruinenbereiche, Aussichtsberg frei zugänglich, Staufermuseum, Dokumentationsraum für staufische Geschichte bei der Kirche, Öffnungszeiten: 15. März bis 15. November Di bis So 10 bis 12 / 13 bis 17 Uhr; 16. November bis 14. März Sa und So 10 bis 12 / 13 bis 17 Uhr. Berggaststätte Öffnungszeiten: 15. März bis 15. November Do – So und Feiertage 10 bis 22 Uhr, 16. November bis 14. März Sa, So und Feiertage 10 bis 20 Uhr
Lage: TK 7224; GK. R 52 780, H 100 830; GPS 48° 44' 35" N, 9° 42' 59"" O

Mit viel Mythos behaftet steht zwischen Göppingen und Schwäbisch Gmünd der markante, die Landschaft bestimmende Bergkegel des Hohenstaufen vor der Alblandschaft. Von Göppingen führt eine bezeichnete Straße zur Ortschaft Hohenstaufen am Fuße des Berges. Hohenstaufen ist auch von Schwäbisch Gmünd über die B 29 nach Maitis erreichbar. Innerhalb der Ortsbebauung Hohenstaufens und bereits im Vorfeld gibt es ausgewiesene Parkplätze. Von der Kaiserbergsteige führt der bezeichnete Weg zum Staufermuseum, der Barbarossakirche und zur Ruine auf dem Berggipfel des Hohenstaufen. Ecke Kaiserbergsteige-Ruine Hohenstaufen 0,8 km.

Bauphasen

I. Bauphase um 1070
Bauherr: Friedrich (I.) Herzog von Schwaben, *um 1047, †vor 21. 7. 1105, Ehefrauen: 1. Beatrix oder Mathilde, 2. Agnes von Waiblingen, Tochter des Salierkaisers Heinrich IV., Entstehung der namengebenden Stammburg der Staufer, längsovale Ringmauer, Bergfried, Wohnbau, Nebengebäude.

II. Bauphase 12. Jh.
Bauherr: vermutlich Friedrich (II.) der Einäugige Herzog von Schwaben, *1090, †1147, Sohn Friedrich I., Ehe-

LANDKREIS GÖPPINGEN

Dokumentationsraum für staufische Geschichte.

frauen: 1. Judith Welf von Bayern, 2. Agnes von Saarbrücken. Ausbau der Burg und Trennung der Anlage in die östliche Vorburg und westliche Hauptburg.

Geschichte

Der Hohenstaufen ist die namengebende Stammburg der bedeutenden Stauferdynastie, die mit Kaiser Friedrich I. Barbarossa und dem „stupor mundi" Kaiser Friedrich II., mehr Italiener als Deutscher, die bekanntesten und einflussreichsten Mitglieder zur europäischen Geschichte stellen. Ihr Leitname der Friedriche wird mit ihrer Burgengründung durch den Burgennamen ergänzt und zum Markenzeichen. Friedrich, der Burgengründer, entstammt bereits der VI. Generation, deren Vorfahren noch über die Riesgrafen hinausreichen.

1097 Friedrich (I.) erhält das Herzogtum Schwaben als Lehen.

1169 Die Burgverwaltung obliegt dem Ministerialen Heinrich von Staufen.

1181 Aufenthalt Kaiser Friedrich Barbarossas auf der Burg.

1208 Ermordung Philipps von Schwaben in Bamberg. Seine Ehefrau Irene Angelos stirbt zwei Monate später an den Folgen einer Frühgeburt auf der Burg.

1288 König Rudolf von Habsburg besucht die nach dem Ende der Staufer in seinem Besitz befindliche Reichsburg.

1319 Belagerung und Einnahme der Burg durch Graf Eberhard I. den Erlauchten von Württemberg.

1360 Rückeroberung des Reichsbesitzes durch Kaiser Karl IV., 1366 Verpfändung an dessen Schwiegersohn

Herzog Albrecht von Österreich.
1378 Württemberg wird Pfandinhaber, 1451 an Ulrich von Rechberg und 1470 zurück an Württemberg.
1519 Übergabe der Burg an den Schwäbischen Bund. Kaiser Karl V. gibt 1520 den Hohenstaufen an Jörg Staufer von Bloßenstaufen.
1525 Einnahme und Brandzerstörung durch die aufständischen Bauern unter Jörg Bader von Böblingen.
Um 1555 Entnahme von Baumaterial zum Bau des Göppinger Schlosses.
1736 Carl Alexander Herzog von Württemberg lässt das Burggelände zum Neubau von dann nicht ausgeführten Festungsanlagen einplanieren.
Ab 1833 Mehrfachversuche zur Errichtung einer Gedenkstätte.
1935–1938, 1968–1971 Freilegung der Grundmauern, Instandsetzung und Aufmauerungen.
2002 Errichtung der Stauferstele.
2012 Neubau einer architektonisch ansprechenden Berggaststätte.

Anlage

Typus
Höhenburg in ausgeprägter Gipfellage, Hochadelsburg, Reichsburg.

Anlagenmerkmale
Längsovale Ringmauer, Bergfried, Palas, Quader, Buckelquader.

Beschreibung
Der Burgberg Hohenstaufen wird nicht nur wegen seiner bedeutenden Geschichte, sondern auch wegen der prächtigen Aussicht und seinem neuen Ausflugslokal gerne besucht.
Aufgrund der Grabungsergebnisse,

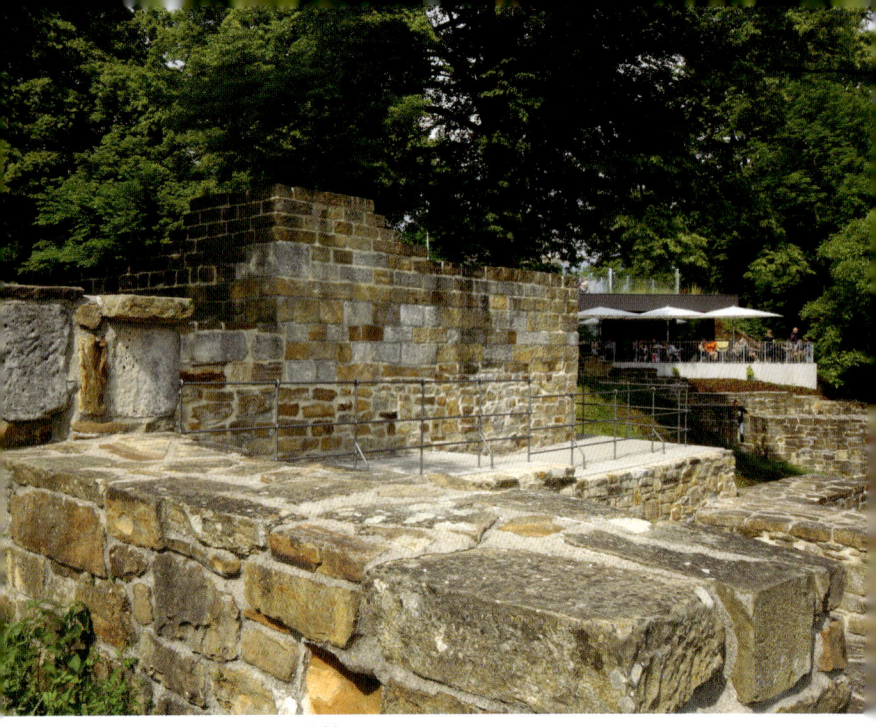

Grundmauern von Wohnbau und Mannsturm.

freigelegten Mauerbereichen, Nachweis von Mauern durch Bodenradar, der Aufzeichnungen des Martin Crusius von 1588/95, des Wandfreskos aus der Mitte des 15. Jhs. in der Oberhofenkirche von Göppingen und der Darstellung im „Filstalpanorama" von 1535 entsteht eine angenäherte Vorstellung zur Burg auf dem Hohenstaufen.

Die Anlage überdeckte das gesamte Plateau des etwa 133 m langen und 55 m breiten Berges. Dessen längsovale Bergkante umzog eine gekantete Ringmauer. Nach der Erweiterung im 12. Jh. wird diese durch eine Trennmauer in die östliche, etwas höher gelegene **Vorburg** und die westliche **Hauptburg** geteilt.

Der Zugang liegt in der ersten Phase südwestlich vom Bergfried. In der zweiten Phase wird dieser östlich zum Bereich der Vorburg mit Torzwinger verlegt. An der Trennmauer befindet sich der Bergfried, der sog. **Mannsturm**, auf etwa quadratischem Grundriss von 7,00 x 7,30 m. Im Anschluss zwischen Bergfried und Ringmauer steht der Wohnbau. Gegenüber zeigen freigelegte Mauerbereiche einen weiteren möglichen Wohnbau mit innen liegender ovaler Zisterne. Ganz im Westen liegt der erdüberdeckte, durch Bodenradar festgestellte sog. Bubenturm.

Baureste Nordbereich.

GRABUNGSBEFUND 1935/38 – 11./12. JH.
MAUERNACHWEIS DURCH BODENRADAR 2008
NEUBAUTEN 2002/12

A Hauptburg
B Vorburg
1 Bergfried sog. Mannsturm
2 Lage des Wohnbaus
3 Lage des sog. Bubenturms
4 Trennmauer
5, 6 Mögl. weiterer Wohnbau mit Zisterne
7 Zwinger
8 Tor mit Torzwinger der II. Anlage
9 Lage des Tores der I. Anlage
10 Stauferstele
11 Berggaststätte 2012
12 1975 abgebrannte Schutzhütte des Albvereins

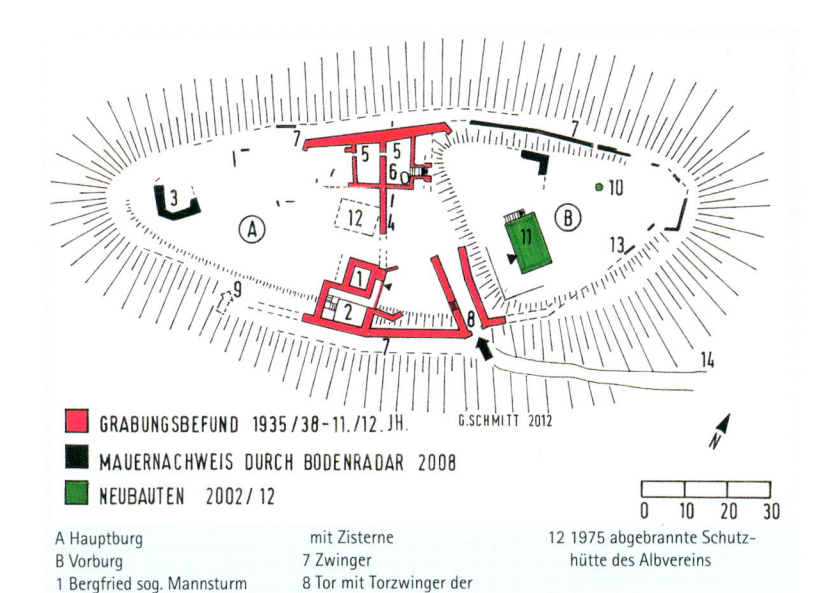

Übersichtsplan:
Günter Schmitt 2012, Mauern Bodenradar aus Hohenstaufen-Kunstführer S. 49

LANDKREIS GÖPPINGEN   219

Burg Wäscherschloss 197

Wäschenbeuren, Landkreis Göppingen, Baden-Württemberg
Meereshöhe: 436 m, Beutenbachtal 339 m
Erhaltungszustand: erhaltene Burganlage
Besitzer: Land Baden-Württemberg
Besichtigung: Innenbesichtigung, Ausstellung Bau- und Herrschaftsgeschichte, Öffnungszeiten: 15. April bis 15. Oktober Do bis So 13 bis 17 Uhr und zu den Veranstaltungen, außerhalb der Öffnungszeiten für Gruppen ab 20 Personen nach Voranmeldung, Kontakt Tel. 07172 9152111, www.waescherschloss.de, post@waescherschloss.de
Lage: TK 7224; GK. R 51 960, H 03 530, GPS 48° 46' 1" N, 9° 42' 21" O

Zwischen Göppingen und Schwäbisch Gmünd liegt auf der Nordseite der markanten Dreikaiserberge die gut erhaltene Burg Wäscherschloss.
Die B 297 führt von Lorch nach Göppingen durch die Ortschaft Wäschenbeuren. Von hier geht es bezeichnet zum östlich gelegenen Wäscherhof mit der darauf folgenden Burg Wäscherschloss. Ein Wanderparkplatz befindet sich unmittelbar auf dem südlich angrenzenden Gelände.

Bauphasen

I. Bauphase 1. Drittel 13. Jh.
Bauherr: Walter von Schüpf, Schenk von Staufen. Neubau der Burg mit Ringmauer, Schildmauer und Wohnturm anstelle eines im 10./11. Jh. archäologisch nachweisbaren, jedoch nicht nutzungsbekannten Bauwerks.

II. Bauphase um 1378–1390
Bauherr: Albrecht I. von Rechberg zu Staufeneck und Babenhausen. Erweiterung des Wohnturms zum Wohnbau.

III. Bauphase 1481–1485
Bauherr: Erzherzog Sigismund von Österreich, Lehensbesitzerin Margarete von Rechberg zu Staufeneck und Falkenstein. Ausbau zum Amtssitz des österreichischen Vogts. Aufstockung des Palas in Fachwerkbauweise mit Krüppelwalmdach 1484, Überdachung der Wehrgänge, wenn nicht schon im 14. Jh.

IV. Bauphase 1699
Bauherr: Österreichischer Lehenshof Innsbruck, deren Lehensleute. Schlossartiger Ausbau, weitere Aufstockung des Wohnbaus in Fachwerkbauweise mit Walmdach.

Geschichte

Angenommener Bauherr ist Walter von Schüpf. Er entstammt der Familie der Schenken von Limburg und tritt mehrfach im Gefolge von Herzog Philipp von Schwaben und Kaiser Friedrich II. in Erscheinung. Dessen Sohn Walter (I.) Schenk von Limburg, gen. 1226–1234, ist Gefolgsmann des abtrünnigen Kaisersohnes Heinrich VII. Er überlässt seinem Vertrauten Egeno von Staufen die Burg.

1271 „Konrad der Wascher" aus der Burgmannschaft des Hohenstaufen, Enkel von Egeno von Staufen, ist Burgherr.
1274 Schenk Walter II. von Limburg verpfändet die Burg an seinen Schwiegersohn Ulrich von Rechberg.
1377 Eberhard der Greiner Graf von Württemberg setzt während des Städtekriegs die Burg des Conrad von Rechberg in Brand.
1465 Veit II. von Rechberg zu Staufeneck tauscht das Rittergut gegen anderen Besitz mit Erzherzog Sigismund von Österreich, erhält es aber als „Schwabenlehen" zurück. Die Burg wird österreichischer Amtssitz.
1588 Verlegung des Amtssitzes nach Wäschenbeuren.
1599 Nach dem Tod des Albrecht Hermann, Letzter der Rechberg-Staufeneck'schen Linie, wieder in Besitz des Österreichischen Lehenshofes. Vergabe als Lehen an verschiedene Adelsfamilien.
1857 Erwerb durch die württembergische Staatsverwaltung für 155 000 Gulden.
1916 Einsturz der Ringmauer über dem Tor.
1976/77 Instandsetzungsmaßnahmen, neuer Kellereingang und Steintreppe zum Eingangsgeschoss.
2010/11 Erneuerungsmaßnahmen, Einrichtung einer Dauerausstellung.

Anlage

Typus
Höhenburg in Spornlage, Schildmauerburg, Reichsministerialenburg.

Anlagenmerkmale
Palas, ehemaliger Wohnturm, Schildmauer, Ringmauer, Buckelquader, Steinmetzzeichen, Hals- und Wallgraben.

Treppenraum 1. Obergeschoss.

Beschreibung

Eines der anschaulichsten und am besten erhaltenen stauferzeitlichen Beispiele einer kleinen Ministerialenburg ist die Burg Wäscherschloss. Sie gehört zu den um den Hohenstaufen gestreuten Satellitenburgen, deren Burgherren aus der staufischen Burgmannschaft stammen.

Trutzig abweisend steht die Kernburg mit der bis zu 10 m hohen fensterlosen Buckelquaderringmauer hinter einem ausgeprägten Halsgraben an der Bergkante zum Beutenbachtal. Wallgräben, Geländespuren von Zwinger und Vorburg kennzeichnen das Umfeld.

Die annähernd axialsymmetrische **Kernburg** von ca. 25,50 x 27,50 m besteht aus einem trapezförmigen Burghof mit Zisterne und einem kolossalen Wohnbau, dem Palas. Nasenförmige Quader an der Ringmauer weisen auf pultdachgedeckte Nebengebäude.

Aus mehreren Bauphasen stammt der **Palas**, der die gesamte Breite mit der 2,70 m starken Schildmauer der Kernburg einnimmt. Als dreigeschossiger Rechteckbau von 7,30 x 25,50 m steht er auf erhöhtem tonnenüberwölbtem Untergeschoss. Das Bauwerk der I. Bauphase ist ein wehrhafter Wohn- und Frontturm mit ca. 9,30 x 14,00 m. Eine Baunaht etwa in der Mitte der Hofseite dokumentiert diese Bauphase mit zwei originalen Rundbogenfenstern. Die Erweiterung zur Südseite als Palas erfolgt im 14. Jh. Treppe und Eingang entstanden 1977.

Innenräumlich sind die Geschosse zweischiffig. Das I. Obergeschoss, mit fünfzoniger Ständer-Riegelbauweise, stammt aus dem 15. Jh., besitzt im Saal einen Bohlen-Fenstererker und eine Zugangstüre für eine ursprüngliche äußere Erschließung. Das 2. Obergeschoss in Fachwerkbauweise mit Walmdach ist ein Aufbau von 1699. Buckelquaderverblendungen von herausragender Bearbeitungsqualität bestimmen das Gesamterscheinungsbild der Anlage: kissenförmige Buckel mit Zangenloch und Steinmetzzeichen, Längen bis 93 cm, Höhen bis 58 cm.

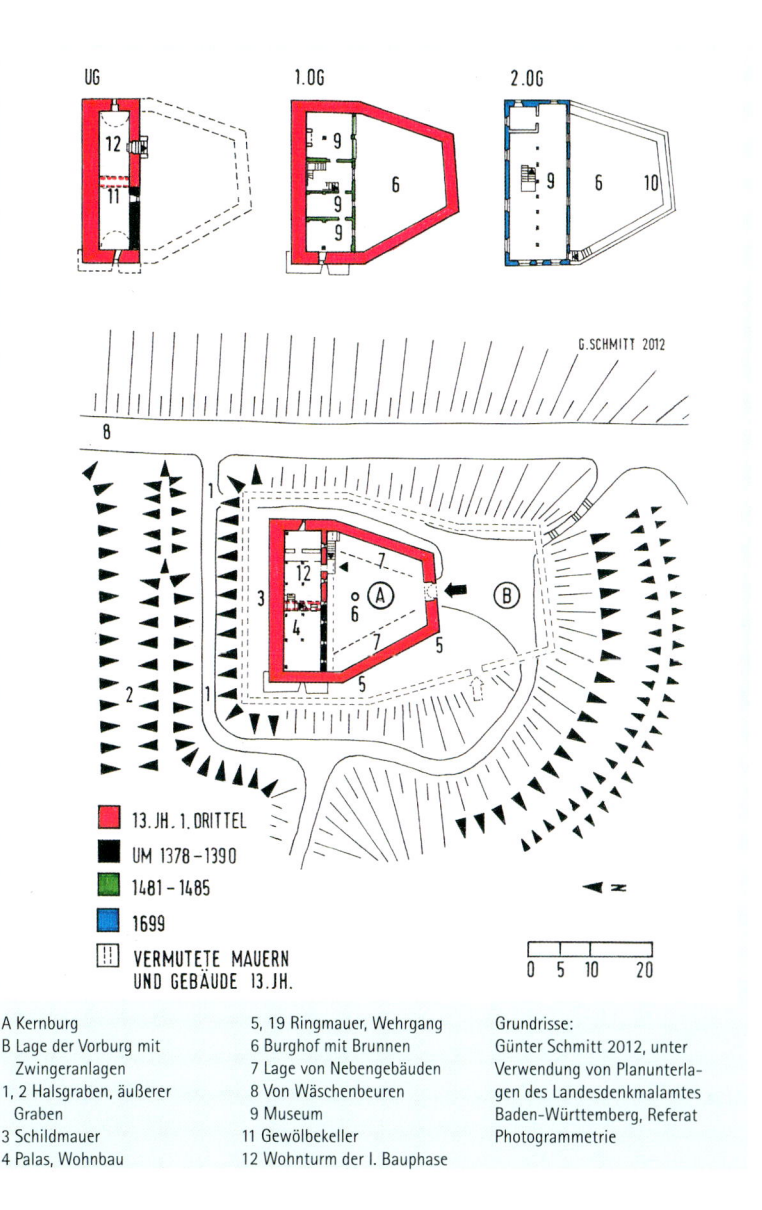

13. JH. 1. DRITTEL
UM 1378–1390
1481–1485
1699
VERMUTETE MAUERN UND GEBÄUDE 13. JH.

A Kernburg
B Lage der Vorburg mit Zwingeranlagen
1, 2 Halsgraben, äußerer Graben
3 Schildmauer
4 Palas, Wohnbau
5, 19 Ringmauer, Wehrgang
6 Burghof mit Brunnen
7 Lage von Nebengebäuden
8 Von Wäschenbeuren
9 Museum
11 Gewölbekeller
12 Wohnturm der I. Bauphase

Grundrisse:
Günter Schmitt 2012, unter Verwendung von Planunterlagen des Landesdenkmalamtes Baden-Württemberg, Referat Photogrammetrie

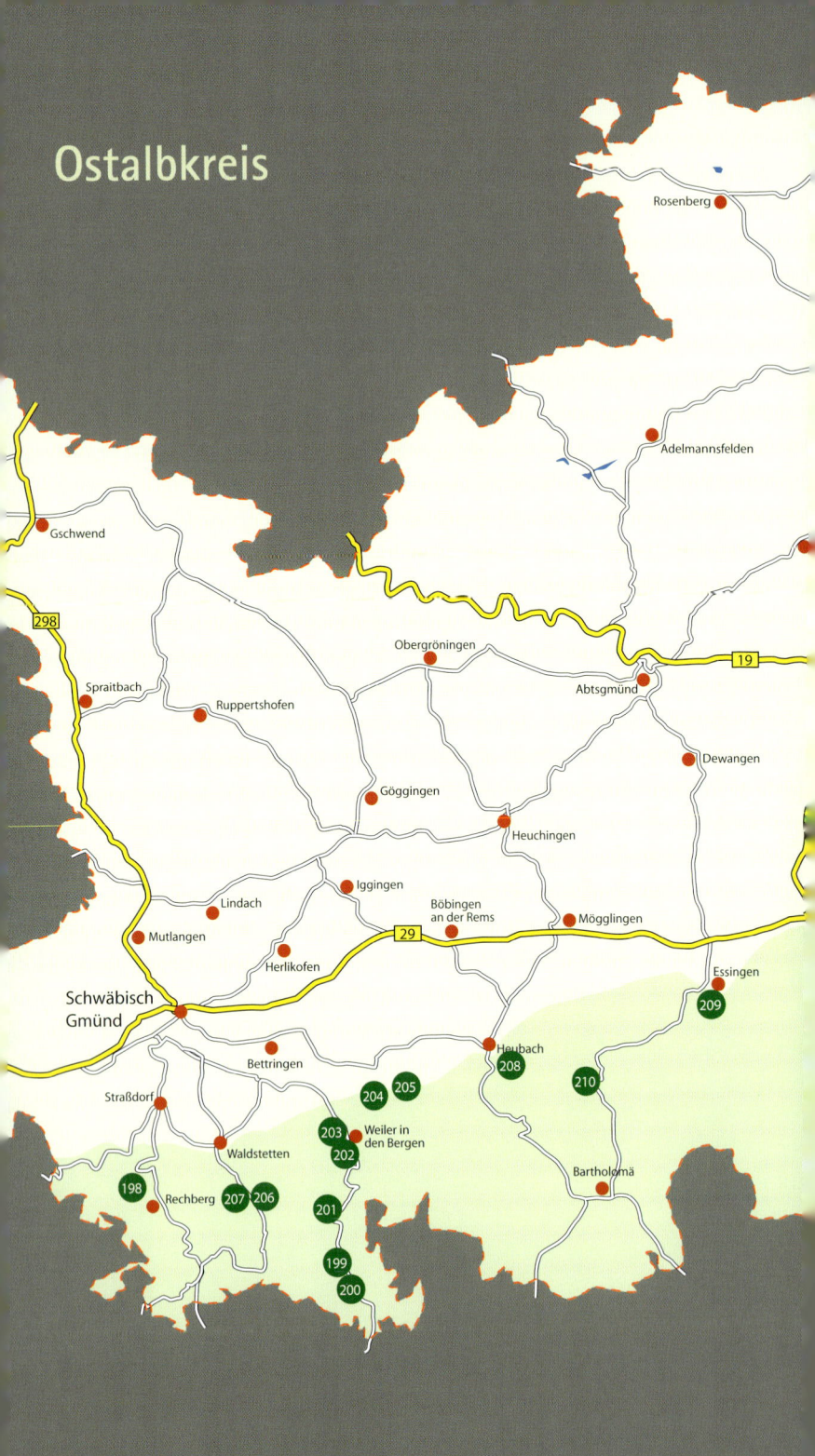

Ostalbkreis

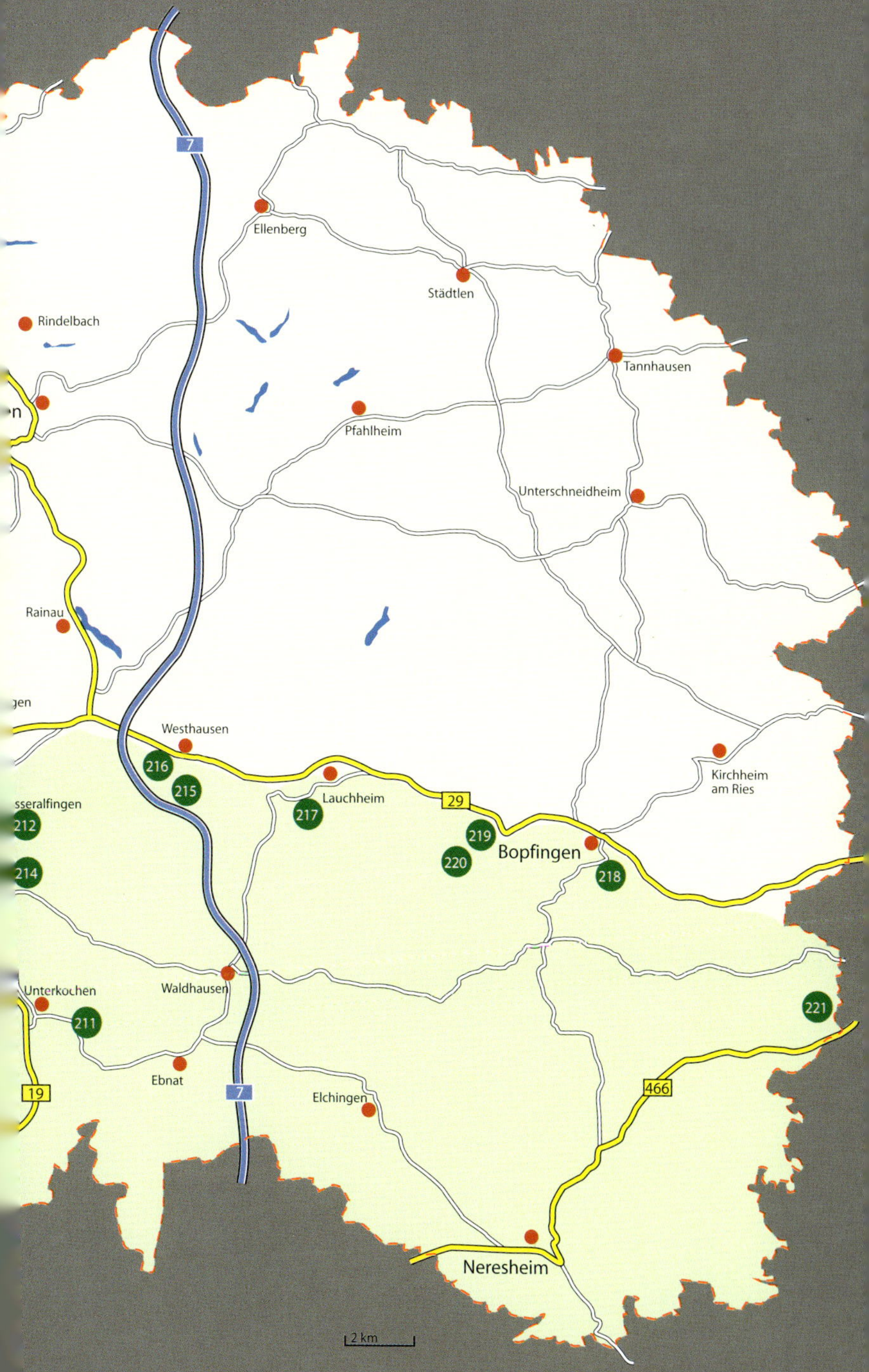

7
Ellenberg
Städtlen
Rindelbach
Tannhausen
Pfahlheim
Unterschneidheim
Rainau
Westhausen
216
215
Lauchheim
217
29
Kirchheim am Ries
sseralfingen
212
219
220
Bopfingen
214
218
Unterkochen
Waldhausen
211
221
Ebnat
19
466
Elchingen
Neresheim
2 km

Hohenrechberg 198

Schwäbisch Gmünd-Rechberg, Ostalbkreis,
Baden-Württemberg
Meereshöhe: 644 m, Rechberg 584 m, Vorland 400 m
Erhaltungszustand: Teilruine, Ruinenbereiche mit bedeutenden Bauwerksresten, erhaltener Torturm, Wehrturm und Vorburg
Besitzer: Rechberg Stiftung Hans Bader
Besichtigung: Burgruine und Dokumentationsraum, Öffnungszeiten: Febr. bis Nov. tägl. 10 bis 18 Uhr, Burgschänke in der Vorburg, Febr. bis Nov. Do, Fr 11 bis 21 Uhr; Sa 10 bis 21 Uhr; So, Feiertage 10 bis 20 Uhr, Telefon 07161 94697-0, www.burgruine-hohenrechberg.de, barrierefrei
Lage: TK 7224; GK. R 57 550, H 02 320; GPS 48° 45' 21" N, 9° 46' 55" O

Hohenrechberg gehört mit dem 707 m hohen Rechberg zu den „Dreikaiserbergen", die zwischen Göppingen und Schwäbisch Gmünd sehr markant die Landschaft bestimmen. Die Ortschaft Rechberg liegt an der Straße von Schwäbisch Gmünd nach Donzdorf. In Ortsmitte folgt man der bezeichneten Abzweigung Hohenrechberg bis zu den nach wenigen Metern ausgewiesenen Parkplätzen an der Straße. Es gibt keine Parkmöglichkeit bei der Burg. Bezeichnete Wege führen von den Parkplätzen oder von der folgenden Bebauung hoch zur Burg. Parkplätze–Hohenrechberg 0,5 km.

sende Baumaßnahmen: Westbau der Kernburg, Umbau und Aufstockung von Süd- und Ostbau. Nordbau, Torturm 1438/39, danach Maschikuliturm, Erneuerung der Ringmaueroberseite, äußere Zwingermauer mit Schalentürmen, Vorburg mit Nord- und Südflügel, äußere und innere Schwungrutenzugbrücke.

Geschichte

Hohenrechberg ist bei der Entstehung der Satellitenburgen um den Hohenstaufen die umfangreichste und auffälligste, der Bauherr Ulrich ist als Marschall der Herzöge von Schwaben der bedeutendste der Hohenstaufer Burgmänner. Er steht in Diensten von Friedrich I. Barbarossa und Heinrich VI. Vermutet wird ein Zusammenhang mit der Ministerialenfamilie von Pappenheim, von wo er den Namen der Burg Rechberg bei Burgau mitgebracht haben könnte. In der Folgezeit sind die Rechberger mit zahlreichen Linien vertreten und besitzen mehrere Burgen der Schwäbischen Alb.
1179 Erste bekannte Erwähnung des Ulrich von Rechberg.
1355 Erwähnung der Burg mit Wilhelm I. von Rechberg.
1551 Altarweihe der „alten" Kapelle im Westbau.
1554 Ulrich III. von Rechberg tötet einen württembergischen Vogt und dessen Geleitsknecht. Nach einem Aufmarsch württembergischer Truppen vor der Burg wird diese kampflos übergeben.
1585 Die Burg wird Vogteisitz und von den Rechbergern nicht mehr als Wohnsitz genutzt.
1599 Auseinandersetzung um das Erbe von Staufeneck-Hohenrechberg. Herzog Friedrich von Württemberg

Bauphasen

I. Bauphase 1200/Anfang 13. Jh.
Bauherr: Ulrich von Rechberg, gen. 1179–1205, Burgmann auf dem Hohenstaufen, Marschall der Herzöge von Schwaben, Ehefrauen: 1. Edilhardis (Adelheid) von Ramis, 2. Rerchterad (Bertalda) von Biberbach, der Sohn Hildebrand, gen. 1194–1226. Bau der Burg in Buckelquaderbauweise mit Ringmauer und Südbau-Palas, Vorburg, Abschnittsgräben.

II. Bauphase um 1300
Bauherr: Konrad II. von Rechberg, gen. 1259–1293, oder dessen Sohn Albrecht, gen. bis 1326. Ausbau der Burg, gotischer Ostbau der Kernburg.

III. Bauphase 1438/39/Mitte 15. Jh.
Bauherr: Ulrich I., „der Alte", von Rechberg zu Hohenrechberg, gen. bis 1458, Ehefrauen: 1. Kunigunde von Rosenbach, 2. Agnes von Matsch. Umfas-

Torturm der Kernburg.

lässt nach der Einnahme von Hohenrechberg die Burg mit einer württembergischen Besatzung belegen.
1648 Plünderung der Burg durch die Franzosen.
1796 General Moreau von der französischen Rheinarmee nimmt mit 8 Generälen und Offizieren Quartier.
6. Januar 1865 Zerstörung der gesamten Kernburg durch Blitzeinschlag mit anschließendem Feuersturm.
1896, 1923, 1977 Instandsetzung
1986 Die Rechberger verkaufen Hohenrechberg an Hans Bader. Seit 2006 „Rechbergstiftung Hans Bader".
1988–2000 Sanierung, Konservierung, Schutzdächer auf den West- und Ostbau, Ausstellungsraum im Ostbau.

Anlage

Typus
Höhenburg in Spornlage, Reichsministerialenburg, Satellitenburg, Randhausburg.

Anlagenmerkmale
Kernburg mit Palas und Ringmauer in Buckelquaderbauweise, Wohnbauten, innerer Zwinger mit Torturm, Maschikuliturm, äußerer Zwinger mit Schalentürmen, Vorburg, Buckelquader, Quader, Steinmetzzeichen.

Beschreibung
Hohenrechberg liegt in Sichtweise des Hohenstaufens auf einem nach Westen gerichteten Sporn des landschaftsprägenden Rechbergs. Durch den Erhaltungszustand als Ruine mit umfangreicher Bausubstanz und ablesbaren Bauphasen ist die Burg als stauferzeitliche Gründung von besonderer Bedeutung.
Drei Abschnitte werden unterschieden: die Vorburg, die Kernburg und der äußere Zwinger.

Vorburg
Der Halsgraben mit steinerner Bogenbrücke, ursprünglich als Schwungrutenzugbrücke errichtet, trennt die ca. 20 x 40 m große polygonale Vorburg

Zwinger mit Südbau und Maschikuliturm.

des 15. Jhs. vom ansteigenden Berg. An den äußeren Umfassungsmauern liegt südseitig die eingeschossige Burgschänke mit Walmdach; nordseitig steht das zweigeschossige ehemalige Torwarthaus mit abschließendem, zur Grabensohle reichenden großen Halbrundschalenturm.

Kernburg

Über den inneren tiefen Abschnittsgraben führt die ansteigende Holzbrücke mit Brückenpfeiler, einer ehemaligen Schwungrutenzugbrücke, zur erhöht liegenden ca. 35 x 65 m großen Kernburg.

Markant steht der fünfgeschossige 1438/39 am Graben aufgebaute hohe walmdachgedeckte **Torturm**. Sein Äußeres ist durch das Spitzbogentor, rechts das sog. „Mannsloch", Nischen für Schwungruten, mehreren Steigbügelscharten und Eckquaderung geprägt. Innenräumlich besitzt die Torhalle Schießkammern, einen Abgang zu den Untergeschossen und einen offenen Dachstuhl mit umlaufendem Wehrgang.

Hinter dem Torturm folgt der innere Zwinger mit Mauern, deren Basisbereich dem 13. Jh. entstammt. Aus der Zwingermauer springt der halbrunde **Maschikuliturm** mit Achteckhelmdach vor. Ein für den deutschsprachigen Burgenbau eher seltenes Beispiel eines Wehrturmes mit in Brüstungshöhe situiertem Maschikulikranz.

Die **stauferzeitliche Kernburg** gilt mit seiner erhaltenen polygonalen 2,15 m starken hohen Ringmauer und Baudetails als bedeutend. Quader und Buckelquader bestehen aus sorgfältig bearbeitetem Donzdorfer Doggersandstein mit Länge bis 120 cm, Höhen bis 50 cm, Buckel kissenförmig mit Zangenlöchern.

Das im rechten Winkel vorstehende Tor der Kernburg führt in einen dreiecksförmigen Lichthof, von dem eine neue Rampe in den erhöht liegenden Burghof führt. Innenräumlich umfasste dieser vier an die Ringmauer gestellte Gebäude. Obergeschosse, Innenausbauten und Nordbau sind seit 1865 brandzerstört. Wohnbau der ersten Bauphase ist der **romanische Südbau**, ein Rechteckbau von ca. 7 x 23 m, mehrfach innenräumlich umgebaut. Mit seiner auffällig architektonischen Südwand steht er einmalig im Burgenbau. Die eindrucksvollen schlitzartigen Arkadenfenster mit Fälzen und trichterförmigen Außenseiten, deren Anordnung sowie ein romanisches Biforienfenster werden in Bezug zur innenräumlichen Nutzung viel beachtet und diskutiert. Seit dem 16./17. Jh. sind im 1. Obergeschoss eine Beamtenwohnung, im 2. Obergeschoss „Herrschaftsräume" eingerichtet.

Zur Feldseite steht der um 1300 entstandene **gotische Ostbau** mit im Erdgeschoss eingerichtetem Dokumentationsraum. Der Rechteckbau mit abgeschrägter Nordostecke besitzt hofseitig Spitzbogenöffnungen, ein neues flaches Schutzdach mit großer Aussichtsterrasse und eine beachtliche freigelegte große Untergeschosshalle mit Tonnengewölbe. Im ausgebrannten Obergeschoss lag der „Rittersaal".

Gegenüber steht die Ruine des **Westbaus**, wohl 15. Jh., viergeschossig auf fünfeckigem Grundriss mit flachem Schutzdach, Keller mit flachem Tonnengewölbe. Ursprünglich erfolgte der Zugang von der Hofseite über eine Außentreppe in das 1. Obergeschoss, in dem ein getäfelter Saal mit Familienwappen und die Kapelle lag. Im 2. Obergeschoss gab es Herrschaftsräume.

Äußerer Zwinger
Im 15. Jh. entsteht die polygonal um die Kernburg führende, mit unterschiedlichen Schalentürmen bestückte äußere Zwingermauer.

Oberer Burghof mit Westbau.

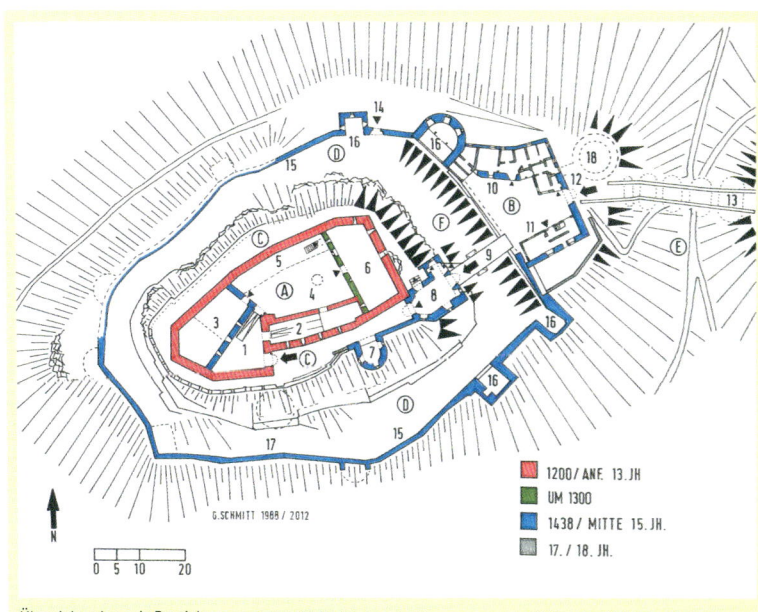

Übersichtsplan mit Bereich der Erdgeschossebenen
A Kernburg
B Vorburg
C Innerer Zwinger
D Äußerer Zwinger
E Halsgraben
F Abschnittsgraben
1 Lichthof
2 Südbau 13. Jh.
3 Westbau 15. Jh.
4 Burghof mit abgedecktem Brunnenschacht
5 Lage des Nordbaus
6 Ostbau um 1300
7 Maschikuliturm 15. Jh.
8 Torturm 1438/39
9 Brücke zur Kernburg
10 Vorburg Nordbau
11 Vorburg Südbau
12 Tor Vorburg
13 Brücke äußerer Abschnittsgraben
14 Tor der äußeren Zwingermauer
15 Äußere Zwingermauer
16 Schalentürme der äußeren Zwingermauer
17 Abgegangener Südturm
18 Rondellturm Untergeschoss

1200 / ANF. 13. JH
UM 1300
1438 / MITTE 15. JH.
17. / 18. JH.

Übersichtsplan:
Eingangsebenen Günter Schmitt 1988/2012

OSTALBKREIS

199 Höhenburg Degenfeld; Schwäbisch Gmünd-Degenfeld

Erhaltungszustand: Burgstelle an der Südostspitze des Ochsenbergs über dem Lautertal. Halsgraben, Kernburg dreiecksförmig, Schuttriegel, 1923, 1937 noch zwei Gräben.
Besichtigung: Frei zugänglich.
Lage: TK 7225; 643 m, GK. R 64 230, H 99 360; 500 m nordwestlich von Degenfeld.
Typus: Höhenburg in Bergeckenlage, Ministerialenburg.
Geschichte: Entstehung 13. Jh., 1270 Ulrich von Degenfeld, Ministeriale der Grafen von Helfenstein, 1281 Hermann, 1342/44 Diemar von Degenfeld. Aufgabe vermutet 14. Jh., 1811 Abbruch der Ruine.

200 Ortsburg Degenfeld; Schwäbisch Gmünd-Degenfeld

Erhaltungszustand: Ersatzlos abgebrochen. Ehemaliger Turm mit ca. 10 x 10 m Seitenlängen, Fundamente beim Bau eines Bauernhofes festgestellt, LDA Ortsakten.
Lage: TK 7225; 530 m, GK. R 64 650, H 99 070; südlich der Kirche „In den Höfen" 8 und 10.
Typus: Niederungsburg in Ortslage.
Geschichte: Entstehung 12./13. Jh., vermutlich erste Burg des Ortsadels der Herren von Degenfeld, 1270 Ulrich von Degenfeld, Ministeriale der Grafen von Helfenstein, Zuweisung nicht bekannt.

201 Herdtlinsweiler; Schwäbisch Gmünd-Herdtlinsweiler

Erhaltungszustand: Ersatzlos abgebrochener Adelssitz am Beginn des Strümpfelbachtales.
Lage: TK 7252; ca. 470 m, GK. R 64 000, H 02 450; im Bereich von Hofgut Geiger im Ort.
Typus: Festes Haus in Ortslage.
Geschichte: Entstehung und Abgang nicht bekannt, 1367, 1385 Ortsadel mit Konrad von Herdtlinsweiler.

202 Weiler in den Bergen; Schwäbisch Gmünd

Erhaltungszustand: Ersatzlos abgebrochen. Ehem. Turm oder turmartiges Bauwerk „Auf dem Wörth" am östlichen Ende eines Höhensporns zwischen Strümpfelbach und Langenbach.
Lage: TK 7225; ca. 415 m, GK. R 64 400, H 03 680; im Bereich „Im Wörth" 16. bis 18. Jh.
Typus: Höhenburg in Spornlage.
Geschichte: Mögliche Entstehung im 12./13. Jh. durch einen nicht bekannten Ortsherrn. Erste Erwähnung 1365 „hinter dem Turm", 1537 abgegangen, den Rechbergern wird freigestellt, den „Turm" wieder aufzubauen.

203 Burghalde Weiler in den Bergen; Schwäbisch Gmünd

Erhaltungszustand: Burgstelle am Ende eines nach Osten gerichteten schmalen Bergvorsprungs über dem Steinbach und Strümpfelbach. Abschnittsanlage, 2 Wallgräben im Abstand von ca. 120 m.
Besichtigung: Frei zugänglich.
Lage: TK 7225; 540 m, GK. R 63 500, H 03 930; 1,1 km westsüdwestlich von Weiler in den Bergen.
Typus: Höhenburg in Spornlage.
Geschichte: Entstehung und Besitzer nicht bekannt. Angenommene früh- bis hochmittelalterliche Anlage mit frühem Abgang, LDA.

204 Stubenberg; Schwäbisch Gmünd-Weiler in den Bergen

Erhaltungszustand: Burgstelle auf schmalem Bergsporn über dem Strümpfelbachtal. Zwischen zwei Abschnittsgräben die Kernburg: ovaler Hügel ca. 9 x 35 m, kein Steinbaunachweis.
Besichtigung: Frei zugänglich.
Lage: TK 7225; 530 m, GK. R 64 750, H 04 810; 1 km nördlich von Weiler.
Typus: Höhenburg in Spornlage.
Geschichte: Entstehung nicht bekannt, vermutlich durch die Herren von Stubenberg als staufische Ministerialen, 1344 Ludwig von Stubenberg, Neffe des Diemar von Degenfeld, 1461 in Besitz der Herren von Rechberg zu Weißenstein, die Burg vermutlich nicht mehr bewohnt.

205 Bargau; Schwäbisch Gmünd-Bargau

Erhaltungszustand: Burgstelle am Fuße des Scheuelberges. Halsgraben, dreiecksförmige Burgstelle ca. 60 x 110 m, Landwirtschaftliches Anwesen, sog. „Schlössle", mit älterer Bausubstanz, erhebliche Geländeeingriffe mit Resten des Burghügels ohne Bebauungsspuren.
Besichtigung: Eingeschränkt zugänglich.
Lage: TK 7225; 559 m, GK. R 66 160, H 05 480; 900 m südöstlich von Bargau.
Typus: Höhenburg in Spornlage.
Geschichte: Entstehung Anfang 13. Jh., 1326 Johann von Rechberg zu Bettringen erhält bei der Erbteilung des Besitzes „Unter den Bergen" die „Veste Bargen", 1489 Erwähnung der Burg, 1544 das „Schloss" an Schwäbisch Gmünd, Amtssitz des Vogts, ab 1817 Abbruch.

206 Granegg; Waldstetten-Tannweiler

Erhaltungszustand: Burgruine auf einer Spornkuppe über dem Christentalpass. Halsgraben, Zwinger, ovale Kernburg ca. 22 x 60 m, Grundmauern des runden Bergfrieds, Durchmesser 8,62 m, innen- und außenseitig Buckelquader, geringe Mauerreste weiterer Bauteile.
Besichtigung: Frei zugänglich.
Lage: TK 7225; 688 m, GK. R 61 930, H 99 490; 500 m südlich von Tannweiler.
Typus: Höhenburg in Spornlage, Frontturmburg.
Geschichte: Entstehung 1. Hälfte 13. Jh., Besitzer und Abgang nicht bekannt, vermutet werden die Herren von Stoffeln und die Herren von Holtz.

207 Schwarzhorn; Waldstetten-Tannweiler

Erhaltungszustand: Burgstelle auf dem Bergkegel „Rechbergle" über dem Christentalpass. Durch einen Wallgraben zweigeteilte Gipfelfläche, Nordteil 60 x 90 m, Südteil dreiecksförmig 70 x 85 m, Keramikfunde, Gebäude und Kapelle 20. Jh.
Besichtigung: Frei zugänglich.
Lage: TK 7225; 691 m, GK. R 61 500, H 99 580; 500 m südwestlich von Tannweiler.
Typus: Höhenburg in Gipfellage.
Geschichte: Zeitstellung und Besitzer nicht bekannt.

Rosenstein 208

Stadt Heubach, Ostalbkreis, Baden-Württemberg
Meereshöhe: 686 m, Heubach 465 m
Erhaltungszustand: Ruine mit deutlich aufrecht stehendem Mauerwerk, Bestand gesichert
Besitzer: Stadt Heubach
Besichtigung: Frei zugänglich, AP. Waldschenke vor der Ruine
Lage: TK 7225; GK. R 69 470, H 06 150; GPS 48° 47' 21,4" N, 9° 56' 38,6" O

Zwischen Schwäbisch Gmünd und Aalen bildet der breit gelagerte Felsrücken des Rosenstein eine markante Traufkante der Schwäbischen Alb. An dessen westlichem Ende wird die Stadt Heubach von der Felswand der Ruine Rosenstein überragt. Mit zahlreichen Hohlen, Aussichtspunkten, Ringwällen und Rastplätzen gehört der Berg zu den beliebten Ausflugszielen der Ostalb. Von der B 29 Schwäbisch Gmünd–Aalen nach Heubach. In Stadtmitte Richtung Bartholomä, dann bezeichnet auf die Anhöhe zum Rosenstein-Wanderparkplatz. Wanderparkplatz – über die Waldschenke – zur Ruine Rosenstein 1,1 km.

Bauphasen

I. Bauphase 2. Hälfte 12. Jh.
Bauherr: Möglicherweise die Pfalzgrafen von Dillingen. Entstehung der Burg mit Ringmauer und Wohnbau.

II. Bauphase 13.–14. Jh.
Bauherr: Vermutlich die Herren von Rosenstein, Ministerialen der Grafen von Oettingen oder deren Lehensnachfolger. Ausbau und Erweiterung durch die Unterburg.

III. Bauphase 15. Jh.
Bauherr: Vermutlich die Herren von Wöllwarth. Modernisierung, Neubau des spätgotischen großen Wohnbaus.

Geschichte

Umfangreich besiedelt und befestigt war der Rosenstein bereits in der jüngeren Altsteinzeit und Hallstattzeit. Im 12. Jh. treten die Pfalzgrafen von Dillingen als Besitzer der Herrschaft Lauterburg-Rosenstein auf. In welchem Zusammenhang sie selbst oder deren Ministerialen zur Gründung der Burg stehen, ist nicht bekannt.
Bis 1191 Heubach und Rosenstein in Besitz der Pfalzgrafen.
Um 1200 Ulrich von Rechberg nennt sich zu Rosenstein und Lauterburg.
Um 1250 Heubach in Besitz der Hacken von Wöllstein.
1282 Heinrich von Rosenstein, Ministeriale der Grafen von Oettingen, ist Burgherr.
1345 Die Grafen von Oettingen verpfänden den Burgbesitz, Heubach und Lauterburg an Eberhard II. den Greiner Graf von Württemberg. 1360 nach dem Krieg Kaiser Karls IV. gegen Graf Eberhard Entzug der Burgen Rosenstein, Achalm und Lauterburg.
1376 Wieder zurück an Württemberg.
1413 Übergang als Lehen an die Herren von Wöllwarth.
1524 Rosenstein wird als Wohnsitz aufgegeben. Georg von Wöllwarth bezieht sein neu erbautes Schloss in Heubach. 1572 ist Rosenstein Ruine.
1887 Instandsetzung der Ruine. 1892 Bau der Stahlbrücke über den Halsgraben.
1981–1982 Maßnahmen zur Bestandssicherung.

Anlage

Typus
Höhenburg in Spornlage, Grafenburg, Ministerialenburg.

Anlagenmerkmale
Ringmauer, Wohnbau, Unterburg, Halsgraben, Quader, Bossen- und Buckelquader, Bruchstein.

Beschreibung
Bei der Burg Rosenstein hat der Bauherr die bizarre Felsenlandschaft zur Sicherung der kleinen Burg auf ideale Weise genutzt. Während die Kernburg den Bereich des Felskopfs einnimmt,

Wohnbauwestseite

liegt die Unterburg an dessen südseitiger Felsterrasse.

Eine sehr tiefe 12 m breite und 40 m lange Felskluft als Graben und Steilwandfelsen begrenzen den etwa 24 x 50 m großen Bereich der Kernburg. Von der Bebauung gibt es noch Reste der Ringmauer und des etwa 15 x 23,50 m großen **Wohnbaus** aus dem 15. Jh. Zu diesem gehört die landschaftsprägende, an der äußersten Felskante stehende, mehrfach veränderte 23,50 m lange und bis zu 5 m hohe Westwand mit vier Fensteröffnungen. Die Außenmauern sind identisch mit der Ringmauer der Burg.

Mauerwerk: Quader, Bossen- und Buckelquader in weiten Bereichen zweitverwendet.

Auf einer über Stufen erreichbaren schmalen Terrasse der Südseite befinden sich Reste der **Unterburg** mit der Lage eines Gebäudes mit Zisterne. Die Burgerweiterung mit Bruchsteinmauerwerk reicht mit einer Zwingermauer bis in den Graben der Hangseite.

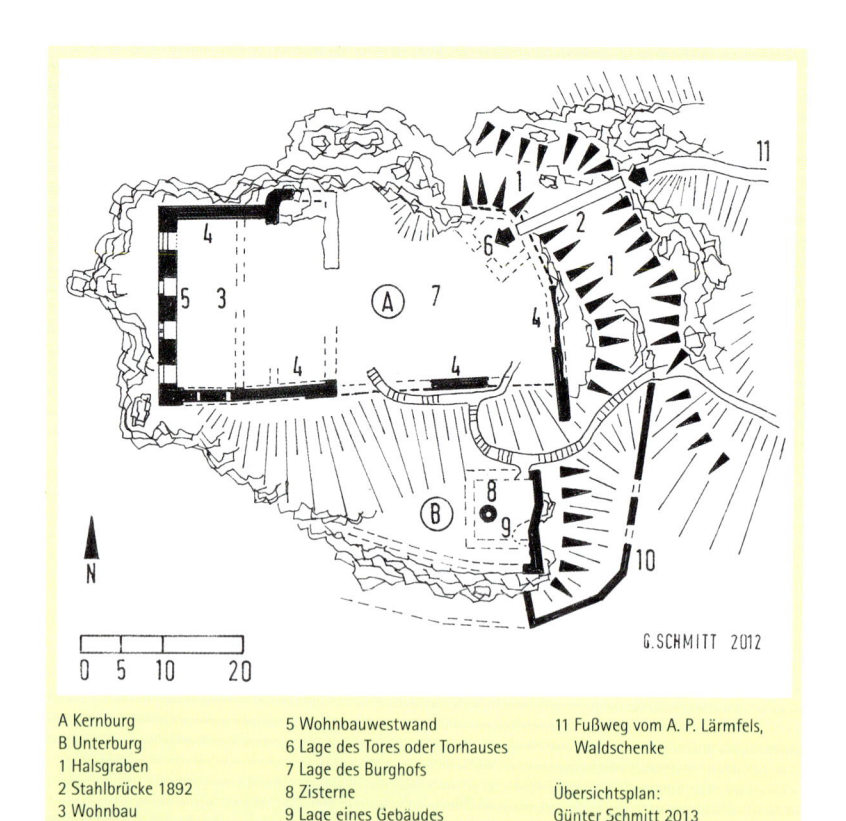

A Kernburg
B Unterburg
1 Halsgraben
2 Stahlbrücke 1892
3 Wohnbau
4 Ringmauer
5 Wohnbauwestwand
6 Lage des Tores oder Torhauses
7 Lage des Burghofs
8 Zisterne
9 Lage eines Gebäudes
10 Zwingermauer
11 Fußweg vom A. P. Lärmfels, Waldschenke

Übersichtsplan:
Günter Schmitt 2013

209 Burgstall Essingen; Essingen

Erhaltungszustand: Burgstelle zwischen Rems und Stürzelbach. Halsgraben, Quergraben, seitlich Wallgräben, dazwischen die trapezförmige Kernburg ca. 21 x 33 m, Mulden, kein Steinbaunachweis.
Besichtigung: Frei zugänglich.
Lage: TK 7126; 556 m, GK. R 75 030, H 07 400; 1 km südsüdwestlich von Essingen.
Typus: Höhenburg in Spornlage.
Geschichte: Entstehung und Besitzer nicht bekannt, vermutlich die Höhenburg des im 11. und 12. Jh. genannten Essinger Ortsadels.

210 Lauterburg; Essingen-Lauterburg

Erhaltungszustand: Teilruine über dem Talschluss des Wäschbachs. Äußerer Graben, Vorburg mit Torhaus und Torwarthaus 1536, Nebengebäude. Abschnittsgraben, Schloss – ehemalige Kernburg: trapezförmige Anlage, Zwinger mit Rundtürmen, Torhaus 1470, Renaissanceschlossruine 1594, 13 x 48 m; Basismauern der Burg mit Buckelquadern, Bestandssicherung der Ruine erforderlich.
Besichtigung: Vorburg frei zugänglich, Schlossruine gesperrt.
Lage: TK 7225; 665 m, GK. R 71 880, H 05 620; westlich der Kirche.
Typus: Höhenburg in Spornlage, Reichsburg, Renaissanceschloss.
Geschichte: Entstehung um 1100, Neubau 1. Hälfte 13. Jh., 1128 Adalbert von Lauterburg, 1191 staufische Reichsburg, 1405 an Georg III. von Woellwarth; 1594 Neubau des Renaissanceschlosses anstelle der Burg durch Georg Wolf von Woellwarth, 1732 Zerstörung des Schlossbaus durch Feuer.

211 Kochenburg; Stadt Aalen

Erhaltungszustand: Burgstelle auf Felsen zwischen Weißer Kocher und Häselbach. Mehrteilige Anlage auf 150 m langem Felssporn. Halsgraben, dahinter Bereich der Schlossanlage: Schuttriegel, Mulden der Dreiflügelanlage, Torzwinger, Ringmauer: an deren Sockel Buckelquader und Kleinquader in Zweitverwendung.
Besichtigung: Frei zugänglich.
Lage: TK 7126; 573 m, GK. R 84 340, H 09 350; 1,3 km östlich von Unterkochen.
Typus: Höhenburg-Schloss in Spornlage.
Geschichte: Entstehung nicht bekannt, 1136 Rapoto von Kochen, Neubau 13. Jh., 1240 Konrad und Werner von Kochen, Ministerialen des Klosters Ellwangen, 1300.
1627 bis 1632 Neubau frühbarocke Schlossanlage durch Johann Blarer von Wartensee, Propst von Ellwangen, Architekt: Hans Alberthal von Roveredo, 1645 Zerstörung durch die Schweden.

212 Winken; Stadt Aalen

Erhaltungszustand: Burgstelle auf einer Hangterrasse am Talschluss des Hirschbachs. Zweigeteilte Anlage: Wallgraben am Vorbereich, winkelförmiger Graben,

Kernburg: ca. 33 x 40 m, Mulden, kein Steinbaunachweis.
Besichtigung: Frei zugänglich.
Lage: TK 7126; 625 m, GK. R 84 050, H 13 520; 4,1 km ostnordöstlich von Aalen.
Typus: Höhenburg in Talhanglage.
Geschichte: Bestand Mittelalter, Nachweis durch Fundkeramik. Keine Daten zu den genannten Herren von Winken, von den Winken, von Winkental.

213 Baierstein; Stadt Aalen

Vermutete Burg auf dem Baierstein. Felsen am Übergang zum steilen Talhang, zwei Felsgräben, Felsenoberseite ca. 9 x 12 m.
Lage: TK 7126; 690 m, GK. R 83 860, H 12 170; 700 m östlich von Himmlingen.
Typus: Mögliche Höhenburg.
Geschichte: Bis jetzt kein Nachweis zu Bestand und Besitzer.

214 Eggenberg; Aalen-Waldhausen

Vermutete Burg Eggenberg bei Geiselwang an der Straße von Unterkochen nach Waldhausen.
Erhaltungszustand: Ersatzlos abgebrochen.
Lage: TK 7127; GK. R 86, H 10, Lage nicht bekannt.
Geschichte: 1594 Erwähnung des „Burgstalls zum Steinhof" bei Geiselwang. Vermutet als Burg Eggenberg der im 14. Jh. mehrfach genannten Eggenharde.

215 Reichenbach; Westhausen-Reichenbach

Erhaltungszustand: Burgstelle über dem Talschluss des Reichenbaches, durch Wegebau und Steinbruch verändert. Reste eines abgewinkelten Grabens, Kernburg: ca. 35 x 45 m, Schuttriegel der polygonalen Ringmauer, Mauerrest Kleinquader.
Besichtigung: Frei zugänglich.
Lage: TK 7127; ca. 600 m, GK. R 87 010, H 14 980; 900 m südsüdwestlich von Reichenbach, an der A 7.
Typus: Höhenburg in Bergeckenlage.
Geschichte: Entstehung 12./13. Jh., 1240 Heinrich von Reichenbach, 1260 der Freie Engelhard von Reichenbach.

216 Agnesburg; Westhausen-Reichenbach

Erhaltungszustand: Burgstelle am Rande des Bohlerbergs. U-förmiger Sohlgraben, Wallreste, Kernburg: Rechteckanlage ca. 25 x 35 m, Mulden, kein Steinbaunachweis.
Besichtigung: Frei zugänglich.
Lage: TK 7127; 620 m, GK. R 86 030, H 15 890; 1,3 km westlich von Reichenbach über der A 7.
Typus: Höhenburg in Bergrandlage.
Geschichte: Bestand und Besitzer nicht bekannt, vermutlich die Höhenburg der 1147 bis 1394 genannten Herren von Westhausen, Ministerialen des Klosters Ellwangen, Namenbezug zu Agnes von Westhausen.

Schloss Kapfenburg 217

Stadt Lauchheim, Ostalbkreis, Baden-Württemberg
Meereshöhe: 625 m, Jagsttal 480 m
Erhaltungszustand: erhaltene Schlossanlage
Besitzer: Land Baden-Württemberg
Besichtigung: Außenbereiche und Schlosshöfe frei zugänglich. Repräsentationsräume, Schlosskapelle, Rittersaal mit Führung: April bis September So 14.30 Uhr, Treffpunkt unteres Torrondell oder nach Vereinbarung, Telefon 07363 96180, www.schloss-kapfenburg.de; info@schloss-kapfenburg.de, Konzertveranstaltungen, Restaurant „Fermata" Schloss Kapfenburg im Hohenlohebau, barrierefreier Zugang
Lage: TK 7127; GK. R 89 800, H 15 190; GPS 48° 86' 73"N, 10° 22' 35" O

Den Albtrauf östlich von Aalen prägt das imposante landschaftsprägende Schloss Kapfenburg. Es liegt auf einer Kuppe am Rande des Jagsttales über dem Städtchen Lauchheim.
Von der B 29 Aalen-Nördlingen führt eine bezeichnete Abzweigung direkt hoch zum Schloss. Aus Richtung Ulm nimmt man die Ausfahrt Aalen/Oberkochen der Autobahn A 7 und fährt über Waldhausen, Hülen zum Schloss. Ein großer gebührenfreier Parkplatz befindet sich direkt vor der Anlage.

Bauphasen

I. Bauphase 12.–15. Jh.
Bauherren: Möglicherweise die Reichsministerialen von Gromberg, spätestens 1311 die Grafen von Oettingen, ab 1364 der Deutsche Orden. Baumaßnahmen des 12. und 13. Jhs. nicht bekannt. Ab 14. Jh. Ausbau der Kapfenburg mit Zwingeranlage, ab 1379 Teilneubau des Grombergbaus zum Kaplaneigebäude, polygonale Anlage mit fünf Rundtürmen an der Ringmauer, Vorburg.

II. Bauphase 1534–1540
Bauherr: Johann Graf von Hohenlohe, Komtur 1527–1540. Abbruch von Burggebäuden, Neubau Hohenlohebau 1538, Kaplaneigebäude 1539, Ausbau der ehem. Vorburg mit Torrondell 1534.

III. Bauphase 1590–1610
Bauherr: Johann Eustach von Westernach, Komtur 1590–1627, seit 1625 Hoch- und Deutschmeister. Architekt: Wolfgang Walberger, Festungsarchitekt aus Nördlingen, und Balthasar Reißer aus Lauchheim. Ausbau zum repräsentativen Renaissanceschloss. Neubau Westernachbau 1591 bis 1593.

IV. Bauphase 1713–1727
Bauherren: Karl Heinrich Freiherr von Hornstein, Komtur 1713–1718; Franz Conrad Freiherr von Reinach, Komtur 1718–1724. Architekten: die Deutschordensbaumeister Franz Keller, *1682, †1724, und Franz Joseph Roth, *1690, †1758. Barockisierung: Umbau Westernachbau 1713 bis 1718 und Hohenlohebau 1717 mit neuen Dächern, Stuckierung der Räume, Neubau Oberes Torhaus 1743, Lorenzkapelle 1716 und Gebäude Unterer Schlosshof 1716 bis 1721, Ausbau Turrondell 1727.

Geschichte

Ungesichert ist die Entstehung der Kapfenburg im Bereich des Reichsgebiets der Staufer. Nach deren Niedergang übernehmen die Grafen von Oettingen Reichsbesitz, in deren Abhängigkeit die Ministerialen von Gromberg als Burgherren gelangen. Zur Bedeutung gelangt die Kapfenburg durch die groß angelegten Renaissance- und Barockneubauten des Deutschen Ritterordens als Kommendensitz.

1164 Erste bekannte urkundliche Erwähnung der Kapfenburg.
1311 In Besitz der Grafen von Oettingen.
1364 Komtur Marquardt der Zoller von Rottenstein erwirbt für das Deutschordenshaus Mergentheim die Kapfenburg von den Grafen von Oettingen.
1490 Die Deutschordenskommende Kapfenburg steht auf Seiten des Schwäbischen Bundes.
1546 Plünderung der Kapfenburg im Schmalkaldischen Krieg durch die Truppen unter Graf von Reifenberg.
1552 Erneute Plünderung durch Markgraf Albrecht von Brandenburg.
1630 Dreißigjähriger Krieg. Aufenthalt zur Beratung von Generalissimus Wallenstein mit dem Hoch- und Deutschmeister Kaspar von Stadion.
1632 Besetzung der Kapfenburg durch Oberst von Degenfeld im Auftrag des schwedischen Generals Gustav Horn.
1634 Nach der Schlacht von Nördlingen wieder in Besitz der Kommende.
1645 Brandschatzung von Lauchheim durch die französischen Truppen unter Duc d´Enghien.
1806/1809 Kaiser Napoleon I. veranlasst die Aufhebung des Deutschen Ordens. Die Kapfenburg gelangt in den Besitz von König Friedrich von Württemberg. Einrichtung eines Kameralamts.
1957–1986 Umfangreiche Instandsetzungsmaßnahmen, Restaurierungen, Einrichtung eines Museums.
1991–2005 Restaurierungs- und Sanierungsmaßnahmen durch das Land Baden-Württemberg, seit 1999 Einrichtung der Internationalen Musikakademie „Kulturzentrum Schloss Kapfenburg".

Torrondell von 1534.

Anlage

Typus
Höhenburg-Schloss, Reichsburg, Ordensburg, Deutschordenskommendenschloss.

Anlagenmerkmale
Hochschloss, Renaissance- und Barockbauten, Schlosshofbebauung mit Torrondell.

Beschreibung
Ähnlich vieler Burgen steht Schloss Kapfenburg die Landschaft prägend auf einer Kuppe des nördlichen Albtraufs. An den vorhandenen Strukturen wird die Entwicklung von einer hochmittelalterlichen Burg zum Renaissance-, dann zum Barockschloss mit Festungsbereichen ablesbar. Dabei werden stets vorhandene Baustrukturen einbezogen, erweitert und modernisiert. Nur so ist auch die vielgliedrige und polygonale Anlage zu verstehen.

An höchster Stelle liegt das Hochschloss, das mit seinen massigen Baukörpern den großräumigen Schlosshof mit seiner Randhausbebauung überragt. Abwehrend wirkt das als Zugang vorgelagerte, in braunen Sandsteinquadern errichtete **Torrondell**. Eine frühe Befestigungsmaßnahme von 1534. Über der in Rustikaquadern gefassten Tordurchfahrt ist das Wappen des Komturs Johann Eustach von Westernach eingelassen.

Den folgenden **Schlosshof** umfassen Bauwerke des 18. Jhs., die auf den Konturen der mittelalterlichen Vorburg stehen: Westlich das ehemalige Bandhaus, jetzt Konzertsaal, anschließend der Ochsenkastenbau und zum Hochschloss folgend das dreigeschossige Trysoleigebäude. Östlich das ehemalige Bräuhaus, der ehemalige Marstall und als Abschluss die frei stehende Lorenzkapelle, erbaut 1716 als Begräbnisstätte der Komture.

Schlosskapelle Westernachbau.

Hochschloss

An der Lorenzkapelle vorbei führt die Auffahrt zum Hochschloss mit dem davor 1743 in den Burggraben gestellten schmalrechteckigen **Oberen Torbau**. Das Hochschloss steht mit den Außenmauern seiner Bebauung auf den polygonalen Grundmauern der Burg. Schon der Eindruck der hinter dem Oberen Tor folgenden Bauten macht die verschiedenen Bauphasen augenscheinlich, da überragen drei unterschiedliche Giebel fächerförmig ineinandergekeilt den Zugang.

Die Südseite überdeckt der dreigeschossige **Westernachbau**, ein Renaissancebau von 1591/93 mit etwa 20 x 46 m Grundfläche, zwei Rundtürmen und hofseitigem Treppenturm mit Zwiebelhauben. Über der kreuzgratüberwölbten Tordurchfahrt zum inneren Hof zeigt der Renaissancegiebel von Balthasar Reißer drei Wappen: oben Maximilian I. Erzherzog von Österreich, links Volkart von Schwalbach, rechts Johann Eustach von Westernach. Im Eingangsgeschoss befindet sich die Schlosskapelle mit Maßwerkfenstern, Emporen, Sternrippengewölben und Ausmalung. Westseitig anschließend der Rittersaal mit Kreuzgewölben auf vier Säulen, Stuckierung von Gerhard Schmidt mit den vier Elementen, Erdteilen und von weiblichen Genien gehaltenen Wappen der Ordensritter. Die Obergeschosse sind durch barockisierte Wohn- und Prunkräume geprägt.

Nordseitig steht der **Hohenlohebau** von 1538 auf überwölbten Untergeschossen eines Burggebäudes. Aus dem 18. Jh. stammt die barocke Erneuerung mit Volutengiebeln. Im Anschluss folgt nordostseitig das aus dem mittelalterlichen Grombergbau mit Rundturm entstandene dreigeschossige **Kaplaneigebäude**.

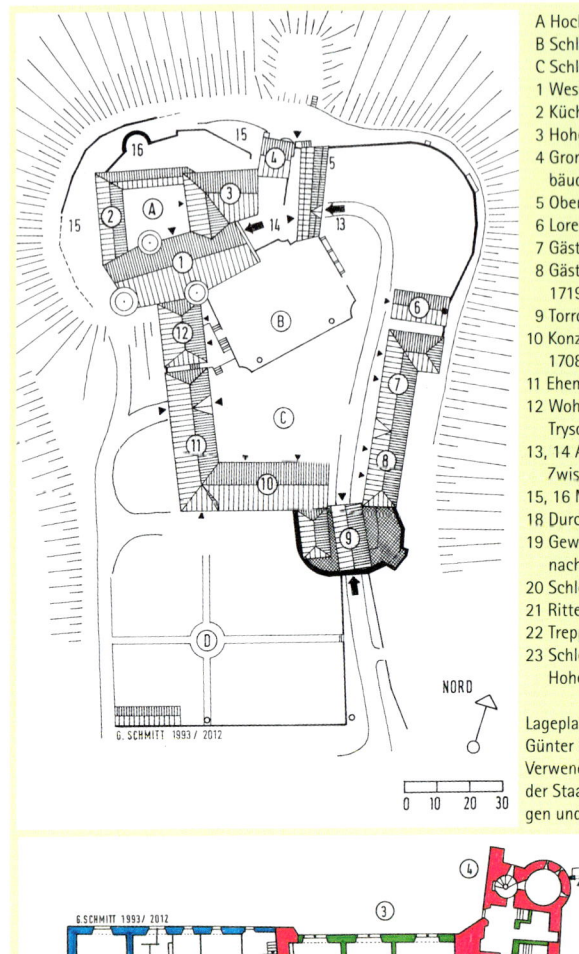

A Hochschloss
B Schlossgarten
C Schlosshof
1 Westernachbau 1591–1593
2 Küchenbau 18. Jh.
3 Hohenlohebau 14. Jh./1538
4 Grombergbau-Kaplaneigebäude 14. Jh./1539
5 Oberer Torbau 1743
6 Lorenzkapelle 1716
7 Gästebau ehem. Marstall 1720
8 Gästebau ehem. Bräuhaus 1719
9 Torrondell, sog. Bastei 1534
10 Konzertsaal ehem. Bandhaus 1708
11 Ehem. Ochsenkastenbau 1721
12 Wohngebäude, ehem. Trysoleigebäude 1717
13, 14 Auffahrt zum Hochschloss, Zwischenhof
15, 16 Mauerbereiche der Burg
18 Durchfahrt Torhaus
19 Gewölbedurchfahrt Westernachbau
20 Schlosskapelle
21 Rittersaal
22 Treppenturm
23 Schloss-Café-Restaurant, Hohenlohebau

Lageplan und Eingangsgeschoss: Günter Schmitt 1993, 2012 unter Verwendung von Planunterlagen der Staatl. Hochbauämter Ellwangen und Schwäbisch Gmünd

13.–15. JH.
16. JH.
18. JH.

244 OSTALBKREIS

Flochberg

Bopfingen-Flochberg, Ostalbkreis, Baden-Württemberg
Meereshöhe: 579 m, Eqertal 450 m
Erhaltungszustand: Ruine mit deutlich aufrecht stehendem Mauerwerk, Bestand gesichert
Besitzer: Förderverein zur Erhaltung der Burgruine Flochberg e. V.
Besichtigung: frei zugänglich, Info Stadt Bopfingen, Telefon 07362 801-0, www.burgmannschaft.de
Lage: TK 7128; GK. R 36 050, H 13 580; GPS 48° 51' 7" N, 10° 21' 39" O

Am nordöstlichen Traufabschluss der Schwäbischen Alb, dem Steilabfall zur Riesebene, liegt Bopfingen. Unmittelbar über der Stadt erhebt sich auf einem markanten Bergkegel die Ruine Flochberg. Bopfingen liegt an der B 29 von Nördlingen nach Aalen. Am südlichen Stadtausgang zweigt eine Straße in Richtung Neresheim ab, der man bis zur Einmündung der „Welfenstraße" folgt. Auf dieser geht es weiter in südöstlicher Richtung bis zum Hinweis „Burgruine Flochberg"; der schmalen „Schlossstraße" aufwärts bis zu einem kleinen Parkplatz mit Infotafel folgen. Aus Richtung Nördlingen kommend folgt man dem Hinweis Flochberg. Parkplatz–Burgruine 0,2 km.

Bauphasen

I. Bauphase 1. Hälfte 12. Jh.
Bauherr: Das Staufische Haus und deren Edelfreie von Flochberg. Entstehung von Kernburg und Vorburg mit Ringmauer und zwei Außenhöfen.

II. Bauphase um 1330–1338
Bauherr: Ludwig VIII. und Friedrich II. von Oettingen. Wiederaufbau der Burg nach der Zerstörung von 1322. Grundlegender Um- und Ausbau, Anlegung der Zwingeranlagen.

III. Bauphase 15. Jh.
Bauherr: Graf Ulrich von Oettingen zu Flochberg. 1415–1477 Stifter der Linie zu Flochberg, Hauptmann des Schwäbischen Bundes. Umfangreiche Baumaßnahmen an Wohnbauten, Stallungen und Wehrmauern, etwas später Bau des Geschützturmes.

Geschichte

Flochberg ist als „castrum regis" staufisches Hausgut im staufischen Reichsgebiet. Von Gumbert 1122 bis zu den 1293 erwähnten Brüdern Albertus und Conradus nennen sich Familienangehörige von Flochberg „liber", also Freie, und gehören somit zum Hochadel. Sie sind staufische Burgmannen und Verwalter von Bopfingen und Umgebung. Es gibt aber auch Ministerialen wie der 1153 genannte „Willingus de Flochberg".
1122, 1138, 1152 Erste bekannte Erwähnungen der Edelfreien von Flochberg.
1150 Welf VI. belagert die staufische Burg Flochberg. Der 13-jährige König Heinrich, Sohn Konrads III., bereitet von der Harburg aus den Gegenschlag vor. Zwischen Flochberg und Neresheim kommt es am 8. Februar 1150 zur offenen Feldschlacht, die mit dem Sieg der Staufer und der Gefangennahme von angeblich 300 welfischen Rittern endet.
Um 1319–1322 Zerstörung der Burg durch die Württemberger im Zuge der Auseinandersetzung um die Thronfolge zwischen Ludwig IV., dem Bayern, und Friedrich dem Schönen von Österreich.
1330 Kaiser Ludwig IV. belehnt Ludwig VIII. und Friedrich II. von Oettingen mit der zerstörten Burg Flochberg, anschließender Wiederaufbau.
1547 Schmalkaldischer Krieg. Kaiser Karl V. befindet sich in der Burg. Ächtung des Protestanten Graf Ludwig XV. und Entzug seiner gesamten Besitzungen. Damit endet die Linie derer von Oettingen zu Flochberg.
1634 Flochberg ist Sperrfestung gegen das kaiserliche Heer. 1648 Belagerung, Einnahme und Teilsprengung durch die Schweden.
1995–1999 Bestandsicherung der Ruine.
2003 Verkauf der Burgruine durch die Fürsten von Oettingen-Wallerstein an den „Förderverein zur Erhaltung der Burgruine Flochberg".

Anlage

Typus
Höhenburg in Gipfellage, Reichsburg.

Anlagenmerkmale
Ringmauer, Doppeltürme, Palas, Zwin-

ger, Geschützturm, Quader, Bruchstein.

Beschreibung

Durch die Teilzerstörung im Dreißigjährigen Krieg und deren Folgen ging die Burg als eine der bedeutendsten Reichsburgen für die Nachwelt verloren. Ihre Ruinenreste lassen nicht nur ihre Ausmaße, sondern auch ihre strategische Bedeutung durch die exponierte Lage am Ries erahnen.

Die Gesamtanlage umfasst ein Areal von etwa 110 x 170 m, in deren Zentrum erhöht die Kernburg mit 33 x 70 m liegt. Das äußere Tor der Zwingeranlage mit Rundtürmen befand sich an der nordwestlichen Bergflanke, an dessen Stelle der Burgweg hochführt. Wall und Graben lassen den Verlauf der äußeren Befestigung erkennen. Der Zugang erfolgte von hier zur Südseite hoch zur **Kernburg** mit zwei das obere Tor flankierenden Türmen. Von diesen steht nur noch der Sockelbereich des 6,8 x 7,6 m großen Nordturms. Das Mauerwerk der Anlage besteht aus Plattenkalk in quaderähnlichen Formaten, Bruchstein, und Quader aus braunem Sandstein.

1663 waren nach einer Aufzeichnung die Gebäude bis auf die Nikolauskapelle und Teile der Türme zerstört. Die Bauwerke als Hausrandanlage umgaben einen Hof mit Ziehbrunnen. An der Nordwestseite standen Gebäude für Vorräte, Pfisterei, Badstube, Wohnungen für das Gesinde, Besatzung und die Nikolauskapelle, an der Südostseite der Palas und das Amtshaus.

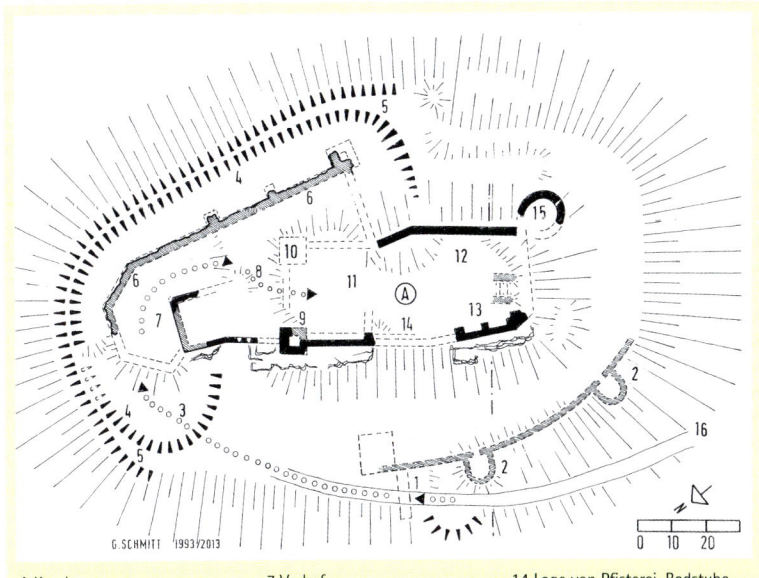

A Kernburg
1 Lage des äußeren Tores
2 Zwingermauer mit Türmen
3 Angenommener Zugang zur Kernburg
4, 5 Graben, Wall
6 Äußere Mauer
7 Vorhof
8 Innerer Zugang zur Kernburg
9 Turm
10 Lage des 2. Turms
11 Lage des Brunnens
12 Lage des Palas
13 Lage der Nikolauskapelle
14 Lage von Pfisterei, Badstube und Gesindebau
15 Geschützturm
16 Weg vom Parkplatz

Übersichtsplan:
Günter Schmitt 1993/2013

219 Schenkenstein; Bopfingen-Aufhausen

Erhaltungszustand: Burgruine über dem Egertal. Höhenkamm mit drei Quergräben. Kernburg: ca. 30 x 38 m, polygonale Ringmauer, Schuttriegel, in der Mitte der runde Bergfried 13. Jh., innen viereckig, noch 16 m hoch, Quadermauerwerk, südseitig an der Ringmauer Reste des Wohnbaus, nach Südwesten die Unterburg.
Besichtigung: Frei zugänglich.
Lage: TK 7127; 573 m, GK. R 96 860, H 13 990; 400 m südlich von Aufhausen.
Typus: Höhenburg in Spornlage, Hochadelsburg.
Geschichte: 1138–1152 der Edelfreie Konrad von Stein, 1263 an die Schenken von Ehringen, nun Schenken von Stein, Ministerialen der Grafen von Oettingen, 1525 angenommen Zerstörung oder Beschädigung im Bauernkrieg.

220 Schlössle Michelfeld; Bopfingen-Aufhausen

Erhaltungszustand: Burgstelle über einem Trockental. Winkelförmiger Graben, Kernburg 20 x 35 m an einem Felskopf, 1896 noch Mauerreste.
Besichtigung: Frei zugänglich.
Lage: TK 7127; 590 m, GK. R 96 120, H 13 200; 1,4 km südwestlich von Aufhausen.
Typus: Höhenburg in Bergeckenlage.
Geschichte: Entstehung und Besitzer nicht bekannt. 1 km südwestlich vermuteter, zur Burg gehörender Weiler Michelfeld, im 12. Jh. und 1239 genannt.

221 Alte Bürg Holheim; Riesbürg-Utzmemmingen

Erhaltungszustand: Burgstelle mit erhaltener spätromanisch-frühgotischer Burgkapelle St. Hippolyt. Bogenförmiger Wallgraben. Kernburg ca. 45 x 45 m, Schuttriegel der 1935 freigelegten Grundmauern. Polygonale Randhausburg mit nördlichem Vorhof.
Besichtigung: Frei zugänglich.
Lage: TK 7128; 525 m, GK. R 05 250, H 09 450; 1,9 km südsüdwestlich von Utzmemmingen.
Typus: Höhenburg in Spornkuppenlage.
Geschichte: Entstehung nicht bekannt, möglicherweise durch die seit 1153 genannten Edelfreien von Holheim. 1274 verkaufen die Grafen von Oettingen „castrum dictum urbem antiquam in Holhaim" an den Konvent zu Zimmern.

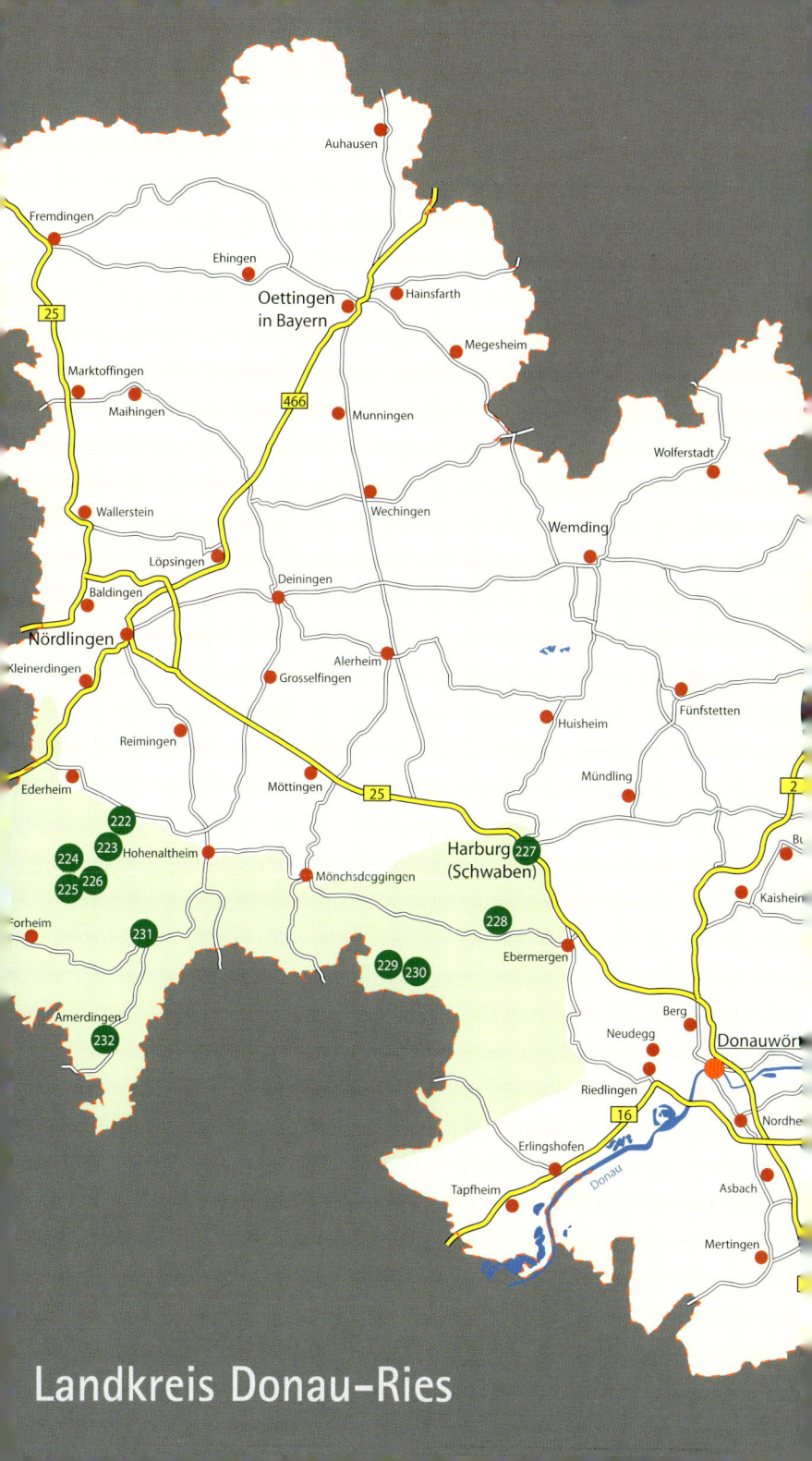

Landkreis Donau-Ries

Niederhaus 222

Ederheim-Hürnheim, Landkreis Donau-Ries, Bayern
Meereshöhe: 490 m, Karthäusertal 455 m
Erhaltungszustand: Ruine mit bedeutenden Bauresten, Bestand gesichert
Besitzer: Freistaat Bayern
Besichtigung: frei zugänglich
Lage: TK 7228; GK. R 10 000, H 06 950; GPS 48° 47' 25,8" N, 10° 29' 46,7" O

Südlich der mauerumwehrten ehemaligen Reichsstadt Nördlingen liegt am Fuße der Schwäbischen Alb zum Ries hin die Ortschaft Hürnheim. Auf dem unmittelbar dahinter anschließenden Bergrücken erhebt sich die mächtige Burgruine Niederhaus. Von der B 466 Nördlingen nach Neresheim führt bei Ederheim eine Straße nach Hürnheim, wo am südwestlichen Ortsende in Richtung Hohenaltheim ein beschilderter Fahrweg in Richtung Pulvermühle bergwärts abzweigt. Man folgt diesem bis zum Parkplatz auf der Anhöhe. Der gegenüber einmündende Weg führt direkt zur bereits in Sichtweite liegenden Ruine. Parkplatz–Niederhaus 0,5 km.

Bauphasen

I. Bauphase ab 2. Hälfte 12. Jh.
Bauherr: Edelfreie von Hürnheim, möglicherweise aber erst Hermann I., Stifter der Linie Hürnheim-Niederhaus, gen. 1238–1275. Entstehung der Spornburg mit Ringmauer, Bergfried und Palas.

II. Bauphase 14./15. Jh.
Bauherren: Edelfreie von Hürnheim. Erweiterung mit hinterem Wohnbau-Hinterhaus um 1400, Zwingermauern, Abbruch von vermutlich in Holzbauweise errichteten Obergeschossbereichen, Ausbau zum viergeschossigen massiven Palas, möglicherweise erst nach 1379.

III. Bauphase 1. Hälfte 18. Jh.
Bauherr: Komtur des Deutschen Ordens der Komturei Ellingen. Ausbau zum Amtssitz.

Geschichte

Niederhaus ist die Stammburg der Mitte des 12. Jhs. erwähnten Edelfreien von Hürnheim. Mit den Grafen von Oettingen zählen sie zu den einflussreichsten Adelsfamilien im Ries und der angrenzenden Schwäbischen Alb. Diese sind Reichs- und Stammgebiete der Staufer, unter denen sie zu umfangreichen Besitzungen gelangen. Niederhaus bleibt bis zu deren Aussterben 1585 in Familienbesitz.

1153 Rudolf von Hürnheim, Nachweis anlässlich einer Schenkung an die Kirche von Hürnheim. **1227–1246** Mehrfacherwähnung von Heinrich, Ulrich und die Brüder Albrecht und Rudolf von Hürnheim.
Vor 1238 Teilung in die Linien Hürnheim-Niederhaus-Hochaltingen und Hürnheim-Rauhaus-Katzenstein. Hermann I. gilt als Stifter der Linie Niederhaus.

Stauferstele und Frontturm.

29. Oktober 1268 Friedrich von Hürnheim wird mit König Konradin und anderen Rittern nach der verlorenen Schlacht von Tagliacozzo durch Karl von Anjou auf dem Marktplatz von Neapel enthauptet.
1379 Angenommene Verwüstung der Burg durch den Schwäbischen Bund.
Vor 1480 Im Zuge der Besitzteilung erhält Eberhard, †1483, Niederhaus.
1585 Mit Hans Johann von Hürnheim stirbt der letzte männliche Nachkomme. Über seine Tochter Cordula und deren Ehemann Karl von Welden gelangt Niederhaus 1597 an Graf Gottfried von Oettingen-Oettingen.
1634 Mögliche, aber nicht dokumentierte Beschädigung der Burg im Zuge der Schlacht von Nördlingen.
1709 Verkauf an die Komturei des Deutschen Ordens in Ellingen durch Fürst Albrecht Ernst II. von Oettingen.
1805 Übergang an Bayern.
1868, 1901, 1985 Instandsetzungsmaßnahmen.
2012 Aufstellung der Stauferstele zu Ehren von Friedrich von Hürnheim.

Anlage

Typus
Höhenburg in Spornlage, Hochadelsburg.

Anlagenmerkmale
Bergfried-Frontturm, Palas, Ringmau-

er, Quader, Buckelquader, Halsgraben; 2. Wohnbau, Bruchsteinmauerwerk, Backstein.

Beschreibung

Niederhaus steht als beachtliche Ruine am westlichen Ende eines Höhenrückens, der steil zur Riesebene und zum Karthäusertal abfällt. Ein tief eingeschnittener Halsgraben mündet nordseitig in einen mächtigen Doppelgraben, der bogenförmig zur Westseite führt und die Kernburg auf zwei Seiten schützt.

Von der **Kernburg** auf einer verbleibenden Fläche von etwa 27 x 90 m sind mit Bergfried und Palas beachtliche Bauteile erhalten. Der Zugang führt über die Brücke zum abgegangenen äußeren Tor. Weiter leitet der ehemalige Torzwinger der Palasmauer entlang zum inneren Torbereich in den Burghof der stauferzeitlichen Anlage. Der **Bergfried**, ein Frontturm von beindruckender Höhe, steht mit einer Mauerstärke von 1,72 m auf annähernd quadratischem Grundriss von 6,42 x 6,50 m. Direkt angebunden ist der **Palas** mit Resten der drei- bis viergeschossigen Außenmauern. Ein Rechteckbau von 13,6 x 29 m mit Abtritterker im dritten Geschoss, Fensteröffnungen und Bereiche der oberen Geschosse aus dem 14./15. Jh. Bergfried, Palas und Ringmauer sind in Quader- und Buckelquaderbauweise mit unterschiedlichen Materialien, teilweise sandsteinartigem Konglomerat, errichtet. Teile der Ringmauer stammen aus dem 12./13. Jh., Hinterhaus und Wasserturm in Bruchsteinmauerwerk gehören zu den jüngeren Bauphasen.

1 Palas
2 Bergfried, Frontturm
3 Brücke
4 Äußeres Tor
5 Torzwinger
6 Inneres Tor
7 Burghof
8 Ringmauer
9 Zwinger, Zwingermauer
10 Zisternenturm
11 Hinterhaus
12, 13, 14, 15 Ringgräben, Wälle
16 Stauferstele 2012
Übersichtsplan:
Günter Schmitt 1993, 2013

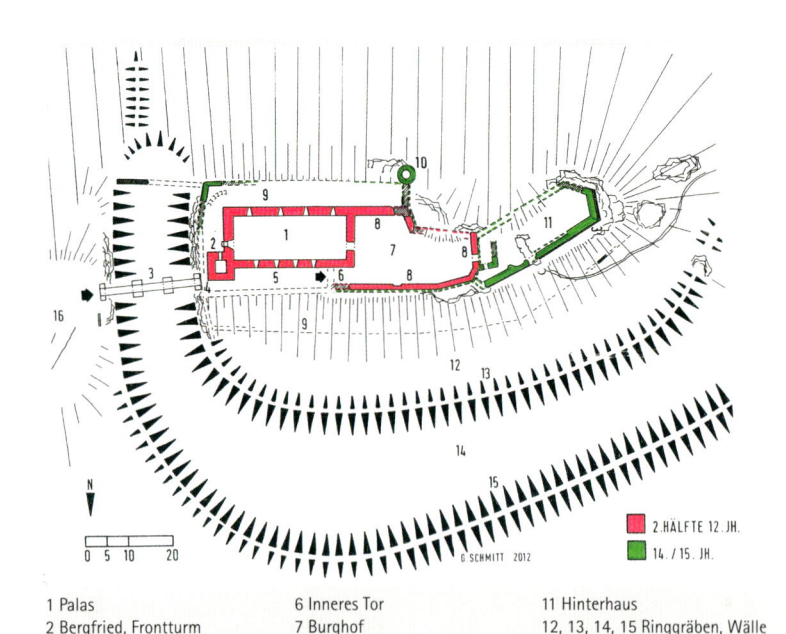

2. HÄLFTE 12. JH.
14. / 15. JH.

223 Hochhaus; Ederheim-Hohenaltheim

Erhaltungszustand: Umfangreiche Burg-Schlossruine, bogenförmiger mächtiger Graben, Wohnbau und Ringmauer der Burg, Buckelquader; Ecktürme, Torzwinger, Kasematten, 15./16. Jh.; Reste der Dreiflügelbarockanlage im Bereich der Kernburg, Bestandssicherung erforderlich.
Besichtigung: Betretungsverbot wegen Einsturzgefahr.
Lage: TK 7228; 555 m, GK. R 09310, H 06 630; 1,1 km südlich von Hürnheim.
Typus: Höhenburg in Spornkuppenlage, Hochadelsburg, Grafenschloss, Barockschloss.
Geschichte: Entstehung 1. Hälfte 13. Jh. als Stammburg der Edelfreien von Hürnheim-Hochhaus, 1236 Rudolf I., 1347 an die Grafen von Oettingen, 15./16. Jh. Befestigungsmaßnahmen, 1719/1720 Neubau Barockschloss durch Kraft Wilhelm Reichsgraf von Oettingen-Baldern, 1749 Brandzerstörung des Schlossbaus, Restgebäudenutzung bis 1807.

224 Rauhaus; Ederheim-Christgarten

Erhaltungszustand: Burgstelle über dem Karthäusertal. Doppelwallgraben, Abgrenzung eines größeren Vorbereichs. Halsgraben, Kernburg: 22 x 28 m, Schuttriegel eines Wohnturms oder festen Hauses, zweiseitige Unterburg.
Besichtigung: Frei zugänglich.
Lage: TK 7228; 540 m, GK. R 07 440, H 06 320; 200 m nordwestlich von Christgarten.
Typus: Höhenburg in Spornlage, Hochadelsburg.
Geschichte: Entstehung 1. Drittel 13. Jh., 1238 der Edelfreie Rudolf von Hürnheim-Rauhaus, vor 1268 Aufgabe, Rudolf II. verlegt seinen Wohnsitz auf die Burg Katzenstein und nennt sich von Hürnheim-Rauhaus zu Katzenstein.

225 Weiherberg; Ederheim-Christgarten

Erhaltungszustand: Burgstelle auf einer Kuppe in der Nordostecke einer vorgeschichtlichen Anlage. Begrenzung der ca. 48 x 55 m großen Bergecke durch einen borgenförmigen Wallgraben. Im Wall 1,9 m starke Trockenmauer, Nachweis 1937, Frickhinger.
Besichtigung: Frei zugänglich.
Lage: TK 7228; 580 m, GK. R 07 400; H 05 800; 400 m südsüdwestlich von Christgarten.
Typus: Höhenburg in Bergeckenlage.
Geschichte: Frühmittelalterliche Anlage um 1000 in einer 350 x 600 m großen Wallanlage der jüngeren Urnenfelderzeit und Frühlatènezeit.

226 Mühlberg; Ederheim-Christgarten

Erhaltungszustand: Burgstelle über dem Karthäusertal. Halbkreisförmiger Wallgraben zur Bergkante, Kernburg Breite 25 m, Länge 65 m. Im Schuttwall 2,2 m starke Trockenmauer, 2,75 m breite Berme, Grabung 1919, Frickhinger.
Besichtigung: Frei zugänglich.
Lage: TK 7228; 555 m, GK. R 07 900, H 06 070; 300 m ostsüdöstlich von Christgarten.
Typus: Höhenburg in Bergrandlage.
Geschichte: Bestand frühes Mittelalter um 1000, Nachweis durch Keramik, Frickhinger; Bauherr nicht bekannt.

Harburg 227

Stadt Harburg, Landkreis Donau-Ries, Bayern
Meereshöhe: 480 m, Wörnitztal 400 m
Erhaltungszustand: erhaltene umfangreiche Burg-Schloss-Anlage
Besitzer: Fürst zu Oettingen-Wallerstein Kulturstiftung
Besichtigung: Außenbereiche, Höfe der Vor- und Kernburg frei zugänglich. Besichtigung der Innenräume mit Führung, Öffnungszeiten: Anfang April bis 1. November Di bis So 10 bis 17 Uhr, Montag geschlossen, außer Oster- und Pfingstmontag, Musik- und Nachtführungen: Telefon 09080 9686-0, www.burg-harburg.de, burg-harburg@fuerst-wallerstein.de, Burgschenke ganzjährig geöffnet, Montag Ruhetag. Barrierefreier Zugang: Höfe, Vorburg, Kirche, Burgschenke
Lage: TK 7230; GK. R 03 660, H 06 120; GPS 48° 47' 5,9" N, 10° 41' 13,1" O

Hoch über dem Städtchen Harburg liegt auf steilem Felsen eine der ältesten und umfangreichsten erhaltenen Burg-Schloss-Anlagen Deutschlands. Zusammen mit der Wörnitz, der mittelalterlichen Bebauung, den Mauern und Türmen der Anlage bildet sie eine äußerst malerische Silhouette.

Harburg liegt an der „Romantischen Straße" der B 25 zwischen Nördlingen und Donauwörth. Unmittelbar am nördlichen Tunnelausgang führt eine beschilderte Straße hoch zu den Parkplätzen bei der Burg.

Diebsturm und Kastenbau.

Bauphasen

I. Bauphase 11. Jh.
Entstehung der weitläufig angelegten Burg in angenommener Holzbauweise.

II. Bauphase um 1150–1270
Bauherr: Dynastie der Staufer, Verwaltung durch Edelfreie. Entstehung von Ringmauer, Palas, Burgkapelle, erster Bergfried, sog. „Diebsturm", nachfolgend der zweite Bergfried, sog. „Faulturm" in Buckelquaderbauweise, Vorburg.

III. Bauphase um 1300–1400
Bauherr: Grafen von Oettingen. Erweiterung und Ausbau der Kernburg mit Zwinger, Halbrundtürmen und Ausbau der Vorburg.

IV. Bauphase 1493–1522
Bauherr: Wolfgang I. Graf von Oettingen-Oettingen, *1455, †1522, Ehefrau: Anna Truchsessin von Waldburg. Ausbau zur Residenz. Neubau des zweigeschossigen Saalbaus 1496, Gefängnisturm 1496 und Rote Stallung, Modernisierung Palas.

V. Bauphase 1574–1622
Bauherr: Gottfried Graf von Oettingen, *1554, †1622, reg. ab 1574. Ehefrauen: 1. Johanna Gräfin von Hohenlohe-Neuenstein. 2. Barbara Pfalzgräfin am Rhein. Ausbau zum Renaissanceschloss. Neubau Zeughaus 1584, Pfisterei mit Turm 1588, Kastenbau 1595, Erneuerung Oberes Tor mit Fallgatter 1616, Umbau Fürstenbau mit Anbau Erkerturm 1596 und Treppenturm 1617, Ausbau der Vorburg.

VI. Bauphase 1690–1744
Bauherren: Albrecht Ernst II. Fürst von Oettingen-Oettingen, *1669, †1731, Ehefrau: Sophie Louise von Hessen-Darmstadt. Ab 1731: Johann Karl Friedrich Graf von Oettingen-Wallerstein, *1715, †1744, Ehefrau: Josepha

Burghof mit Fürstenbau und Pfisterei.

Gräfin Fugger. Hofstuckateure: Balthasar Suiter und Johann Bühler. Barockisierung: Aufstockung und Umbau des Saalbaus 1717, Einbau von Zimmern 1721, Umbau „Faulturm" zum Treppenturm 1717, Erweiterung der Schlosskirche 1721. Stuckierung von Räumen im Fürstenbau, Saalbau, Kastenbau und Schlosskirche 1731–1743, Baumaßnahmen in der Vorburg.

VII. Bauphase 19. Jh.
Bauherren: Fürsten von Oettingen-Oettingen zu Oettingen-Wallerstein. Steinerne Bogenbrücke beim äußeren Tor 1807, Umbau des Fürstenbaus 1839–1869, Neubau Wasserturm 1840, Abbruch mehrerer Gebäude in der Vorburg.

Geschichte

Harburg liegt im ehemaligen Kerngebiet der Staufer. Friedrich, filius Friderici, †um 1070/1075, ist der 1030 genannte Graf im Riesgau. Dessen Sohn ist Friedrich von Büren, der durch die Heirat mit der Erbtochter des Grafen Walther vom Filsgau in den Besitz der Gebiete um den Hohenstaufen gelangt. Aus den Riesgrafen werden Staufer. Harburg wird Reichsburg und Aufenthaltsort der Staufer. Nach ihrem Niedergang werden die Grafen von Oettingen Lehens-, dann Eigenbesitzer. **1150** König Heinrich-Berengar, 13-jähriger Sohn des Konrad III., sammelt seine Ritter auf der Harburg zum Angriff auf Welf VI. Dieser belagert die staufische Burg Flochberg.

1139–1240 Mehrfache Erwähnung der Edelfreien von Harburg.

1251 Verpfändung von Burg und Stadt Harburg durch König Konrad IV. an Graf Ludwig III. zu Oettingen. 1418 Bestätigung der Unlösbarkeit der Reichspfandschaft durch Kaiser Sigismund.

Anlage

Typus
Höhenburg, Reichsburg, gräflich-fürstliches Residenzschloss von Renaissance und Barock.

Anlagenmerkmale
Zwei Bergfriede, Ringmauer und Tor in Buckelquader, Zwingeranlage mit Türmen; Fürstenbau, Saalbau und Kastenbau der Renaissance und des Barock, Schlosskirche, umfangreiche Vorburg.

Beschreibung
Mit der eindrucksvollen Lage über dem Wörnitztal, der bauhistorisch ablesbaren Entwicklung vom Mittelalter bis zur barocken Residenz, ist die Harburg von besonderer Bedeutung. Auffallend mächtig wirkt die Anlage von der Feldseite mit der an Türmen reichen, von einer hohen mantelartigen Ringmauer umfassten Kernburg. Davor liegen Graben und mit Halbrundtürmen bestückte Zwingermauern. Über eine Brücke führt der Burgweg zum äußeren Wehrturm mit Tor und Wappen der Oettinger von 1594. Ein

1546/47 Besetzung durch schmalkaldische, dann kaiserliche Truppen.
1622 Dreißigjähriger Krieg. Besetzung durch schwedische Musketiere des Wurmbrandt'schen Regiments, ab 1634 durch Oberst von Adelzhofen, danach mehrfach wechselnde Besatzungen, 1648 Einnahme durch französische und schwedische Truppen.
1731 Nach dem Aussterben der Linie Oettingen-Oettingen mit Albrecht Ernst II. Übergang an das Haus Oettingen-Wallerstein.
1800 Beschuss durch französische Truppen im zweiten Koalitionskrieg. Übergabe der Burg durch die österreichische Besatzung.
1806 Harburg wird Gerichtsamt, 1812 Sitz des Fürstlichen Herrschaftsgerichts.
2000 In Besitz der Gemeinnützigen Fürst zu Oettingen-Wallerstein Kulturstiftung, seit 2011 Sanierungs- und Instandsetzungsmaßnahmen.

Kastenbau Pfeilerhalle.

Diebsturm mit „Angstloch".

anschließender barbakaneartig befestigter Hof mit Torwarthaus wird durch den zweiten in Buckelquadern gefassten Torbau der romanischen Bauphase abgeschlossen.

Vorburg
Nach Nordosten folgt die großräumig angelegte Vorburg des 16. bis 19. Jhs. mit Gebäuden zur Verwaltung und Bewirtschaftung. Der Zugang zur Kernburg wird vom Bau der „Roten Stallung" flankiert, den schon der Maler Carl Spitzweg inspirierend fand.

Kernburg
Die Kernburg umfasst mit ihrer hohen Ringmauer ein zum Kreis tendierendes Areal von etwa 110 m Durchmesser. Während Fürstenbau, Saalbau und Burgvogtei auf der Ringmauer sitzen, stehen die anderen Bauwerke knapp dahinter. So entsteht ein riesiger Burghof, der beispielgebend für frühe großräumige Burganlagen steht. Zentral liegt der 70 m tiefe Brunnen.

Die **Ringmauer** besitzt einen gedeckten Wehrgang und das Burgtor Fallgatter. Daneben steht die ehemalige Burgvogtei von 1562, jetzt Burgschenke mit schönem Biergarten.

Südlich angrenzend folgt der dreigeschossige **Kastenbau** von 1595. Ein dreigeschossiger Rechteckbau mit Satteldach, im Erdgeschoss eine dreischiffige Pfeilerhalle mit Kreuzgratgewölben, im 1. Obergeschoss ehemalige Rüstkammer und Fruchtspeicher, im 2. Obergeschoss Räume mit Renaissanceausstattung, in der Mittelzone ehemals Gerichtssaal mit bemalter Holzdecke.

Trutzig wirkt der **Bergfried „Diebsturm"** von um 1200 mit Helmdach, Defensivgeschoss und dreigeschossigem Aufbau, Grundfläche 9,54 x 9,56 m. Er ist der zeitlich erste der beiden Türme. Anstelle des vermauerten erhöhten Zugangs erfolgt dieser nun vom Wehrgang aus. Im Eingangsgeschoss das sog. Angstloch mit Winde und Abtritt; die Obergeschosse 1607 mit Gefängniszellen ausgebaut. Außen- und innenseitig Buckelquaderverblendung: Quader bis 173 cm lang und bis 68 cm hoch, Buckel roh bis kissenförmig; über dem Eingangsgeschoss Quadermauerwerk grob hammerrecht von unterschiedlichster Größe und Schichtung.

Oberes Tor mit Fallgatter.

Weiter östlich steht der **Saalbau** von 1496, 1717 zum Festsaal aufgestockt und reich ausgestattet: über den Kaminen Personifikationen von Krieg und Frieden, Decke mit Leinwandbildern aus dem abgebrochenen Lustschloss Tiergarten Schrattenhofen. Stuckierung von Saal und Wohnräumen durch Johann Bühler.
Der quadratische **Bergfried „Faulturm"** von um 1200 mit Buckelquaderverblendung wird 1717 zum Treppenturm des Saalbaus mit Welscher Haube umgebaut.

Fürstenbau
Ostseitiger Abschluss des Hofes bildet der repräsentative vier- bis fünfgeschossige Fürstenbau, der ehemalige Palas des 13. Jhs. Mehrfach umgebaut zeigt er geschweifte Giebel, einen axial zur Hofseite vorstehenden Treppenturm mit Pyramidendach von 1617 und Türme zur Talseite von 1596. Im Obergeschoss sind Speisesaal, Waffenzimmer und Bibliothek zu sehen.

Schlosskirche
Ein Arkadengang führt vom Fürstenbau zur zweigeschossigen Pfisterei mit malerischem Rund- und Viereckturm. Unmittelbar dahinter liegt die Schlosskirche. Der ost-westgerichtete Kirchenbau, auf kreuzförmigem Grundriss, geht auf drei Bauphasen zurück. Die Burgkapelle als romanischer Erstbau entspricht dem südlichen Querschiff; der gotische dem östlichen Langhausbereich mit Gruftanlage; der barocke dem nördlichen Querarm und querrechteckigem Chorschluss. Barocke Stuckierungen 1720/21 stammen von Johann Bühler und Christoph Prügel. Zur Ausstattung gehören beachtliche Grabdenkmäler derer von Oettingen.

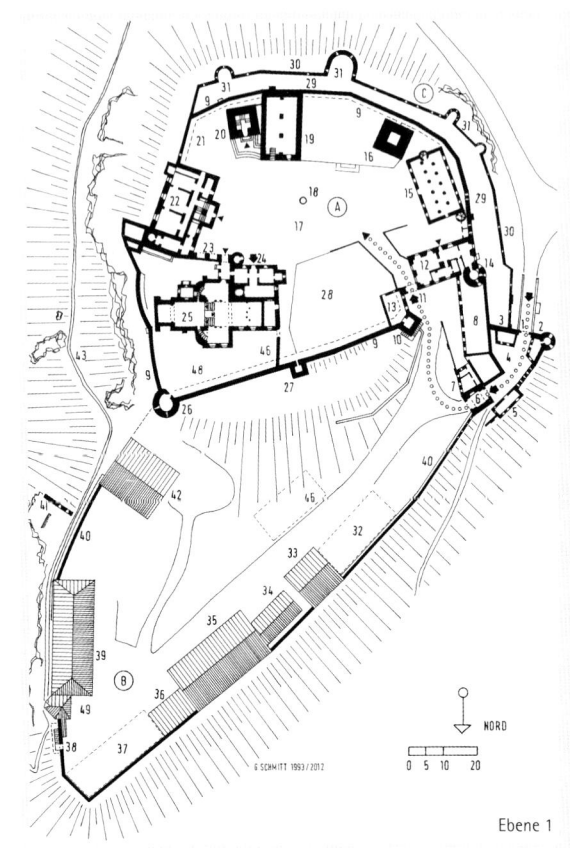

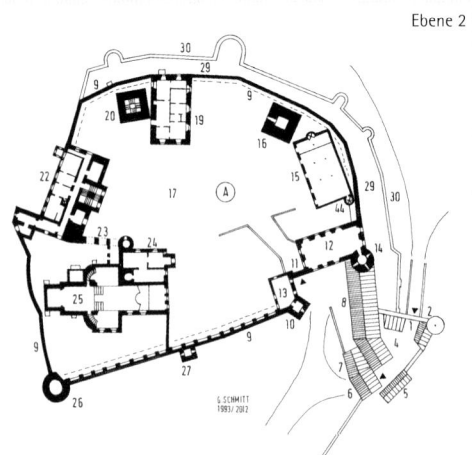

A Kernburg
B Vorburg
C Zwingeranlage
1 Äußeres Tor 1594
2 Torwartshaus 1703 und Wehrturm
4, 5 Vorhof, alte Torwartswohnung
6 Torbau um 1200
7, 8 Turmknechtshaus, Rote Stallung 15. Jh.
9 Ringmauer der Kernburg mit Wehrgang um 1200/15. Jh.
10 Weißer Turm 1665
11 Oberes Tor mit Fallgatter
12 Burgschenke, ehem. Burgvogtei 1562
13 Ehem. Burgknechtswohnung 16. Jh.
14 Gefängnisturm 13. Jh./1496
15 Kastenbau 1595
16 Bergfried „Diebsturm" um 1200
17, 18 Burghof mit Brunnen
19 Saalbau 1496/1717
20 Bergfried „Faulturm" um 1200/ 1717
22 Fürstenbau 13. Jh./1617
24 Ehem. Pfisterei 1588, Kasse, Shop
25 Schlosskirche um 1200/1617
26 Glockenturm
27 Wasserturm 1840
28 Burggarten
29, 30, 31 Zwingeranlage mit Halbrundtürmen
32 Lage der Pferdestallung und Münze
33 Ehem. Amtspflegehaus 1744
35 Ehem. Zehntstadel 16. Jh.
37 Lage von Hofmetzg, Stallung, Brauhaus
38 Stadtpforte
39 Forsthaus, ehem. Mastviehstall 16. Jh.
40 Umfassungsmauer der Vorburg
42 Ehem. Amtshaus 1743
48 Lage des Zeughauses

Übersichtsplan:
Günter Schmitt 1993/2012

Ebene 1
Ebene 2

260 LANDKREIS DONAU-RIES

228 Schlossberg Mauren; Harburg-Mauren

Erhaltungszustand: Burgstelle auf dem Schlossberg. Bewaldete Bergkuppe vom Reisbach umflossen, geringe Geländespuren.
Besichtigung: Frei zugänglich.
Lage: TK 7230; 480 m, GK. R 03 180, H 03 600; 1 km nordöstlich von Mauren.
Typus: Höhenburg in Bergkuppenlage, Ministerialenburg.
Geschichte: Zwei Adelsfamilien werden genannt. Um 1250 bis zum 14. Jh. die Herren von Mauren, Ministerialen der Grafen von Oettingen, mit Sitz auf dem Schlossberg. Die anderen mit dem Beinamen „die Slaissen" mit Sitz im Ort Mauren.

229 Burg Thurneck; Mönchsdeggingen-Rohrbach

Erhaltungszustand: Burgstelle auf der hügeligen Albhochfläche. 16 m tiefer zweiseitiger Ringgraben, Kernburg: ca. 30 x 75 m, Schutt, geringe Mauerreste der Ringmauer, Bruchsteinmauer mit eingestreuten Quadern, in der Mitte Hügel des Wohnturms, ca. 9 x 9 m, Kleinquader.
Besichtigung: Privatbesitz, eingeschränkt zugänglich.
Lage: TK 7229; 486 m, GK. R 99 640, H 02 000; am Nordrand des Weilers Thurneck.
Typus: Niederungsburg in Gipfellage, Hochadelsburg.
Geschichte: Entstehung vor oder um 1200 durch die Edelfreien von Thurneck, 1251–1283 Heinrich von Thurneck, vor 1259 an die Grafen von Oettingen, 1523 nicht mehr bewohnt.

230 Jagdschloss Thurneck; Mönchsdeggingen-Rohrbach

Erhaltungszustand: Bis auf die Schlossumfassungsmauer und Nebengebäude ersatzlos abgebrochen. Ehemalige Schlossanlage mit „Altem, Neuem und Mittleren Bau", Zeughaus, Küchenbau, Wachthaus und Hausverwalterhaus.
Besichtigung: Bereich der Schlossmauer frei zugänglich.
Lage: TK 7229; 480 m, GK. R 99 720, H 01 940; südöstlich der Burg.
Typus: Jagdschloss, Barockschloss, Grafen-Fürstenschloss.
Geschichte: 1664 Neubau eines Jagdschlosses durch Philipp Carl Graf zu Oettingen-Wallerstein, 1730 Schlosserweiterung durch Fürst Ernst Albrecht II. von Oettingen, um 1835 Abbruch.

231 Schloss Bollstadt; Amerdingen-Bollstadt

Erhaltungszustand: Burg-Schlossstelle. Grabenrest der Viereckanlage ca. 65 m lang, 7 m breit. Grundstück teilweise privat bebaut.
Besichtigung: Teilbereiche zugänglich.
Lage: TK 7229; 542 m, GK. R 90 420, H 02 820; am südöstlichen Ortsende Richtung Oberringingen.
Typus: Grafenschloss in Ortslage, Schloss des Klassizismus.
Geschichte: 11. Jh. Ortsadel „der von

Bollstätten" mit Ortsburg, Bestand nicht bekannt. Schlossneubau an dessen Stelle, Ende 18. Jh. durch die Grafen von Oettingen erneuert, ersatzlos abgebrochen.

232 Stauffenberg-Schloss Amerdingen; Amerdingen

Erhaltungszustand: Erhaltene Schlossanlage, Landschaftspark. Axialsymmetrische Anlage, Cour d´honneur, eingeschossige Flügelbauten, Hauptbau: Dreigeschossiger Rechteck-Kompaktbau, Walmdach, Mittelrisalit mit Allianzwappen. Innen: bauzeitlich qualitätvolles Gesamterscheinungsbild in Architektur und Ausstattung, Stuckaturen von Materno Bossi aus Würzburg.
Besichtigung: Privatbesitz, nicht zugänglich.
Lage: TK 7228; 510 m, GK. R 09 260, H 99 680; südlich der Kirche.

Typus: Schloss des Klassizismus, Grafenschloss in Ortslage.
Geschichte: 1270 Rittergut Amerdingen, um 1350–1564 die Herren von Scheppach, 1574 an Hans Schenk von Stauffenberg, 1784–1788 Schlossneubau durch Johann Franz Schenk von Stauffenberg, Architekt: Lorenz Fink, 1874 Grafenstand.

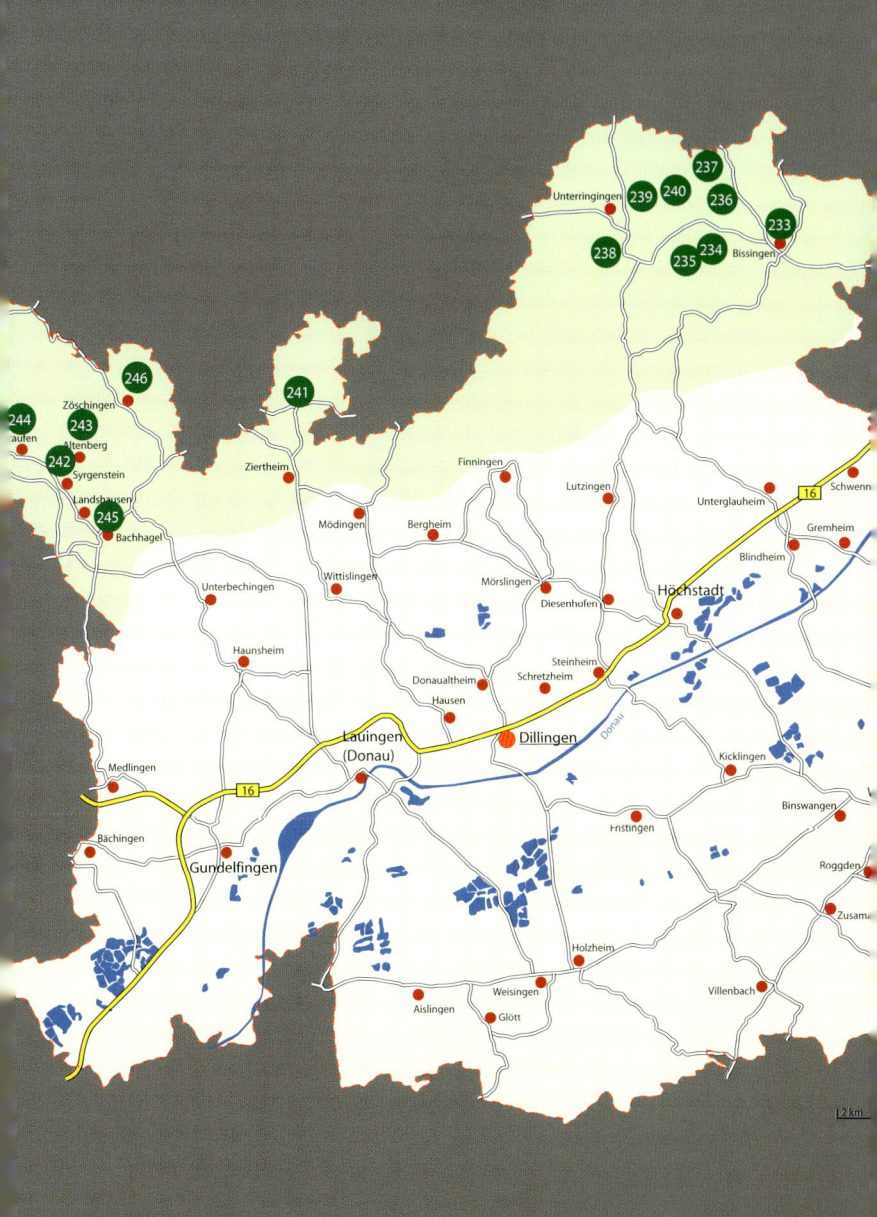

Landkreis Dillingen an der Donau

233 Schloss Bissingen; Markt Bissingen

Erhaltungszustand: Erhaltene Schlossanlage über dem Kesseltal. Ringmauer mit Unterem und Oberem sechseckigem Schertlinsturm von 1564, ehemalige Gefängnistürme, Schlossbau: dreigeschossiger Rechteckkompaktbau, Satteldach, Wellengiebel, Ecktürme, Inneres mit Stuckierung 1664/67. Ehemaliger Torbau, jetzt Wohnhaus, Stallungen und Ökonomiegebäude.
Besichtigung: Privatbesitz nicht zugänglich, einsehbar.
Lage: TK 7229; 450 m, GK. R 98 520, H 98 300; in Ortsmitte bei der Kirche.
Typus: Niederungsburg in Ortslage, Renaissanceschloss.
Geschichte: Um 1140 Ruodbert von Bissingen, Ministeriale, 1271–1455 Besitz der Grafen von Oettingen-Wallerstein, 1558–1564 Neubau Renaissanceschloss durch Sebastian Schertlin von Burtenbach, 1568 an den Landsknechtsführer Konrad von Bemelberg, 1661 an Graf Ernst von Oettingen-Wallerstein, 1974 an Privat.

234 Burg Hochstein; Bissingen-Hochstein

Erhaltungszustand: Burgstelle auf einem frei stehenden Felsen über dem Wildbachtal. Kein Steinbaunachweis, nördlich dreiseitige Hangterrasse, St.-Margareten-Kapelle 17. Jh.
Besichtigung: Frei zugänglich.
Lage: TK 7229; 480 m, GK. R 96 120, H 98 640; auf dem Burgfelsen der St.-Margareten-Kapelle.
Typus: Höhenburg in Spornlage, Ministerialenburg.
Geschichte: Entstehung nicht bekannt, um 1140 Utto von Hochstein, Ministeriale, 1267 in Besitz des Berchtold von Hohenburg, 1271 an die Grafen von Oettingen, Abgang 15. Jh.

235 Schloss Hochstein; Bissingen-Hochstein

Erhaltungszustand: Ersatzlos abgebrochen, ehemaliger Rechteckbau mit Satteldach, vier Ecktürme, Ringmauer.
Lage: TK 7229; 470 m, GK. R 96 120, H 98 600; südlich der Burgstelle.
Typus: Renaissanceschloss in Ortslage.
Geschichte: Um 1500 Schlossneubau durch die Schenken von Schenkenstein, 1531 Veit von Horkheim bewohnt das Schloss, angenommene Zerstörung im Dreißigjährigen Krieg.

236 Göllingen; Bissingen-Göllingen

Erhaltungszustand: Ersatzlos abgebrochen, ehemalige Wasserburg mit Anschluss an den Kessel-Bach.
Lage: TK 7229; 430 m, GK. R 97 550, H 99 650; am nordöstlichen Ortsrand nahe dem Kessel-Bach.
Typus: Niederungsburg, Wasserburg, Ministerialenburg.
Geschichte: Bestand nicht bekannt, 1268 Friedrich von Göllingen Ministeriale der Edelfreien von Hohenburg.

237 Burgmagerbein;
   Bissingen-Burgmagerbein

Erhaltungszustand: Ersatzlos abgebrochen.
Lage: TK 7229; 462 m, GK. R 96 700, R 01 400; innerhalb der Ortsbebauung.
Typus: Niederungsburg in Ortslage, Ministerialenburg.
Geschichte: Burg des im 12. Jh. genannten Ortsadels der Herren von Magerbein, vermutete Ministerialen der Fronhof-Hohenberger, 1366 Verkauf durch Ott Büffer von Magerbein an Heinrich Schenk von Schenkenstein, Entstehung nicht bekannt, Abgang 14. Jh.

238 Diemantstein;
   Bissingen-Diemantstein

Erhaltungszustand: Anlage auf einer Spornecke über dem Kesseltal. Schlossvorhof mit Ökonomiegebäuden 17./18. Jh., Tordurchfahrt 1763. Abschnittsgraben, Kernanlage: Kirche St. Ottilia und Pfarrhaus anstelle von Burg und Hochschloss, Reste der Zwingermauer, Buckelquader in Zweitverwendung.
Besichtigung: Frei zugänglich.
Lage: TK 7329; 520 m, GK. R 93 370, H 99 180; im Bereich der Kirche.
Typus: Höhenburg-Schloss in Spornlage, Grafenschloss.
Geschichte: Um 1200 Edelfreie von Diemantstein, 1236 Tiemo, 1546 der Feldhauptmann Georg Schertlin lässt Diemantstein niederbrennen, um 1600 Schlossneubau durch die Freiherren von Diemantstein, 1761–1763 Barockisierung und Neubau der Kirche durch das Reichsstift in Augsburg, 1777 an Fürst Kraft Ernst von Oettingen-Wallerstein, 1826 Abbruch des Hochschlosses.

239 Hohenburg;
   Bissingen-Fronhofen

Erhaltungszustand: Burgruine auf einem ovalen Bergkegel über dem Kesseltal. Vorbefestigung mit Wallgraben. Vorburg: Rundturm in Bruchsteinen, Torzwinger geringe Mauerreste, Schutt. Kernburg: Geringe Mauerreste der Ringmauer, Quader, Kleinquader in Zweitverwendung, Innerer Bereich mit Mauer 20 x 45 m, Turmrest ca. 9 x 9 m, innen rund, Quader grob, Bestandssicherung erforderlich.
Besichtigung: Frei zugänglich.
Lage: TK 7229; 511 m, GK. R 94 050, H 00 420; 800 m westlich von Fronhofen.
Typus: Höhenburg in Gipfellage, Hochadelsburg.
Geschichte: Entstehung 2. Hälfte 12. Jh. durch die Edelfreien von Hohenburg, um 1140 Udalrich und Sohn Friedrich, 1223 Ulrich, 1281 an Graf Ludwig von Oettingen, 1455 an Hans I. Schenk von Schenkenstein, Abgang um 1500.

240 Burg Fronhofen;
   Bissingen-Fronhofen

Erhaltungszustand: Burgstelle auf dem Michelsberg über dem Kesseltal an höchster Stelle einer vor- und frühgeschichtlichen Wallanlage. Südseitig

sieben Wallgräben; im Vorburgbereich St.-Michaels-Kirche 14./15. Jh. Ringwallgraben zur Kernburg: 8 x 11m, kein Steinbaunachweis.
Besichtigung: Frei zugänglich.
Lage: TK 7229; 517 m, GK. R 94 590, H 00 890; 500 m nordnordwestlich von Fronhofen.
Typus: Höhenburg in Gipfellage, Hochadelsburg.
Geschichte: Entstehung nicht bekannt, Stammburg der um 1100 bis 1150 genannten Edelfreien von Fronhofen. Ab 1150 Abgang.

241 Dattenhausen; Ziertheim-Dattenhausen

Erhaltungszustand: Burgstelle an der ehemaligen östlichen Stadtmauer einer ca. 25 x 30 m großen Viereckanlage mit Wall und 10 m breitem Graben. Teile des südlichen und westlichen Wassergrabens mit Zufluss aus der Egau erhalten.
Besichtigung: Privatgrundstück, Grabenbereich einsehbar.
Lage: TK 7328; 452 m, GK. R 02 440, H 92 220; am Ortsrand ostseitig der Egau.
Typus: Niederungsburg-Schloss, Wasserburg-Schloss.
Geschichte: Burg-Schloss der Ortsherrschaft, Bestand nicht bekannt. 1331 verleiht Kaiser Ludwig der Bayer Hermann von Hürnheim zu Katzenstein das Stadtrecht für Dattenhausen, ab 1367/80 wechselnde Besitzer.

242 Schloss Altenberg; Syrgenstein-Altenberg

Erhaltungszustand: Markante Schlossanlage auf einer Spornendkuppe. Ringmauer. Anlage mit Scheune, ehemaliger Wirtschaftsbau, Südflügel Schlossbau: zweigeschossiger Rechteckbau, Satteldach, Arkaden, Schlosskapelle mit Apsis, OG Saal mit Wessobrunner Stuck.
Besichtigung: Privatbesitz, nicht zugänglich.
Lage: TK 7327; 450 m, GK. R 96 080, H 91 970; in Ortsmitte.
Typus: Höhenburg-Schloss in Gipfellage, Barockschloss.
Geschichte: Entstehung nicht bekannt. 1361, 1374 Herren von Westerstetten zu Altenberg, 1449 Zerstörung durch die Giengener, 1637 beschädigt, 1666 an Johann Gottfried Freiherr von Syrgenstein. 1693 Neubau Barockschloss durch Franz Johann Freiherr von Syrgenstein, 1798 an die Fürsten zu Oettingen-Wallerstein, 1832 an Bayern, 1986 an Clothilde Prinzessin von Liechtenstein.

243 Bloßenstaufen; Syrgenstein-Altenberg

Erhaltungszustand: Burgruine auf dem 7 m hohen Felsblock „Alter Turm". Kernburg ca. 30 x 40 m, Ringmauer mit Kernmauerresten, Bergfriedruine noch 6 m hoch, Seitenlängen Viereck 8–9 m,

Quader, Bestandsicherung erforderlich.
Besichtigung: Frei zugänglich.
Lage: TK 7327; 545 m, GK. R 96 150, H 92 510; 500 m nördlich von Altenberg.
Typus: Höhenburg in Hangterrassenlage, Ministerialenburg.
Geschichte: 1171 Heinrich von Staufen zu Bloßenstaufen, Reichsministeriale, 1338 an Kaiser Ludwig der Bayer, 1462 Zerstörung im Reichskrieg durch Markgraf Albrecht von Brandenburg.

244 Staufen; Syrgenstein-Staufen

Erhaltungszustand: Teilerhaltene Anlage an der Klingenquelle mit mehrfach umgebautem Schlossbau: zweigeschossiger Rechteckkompaktbau, Satteldach, Erker, Keller mit Tonnengewölbe. Reste der Ringmauer, ehemalige Anlage mit mehreren Nebengebäuden.
Besichtigung: Privatbesitz, Gaststätte „Schlössle".
Lage: TK 7327; 505 m, GK. R 94 640, H 92 370; am nordöstlichen Ortsrand.
Typus: Renaissanceschloss in Ortslage.
Geschichte: 1538 Neubau der Schlossanlage durch Melchior Visel, 1549 an Wolf von Westerstetten zu Altenberg, 1659 an Hans Jakob Freiherr von Syrgenstein, 1748 an die Freiherren von Hornstein, 1774 Barockisierung des Schlosses, 1807 an Privat, Einrichtung einer Brauerei.

245 Hageln; Syrgenstein-Landhausen

Erhaltungszustand: keine Geländenachweise, vermuteter Abgang durch Steinbruch. Stockhof zur Burg gehörend.
Lage: TK 7327; GK. 96, H 89; vermutet westlich des Stockhofs nahe der Straße von Landhausen nach Burghagel.
Typus: Hochadelsburg, Ministerialenburg.
Geschichte: Entstehung nicht bekannt. Seit 1145 Nennung der Edelfreien und Reichsministerialen von Hageln, 1227 Marquard von Hageln, bayerischer Herzogsbesitz mehrfach verpfändet, 1447 oder 1462 zerstört.

246 Zöschingen

Erhaltungszustand: Burgstelle über dem Rötelbachtal. Bogenförmiger Wallgrabenrest, Kernburg: ca. 25 x 30 m, Schuttriegel, Mulden. Ausgrabung 1895, nach Benz: Grundmauern eines Turmes ca. 8 m im Quadrat, Quader, Kleinquader in Zweitverwendung.
Besichtigung: Frei zugänglich.
Lage: TK 7327; 530 m, GK. R 97 510, H 94 020; beim Sportplatz 300 m nördlich von Zöschingen.
Typus: Höhenburg in Bergrandlage, Ministerialenburg.
Geschichte: Entstehung nicht bekannt, 1257 bis 1291 Nennung der Ministerialen von Zöschingen, 1462 vermutete Zerstörung im Reichskrieg durch Markgraf Albrecht von Brandenburg.

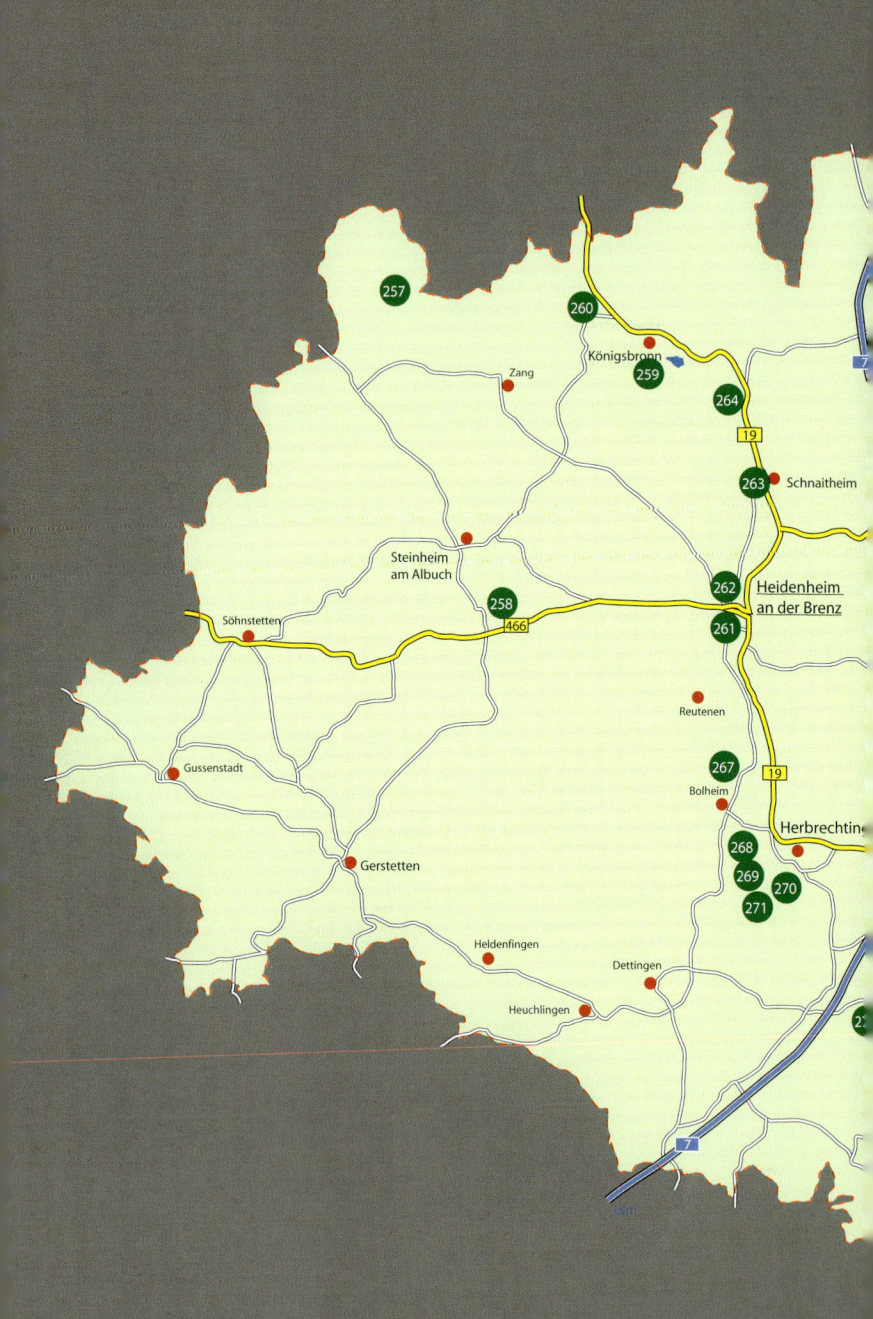

Landkreis Heidenheim

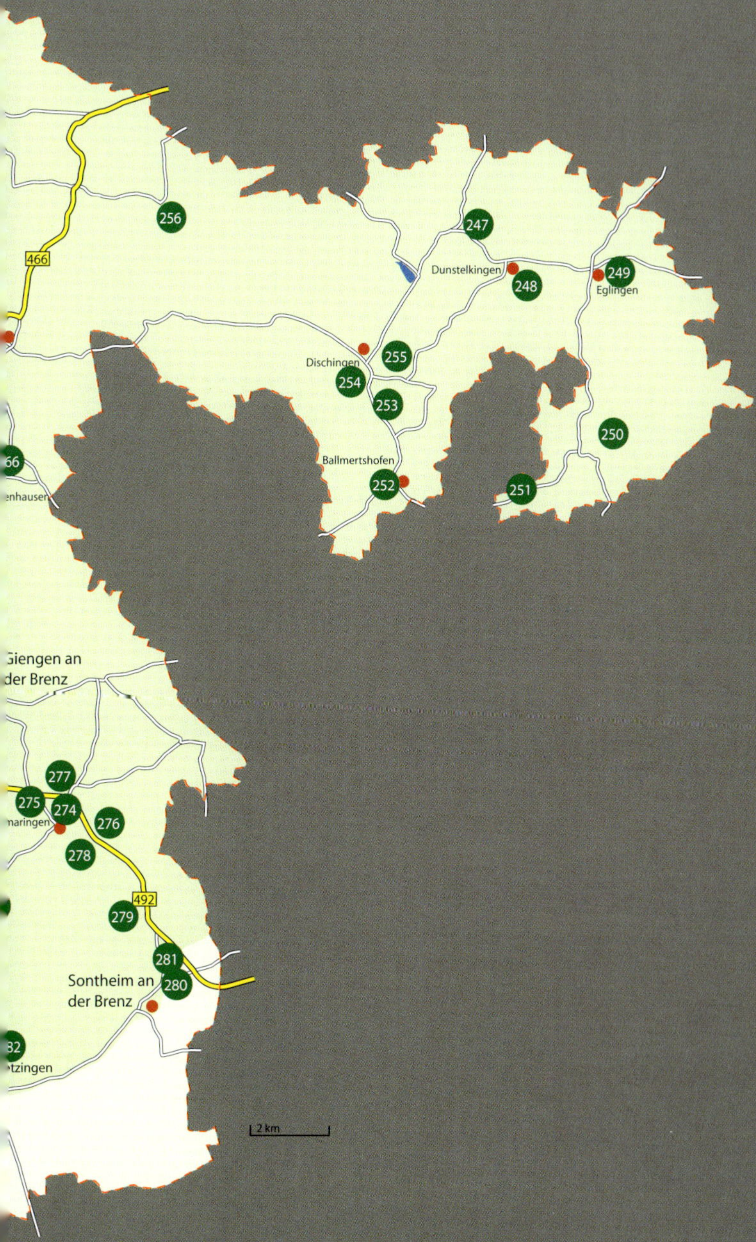

466
256
247
Dunstelkingen
248
249
Eglingen
Dischingen
255
254
253
250
Ballmertshofen
252
251
66
Giengen an
der Brenz
277
275
274
276
278
492
279
281
Sontheim an
der Brenz
280
32
2 km

Burg Katzenstein 247

Dischingen-Katzenstein, Landkreis Heidenheim, Baden-Württemberg
Meereshöhe: 540 m, Katzensteiner Tal 510 m
Erhaltungszustand: erhaltene Burganlage
Besitzer: Familie Nomidis-Walter
Besichtigung: Öffnungszeiten der Burg mit Museum: März bis Januar 10 bis 18 Uhr, Montag geschlossen, außer Oster- und Pfingstmontag, freie Besichtigung und Führungen, Gruppen auf Voranmeldung, Info Tel. 07326 919656, www.burgkatzenstein.de, Burgschänke Öffnungszeiten: März bis Dezember 10 bis 19 Uhr, Montag geschlossen, im Januar Fr bis So 10 bis 19 Uhr, Hotelappartements im Wehrganggebäude, versch. Veranstaltungen, Raumvermietungen, Jahresprogramm. Barrierefrei: Gewölbehalle, Burghof und Burgschänke
Lage: TK 7228; GK, R 02300, H 99320; GPS 48° 43' 25" N, 10° 23' 30" O

Im Herzen des Härtsfeldes liegt südlich von Neresheim die Burg Katzenstein. Durch ihren Erhaltungszustand und ihre Lage gehört sie zu den bedeutendsten und somit besuchenswertesten Burganlagen Süddeutschlands. Von der A 7 Ausfahrt Heidenheim oder Aalen/Westhausen sowie von Nördlingen an der B 29 führen bezeichnete Straßen nach Neresheim. Beim südlich gelegenen Härtsfeld-See zweigt eine Straße zur Burg Katzenstein ab. Besucherparkplatz bei der Burg.

Bauphasen

I. Bauphase 4. Viertel 11. Jh.
Bauherren: Edelfreie von Katzenstein. Angenommene Entstehung als Turmburg im Zuge eines möglichen Ersatzes für die zum Kloster gewordene Burg Neresheim (W. Sponsel). Massives Sockelgeschoss mit möglichem Fachwerkaufbau.

II. Bauphase 12./13. Jh.
Bauherren: Herren von Katzenstein, Ministerialen der Pfalzgrafen von Dillingen, spätestens seit 1262 Rudolf II. von Hürnheim-Rauhaus zu Katzenstein. Ausbau mit Wohnbau, Kapellenbau 1192, Flankierungsmauern mit zwei Toren um 1215–1235, danach Romanisches Steinhaus mit Tiefenbrunnen um 1225, Aufbau zum massiven Bergfried in Buckelquaderbauweise 1225 (Dendronachweis), Ringmauer, Zwinger, Kapellenvorbau Ende 13. Jh.

III. Bauphase 14. Jh.
Ausbau des Wohnbau-Küchenbaus, Verlegung des Burgtores zur Ostseite.

IV. Bauphase 15. Jh.
Bauherren: Herren von Westerstetten. Modernisierungs- und Erweiterungsmaßnahmen, Aufstockung Küchenbau, Überbauung südwestliche Eckmauer und Zwinger der Ostseite, Bau über der Kapelle 1495/96.

V. Bauphase 1756–1773
Bauherr: Joseph Anton Damian Graf von Oettingen-Baldern, Katzenstein und Flochberg, *1720 †1778. Ausbau zum Schloss, Neuer Dachaufbau am Bergfried mit Zinnengiebeln 1756/57, Schlossbau durch Einbezug vorhandener Bausubstanz und Aufstockung 1773, Umbau Kapellenbau 1773.

VI. Bauphase 1977–2013
1977 Wiederaufbau des Romanischen Steinbaus durch das Land Baden-Württemberg. 1988 Teilabbruch der Wirtschaftsbauten, Ausbau mit Ferienwohnungen. 2013 Überdachung Küchenbau.

Geschichte

1099 Odelrich von Katzenstein, möglicher Burgherr, 1153 Rodegerus von Katzenstein.
1236, 1257 Friedrich von Katzenstein, Ministeriale der Pfalzgrafen von Dillingen.
Vor 1262 Übergang an die Herren von Hürnheim-Rauhaus; Rudolf II., Stifter der Linie zu Katzenstein, bewohnt die Burg. Rudolf befindet sich 1266 im Gefolge König Konradins.
1354 Herdegen II. von Hürnheim-Katzenstein verkauft den Besitz an die Grafen Ludwig XI. und Friedrich II. von Oettingen.
1364 Verpfändung an Graf Ulrich von Helfenstein.
1382 Bertold I. von Westerstetten, Lehensbesitzer, gilt als Stifter der Linie Westerstetten zu Katzenstein. Es folgen dessen Nachkommen bis zum Tod des Wolf Dietrich 1569, der vier Töchter als Erben hinterlässt. Teilung des Besitzes.
Zwischen 1572 und 1632 Rückkauf durch die Grafen von Oettingen.
1648 Beschuss und Einnahme der Burg

durch schwedische und französische Truppen unter Generalfeldmarschall Gustav Horn.
1667 Notger Wilhelm nennt sich Graf von Oettingen-Katzenstein, 1687 zu Baldern-Katzenstein, 1669 Wohnsitz.
1798 Nach dem Tod des Wilhelm, letzter der Grafen von Oettingen-Baldern Katzenstein, Übergang an die Linie Oettingen-Wallerstein unter Graf Kraft Ernst Judas. Beginnender Zerfall durch unterlassene Bauunterhaltung.
1939 Erwerb durch den Bankier Herbert Wolfgang Stuber, der Renovierungsarbeiten durchführen lässt. 1945 Verhaftung durch die SS und anschließende Flucht.
1949 An die Kunstmalerin Elly Edler.
1965 An die Familie Holl, die Bestandserhaltungs- und Renovierungsarbeiten durchführen lässt.
1988 an Alwin Peter aus Biberach, Schließung der Burg.
1995 Brandzerstörung von Dachstuhl und oberstem Geschoss des Neuen Schlosses. Weitere Bauteile sind einsturzgefährdet.
2006 Verpachtung an die Familie Nomidis-Walter, Beginn von umfangreichen Instandsetzungs- und Erneuerungsmaßnahmen. Öffnung der Burg für Besucher.
2009 Michael-Nikolaus Nomidis-Walter wird Besitzer. Weitere Instandsetzungsmaßnahmen, Ausbau mit Burgschänke, Hotel und Besucherrundgang.
2012/13 Instandsetzung der Zwingermauern, Küchenbau mit Schutzdach.

Anlage

Typus
Höhenburg in Spornkuppenlage, Ministerialenburg, Grafenburg.

Anlagenmerkmale
Bergfried, Wohnbauten, Kapellenbau, Ringmauer, Zwinger, Buckelquader, Quader, Kleinquader, Bruchstein, Biforienfenster.

Beschreibung
In der weiten Landschaft des dünn besiedelten Härtsfeldes steht die Burg Katzenstein unvermittelt auftauchend ganz im Banne des Besuchers. Trotz neuzeitlicher Zutaten gilt sie mit ihrer beachtlichen Bausubstanz als herausragendes Beispiel einer hochmittelalterlichen Burg.

Auf dem Felsen einer Kuppe stehend wirkt Katzenstein mit seiner hohen Ringmauer und eng umstellten Bauwerken besonders kompakt und eben wiederum sehr stauferzeitlich-hochmittelalterlich. Die beachtliche polygonale Ringmauer des 13. Jhs. umfasst ein Areal von 45 x 55 m. Zur Nord-, West und Südseite steht sie auf dem Felsen, zur Ostseite, dem Bereich der Vorburg, ist der Ringmauer ein Zwinger vorgelagert. Von hier betritt der Besucher durch das Tor des „Neuen Schlosses" die Burg.

Unterer Bereich
Nach der Tordurchfahrt betritt man einen weiträumigen Burghof mit U-förmig an die Ringmauer gelehntem zweigeschossigem **Wehrganggebäude**. Es steht anstelle ehemaliger Werkstätten und Ställe. Im Erdgeschoss sind Burgschänke mit Kiosk; im Obergeschoss, mit historisierender Fachwerkfassade, Hotelappartements untergebracht.

Oberer Bereich – Kernburg
Eine bis zu 9 m hohe Quermauer trennt den unteren vom höher liegenden oberen Kernburgbereich. Dahinter entwickeln sich auf mehreren Ebenen verschiedene Hofbereiche, die zu den Feldseiten mit den an der Ringmauer situierten Hauptbauwerken umfasst werden.

„Neues Schloss"
Ostseitig beginnend steht über und neben dem Tor das sog. „Neue Schloss". Hervorgegangen aus mehreren Bauabschnitten und vermutlich seit dem 15. Jh. vor die Ringmauer aufgebaut, wird es 1680 erweitert, 1773 um ein Geschoss erhöht und zeitgemäß modernisiert. Nach einem Brand wird das Dach erneuert, das Obergeschoss aber

nicht mehr ausgebaut. Heute dient es als Zugangsbauwerk zur Besichtigung der Burg.

Kapellenbau

Anschließend folgt quergestellt der viergeschossige, auf 1192 zurückgehende Kapellenbau; ein längsrechteckiges Satteldachgebäude, mehrfach und zuletzt noch 1923 erweitert. Bedeutendster Raum ist die **Burgkapelle** von 1192 mit Empore und Halbrundapsis. Innenräumlich sind die vierzonigen Secco-Ausmalungen des 14. und 15. Jhs. unbekannter Meister von besonderem kunsthistorischen Wert (Michler, Wilhelm). In der Apsis das Weltgericht, darüber Pantokrator, rechts: Darstellung im Tempel und Kreuztragung, links: Kindermord und Dornenkrönung.

Zur Südseite folgt die Ruine des in mehreren Abschnitten entstandenen **Küchenbaus**: Untergeschoss mit Tonnengewölbe, ehemals zweigeschossig, dann aufgestockt mit Satteldach; zur Bergfriedseite ältere Bausubstanz von vor 1225 mit bauzeitlicher Pforte und Wendeltreppe. Möglicherweise handelt es sich im Zusammenhang mit der frühen Turmburg um den ersten Wohnbau (Hermann).

Bergfried

Ensemblebestimmender hoher Frontturm mit sieben Geschossen, stehend auf annähernd quadratischem Grundriss und errichtet in mindestens drei Bauphasen. Basisgeschoss bis 7 m Höhe mit Quaderverblendung von um 1100, innenräumlich Gewölbe. In der stauferzeitlichen Phase wird er 1225/26 (Dendronachweis) innenseitig vorgeblendet, in Buckelquaderbauweise aufgestockt und mit hoch liegendem Eingang versehen. Im Wächtergeschoss gibt es eine beachtenswerte Kammer mit offenem Kamin: in der Ecke, seltener Werksteinrauchfang auf Säulen mit ornamentierten Würfelkapitellen und beidseitigem Gesims, Steinmetzarbeit mit sprechendem Wappen der Katze; auf gleicher Ebene innerhalb der Mauer ein Abtritt. Einer weiteren Phase, spätestens 1756/57, entstammt der Turmabschluss in Backsteinen mit Satteldach und Zinnengiebeln.

Romanisches Steinhaus

Nordseitig zum Bergfried steht das **Romanische Steinhaus** von um 1225: Viergeschossiger trapezförmiger Steinbau mit Satteldach, Teile der Obergeschosse und Dach entsteht als rekonstruierender Wiederaufbau zum Stauferjahr 1977. Die Fassaden mit Hausteinmauerwerk waren ursprünglich mit Fugenputz und Ritzung versehen (Hermann). Erdgeschoss: zweischiffige Tonnengewölbehalle auf Pfeilerarkade, 30 m tiefer Brunnenschacht. 1. Obergeschoss: spätromanisch-frühgotische Biforienfenster in Suevitwerkstein, angenommene Dürnitznutzung.

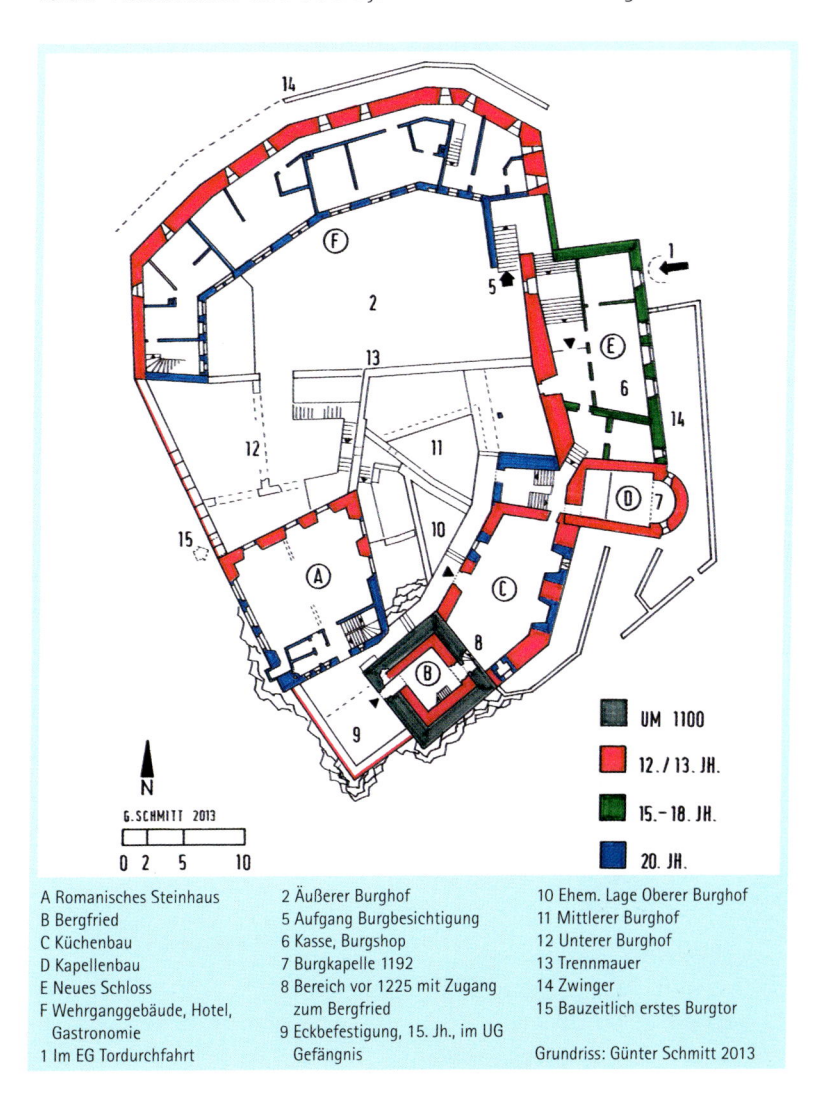

A Romanisches Steinhaus
B Bergfried
C Küchenbau
D Kapellenbau
E Neues Schloss
F Wehrganggebäude, Hotel, Gastronomie
1 Im EG Tordurchfahrt
2 Äußerer Burghof
5 Aufgang Burgbesichtigung
6 Kasse, Burgshop
7 Burgkapelle 1192
8 Bereich vor 1225 mit Zugang zum Bergfried
9 Eckbefestigung, 15. Jh., im UG Gefängnis
10 Ehem. Lage Oberer Burghof
11 Mittlerer Burghof
12 Unterer Burghof
13 Trennmauer
14 Zwinger
15 Bauzeitlich erstes Burgtor

Grundriss: Günter Schmitt 2013

248 Dunstelkingen; Dischingen-Dunstelkingen

Erhaltungszustand: Ersatzlos abgebrochen. Grabenreste. Ehemaliges Schloss mit Wallgraben, Ringmauer und vier Ecktürmen.
Lage: TK 7228; ca. 560 m, GK. R ca. 04 040, H ca. 98 630; Bereich der alten Härtsfelder Brauerei, westlich der Kirche.
Typus: Niederungsburg-Schloss in Ortslage, Ministerialenburg, Renaissanceschloss.
Geschichte: Entstehung nicht bekannt, 1235 bis 1319 Herren von Dunstelkingen, Ministerialen der Dillinger und Staufer, über die Herren von Gromberg um 1451 an die Herren von Westerstetten zu Katzenstein, mehrere Epitaphe des 16. Jhs. in der Kirche St. Martin. 1581–1587 Schlossneubau, 1785 an die Fürsten von Thurn und Taxis, 1796 Zerstörung von Schloss und Dorf, 1804 Abbruch.

249 Eglingen; Dischingen-Eglingen

Erhaltungszustand: Teilerhaltene Anlage mit ehemaliger Schlossökonomie, Torhaus, Rundturm, Brauhaus, ehemaliges Kanzleigebäude: 28 m langer Rechteckbau, zweigeschossig, Satteldach, Westgiebel mit Rundturm, Ostgiebel zwei Ecktürme.
Besichtigung: Privatbesitz, nicht zugänglich, einsehbar.
Lage: TK 7228; 544 m, GK. R 05 570, H 98 330; am südwestlichen Ortsrand.
Typus: Renaissanceschloss in Ortslage, Grafenschloss.
Geschichte: 1293 bis 1350 Nennung der Herren von Eglingen, Ministerialen der Grafen von Oettingen, mögliche Burg anstelle des Schlosses. 1596 Schlossneubau durch Freiherr Ludwig III. von Grafeneck, 1664 Grafenstand, 1708 Barockisierung, 1723 an Anselm Franz Fürst von Thurn und Taxis, 1810 Abbruch des Schlosshauptbaus.

250 Schloss Duttenstein; Dischingen-Demmingen

Erhaltungszustand: Malerische Schlossanlage auf einem Hügel innerhalb eines Wildparks. Vorschloss mit Ringmauer. Hochschloss: Ringmauer, Parkjägerhaus, Uhrturm; unregelmäßige Vierflügelanlage um einen Innenhof, viergeschossig, Zinnengiebel, Eckerker, Ostflügel 1564, Rustika-Portal; EG Kreuzgewölbe, Westflügel; UG Tonnengewölbe, Fürstenzimmer mit Ausmalungen 1792 von Johann Huber aus Augsburg.
Besichtigung: Privatbesitz, nicht zugänglich, einsehbar.
Lage: TK 7328; 525 m, GK. R 07 660, H 95 700; 2,3 km nordöstlich von Demmingen.
Typus: Renaissanceschloss in Gipfellage.
Geschichte: Mögliche Entstehung der Burg im 13. Jh. durch die 1283 genannten Ministerialen von Eglingen,

1324 an die Grafen von Oettingen, 1374 „Tuttenstein". 1564–1572 Neubau Renaissanceschloss durch Hans Fugger, 1735 an Fürst Anselm Franz von Thurn und Taxis, 1792 klassizistische Umgestaltung durch Fürst Karl Anselm, 1995 an Privat.

251 Alte Burg Demmingen; Dischingen-Demmingen

Erhaltungszustand: Burgstelle auf einem Bergkegel der Albhochfläche. Ringförmiger Wallgraben, Vorburg: Ringmauerreste, Bruchstein, Kernburg: unregelmäßiges Rechteck, Ringmauerreste, Grundriss eines Wohnturms 6,6 x 10,3 m, Bruchstein.
Besichtigung: Frei zugänglich.
Lage: TK 7328; 515 m, GK. R 04440, H 93560; 1,6 km westsüdwestlich von Demmingen.
Typus: Höhenburg in Gipfellage.
Geschichte: Entstehung 13./14. Jh. vermutlich durch die Grafen von Dillingen, 1250 „Thuemingen", 1319 die Ortsherrschaft von den Herren von Eglingen an die von Knöringen, 1570 Abbruch der Burgruine.

252 Schloss Ballmertshofen; Dischingen-Ballmertshofen

Erhaltungszustand: Dreigeschossiger Rechteckbau, Satteldach, Erkerturm,

geschweifte Giebel, Grundriss dreischiffig, dreizonig, Netzrippengewölbe, Stuckdecken.
Besichtigung: Bildergalerie im Schloss zu geregelten Öffnungszeiten.
Lage: TK 7328; 470 m, GK. R 01 090, H 93 830; am südlichen Ortsende.
Typus: Spätrenaissanceschloss in Ortslage.
Geschichte: Burgbestand und Lage nicht bekannt, um 1140 Rehewin von Ballmertshofen, 1236 Konrad. Kurz vor 1600 Schlossneubau durch Philipp von Leonrod, 1637 an Iakob von St. Vincent, 1749 an Alexander Fürst von Thurn und Taxis, 1865 an die Gemeinde.

253 Knollenburg; Dischingen

Erhaltungszustand: Burgstelle auf einem Felsen über dem Egautal. U-förmiger Wallgraben, Kernburg ca. 10 x 10 m, 1822 noch bestehende Turmruine des Bergfrieds.
Besichtigung: Frei zugänglich.
Lage: TK 7328; 490 m, GK. R 00 500, H 95 620; 800 m südlich von Dischingen.
Typus: Höhenburg in Bergrandlage, Ministerialenburg.

Geschichte: Bestand nicht bekannt, vermutete Burg der seit 1212 genannten Herren von Dischingen, Ministerialen der Grafen von Dillingen.

254 Burg auf dem Eisbühl; Dischingen

Erhaltungszustand: Burgstelle am Rande eines Seitentals der Egau. Vorburgbereich ca. 30 x 35 m, Kernburg: ovaler Ringwallgraben, darin Hügel ca. 30 x 35 m mit Felsklotz, kein Steinbaunachweis.
Besichtigung: Frei zugänglich.
Lage: TK 7328; 540 m, GK. R 99 150, H 95 020; 950 m westsüdwestlich von Dischingen.
Typus: Höhenburg in Spornkuppenlage, Ministerialenburg.
Geschichte: Entstehung und Abgang nicht bekannt, Burg des seit 1212 genannten Ortsadels, Ministerialen der Grafen von Dillingen, 1229–1234 Heinrich Bischof von Eichstätt.

Schloss Taxis

Dischingen, Landkreis Heidenheim, Baden-Württemberg
Meereshöhe: 521 m, Egautal 460 m
Erhaltungszustand: Erhaltene Schlossanlage
Besitzer: Fürsten von Thurn und Taxis
Besichtigung: Privatbesitz, Kernanlage nicht zugänglich, von außen einsehbar, Nebengebäude, Reithalle, Außenbereiche frei zugänglich, Umgänge mit Infotafeln, Englischer Wald mit Alleen, Klause und Schießhaus von 1859 frei zugänglich. Barrierefrei
Lage: TK 7328; GK. R 01 050, H 95 840; GPS 48° 41' 30,5" N, 10° 22' 18,9" O

Östlich von Heidenheim erstreckt sich das Härtsfeld mit dem Egautal. Auf den Hügeln südöstlich der Ortschaft Dischingen liegt das umfangreiche, durch zahlreiche Gebäude geprägte, schmucke Schloss Taxis. Von der A 7, Autobahnausfahrt Heidenheim und von Neresheim führen bezeichnete Straßen nach Dischingen. Im Ort Richtung Ballmertshofen, dann östlich die Schlossstraße Richtung Trugenhofen zum ausgeschilderten Parkplatz oberhalb der Schlossanlage.

Fürstliche Reithalle.

Bauphasen

I. Bauphase 12./13. Jh.
Bauherr: Herren von Trugenhofen, Reichsministerialen, 1232, 1258 Hildebrand von Trugenhofen. Neubau der Burg Trugenhofen anstelle des später genannten Schlosses Taxis.

II. Bauphase 16. Jh.
Bauherr: Möglicherweise ab 1544 die Herren von Leonrod. Ausbau der Burg zum Renaissanceschloss – Rechteckbau, sog. „Hohes oder Neues Schloss".

III. Bauphase 1775–1800
Bauherr: Carl Anselm Fürst von Thurn und Taxis, Generalerbpostmeister, *1733, †1805, Ehefrauen: 1. Auguste Prinzessin von Württemberg, 2. Elisabeth von Train. Neubau Gästetrakt, Kavaliersbau, Reithalle 1775/76, Umgestaltung der Schlossfassade durch den Neresheimer Baudirektor Thomas Schaidhauf 1797/98, Schlosskapelle St. Maria durch Joseph Dossenberger oder Johann Hitzelberger 1799.

IV. Bauphase 1840
Bauherr: Maximilian Karl Fürst von Thurn und Taxis, *1802, †1871, Ehefrauen: 1. Wilhelmine von Dörnberg, 2. Mathilde Prinzessin zu Oettingen-Oettingen. Neubaumaßnahmen Historismus: Fürsten-, Prinzen- und Theaterbau, Zinnenturm.

Geschichte

Das ursprünglich lombardische Fürstengeschlecht „de la Torre" ist im 13. Jh. bei Bergamo ansässig. Im 15. Jh. werden sie zum Begründer des internationalen Postwesens, ihr Sitz ist im 16. Jh. Brüssel, später Frankfurt. Es folgt die Geschäfts- und Wohnsitzverlegung nach Regensburg, Schloss Taxis wird Sommerresidenz.

1147 Burg Trugenhofen ist staufischer Reichsbesitz.

1232 Hildebrand von Trugenhofen im Gefolge von König Heinrich VII., 1289 Walter.

1365 Burg Trugenhofen von den Grafen von Oettingen an Herdegen von Hürnheim zu Katzenstein.

1428 An die Herren von Westernach, danach mehrfacher Besitzerwechsel.

1663 Von den Herren von Leonrod an die Schenken von Castell.

1734 Anselm Franz Fürst von Thurn und Taxis erwirbt Schloss Trugenhofen

von Marquard Schenk von Castell.
1748 Sommersitz.
1768 Einrichtung der Thurn- und Taxi'schen Besitzverwaltung.
1776 Verbannung mit Hausarrest der Auguste von Württemberg auf Schloss Taxis wegen mehrfachen Mordversuchs an ihrem Cousin und Ehemann Fürst Carl Anselm.
1787–1805 Dauerwohnsitz für Fürst Carl Anselm.
1817 Umbenennung von Schloss Trugenhofen in Schloss Taxis.

Anlage

Typus
Fürstenschloss in Höhenlage, Renaissance, Klassizismus, Historismus.

Anlagenmerkmale
Mehrteilige Schlossanlage, Kernbau mit Zinnenturm, Parkanlagen.

Beschreibung
Auf einem Hügel beherrscht das malerische Schloss Taxis die freie Alblandschaft. Kernschloss und Nebengebäude bilden eine kleine Stadt, und dies nicht zufällig. Von Mai bis September belebte die Fürstenfamilie mit zahlreichen Gästen und einem Hofstaat von gut 300 Personen die Anlage.
Am Standort der ehemaligen Burg Trugenhofen steht als Hauptbauwerk das „Hohe oder Neue Schloss". Ein viergeschossiger Rechteck-Renaissancebau mit 15 x 40 m aus dem 16. Jh. Entstanden unter Verwendung von Bauteilen der Burg, besitzt es jetzt zur

Hofseite einen Umgang mit Freitreppe und axialem Eingang, Satteldach, geschweifte Giebel, über Eck gestellte Erkertürme mit Pyramidendächern und gefelderte Fassadengestaltung von Schaidhauf, 1797/98; im Erdgeschoss Kreuzgratgewölbe; zur Nordseite **Kapellenbau** mit Kapelle St. Maria von 1799 mit Walmdach und Dachreiter; daneben der hohe runde Zinnenturm mit Kalksteinquaderverblendung von 1840.

Nebengebäude: Zweiflügeliger, einen Hof bildenden **Gast- und Cavaliersbau**; dreigeschossig mit Mansardendach, zur Westseite flacher Risalit mit klassizistischem Pilasterportal und Wappengiebel.

Gänzlich der englischen Neugotik entsprechend stehen ostseitig am Schlosshof der **Fürstenbau** und im spitzen Winkel dazu gekoppelt der **Theater-** und **Prinzenbau** von 1840. Als jeweils dreigeschossige Rechteckbauten mit Satteldach besitzen sie ausgeprägte qualitätvolle Fassadenarchitektur mit Zinnen, Altane und Risalit.

Umfangreiche Nebenbauten mit beachtlicher Reithalle, einem kubischen klassizistischen Rechteckbau mit Pilasterfassade und flachem Walmdach, von 1775/76 folgen der Kernbebauung zur Südseite.

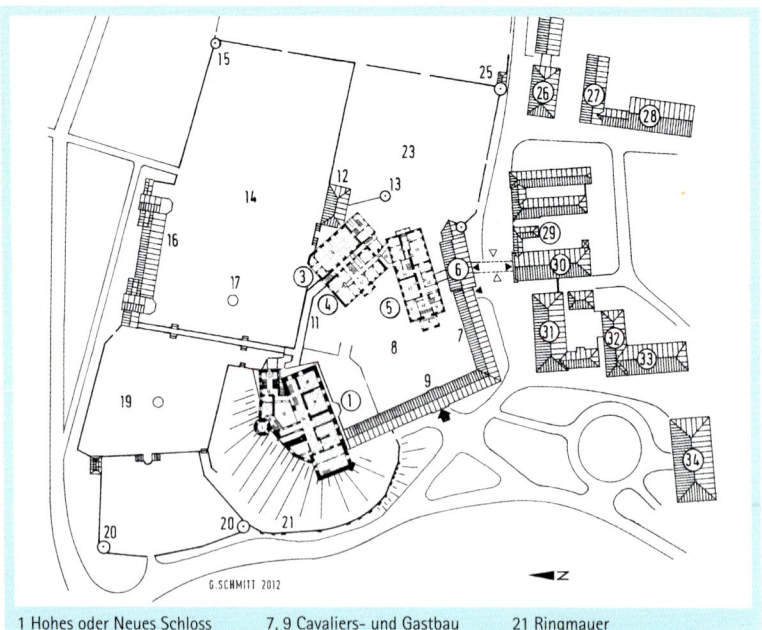

1 Hohes oder Neues Schloss 16. Jh.	7, 9 Cavaliers- und Gastbau 1840
2 Zinnenturm 1840	8 Schlosshof
3 Theaterbau 1840	11 Verbindungsgang
4 Prinzenbau 1840	13, 15, 20, 25 Mauertürme
5 Fürstenbau 1840	14, 19, 23 Gartenanlagen
6 Waschbau	16 Orangerie

21 Ringmauer
30 Küchenbau
31 Jägerschule
34 Fürstliche Reithalle 1775/76
Lageplan: Günter Schmitt nach Planunterlagen der Fürstlichen Rentkammer Thurn und Taxis

256 Auernheim; Nattheim

Erhaltungszustand: Burgstelle am Rande eines Höhenrückens der Albhochfläche. U-förmiger Graben, Kernburg ca. 35 x 75 m.
Besichtigung: Frei zugänglich.
Lage: TK 7227; 625 m, GK. R 95 180, H 99 650; südlich über der Ortschaft.
Typus: Höhenburg in Bergrandlage.
Geschichte: Bestand nicht bekannt, möglicherweise frühmittelalterliche Anlage, dann Burg der bis 1384 genannten Herren von Auernheim, Reichsministerialen, 1258, 1270 Heinrich von „Urenhaim".

257 Irmannsweiler; Steinheim

Erhaltungszustand: Burgstelle in Ortslage auf der Albhochfläche. Viereckanlage, verflachter Graben 40 x 42 m, 4 m hoher Erdhügel, ca. 16 x 18 m, darauf Forsthaus. Um 1900 noch Wassergraben.
Besichtigung: Privatbesitz, nicht zugänglich, gut einsehbar.
Lage: TK 7226; 683 m, GK. R 75 230, H 02 570; am südlichen Ortsrand.
Typus: Niederungsburg, Erdhügelburg.
Geschichte: Entstehung nicht bekannt, 1143 Irmboldeswilare, 1349, 1364 Ortsadel Diemar von Essingen zu Irmansweiler, vermutlich Ministeriale der Helfensteiner. Aufgabe um 1400, 1576 an Württemberg, Bau eines Forsthauses.

258 Burg Michelstein Stubental; Steinheim-Sontheim

Erhaltungszustand: Burgstelle am Ende eines felsigen Bergrückens über dem Stubental. Felsgraben, Kernburg mit geringem Mauerrest eines möglichen Burghauses, Quader, Bossenquader grob.
Besichtigung: Frei zugänglich.
Lage: TK 7226; 555 m, GK. R 78 810, H 93 580; 1,6 km südlich von Sontheim.
Typus: Höhenburg in Felskuppenlage.
Geschichte: Entstehung nicht bekannt. Stammsitz der Edelfreien von Michelstein, 1101 Regenhardus, 1266 Berkerus, Zuordnung nicht gesichert, sh. Burg Michelstein im Bäratal, 1209 Beringer und Otto von Sontheim, Stifter des Klosters Steinheim, mögliche Zuordnung zu Sontheim an der Brenz, Abgang 14. Jh.

259 Herwartstein; Königsbronn

Erhaltungszustand: Burgruine über dem Brenztal. Doppelgraben, Kernburg 30 x 55 m, Frontmauer in Quader, dazwischen Bergfriedstumpf 6,75 x 7,45 m, Buckelquader. Reste der Ringmauer, eines weiteren Turmes und Wohnbauten.
Besichtigung: Frei zugänglich.
Lage: TK 7226; 570 m, GK. R 82 150, H 54.00 240; 500 m südlich von Königsbronn.
Typus: Höhenburg in Spornfelsenlage, Ministerialenburg, Frontturmburg.
Geschichte: Mindestens zwei Bauphasen, Entstehung 12. Jh., Buckelquader 1. Hälfte 13. Jh. durch die staufischen Ministerialen die Schenken von Herwartstein, 1287 Beschädigung durch Rudolf von Habsburg, ab 1303 Abbruch.

260 Burghalde Königsbronn

Erhaltungszustand: Vermutete Burgstelle auf einem Höhensporn des Wollenbergs zwischen Ziegelbach und Brenztal. Begrenzung durch bogenförmigen Halsgraben und Quergraben am Spornende, kein Steinbaunachweis.
Besichtigung: Frei zugänglich.
Lage: TK 7226; 609 m, GK. R 80 620, H 01 700; 1,6 km nordwestlich von Königsbronn.
Typus: Höhenburg in Spornlage.
Geschichte: Entstehung und Besitzer nicht bekannt.

Schloss Hellenstein 261

Stadt Heidenheim, Landkreis Heidenheim, Baden-Württemberg
Meereshöhe: 560 m, Brenztal 485 m
Erhaltungszustand: erhaltene umfangreiche Festungs- und Schlossanlage, Burgruine
Besitzer: Land Baden-Württemberg
Besichtigung: Außenbereiche und Höfe frei zugänglich. Museum Schloss Hellenstein und Museum für Kutschen, Chaisen, Karren im Fruchtkasten, Öffnungszeiten: 1. April bis 31. Oktober Di bis Sa 10 bis 12, 14 bis 17 Uhr, So u. Feiertage 10 bis 17 Uhr. Info Telefon 07321 327-4717, Führungen: 07321 275896, im Sommer Opernfestspiele, www.heidenheim.de. Barrierefreier Zugang
Lage: TK 7326; GK. R 84 700, H 93 750; GPS 48° 40' 33" N, 10° 8' 54" O

Zentraler Mittelpunkt der Ostalb und Verwaltungszentrum des Landkreises ist die Stadt Heidenheim. Unübersehbar dominant beherrscht die Schlossfestung Hellenstein Stadt und Brenztal. Heidenheim liegt an der A 7 Ulm–Würzburg und am Kreuzungspunkt der B 19 Ulm–Ahlen mit der B 466 Nördlingen–Göppingen. In Heidenheim folgt man dem Hinweis Göppingen/Böhmenkirch. Nach etwa 1 km zweigt bezeichnet „Schloss Hellenstein" eine Straße in südlicher Richtung ab, die direkt zu den Parkplätzen vor der Schlossanlage führt.

Bauphasen

I. Bauphase um 1130–1150
Bauherr: Degenhard von Hellenstein, 1150, 1182, Ministeriale der Staufer. Entstehung der Burg durch eine nicht bekannte Baumaßnahme.

II. Bauphase
1. Hälfte 13. Jh./Mitte 13. Jh.
Bauherr: Vermutlich Ulrich II. von Gundelfingen-Hellenstein und dessen Sohn Ulrich III. Neubau der Burg in Buckelquaderbauweise.

III. Bauphase 1462–1471
Bauherr: Herzog Ludwig der Reiche Herzog von Bayern-Landshut, *1417, †1479, Ehefrau: Amalia, Tochter des Kurfürsten Friedrich II. von Sachsen. Instandsetzungsmaßnahmen, Neubau des großen Fruchtkastens.

IV. Bauphase 1537–1544
Bauherr: Ulrich Herzog von Württemberg, *1487, †1550, Ehefrau: Sabine, Tochter des Albrecht IV. Herzog von Bayern. Architekt: Joachim Mayer aus Kirchheim, Festungsarchitekt: Wilhelm von Janowitz aus Böhmen. Wiederaufbau der Kernburg als Renaissanceschloss, Instandsetzungsmaßnahmen.

V. Bauphase 1593–1633
Bauherr: Friedrich I. Herzog von Württemberg, *1557, †1608, Ehefrau: Sibylle, Tochter des Fürsten Joachim von Anhalt. Architekt: Heinrich Schickhardt, Hof- und Landbaumeister, Festungsarchitekt. Bauleitung: Elias Gunzenhäuser aus Schorndorf. Kalkschneider, Stuckentwurf: Gerhard Schmidt aus Rotenburg an der Wümme. Schlossneubau Nordtrakt mit Kirche, Torbau, Wasserversorgungsanlage, Ausbau zur Festung mit Geschützturm und Bastionen.

Geschichte

Hellenstein ist im Zuge der Entstehung Reichsburg. Kaiser Friedrich I. Barbarossa würdigt die Dienste seines

Schlosskirche im Westtrakt.

Ministerialen Degenhard von Hellenstein mit der Ernennung zum „Prokurator über alle königlichen Güter in Schwaben".
1183 Übergang als Erbe an Degenhards Schwiegersohn Ulrich I. von Gundelfingen. Dessen Söhne und Enkel nennen sich von Gundelfingen-Hellenstein.
1273 Sophia, Witwe des Ulrich III. von Gundelfingen-Hellenstein, übergibt Hellenstein an ihren Bruder Markgraf Heinrich II. von Burgau.
Um 1280 Als Reichsgut an König Rudolf I. von Habsburg.
1351 Kaiser Karl IV. übergibt Hellenstein durch Erblehensbrief an Graf Ulrich von Helfenstein.
1448 Verkauf an Ulrich V., Graf von Württemberg, 1450 an dessen Schwager Ludwig den Reichen, Herzog von Bayern-Landshut.
1519 Belagerung und Einnahme durch die Truppen des Schwäbischen Bundes.
1521 Verkauf an Ulm, 1536 Rückgabe an Württemberg.
1530 Ein Feuer zerstört die Burg.
1537–1633 Ausbau zur Schlossfestung.
1630 Wallenstein nimmt Quartier, 1634 Plünderung durch die Kaiserlichen Truppen, ab 1635 bayerische Besatzung, **1648** Belagerung durch Marschall Turenne, Abzug der Bayern.
1666–1670 Neubau des 78 m tiefen Schachtbrunnens.
1805 Kaiser Napoleon I. nimmt Quartier.
1807 Beginn von Abbruchmaßnahmen an Nebengebäuden, 1822 an der Burg.
1867 Beginn von Bestandssicherungsmaßnahmen.
1901 Einrichtung einer Altertumssammlung.
1977–1987 Instandsetzungsmaßnahmen, Einrichtung eines Museums im Fruchtkasten.
2001–2006 Museumsneugestaltung und Erweiterung.

Anlage

Typus
Höhenburg-Schloss-Festung, württembergische Landesfestung-Schloss.

Anlagenmerkmale
Festungsbauten, Renaissanceschloss, Schlosskirche, Torbau, Burgruine mit Buckelquadern.

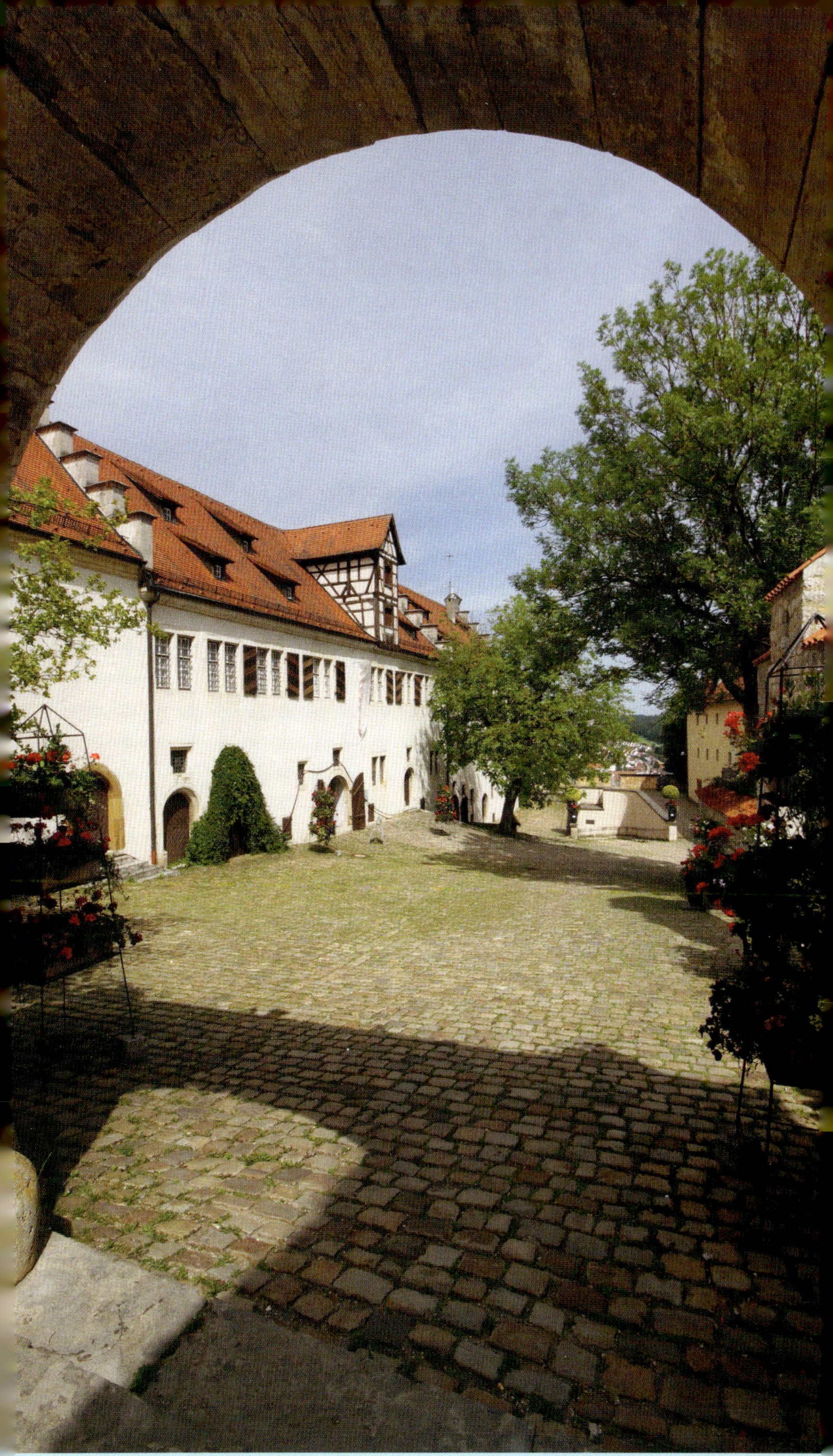

Beschreibung

Für das Brenztal und die Stadt Heidenheim ist Schloss Hellenstein das imposanteste Kulturdenkmal. Es gilt als Beispiel für wechselnde Architekturformen und deren Nutzungsanforderungen. Prächtig und gleichzeitig bedrohlich steht es über der Stadt.

Die Anlage bildet ein Rechteck von etwa 60 x 120 m. Zwei Tore führen in die Anlage: das Südtor mit vorgelegtem Graben und das Nordtor im Untergeschoss des Torbaus. Fortifikatorisch verstärkt ist die Umfassungsmauer durch Maßnahmen von 1593 bis 1633. Im Einzelnen sind dies der Südwestrondellturm mit nicht mehr vorhandenem oberem Abschluss, die Dreiecksbastionen an der Südost- und Nordwestecke sowie die Geschütztürme des Torbaus.

Mittelalterliche Kernburg

Innerhalb dieser Festungsmauern steht an höchster Stelle der Kuppe die hoch aufragende Ruine der mittelalterlichen Kernburg. Eine Rechteckanlage von 35,5 m Länge x 26,6 bzw. 25,75 m Breite mit Spitzbogenpforte in der Nordwand und Buckelquaderverblendung: Platten- und Prallbuckel roh bis sorgfältig bearbeitet, Längen bis 85 cm. Veränderungen der Fenster weisen auf den Ausbau zum Renaissanceschloss von 1544. Wohl erst zu dieser Zeit entsteht hier der große viergeschossige Nordbau und schmälere dreigeschossige Südbau.

Schlossbereich

Vor der Kernburg befindet sich am Schlosshof, anstelle eines Brunnenhauses und Küchenbaus, der **Brunnengarten** mit 78 m tiefem Brunnenschacht von 1670.

Zur Ostseite steht der monumentale **Fruchtkasten** von 1470/71, ein dreigeschossiger Rechteckbau mit Satteldach 15 x 37 m, seit 1987 Museum.

Den nordseitigen Abschluss der Anlage bildet der lang gestreckte Schlossbau von 1593 bis 1633. An dessen Ende steht der zweigeschossige **Torbau** mit Renaissancetor und Wappen Württembergs. Die Torhalle mit Kreuzgratgewölben ist dreischiffig, der Dachaufbau mit Geschützplattform stammt von 1872.

Schlossbau von 1604: jetzt Museum für Stadt-, Vor- und Frühgeschichte, Kirchliche Kunst, Historisches Spielzeug und Indische Sammlung. Der durch das ansteigende Gelände angepasste lang gestreckte Rechteckbau mit Satteldach ist durch Stufengiebel in drei Abschnitte getrennt:

1. Viergeschossiger **Osttrakt** mit Gewölbekeller, ehemals Burgvogtei mit Marstall.

2. Dreigeschossiger **Mitteltrakt** mit Gewölbekeller, ehemals Obervogtei mit Zeughaus.

3. **Westtrakt** mit zweigeschossiger **Schlosskirche** von 1605 mit nordseitiger Apsis als Turm mit Glockendach und Laterne. Innenräumlich querrechteckiger axialsymmetrischer Saalbau von Architekt Heinrich Schickhardt mit dreiseitiger Empore auf toskanischen Säulen, flaches Stichbogengewölbe, Emporenreliefs von Gerhard Schmidt, zweigeschossiger Vierachtelschluss-Chor mit Sterngewölbe des Turms.

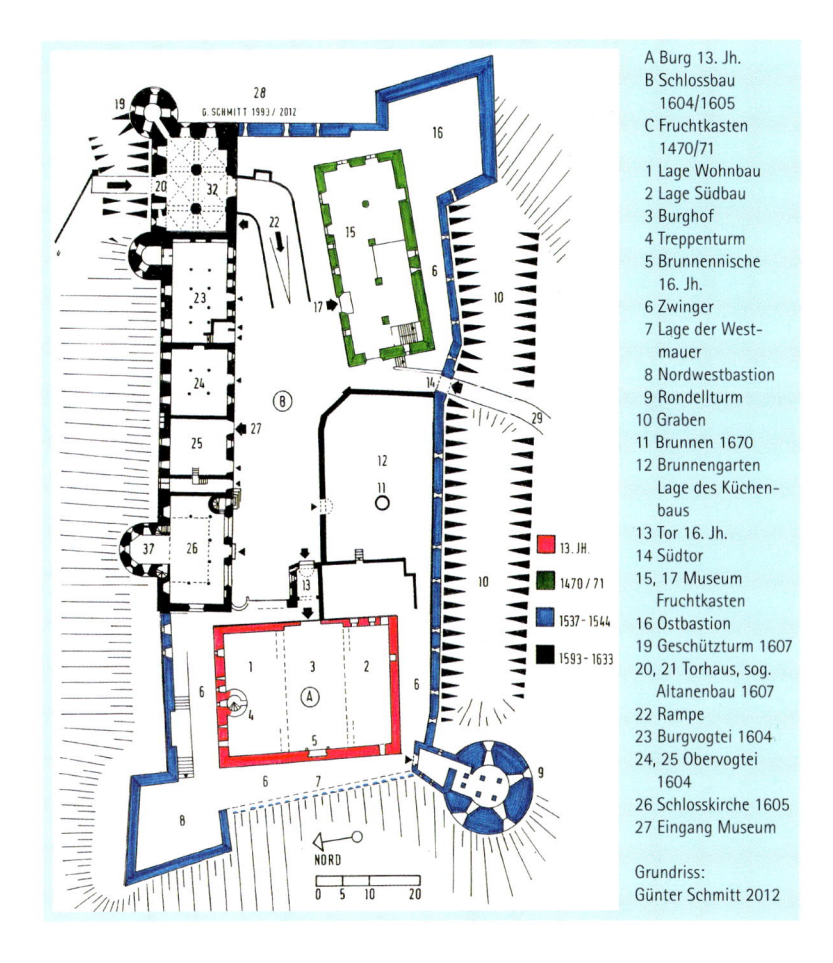

A Burg 13. Jh.
B Schlossbau 1604/1605
C Fruchtkasten 1470/71
1 Lage Wohnbau
2 Lage Südbau
3 Burghof
4 Treppenturm
5 Brunnennische 16. Jh.
6 Zwinger
7 Lage der Westmauer
8 Nordwestbastion
9 Rondellturm
10 Graben
11 Brunnen 1670
12 Brunnengarten Lage des Küchenbaus
13 Tor 16. Jh.
14 Südtor
15, 17 Museum Fruchtkasten
16 Ostbastion
19 Geschützturm 1607
20, 21 Torhaus, sog. Altanenbau 1607
22 Rampe
23 Burgvogtei 1604
24, 25 Obervogtei 1604
26 Schlosskirche 1605
27 Eingang Museum

Grundriss:
Günter Schmitt 2012

262 Burg Moropolis; Stadt Heidenheim

Erhaltungszustand: Burgstelle auf dem Ottilienberg an der Stubentaleinmündung zum Brenztal. Quaderfund, 35 m tiefer Brunnenschacht.
Besichtigung: Frei zugänglich, Aussichtspunkt Ottilienberg.
Lage: TK 7326; 500 m, GK. R 84 830, H 94 260; 500 m nördlich von Hellenstein, gegenüberliegende Talseite.
Typus: Höhenburg in Bergeckenlage, Pfalzgrafenresidenz.
Geschichte: Um 1065 Entstehung durch Pfalzgraf Manegold von Schwaben, Verwalter der Staufer, als Residenzburg, um 1125 Verlegung des Sitzes auf die Lauterburg durch Pfalzgraf Adalbert. Aufgabe der Burg.

263 Schlössle Schnaitheim; Heidenheim-Schnaitheim

Erhaltungszustand: Schlossbau, zweigeschossiger Rechteckkompaktbau 13,75 x 25 m, Satteldach, vier oktogonale Ecktürme, jüngere Zwerchhäuser, EG massiv, Aufbau in Ständer-Riegelbauweise, Sichtfachwerk, durch Umbauten verändert. Das Schloss besaß Ringmauer, Wassergraben und Nebengebäude.
Besichtigung: Nutzung Sozialstation, Vereine, Außenbereich zugänglich.
Lage: TK 7226; 492 m, GK. R 85 420, H 97 270; 150 m nördlich der Brenzbrücke.
Typus: Wasserschloss, Renaissanceschloss.
Geschichte: Entstehung nicht bekannt, um 1225 Nachweis der staufischen Ministerialen von Snaiten. 1328 „veste Snaiten", Aufgabe 15. Jh. Um 1548–1556 Schlossneubau durch Ludwig Schertlin von Burtenbach, ab 1556 mehrfacher Wechsel, 1665 an Württemberg, 1865 an die Gemeinde.

264 Aufhausen; Heidenheim-Aufhausen

Erhaltungszustand: Ehem. Viereckanlage. Erhalten Bereiche des Wassergrabens, Teil einer Mauer und Bestand in jüngerer Bebauung, Buckelquader.
Besichtigung: Privatbesitz, eingeschränkt zugänglich.
Lage: TK 7226; 491 m, GK. R 84 960, H 98 800; nordwestlicher Ortsrand über der Brenz.
Typus: Niederungsburg, Wasserburg.
Geschichte: Entstehung nicht bekannt, 1143 die Siedlung Ufhusen, 1328 Lehensburg der Grafen von Oettingen, 1400 „Aufhusen die Burg" in Besitz von Jakob Vetzer, um 1430 an die Grafen von Helfenstein, 1449 Beschädigung im Städtekrieg.

265 Unteres Schloss Oggenhausen; Heidenheim

Erhaltungszustand: Erhaltener, mehrfach veränderter zweigeschossiger Rechteckbau, Krüppelwalmdach, Eckquaderung.

Besichtigung: Privatbesitz, nicht zugänglich, einsehbar.
Lage: TK 7227; ca. 600 m, GK. R 91 210, H 93 380; 60 m westlich der Kirche, Straße „Unteres Schloss" Nr. 3.
Typus: Schloss in Ortslage.
Geschichte: Entstehung nicht bekannt, 1356 Ulrich Vetzer von Oggenhausen, dessen Familie vermutlich ursprünglich staufische Ministerialen, 1612 an Württemberg, 1827/1829 an Privat.

266 Oberes Schloss Oggenhausen; Heidenheim

Erhaltungszustand: Zweigeschossiger Rechteckbau, Satteldach, Querhaus, Anbau, über dem Giebelgesims Rundfenster zwischen Lisenen. Hofraum mit ehem. Schlossökonomie und Bräuhaus.
Besichtigung: Privatbesitz, Gasthof.
Lage: TK 7227; ca. 600 m, GK. R 91 140, H 93 280; 170 m südwestlich der Kirche, an der Kreuzung Hauptstraße zur Staufener Straße.
Typus: Schloss in Ortslage, ehem. Renaissanceschloss.
Geschichte: 1587 Neubau durch Mang Vetzer von Oggenhausen, 1662 an Württemberg, 1682 Einrichtung einer Brauerei, 1827/1829 an Privat.

267 Furtheim, Fürheim; Heidenheim-Mergelstetten

Erhaltungszustand: Burgruine auf einer Bergeckenkuppe über dem Brenztal. Fälschlicherweise als „Hurwang" bezeichnet. Vorburg mit Wallgraben, Kernburg: 40 x 50 m, bogenförmiger Hals-Ringgraben, polygonale Ringmauer, Reste, Quader, Kleinquader grob, Grundmauern Torhaus und Wohnbau, Bestandsicherung erforderlich.
Besichtigung: Frei zugänglich.
Lage: TK 7326; ca. 500 m, GK. R 85 220, H 90 530; 1 km südlich von Mergelstetten.
Typus: Höhenburg in Bergeckenlage.
Geschichte: Entstehung nicht bekannt, 1209 Ulrich von Fürheim, Ministeriale der Grafen von Dillingen, Abgang 2. Hälfte 13. Jh.

268 Bindstein; Stadt Herbrechtingen

Erhaltungszustand: Burgstelle auf dem Fischerfelsen im Brenztal. Felskamm, Felsen mit Resten von Futtermauern eines ca. 7 x 8 m großen Turmes, Quader grob. Burgsiedlung am Felsen abgegangen, Schuttwälle, Bruchsteinmauerwerk.
Besichtigung: Frei zugänglich.
Lage: TK 7326; 490 m, GK. R 86 690, H 85 340; 1,7 km südwestlich von Herbrechtingen.
Typus: Höhenburg in Spornfelsenlage, Felsenburg, Ministerialenburg.
Geschichte: Entstehung 12. Jh., 1171 Siegfried von Binstein, Lehensbesitzer, Nennung von Siedlung und Burg anlässlich einer Schenkung Kaiser Friedrich I. Barbarossa an das Kloster Herbrechtingen, vor 1390 Aufgabe der Burg.

269 Hürgerstein; Stadt Herbrechtingen

Erhaltungszustand: Burgstelle auf einem Felsen über dem Brenztal. Halsgraben, Kernburgfelsen: ca. 6–10 x 45 m, Schuttriegel, Kernmauerwerk, Mulden, geringe Mauerreste, Quader.
Besichtigung: Naturschutzgebiet, entsprechend zugänglich.
Lage: TK 7327; 520 m, GK. R 85 590, H 85 710; 2,3 km südsüdwestlich von Herbrechtingen.
Typus: Höhenburg in Spornfelsenlage, Ministerialenburg.
Geschichte: Entstehung um 1200, 1216 „Hurgerus miles", Ministeriale, 1328, 1339 Ulrich und Konrad Hurger von Hurgerstein, 1399 an Württemberg, 1414 Ulrich Hürger, Ministeriale der Helfensteiner, die Burg bereits aufgegeben.

270 Eselsburg; Stadt Herbrechtingen

Erhaltungszustand: Burgstelle auf einem Felsen über dem Brenztal. Vorburg mit hakenförmigem Wallgraben, Kernburg: bogenförmiger Felsgraben, Mulden, Schuttriegel der Ringmauer im Rechteck 23 x 30 m, Mauerrest, Quader, Buckelquader in Zweitverwendung, Bruchstein.
Besichtigung: Frei zugänglich.
Lage: TK 7327; 521 m, GK. R 87 300, H 85 450; 2 km südlich von Herbrechtingen.
Typus: Höhenburg in Bergeckenlage, Ministerialenburg.
Geschichte: Entstehung 2. Hälfte 13. Jh. 1244, 1256 Gerwig von Eselsburg, Ministeriale der Dillinger, 1264, 1270 Rudolf, Ministeriale der Helfensteiner, um 1441 Reichslehen, 1462 Beschädigung im Reichskrieg, 1593 an Württemberg, Aufgabe als Wohnsitz.

271 Falkenstein; Dettingen am Albuch

Erhaltungszustand: Burgstelle der Kernburg auf einem Felsen über dem Brenztal: Halsgraben, Futtermauern des Tor- und Wohnbaus, Brunnenschacht. Vorburg: bogenförmiger Graben, Rundturm als Kapelle, sog. Reithaus um 1430/50, dreigeschossig, EG mit Kreuzgewölbehalle, UG Tonnengewölbe. Pächterhaus 17. Jh.
Besichtigung: Kernburgfelsen frei zugänglich, Vorburg mit Einschränkung.
Lage: TK 7327; 510 m, GK. R 85 840, H 85 510; 2,8 km östlich von Dettingen.
Typus: Höhenburg in Bergeckenlage, Hochadelsburg.
Geschichte: Entstehung Mitte 12. Jh., um 1150 Gotebertus von Falkenstein, 1258 Rudolf und Swigger, 1260 an Walter von Faimingen. Um 1430–1450 Ausbau durch die Rechberger, 1593 an Württemberg, 1634 Beschädigung, 1740, 1818 Abbruch der Kernburg, 1995 an Privat.

272 Hürben; Giengen-Hürben

Erhaltungszustand: Burgstelle über dem Ursprung der Hürbe. Halsgraben, Kernburg: Kernmauerwerk, Mauerrest der Ringmauer, Quader, Buckelquader.
Besichtigung: Frei zugänglich, Bereich Friedhof.
Lage: TK 7427; 480 m, GK. R 88 870, H 84 650; in Ortsmitte nördlich der Kirche.
Typus: Höhenburg in Bergkuppenlage, Ministerialenburg.
Geschichte: Entstehung nicht bekannt, 1135 Degenhard von Hürben, staufischer Ministeriale, 1171, 1193 Otto, 1227 an die Grafen von Dillingen, 1286 an die Grafen von Helfenstein, 1448 an Württemberg, 1449 Zerstörung im Städtekrieg.

273 Schloss Burgberg; Giengen-Burgberg

Erhaltungszustand: Schloss über der gleichnamigen Ortschaft im Hürbetal. Ansatz von zwei Gräben der Burg. Zwei viergeschossige spätgotische Schlossbauten beidseitig eines Hofes. Satteldächer, Erkerturm, Kreuzgratgewölbehalle, mehrfach umgebaut, Südflügel mit Resten des Bergfrieds, Buckelquader.
Besichtigung: Privatbesitz, nicht zugänglich, einsehbar.
Lage: TK 7427; 507 m, GK. R 91 190, H 82 070; 400 m südsüdöstlich von Burgberg.
Typus: Höhenburg-Schloss in Bergrandeckenlage.
Geschichte: Entstehung 1. Hälfte 13. Jh., 1209 Konrad von Berg, Ministeriale der Markgrafen von Burgau, 14. Jh. Abgang. Um 1452 Schlossneubau durch die Freiherren von Grafeneck, um 1630 Beschädigung, 1728 an Oettingen-Wallerstein, 1838 Umbau durch Freiherr Edmund von Linden, 1936 an Privat.

274 Hermaringen

Erhaltungszustand: Ersatzlos abgebrochen.
Lage: TK 7427; 445 m, GK. R 93, H 85; zwischen der Brenzbrücke und der ehem. Sankt-Josen-Kapelle.
Typus: Ministerialenburg in Ortslage.
Geschichte: Entstehung nicht bekannt, vermutete Burg des Ortsadels, um 1150 Heinrich von Hermaringen stiftet in Gegenwart des Grafen Albert von Dillingen ein Gut an die Abtei St. Ulrich zu Augsburg, 1216 Eberhard, 1220 Marquard. Die Burg ist später Zubehör der güssischen Stronburg, 1372 „Burkstall", 1452 der Burgstall sei „vor zeiten der Staufer gewesen".

Burg Güssenberg 275

Hermaringen, Landkreis Heidenheim, Baden-Württemberg
Meereshöhe: 502 m, Brenztal 457 m
Erhaltungszustand: Burgruine mit deutlich aufrecht stehendem Mauerwerk, Bestand gesichert
Besitzer: Gemeinde Hermaringen
Besichtigung: frei zugänglich, Grillplatz, eingeschränkt barrierefrei
Lage: TK 7327; GK. R 92 030, H 85 500; 48° 36' 2" N, 10° 14' 49" O

Im zur Donau gerichteten Brenztal liegt südlich von Giengen die Ortschaft Hermaringen. Westseitig wird sie vom bewaldeten Schlossberg mit der Ruine der Burg der Güssen von Güssenberg überragt.
Von der A 7 führt von der Ausfahrt Giengen-Herbrechtingen die B 492 direkt nach Hermaringen. Im Ort folgt man bei der Eisenbahnunterführung der „Güssenstraße", Hinweis „Güssenburg", bis zum Parkplatz am Sportplatz auf der Hochebene. Von hier führt ein bezeichneter Weg in nördlicher Richtung zum Waldrand und weiter zur Ruine. Parkplatz–Ruine 400 m.

Bauphasen

I. Bauphase um 1200
Bauherr: Vermutlich Heinrich (I.) Gusse, genannt von Güssenberg, gen. 1216, 1240, Ministeriale der Staufer. Entstehung der Kernburg mit Bergfried, Wohnbau und Vorburg.

II. Bauphase um 1346
Bauherr: Vermutlich Rudolf, genannt Gusse von Gromberg zu Bernstadt, 1322, 1335, oder dessen Sohn Diepold. Ausbau und Erweiterung der Burg unter Einbezug der Vorburg, Bau der Schildmauer.

Geschichte

Güssenberg ist der Stammsitz eines Zweigs der Güssen, einer Ministerialenfamilie der Diepoldinger, dann der Staufer. Weitere Zweige nennen sich von Stronburg, Brenz, Staufen, Haunsheim und Leipheim.

1171 Diepold Gusse, Zeuge in einer Urkunde Kaiser Friedrich I. Barbarossa in Giengen, ob Diepold bereits auf Güssenberg oder in der Ortsburg von Hermaringen sitzt, ist nicht bekannt. Sein Sohn Heinrich (I.) nennt sich 1216 von Güssenberg.

1270 Heinrich (II.) Gusse, Sohn des Heinrich (I.), nennt sich „Gusse von Dillingen".

1328 Rudolf nennt sich „Güsse von Gromberg", Güssenberg wird helfensteinisches Lehen.

Um 1367 Übergang an die Linie der Güssen von Haunsheim.

1372 Verkauf an die Grafen von Helfenstein. Güssenberg wird Sitz des Vogts.

1448 An Württemberg.

24. Juni 1449 Zerstörung der Burg im Städtekrieg durch die Reichsstädte Ulm, Lauingen und Giengen.

1981–1995 Bestandssicherung der Ruine.

Bergfriedruine

Anlage

Typus
Höhenburg in Spornlage, Reichsministerialenburg, Schildmauerburg.

Anlagenmerkmale
Bergfried, Schildmauer, Halsgraben, Quader, Kleinquader, Bruchstein.

Beschreibung
Güssenberg liegt auf einem nach Norden zu einem Seitental der Brenz gerichteten Höhensporn des Schlossbergs. An seinem Ende begrenzt ein breiter und tief eingeschnittener Halsgraben den zum Rechteck tendierenden Burgbereich. Vom Zugang an der westlichen Bergflanke erfolgt die Erschließung des ca. 45 x 70 m großen Areals.

Die Vorburg wird mit dem Bau der gewaltigen Schildmauer in der 2. Bauphase zur einheitlichen Gesamtanlage ausgebaut. Schildmauer: 46,9 m Länge, Höhe noch bis 10 m, Mauerstärke bis 3,4 m, Bruchsteinmauerwerk mit eingestreuten Quadern in Zweitverwendung, Dendronachweis 1346 +- 10Jahre. Innerhalb des Burgbereiches kennzeichnet ein verflachter Abschnittsgraben die Trennung zwischen ehemaliger Vorburg und Kernburg.

Innerhalb des **Kernburgbereiches** lassen Schuttriegel und Mulden Bereiche innerer Bebauung zur Westseite und einer Trennmauer am Abschnittsgraben erkennen. Zentral zur Feldseite der Erstanlage steht als Frontturm die 6 m hohe Ruine des **Bergfrieds**. Durch die fehlende Außenverblendung wirkt sie mit frei liegendem Kernmauerwerk besonders skurril. Dagegen zeigt der quadratische Innenraum mit 2,02 x 2,08 m noch sorgfältig bearbeitetes Kleinquadermauerwerk.

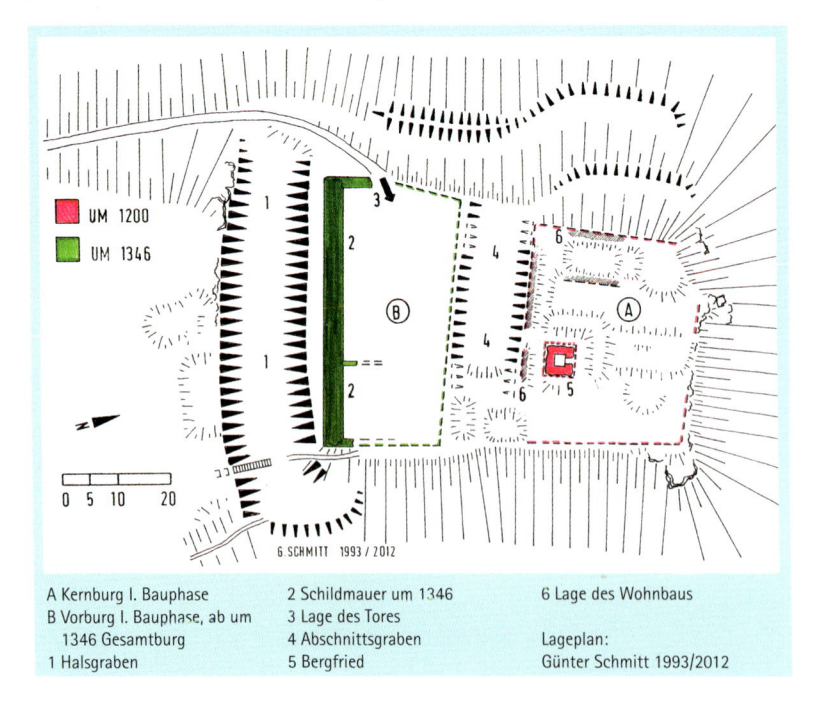

A Kernburg I. Bauphase
B Vorburg I. Bauphase, ab um 1346 Gesamtburg
1 Halsgraben
2 Schildmauer um 1346
3 Lage des Tores
4 Abschnittsgraben
5 Bergfried
6 Lage des Wohnbaus

Lageplan:
Günter Schmitt 1993/2012

276 Stronburg; Hermaringen

Erhaltungszustand: Burgstelle über dem Brenztal. Burgumgebendes Gelände durch Bohnerzgruben verändert. U-förmiger Graben, erhöhte Kernburg: Rechteck ca. 25 x 36 m, Schuttriegel eines Viereckturmes und Wohnbaus, Grabung um 1800.
Besichtigung: Frei zugänglich.
Lage: TK 7427; 503 m, GK. R 93 930, H 85 290; 800 m ostnordöstlich von Hermaringen.
Typus: Höhenburg in Bergrandlage, Ministerialenburg.
Geschichte: Entstehung Anfang 13. Jh. 1238–1267 Diepold Gusso von Stronburg, Reichsministeriale, 1311 Konrad Güss von Stronburg, Aufgabe 1. Hälfte 14. Jh.

277 Benzenberg; Hermaringen

Erhaltungszustand: Anlage am südseitigen Sporn des Benzenbergs. Flur Benzenberg, verflachter Graben und Hügel aus Steinmaterial errichtet.
Lage: TK 7327; 498 m, GK. R 92 780, H 85 880; 800 m nordnordwestlich von Hermaringen.
Typus: Höhenburg.
Geschichte: Entstehung und Besitzer nicht bekannt. 1926 Scherben der Hallstattzeit, K. Bittel, vermutete mittelalterliche Burg in hallstattzeitlicher Anlage.

278 Ravensburg; Sontheim-Bergenweiler

Erhaltungszustand: Mögliche Burgstelle auf einer Kuppe über der Hürbe. Begrenzung durch U-förmigen Wall und Teil eines inneren Walls, verflachter Graben, Rechteckanlage ca. 70 x 140 m.
Besichtigung: Naturschutzgebiet, Forstweg von Juli bis Januar begehbar.
Lage: TK 7427; 471 m, GK. R 93 400, H 83 950; 1,1 km südlich von Hermaringen.
Typus: Höhenbefestigung in Bergeckenlage.
Geschichte: Kein Nachweis zur Entstehung. Vermutete frühmittelalterliche, vorgeschichtliche Anlage, 1653 Grundstück in Besitz des Herzogs von Württemberg-Weiltingen.

279 Bergenweiler; Sontheim-Bergenweiler

Erhaltungszustand: Nach Brandzerstörung ersatzlos abgebrochen, ehem. Schloss anstelle einer Wasserburg im Bereich der Brenz. Dreigeschossiger Rechteckbau, Ecktürme, Satteldach, Umfassungsmauer mit Türmen.
Lage: TK 7427; 445 m, GK. R 94 060, H 82 700; südsüdöstlich der Kirche.
Typus: Niederungsburg-Schloss, Wasserschloss, Renaissanceschloss.
Geschichte: 1328 Nennung der Burg in Besitz der Helfensteiner, 1472 an die vom Stein zu Niederstotzingen. Nach 1588 Neubau einer umfangreichen Renaissanceschlossanlage durch Heinrich vom Stein, 1809 an die Grafen von Maldeghem, 1932 Brandzerstörung bis auf Nebengebäude, 1953 Abbruch der Schlosskapelle, Ausstattung erhalten.

Schloss Brenz 280

Sontheim-Brenz, Landkreis Heidenheim, Baden-Württemberg
Meereshöhe: 450 m, Brenz 441 m
Erhaltungszustand: erhaltene Schlossanlage
Besitzer: Gemeinde Sontheim an der Brenz
Besichtigung: Außenbereiche, Hof, frei zugänglich. Dauerausstellung zur Schloss- und Ortsgeschichte, Rittersaal, Tafelstube, Trachtenzimmer, Sonderausstellungen, Info-Stelle Geo-Park, Öffnungszeiten: 1. Mai bis 31. Oktober, Sonn- und Feiertage 13 bis 17 Uhr, werktags nach Voranmeldung, Schlossführung für Gruppen, Telefon 07325 1725, „Heiraten im Schloss", Veranstaltungsräume, www.sontheim-an-der-brenz.de. Barrierefrei, Lift für alle Geschosse
Lage: TK 7427; GK. R 95 540, H 81 240; GPS 48° 33' 42" N, 10° 17' 36" O

Am südöstlichen Ende des Landkreises Heidenheim liegt auf einem Felsen innerhalb der Gemeinde Sontheim an der Brenz das dominante Renaissanceschloss. Sontheim ist von Gundelfingen an der B 16, von Giengen an der Brenz über Hermaringen oder von Langenau über Niederstotzingen erreichbar. Parkmöglichkeit besteht an der Südseite des Schlossfelsens.

Bauphasen

I. Bauphase um 1100, Anfang 12. Jh.
Bauherren: Herren von Brenz. Entstehung der Burg nach nicht bekannten Baumaßnahmen.

II. Bauphase 13./14. Jh.
Bauherren: Güssen von Güssenberg, Ministerialen der Staufer. Angenommene Entstehung mit dem an der Südwestecke gelegenen Wohnbau als frei stehendes Steinhaus (W. Fleck), Eckbuckelquader. Vermutlich nach der Beschädigung 1340 Ausbau für zwei Familien mit Ringmauer und Bau des Nordflügels.

III. Bauphase 15. bis Mitte 16. Jh.
Bauherren: Güssen von Güssenberg. Spätmittelalterlicher Ausbau mit Zwinger, Ecktürmen, Umbau des Steinhaus-Westflügels zum Saalbau.

IV. Bauphase 1666–1674
Baufrau: Juliane von Württemberg-Weiltingen *1615, †1691, Witwe des Manfred Herzog von Württemberg-Weiltingen und Vormünderin ihres 1654 geborenen Sohnes Friedrich Ferdinand. Ausbau zum Renaissanceschloss mit neuem großem Saalbau als Südflügel.

Geschichte

1118 Erste Erwähnung des Hildebrand von Brenz, Sebold von Brenz †1190, Ministerialen der Grafen von Giengen, dann der Staufer.
1237 An die Güssen von Güssenberg.
1340 Kaiser Ludwig der Bayer lässt die Burg Brenz „wegen des unleidigen Raubes zwischen Augsburg und der Alb" einnehmen und beschädigen, danach Instandsetzung. 1394–1447 an die Herren von Sontheim.
1613 Nach Übernahme der Schulden des Hans Konrad Güss kommt Brenz an Herzog Johann Friedrich von Württemberg, 1617 an dessen Bruder Julius Friedrich, Stifter der Linie von Württemberg-Weiltingen.
1634 Einnahme und Beschädigung durch die Kaiserlichen Truppen.
1674 Bezug neues Renaissanceschloss.
1727–1733 Christina Wilhelmine von Grävenitz, Mätresse, dann Ehefrau von Herzog Eberhard Ludwig von Württemberg, in Besitz des Schlosses.
1847 Württemberg verkauft das Schloss an die Gemeinde Brenz, Umnutzung zum Schul- und Rathaus.
1906 Einrichtung des landesweit ersten Dorfmuseums.
1949–1972 Umfangreiche Renovierung unter Bürgermeister Kröner.
2009–2011 Instandsetzung, Renovierung, Museumsneueinrichtung, Anbau Aufzugturm.

Ädikulaportal zum großen Saal, Südflügel.

Anlage

Typus
Ehem. Burg in Spornlage, Hochadelsschloss, Renaissanceschloss.

Anlagenmerkmale
Dreiflügelanlage, Treppentürme, Graben, Zwinger, Portal- und Türrahmenarchitektur.

Beschreibung
Am Ende eines Höhensporns liegt markant über der Brenz, in Nachbarschaft zur bedeutenden romanischen Galluskirche, Schloss Brenz.
Das Kernschloss als Dreiflügelanlage der Spätrenaissance wird von einem tiefen Graben mit Zwingermauern und Rundtürmen umfasst. Durch die Dreigeschossigkeit mit durchlaufenden Gebäudetraufen wirkt es besonders kompakt. Eine Brücke führt von der Bergseite durch das Eingangsportal in den überraschend schmuck wirkenden Innenhof mit seinen hölzernen Laubengängen und helmdachgedeckten Treppentürmen. Er entspricht ganz den seit dem 15. Jh. entstandenen „loggiati" der norditalienischen Renaissancepaläste. Zwei der Flügelbauten stehen auf der Ringmauer der spätmittelalterlichen Burg.

Westflügel: Errichtet auf trapezförmigem Grundriss mit Satteldach, Giebel zur Südseite; Gebäude mit ältester Bausubstanz des ehem. Steinhauses, dem mittelalterlichen Wohnbau; ursprünglich drei Keller, 1. und 2. Obergeschoss nach der Wohnnutzung zu zwei Sälen ausgebaut.

Nordflügel: Die gesamte Nordseite einnehmender ehem. Wohnbau mit hofseitigem Treppenturm, Satteldach; Erdgeschoss mit ehemaligem Küchen-

bereich und tiefem Brunnen, Räume mit Kreuzgratgewölben; beide Obergeschosse mit jeweils 2 Gemächern; im 2. Obergeschoss ostseitig großer, reich ausgestalteter Repräsentationsraum mit Vorheizraum.
Südflügel: Erbaut zwischen Ring- und Zwingermauer als Saalbau mit Pyramidendach; über zwei Geschosse reichender sog. Rittersaal mit hoher Befensterung und Kassettendecke; zwei Untergeschosse – das unterste im Graben stehend mit zwei Tonnengewölben, das darüber befindliche UG und EG mit axialem Korridor, besitzt jeweils zu beiden Seiten zwei Räume mit Kreuzgratgewölben.

Sämtliche Flügelbauten beeindrucken durch prächtige Portale und Türen mit Gestaltungseinflüssen des Manierismus und Frühbarock. Besonders aufwendig das **Portal zum großen Saal** von 1674: üppiger Knorpelstil, Pilaster, gedrehte Säulen, Ädikula mit Allianzwappen des Herzogs Friedrich Ferdinand von Württemberg-Weiltingen und seiner Ehefrau Elisabeth geb. von Württemberg-Mömpelgard.

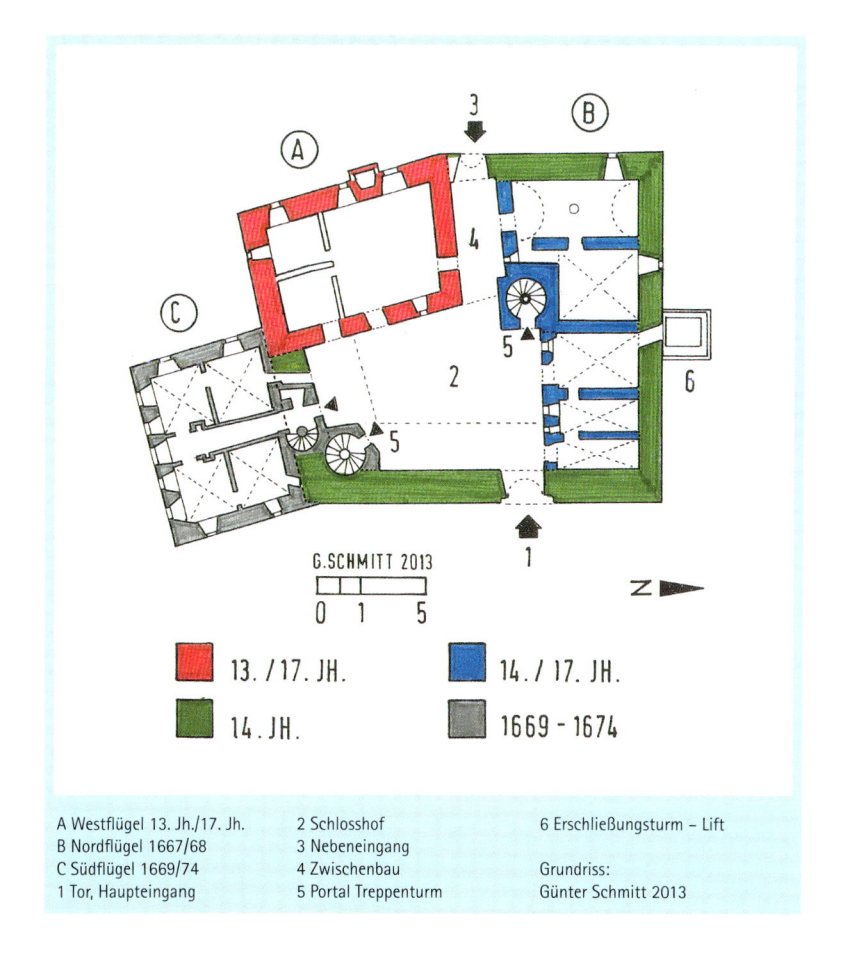

A Westflügel 13. Jh./17. Jh.
B Nordflügel 1667/68
C Südflügel 1669/74
1 Tor, Haupteingang
2 Schlosshof
3 Nebeneingang
4 Zwischenbau
5 Portal Treppenturm
6 Erschließungsturm – Lift

Grundriss:
Günter Schmitt 2013

281 Schlösschen Brenz; Sontheim-Brenz

Erhaltungszustand: Teilerhaltener Schlossbau nördlich der Kirche. Zweigeschossiger Rechteckbau, Satteldach, ostseitig zwei von vier Ecktürmen mit Helmdächern.
Besichtigung: Privatbesitz, Gaststätte Hirsch.
Lage: TK 7427; 441 m, GK. R 95 660, H 81 360; Hermaringer Straße 1.
Typus: Schloss in Ortslage, Hochadelsschloss.
Geschichte: Um 1580 Neubau, um 1620 erneuert durch Julius Friedrich Herzog von Württemberg, Stifter der Linie Weiltingen, Einrichtung einer Münzstätte, Wohnsitz des Manfred Herzog von Württemberg zu Weiltingen, *1626, †1662, später Wohnsitz der Familie von Raggnitz, 1823 an Privat.

282 Burgschloss Niederstotzingen; Stadt Niederstotzingen

Erhaltungszustand: Dreiflügelanlage anstelle einer Burg, Landschaftspark, Nebengebäude. Schlossbau: dreigeschossig, Walmdach, Corps de Logis mit beidseitigem Mittelrisalit, ostseitig Wappen der Stein-Rechtenstein, Säulenportikus 1822, Inneres: EG Kreuzgratgewölbe, OG Saal mit Ausmalung durch Engelbert Bamann.
Besichtigung: Privatbesitz, nicht zugänglich.
Lage: TK 7427; 470 m, GK. R 91 080, H 78 970; am nördlichen Stadtrand neben der Kirche.
Typus: Schloss in Talrand-Ortslage, Klassizismus-Schloss, Grafenschloss.
Geschichte: Entstehung der Burg 13. Jh., 1286 Ulrich von Stotzingen, 1340 und 1378 Beschädigungen, 1775–1783 Schlossneubau durch Karl Leopold von Stein, Architekt: J. G. Launer, 1821 an Karl Leopold Graf Maldeghem, 1955 Abbruch des Altanenflügels.

283 Steinschloss Niederstotzingen; Stadt Niederstotzingen

Erhaltungszustand: Ersatzlos abgebrochen.
Lage: TK 7427; ca. 470 m, GK. R 91 120, H 78 770; östlich des Schlosssüdflügels.
Typus: Schloss in Talrand-Ortslage, Renaissanceschloss.
Geschichte: 1527–1536 Neubau des „Steinschlosses" durch Bernhard II. vom Stein, Schlossbau mit Ecktürmen, Ökonomiegebäude, Hof und Torhaus, 1550 Sitz der katholischen Linie von Stein, 1661 Klostervogtei des Klosters Kaisheim, ab 1811 ersatzloser Abbruch.

284 Oberstotzingen; Niederstotzingen-Oberstotzingen

Erhaltungszustand: Mehrteilige Anlage aus verschiedenen Bauphasen. Nebengebäude, Wirtschaftshof, Park, erhöhter ummauerter Schlossgarten und Schlossbau: dreigeschossiger Rechteckbau, integriert der Burgturm ca. 7 x 7 m in Bruchstein, Mansarden-

dach, Pilasterportal mit Allianzwappen 1608, Rundturm, versetzter Nordtrakt mit Dachreiter.
Besichtigung: Privatbesitz, z. Zt. ohne Nutzung.
Lage: TK 7427; 490 m, GK. R 90 200, H 78 820; Ortsbereich, an der Straße nach Stetten.
Typus: Niederungsburg-Schloss in Ortslage, Barockschloss.
Geschichte: Entstehung der Burg um 1300 durch die Herren von Stotzingen, um 1500–1550 Erweiterung zum Renaissanceschloss durch die Herren von Jarsdorf, 1747–1751 spätbarocker Umbau und Erweiterung durch Ludwig Eustachius von Ungelter zu Deissenhausen, 1968 an Privat.

285 Schloss Stetten; Niederstotzingen-Stetten ob Lonetal

Erhaltungszustand: Dreigeschossige Zweiflügelanlage anstelle einer Burg. Hauptflügel: Rechteckbau, Satteldach, geschweifte Giebel, Eckerker. An den Giebelecken Buckelquader der Burg. Westflügel: Walmdach, Runderker, Treppenturm. Ringmauer mit Rundtürmen.
Besichtigung: Privatbesitz, nicht zugänglich, einsehbar.
Lage: TK 7427; 495 m, GK. R 88 900, H 80 270; am nördlichen Ortsrand neben der Kirche.
Typus: Burg-Schloss in Ortslage, Renaissance-Barockschloss.
Geschichte: 1181 Heinrich von Stetten, 1357 Wilhelm von Riedheim, 1583 Schlossneubau durch Christoph und Jakob von Riedheim, 1634 Beschädigung, 1646 grundlegende Erneuerung, 1707 Umbauten durch Johann von Schell, 1747–1748 Erneuerungen durch Marquard von Riedheim, 1821 an Karl Graf Maldeghem zu Niederstotzingen.

Kaltenburg

Niederstotzingen-Stetten ob Lonetal,
Landkreis Heidenheim, Baden-Württemberg
Meereshöhe: 510 m, Lonetal 450 m
Erhaltungszustand: Burgruine mit erhaltenen Ecktürmen
Besitzer: Graf von Maldeghem zu Niederstotzingen
Besichtigung: frei zugänglich
Lage: TK 7427; GK. R 89 440, H 83 360; GPS 48° 34' 53" N, 10° 12' 42" O

Südlich von Herbrechtingen und Giengen an der Brenz liegt bei der Einmündung der Lone in das Hürbetal die Ruine Kaltenburg. Von der A 7 führt eine Straße über Herbrechtingen nach Hürben. Der Straße südwärts folgend liegt an der Straßenkreuzung Burgberg in Richtung Stetten ob Lonetal ein Parkplatz. Von hier der Straße entlang zurück bis zum bezeichneten Aufstieg zur Ruine Kaltenburg. Parkplatz-Kaltenburg 300 m.

Bauphasen

I. Bauphase 1. Hälfte 13. Jh.
Bauherr: Diemar von Kaltenburg, gen. 1240, Ministeriale der Grafen von Dillingen. Entstehung Wohnbau mit Schildmauer und Halsgraben.

II. Bauphase 14. Jh.
Bauherren: Grafen von Helfenstein, ab 1357 die Brüder Wilhelm, Johann und Otto von Riedheim. Ausbau und Erweiterung, zweiter Wohnbau mit Schildmauerturm, Torhaus, Ringmauer mit Rundtürmen, äußerer Graben.

III. Bauphase 15./16. Jh.
Bauherren: Ab 1459 Herren von Grafeneck, ab 1496 Herren von Riedheim. Ausbau zum Schloss, Südwestbau 2. Hälfte 15. Jh., Renaissancebau anstelle der Kernburg um 1520/60.

IV. Bauphase um 1677
Bauherr: Johann Friedrich von Riedheim zu Remshart. Barockisierung, Neubau der äußeren Mauer mit zwei Ecktürmen.

Geschichte

Mit der Erwähnung des Reichsmarschalls Heinrich von Kalden 1197, aus der Familie der Pappenheimer, wird eine nicht erwiesene Gründung der Kaltenburg hergeleitet. Gesichert sind die Besitzer der seit 1240 mehrfach genannten Herren von Kaltenburg.
1357 Verkauf an Wilhelm von Riedheim.
1435 Belagerung und Beschädigung der Burg durch die Nürnberger in der „Roßhaupter Fehde".
1459 Ulrich von Riedheim verkauft den Besitz an seinen Vetter Fritz von Grafeneck.

Ansicht der Kaltenburg, gemalt nach der Forstkarte des Philipp Renlin von 1591.

Schildmauerturm

1496 An Ulrich von Riedheim.
1632, 1634 Beschädigungen im Dreißigjährigen Krieg.
1764 Einsturz des Südwestbaus.
1821 Von Sigmund, Freiherr von Riedheim auf Harthausen an Karl Leopold Graf von Maldeghem zu Niederstotzingen, Kaltenburg teilweise noch bewohnt.
1938, 1980–1983 Instandsetzung.
2010 Teileinsturz der östlichen Außenmauer.

Anlage

Typus
Höhenburg in Talhanglage, Ministerialenburg, Renaissanceschloss.

Anlagenmerkmale
Zwei Wohnbauten mit Schildmauern, Ringmauer mit Rundtürmen, Ecktürme, Buckelquader, Quader, Bruch- und Backstein.

Beschreibung
An einer Bergecke liegt die mit zwei

Ecktürmen das Lone- und Hürbetal beherrschende Ruine Kaltenburg. Ein breiter, bogenförmig angelegter Sohlgraben sichert die Fünfeckanlage mit ca. 80 x 80 m Grundfläche gegen die Bergseite. Ihm folgt die im 14. Jh. entstandene **Umfassungsmauer** mit Rundtürmen. Von der Südseite wird diese durch das Tor mit Torhaus unterbrochen. Abschluss zur Talseite bildet die im 17. Jh. als Anlagenerweiterung errichtete 13 m hohe, jetzt teilweise abgestürzte Futtermauer. Deren Enden werden von zwei markanten dreigeschossigen **Vierecktürmen** mit Pyramidendächern auf dreigeschossigem hangseitigem Unterbau abgeschlossen.

Innerhalb der Umfassungsmauern befinden sich Ruinenbereiche von mehreren Bauphasen. Zur Westseite zeigen Mauerreste den am ansteigenden Gelände aufgebauten **Südwestbau**; zweigeschossige Hofwand mit Stichbogentor, 15. Jh., integriert zur Feldseite Reste eines Wohnbaus mit Schildmauerturm aus dem 14. Jh. Länge 9,95 m, Bruchsteinmauerwerk; im Obergeschoss tonnenüberwölbter Gang, Balkenlöcher für Hurdengalerie und Wehrgangaufsatz.

Nördlich auf einem frei stehenden Felsklotz hinter dem ursprünglichen Halsgraben stehen die Reste der **Kernburg**, einem ehem. Wohnbau mit Schildmauer des 13. Jhs.: Quader und Buckelquadermauer 15 bis 16 m lang, 3,4 m stark, noch 4 m hoch, Quader und Buckelquader. Dieser Bereich wurde in den nur mit geringen Resten ablesbaren Renaissancebau 1520/60 integriert.

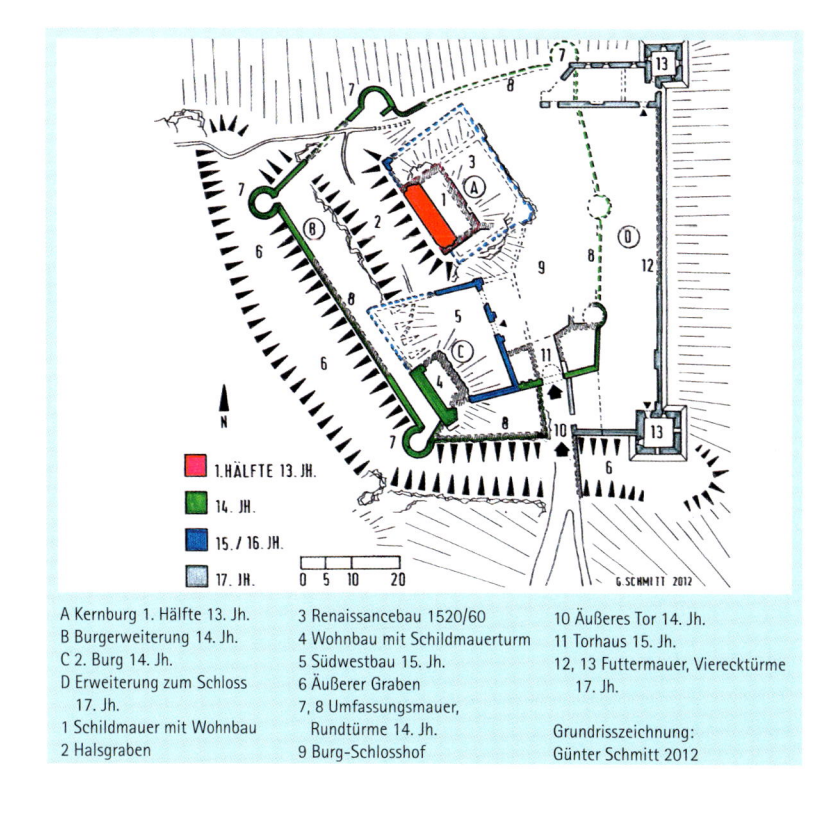

A Kernburg 1. Hälfte 13. Jh.
B Burgerweiterung 14. Jh.
C 2. Burg 14. Jh.
D Erweiterung zum Schloss 17. Jh.
1 Schildmauer mit Wohnbau
2 Halsgraben
3 Renaissancebau 1520/60
4 Wohnbau mit Schildmauerturm
5 Südwestbau 15. Jh.
6 Äußerer Graben
7, 8 Umfassungsmauer, Rundtürme 14. Jh.
9 Burg-Schlosshof
10 Äußeres Tor 14. Jh.
11 Torhaus 15. Jh.
12, 13 Futtermauer, Vierecktürme 17. Jh.

Grundrisszeichnung:
Günter Schmitt 2012

Alb-Donau-Kreis

Map

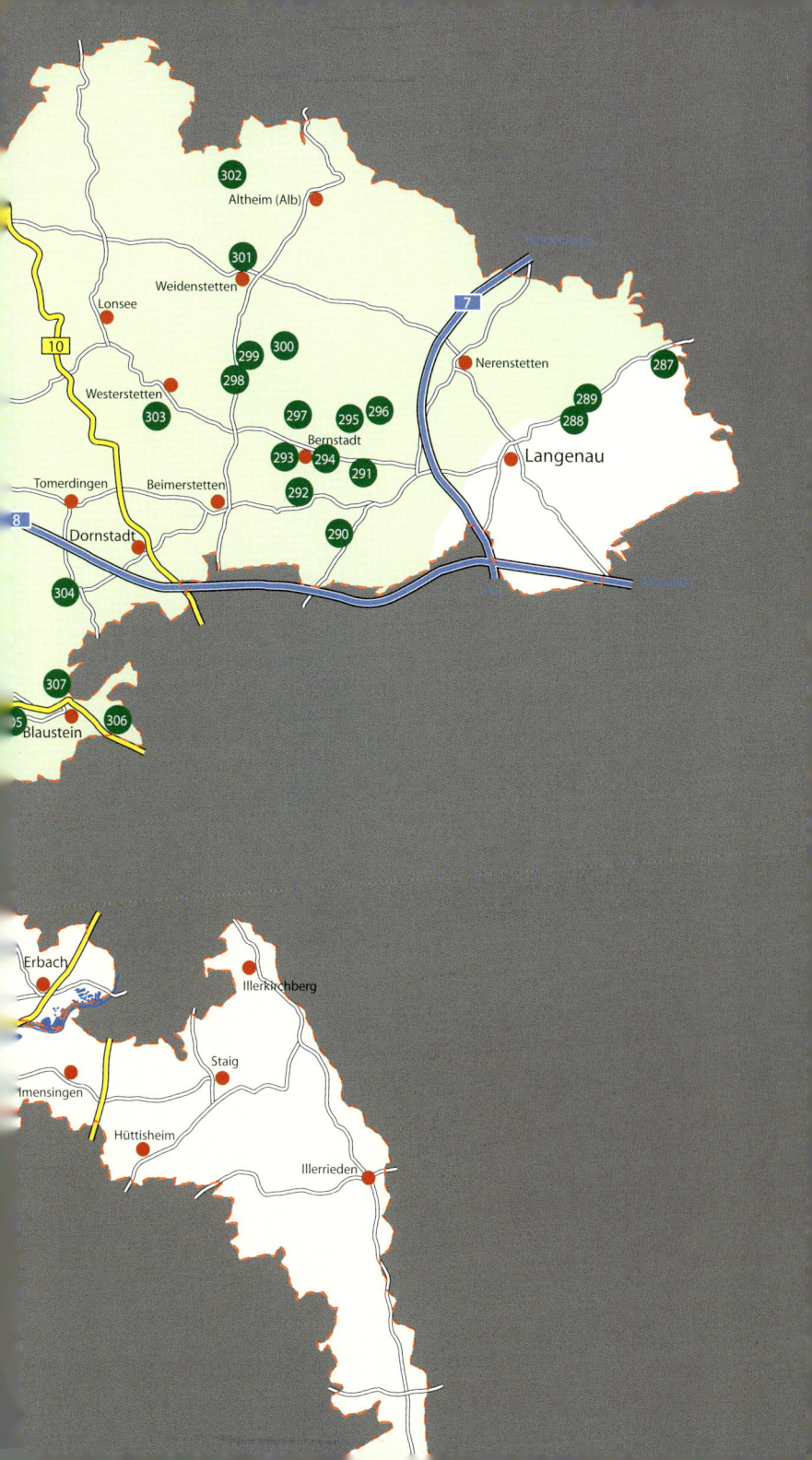

Locations shown:
- 302 Altheim (Alb)
- 301 Weidenstetten
- Lonsee
- 299, 300, 298
- Westerstetten
- 303
- 297, 295, 296
- 293, 294, Bernstadt
- 292, 291
- Nerenstetten
- 289, 288, 287
- Langenau
- Tomerdingen
- Beimerstetten
- 290
- Dornstadt
- 304
- 307, 306
- Blaustein
- Erbach
- Illerkirchberg
- Staig
- Imensingen
- Hüttisheim
- Illerrieden

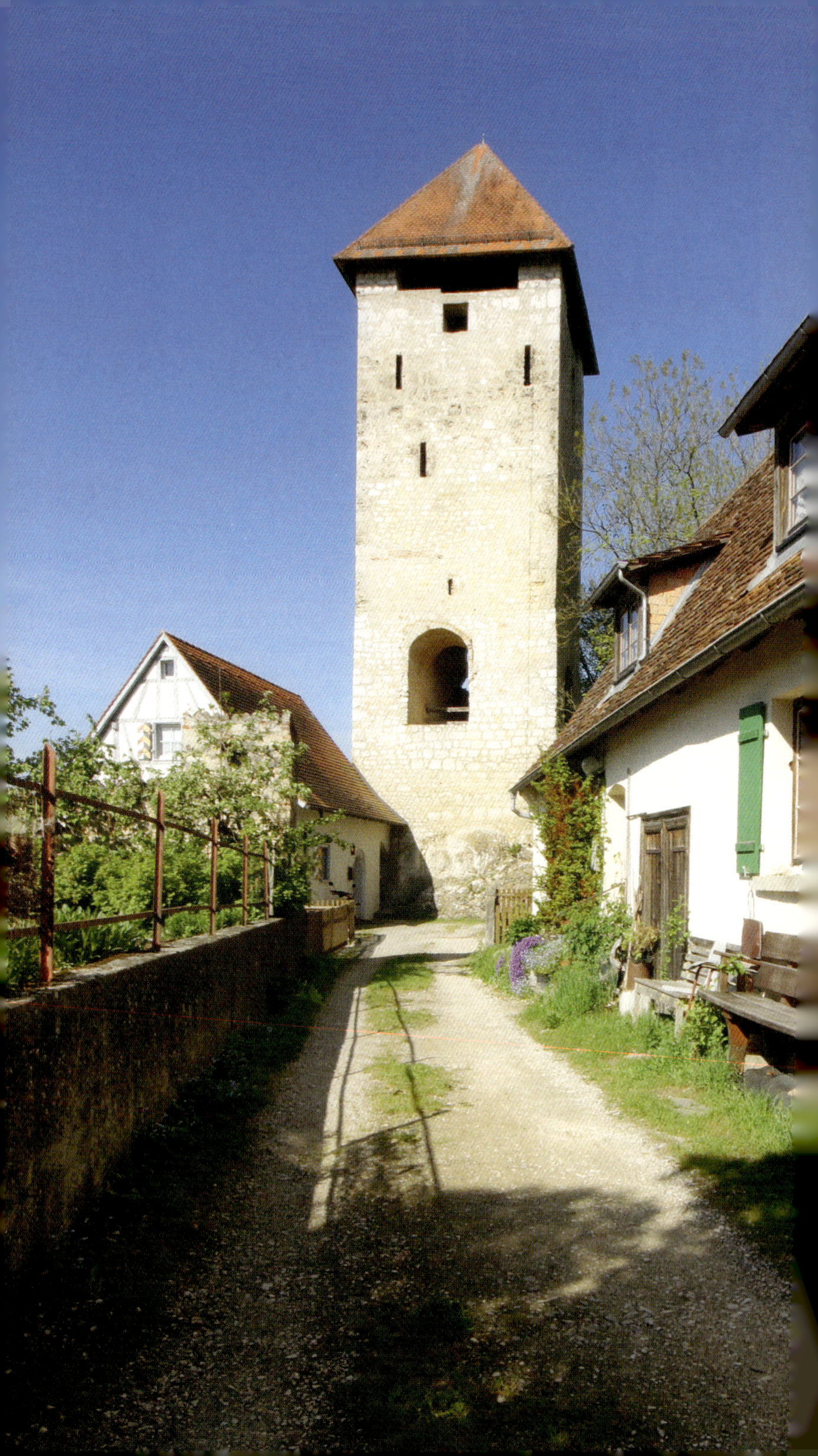

287 Burgen in Asselfingen; Asselfingen

Lage: TK 7427; 500 m, GK. R 88, H 77; Ortschaft zwischen Niederstotzingen und Langenau.
Nachweis von vier Burgen.
Burg „Schlösslein" beim Gasthaus „Zum Hirsch".
Hirschstraße 16, Burgstelle einer Viereckanlage mit Wallgraben, Erdhügelburg, Reste der Grabennordwestseite und Grundmauern, Mauerteile im Gebäude Nr. 14.
Burg beim „Jägerhaus"
Dem ehem. Ulmer Forsthaus von 1591, 1654, im Osten der Ortschaft, kein Nachweis im Gelände.
Unteres Bürgle
Ehem. Burg vermutet in der Flur „Unteres Bürgle", „Burggraben" und „Bürgele" ca. 0,5 km südsüdöstlich von Asselfingen im Bereich eines zur Donau führenden kleinen Tales, kein Bauwerksnachweis.
Burg im Esch
Abgegangene Burg nordöstlich der Ortschaft am Gienger Weg, Flur „uf dem Bürglin".
Geschichte: Entstehung der Burgen nicht bekannt, sie sind alle früh abgegangen. Ortsadel genannt 1282/83 mit Bernold von Asselfingen, 1294 die Brüder Ulrich, Egen und Marquard von Asselfingen, Ministerialen der Grafen von Helfenstein, 1430 Nennung einer weiteren Niederadelsfamilie mit Hans von Asselfingen und dessen Söhnen Klaus und Heinz, vor 1400 ein Sitz eines Zweiges der Herren von Rammingen. Zuordnung nicht eindeutig.

288 Burg Rammingen; Rammingen

Erhaltungszustand: Burgruine auf einem längsovalen Hügel. Verebneter Ringgraben, Mauerreste, ca. 8 m hoher Turmstumpf, ca. 5,2 x 5 m, Quader grob, östlicher Bereich durch Kirchenerweiterung verändert.
Besichtigung: Nicht zugänglich, einsehbar.
Lage: TK 7427; 520 m, GK. R 86 570, H 76 150; westlicher Kirchenbereich.
Typus: Niederungsburg auf einem Hügel in Ortslage, Ministerialenburg.
Geschichte: Entstehung nicht bekannt, Ortsadel 1172 Heilwig, Tochter des „Adelbert de castro Rammungen", 1279 die Ramminger sind Ministerialen der Grafen von Helfenstein, 1295 Bertold und Eberhard, 1363 an Konrad von Riedheim, 1393 Hans von Villenbach überfällt Ulmer Kaufleute, Zerstörung der Burg durch die Ulmer.

289 Rödenburg; Rammingen

Erhaltungszustand: Ersatzlos abgebrochen, Grabenreste bei der Flur „Bürg" jetzt „Rödenburg".
Lage: TK 7427; ca. 515 m, GK. R 86 750, H 77 250; Parz. 924 und 925, 0,5 km nordöstlich der Ortschaft.
Typus: Niederungsburg, Erdhügelburg.
Geschichte: Entstehung nicht bekannt, Abgang 13. Jh., 1442 Nennung Oedenburg, vermutete Burg der Herren von Rammingen, Ministerialen der Helfensteiner und Albecker.

290 Albeck; Langenau-Albeck

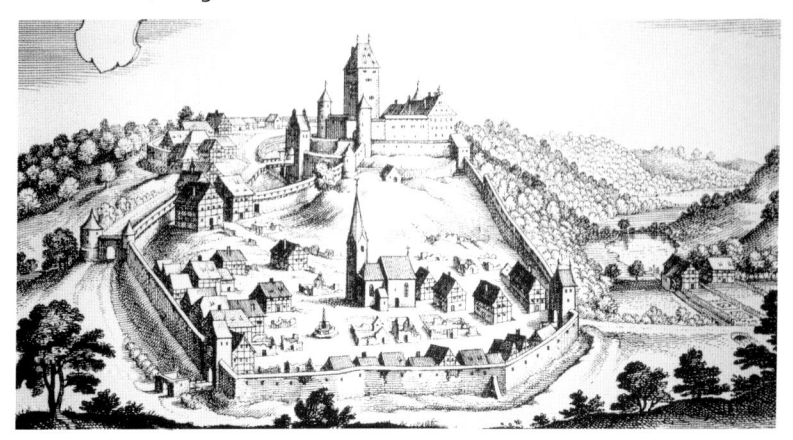

Erhaltungszustand: Teilerhaltene Burg-Schlossanlage. Ehem. Burg mit Wohnturm, Wohnbau und Schenkelmauern zur Stadt. Bogenförmiger Graben, 7 m hohe Schildmauer, mehrfach verändert, Buckelquader, Quader, Bruchstein. Rundturm, Erhöhung 1900, Rest Westturm und Ringmauer.
Besichtigung: Privatbesitz, nicht zugänglich, einsehbar.
Lage: TK 7526; 530 m, GK. R 77 980, H 72 100; westlicher Ortsrand.
Typus: Höhenburg in Bergrandlage, Stadtburg, Hochadelsburg.
Geschichte: Entstehung Ende 11. Jh. durch Herzog Friedrich I., Verleihung an die von Stubersheim, 1107 Berengar von Albeck, Stubersheim, 1. Hälfte 13. Jh. Neubau, 1245 an Heinrich Markgraf von Burgau, 1378 Einnahme durch die Ulmer, 1383 an Ulm, 1552 Beschädigung, 1704 Zerstörung, 1712 Teilwiederaufbau, 1841 an Privat.

291 Osterstetten; Langenau-Osterstetten

Erhaltungszustand: Ersatzlos abgebrochen, Graben und Mauerreste. Ehem. umfangreiche Schlossanlage mit Ringgraben im Geviert 80 x 80 m. 1653 Vorhof mit Wirtschaftsbauten, zweigeteilte jeweils ummauerte Viereckanlagen. Nordteil: zweigeschossiger Riegelfachwerkbau, Turmhaus. Südteil: dreigeschossiger Wohnbau.
Lage: TK 7526; 530 m, GK. R 78 040, H 73 600; 1,5 km nördlich von Albeck.
Typus: Niederungsburg-Schloss, Renaissanceschloss.
Geschichte: Entstehung nicht bekannt, 1560 Burgstall, Schlossneubau durch Samuel Kiechle, †1619, und dessen Schwiegersohn Marx Philipp Besserer zu Talheim, 1704 mit Albeck beschädigt, 1707 abgebrannt, Teilwiederaufbau, ab Ende 18. Jh. Abbruch.

292 Ufenloch; Langenau-Hörvelsingen

Erhaltungszustand: Burgstelle am Rand der Höhe Ofenloch über dem Flöztal. Bogenförmig verflachter halbkreisförmiger Graben, Reste Vorgraben und Hangwall, Kernburg: ca. 20 x 34 m, geringer Schutt, Mulde, kein Nachweis von Steinbauten.

Besichtigung: Frei zugänglich.
Lage: TK 7526; 572 m, GK. R 75 440, H 72 620; westnordwestlich von Hörvelsingen.
Typus: Höhenburg in Bergrandlage, Ministerialenburg.
Geschichte: Entstehung nicht bekannt, 15. Jh. Abgang. 1349/56 Burg der Herren von Ufenloch, eine Seitenlinie der Bernstadter, 1361 Hans und Konrad, Ministerialen der Helfensteiner, 1367 Hans von Ufenloch erwirbt die Lehensburg der Werdenberg-Albecker als Eigentum.

293 Burg Bernstadt; Bernstadt

Erhaltungszustand: Ersatzlos abgebrochen. Nach einer Beschreibung: Wallgraben einer Rechteckanlage von 13,25 x 22,5 m, Burghaus 9,6 x 11,6 m, Säule mit Vierkopfkapitell um 1220 im Ulmer Museum.
Lage: TK 7526; 550 m, GK. R 75 580, H 74 000; bei der Kirche.
Typus: Burg in Ortslage, Ministerialenburg.
Geschichte: Entstehung 12. Jh. als Stammburg der 1167 genannten Niederadelsfamilie von Bernstadt, 1209 Heinrich, 1241, 1287 als Ministerialen der Helfensteiner, 1432/38 an Ulm, Amtshaus, 1704 Brandschaden, Wiederaufbau, 1932 Brandzerstörung, Abbruch.

294 Schloss Bernstadt; Bernstadt

Erhaltungszustand: Schloss mit ehem. Ummauerung und Wirtschaftshof. Viergeschossiger Rechteckkompaktbau 12,9 x 14,4 m, Walmdach, Ecken mit Achteckerkertürmen und Zwiebelhauben von 1704, Zwerchhäuser mit Volutengiebeln, Pilasterportal. Inneres dreischiffig, Stuckdecken mit Bandelwerk, 1730.
Besichtigung: Heimatmuseum zu geregelten Öffnungszeiten, Festsaal mit Veranstaltungen, Rathausnutzung.
Lage: TK 7426; 540 m, GK. R 75 570, H 74 160; am westlichen Ortsende.
Typus: Renaissance-Barockschloss in Ortslage.
Geschichte: 1549 Neubau durch den Ulmer Patrizier Georg Besserer von Rohr, 1688 Inbrandsetzung durch die Franzosen, Wiederherstellung, 1704 Brandschaden, barocker Wiederaufbau, 1824 an die Gemeinde.

295 Salzbühl; Bernstadt

Erhaltungszustand: Burgstelle am Ende eines Felskamms der Propsthalde über dem Lonetal. Quergraben, Kernburg ca. 12 x 35 m, Mulde, Reste Ringmauer, Quader, Kleinquader, Unterburg mit Schuttriegel.
Besichtigung: Frei zugänglich.
Lage: TK 7426; 536 m, GK. R 76 500, H 76 070; 2,1 km nordnordöstlich von Bernstadt.
Typus: Höhenburg in Felskammlage.

Geschichte: Burgenname nicht bekannt, vermutete Besitzer die seit dem 12. Jh. genannten Niederadeligen von Bernstadt, Bestand um 1200 bis um 1300, Nachweis durch Fundkeramik, Chr. Bizer.

296 Lonetaler Schlössle; Bernstadt

Erhaltungszustand: Burgstelle am Höhenrücken „Brand" über einer Lonetalschleife. Vorburgbereich mit 45 m langem Wallgraben, zwei Felsgräben im Versatz zur Kernburg: dreiecksförmig ca. 19 x 25 m, Schuttriegel durch Grabungen verändert.
Besichtigung: Frei zugänglich.
Lage: TK 7426; 540 m, GK. R 77 430, H 76 310; 2,6 km nordöstlich von Bernstadt gegenüber „Fohlenhaus".
Typus: Höhenburg in Spornlage.
Geschichte: Burgenname nicht bekannt, vermutete Besitzer die seit dem 12. Jh. genannten Niederadeligen von Bernstadt, Bestand um 1200 bis 1300, Nachweis durch Fundkeramik, Chr. Bizer.

297 Breitenbühl; Bernstadt

Erhaltungszustand: Burgstelle über dem Wolfstal. 25 m langer Halsgraben mit verflachtem Wall, Kernburg: dreiecksförmig ca. 25 x 21 m mit Felskopfspitze, kein Steinbaunachweis.
Besichtigung: Frei zugänglich.
Lage: TK 7426; 545 m, GK. R 74 730, H 74 760; 1,2 km nordwestlich von Bernstadt.
Typus: Höhenburg in Bergeckenlage.
Geschichte: Burgenname, Entstehung und Besitzer nicht bekannt, möglicherweise die seit dem 12. Jh. genannten Niederadeligen von Bernstadt.

298 Schlössle Breitingen

Erhaltungszustand: Ersatzlos abgebrochen, ehem. zweigeschossiger Rechteckbau mit Satteldach, Zinnengiebeln, Vierecktreppenturm mit Pyramidendach, Ummauerung.
Lage: TK 7425; 530 m, GK. R 73 350, H 76 060; nördlich der Lone.
Typus: Renaissanceschloss in Ortslage.
Geschichte: Entstehung Mitte 16. Jh. vermutlich durch Ulmer Patrizier, vor 1776 an die Familie von Seutter, 1836 von Schad, zuletzt Bauernhaus, 1971 Abbruch.

299 Burgstall Breitingen

Erhaltungszustand: Mögliche Burgstelle an der Bergkante zum Lonetal. Halbkreisförmiger Wallgraben an die Talkante mit Felsen anschließend, Kernfläche ca. 30 x 95 m, kein Bauwerksnachweis.
Besichtigung: Frei zugänglich.
Lage: TK 7425; 562 m, GK. R 72 300, H 75 860; 1,1 km westlich von Breitingen.
Typus: Mögliche Höhenburg in Bergrandlage.
Geschichte: Entstehung und Besitzer nicht bekannt, möglicherweise nicht fertiggestellte mittelalterliche Anlage, H. Zürn.

300 Burg am Hägle; Holzkirch

Erhaltungszustand: Burgstelle über dem Höfentäle. Hakenförmiger Graben, Kernburg: trapezförmig ca. 22 x 8 zu 13 m, Oberfläche verändert, geringe Mauerreste an der Bergkante, Bruchstein, Quader in Zweitverwendung.
Besichtigung: Frei zugänglich.
Lage: TK 7426; 573 m, GK. R 74 100, H 76 700; 1,1 km südsüdöstlich von Holzkirch, Flurname „Hägle".
Typus: Höhenburg in Bergrandlage.
Geschichte: Entstehung nicht bekannt, möglicherweise die Albecker oder die Bernstadter. 1366 verkauft Heinrich von Bernstadt seinen „Burgstall zum Hag" an die Werdenberger.

301 Weidenstetten

Erhaltungszustand: Burgstelle eines gerundeten, noch 3 m hohen Erdhügels, ca. 28 bis 30 m Durchmesser, Ringgrabenreste. Auf dem Erdhügel das Pfarrhaus.
Besichtigung: Eingeschränkt zugänglich, einsehbar.
Lage: TK 7425; 590 m, GK. R 73 710, H 79 920; nördlich der Kirche.
Typus: Niederungsburg in Ortslage, Erdhügelburg.
Geschichte: Entstehung nicht bekannt, möglicherweise Sitz des im 12./13. Jh. genannten Albecker Zweigs der Stubersheim-Ravensteiner, 1549 Baumaßnahme anstelle der abgegangenen Burg, 1662/63 Neubau des Pfarrhauses, 1882 Neubau Obergeschoss und Dach.

302 Schlossberg Zähringen; Altheim (Alb)

Erhaltungszustand: Burgstelle auf dem Schlossberg über dem Hirschtal. Bogenförmiger Wallgraben, Kernburg: ca. 30 x 40 m mit 7 m hoher Kuppe, Baugrund 7 x 11 m, Standort einer Holzhütte, kein Nachweis von Steinbauten.
Besichtigung: Frei zugänglich.
Lage: TK 7425; 625 m, GK. R 72 350, H 83 010; 1,1 km südwestlich von Zähringen.
Typus: Höhenburg in Bergeckenkuppenlage.
Geschichte: Entstehung nicht bekannt, 1361 Rumelin von „Zeringen", Bürger in Altheim, die Burg bereits abgegangen, ob altzähringischer Besitz oder unabhängige Namensgebung ist nicht bekannt. Das Dorf geht 1385 als Albeck-Werdenbergischer Besitz an Ulm.

303 Westerstetten

Erhaltungszustand: Burgstelle beim Birkhof im Burgtal. Halsgraben, Kernburg ca. 10 x 25 m, Reste Kernmauerwerk, einzelne Quader, südwestseitig Geländeterrasse.
Besichtigung: Frei zugänglich.
Lage: TK 7425; 570 m, GK. R 70 550, H 74 700; 1,5 km südlich von Westerstetten.
Typus: Höhenburg in Spornkuppenlage, Ministerialenburg.

Geschichte: Entstehung nicht bekannt. Stammburg der bis ins 17. Jh. mehrfach verzweigten Herren von Westerstetten, 1094 Bertold, 1252 Siegfried und Friedrich, 1264 Heinrich, Ministeriale der Grafen von Helfenstein, um 1360 Zerstörung durch die Ulmer, 1380 Bertold I., Stifter der Linie zu Katzenstein.

304 Alter Schlossberg Bollingen; Dornstadt-Bollingen

Erhaltungszustand: Burgstelle auf einem in das Kiesental vorspringenden Fels. Zwei Felsgräben an der Bergkante, Felskopf der Kernburg 15 x 15 m, geringer Schutt. Im Vorfeld Abgrenzung eines Areals, ca. 70x130 m, durch Wallreste.
Besichtigung: Frei zugänglich.
Lage: TK 7425; 606 m, GK. R 66 920, H 68 430; 800 m südwestlich von Bollingen.
Typus: Höhenburg in Spornfelsenlage.
Geschichte: Entstehung und Besitzer nicht bekannt, mögliche Zuweisung im 12./13. Jh. an die Edelfreien von Ravenstein-Stubersheim und deren Rechtsnachfolger, aber auch nach Weidach.

305 Schloss Klingenstein; Blaustein-Klingenstein

Erhaltungszustand: Erhaltene Schlossanlage. 2-geschossiger Rechteckbau mit Turm und Kapellenbau. Umfangreiche Burgruine südlich angrenzend: Wohnturm, Wohnbau, Torbau, Ringmauer, Buckelquader.
Besichtigung: Privatbesitz, nicht zugänglich, einsehbar.
Lage: TK 7525; 559 m, GK. R 66 900, H 64 700; am Talhang, westliches Ortsende.
Typus: Burg-Schloss in Spornlage.
Geschichte: Entstehung um 1200, 1215/20 Cunradus miles de Clingenstain, Ministeriale der Dillinger Grafen, Rudolf von Klingenstein d. Ä., gen. 1228

bis 1272; 15./16. Jh. Neubaumaßnahmen, 17. Jh. Teilzerfall der Burg, nach 1750 Umbau des Wohnbaus der Nordburg zum Barockschlösschen durch Reichsgraf Franz Maria Anton von Bernhausen.

306 Ehrenstein; Blaustein-Ehrenstein

Erhaltungszustand: Burgstelle am südlichen Ende des Schlossberges über der Blau. Geringe Mauerreste und Buckelquader an der Hangkante.
Besichtigung: Frei zugänglich.
Lage: TK 7525; 536 m, GK. R 68 730, H 64 275; auf dem Schlossberg innerhalb der Ortsbebauung.
Typus: Höhenburg in Bergrandlage.
Geschichte: Entstehung um 1200, 1209/1216 Ritter Heinrich von Ehrenstein, Reichsministeriale, 1259 an die Grafen von Württemberg und Helfenstein; aufgrund einer Schädigung des Klosters Söflingen durch Württemberg 1281 an das Kloster, die Ehrenstein bis auf die Grundmauern abbrechen lassen.

307 Hohlenstein; Blaustein-Klingenstein

Erhaltungszustand: Durch Steinbruchbetrieb abgegangen.
Lage: TK 7525; GK. R 66 8, H 65 3; auf dem Südostsporn des nach Süden gerichteten Beibruckberges, an der Einmündung des Kiesentales in das Blautal.
Typus: Höhenburg in Spornlage.
Geschichte: Bestand verm. 11. bis 13. Jh., Entstehung und Eigentümer nicht bekannt, mögliche Burg der Edelfreien von Herrlingen oder nicht bekannter Dillinger Ministerialen. Die Ulmer Patrizierfamilie Ungelter nennt sich um 1400 und 1480 „in Holenstein".

308 Oberherrlingen; Blaustein-Herrlingen

Erhaltungszustand: Abgegangene Burg im Bereich des Lustgartens der erhaltenen Schlossanlage: dreigeschossiger Hauptbau auf quadratischem Grundriss, Doppelgiebel, Anbau mit Quergiebel, Wirtschaftsbauten.
Besichtigung: Privatbesitz, nicht zugänglich, vom Hof aus einsehbar.
Lage: TK 7525; 574 m, GK. R 65 800, H 66 230; 1,2 km nordnordwestlich von Herrlingen.
Typus: Höhenschloss in Spornlage.
Geschichte: Als Gründer der Burg gilt der kurz nach 1100 genannte Edelfreie Ulrich (I.) von Hurningen, Familie mit Ulrich (III.) ausgestorben, als Erbe an Kaiser Friedrich I., nun Sitz von Reichsministerialen, im Kampf um die Krone 1247 durch den Gegenkönig Heinrich Raspe zerstört, 1588 Schlossneubau durch Dietrich von Bernhausen.

309 Schlosshalde Weidach; Blaustein-Herrlingen

Erhaltungszustand: Burgstelle auf einer nach Westen zum Lautertal gerichteten Bergecke, Geländemerkmale, Schuttriegel, Kernburg ca. 10 x 18 m, zwei Felsgräben.
Besichtigung: Frei zugänglich.
Lage: TK 7525; GK. R 64 980, H 67 770; 1,2 km westsüdwestlich von Weidach, Höhe 624,6.
Typus: Höhenburg in Bergeckenlage.
Geschichte: Hochmittelalterliche Anlage, Entstehung und Besitzer nicht bekannt, möglicherweise Ministerialen des Klosters Elchingen, den seit 1225 gen. Ortsherren von Weidach und Wippingen.

310 Hohenstein; Blaustein-Bermaringen

Erhaltungszustand: Erhaltenes Schlösschen über dem Lautertal. Zweigeschossig, Satteldach, Pilasterportal, Österreichisches Wappen, geringe Geländespuren der Burg.
Besichtigung: Privatbesitz nicht zugänglich, von außen einsehbar.
Lage: TK 7525; GK. R 64 030, H 68 120; 2,2 km südöstlich von Bermaringen.
Typus: Ehem. Höhenburg, Schlösschen in Bergeckenlage.
Geschichte: Entstehung und Besitzer nicht bekannt, möglicherweise eine Ministerialenfamilie von Hauenstein, Anlage verm. 12./13. Jh., spätestens im 15. Jh. abgegangen. 1692 Schlösschenbau anstelle der Burg durch Albrecht Kraft von Dellmensingen, 1859 an Privat.

311 Lauterstein; Blaustein-Wippingen

Erhaltungszustand: Burgstelle auf einem nach Norden gerichteten Talhangsporn über dem Lauterursprung. Hanggraben, Halsgraben, Kernburg ca. 15 x 20 m, geringe Mauerreste, Eckquader.
Besichtigung: Frei zugänglich.
Lage: TK 7525; 550 m, GK. R 63 680, H 68 320; 2,4 km nördlich von Wippingen.
Typus: Höhenburg in Spornlage.
Geschichte: Entstehung vor 1200, 1219 Eberhard von Lauterstein, staufischer Reichsministeriale, 1302 Bertold von Lauterstein, möglicher Seitenzweig der Hörninger, Ende 14. Jh. an die Freyberg zu Bach, die Burg im 15. Jh. abgegangen.

312 Arnegg; Blaustein-Arnegg

Erhaltungszustand: Ruine auf einer Spornkuppe. Halsgraben, geringe Ringmauerreste der Kernburg und Vorburg, Quader, erhaltene Nebengebäude von 1639.
Besichtigung: Bis auf private Gärten frei zugänglich.
Lage: TK 7525; 558 m, GK. R 65 420, H 64 230; 400 m südlich der Kirche.
Typus: Höhenburg in Spornkuppenlage.

Geschichte: Entstehung nicht bekannt, verm. 12./13. Jh. durch die Grafen von Dillingen, 1303 die Seveler Ministerialen aus dem Ulmer Patriziat, 1336 an Graf Ulrich III. von Württemberg und Hans von Stein, 1378 Beschädigung durch die Ulmer im Städtekrieg, ab 1470 an die von Stadion, 1805 Abbruchmaßnahmen.

313 Neidegg; Blaustein-Markbronn

Erhaltungszustand: Burgstelle auf einer Talhangkuppe über dem Blautal. Halsgraben, ovaler Burgplatz mit erhöhtem Felsen zur Nordseite, geringe Mauerreste.
Besichtigung: Burgfelsen nicht zugänglich, Halsgrabenbereich zugänglich.
Lage: TK 7525; 588 m, GK. R 64 110, H 63 360; 1 km nordnordöstlich von Dietingen.
Typus: Höhenburg in Talhangkuppenlage.
Geschichte: Entstehung und Inhaber nicht bekannt, möglicherweise in Besitz der Dillinger, dann der Württemberger, 1378 im Städtekrieg mit Arnegg beschädigt oder zerstört.

314 Felsenburg Hohenstein-Altental; Stadt Blaubeuren-Altental

Erhaltungszustand: Burgstelle auf einem Steilwandfelsen über der Blau. Felsen der Hohensteiner Halde, 1 x 20 m langer Kamm, Balkenlager für hölzerne Aufbauten, Felstreppe.
Besichtigung: Mit Kletterhilfe zugänglich.
Lage: TK 7525; GK. R 61 900, H 63 020; 500 m südsüdöstlich von Altental.
Typus: Felsenburg.
Geschichte: Besitzer nicht bekannt, mögliche Ministerialen der Tübinger Pfalzgrafen, Entstehung im 12. Jh. Nachweis durch Fundkeramik, Chr. Bizer. Der Hof Altental um 1085 von Werner von Ruck an das Kloster Blaubeuren, 1267 erwähnt.

Hohengerhausen, Rusenschloss 315

Stadt Blaubeuren, Alb-Donau-Kreis, Baden-Württemberg
Meereshöhe: 620 m, Blautal 504 m
Erhaltungszustand: Burgruine mit deutlich aufrecht stehendem Mauerwerk, Bestand weitgehendst gesichert.
Besitzer: Land Baden-Württemberg
Besichtigung: frei zugänglich
Lage: TK 7524; GK. R 59 450, H 63 460; GPS 48° 24' 22,1" N, 9° 48' 5" O

Westlich von Ulm liegt im Zentrum der Blaubeurer Alb die besuchenswerte Klosterstadt Blaubeuren. Steile, bewaldete Hänge säumen den Talkessel des Blauursprungs, zur Ostseite endend mit bizarren Fels-Mauergebilden von Hohengerhausen.

Von Blaubeuren in Richtung Sonderbuch und nach Erreichen der Anhöhe rechts zum Wanderparkplatz abzweigen. Weiter auf bezeichnetem Weg AV Dreiblock über den Knoblauchfelsen zur Ruine. Parkplatz-Hohengerhausen 1 km.

Bauphasen

I. Bauphase
2. Hälfte 11. Jh. um 1100
Bauherr: Hartmann I. Graf von Dillingen, gen. 1092, 1095, 1100, Ehefrau: Adelheid von Winterthur, deren Sohn Hartmann II., †1134. Entstehung der Höhenburg durch nicht bekannte Baumaßnahmen.

II. Bauphase 2. Viertel 13. Jh.
Bauherr: Hartmann IV. Graf von Dillingen, †1258, Herrschaftsbildung. Neubau der Burg mit großem Wohnturm-Palas in Buckelquaderbauweise.

III. Bauphase 2. Hälfte 13. Jh.
Bauherr: Ulrich (VI.) Graf von Helfenstein, †um 1290, Ehefrauen: 1. Williburg von Dillingen, 2. Agnes von Tübingen. Ausbau zum herrschaftlichen Wohnsitz mit Unter-Burg und äußerer Zwingermauer.

Geschichte

Hohengerhausen, auch Rusenschloss genannt, gehört zu den frühen Grafenburgen der Schwäbischen Alb. Ihr Erbauer ist Graf Hartmann I. von Dillingen, der 1092 und folgend in Urkunden Graf Hartmann von Gerhausen genannt wird. Vorläufer dieser Burg könnte der befestigte Herrenhof von Gerhausen auf der Blauinsel gewesen sein. Hermann gilt als Nachkomme der Hupaldinger und gelangt durch seine Ehefrau zu umfangreichem Besitz in der Nord-Schweiz. Die Burgverwaltung lag in Händen einer Ministerialenfamilie, die sich von Gerhausen nennt.
1258 Übergang des Besitzes von Hartmann IV. Graf von Dillingen an dessen Schwiegersohn, den Pfalzgrafen von Tübingen.
Um 1268–1273 An den Schwiegersohn von Hartmann IV., Ulrich (VI.) Graf von Helfenstein.
1356 Teilung der Herrschaft Helfenstein in die Blaubeurer und Wiesensteiger Linie. Ulrich (XI.) nennt sich Graf von Helfenstein zu Blaubeuren.
Ab 1384–1413 Mehrfache Verpfändung.
1447 Verkauf von Hohengerhausen, Ruck und Blauenstein an Graf Ludwig I. von Württemberg. Die Burg wird Sitz des württembergischen Obervogts, 1552 ist Hohengerhausen Sitz eines Forstmeisters.
1673 Herzog Eberhard von Württemberg lässt vom Einsturz gefährdete Bauteile abbrechen, 1768 Verkauf auf Abbruch.
1800 Beschuss der von Österreichern besetzten Anlage durch französische Artillerie.
1974–1977 Instandsetzung.

Anlage

Typus
Höhenburg in Bergkammlage, Grafenburg.

Anlagenmerkmale
Wohnbau mit großem Stützbogen, Quader, Buckelquader, Bruchstein.

Beschreibung
Hohengerhausen liegt auf und um einen ausgesetzten Felsen am Ende eines von Nord nach Süd gerichteten schmalen Höhenkamms.
Durch hohe Futtermauern, die gleichzeitig die Umfassungsmauer bilden, werden am Fuße des Kernburgfelsens zwei Bereiche geschaffen. Beide werden durch Tore mit vorgelegten Gräben erschlossen.

Zur Nordwestseite auf nahezu ebenem Niveau steht die **Unter-Burg** mit schildartiger Tormauer. Ergänzt zur Südostseite wird sie durch einen Bereich mit mehreren terrassierten Ebenen. Am südlichen Kamm bildet der Torzwinger mit Spitzbogentor und anschließender sehr hoher Stützmauer, mit eingestreuten Quadern in Zweitverwendung, den Abschluss.

An höchster Stelle des Felsklotzes steht die **Kernburg** mit Wohnturmruine, Burghof und dem Tonnengewölbe eines weiteren Gebäudes. Stufen führen von der Ostseite zur Eingangsebene des in Bauabschnitten errichteten **Wohnturms**. Um eine angemessene Geschossfläche von 9 x 16,50 m errichten zu können, wurde eine 10 m breite und tiefe Felskluft mit einem spitzbogigen Tragbogen überbrückt. Die hierzu gehörende Nord- und Westwand besteht aus Quader- und Buckelquadermauerwerk, Zangenlöcher, der Tragbogen aus Tuffquadern. Auf dieser außergewöhnlichen Konstruktion saßen zwei Obergeschosse in Holzbauweise. Ein Einzelbauwerk, das eine beachtliche Fernwirkung erzielt hat.

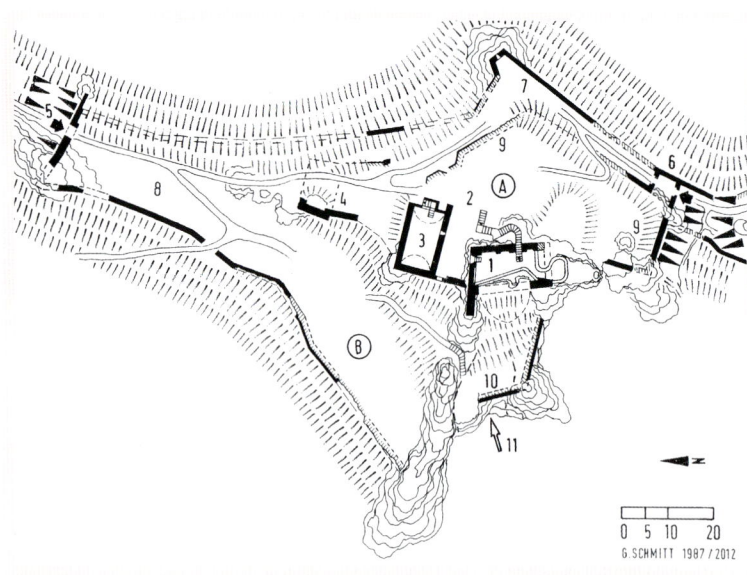

A Kernburg	4 Lage Torturm	9 Umfassungsmauer Kernburg
B Unter-Burg	5 Nordtor	10 Sog. Burggarten
1 Wohnturm-Palas	6 Südtor mit Torzwinger	11 Höhle an der Felsbasis
2 Burghof	7 Zwinger, Zwingermauer	Übersichtsplan:
3 Gebäude	8 Vorhof	Günter Schmitt 1987/2012

316 Burgstall Gerhausen; Blaubeuren-Gerhausen

Erhaltungszustand: Abgegangene Burg.
Lage: TK 7524; GK. R 59 350, H 62 840; auf der Blauinsel.
Typus: Niederungsburg, befestigter Herrenhof.
Geschichte: Mögliche Vorgängeranlage der Burg Hohengerhausen, 1092 bis 1100, Graf Hartmann von Gerhausen identisch mit Graf Hartmann I. von Dillingen, 1116 dessen Sohn Hartmann, Burg auf der Blauinsel, später Sitz einer Ministerialenfamilie, Heinrich 1214 und Walter von Gerhausen 1238 im Gefolge der Grafen von Dillingen, 1258 an die Pfalzgrafen von Dillingen, 1332 als Burgstall in Besitz der Herren von Oggenhausen.

317 Ruck; Stadt Blaubeuren

Erhaltungszustand: Burgruine auf einem Felsklotz am südlichen Ende des Ruckenbergs. Erhaltener Tonnengewölbekeller, geringe Mauerreste, Rechteckanlage ca. 30 x 38 m, Bestandssicherung erforderlich.
Besichtigung: Frei zugänglich, AP.
Lage: TK 7524; 530 m, GK. R 58 860, H 63 320; 1,3 km ostsüdöstlich der Klosteranlage.
Typus: Höhenburg in Felskuppenlage, Hochadelsburg.
Geschichte: Entstehung vermutlich kurz vor 1085 durch den Klosterstifter Sigiboto von Ruck, Mitte 12. Jh. an die Pfalzgrafen von Tübingen, um 1267 an die Grafen von Helfenstein, 1303 bis 1805 habsburgisches Lehen, 1447 Sitz des württembergischen Obervogts, mehrfach ruinös und erneuert, 1750/51 von Württemberg auf Abbruch verkauft.

318 Blauenstein; Stadt Blaubeuren

Erhaltungszustand: Burgstelle auf dem Blaufels, einem nach Süden gerichteten schmalen Felssporn. 2 Quergräben, Kernburg auf Steilwandfelsen ca. 10 x 13 m, Lage eines Wohnturmes oder festen Wohnbaus, 1650 zweigeschossiges Bauwerk.
Besichtigung: Frei zugänglich, AP.
Lage: TK 7524; 654 m, GK. R 57 850, H 64 490; 250 m westlich der Klosteranlage.
Typus: Höhenburg in Spornlage.
Geschichte: Entstehung vermutlich im 13. Jh. durch die Grafen von Helfenstein, 1303 mit Hohengerhausen und Ruck an Habsburg, 1447 an Württemberg, 1553/82 baufällig, 1628 erneuert, 1695 Abbruch.

319 Bürgle Sonderbuch; Blaubeuren-Sonderbuch

Erhaltungszustand: Abgegangene Burg.
Lage: TK 7524; GK: R 60, H 64; vermutet in der Flur „Bürgle".
Typus: Burg in Ortslage, Ministerialenburg.
Geschichte: Entstehung und Abgang nicht bekannt, Burg des 1294 bis 1351 genannten Ortsadels, 194/96 Ludwig

von Sonderbuch im Gefolge Graf Ulrichs von Helfenstein, 1309 Ulrich und sein Sohn Rudolf, 1351 Letztgenannter Heinz von Sonderbuch.

320 Gleißenburg; Stadt Blaubeuren

Erhaltungszustand: Burgstelle auf einer Bergkuppe am östlichen Ende des Höllentals. Hakenförmiger Wallgraben zur Hochfläche, Kernburg erhöht ca. 18 x 29 m, geringe Reste der Ringmauer, Mauerschutt, Verebnungen der Unterburg.
Besichtigung: Frei zugänglich.
Lage: TK 7624; 653 m, GK. R 58 680, H 60 220; 1,1 km westsüdwestlich von Beiningen.
Typus: Höhenburg in Bergkuppenlage, Ministerialenburg.
Geschichte: Entstehung nicht bekannt, 1376 in Besitz des Helfensteiner Ministerialen Ruland von Überkingen, 1408 Lehensbesitzer von Wernau, mehrfacher Wechsel, 1506 an das Blaubeurer Spital, 1632/33 Beschädigung durch Brand, anschließender Zerfall.

321 Günzelburg; Blaubeuren-Seißen

Erhaltungszustand: Burgruine mit geringen Mauerresten auf einem Talrandfelsen über dem Achtal. Halsgraben, Felskopf der Kernburg ca. 20 x 21 m, Reste der Front- und Ringmauer in Bruchstein.
Besichtigung: Frei zugänglich, AP.
Lage: TK 7524; 690 m, GK. R 56 955, H 63 640; 300 m nordnordöstlich von Weiler.
Typus: Höhenburg in Bergrandlage, Ministerialenburg.
Geschichte: Entstehung Ende 13. Jh. Gryffenburg, Besitz der Grif von Berkach, im 14. Jh. die Herren von Weiler, Ende 14. Jh. von der Erbtochter Anna an die von Westernach, 1460 an Ulrich von Westerstetten, 1464 an die Heiligenstiftung Seißen, seit 1477 Zerfall.

322 Ortsburg Weiler; Blaubeuren-Weiler

Erhaltungszustand: Abgegangene Burg.
Lage: TK 7524; GK. R 56 840, H 63 350; bei der Kirche.
Typus: Burg in Ortslage, Ministerialenburg.
Geschichte: Entstehung und Abgang nicht bekannt, unsichere Nennung durch mehrere Ortsadelsfamilien gleichen Namens, 13. Jh. Ritter Heinrich von Wilaere im Gefolge der Grafen von Berg, 1323 Mil und Bruder Ulrich, Söhne des verstorbenen Mil von Wei-

ler, 1370 Ulrich von Weiler, Ende 14. Jh. der Besitz über die Erbtochter Anna an Hans von Westernach.

323 Sirgenstein; Blaubeuren-Weiler

Erhaltungszustand: Burgstelle mit geringen Mauerresten auf einem Steilwandfelsen über dem Achtal. Felsgraben, Kernburgfelsen ca. 5 x 11 m, Mauerschutt, Kernmauerwerk eines Wohnturmes, nordöstliche Ringmauer Kleinquadermauerwerk. Sirgensteinhöhle: altsteinzeitliche Funde.
Besichtigung: Frei zugänglich.
Lage: TK 7624; 614 m, GK. R 56 440, H 61 310; 1,8 km südsüdwestlich von Weiler.
Typus: Höhenburg in Talrandlage.
Geschichte: Burgherrenfamilie nicht bekannt, Nutzung etwa 1150 bis 1250, Nachweis durch Fundkeramik, Chr. Bizer; im 12. Jh. schenkt Adalbert aus "Grizegunda" dem Kloster Blaubeuren eine Hufe am Hang "Igrenstein vel Sigrenstein", Hinweis einer Siedlung.

324 Ennabeuren; Heroldstadt-Ennabeuren

Erhaltungszustand: Abgegangene Burgstelle auf dem Schlossberg und möglicherweise im Ort.
Lage: TK 7523; R 44, H 67; FN Schlossberg.
Typus: Höhenburg, Ministerialenburg.
Geschichte: Entstehung und Abgang nicht bekannt, 1092 Egilolf von Ennabeuren, 1208 die Brüder Heinrich, Mangold und Konrad von Ennabeuren, 1220 Letztnennung, vermutete Ministerialen der Steußlinger, weiterer Adel: 1345 Dietrich von Ehestetten, 1363 Hans von Ehestetten, beide "gesessen zu Ennabeuren".

Hohenschelklingen

Stadt Schelklingen, Alb-Donau-Kreis, Baden-Württemberg
Meereshöhe: 621 m, Schelklingen 530 m
Erhaltungszustand: Burgruine mit deutlich aufrecht stehendem Mauerwerk
Besitzer: Stadt Schelklingen
Besichtigung: frei zugänglich, Öffnungszeiten Bergfried: April bis September jeden 3. Sonntag im Monat von 14 bis 17 Uhr
Lage: TK 7624; GK. R 54 270, H 60 420; GPS 48° 22' 46,4" N, 9° 43' 53,6" O

Nördlich von Ehingen und südwestlich von Blaubeuren liegt an der B 492 Schelklingen mit der die Stadt überragenden Burgruine Hohenschelklingen.
Man folgt der Straße Richtung Justingen und zweigt zum Parkplatz bei der Stadthalle ab. Von hier führt der bezeichnete Fußweg „Schlossturm" hoch zur Ruine. Parkplatz–Hohenschelklingen 400 m.

Bauphasen

I. Bauphase um 1100, 1. Viertel 12. Jh.
Bauherren: Edelfreie von Schelklingen, gen. 1127 die Brüder Rüdeger, Adalbert und Walther. Entstehung der Burg durch nicht bekannte Baumaßnahmen.

II. Bauphase 1. Hälfte 13. Jh.
Bauherren: Heinrich I. Graf von Berg, Markgraf von Burgau, gen. 1205–1242, Ehefrau Adelheid von Mochental, Tochter des Markgrafen Diepold von Giengen, Adelheids Sohn Graf Ulrich ist Stifter der Linie von Berg-Schelklingen, †vor 1266. Neubau der Burg mit Bergfried und Wohnbau.

III. Bauphase 14./15. Jh.
Bauherren: bis 1346 Konrad Graf von Berg-Schelklingen, danach die jeweiligen Pfandinhaber Österreichs, 1407 Ulrich von Teck. Spätmittelalterlicher Ausbau der Burg mit südlicher und westlicher Vorburg in Bruchsteinmauerwerk.

Geschichte

Im frühen 12. Jh. nennen sich Edelfreie von Schelklingen. Sie gelten als Seitenzweig der Familie von Steußlingen und werden 1184 letztmals genannt. Von ihnen geht der Besitz vermutlich als Erbe an die Grafen von Berg.
1127 Ersterwähnung der Burg „castrum et villa".
1234 Burg und Stadt in Besitz des Heinrich I. Graf von Berg.
1246/47 Mögliche Beschädigung der Burg im Zusammenhang mit der Zerstörung des Klosters Urspring während der Auseinandersetzung Friedrichs II. mit seinem Sohn Heinrich VII.
1346 Nach dem Tod Konrads, letzter der Grafen von Berg, Übergang an die Herzöge von Österreich. Mehrfache Verpfändung.
1527 Die Burg nur noch als Lager benutzt und von einem Wächter bewohnt.
1633 Beschädigung durch württembergische Truppen aus Blaubeuren.
Ab 1650 Beginn von Abbruchmaßnahmen.
1851 An den Stuttgarter Bankier Kaulla.
1893 An die Stadt Schelklingen.
1896 Instandsetzungsmaßnahmen.

Anlage

Typus
Höhenburg in Spornlage, Frontturmburg, Hochadelsburg.

Anlagenmerkmale
Bergfried als Frontturm, Quader, Buckelquader, Umfassungsmauer, Bruchstein.

Beschreibung

Mit einer überbauten Grundfläche von ca. 60 x 130 m gehört Hohenschelklingen zu den größeren Spornburgen der Schwäbischen Alb. Sie besteht aus der an höchster Stelle zum Bergkamm gelegenen Kernburg und den im Spätmittelalter angelegten Vorburgen auf der Süd- und Westseite. Während die Umfassungsmauer der südseitigen Vorburg polygonal den Bergkanten bis zum Spornende folgt, ist die westliche Vorburg mit einer hohen Futtermauer am Steilhang errichtet. Erschlossen wird die Anlage von der Westseite mit äußerem Tor, Torzwinger und folgendem inneren Tor.

Kernburg

Von der Kernburg gibt es außer dem Bergfried noch Reste der Umfassungsmauer und Schuttriegel des Wohnbaus. Das später erwähnte „Haus im Schloss" ist durch eine Zeichnung von 1532 als Rechteckbau mit zwei massiven Geschossen und Aufbau in Ständerbauweise mit Walmdach dokumentiert.

Bergfried

Wahrzeichen der Ruine ist der durch die fehlende Bauwerksumgebung frei stehende, hoch aufragende Bergfried, mit nahezu quadratischem Grundriss von 6,60 x 6,90 m. Er schützte als Frontturm die Kernburg vom ansteigenden schmalen Höhenkamm und das seitlich liegende Burgtor. Entstanden in 2 Bauphasen (S. Uhl), besitzt er außergewöhnlich homogenes Mauerwerk aus Buckelquadern und Quadern: Länge bis 93 cm, Höhe bis 57 cm. Gut erhalten sind außerdem der erhöhte, ehemals mit einer hochziehbaren Klapptüre versehene Rundbogeneingang, spitzbogige Lichtöffnungen und Reste von drei Wehrerkern.

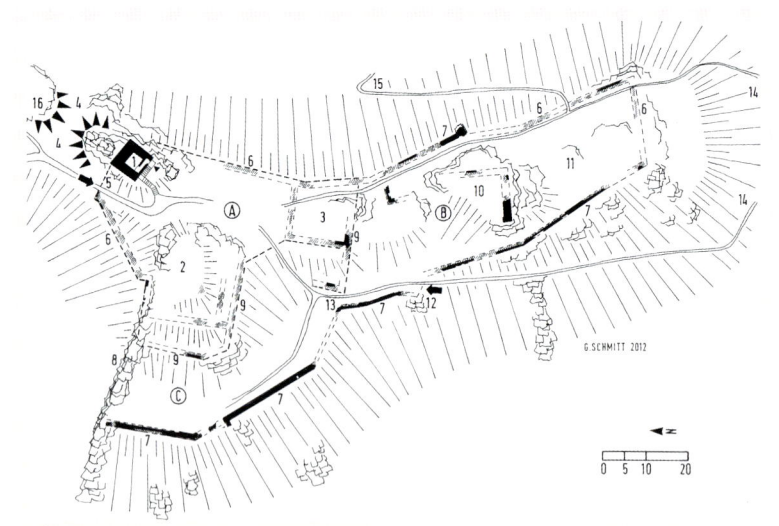

A Kernburg
B Südliche Vorburg
C Westliche Vorburg
1 Bergfried
2 Lage des Wohnbaus
3, 10 Lage eines Nebengebäudes
4 Halsgraben
5 Lage des Tores zur Kernburg
6, 7, 8 Verlauf der Umfassungsmauern
9 Mauer zwischen Kernburg und Vorburg
11 Bereich Vorbefestigung
12 Äußeres Tor
13 Inneres Tor
14, 15 Von Schelklingen
16 Höhenkamm

Grundriss:
Günter Schmitt nach Planunterlagen von Stefan Uhl

326 Adelssitze in Schelklingen; Stadt Schelklingen

Wernau'sches Schlössle – „Altes Spital"
Spitalgasse, stadtbildprägendes Bauwerk an der östlichen Stadtmauer, südlich der Stadtpfarrkirche.
Erhaltungszustand: Dreigeschossiger Steinbau, 3. OG in Riegelfachwerkbauweise, Satteldach, nordseitiger Anbau, Ziehläden.
Stadtmuseum „Altes Spital" Vor- und Frühgeschichte, Stadtgeschichte, Veranstaltungssaal.
Öffnungszeiten: So 10 bis 12, 14 bis 16 Uhr. www.museum-schelklingen.de
Geschichte: Entstehung um 1351 als Steinhaus, 1387 bis 1698 Stadtschloss der Herren von Wernau, 15. Jh. Fachwerkgeschoss, 16. Jh. Anbau, 1698 an die Stadt Schelklingen, Umbau zum Spital, 1988–92 Sanierung und Umnutzung.

Reußenstein Schlössle – ehem. Gasthaus „Rößle"
Färbergasse 2, stadtbildprägendes Bauwerk in Stadtmitte.
Erhaltungszustand: Zweigeschossiger Rechteckbau, OG Fachwerk, Satteldach, Grundriss dreischiffig, private Nutzung.
Geschichte: Entstehung 2. Hälfte 16. Jh., um 1600 in Besitz des Junker Reuß von Reußenstein, 1625 bis Ende 18. Jh. Schenken von Stauffenberg zu Bach.

Bemelbergisches Schlösschen
Bemelberger Straße 30, an der westlichen Stadtmauer.
Erhaltungszustand: Zweigeschossiger lang gezogener Rechteckbau, Satteldach, Anbauten, mehrfach umgebaut, Nebengebäude.
Geschichte: Nach 1552 Neubau durch Konrad von Bemelberg, Feldhauptmann des Schwäbischen Bundes, dort 1567 gestorben, ab 1659 mehrfacher Besitzerwechsel, 1734 an Privat, 19./20. Jh. Um- und Ausbauten.

327 Muschenwang; Schelklingen-Hausen ob Urspring

Erhaltungszustand: Burgruine mit geringen Mauerresten an der westlichen Höhenkante des Sindeltals. Reste äußerer Graben der Vorburg, hakenförmiger innerer Graben, Kernburg ca. 8 x 15 m, Grundriss eines festen Wohnbaus.
Besichtigung: Frei zugänglich.
Lage: TK 7624; 770 m, GK. R 52 090, H 59 800; 1,8 km südsüdwestlich von Hausen.
Typus: Höhenburg in Bergrandlage, Ministerialenburg.
Geschichte: Entstehung drittes Viertel 13. Jh. Nachweis durch Fundkeramik, 1271 Gottfried von Muschenwang, Ministeriale der Grafen von Schelklingen, 1363 von Heinz von Muschenwang an Johann von Ehestetten und im gleichen Jahr an das Kloster Urspring, Zerfall und Abbruch.

328 Schloss Neusteußlingen; Schelklingen-Hütten

Lage: TK 7623; 655 m, GK. 48 590, H 58 800; 1,4 km südöstlich von Hütten.
Typus: Höhenburg-Schloss in Spornlage, Schloss des Historismus.
Geschichte: Entstehung Anfang 13. Jh. 1270 Egilolf von Steußlingen, Württemberg wird Lehensherr, um 1285 an den Schwiegersohn Albrecht von Freyberg, 1581/82 Abbruch der Burg, Neubau eines Renaissanceschlosses anstelle der Vorburg durch Württemberg, 1812 an Privat, Abbruch von Gebäuden, 1897 an Dr. Eugen Nübling aus Ulm, Schlossneubau im Sinne des Historismus.
Erhaltungszustand: Schlossanlage des Historismus anstelle der Burg am Ende eines nach Norden gerichteten Höhensporns über dem Schmiechtal. Schlosshof unter Einbezug des Grabens mit Ökonomiebau und Kapelle, Ringmauer mit Tor. Schloss anstelle der Kernburg: dreigeschossiger Rechteckbau mit Walmdach, Eckturm, Ringmauer.
Besichtigung: Privatbesitz, nicht zugänglich, teilweise einsehbar.

329 Hohenjustingen; Schelklingen-Hütten

Erhaltungszustand: Großräumige Schlossruine am Ende eines Höhensporns über der Ortschaft Hütten. Dreieckförmige Grundfläche, Tonnengewölbekeller zu 5 Jochen, kleiner Keller, hohen Substruktionsmauern, Buckelquader der Burg, ehemals weiträumiges äußeres Schloss. Kernschloss: dreigeschossige Dreiflügel-Rechteckanlage um einen Arkadenhof, vier Ecktürme, Bestandssicherung erforderlich.

Besichtigung: Frei zugänglich, AP.
Lage: TK 7623; 706 m, GK. R 47 460, H 60 000; 2 km südwestlich von Justingen.
Typus: Höhenburg-Schloss in Spornlage, Hochadelsburg, Renaissanceschloss.
Geschichte: Entstehung um 11./12. Jh. durch die Edelfreien von Justingen, stammesgleich mit Steußlingen und Gundelfingen, 1290 Eberhard, 1211 Anselm holt König Friedrich von Sizilien nach Konstanz, 1215 Reichshofmarschall, 1345 an Albrecht von Stöffeln, 1497 an Hans Kaspar von Bubenhofen, 1530 an Jörg Ludwig von Freyberg zu Öpfingen, Neubau des Renaissanceschlosses, 1751 an Württemberg, 1834 über die Gemeinde an Privat, Abbruch.

330 Burg Altsteußlingen; Ehingen-Altsteußlingen

Erhaltungszustand: Burgstelle mit geringen Mauerresten auf einer kegelförmigen Spornkuppe über dem Weiler Briel. Halsgraben, Vorburg und Zwinger am Hang, Kernburg ca. 20 x 35 m, Kernmauerwerk, Schutt, Buckelquader eines Bauwerks.
Besichtigung: Frei zugänglich.
Lage: TK 2623; 647 m, GK. R 48 550, H 53 920; 200 m östlich von Briel.
Typus: Höhenburg in Spornkuppenlage, Hochadelsburg.
Geschichte: Entstehung nicht bekannt, erneuert 13. Jh. Burg der Edelfreien von Steußlingen, 1270 Württemberg wird Lehensherr, um 1285 an die Herren von Freyberg, 1455 wechselnde Besitzer, 1489 Spital Ehingen, Zerfall.

331 „Bürgele" und „Burgstall" Altsteußlingen

Erhaltungszustand: Beide Burgen abgegangen, möglicher Standort nördlich am Riedgraben auf dem Felsen, Höhe 654,2 m, Grabenansatz; die andere Burg innerhalb der südlichen Ortsbebauung im Bereich eines Bauernhofes, mögliche Substanzreste.
Lage: TK 7623; GK. R 48, H 52.
Typus: Burgen in Ortslage.
Geschichte: Die erste Burg der Edelfreien von Steußlingen ist die Burg des 11. Jhs. im Ort Altsteußlingen, eine zweite Burg wird von 1263 bis 1329 genannten Steußlinger Ministerialen bewohnt. 1056 bis 1075 Anno von Steußlingen, Erzbischof von Köln, 1063 Burg Steußlingen, 1270 durch Egilolf von Steußlingen an Württemberg, 1429 verkauft Guta von Königsegg das Dorf mit „das Bürgle" und „das Burgstall" an das Spital Ehingen.

332 Hochdorf; Ehingen-Dächingen

Erhaltungszustand: Burgstelle an einer südseitigen Bergrandkuppe des Schlösslesbergs. Kernburg ca. 22 x 31 m, Geländespuren, nach Freilegung 1972: Grundmauern einer polygonalen Ringmauer und eines 9 m breiten Gebäudes.
Besichtigung: Frei zugänglich.
Lage: TK 7723; 655 m, GK. R 44 250, H 51 310; 1,8 km südwestlich von Dächingen.
Typus: Höhenburg in Bergrandlage.
Geschichte: Entstehung nicht bekannt, Zuweisung der Familie von Hochdorf nicht eindeutig, 1273 Renhart von Hochdorf, Ministeriale der Grafen von Württemberg, weitere von Hochdorf bis 1377 genannt, 1378 im Krieg der Reichsstädte gegen Württemberg zerstört.

333 Schloss Granheim; Ehingen-Granheim

Erhaltungszustand: Schlossanlage anstelle einer Burg. Dreigeschossiger

Hauptbau mit Mansardendach, Mittelrisalit, Pilastergliederung, Giebel mit Wappen der Speth, Hof mit Wirtschaftsgebäuden.
Besichtigung: Privatbesitz, nicht zugänglich, von außen einsehbar.
Lage: TK 7623; 670 m, GK. R 42 560, H 52 780; am nördlichen Ortsende zur B 465.
Typus: Burg, Schloss in Ortsrandlage, Ministerialenburg.
Geschichte: Entstehung unbekannt, 1208 bis 1296 Ortsadel von Granheim, Ministerialen der Gundelfinger, 1246 Nennung Burg und Burgstall, 1356 Wolf von Gundelfingen, 1415 an Albrecht Speth von Ehestetten, um 1770/76 Schlossneubau durch Freiherr Johann Baptist von Speth zu Granheim.

334 Burgstall Granheim auf der Halde; Ehingen-Granheim

Erhaltungszustand: Burgstelle mit geringen Geländespuren.
Lage: TK 7623; ca. 680 m, GK. R 42 560, H 52 960; am Talhang nördlich von Granheim.
Typus: Höhenburg in Talhanglage, Ministerialenburg.
Geschichte: Entstehung vor oder um 1100 durch die stammesverwandten Gundelfinger, Steußlinger oder Justinger, seit 1208 Ortsadel von Granheim genannt, Ministerialen der Gundelfinger, 1246 Swigger von Gundelfingen trägt Burg (im Ort) und Burgstall dem Kloster Reichenau zu Lehen auf.

335 Bürgle Kirchen; Ehingen-Kirchen

Erhaltungszustand: Burgstelle im freien Wiesengelände des Kirchener Tales. Rundlicher Erdhügel ca. 10 x 12 m, Höhe 4,5 m, verflachter Graben.
Besichtigung: Frei zugänglich.
Lage: TK 7723; 550 m, GK. R 46 970, H 48 390; am südöstlichen Ortsrand von Kirchen.
Typus: Niederungs-Erdhügelburg, Hochadelsburg.
Geschichte: Entstehung und Abgang nicht bekannt, 1091 (Graf) Werner von „Chilicheim", Sohn der Richinza von Spitzenberg, nach jüngerer Forschung möglicherweise des Grafen Rudolf von Frickingen, 1259/1299 Herren von Kirchen, Ministerialen der Gundelfinger und Steußlinger, ab 1340 Herren von Stein, Wohnsitzzuordnung nicht bekannt, sh. Schlossgarten.

336 Burgstall „Schlossgarten" Kirchen; Ehingen-Kirchen

Erhaltungszustand: Abgegangene Burg, keine Bauwerksspuren.
Lage: TK 7723, R 46 800, H 48 660; bei der Kirche.
Typus: Burg in Ortslage.
Geschichte: Entstehung und Abgang nicht bekannt, 1091 (Graf) Werner von Kirchen, sh. Bürgle Kirchen, Wohnsitzzuordnung der Hochadelsfamilie und der Ministerialen von Kirchen nicht bekannt.

Schloss Mochental

Ehingen-Kirchen, Alb-Donau-Kreis, Baden-Württemberg
Meereshöhe: 576 m, Kirchener Tal 538 m
Erhaltungszustand: erhaltene Schlossanlage
Besitzer: Land Baden-Württemberg
Besichtigung: Schlosshof frei zugänglich, Galerie Schrade Schloss Mochental, Besenmuseum, Schloss-Café, Skulpturengarten, Öffnungszeiten: Di bis Sa 13 bis 17 Uhr, So und Feiertage 11 bis 17 Uhr. Info Telefon 07375 418, www.galerie-schrade.de; Schlossgaststätte mit Gartenwirtschaft im Torbau
Lage: TK 7723; GK. R 44930, H 47570; GPS 48° 15′ 54″ N, 9° 36′ 17″ O

Nördlich von Munderkingen liegt im Kirchener Tal das durch seine herausragende Kunstgalerie Schrade bekannte Barockschloss Mochental.
Von der B 311 Ehingen–Riedlingen führen bei Munderkingen und Untermarchtal bezeichnete Straßen zum Schloss. Auch von Ehingen und Hayingen aus beschildert. An der Zufahrtsstraße gibt es einen ausgewiesenen Parkplatz. Etwas Parkmöglichkeit besteht auf der Anhöhe vor der Schlossanlage.

Hubertussaal mit Trash People von Wolf Huber.

Bauphasen

I. Bauphase 11. Jh.
Bauherren: Grafen von Berg, möglicherweise Heinrich I., †vor 1116/26, Ehefrau: Adelheid von Mochental. Entstehung der Hochadelsburg.

II. Bauphase 1568–1616
Bauherren: Äbte des Klosters Zwiefalten, ab 1568 Johannes IV., ab 1578 Georg III., ab 1598 Michael Müller. Abbruch der Burg, Neubau einer Propstei mit Wirtschaftsgebäuden.

III. Bauphase 1733–1739
Bauherr: Abt Augustin Stegmüller, reg. 1725–1744. Architekten: Die Brüder Josef Benedikt und Martin Schneider. Ausmalung: Franz Joseph Spiegler und Joseph Ignaz Wegschneider. Stuckierung vermutet Johann Michael Feuchtmayer d. J.
Neubau der barocken Dreiflügelanlage anstelle des Propsteibaus als Sommersitz, Modernisierung und Umbau der Wirtschaftsgebäude.

Geschichte

Mochental gilt als Burggründung der Grafen von Berg. Die Ehefrau von Heinrich I. nennt sich Adelheid von Mochental. Nach neuerer Forschung ist sie die Tochter des Markgrafen Diepold von Giengen und Luitgart, Tochter des Herzogs Bertold von Zähringen. Der um 1110 genannte Konrad Graf von Mochental ist vermutlich der Bruder von Adelheid.
Um 1200 Graf Ulrich I. von Berg schenkt den Besitz mit der Kapelle dem Kloster Zwiefalten, das eine Propstei für Mönche einrichtet.
1546 Beschädigung im Schmalkaldischen Krieg.
Ab 1568 Baumaßnahmen.
1631 Plünderung durch kaiserliche Truppen.
1730 Brandzerstörung der Propstei, ab 1733 Neuaufbau.
1803 Säkularisation. Übergang an Württemberg. Der letzte Zwiefalter Abt Gregor Weinemer erhält Wohnrecht bis zu seinem Tod 1816.

Ab 1822 Mehrfachnutzung, Forstamt, Wohnnutzung, ab 1945 Sitz der französischen Militärregierung.
1953–1976 Schule des Evangelischen Landeserziehungsheimes Urspring.
1985 Eröffnung der Galerie Schloss Mochental nach erfolgter Renovierung.

Anlage

Typus
Höhenburg-Schloss in Spornlage, Barockschloss.

Anlagenmerkmale
Dreiflügelanlage, Volutengiebel, Dachreiter, Dreiflügelwirtschaftsgebäude, Ummauerung.

Beschreibung
Schloss Mochental ist durch seinen Erhaltungszustand als barocke Gesamtanlage in freier Landschaft von besonderem Reiz. Außerdem wird das Schloss durch die Galerienutzung Schrade im Spannungsfeld von Gegenwartskunst mit hohem Anspruch in prächtiger Barockarchitektur zum außergewöhnlichen Glücksfall.

Der architektonisch axial konzipierte Baukomplex um einen Rechteckhof besteht aus zwei U-förmig zueinander geordneten Anlagen. Zur Talseite der erhöht liegende Schlossbau des 18. Jhs. anstelle der Burg und zur Bergseite die **Wirtschaftsgebäude** des 16. und 18. Jhs. Letztere als zweigeschossiges Bauwerksensemble: Torbau von 1616 mit kreuzgratüberwölbter Tordurchfahrt, darüber hofseitig Zwerchgiebel mit Sonnenuhr und Wappen von 1616, Ostflügel 1568, Westflügel 1578, Gesamtanlage im 18. Jh. modernisiert.
Erhöht auf der Spornkuppe steht der monumentale **Schlossbau** als dreigeschossige Dreiflügelanlage:
Ost- und Westflügel jeweils 12,90 x 27 m mit Volutengiebeln, gemalter Eckquaderung und Bänderung, Dachreitertürme. Dazwischen steht der traufständige Südflügel mit axial zur Hofseite über Stufen angeordnetem Pilasterportal in Werkstein, Abtswappen von 1733.
Innenbereich: Die Geschosse jeweils mit hofseitigem Korridor, zweiläufiges Treppenhaus im Südflügel, Erdgeschoss mit Kreuzgratgewölben, Obergeschosse mit stuckierten Flachdecken. Im

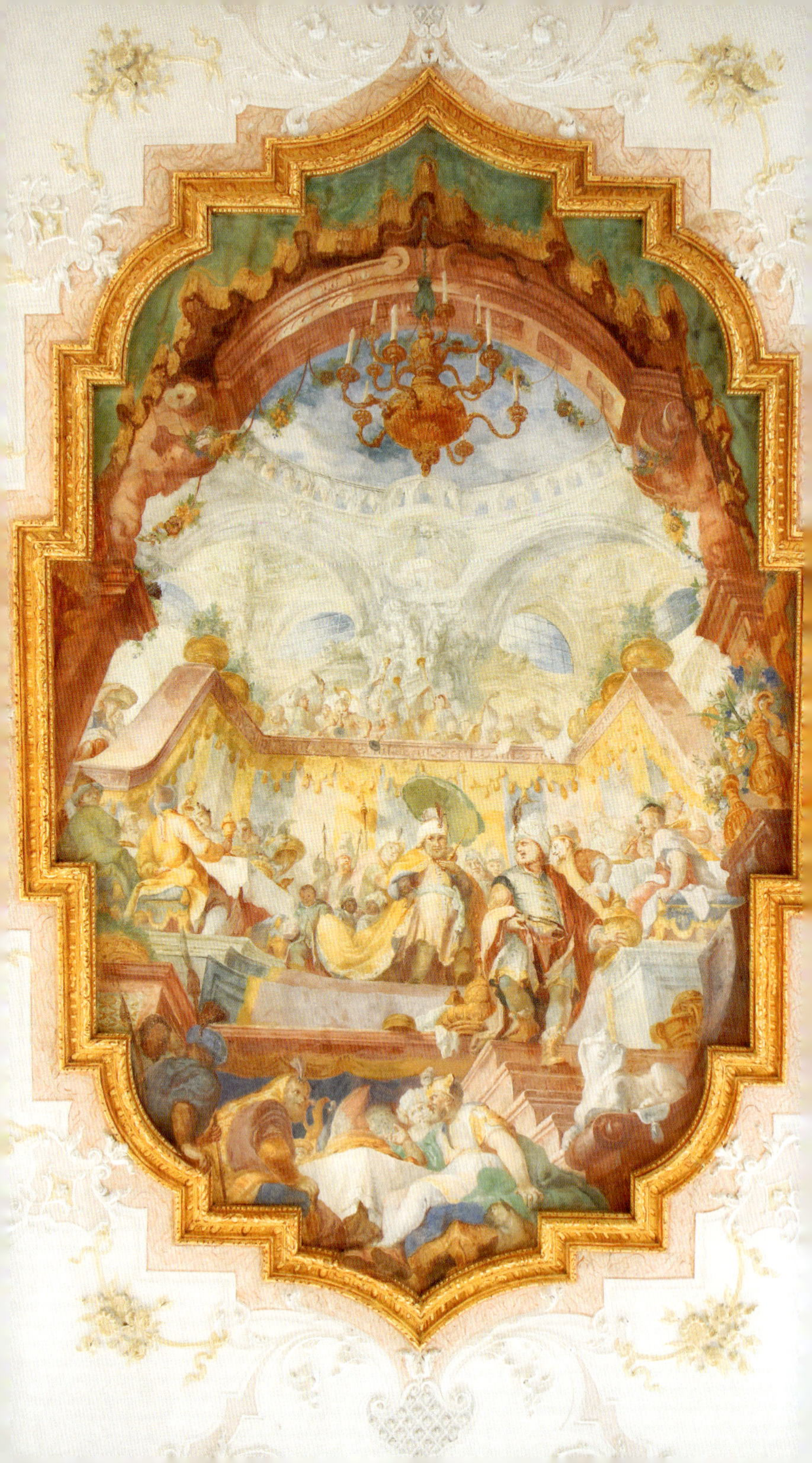

Ostflügel liegt die über zwei Geschosse reichende profanierte **Nikolauskapelle** mit fünf Jochen und Empore, flache Stichkappentonne, barocke Ausstattung mit Hochaltar, Seitenaltäre. Deckenfresken von Franz Joseph Spiegler von 1734; im Hauptbild Szenen aus dem Leben des hl. Nikolaus. Über der Kapelle befindet sich der mit 4,25 m hohe, etwas gedrückt wirkende Festsaal, der **Hubertussaal**: Reiche Stuckierung mit Bandel-, Blatt- und Gitterwerk, Hauptbild von Joseph Ignaz Wegscheider in Fresco-Secco-Technik von 1738; Festschmaus in einem orientalischen Palast, Gesimsfelder mit Allegorien der vier Jahreszeiten und Symbole der vier Elemente.

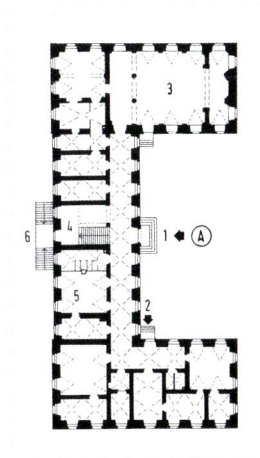

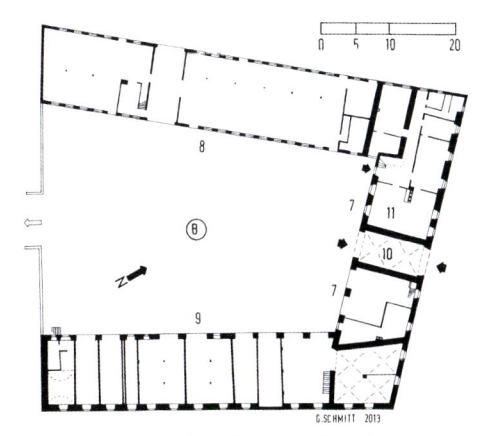

A Schlossbau 1733/39
B Wirtschaftshof 1578/1616
1 Eingangsportal
2 Eingang Galerie Schrade
3 Nikolauskapelle
4 Treppenhaus
5 Schloss-Café
6 Skulpturengarten-Café
7 Torbau-Nordflügel 1616
8 Westflügel-Stallungen 1578
9 Ostflügel 1568
10 Tordurchfahrt
11 Schlossgaststätte

Grundriss:
Günter Schmitt 2013 unter Verwendung von Planunterlagen des Staatlichen Hochbauamtes Ulm

Wartstein

Ehingen- Erbstetten, Alb-Donau-Kreis, Baden-Württemberg
Meereshöhe: 660 m, Lautertal 556 m
Erhaltungszustand: Ruine mit deutlich aufrecht stehendem Mauerwerk, Schildmauer bestandsgesichert, restliche Mauern substanzgefährdet
Besitzer: Gemeinde Erbstetten
Besichtigung: frei zugänglich, Aussichtsplattform Schildmauer
Lage: TK 7723, GK. R 38770, H 48540; GPS 48° 16' 24,6" N, 9° 38' 16,7" O

Zum reizvollsten Bereich des Großen Lautertales gehört der als Biosphären-Kerngebiet ausgewiesene südliche autofreie Abschnitt. Etwa auf halbem Weg zwischen Anhausen und Laufenmühle liegen auf steil aufragenden Talrandfelsen die Reste der Burg Wartstein.

Von der B 465 zwischen Ehingen und Münsingen über Granheim oder von Hayingen aus erreicht man die Ortschaft Erbstetten. Man folgt der Straße bei der Kirche zum bezeichneten Wanderparkplatz mit anschließendem Wanderweg AV, HW 2 zum Wartstein. Wanderparkplatz–Wartstein 800 m. Die Ruine ist auch vom Lautertalwanderweg erreichbar.

Unterburg Nordmauer.

Bauphasen:

I. Bauphase 1. Hälfte 12. Jh.
Bauherr: Grafen von Wartstein, vermutlich Heinrich I. *1154, †1208/09, Ehefrau: Tochter des Grafen von Veringen. Entstehung der Burg, Nachweis durch Fundkeramik, Chr. Bizer.

II. Bauphase 13. Jh.
Bauherr: Grafen von Wartstein, möglicherweise unter Heinrich III., *um 1210, †1260/61, sein Bruder Eberhard I., *1220/30, †1291. Ausbau von Kern- und Unterburg, Entstehung der Schildmauer mit Wohnbau.

III. Bauphase um 1400
Bauherr: Walter von Königsegg, Pfandinhaber Bayerns, †vor 1442, Ehefrau: Beatrix von Hürnheim. Instandsetzungsmaßnahmen und Ausbau der Unterburg.

Geschichte

In der Geschichtsschreibung gilt Rapoto, der 1134 genannte jüngere Sohn des Grafen Heinrich I. von Berg und der Adelheid von Mochental, als erster Graf von Wartstein. In der jüngeren Forschung wird dies infrage gestellt. Seit dem Verlust von Besitzungen um 1300 ist die Hauptlinie vorwiegend in Bayerisch-Schwaben ansässig. Mit Graf Hans sterben 1397 die Wartsteiner aus.

Vor 1305 Verkauf von Wartsteiner Besitz im Bereich der Stammburg.
1392 Graf Heinrich V. von Wartstein, seine Ehefrau Katrey (Katharina) und Sohn Hans verkaufen die Grafschaft mit der Burg an die Herzöge Stephan, Friedrich und Johann von Bayern-Landshut.
1394 Herzog Stephan verpfändet die Burg an Walter von Königsegg.
1461 Graf Oswald von Tierstein besetzt die Burg und hält Adelige des Herzogs gefangen. Herzog Ludwig nimmt die Burg wieder an sich und setzt Graf Oswald in Haft.
1495 Im Zuge der Fehde mit Bayern zerstört Hans Speth das Dorf Erbstetten sowie die Burgen Wartstein und Monsberg.
1523 Die Ruine Wartstein kommt an Hans Renner von Allmendingen, 1527 an Diepold Speth, 1848 an die Gemeinde Erbstetten.
1968–1970 Instandsetzungsmaßnahmen, Bau der Wendeltreppe.

Anlage

Typus
Höhenburg in Bergeckenlage, Hangburg, Schildmauerburg, Grafenburg.

Anlagenmerkmale
Schildmauer, Hangbauten, Quader, Kleinquader, Bruchstein.

Beschreibung
Burg Wartstein liegt markant auf steilwandigen Felsen einer Bergecke mit der Kernburg an oberster Stelle. Auffälligstes Bauwerk ist die turmartig wirkende **Schildmauer**: Sie liegt hinter einem Felsgraben, ist 12 m hoch und steht auf trapezförmigem Grundriss mit 9,30 m Länge zur Feldseite; Mauerstärke 4,20 bis 4,70 m, Eckquaderung; versehen 1970 mit einer Wendeltreppe und Aussichtsplattform. An deren Stelle waren 1924 noch 1,70 m hohe Mauern der Wehrkammer vorhanden. Auf schmalem, kaum 7 x 11 m großem, hinter der Schildmauer befindlichem abschüssigen Felsen lag der von Ankelin beschriebene doppelgiebelige **Wohnbau**. An der südlichen Stirnseite der Schildmauer folgt die Umfassungsmauer mit vorgelegtem verflachtem Graben dem Steilhang abwärts bis zur Lage des Tores der **Unterburg**. Die vorhandenen Mauerreste entstammen mehreren Bauphasen. Zuletzt noch um 1400 erfolgt wohl zur Talseite die große Terrassierung mit der bis zu 8 m hohen Futtermauer: aufgehendes Mauerwerk mit Lichtscharte, Bruchsteinmauerwerk unter Verwendung von Quadern, Kleinquadern und einzelnen Buckelquadern in Zweitverwendung; westseitig an der Felskante Quader- und Kleinquadermauerwerk der früheren Bauphase, daran angrenzend die bis 4,50 m hohe Nordmauer mit Mauerbruch eines vermuteten Durchgangs. Weitere Bebauungsspuren auf den hangseitigen Steilwandfelsen weisen auf zur Burg gehörende Bauwerke.

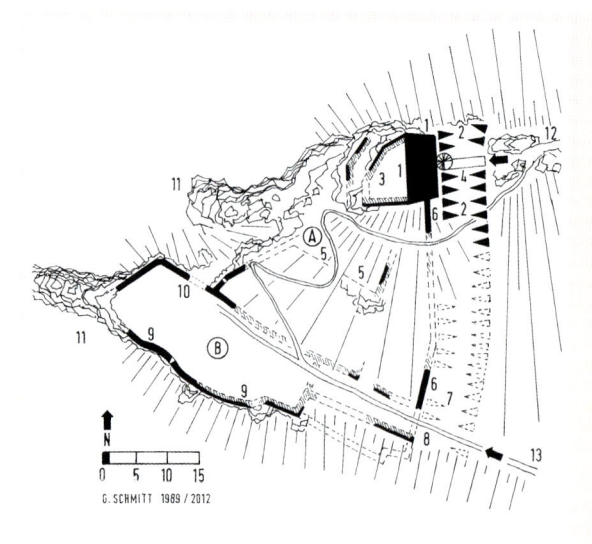

A Kernburg
B Unterburg
1 Schildmauer
2 Halsgraben
3 Lage Wohnbau
4 Brücke, Wendeltreppe
5 Mögliche Bebauung
6 Umfassungsmauer
7 Hanggraben
8 Lage des Tores
9 Futter- und Gebäudemauer der Unterburg
10 Mauerbruch
11 Steiler Fels zum Lautertal
12 Zum Gems-Heumacherfels und Erbstetten
13 Zum Lautertal und Monsberg

Übersichtsplan:
Günter Schmitt 2012

339 Monsberg; Ehingen-Erbstetten

Erhaltungszustand: Burgruine auf einem Bergsporn als Umlaufberg der Lauter. Halsgraben, untere Burg: als Wirtschaftshof ca. 25 x 45 m mit Befestigung am Graben, geringe Mauerreste, Schutt. Kernburg: auf erhöhten Felsen, zunächst ca. 6 x 6 m großer Turm 2. Hälfte 13. Jh., dann Wohnbau nach Abtragung von Alt-Monsberg 1. Hälfte 14. Jh., am Fels Gewölbekeller, Instandsetzung erforderlich.
Besichtigung: Frei zugänglich.
Lage: TK 7723; 591 m, GK. R 39 190, H 48 190; 1,3 km südwestlich von Erbstetten.
Typus: Höhenburg in Spornlage.
Geschichte: Entstehung 1. Hälfte 13. Jh. Nachweis durch Fundkeramik, Chr. Bizer; 1258 Ulrich von Monsberg bereits verstorben, 1379 von Graf Konrad von Aichelberg an Hans vom Stein zu Klingenstein, 1495 Zerstörung von Monsberg und Wartstein durch Hans Speth.

340 Alt-Monsberg; Ehingen-Erbstetten

Erhaltungszustand: Burgstelle der ersten Burg Monsberg an der Spornspitze über der Lauter. Hinter einem Graben, zur Burg Monsberg angrenzend, zwingerartiger Zugang, Hof, geringe Reste Rechteckgebäude, Ecke mit Großquader.
Besichtigung: Frei zugänglich.
Lage: TK 7723; 588 m, R 39 185, H 170; 1,3 km südwestlich von Erbstetten.
Typus: Höhenburg in Spornlage.
Geschichte: Entstehung spätes 12. Jh., Aufgabe und Abbruch 1. Hälfte 14. Jh., Nachweis durch Fundkeramik, Chr. Bizer.

341 St. Ruprecht; Ehingen-Erbstetten

Erhaltungszustand: Burgstelle auf einem Geländesporn über der Lauter und einem Trockental. Halsgraben, ovaler Hügel, vier Siedlungsebenen ca. 55 x 80 m, geringe Mauerreste, Schutt, Mulden.
Besichtigung: Frei zugänglich.
Lage: TK 7723; 603 m, GK. R 39 660, H 48 200; 1,1 km südsüdwestlich von Erbstetten.
Typus: Höhenburg in Spornlage.
Geschichte: Burgenname und Besitzer nicht bekannt, Entstehung 2. Hälfte 11. Jh. oder früher, Nutzungsende 2. Hälfte 12. Jh., spätere Nutzung des Hügels Ende 14. Jh. Nachweis durch Fundkeramik, Chr. Bizer; 1422 Nennung „St.-Ruprechts-Acker".

342 Reichenstein; Lauterach

Erhaltungszustand: Burgruine auf einem Steilwandfelsen zum Lautertal. Halsgraben, Kernburg ca. 25 x 30 m, Mauerreste Wohnbau, Umfassungsmauer, Bergfried als Frontturm 7,86 x 7,36 m, Höhe 20 m, Basis mit einseitigen Eckbuckelquadern, darüber Eckquader, Bergfried Bestand gesichert.
Besichtigung: Frei zugänglich, Bergfried geöffnet, AP.
Lage: TK 7723; 590 m, GK. R 41 520, H 46 930; am nördlichen Ortsrand von Reichenstein.
Typus: Höhenburg in Bergeckenlage, Frontturmburg.
Geschichte: Entstehung 13. Jh., mehrere Bauphasen 1276 Anselm von Reichenstein, seit 1336 in Besitz derer vom Stein, 1401 Eberhard von Reischach zu Reichenstein, 1499 an das Kloster Zwiefalten, um 1600 Burgstall.

343 Neuburg; Lauterach

Erhaltungszustand: Burgstelle auf einem Bergsporn mit Steilwandfelsen über der Donau. Dreiecksförmige Anlage ca. 40 m mittlere Länge, Halsgraben, keine Bauwerksspuren.
Besichtigung: Frei zugänglich, AP.
Lage: TK 7723; GK. R 43 560, H 45 440; westlich hinter Kirche und Friedhof.
Typus: Höhenburg in Spornlage.
Geschichte: Mögliche Entstehung 12./13. Jh., Besitzer und Bestand nicht bekannt, früher Abgang.

Rechtenstein 344

Rechtenstein, Alb-Donau-Kreis, Baden-Württemberg
Meereshöhe: 555 m, Donautal 512 m
Erhaltungszustand: Teilruine
Besitzer: Kernburg: Gemeinde Rechtenstein, Vorburg: Privat
Besichtigung: Kernburg frei zugänglich, Turmbesichtigung, Vorburg Durchgang toleriert
Lage: TK 7723; GK R 40630, H 44940; GPS 48° 14' 28,3" N, 9° 32' 45,2" O

Abseits der verkehrsreichen Straßen liegt zwischen Riedlingen und Ehingen malerisch über der Donau Rechtenstein mit seiner ehemaligen Burg.
Von der B 311 führt eine Straße bei Obermarchtal nach Rechtenstein. Am Ortsende Richtung Hayingen zweigt kurz vor Erreichen der Anhöhe in einer Linkskurve eine Zufahrt zur Burg Rechtenstein ab. Kurz hinter der Abzweigung auf dem Wanderparkplatz „Sommerberg" das Auto abstellen. Das Sträßchen führt nach 200 m zur Burganlage. Vom Ort führt ein Fußweg an der Kirche vorbei hoch zur Burg.

Bauphasen

Entstehung und bauliche Entwicklung der Burg Rechtenstein sind nach aktuellem Stand nicht sicher nachzuweisen. Durch die genannte Familie de Lapide könnte die Burg im 12. Jh. entstanden sein. Die vorhandenen Bauteile entstammen jedoch nicht dieser Zeitstellung. Vermutlich ist der erste Kernbau der Burg ein fester Wohnbau, auf dem dann der Turm als Frontturm erst im Zusammenhang mit der Burgerweiterung im 14. Jh. entsteht. 1348 ist die Burg erweitert und von zwei Familien, deren von Stein und deren von Rechtenstein, bewohnt. Im 16. Jh. unter Bernhard vom Stein zu Rechtenstein und im 17. Jh. erhält die Anlage dann die durch erhaltene Gebäude ablesbaren Ausmaße.

Geschichte

Seit dem 8. Jh. treten nicht sicher zuzuweisende Familienangehörige von Stein auf. Erst im 12. Jh. und um 1220/30 ist die genannte Adelsfamilie de Lapide, dann 1228 de Staine und seit 1342 vom Stain zu Rechtenstein nachzuweisen. Im 14. Jh. ist die Familie weit verzweigt, unter anderem in Reichenstein, Marchtal, Klingenstein, Niederstotzingen und Cannstatt.
Seit 1348 Teilung des Burgbesitzes, **1365** Verkauf eines Teiles innerhalb der Familie vom Stein zu Rechtenstein, um 1390 an den Reichensteiner Zweig der Familie.
1410 Wolf vom Stein zu Reichenstein verkauft seine „Veste Stain" an Graf Eberhard den Milden von Württemberg, der den Burgteil an Hans vom Stein zu Schnellingen versetzt. Rechtenstein ist nicht mehr herrschaftlich bewohnt. Es folgt mehrfacher Besitzerwechsel von Burganteilen.
Seit 1557/58 Bernhard vom Stein zu Niederstotzingen und Emerkingen wird Gesamtbesitzer und nennt sich vom Stein zu Rechtenstein.
1743 Mit dem Malteser Heinrich Ferdinand vom Stein zu Rechtenstein stirbt die Linie im Mannesstamme aus. Mehrfachteilung des Erbes.
1817/18 Abbruch der Kernanlage bis auf Turm und Turmhaus.
1869 Verkauf der Kernburg an die Gemeinde, die Vorburg an Rechtensteiner Bürger.
1980–1982 Instandsetzung der Ruine, Dach für den Turm.

Anlage

Typus
Höhenburg-Schloss in Spornlage, Hochadelsburg.

Anlagenmerkmale
Frontturm, Quader, Buckelquader, Zwinger, umfangreiche Nebenbauten.

Beschreibung
Malerisch liegt die Ortschaft Rechtenstein mit seiner Teilruine am Steilhang über der Donau. An höchster Stelle bildet ein schmaler, nach Westen gerichteter Höhensporn des Sonnenbergs den Burgplatz. Diesen kennzeichnen auf etwa 110 m Länge drei Abschnitte unterschiedlicher Zeitstellung, die jeweils durch Umfassungsmauern,

Tore und Gräben gesichert waren. Der äußere Abschnitt beinhaltet den **Wirtschaftshof**, dessen Gebäude auf eine Erweiterung des 16./17. Jhs. zurückreichen. Am ehem. Reitstall Stein'sches Wappen von 1692.

Der folgende Abschnitt, ehemals durch ein Tor mit Rundtürmen gesichert, zeigt Reste der Ringmauer und einen langen Rechteckbau an der nördlichen Spornkante.

Hinter dem folgenden, teilweise verebneten Halsgraben folgt der mit Felsen durchsetzte, etwa 16 x 38 m große Bereich der hochmittelalterlichen **Kernburg**. Markant erhebt sich der **Frontturm** mit neuem Pyramidendach an höchster Stelle des Burgfelsens. In dessen Schutz und Mauerflucht lag der Wohnbau. Dieser scheint im Verband mit dem Unterbau des Turms zu stehen, was auf einen möglichen festen Wohnbau als Erstbau schließen ließe. Dann wäre der Turm, 7 x 6,90 m, in einem zweiten Bauabschnitt im Zuge von Veränderungen entstanden. Mauerwerk: Mischmauerwerk, Kleinquader, Quader, am Turm Eckquader mit einseitigem Buckel, Aufbau mit Tuffquadern. Durch den Ausbau zum Schloss wird er mehrfach verändert: der hoch liegende Eingang vermauert, große Fensteröffnungen ausgebrochen, Konsolen zur Aufnahme der Gewölbelast hergestellt.

Der gesamte Kernburgbereich war von einer polygonalen Ringmauer (Reste) und einer Zwingermauer umfasst, die noch den tiefer liegenden westlichen Bereich des Fruchtkastens einschloss. Zwischen Turm und Halsgraben steht noch das sog. Turmhaus von 1497.

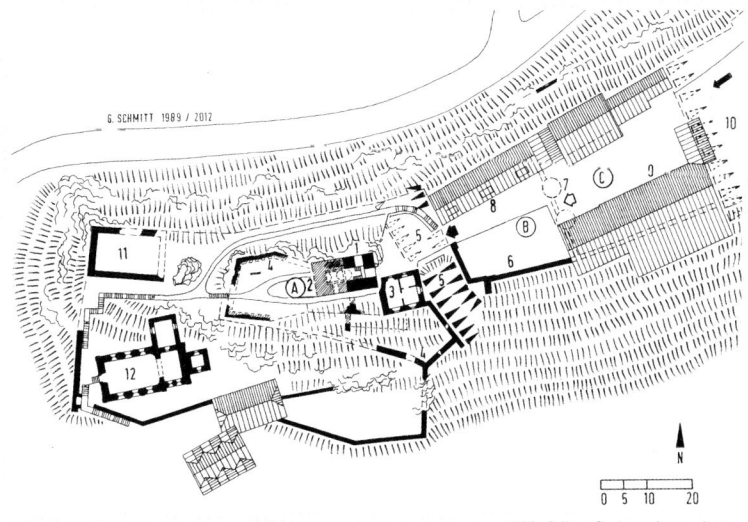

A Kernburg-Schloss
B Lage der Vorburg, mögliche 2. Burg
C Schlosshof, Wirtschaftshof
1 Frontturm
2 Wohnbau
3 Sog. Turmhaus, Archivgebäude 1497
4 Ringmauer
5 Halsgraben
6 Umfassungsmauer der Vorburg
7 Lage des Tors mit Rundtürmen
8 Wohngebäude
9 Ehem. Reitstall 1692
10 Verfüllter Graben, davor ehem. Zehntscheuer
11 Mauerreste Fruchtkasten
12 Kirche St. Georg 1744

Übersichtsplan:
Günter Schmitt 1989/2012

Landkreis Biberach

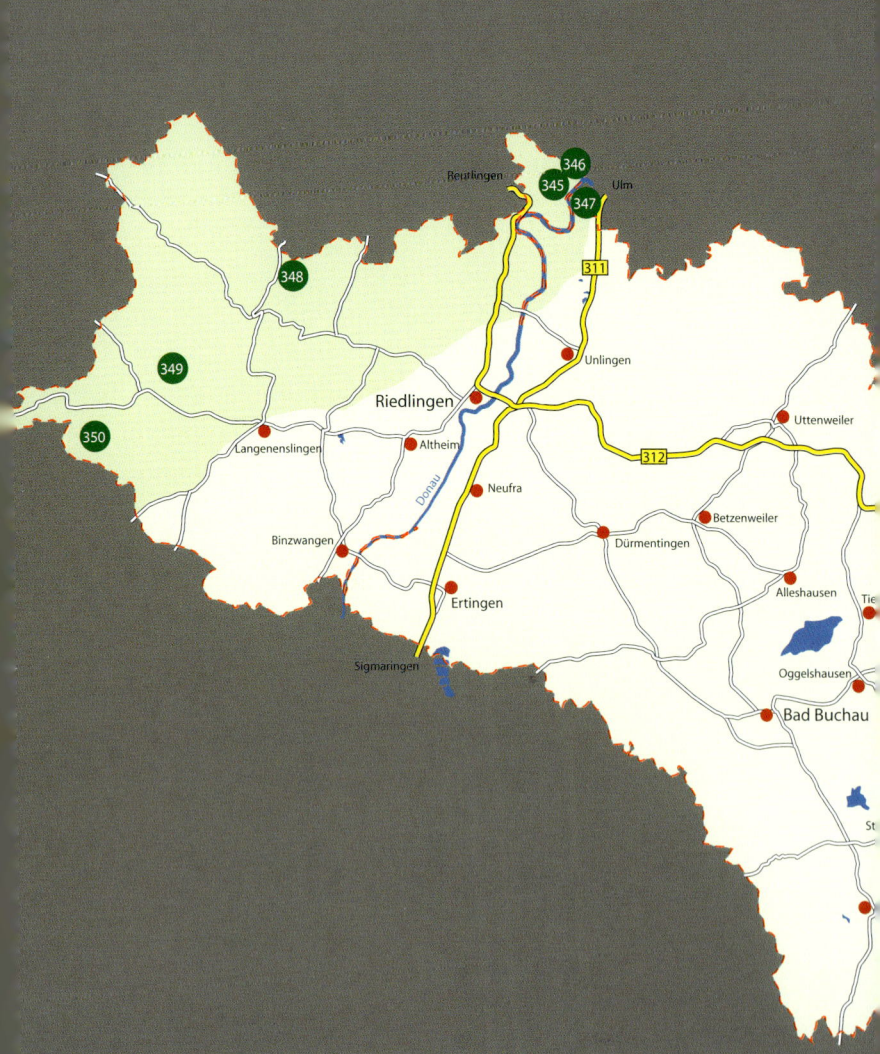

345 Burg Zwiefaltendorf; Zwiefaltendorf

Erhaltungszustand: Ruine der Burg Zwiefalten am Westufer der Donau. Eingeebnet zum Schlosspark, polygonale Ringmauer, Kalktuffbuckelquader in Wiederverwendung, verfüllter Graben, Kernanlage ca. 30 x 30 m, Reste von zwei Eckrundtürmen.
Besichtigung: Privatbesitz, eingeschränkt zugänglich.
Lage: TK 7723; 529 m, GK. R 38 550, H 41 950; am östlichen Ortsrand an der Donau.
Typus: Wasserburg, Kastelltypus.
Geschichte: Entstehung nicht bekannt, um 1100 Edelfreie von Zwiefalten, 1129 Konrad, im 12./13. Jh. im Gefolge der Staufer und Veringer, um 1200, 1269 die Ministerialen Boß sind Lehensinhaber, 1441 von Württemberg an den Hofmeister Albrecht Speth, 1517 durch Württemberg beschädigt, danach Neubau, ab 1660 Abbruch.

346 Schloss Zwiefaltendorf; Zwiefaltendorf

Erhaltungszustand: Erhaltener Schlossbau mit Schlossmauer und Park. Zweigeschossiger Rechteckbau, Satteldach, Eckerker mit Helmdächern, Stuckdecken, Festsaal im OG.
Besichtigung: Privatbesitz, Säle für Veranstaltungen und Feste.
Lage: TK 7723; 529 m, GK. R 38 560, H 41 995; am östlichen Ortsrand an der Donau.
Typus: Niederungsschloss.
Geschichte: Neubau um 1660 durch Bernhard Speth von Untermarchtal oder dessen Sohn Ulrich Bernhard, 1834 Umgestaltung durch Maximilian Speth, 1878 durch Heirat der Witwe des Rudolf Speth Übergang an Freiherr Franz von und zu Bodman, 1999 an Privat.

347 Hassenberg; Zwiefaltendorf

Erhaltungszustand: Burgruine am Ende eines Bergeckensporns ostseitig über der Donau. Halsgraben, über Zwinger zur Unterburg, Kernburg als Rechteckanlage ca. 27 x 31 m, Ringmauer mit Schutthügel und 3,7 m hohem Mauerrest aus hammerrechten Kalksteinen, Wohnbau Nordwestseite, Bestandssicherung erforderlich.
Besichtigung: Frei zugänglich.
Lage: TK 7723; 555 m, GK. R 38 730, H 41 820; 400 m südöstlich von Zwiefaltendorf.
Typus: Höhenburg in Spornlage.
Geschichte: Entstehung und Besitzer nicht bekannt, 1355 Ersterwähnung als Hassenberg, 1393 als Burgstall in Besitz des Wilhelm von Stadion.

348 Schlossberg Friedingen; Langenenslingen-Friedingen

Erhaltungszustand: Burgstelle auf einem felsigen Bergvorsprung des Reifersberges über dem Friedinger Tal. Wallgraben, dreiecksförmige Kuppe mit 50 bis 70 m Seitenlängen, keine Bauwerksspuren, Trockenmauerreste.
Besichtigung: Frei zugänglich.
Lage: TK 7822; 664 m, GK. R 29 420, H 39 860; 2,4 km nordwestlich von Friedingen.
Typus: Höhenburg in Spornlage.
Geschichte: Entstehung 2. Hälfte bis Ende 12. Jh., Aufgabe vor Ende 13. Jh., Nachweis durch Fundkeramik, Chr. Bizer; Besitzer und Bewohner nicht bekannt, mögliche Bauherrenfamilie aus dem Dienstadel der Grafen von Veringen.

349 Habsberg; Langenenslingen-Warmtal

Erhaltungszustand: Burgstelle auf dem Schlossberg nordöstlich über dem Weiler Warmtal. Wallgraben am nordwestlichen Hang des Bergkegels, Kernburg ca. 16 x 32 m, Schutthügel, Mulden.
Besichtigung: Frei zugänglich.
Lage: TK 8722; 709 m, GK. R 25 220, H 36 290; 3,5 km nordwestlich von Langenenslingen.
Typus: Höhenburg in Gipfellage.
Geschichte: Entstehung nicht bekannt, Zuordnung der seit um 1100 mehrfach erwähnten Habsberger nicht gesichert, ab 1300 mehrfach verliehen, 1303 erste Erwähnung der Burg in Besitz von Eberhard von Landau, 1323 Herzog Leopold III. von Österreich, Aufgabe 15./16. Jh.

Schatzberg 350

Langenenslingen-Egelfingen, Landkreis Biberach, Baden-Württemberg
Meereshöhe: 703 m, Mosteltal 650 m
Erhaltungszustand: Burgruine mit aufrecht stehendem Mauerwerk
Besitzer: Freiherr Schenk von Stauffenberg
Besichtigung: frei zugänglich, AP
Lage: TK 8721; GK. R 22 460, H 33 800; GPS 48° 8' 30,5" N, 9° 18' 2,9"

Schatzberg liegt im ausgedehnten, von Hügeln geprägten Waldgebiet 4 km nordnordwestlich von Bingen und 1,6 km südöstlich von Egelfingen. Eine Straße führt von Bingen nach Egelfingen. Etwa 500 m von Egelfingen beim Wegkreuz am Waldrand parken. Man folgt dem bezeichneten Wanderweg AV blaues Dreieck zur Ruine. Egelfingen ist auch von Langenenslingen und von Veringendorf aus erreichbar. Wegkreuz–Ruine 1,4 km.

Bergfried Nordseite.

Bauphasen

I. Bauphase 2. Hälfte 12. Jh.
Bauherr: Ministerialenfamilie im Umfeld der Grafen von Veringen. Entstehung der Burg durch eine nicht bekannte Maßnahme, Nachweis durch Fundkeramik, Chr. Bizer.

II. Bauphase 3. Viertel 13. Jh.
Bauherr: Konrad von Schatzberg, Lehensmann des Grafen Hartmann des Älteren von Grüningen, †vor 1274, Ehefrau: Elisabeth. Bau der Burg mit Bergfried, Wohnbau, Torbau, Ringmauer und Vorburg.

III. Bauphase 1. Hälfte 14. Jh.
Bauherr: Möglich Johannes I. von Hornstein, Stifter der Linie von Hornstein zu Schatzberg-Wilflingen. Erweiterung der Burg durch den ostseitigen Zwinger.

Geschichte

1267 Erste bekannte Erwähnung des Konrad von Schatzberg.
Zwischen 1287 und 1291 Schatzberg über Graf Hugo von Montfort an Habsburg, Lehensträger wird der Ministeriale Johann I. von Hornstein, nennt sich zu Schatzberg und Wilflingen. 1345–1375 Hans II., vermuteter Sohn oder Enkel des Johannes I., „gesessen zu Schatzberg", 1339–1412 dessen Sohn Hans III.
1438–1485 Jos von Schatzberg, Sohn des Hans III., in Erzählungen als Raubritter Hödjö bekannt. Mit seinem Sohn Wendel (1475–1592) stirbt die Linie Hornstein zu Schatzberg aus.
Um 1440 Während einer Fehde mit dem Bischof von Augsburg überfallen Konrad und Jos von Schatzberg-Hornstein von der Burg Schatzberg aus Leute des Bischofs. Dieser bittet Kaiser Friedrich III. um Beistand, worauf sich der Kaiser an die Grafen von Württemberg wendet. In deren Auftrag zerstört Graf Friedrich IV. von Helfenstein Burg Schatzberg.
1986/87 Bestandssicherung durch die Schenken von Stauffenberg, seit 1538 Besitzer.

Anlage

Typus
Höhenburg in Spornlage, Frontturmburg, Ministerialenburg.

Anlagenmerkmale
Halsgraben, Bergfried, Wohnbau, Ringmauer, Buckelquader, Bruchstein.

Beschreibung

Innerhalb eines umfangreichen Waldgebietes liegt einsam auf einem Spornfelsen über dem Mosteltal der Schatzberg. Auch in ruinösem Zustand gilt die Burg als gutes Beispiel einer kompakten, mit der Vorburg im Verbund stehenden kleinen Ministerialenburg.

Der Burgplatz auf unregelmäßigem schmalem Felsen hinter dem Halsgraben bildet drei Bereiche: Vorburg, Zwinger und Kernburg.

Die **Vorburg** umfasst mit der Umfassungsmauer ca. 15 x 17 m. Identisch mit der Ostmauer ist der ehemalige Wirtschaftsbau in Bruchsteinmauerwerk mit Eckquaderung und Lichtscharten. Am östlichen Steilhang zeigen Mauerbereiche einen breit angelegten **Zwinger** des 14. Jhs.

Darüber befindet sich auf der Kuppe am Ende des Sporns die ca. 14 x 38 m große **Kernburg** mit Resten von Bergfried, Ringmauer, Burghof und Wohnbau. Torhaus und Bergfried sind als Frontbauten errichtet, von denen die 7 m hohe Ruine des Bergfrieds herausragt. Sie bildet ein unregelmäßiges Viereck von 7,73 x ca. 7 m. Deren Mauern in Bruchstein mit Eckbuckelquadern stehen mit der anschließenden Ringmauer nicht im Verband.

In Verlängerung beider Gebäude folgt der Burghof mit begrenzenden Außenmauern, die als hohe Substruktionen am Fels stehen. Eine Mulde zur Westseite kann auf eine Zisterne hinweisen. Den Abschluss bildet ein erhöhter Felsklotz, auf dem der Wohnbau auf unregelmäßigem Grundriss von maximal 9 x 12 m errichtet war. Es gibt nur noch Mauerreste aus Bruchstein mit Eckbuckelquadern, die am Steilwandfelsen aufgebaut sind.

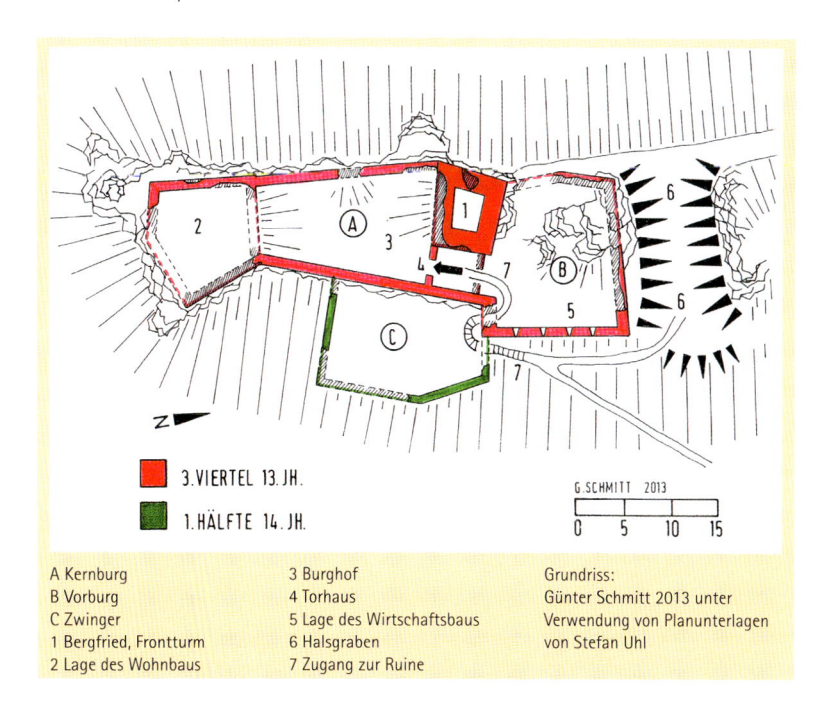

■ 3. VIERTEL 13. JH.
■ 1. HÄLFTE 14. JH.

A Kernburg
B Vorburg
C Zwinger
1 Bergfried, Frontturm
2 Lage des Wohnbaus
3 Burghof
4 Torhaus
5 Lage des Wirtschaftsbaus
6 Halsgraben
7 Zugang zur Ruine

Grundriss:
Günter Schmitt 2013 unter Verwendung von Planunterlagen von Stefan Uhl

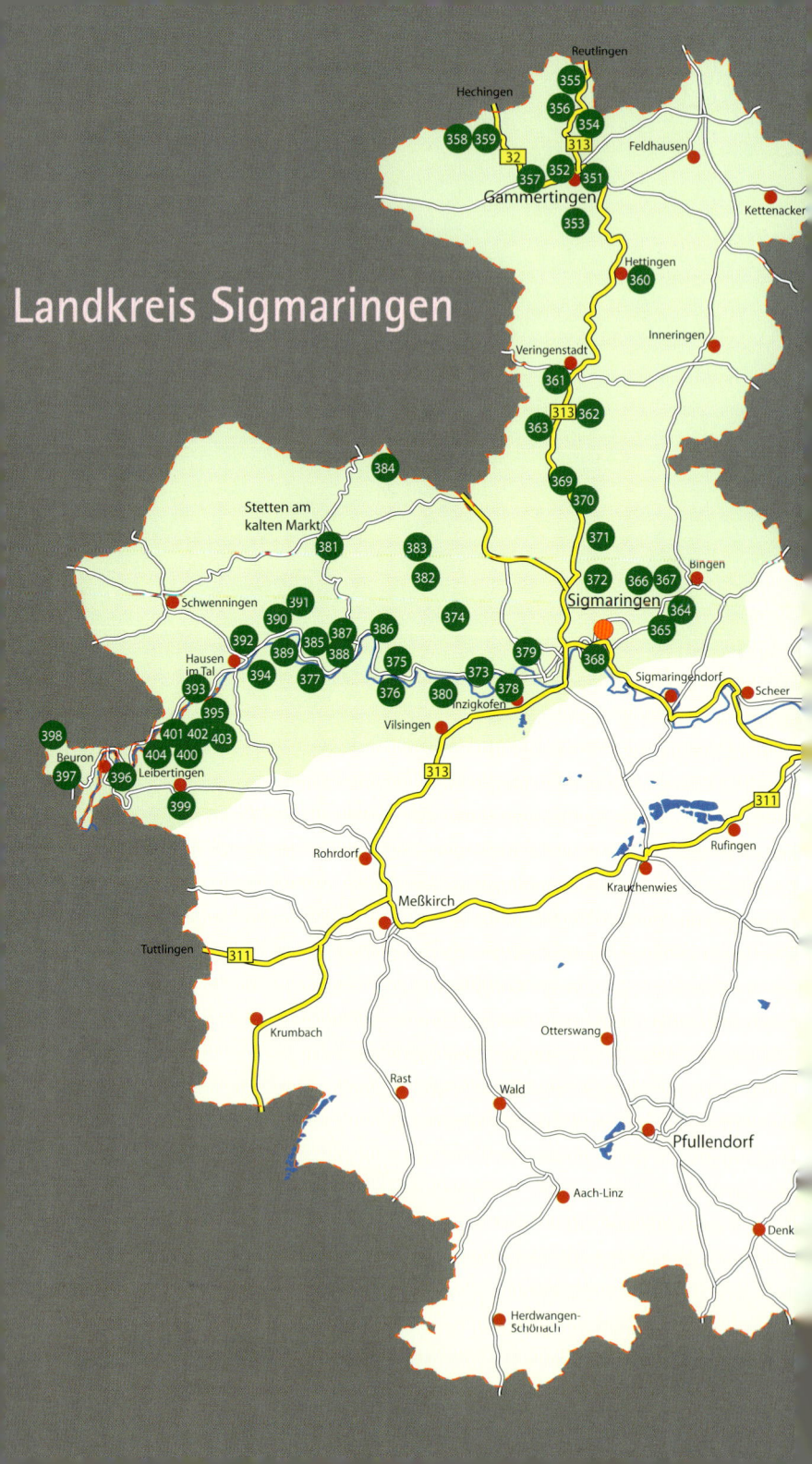

Landkreis Sigmaringen

Schloss Gammertingen

Stadt Gammertingen, Landkreis Sigmaringen, Baden-Württemberg
Meereshöhe: 765 m
Erhaltungszustand: erhaltener Nordosthauptflügel
Besitzer: Stadt Gammertingen
Besichtigung: Außenbereiche frei zugänglich, Innenbesichtigung: zentrales Treppenhaus während der Dienststunden des Rathauses, Stadtinfo im Rathaus, Parkplatz beim Schloss
Lage: TK 7621; GK. R 16 040, H 45 770; GPS 48° 14' 57" N, 9° 12' 54" O

Zwischen Reutlingen und Sigmaringen liegt im oberen Bereich der zur Donau fließenden Lauchert die Stadt Gammertingen. Sie liegt am Kreuzungspunkt der B 313, B 32 und der Straße nach Riedlingen. Die ehemals ummauerte Altstadt liegt westseitig der Lauter, an dessen Brückenübergang der Straße Richtung Hechingen und Albstadt das frühklassizistische Schloss liegt. Parkmöglichkeit besteht am Schloss.

Bauphasen

I. Bauphase 16. Jh.
Bauherr: Vermutlich Philipp Dietrich Speth, †1582, Enkel des Dietrich Speth von Zwiefalten. Schlossneubau an der Lauchertbrücke, dazugehörig das sog. Schlössle von um 1550, 1567 erworben und als Amtshaus zum Schlossbezirk gehörend.

II. Bauphase 16. Jh.
Bauherr: Caspar Bernhard Speth, reg. 1599–1618, Ulrich Philipp Speth, reg. 1658–1707. Instandsetzung um 1600 und Umbau 1665–1667.

III. Bauphase 1776/77
Bauherr: Freiherr Marquard Carl Anton von Speth zu Zwiefalten auf Gammertingen, Österreichischer Kämmerer, Direktor der Ritterschaft des Donaukreises, *1739, †1801, Ehefrau: Maria Maximiliana Speth zu Hettingen. Architekt: Pierre Michel d´Ixnard, *1723, †1795. Neubau des frühklassizistischen Schlosses als Zweiflügelanlage unter Einbezug älterer Bausubstanz.

Geschichte

Mitte 10. Jh. Entstehung der Niederungsburg-Motte.
Mitte 11. Jh. Entstehung der Burg Baldenstein als Höhenburg der Grafen von Gammertingen.
Um 1170/1180 Die Grafen von Gammertingen ausgestorben, Übergang um 1200 an die Grafen von Veringen
1524 Die Herrschaft Gammertingen-Hettingen in Besitz des Dietrich Speth von Zwiefalten, württembergischer Obervogt von Urach.
1806 Übergang von Herrschaft und Schloss durch Ludwig Carl Johann

Morgenröte mit Helius von Andreas Brugger.

Speth an die Fürsten von Hohenzollern-Sigmaringen.
1863 Einbau von Schulräumen.
1972 Ersatzloser Abbruch des Südostflügels.
1974 Umbau des Nordosthauptflügels zum Rathaus.
2013–2014 Abbruch der Kreissparkasse und Neubau des Südostflügels an ursprünglicher Stelle zur Unterbringung von Stadtbücherei, GEW GmbH, Bürger- und Tourismusbüro.

Anlage

Typus
Schloss des Frühklassizismus in Stadtlage.

Anlagenmerkmale
Rechteckbau mit Mittelrisalit.

Beschreibung
Im Mittelalter war Gammertingen von einer im Rechteck angelegten Stadtmauer umschlossen. In dieser zusätzlich von Lauchert und einem Nebenarm begrenzten Anlage bildete das Schloss mit Stadtzugang und Brücke die östliche Stadtecke.
Nach den Plänen des französischen Architekten war der Bau mit zwei Flügeln konzipiert. Erhalten blieb nach Abbruch des älteren Nordwestflügels nur der Nordosthauptflügel, sodass der Eindruck eines Solitärbaus entstanden ist. Seit 2014 steht an dessen Stelle ein Neubau.
Der **Rechteckbau** von 14,05 x 35,05 m ist dreigeschossig mit Satteldach und steht mit seiner Längsseite an der Lauchert. Zur Hofseite dominiert ein Risalit mit Haupteingang, Frontispitz mit Wappen der Freiherren von Speth.

Grundrisse: dreischiffig mit Mittelkorridor. Im Risalit das **Prunktreppenhaus**, ganz im Sinne des Frühklassizismus mit dreiläufiger Treppenanlage, Wandgliederung und jonisierten Säulen. Beachtliches querrechteckiges Deckenbild 4 x 6 m von Andreas Brugger aus Langenargen mit Darstellung der „Morgenröte", Helius auf dem Sonnenwagen von vier Schimmeln gezogen. Im Obergeschoss der Festsaal mit Täfelung und ursprünglichen Repräsentationsräumen, das Tafelzimmer ursprünglich mit Zugang zum Stadttor.

Auf der Terrasse zur Lauchert stehen allegorische Sandsteinskulpuren im Zopfstil von Johann Georg Weckenmann.

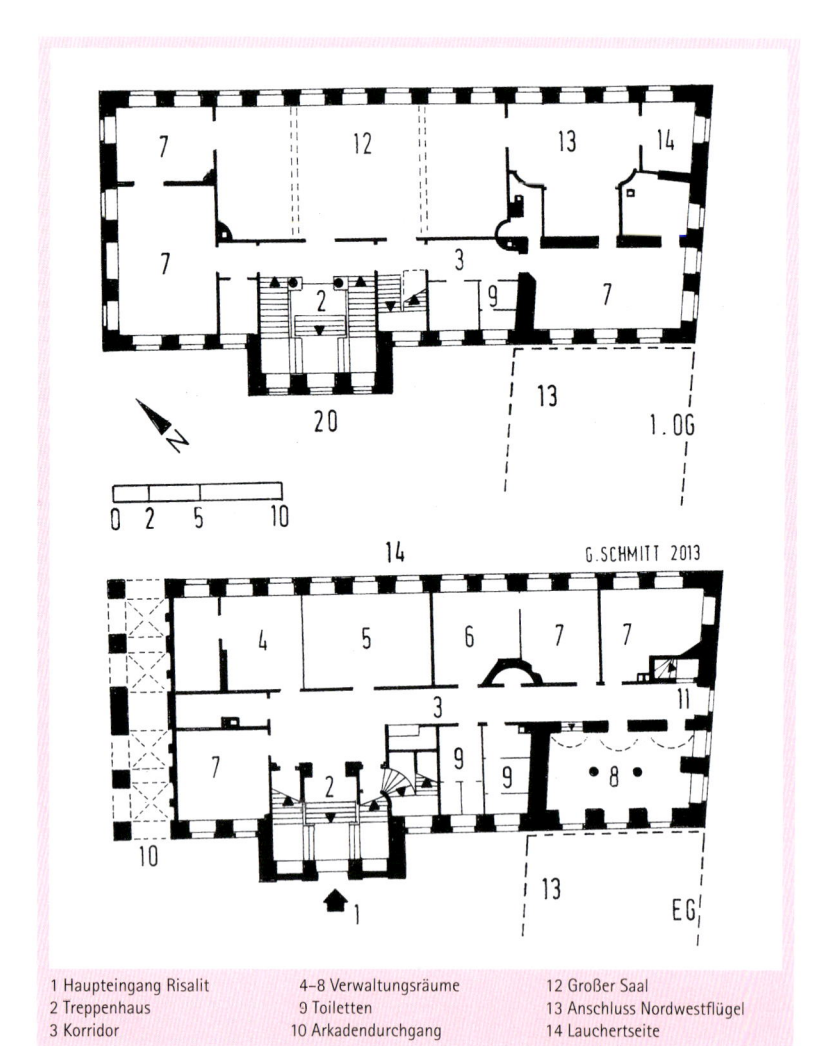

1 Haupteingang Risalit
2 Treppenhaus
3 Korridor
4–8 Verwaltungsräume
9 Toiletten
10 Arkadendurchgang
12 Großer Saal
13 Anschluss Nordwestflügel
14 Lauchertseite

352 Motte Gammertingen; Stadt Gammertingen

Erhaltungszustand: Grabungsbefund im Bereich der St.-Michaels-Kapelle. Ehemalige zweiteilige Motte auf zwei Erdhügeln, östlicher Burghügel mit eher herrschaftlichem Wohnbau in Holzbauweise, der westliche mit möglicher Vorburg.
Lage: TK 7621; ca. 767 m, GK. R 15920, H 45 770; Bereich St.-Michaels-Kapelle, nördliche Altstadt.
Typus: Motte, Erdhügelburg.
Geschichte: Herrenhof, dann im frühen Mittelalter Motte im Bereich von zwei vorgeschichtlichen Siedlungsphasen, Entstehung vermutlich Mitte 10. Jh., Datierung durch Auswertung von Keramik, R. Kreutle, LDA; mehrere Bauphasen, Familiensitz der wohl späteren Grafen von Gammertingen, erste Steinkirche um 1000, um 1170 Brand, 13. Jh. an die Grafen von Veringen, 1468 noch bestehend.

353 Baldenstein; Stadt Gammertingen

Erhaltungszustand: Burgruine auf einem nach Westen gerichteten Bergsporn über dem Fehlatal. Halsgraben, frühe Burganlage in zwei Bauabschnitten, fester Wohnbau ca. 13 x 20 m mit verm. hölzerner Umwehrung, dann Ringmauer mit Frontturm, Bestand gesichert.

Besichtigung: Frei zugänglich, AP.
Lage: TK 7721; 715 m, GK. R 15 310, H 43 720; 2,1 km südsüdwestlich von Gammertingen.
Typus: Höhenburg in Spornlage, Hochadelsburg.
Geschichte: Entstehung 2. Hälfte 11. Jh. als Höhenburg der Grafen von Gammertingen, kurz vor 1150 Zerstörung durch Feuer, um 1170–1180 die Grafen ausgestorben, 1963–1965 Freilegung der Mauern, archäologischer Fundbestand, Auswertung B. Scholkmann, LDA.

354 Hustneck; Stadt Gammertingen

Erhaltungszustand: Burgstelle auf einem Felskopf, genannt Mündelstein, an der Bergkante zum Lauchertal. Bogenförmiger Wallgraben um den Felskopf der Burgstelle, ca. 13 x 13 m, verstreut liegende Kleinquader.
Besichtigung: Frei zugänglich, AP.
Lage: TK 7721; 745 m, GK. R 15 765, H 46 770; 1,1 km nordnordwestlich von Gammertingen.
Typus: Höhenburg in Bergkantenlage.
Geschichte: Entstehung und Abgang nicht bekannt, keine eindeutige Zuordnung, ab 1362 mehrfach die Melchinger von Hustnegg, stammesgleich mit denen von Wurmlingen-Steinhilben, nach 1407 nicht mehr erwähnt.

355 Altenburg, Kiverlinsburg; Gammertingen-Bronnen

Erhaltungszustand: Anlage auf einer dreiecksförmigen, aus der Bergkante vorstehenden Felskuppe über dem Lauchertal. 40 bis 45 m Seitenlängen, bogenförmiger Wallgraben an die Bergkanten anschließend.
Besichtigung: Frei zugänglich.
Lage: TK 7721; 733,4 m, GK. R 15 820,

H 48 250; 550 m südsüdwestlich von Mariaberg.
Typus: Mögliche Höhenburg.
Geschichte: Ungeklärte Anlage, archäologisch bisher nicht nachgewiesen, 1324, 1345 Ritter Albrecht Kiferli mit Besitz in Gammertingen, stammesverwandt mit den Lichtensteinern, Zuordnung möglich zur Burg auf dem abgebrochenen Felsen Wendelstein.

356 Schloss Bronnen, Laucherttal; Gammertingen-Bronnen

Erhaltungszustand: Abgebrochenes Schloss, 1824 noch Reste.
Lage: TK 7721; GK. R 15, H 47; oberhalb des Dorfes Bronnen.
Typus: Renaissanceschloss in Ortslage.
Geschichte: 1580 Neubau durch Georg von Stauffenberg zu Massbeuren, Schwager des Philipp Dietrich Speth, auf einem Grundstück des Klosters Mariaberg, 1602 erfolgreiche Klage des Klosters auf Abbruch, diesen erst 1690 durch Johann Dietrich Speth vollzogen, das Baumaterial zum Neubau seines Schlosses in Neufra verwendet.

357 Schloss Neufra

Erhaltungszustand: Erhaltener Schlossbau, zweigeschossiger Rechteckbau 10,30 x 16,35 m, EG massiv, OG Ständer-Riegelfachwerk, Satteldach, im OG zwei Eckerker, Pilastereingangsportal mit Speth-Bolsweil'schem Allianzwappen, Grundrisse zweischiffig.
Besichtigung: Privatbesitz, nicht zugänglich, von außen einsehbar.
Lage: TK 7721; 685 m, GK. R 13 750, R 45 280; im südlichen Ortsbereich an der B 32.
Typus: Schloss in Ortslage, Niederungsschloss.

Geschichte: 1690 Neubau durch Hans Dietrich von Speth mit dem Abbruchmaterial von Schloss Bronnen, 1704–1735 Maria Antonia Emmerentia, Tochter des Hans Dietrich, bewohnt das Schloss, 1806 an Hohenzollern-Sigmaringen, 1972 an Privat.

358 Hinterlichtenstein; Neufra

Erhaltungszustand: Burgruine mit deutlich aufrecht stehendem Mauerwerk auf einer felsigen Kammkuppe. Wallgraben, Quergraben, Unterburg mit Schuttriegel, Viereckanlage ca. 23 x 30 m, Frontturm, Feldseite abgestürzt, hoch liegender Eingang, Quader, Bossen-Buckelquader grob, teilweise weit vorstehend, Ringmauer, Schuttriegel Wohnbau. Bestandssicherung erforderlich.
Besichtigung: Frei zugänglich.
Lage: TK 7720; 850 m, GK. R 11 660, H 46 940; 500 m westlich Vorderlichtenstein, 2,5 km nordwestlich von Neufra.
Typus: Höhenburg in Bergkuppenlage, Ministerialenburg, Frontturmburg.
Geschichte: Entstehung Mitte 13. Jh. Nachweis durch Fundkeramik, Chr. Bizer; 1325 Sweniger von Lichtenstein, Ministeriale der Zollern, vor 1400 Aufgabe, 1447 Burgstall.

Vorderlichtenstein

Neufra, Landkreis Sigmaringen, Baden-Württemberg
Meereshöhe: 841 m, Fehlatal 690 m
Erhaltungszustand: Burgruine mit deutlich aufrecht stehendem Mauerwerk
Besitzer: Fürsten von Hohenzollern-Sigmaringen
Besichtigung: frei zugänglich, Grillstelle, Infotafel
Lage: TK 7720; GK. R 12 150, H 46 980; GPS 48° 15' 36,5"N, 9° 9' 48,4"O

Westlich von Gammertingen erstreckt sich das waldreiche, nach Süden gerichtete Fehlatal. Die B 32 führt hier von Gammertingen über Burladingen nach Hechingen. Zwischen Neufra und Gauselfingen leitet ein bezeichneter Fahrweg zum „Wanderparkplatz Ruine Lichtenstein" am westlichen Talrand. Von hier erreicht man auf dem Wanderweg AV Dreieck die Lichtensteiner Ruinen, Wanderparkplatz–Vorderlichtenstein 2,1 km, zur Burgruine Hinterlichtenstein weitere 500 m.

Bauphase

1. Hälfte 13. Jh. – 14. Jh.
Bauherr: Herren von Lichtenstein, Ministerialen. Entstehung der Burg, Nachweis durch Fundkeramik, Chr. Bizer. Ausführung in mindestens zwei Bauabschnitten, zuerst Bergfried und Frontmauer, dann massive Ringmauer, Wohnbau und Ummauerung Vorburg.

Geschichte

Die namengebende Stammburg der im Hochmittelalter weit verzweigten Herren von Lichtenstein ist die Burg über Honau. Sie sind Ministerialen der Markgrafen von Ronsberg, den Rechtsnachfolgern der Grafen von Achalm-Gammertingen. Unsichere Zuordnung der oft genannten Lichtensteiner.
1243 Nennung der Brüder Gero, Gebhard, Swenger und Ludwig von Lichtenstein.
1332 Erwähnung des Swenger von Lichtenstein, Ministeriale der Zollern, Stifter der Nikolauskapelle des Friedhofs von Neufra, „das bei Liechtenstein miner Burg liegt".
1407 Hans von Lichtenstein Eigentümer von Vorderlichtenstein.
1411 In Besitz des Grafen Eberhard von Württemberg, eine im Widerspruch stehende Verpfändung der Burg Vorderlichtenstein und der Hälfte von Hinterlichtenstein, Neufra und Mägerkingen an Heinrich von Rechberg zu Hohenrechberg.
1457 Wohnsitz eines württembergischen Burgvogts.
Nach 1457, spätestens 1474 Nicht mehr bewohnt und als „Burgstall" genannt.
1827 An die Fürsten von Hohenzollern-Sigmaringen.
1996–2010 Instandsetzung durch den „Verein zum Erhalt der Ruine Lichtenstein e. V.".

Anlage

Typus
Höhenburg in Bergkuppenlage, Ministerialenburg.

Anlagenmerkmale
Bergfried, Schildmauer, Ringmauer, Buckelquader, Bruchstein.

Beschreibung
Vorderlichtenstein liegt auf einer felsigen Kuppe am Ende eines von West nach Ost verlaufenden Bergrückens. Von der westlichen Feldseite sichern Wallgräben und der Bereich einer abgegangenen **Vorbefestigung** die Anlage. Zur Südseite weisen Schuttriegel an der Kante einer Hangterrasse auf einen **Zwinger**. Nordseitig stößt man auf Schuttriegel, Kernmauerwerk und Wallgraben einer weiträumig halbkreisförmig angelegten **Vorburg**, dem Wirtschaftshof.

Kernburg
Im Zentrum dieser Außenbereiche liegt erhöht auf einem Steilwandfelsen die Kernburg. Beachtliche Mauerreste geben ein gutes Beispiel für eine hochmittelalterliche Ministerialenburg, deren Grundriss ein gleichschenkliges Dreieck von jeweils ca. 30 m bildet. Der Zugang erfolgt am nordseitigen Fels hoch über einen schmalen Felssims zur ehemaligen Lage des Burgtores. Gleich im Anschluss steht durch eine Baunaht getrennt an höchster Stelle die Ruine des **Bergfrieds**. Der Turm kann mit Abmessungen von 8,40 x 8,70 m und möglichem hölzernem Aufbau auch als Wohnturm gelten. Mauerwerk: Bruchstein, Eckbuckelquader, Blockware.

Im Verband steht die zur Feldseite angrenzende 2,20 m starke und noch bis 6 m hohe Schildmauer. Die weiter folgende Ringmauer folgt leicht abgewinkelt der Felskante auf unterschiedlichem Höhenniveau, Stärke 1,60 m. Wohnbau und Zisterne lagen vermutlich an der südseitigen Ringmauer.

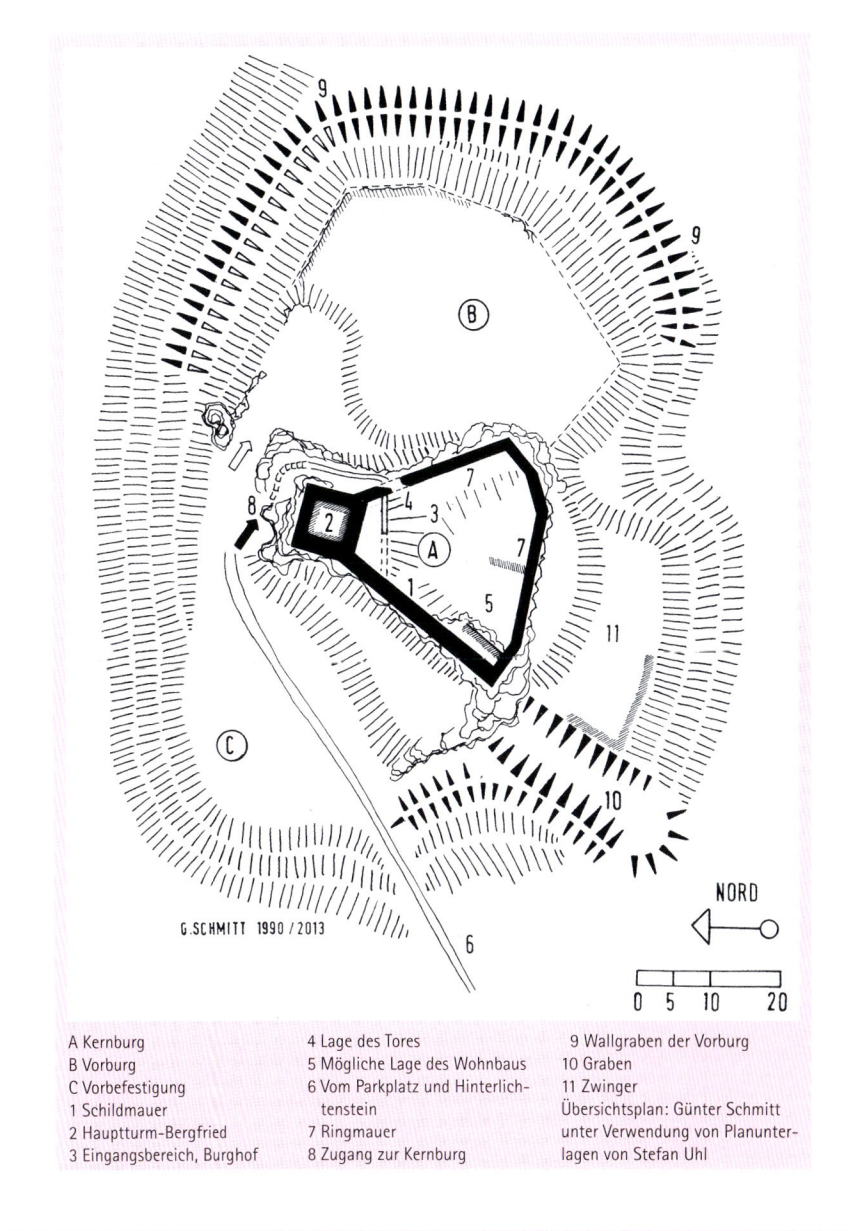

A Kernburg
B Vorburg
C Vorbefestigung
1 Schildmauer
2 Hauptturm-Bergfried
3 Eingangsbereich, Burghof
4 Lage des Tores
5 Mögliche Lage des Wohnbaus
6 Vom Parkplatz und Hinterlichtenstein
7 Ringmauer
8 Zugang zur Kernburg
9 Wallgraben der Vorburg
10 Graben
11 Zwinger
Übersichtsplan: Günter Schmitt unter Verwendung von Planunterlagen von Stefan Uhl

Hettingen

Stadt Hettingen, Landkreis Sigmaringen, Baden-Württemberg
Meereshöhe: 685 m, Laucherttal 645 m
Erhaltungszustand: teilerhaltene Schloss-Burganlage
Besitzer: Stadt Hettingen
Besichtigung: Außenbereiche frei zugänglich, Innenbesichtigung Teilbereiche, Treppenhaus, Wechselausstellungen in der ehem. Schlosskapelle zu den Öffnungszeiten des Rathauses, Fasnachtsmuseum in der ehem. Zehntscheuer, Info Telefon 07574 9310-0
Lage: TK 7721; GK. R 17 420, H 42 200, GPS 48° 13' N, 9° 14' O

Von Sigmaringen führt die B 32 in nördlicher Richtung zum waldreichen Laucherttal. Kurz vor Gammertingen erreicht man das mittelalterlich geprägte Städtchen Hettingen mit seinem die Bebauung überragenden Schloss. In Ortsmitte führt eine bezeichnete schmale Straße hoch zum Schloss. Parkmöglichkeit auf dem ausgewiesenen kleinen Parkplatz vor dem Hauptzugang.

Bauphasen

I. Bauphase 1. Viertel 12. Jh.
Bauherr: Adalbert I. Graf von Gammertingen Achalm und Hettingen, gen. 1101,1138, oder dessen Sohn Adalbert II., Nachweis durch Fundkeramik, Chr. Bizer; Entstehung durch eine nicht bekannte Baumaßnahme.

II. Bauphase 13. Jh. ab 1240
Bauherren: Grafen von Veringen, vermutlich unter Wolfrad IV. 1230/1267. Neubau oder Ausbau der Burg in Abschnitten zum Hauptsitz der Grafen, Buckelquaderbauweise, Frontturm, Torhaus, Wohnbau, später die Schildmauer in Bruchstein, Stadtausbau, Stadtmauern.

III. Bauphase 4. Viertel 15. Jh
Bauherr: Hans Caspar von Bubenhofen, „der goldene Ritter". Ausbau zum Schloss, Neubau der Kirche mit Familiengruft.

IV. Bauphase um 1720
Bauherr: Freiherr Franz Anton von Speth. Abbruch des Wohnbaus bis auf das Erdgeschoss, Neubau des barocken Schlossbaus, Anbau des Nordflügels, Erhaltung der Befestigungsmauern.

Geschichte

Besitzer von Burg und Herrschaft: um 1120 die Grafen von Gammertingen, 1240–1311 Grafen von Veringen, 1267 „castrum", 1311–1374 Grafen von Reichenau Pfandinhaber, 1374–1447 Herren von Rechberg Pfandinhaber, 1447–1466 Graf Ulrich von Württemberg, 1468–1524 Herren von Bubenhofen, 1524–1827 Freiherren von Speth zu Zwiefalten, 1599 Ludwig Friedrich Speth, Stifter der Linie Speth zu Hettingen. 1827–1978 Fürsten von Hohenzollern-Sigmaringen, 1836 Nutzung als Seidenweberei.
1978 Erwerb durch die Stadt Hettingen.
1991–1994 Instandsetzung und Umbau zum Rathaus.

Anlage

Typus
Höhenburg-Schloss in Spornlage, Grafenburg.

Anlagenmerkmale
Mehrteilige Anlage, barocker Schlossbau, Ringmauern, Schildmauer, Nebengebäude.

Beschreibung
Beherrschend liegt Schloss Hettingen am Ende eines schmalen, nach Süden gerichteten Kammsporns über dem Laucherttal und dem gleichnamigen Städtchen. Mit diesem war es mit Schenkelmauern verbunden und bildete im Zusammenhang mit der Stadtwerdung eine Einheit. Die Schenkelmauern schlossen nordseitig an die zur Feldseite gerichtete Schildmauer, und nach gut 190 m südseitig an die zur

Musikzimmer mit Rocailleausstattung.

Anlage führende Tormauer an. Hier befand sich ein größerer Vorbereich mit Wirtschaftsgebäuden, Reitstall und der ehem. Zehntscheuer, deren Ruine 2004 zum Fasnachtsmuseum ausgebaut wurde.

Kernanlage Burg – Schloss

Es folgt die Kernanlage von ca. 25 x 90 m, in deren Bauwerken noch beachtliche Reste der Burg stecken. Schon das Burgtor mit Buckelquadereinfassung, auf dem das Barockschloss aufgebaut ist, erinnert an die stauferzeitliche Epoche. Die Ringmauer der Kernanlage besteht aus verschiedenen Bauphasen, substanziell noch 13. Jh., jedoch mehrfach verändert. An deren Westmauer befindet sich der zweigeschossige Haberkasten mit Tonnengewölbe. Ganz am Ende erhöht folgt als Abschluss der Anlage die Schildmauer aus zwei Bauphasen: Westseite mit Zinnen, Ostseite mit ehemals vorstehendem Wehrgang, Mauerhöhe bis 12 m.

Der barocke dreigeschossige **Schlossbau** von 1720 beinhaltet einen Kernbau von 21,40 x 22,70 m und einen südseitigen Vorbau mit baulicher Substanz eines möglichen Turmes der Burg. Die rückseitigen Ruinenteile stammen vom abgebrannten Nordflügel mit Rittersaal. Innenräumlich ist der Schlossbau dreischiffig mit breitem Dielenbereich und beidseitigen Raumfolgen; Eichentreppe mit Heroldsfiguren, reicher Deckenstuck mit Emblemszenen und Landschaften, zweiflügelige Türen, Brettböden; im Musikzimmer farbig gefasster Rokokostuck von um 1770, Kastenofen und Wandschränke.

NORD

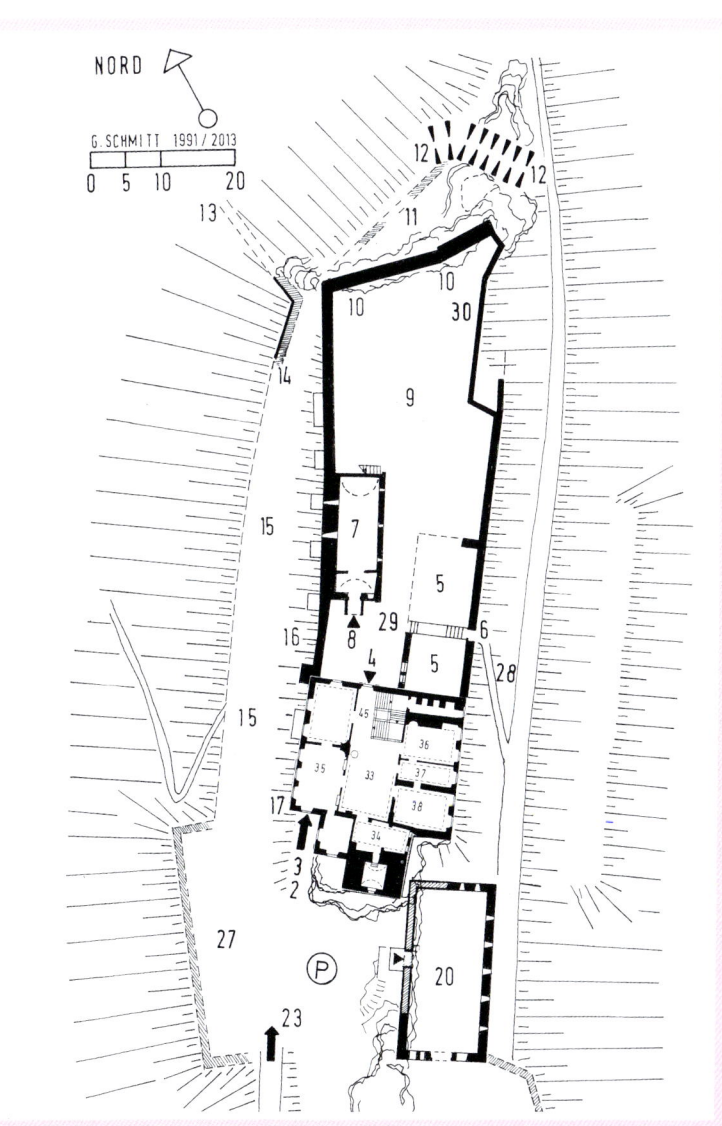

G. SCHMITT 1991 / 2013
0 5 10 20

1 Schlossbau
2, 3 Tordurchfahrt und Tor
5 Ruine Nordflügel
7 Haberkasten
9 Oberer Hof
10 Schildmauer
11, 14, 15, 28 Zwinger
12 Halsgraben
13 Schenkelmauer zur Stadt

20 Zehntscheuer, Fasnachts-
     museum
27 Lage des Reitstalls
29 Innerer Hof

Schlossbau 1. OG
33 Diele
34 Ehem. Schlosskapelle
35 Trauzimmer, ehem. Musikzimmer
36, 37, 38 Verwaltung
45 Treppenhaus

Übersichtsplan:
Günter Schmitt 1991, 2013

LANDKREIS SIGMARINGEN   365

Veringen 361

Veringenstadt, Landkreis Sigmaringen, Baden-Württemberg
Meereshöhe: 675 m, Laucherttal 631 m
Erhaltungszustand: Burgruine mit deutlich aufrecht stehendem Mauerwerk, Bestand gesichert
Besitzer: Stadt Veringenstadt
Besichtigung: frei zugänglich, Besichtigung der Burgkapelle St. Peter auf Anfrage, Stadtinfo
Telefon 07577 930-0
Lage: TK 7821; GK. R 15 010, H 38 000; GPS 48° 11' N, 9° 13' O

Nördlich von Sigmaringen erstreckt sich in Richtung Gammertingen das Laucherttal. Innerhalb einer Flussschlaufe liegt das noch mittelalterlich geprägte Städtchen Veringenstadt. Man verlässt die B 32 nordseitig des Straßentunnels und nimmt die Straße Richtung Harthausen. Auf halber Hanghöhe führt ein schmaler Fahrweg zu einem kleinen Parkplatz hinter der Ruine. Die Ruine ist auch bezeichnet von der Stadtmitte aus an der Pfarrkirche vorbei erreichbar.

Bauphasen

I. Bauphase 2. Hälfte 11. Jh.
Bauherr: Grafenfamilie von Altshausen, die sich nach der Burg nennen. Entstehung der Turmburg, Datierung durch Nachweis von Fundkeramik, Chr. Bizer.

II. Bauphase um 1230–1270
Bauherr: Graf Wolfrad II. von Veringen., 1216, †um 1270, Ehefrau: Anna von Heiligenberg, Erbin von Gammertingen-Hettingen. Neubau der Burg, Wohnturm, Ringmauer, Burgkapelle.

Geschichte

Namengebende Burg der Grafen von Veringen ist möglicherweise die Burg von Veringendorf. Von dort müsste der Name auf die neue Burg und den Burgweiler als Herrschaftsmittelpunkt übertragen worden sein. Dann wäre die Burg in Veringendorf aber früher entstanden. Die Zwiefalter Chronik von 1138 dokumentiert in einer Notiz zu 1092 Graf Manegold von Altshausen und dessen 1109 getöteten Sohn Walter als Grafen von Veringen.
1123 Graf Marquard, er nennt sich 1140 nach seiner Burg Veringen.
1267 Die Veringer in Besitz der Grafschaft Gammertingen-Hettingen.
1344 Graf Heinrich von Veringen verkauft seine Rechte an Burg und Stadt an die Grafen Eberhard und Ulrich von Württemberg.
1399 Übergang an Graf Eberhard von Werdenberg.
1460 Burgstall, 1464 Versuch zum Erhalt der Burg, um 1487 erneute Erhaltungsmaßnahmen, ab 1488 endgültige Aufgabe und anschließender Zerfall.
1978–1983 Bestandssicherung der Ruine durch die Stadt.

Anlage

Typus
Höhenburg in Spornkuppenlage, Grafenburg.

Anlagenmerkmale
Wohnturm, Ringmauer, Burgkapelle, Buckelquader.

Beschreibung
Auf einer ausgeprägten, von der Lauchert umflossenen Kuppe liegt die Ruine der Burg Veringen. Eine Mauer reicht nach Westen über den Spornrücken und eine Schenkelmauer nach Südosten talwärts. Beide Teile umschließen die Stadtbebauung, den ursprünglichen Burgweiler. Burg und Stadt bilden somit eine befestigungstechnische Einheit.

Die **Kernburg** hinter dem Halsgraben umfasst mit ihrer trapezförmigen **Ringmauer** ein Areal von etwa 60 m Länge und 40 m mittlerer Breite. Von der in zwei Bauabschnitten entstandenen Ringmauer sind wesentliche Bereiche der 3 bis 3,50 m starken und bis 10 m hohen Nord- und Westmauer erhalten. In der Letzteren befindet sich das Rundbogentor mit Buckelquadereinfassung, ehemals mit Fallgatterverschluss. Die Nordmauer schließt bündig, aber nicht im Verband an den Ruinenstumpf des bis 12 m hohen **Wohnturms** an. Dieser ist in zwei Bauphasen entstanden: früher Turm des 11. Jhs. 8,80 x 8,80 m, Mauerstärke 1,30 bis 1,40 m, Kleinquadermauerwerk grob. Dann Bau des Wohnturmes durch Ummantelung des vorhandenen Turmes im 13. Jh., nun 15,30 x 16 m groß, Mauerstärke 3,30 bis 3,50 m, Buckelquadermauerwerk, gestufter Sockel.

Frei im Hof steht die spätromanische **Burgkapelle** St. Peter. Ein Rechteckbau mit halbrunder Apsis, Satteldach und Dachreiter. Inneres mit Flachdecke; Ausmalung von 1515 durch die Brüder Hans und Jakob Strüb aus Veringen, Krönung Marias durch die Hl. Dreifaltigkeit.

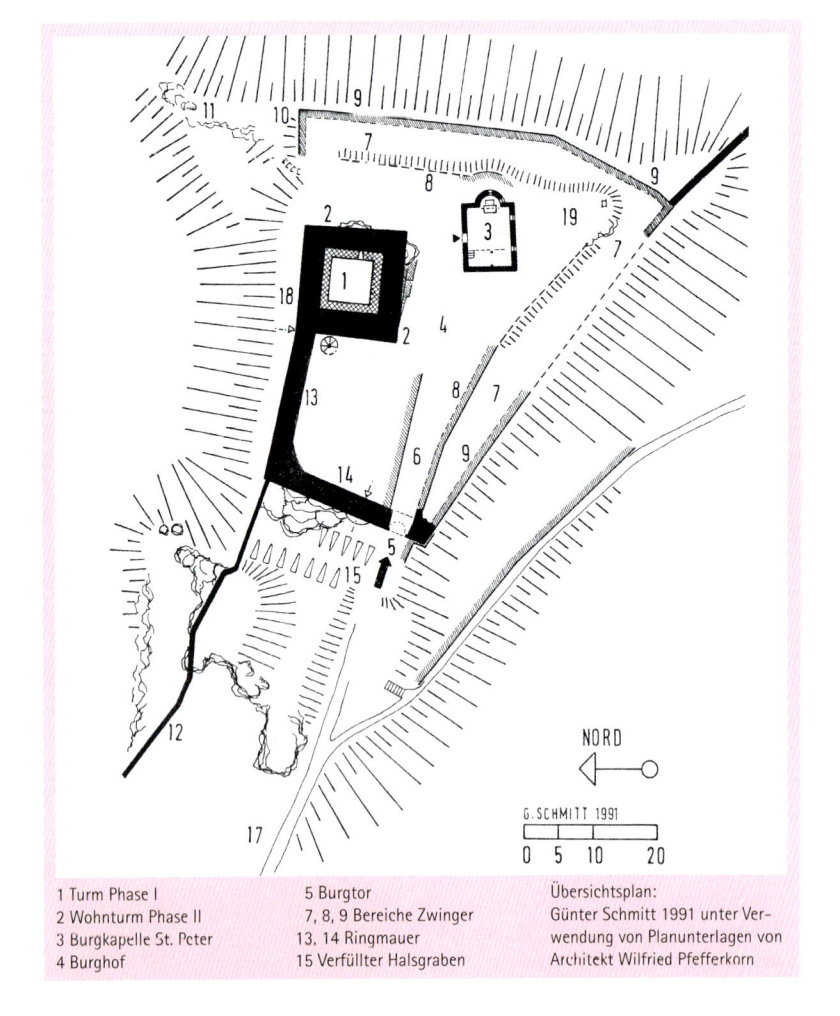

1 Turm Phase I
2 Wohnturm Phase II
3 Burgkapelle St. Peter
4 Burghof
5 Burgtor
7, 8, 9 Bereiche Zwinger
13, 14 Ringmauer
15 Verfüllter Halsgraben

Übersichtsplan:
Günter Schmitt 1991 unter Verwendung von Planunterlagen von Architekt Wilfried Pfefferkorn

362 Altveringen, Veringendorf; Veringenstadt-Veringendorf

Erhaltungszustand: Abgegangene Burg, Lage vermutlich bei der Kirche, die „Altenburg" südlich von Veringendorf ist der Standort einer vorgeschichtlichen Siedlung.
Lage: TK 7821; ca. 615 m, GK. R 15, H 35; bei der Kirche östlich oberhalb der Lauchert.
Typus: Burg in Ortslage.
Geschichte: Entstehung und Abgang nicht bekannt, mögliche frühe Burg „Alt-Veringen" der Grafen von Altshausen, dessen Zweig sich von Veringen nennt und diesen Namen auf die in der zweiten Hälfte des 11. Jhs. entstandene neue Burg über Veringenstadt überträgt, um 1305 „Castrum destructum dictum Veringen", zerstörte Burg.

363 Affelstetten; Veringenstadt-Veringendorf

Erhaltungszustand: Burgstelle auf einem Steilwandfelsen am Ende eines nach Süden gerichteten Höhensporns über dem Lauchertal. Unterburg ohne Bauwerksspuren, Halsgraben, in den Fels gehauene Stufen zur Kernburg, Reste Futtermauer in Zerfall, Kleinquader, eines ca. 6 x 19,5 m großen festen Wohnbaus.
Besichtigung: Frei zugänglich.
Lage: TK 7821; 650 m, GK. R 14 695, H 34 990; 500 m südwestlich von Veringendorf.
Typus: Höhenburg in Spornlage.
Geschichte: Entstehung nicht bekannt, vermutlich durch den Ortsadel der am Fuße abgegangenen Siedlung Affelstetten, die Familie von Affelstetten von 1308 bis 1367 erwähnt, Abgang vermutlich vor oder um 1300.

364 Bittelschieß; Bingen

Erhaltungszustand: Burgstelle am Ende eines nach Südwesten gerichteten, über steile Felsen zur Lauchertschlucht abfallenden Bergrückens. Dreifacher Graben, Kernburg mit geringen Mauerresten, Schuttriegel der Ringmauer und eines Gebäudes, Rundbau der Kapelle von 1696.
Besichtigung: Frei zugänglich, Kapelle an Sonn- und Feiertagen geöffnet.

Lage: TK 7821; 615 m, GK. R 19 160; H 29 900; 1,6 km westsüdwestlich von Bingen.
Typus: Höhenburg in Spornlage.
Geschichte: Entstehung zweite Hälfte 12. Jh., Nachweis durch Fundkeramik, Chr. Bizer; Edelfreie von Bittelschieß seit 1083, bei Bingen 1265 genannt, vor 1300 an Habsburg, vor 1313 Mangold von Hornstein Pfandinhaber, 1479/80 im Zuge der Fehde mit Habsburg durch Württemberg in Brand gesetzt.

365 Wallanlage Bittelschieß; Bingen

Erhaltungszustand: Burgstelle am südlichen Ende eines Bergrückens. Nordseitig an den Sporn der ehem. Burg Bittelschieß angrenzend, ca. 90 m langer und bis 3 m hoher bogenförmiger Wall, Kernburg unregelmäßiges Fünfeck.
Besichtigung: Frei zugänglich.
Lage: TK 7821; 620 m, GK. R 19 130, H 29 980; 1,5 km westsüdwestlich von Bingen.
Typus: Höhenburg in Bergrandlage.
Geschichte: Entstehung frühes 11. Jh., vermutlich noch im 11. Jh. aufgegeben, Nachweis durch Fundkeramik, Chr. Bizer; Burgherrenfamilie nicht bekannt.

366 Burgstall Hornstein; Bingen-Hornstein

Erhaltungszustand: Burg-Schlossstelle am westlichen Ortsende an der Kante zum Laucherttal. Verflachter Halsgraben, einzelne Buckelquader, ehem. eigenständige Anlage, „Neues Schloss" vermutlich identisch mit dem mehrfach erwähnten „Turm", in Zeichnungen des 18. Jhs. als zwei- bis dreigeschossiger Renaissance-Rechteckbau mit runden Ecktürmen dargestellt.
Besichtigung: Eingeschränkt zugänglich.
Lage: TK 7821; GK. R 19 220, H 30 480; 330 m westnordwestlich der Ruine Hornstein.
Typus: Höhenburg in Bergrandlage.
Geschichte: Entstehung nicht bekannt, 1387 genannt, als Benz I. von Hornstein-Bittelschieß den „Turm" zurück erwirbt, 1404/06 von Benz II. an seinen Vetter Heinrich von Hornstein-Schatzberg, der „Turm" 1459/65 an die Herren von Reischach, im 16. Jh. Neubau, im 18. Jh. Ruine.

Hornstein

Bingen-Hornstein, Landkreis Sigmaringen, Baden-Württemberg
Meereshöhe: 630 m, Laucherttal 601 m
Erhaltungszustand: Bestandsgesicherte Burgruine mit deutlich aufrecht stehendem Mauerwerk, erhaltener Kapellenturm
Besitzer: Privat
Besichtigung: Ruine frei zugänglich, jährliches Veranstaltungsprogramm, Burgcafé geöffnet an Sonntagen, Veranstaltungsraum im Neubau zu mieten, Info: Förderverein Ruine Hornstein e. V., Telefon 07571 52050, www.ruine-hornstein.de. Barrierefrei – Zufahrt über das Sträßchen vom Ort Hornstein
Lage: TK 7821; GK. R 19 450, H 30 360, GPS 48° 6' 39" N, 9° 15' 36" O

Östlich von Sigmaringen liegt im unteren Bereich des Laucherttales die Ortschaft Bingen. 1,2 km Lauchert aufwärts befinden sich auf einem Talrandfelsen die beachtlichen Reste der Ruine Hornstein. Von Bingen her kommend auf dem Parkplatz beim Sportplatz parken. Ein Weg führt bezeichnet hoch zur Ruine, Parkplatz–Ruine Hornstein 400 m.

Bauphasen

I. Bauphase 2. Viertel 13. Jh.
Bauherr: Heinrich, Gründer der Linie Alt-Hornstein, genannt 1243 bis 1272, dessen Sohn Hermann, 1252, 1291, Ministerialen der Grafen von Veringen. Entstehung der Burg mit Halsgraben, Schildmauer, Ringmauerbereich, Wohnbau verm. in Holzbauweise.

II. Bauphase 14./15. Jh.
Bauherr: Herren von Hornstein, ab 1459 Herren von Reischach. Ausbau der Kernburg, Großes Haus hinter der Schildmauer, Kapellenbau, Ringmauer, Ausbau der Vorburg mit Ringmauer, Langer Bau, südöstlicher Zwinger.

III. Bauphase 16. Jh.
Bauherren: Herren von Hornstein. Ausbau zum Renaissanceschloss, Baumaßnahmen Kernburgbereich: 1. Hälfte 16. Jh. – Kleines Haus, Überbauung Hofbereich, Fachwerkobergeschoss Großes Haus, Rundturm. 2. Hälfte 16. Jh. – Verfüllung Halsgraben, Treppenturm, Überbauung Nordwestbereich. Vorburgbereich: Kapellenturm, Kornhaus, Ergänzung Langer Bau.

IV. Bauphase 1698 bis um 1706
Bauherr: Freiherr Adam Bernhard von Hornstein-Göffingen, Hofmarschall des Fürstabts von Kempten, *1643, †1722. Federführung: Balthasar, Prior des Fürststifts Kempten. Ausbau zum Barockschloss. Grundlegende Umbaumaßnahmen unter Einbezug vorhandener Bausubstanz, Neubaumaßnahmen zur Erreichung gleicher Traufhöhen.

Geschichte

Im 13. Jh. werden die Herren von Hornstein nachweisbar, 1247 mit Heinrich und 1243 mit dem stammesverwandten Manegold von Hertenstein. Unter den Grafen von Veringen gelangen sie zu umfangreichem Besitz, zu dem auch die Burgen Bittelschieß und Schatzberg gehören. Im 14. Jh. gibt es nicht weniger als 13 Hornsteiner Linien.

1363 Teilung der Stammlinie in: „Oberes Haus", „Unteres Haus" und „Turm".
1401 Benz II. von Hornstein-Bittelschieß wieder Gesamtbesitzer.
1459 und 1465 an die Herren von Reischach, 1510 an Johannes Renner, 1512 an Brun V. von Hornstein-Hertenstein.
1552 Ganz Hornstein unter württembergischer Lehenshoheit.
1693 An Freiherr Adam Bernhard von Hornstein-Göffingen.
1787 an Anton Alois Fürst von Hohenzollern-Sigmaringen.
1818–1868 Landesstrafanstalt.
1871 Durch Erwerb zurück an die Freiherren von Hornstein.
1873 Verkauf auf Abbruch.
1988–1997 Grundlegende Instandsetzungsmaßnahmen durch den „Förderverein Ruine Hornstein e. V.".

Anlage

Typus
Höhenburg-Schloss in Spornlage, Ministerialenburg, Renaissance-Barockschloss.

Anlagenmerkmale
Vielgliedrige Anlage, Hochschloss, Schildmauer, Buckelquader, Wirtschaftshof, Kapellenturm, Torhaus.

Beschreibung
Auf einem nach Südwesten gerichteten felsigen Höhensporn liegt die umfangreiche Ruine Hornstein. Sie ist geprägt durch zahlreiche Bauabschnitte, die vor allem den Bauzustand des 16. bis 18. Jhs. widerspiegeln.
Vier Bebauungsbereiche sind an der Ruine noch deutlich ablesbar: das Hochschloss anstelle der ehem. Kernburg, der Hof des Schlosses anstelle der ehem. Vorburg, der südseitige Zwinger und der daran anschließende, 1740 genannte ummauerte Blumen- und Krautgarten des Barockschlosses.
Schlosshof, ehem. Vorburg als polygonale Ringmaueranlage mit ca. 60 x 65 m Grundfläche: Das Torhaus des frühen 17. Jhs. ist ein dreigeschossiger Rechteckbau von ca. 7 x 16 m mit Rundbogentor. Zur Ostseite, wohl vor die ursprüngliche Ringmauer gestellt, befindet sich die Ruine des großen Kornhauses aus dem 16. Jh., ein Rechteckbau ca. 16 x 40 m. Angrenzend das Bingener Tor in Backsteinbauweise, 19. Jh.
Westseitig am Torhaus steht der **Kapellenturm** des 16. Jhs., ein zweigeschossiger Rundbau mit Kegeldach, ehem. Wasserturm. Inneres: Flachkuppeldecke mit Wessobrunner Stuck, Emporennische und Stuckmarmoraltar von Joseph Anton Feuchtmayer. Angrenzend zur Südwestseite ein frei stehender Neubau mit Veran-

staltungsraum. Er nimmt die Stelle des ehem. dreigeschossigen „Langen Baus" ein, der an Kapellenturm und Treppenturm anschloss.

Hochschloss

Am Ende des Hofes zur Lauchertseite steht auf einer überbauten Fläche von ca. 23 x 32 m die Ruine des ursprünglich viergeschossigen Hochschlosses mit Bestandsresten der Burg. Die Frontmauer ist mit der Schildmauer des 13. Jhs. identisch; Länge 18 m, Stärke 2,45 m, Eckbuckelquader, Quader, Bruchstein. Vor der Schildmauer stehen der Treppenturm von 1525 und der Rundturm, 16. Jh. An der Schildmauerrückseite befinden sich Reste des 7 m breiten „Großen Hauses" mit Tonnengewölbe, folgend das „Kleine Haus" und am Spornende auf steilem Fels Reste der Burgkapelle. Der gesamte Bereich war bereits im 16. Jh. gänzlich überbaut, um 1700 dann zum Barockschloss erneuert, was der barocken Architektursprache auf beengtem Baugrund wenig entsprochen haben dürfte.

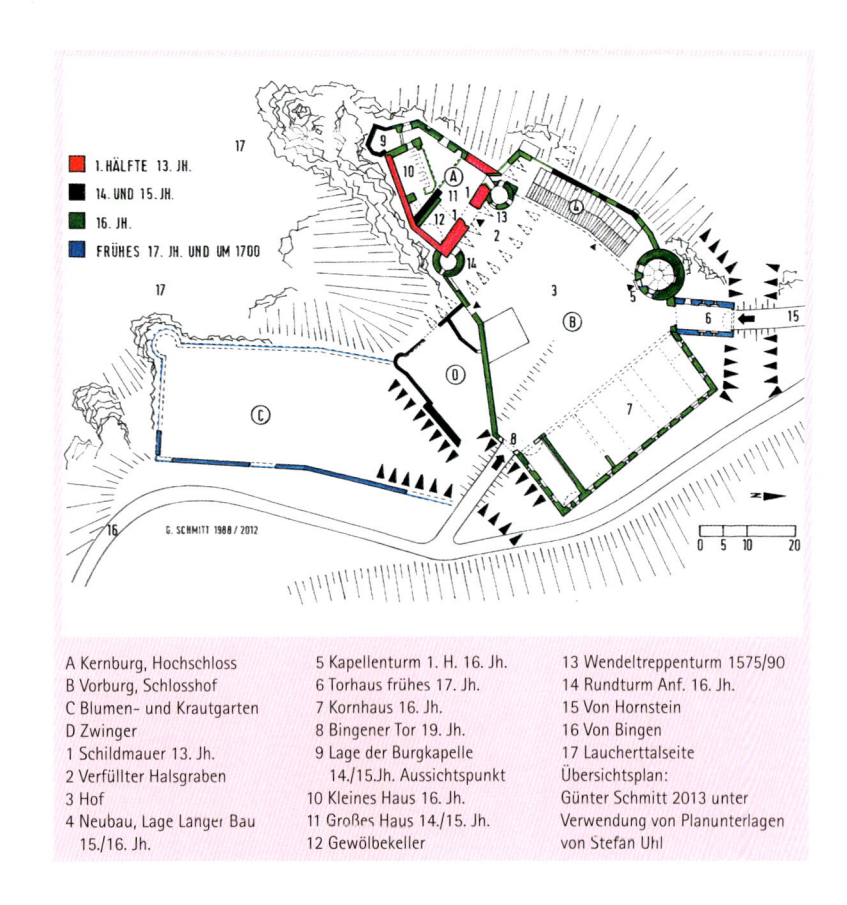

A Kernburg, Hochschloss
B Vorburg, Schlosshof
C Blumen- und Krautgarten
D Zwinger
1 Schildmauer 13. Jh.
2 Verfüllter Halsgraben
3 Hof
4 Neubau, Lage Langer Bau 15./16. Jh.
5 Kapellenturm 1. H. 16. Jh.
6 Torhaus frühes 17. Jh.
7 Kornhaus 16. Jh.
8 Bingener Tor 19. Jh.
9 Lage der Burgkapelle 14./15.Jh. Aussichtspunkt
10 Kleines Haus 16. Jh.
11 Großes Haus 14./15. Jh.
12 Gewölbekeller
13 Wendeltreppenturm 1575/90
14 Rundturm Anf. 16. Jh.
15 Von Hornstein
16 Von Bingen
17 Laucherttalseite
Übersichtsplan:
Günter Schmitt 2013 unter Verwendung von Planunterlagen von Stefan Uhl

Schloss Sigmaringen 368

Stadt Sigmaringen, Landkreis Sigmaringen, Baden-Württemberg
Meereshöhe: 605 m, Donau 570 m
Erhaltungszustand: erhaltene umfangreiche Schlossanlage
Besitzer: Fürsten von Hohenzollern
Besichtigung: Schloss mit Residenz- und Prunksälen, Waffenhalle, Kunstmuseum, Marstallmuseum, Schlosscafé, Shop, Öffnungszeiten: November bis März 10 bis 16 Uhr, April bis Oktober 10 bis 18 Uhr. Geschlossen 24./25./31. Dezember, Neujahr und Fasnachts-Dienstag, Themenführungen, Veranstaltungen, Raumvermietung, Info Telefon 07571 729-230, www.schloss-sigmaringen.de
Lage: TK 7921; GK. R 16 200, H 27 750; GPS 48° 5' 16" N, 9° 13' 1" O

Nahe dem Naturpark der Oberen Donau liegt die Kreisstadt Sigmaringen mit seinem auf einem Felsblock Altstadt und Donau überragendem prächtigen Schloss. Sigmaringen ist Ausgangspunkt ins Donautal nach Beuron und über die B 32, B 311 und B 313 erreichbar. Parkmöglichkeiten bestehen am Rande der Altstadt, an der Bahnhofstraße und dem von hier aus erreichbaren „Parkhaus Prinzengarten".

Leopold Fürst von Hohenzollern.

Amalie Zephyrine Fürstin von Hohenzollern.

Bauphasen

I. Bauphase 2. Hälfte 11. Jh.
Bauherr: Edelfreie von Sigmaringen-Spitzenberg. Burgbestand einer nicht bekannten Baumaßnahme.

II. Bauphase 1. Hälfte 13. Jh.
Bauherr: Gottfried Graf von Sigmaringen-Helfenstein, gen. 1209, 1258. Entstehung der Burg in Buckelquaderbauweise mit Hauptturm, Wohnbau, Ringmauer und Toranlage.

III. Bauphase ab 1460 bis um 1526
Bauherr: Grafen von Werdenberg. Umbau und Erweiterung zum Schloss, zwei Wohnbauten, Treppenturm 1498, Torbau mit Ecktürmen und Sühnetafel 1526.

IV. Bauphase 1535–1638
Bauherren: Karl II. Graf von Hohenzollern-Sigmaringen, reg. 1576–1606. Überwölbung Schlosseinfahrt, Neubau der Kirche 1583. Johann Fürst von Hohenzollern-Sigmaringen, reg. 1606–1638. Architekt: Ab 1627 Johann Alberthal aus Krain. Erhöhung der werdenbergischen Wohnbauten, Überbauung Westportal, Südbau mit Lakaienhalle, Südmauer mit Waffenhalle, Zwiebelhaube des Turmes.

V. Bauphase 1659
Bauherr: Meinrad I. Fürst von Hohenzollern-Sigmaringen, reg. 1638–1681. Architekt: Michael Beer aus Au, *um 1605, †1666, Begründer der Vorarlberger Bauschule. Wiederaufbau nach Brandschaden, einheitliche Überdachung der beiden werdenbergischen Wohnbauten, Prunktreppenhaus.

VI. Bauphase 1724–1885
Bauherren: Joseph Fürst von Hohenzollern-Sigmaringen, reg. 1715–1769.

Neubau Marstall 1724, ab 1736 barocke Modernisierung der Räume, Neubau Pfarrkirche 1756–1763. Karl Anton Fürst von Hohenzollern, reg. 1848–1885. Architekt: Josef Laur, Um- und Erweiterungsbauten, klassizistische Innenausstattung, Altdeutscher Saal, Ahnensaal, Königszimmer, Speisesaal durch Architekt Lambert aus Paris, Neubau Galeriebau, steinerne Turmhaube.

VII. Bauphase 1895–1906
Bauherr: Leopold Fürst von Hohenzollern, reg. 1885–1905, Ehefrau: Antonia Infantin von Portugal. Architekten: Hofbaurat de Pay. Wiederaufbaumaßnahmen nach Brandschaden. Ab 1900 Dr. Ing. Emanuel von Seidl aus München. Neugestaltung im Sinne des Historismus, südseitiger Hofschluss durch den Bau der Portugiesischen Galerie, Dekorationen und Ausstattungen der Räume, Erhöhung des Hauptturms mit oktogonaler Tuffsteinhaube.

Geschichte

Bedeutende Grafen- und Fürstenfamilien bestimmen die Geschichte von Burg und Schloss Sigmaringen. Schon die Spitzenberger und Helfensteiner gehören im Mittelalter zu den einflussreichsten Hochadelsfamilien im Bereich der Schwäbischen Alb und sind stets im Gefolge der Staufer zu finden. Ab dem 16. Jh. gelangt der Besitz an eine der großen Dynastien Europas, die Hohenzollern. Sie bilden im Laufe der Geschichte mehrere Linien, von denen aus der fränkisch-brandenburgischen Linie das spätere preußische Königs- und Kaiserhaus hervorgeht. Die schwäbische Linie der Zollern bleibt

Sigmaringen 19. Jh.

im Raum ansässig und baut Sigmaringen zur Residenz aus.
1077 Die Chronik des Klosters Petershausen berichtet von der vergeblichen Belagerung der Burg Sigmaringen durch Rudolf von Schwaben im Krieg gegen Kaiser Heinrich IV.
1083 Ludwig und Manegold von Sigmaringen-Spitzenberg, Brüder. Ludwig ist mit Richinza, Tochter des Bertold von Zähringen verheiratet.
1209/1258 Graf Gottfried von Sigmaringen-Helfenstein.
1258 Graf Ulrich II. von Helfenstein, Vetter des Grafen Gottfried, in Besitz von Sigmaringen.
1272 Durch Agnes, Tochter des Ulrich II. von Helfenstein, an Graf Ulrich I. von Montfort.
1290 An Albrecht und Rudolf von Habsburg.
1325 Verpfändung an Graf Ulrich von Württemberg.
1459 Durch Erwerb in Besitz des Johann IV. Graf von Werdenberg.
1535 König Ferdinand I. belehnt Karl I. von Zollern, Sohn des Eitelfriedrich III., mit den Grafschaften Sigmaringen und Veringen. Karl I. vereint den zollerischen Altbesitz und macht Sigmaringen zu seiner Residenz.
1576 Erbteilung: das Stammland um Hechingen geht an Graf Eitelfriedrich IV., Haigerloch an Graf Christoph, Sigmaringen an Karl II. 1634 geht das Haigerlocher Herrschaftsgebiet ebenfalls an Hohenzollern-Sigmaringen.
1632 Besetzung durch die Schweden.
1633 Brandzerstörung der östlichen Bereiche.
1893 Brandzerstörung des Ostflügels.
1944/45 Verlegung der mit den Nationalsozialisten kollaborierenden französischen Vichy-Regierung unter Ministerpräsident Laval auf Schloss Sigmaringen, zwangsweise Einquartierung der fürstlichen Familie durch die Gestapo auf Schloss Wilflingen.

Anlage

Typus
Höhenschloss in Gipfellage, Fürsten-Residenzschloss, ehem. Hochadelsburg.

Anlagenmerkmale
Burg: Hauptturm, Ringmauer, Buckelquader. Schloss: vielgliedrige Anlage, Renaissance bis Historismus.

Beschreibung
Schloss Sigmaringen geht auf die II. Bauphase einer Höhenburg des 13. Jhs. zurück. Deren Burganlage umfasste den höchsten Bereich des bogenförmig von West nach Nordost verlaufenden 35 m hohen Felsrü-

ckens. Den nordöstlichen Bereich von ca. 20 x 30 m überdeckte die **Kernburg** mit Ringmauer, Frontturm und Wohnbau. Am etwas flacher abfallenden stadtseitigen Hang, dem jetzigen Bereich der Portugiesischen Galerie, befand sich die Unterburg. Das heutige Hochschloss steht auf den Basismauern von Kern- und Unterburg und ist dadurch mit dem Umriss der Burg identisch. Sichtbares Mauerwerk an Turm und Ringmauer zeigt geschlos-

Galeriebau mit Fürstlichem Kunstmuseum.

sene Buckelquaderverblendung aus Nagelfluh und Kalkstein.

Schlossanlage

Das heutige monumentale, äußerst malerische Schloss geht weit über den mittelalterlichen Baubestand hinaus und bildet ein durch mehrere Bauphasen geprägtes Erscheinungsbild.

Den westlichen Abschluss der Anlage markiert parallel zum Marstall der **Galeriebau** von 1862/67: ein Rechteckbau der Architekten Josef Laur und Karl Albert Krüger aus Düsseldorf mit prächtiger neugotischer Säulenhalle und offenem Dachstuhl, als Fürstliches Kunstmuseum ausgestattet.

Daneben, hoch aufragend, steht das lang gezogene schmale **Eingangsbauwerk** mit zwei Türmen flankierendem Schlosstor. In der Torbogenwölbung Renaissancerelief von 1525 als Sühnetafel anlässlich der Ermordung 1511 von Graf Sonnenberg durch Graf Felix von Werdenberg, darüber zeigt eine Darstellung die Überbringung der Nachricht zur Erwählung zum Kaiser an Rudolf von Habsburg durch Burggraf Friedrich von Zollern. Über das ansteigende Torgewölbe erreicht man, an der Basis des Buckelquaderturmes vorbei und dem ehemaligen Burgtor, den **Schlosshof**.

Die den Hof umschließenden dreigeschossigen Bauwerke entstammen mehreren Bauphasen und enden mit dem letzten formalen Umbau durch Architekt Emanuel von Seidl.

Innenräumlich beginnt die Schlossführung mit der **Eingangshalle**. Unmittelbar angrenzend liegt die **Schlosskapelle** mit historisierender Ausstattung und Kreuzgratgewölben von um 1900. Das dreiläufige Treppenhaus in rotem Adneter Porphyr führt ins erste Obergeschoss mit den **Josephinengemächern**. Deren prächtige Ausgestaltung von 1900/05 geht auf Emanuel von Seidl zurück:

Blauer und Grüner Salon mit stuckierten Decken und Porträts der Familie Kaiser Napoleons I.; Schwarzer Salon mit graphitbemalter Kassettendecke; Roter Salon als Prunksalon; Französischer Salon, der ehem. Speisesaal, im

Roter Salon.

Ahnensaal

Louis-XVI.-Stil von Architekt Lambert aus Paris.

Mit dem **Ahnensaal** von 1878, dem ursprünglichen Rittersaal von 1736, folgt einer der beiden großen Säle mit 26 großformatigen Ahnenbildern und Atlanten tragendem Gebälk. Das **Königszimmer** mit Holzkassettendecke, Wandbespannung aus Genueser Samt, Gobelin aus Flandern von 1697. Als südseitiger Hofabschluss folgt die **Portugiesische Galerie**, ein lang gezogener Festsaal mit neubarock stuckierter Flachdecke, flämisch-flandrische Wandteppiche mit alttestamentarischen Szenen von Pieter van Aelst, um 1500. Das Geschoss unter der Portugiesischen Galerie bildet die Waffenhalle von um 1630, umgebaut 1864 durch Josef Laur. Mit über 3000 Objekten ist sie eine der größten privaten Waffensammlungen Europas, ein beachtliches Dokument kriegsprägender Jahrhunderte, eine Ansammlung teuflischer Mordinstrumente menschlicher Grausamkeit.

Schloss Sigmaringen gehört nicht nur durch seine Größe und seine Besitzer, sondern auch durch seine bauhistorische Entwicklung zu den bedeutendsten Schlossanlagen Deutschlands.

Waffenhalle

G.SCHMITT 1989/2013

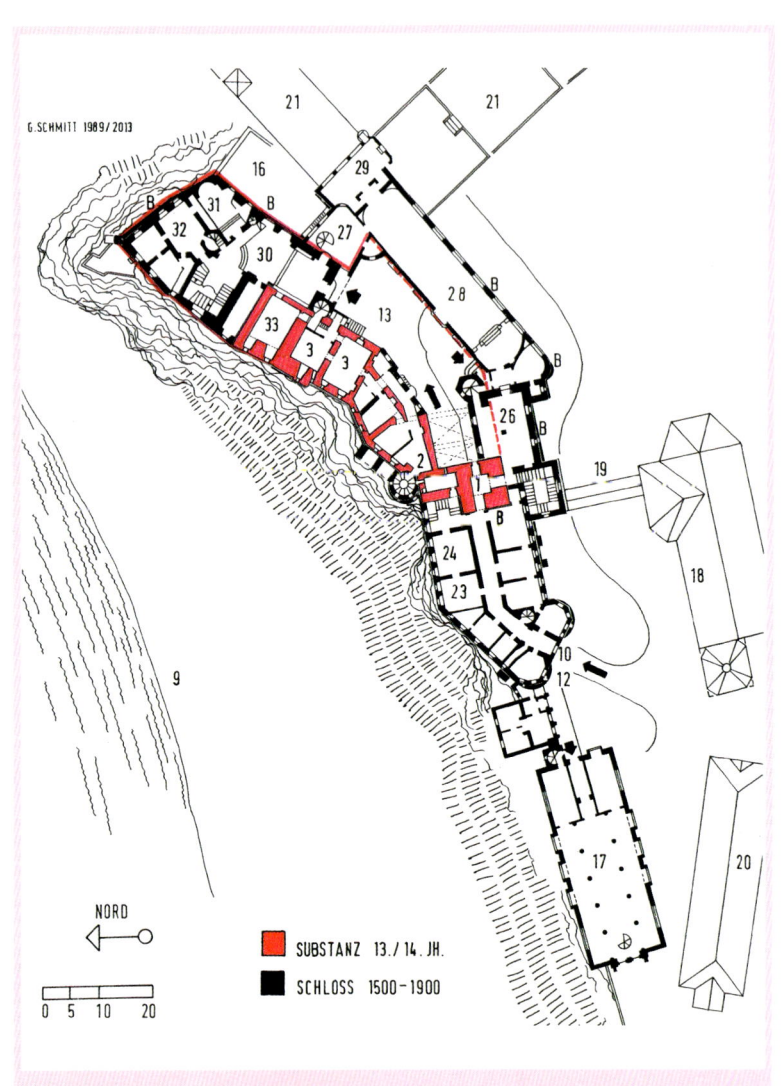

SUBSTANZ 13./14. JH.

SCHLOSS 1500–1900

NORD

0 5 10 20

1 Hauptturm Bergfried 13. Jh.
2 Ehem. Torwarthaus und Burgtor
3 Lage des Wohnbaus 13. Jh./ um 1500 zwei Wohnbauten
9 Donau
10, 12 Torbau mit Achtecktürmen 1526
13 Schlosshof
17 Galeriebau, 1862–1867
18 Stadtpfarrkirche 1583/1763
19 Verbindungsgang
20 Marstall 1724
21 Verwaltungsbauten
23–25 Zimmer, Torbau 16. Jh. bis 1900
26 Altdeutscher Saal
27 Hubertussaal
28 Portugiesische Galerie 1902, Bereich der Unterburg 13./14. Jh.
29 Nebenraum
30 Eingangshalle, Treppenhaus
31 Schlosskapelle, Ostflügel
32 Kapellenzimmer
33 Küche
B Bereiche mit Buckelquadern 1. Hälfte 13. Jh.

Grundriss Eingangsgeschoss: Günter Schmitt 2013

LANDKREIS SIGMARINGEN

369 Jungnau; Sigmaringen-Jungnau

Erhaltungszustand: Burgruine auf einer Felsenkuppe innerhalb der Ortsbebauung. Teilerhaltener Bergfried 8,55 x 8,85 m, 18 m Höhe, Buckelquader, erhöhter Spitzbogeneingang, Reste Basis der Ringmauer.
Besichtigung: Bereich frei zugänglich.
Lage: TK 7821; ca. 620 m, GK. R 15 680, H 33 600; in Ortsmitte zwischen Kirche und Schulhaus.
Typus: Burg in Ortslage, Ministerialenburg.

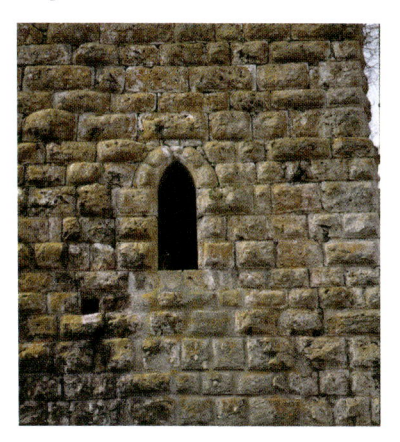

Geschichte: Entstehung 13. Jh., 1333 Erstnennung der Burg, Burkhart und Johannes von Jungingen, 1367 an die von Reischach, 1418 an die Grafen von Werdenberg, 1535 bis 1806 Besitz der Fürstenberger, Ausbau zum Sitz des Obervogts, 1841 an die Gemeinde, 1842, 1844 weitgehender Abbruch.

370 Schiltau; Sigmaringen-Jungnau

Erhaltungszustand: Neu überbaute Burgstelle auf einer Felsenkuppe innerhalb der Ortsbebauung, ehem. polygonale Anlage ca. 30 x 55 m, Reste der Ringmauer, Bruchstein.
Besichtigung: Eingeschränkt zugänglich im Bereich vorhandener Bebauung.
Lage: TK 7821; ca. 620 m, GK. R 15 700, H 33 520; an der Ecke Schiltachstraße/Bruckstraße, 100 m süd-südöstlich der Kirche.
Typus: Burg in Ortslage, Ministerialenburg.
Geschichte: Entstehung nicht bekannt, vermutete erste Burg der Siedlung, 1212 Konrad von Schiltau, Ministeriale der Grafen von Veringen, 1316 Bertold verkauft seine Burg an Burkhart von Jungingen, 1367 an die Herren von Reischach, um 1400 Aufgabe und Zerfall.

371 Isikofen; Sigmaringen-Jungnau

Erhaltungszustand: Burgstelle am Ende eines nord-südgerichteten Höhensporns über dem Laucherttal. Zwei Quergräben, Kernburg auf einer Kuppe ca. 27 x 35 m, Schuttriegel der Ringmauer, eines größeren Gebäudes und vermuteten Wohnturms, Kernmauerwerk, Kleinquader.
Besichtigung: Frei zugänglich.
Lage: TK 7821; 646 m, GK. R 16 280,

H 31 540; 2,2 km südsüdöstlich von Jungnau.
Typus: Burg in Spornkuppenlage.
Geschichte: Entstehung und Aufgabe 11. Jh., Nachweis durch Fundkeramik, Chr. Bizer; Bauherr einer nicht bekannten Hochadelsfamilie, Namenszuordnung zur abgegangenen Siedlung Isikofen.

372 Hertenstein; Stadt Sigmaringen

Erhaltungszustand: Burgstelle einer mehrteiligen Burganlage auf einem an der Laucherttalkante aufragendem steilwandigen Felsklotz. 15 m lange Brücke von 1903 über den Halsgraben, geringe Mauerreste eines festen Wohnbaus von ca. 7,5 x 8 m, H. Söllner; Kleinquader, im Vorbereich und Hang Mauerschutt weiterer Bebauung.
Besichtigung: Frei zugänglich, AP.
Lage: TK 7821; 645 m, GK. R 16 170, H 30 720; 3,1 km nördlich von Sigmaringen.
Typus: Höhenburg in Bergrandlage, Ministerialenburg.
Geschichte: Entstehung zweite Hälfte 12. Jh. Nachweis durch Fundkeramik, Chr. Bizer; 1243, 1272 Mangold von Hertenstein, Ministeriale der Grafen von Veringen, 1247 Heinrich von Hornstein nennt sich bis 1268 auch von Hertenstein. Aufgabe etwas vor 1449, dem Verkauf des Besitzes durch Brun von Hertenstein an die Stadt Sigmaringen.

Gebrochen Gutenstein

Sigmaringen-Laiz, Landkreis Sigmaringen, Baden-Württemberg
Meereshöhe: Kernburgfelsen ca. 660 m, Wirtschaftshot ca. 675 m, Donautal 577 m
Erhaltungszustand: Burgruine mit deutlich aufrecht stehendem Mauerwerk. Bestandssicherung erforderlich
Besitzer: Fürsten von Hohenzollern
Besichtigung: frei zugänglich, Kernburgfelsen nur mit Seilsicherung, Haken vorhanden, von beidseitigen Aussichtsfelsen gut einsehbar
Lage: TK 7920; GK. R 11 770, H 26 890; GPS 48° 4' 49" N, 9° 9' 25" O

Von Sigmaringen das Donautal aufwärts in Richtung Beuron bestimmen bei der Einmündung des Schmeietales steil aufragende Felstürme und Wände die Talnordseite. In der Mitte einer Hangmulde stehen auf der Spitze einer Felsnadel die Mauerreste von Gebrochen Gutenstein. Unmittelbar unterhalb befindet sich ein Wanderparkplatz, von dem am westlichen Kletterfelsen nahe der Straße ein schmaler Steig zur Felsnadel und weiter zur Hochebene führt, Trittsicherheit erforderlich. Von den Aussichtsfelsen ist die Ruine gut einsehbar. Parkplatz-Aussichtsfelsen 400 m. Zu erreichen auch vom bezeichneten Wanderweg vom Schmeietal aus.

Bauphasen

Um 1200 bis 14. Jh.
Die Kernburg auf und an der Felsnadel mit Wirtschaftshof auf der Hochfläche ist in mindestens zwei Bauabschnitten entstanden. Der erste um 1200 wahrscheinlich durch die Herren von Gutenstein, die an und auf der Felsnadel ihre Kernburg und auf der Hochfläche den Wirtschaftshof errichten. Nachweis durch Fundkeramik, Chr. Bizer. Der zweite Bauabschnitt zum Ausbau der Burg erfolgt frühestens in der zweiten Hälfte des 13. Jhs. oder erst im 14. Jh.

Geschichte

Gebrochen Gutenstein wird aufgrund späterer Nennungen als Gründung der Herren von Gutenstein angesehen. Einen gesicherten Nachweis gibt es hierfür nicht. Die Burg wird 1354 Neu-Gutenstein, 1373 Nieder-Gutenstein und 1410 Unter-Gutenstein genannt. Nach dem Zerfall der Burg hat sich der Namen „Gebrochen Gutenstein" eingebürgert.

1212/1279 Nachweis eines Konrad und Werner von Gutenstein. Möglicherweise wird die Burg von der namengebenden Burg bei Gutenstein aus gegründet.
1303 Vermutlich mit dem Besitz Gutenstein an Habsburg.
1307 Möglicherweise als Habsburger Lehen an die Herren von Magenbuch.
1354 Die Burg als „Neu-Gutenstein" genannt ist als Habsburger Lehen in Besitz der Herren von Reischach.
1373 Im Zuge eines Vergleichs räumt Burkhard von Reischach für seine Burg „Nieder-Gutenstein" den Grafen von Württemberg das Öffnungsrecht ein.
1377 Der Pfandinhaber Habsburgs Ulrich von Stuben verweigert das Öffnungsrecht, worauf Württemberg die Burg gewaltsam einnimmt. Durch den Nachweis eines Schleudersteins (Bizer) erfolgt dies vermutlich durch eine Belagerung und Beschuss mit Katapult oder Blide.

Anlage

Typus
Felsenburg, Ministerialenburg, Lehensburg.

Anlagenmerkmale
Turm, Quader, Buckelquader, Bruchstein.

Beschreibung
Für die Schwäbische Alb ist Gebrochen Gutenstein ein herausragendes Beispiel einer ausgesetzten Felsenburg an einer unzugänglichen Felsnadel mit eingeschränkter und schwierigster Baumöglichkeit.
Kernburg: Baureste geben Hinweise auf eine zweiteilige Anlage mit einer unteren Bebauung und einer Bebauung auf dem ausgesetzten Steilwandfelsen.

In welcher baulichen Verbindung beide Bereiche zueinander standen, ist nicht geklärt. Wurde der obere Bereich tatsächlich zur Wohnnutzung ausgebaut oder diente er nur als Schutz- und Statusmerkmal. Der vorhandene Baurest mit bis zu 13 m Höhe zeigt einen dreiecksförmigen Grundriss mit einer Seitenlänge von 12 m und maximaler Breite von ca. 8 m. Die Spitze des Dreiecks ist schmalseitig und weist zum Steilhang. Entstanden in zwei Bauphasen: die untere Hälfte in Quader und Buckelquader, die obere Hälfte mit Eckquaderung und Bruchstein, Schartenreste; innenseitig zweireihige Balkenaussparungen. Ein hölzerner Aufbau oder nur eine Wehrplattform sind vorstellbar.

Unterburg: Die Hauptbauwerke der Kernburg lagen am Felsüberhang und an den angrenzenden Felskanten; Mauerrest in Bruchstein, Balkenlager am Fels geben Hinweise.

Auf der Hochfläche der nordwestlichen Bergkante lag der **Wirtschaftshof**, von dem ein polygonal angelegter Wallgraben und Mulden den Standort ersichtlich machen.

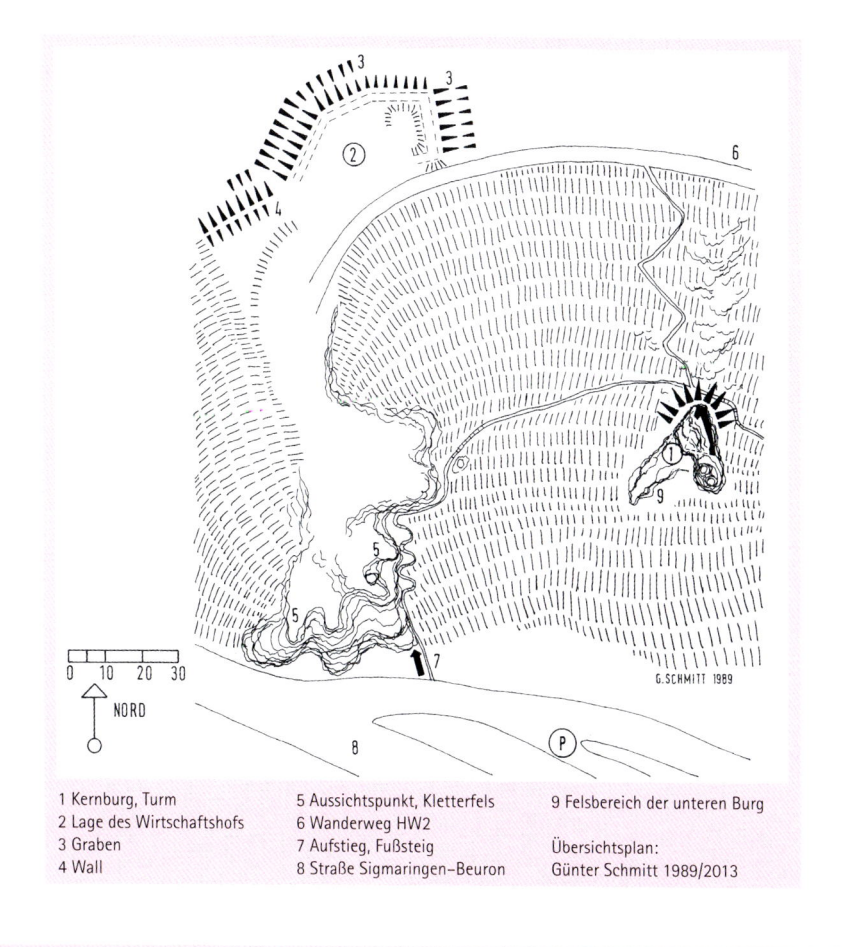

1 Kernburg, Turm
2 Lage des Wirtschaftshofs
3 Graben
4 Wall
5 Aussichtspunkt, Kletterfels
6 Wanderweg HW2
7 Aufstieg, Fußsteig
8 Straße Sigmaringen–Beuron
9 Felsbereich der unteren Burg

Übersichtsplan:
Günter Schmitt 1989/2013

374 Höhlenburg Schmeien; Sigmaringen-Oberschmeien

Erhaltungszustand: Höhlenartige Nische an einer nach Südwesten gerichteten Felswand über dem Schmeietal, 6–7 m tief, ca. 7 m hoch, ca. 13 m lange Vordermauer, Mörtelreste, Wandlehmbrocken, ehem. zweigeschossig, Balkenaussparung.
Besichtigung: Frei zugänglich, erschwerter Zustieg über 4 m hohe Felsstufe.
Lage: TK 7820; ca. 650 m, GK. R 11 140, H 29 140; 1,1 km südsüdöstlich von Oberschmeien.
Typus: Höhlenburg
Geschichte: Entstehung 12. Jh., 11. Jh. nicht ausgeschlossen, Aufgabe 14. Jh., Nachweis durch Fundkeramik, Chr. Bizer; vermuteter Wohnsitz der Edelfreien von Schmeien, 1137 Eberhard von Schmeien, 1334 in Besitz der Grafen von Hohenberg, 1342 an die Herren von Jungingen.

375 Burg Gutenstein; Sigmaringen-Gutenstein

Erhaltungszustand: Burgruine auf einem Steilwandfelsen über der Donau. Zwei Felsgräben, Kernburgfelsen ca. 16 x 20 m, Schutthügel eines Turmes, Reste der polygonalen Ringmauer an den Felskanten, Kleinquader, kleine westseitige Unterburg, geringe Mauerreste.
Besichtigung: Frei zugänglich.
Lage: TK 7920; ca. 630 m, GK. R 08 640, H 27 040; 300 m nördlich von Gutenstein.
Typus: Höhenburg in Spornlage.
Geschichte: Burg Gutenstein, fälschlich genannt Burgfelden, Entstehung 12./13. Jh., kein eindeutiger Nachweis, Aufgabe um 1400, Nachweis durch Fundkeramik, Chr. Bizer; vermutete namengebende Burg der seit 1212/1216 genannten Ministerialen, Herren von Gutenstein.

376 Schloss Gutenstein; Sigmaringen-Gutenstein

Erhaltungszustand: Schloss auf einem Steilwandfelsen über der Donau. Ummauerter Hof ca. 30 x 70 m, Nebengebäude, dreigeschossiger Schlossbau 11,40 x 16,90 m, dreizonig, Satteldach, zur Westseite axialer Treppenhausanbau von um 1800, frei stehender Rundturm.
Besichtigung: Privatbesitz, nicht zugänglich, von außen einsehbar.
Lage: TK 7920; ca. 620 m, GK. R 08 340, H 26 700; am westlichen Ortsrand.
Typus: Höhenschloss, Grafenschloss.
Geschichte: Entstehung 16. Jh., 18. Jh. klassizistischer Neubau oder Umbau

durch Reichsgraf Franz Ludwig Schenk von Castell, „Malefizschenk", 1834 an Ludwig von Langenstein, 1872 als Erbe an die Grafen von Douglas, 1978 an Privat.

377 Lenzenberg; Sigmaringen-Gutenstein

Erhaltungszustand: Burgstelle mit geringen Mauerresten auf dem Langenfels über der Donau, ausgeprägter Steilwandfelsen einer Felsengruppe, Halsgraben, Vorburg, Abschnittsgraben, Kernburgfelsen: ca. 19 x 45 m, Reste der Schildmauer mit angebautem Wohnbau auf trapezf. Grundriss, Länge ca. 12,5 m, Eckquader, hammerrechter Steinverband, weitere Mulden, Kernmauerwerk.
Besichtigung: Frei zugänglich, AP.
Lage: TK 7920; ca. 790 m, GK. R 04 980, H 27 240; 1,5 km südsüdöstlich von Neidingen.
Typus: Höhenburg in Spornlage.
Geschichte: Entstehung und Besitzer nicht bekannt, Bestand 12./13. Jh., 1390 Albrecht von Magenbuch verkauft den Burgstall Lenzenberg an Heinrich von Bubenhofen.

378 Schloss Inzigkofen; Inzigkofen

Erhaltungszustand: Erhaltener Schlossbau innerhalb einer Parkanlage. Hauptbau: Rechteckgrundriss mit an den Ecken angebundenen dreigeschossigen Pavillons mit Geländerattika, Satteldach, Säulenhalle im EG. Wachhaus: eingeschossig mit klassizistischer Fassadengestaltung, Säulenporikus, Walmdach.
Besichtigung: Privatbesitz, Außenbereiche teilweise zugänglich.
Lage: TK 7921; 609 m, GK. R 13 300, H 26 125; südseitig der ehem. Klosteranlage.

Typus: Fürstenschloss, Klassizismus.
Geschichte: 1726 Errichtung als Amtshaus durch Joseph Fürst von Hohenzollern, 1811 Ausbau zum Schloss durch Amalie Zephyrine Fürstin von Hohenzollern, Prinzessin von Salm-Kyburg, Ehefrau des Anton Alois von Hohenzollern, freundschaftlich verbunden mit Josephine Beauharnais, der Ehefrau Napoleons I., ab 1808 Anlegung des Inzighofer Parks.

379 Nickhof-Utkofen; Inzigkofen

Erhaltungszustand: Burgruine auf ausgesetztem Steilwandfelsen über der Donau, Felsgraben. Reste der Frontmauer, Länge ca. 15 m, Kleinquader, Kernburg als schmaler verzweigter Bauplatz mit steilem Felsabsturz, Länge ca. 20 m, vermuteter Wohnbau am Ende, Geländespuren.
Besichtigung: Frei zugänglich.
Lage: TK 7921; ca. 660 m, GK. R 12 430, H 26 990; 1,2 km nordwestlich von Inzigkofen.

Typus: Höhenburg in Spornlage, Felsenburg.
Geschichte: Bestand erste Hälfte bis Ende 12. Jh., Nachweis durch Fundkeramik, Chr. Bizer; Besitzer nicht bekannt, möglicherweise Bezug zur abgegangenen Siedlung Utkoven, 1306 genannt, 1362 Nickhoffen, Nickhof an dessen Stelle.

380 Dietfurt; Inzigkofen-Vilsingen

Erhaltungszustand: Burgruine mit deutlich aufrecht stehendem Mauerwerk auf einem frei stehenden Felsen über der Donau. Mehrgliedrig gestufte Anlage ca. 40 x 65 m, Reste Ringmauer, Wohnbau ca. 9 x 15 m, mehrere Gebäude, Bergfried: vermutlich 2. Hälfte 13. Jh., 8,07 x 8,67 m, Eckbuckelquader, Quader, Bruchstein; Höhle.
Besichtigung: In Besitz der Bergwacht, Besichtigung nur auf Anfrage, von außen einsehbar.
Lage: TK 7920; ca. 620 m, GK. R 10 450, H 26 690; am westlichen Ortsrand.
Typus: Höhenburg in Gipfellage, Hochadelsburg.
Geschichte: Entstehung durch die Edelfreien von Dietfurt, 1095/1198 die Brüder Heinrich, Eberhard und Hermann, um 1228 an die Truchsessen von Waldburg als Reichslehen, 1421 von den Herren von Reischach an Anna, Gräfin von Werdenberg, ab Mitte 15. Jh. vermutlich Aufgabe, 1806 an Hohenzollern, 1927–1933 faschistischer Neutemplerorden, 2005 an die DRK Bergwacht Sigmaringen.

381 Schloss Stetten; Stetten am kalten Markt

Erhaltungszustand: Dreigeschossiger schmuckloser Rechteckbau 4,80 x 21,40 m, Satteldach, Rückseite vorgezogenes Treppenhaus, innenräumlich dreischiffig, EG Stichkappentonnenhalle, Kreuzgratgewölbe, OG Ständer-Riegelbauweise.
Besichtigung: Zu den Öffnungszeiten des Rathauses.
Lage: TK 7820; 809 m, GK. R 05 970, H 31 230; 80 m nördlich der Kirche.
Typus: Schloss in Ortslage.
Geschichte: Neubau als Renaissanceschloss erste Hälfte 16. Jh. durch die Herren von Hausen, 1648 an Bertold von Stein zu Klingenstein, 1735 in Besitz des Marquard Graf Schenk von Castell, 1756 Kloster Salem, 1803 an die Markgrafen von Baden, 1830 an Graf Ludwig von Langenstein, 1862 an die Gemeinde.

382 Weckenstein; Stetten am kalten Markt-Storzingen

Erhaltungszustand: Burgruine mit geringen Mauerresten auf einem Felskopf am Ende eines Höhensporns über dem Schmeietal. Halsgraben, polygonale Ringmauer der Kernburg ca. 30 x 40 m, Bruchstein, Mauerschutt, Mulden, Bestandssicherung erforderlich.
Besichtigung: Frei zugänglich.
Lage: TK 7820; ca. 700 m, GK. R 09 500, H 31 460; 1,4 km südsüdöstlich von Storzingen.
Typus: Höhenburg in Spornlage, Hochadels-, dann Ministerialenburg.
Geschichte: Entstehung 11. Jh., Aufgabe vermutlich Ende 14. Jh., Nachweis durch Fundkeramik, Chr. Bizer; 1212–1241

Burkhard von Weckenstein, 1382 mit Johann von Weckenstein letzte Erwähnung.

383 Storzinger Schlössle; Stetten am kalten Markt-Storzingen

Erhaltungszustand: Burgstelle auf dem Sporn eines Umlaufberges der Schmeie. Zwei Wallgräben, durch den äußeren führt die Straße, Kernburg ca. 28 x 30 m, geringe Reste der polygonalen Ringmauer, Bruchstein, Mauerschutt, Mulden.
Besichtigung: Frei zugänglich.
Lage: TK 7820; ca. 665 m, GK. R 09 320, H 31 800; 1 km südlich von Storzingen.
Typus: Höhenburg in Spornlage.
Geschichte: Entstehung, Abgang und Besitzer sind nicht bekannt, vermuteter Bestand 14. Jh.

384 Eppenburg; Stetten am kalten Markt-Frohnstetten

Erhaltungszustand: Burgruine mit geringen Mauerresten auf einem schmalen Felsensporn über dem Schmeietal. Doppelgraben, Kernburg spitzes Dreieck ca. 32 m lang, am Graben 13 m breit, Reste des Wohnturms ca. 10 x 11 m, Quader, Eckbuckelquader; am Spornende Lage eines Gebäudes.
Besichtigung: Frei zugänglich.
Lage: TK 7820; ca. 690 m, GK. R 08 030; H 35 950; 1,3 km nordöstlich von Frohnstetten.
Typus: Höhenburg in Spornlage, Frontturmburg.
Geschichte: Entstehung 13. Jh., vermutete Burg der Herren von Frohnstetten, Ministerialen der Grafen von Hohenberg, 1246, 1267 bereits Bürger in Überlingen, die Ortsherrschaft im 14. Jh. von Hohenberg an die Herren von Reischach, Abgang unbekannt.

385 Schauenburg; Stetten am kalten Markt

Erhaltungszustand: Burgstelle an höchster Stelle einer markant ausgeprägten Felswand über der Donau. Grabenreste, Kernburg ca. 22 x 28 m, geringe Reste der polygonalen Umfassungsmauer, Bruchstein hammerrecht, zur Südwestseite Steilabfall bis 200 m hoher Fels, Mulde eines Gebäudes.
Besichtigung: Frei zugänglich, AP.
Lage: TK 7920; ca. 780 m, GK. R 05 330, H 28 950; 800 m südsüdöstlich von Unterneidingen.
Typus: Höhenburg in Gipfellage.
Geschichte: Angenommene Entstehung 13. Jh., 1270 Gotwin von Schauenburg, Niederadel, 1497 als Burgstall in Besitz der Herren von Hausen.

Höhlenburg Weiler

Beuron-Hausen, Landkreis Sigmaringen, Baden-Württemberg
Meereshöhe: Höhle 620 m, Donautal 590 m
Erhaltungszustand: Höhlenburgruine mit geringen Mauerresten
Besitzer: Fürsten zu Fürstenberg
Besichtigung: frei zugänglich, erschwerter Zustieg
Lage: TK 7920; GK. R 08 130, H 28 400; GPS 48° 5' 36,8" N, 9° 6' 27,9" O

Etwa auf halber Strecke zwischen Sigmaringen und Beuron liegt in einer großen Donauschleife das romantisch anmutende Gebäudeensemble Thiergartenhof. Gegenüber erhebt sich eine steil aufragende Felswand mit großer Nischenhöhle der ehem. Burg Weiler, auch Heidenloch und Obere Bröllerhöhle bezeichnet. Die Straße führt beim Tunnel direkt am Fuß der Höhle vorbei. Etwas Parkmöglichkeit besteht 200 m nördlich davon in einer lang gezogenen Kurve.

Bauphasen

I. Bauphase 1. Drittel 12. Jh.
Bauherren: Edelfreie Herren von Weiler ob der Donau, möglicherweise Hug von Weiler. Entstehung der Höhlenburg, Nachweis durch Fundkeramik, Chr. Bizer.

II. weitere Bauphasen
ab 1250 bis um 1300
Bauherren: Herren von Weiler ob der Donau. Ausbau der Burg nach nicht bekannten Baumaßnahmen, Bruchsteinmauerwerk.

Geschichte

Die Zimmer'sche Chronik, verfasst 1564/66 von Graf Froben Christof von Zimmern, berichtet über Burg und Adel Weiler: „Ich kann nit underlassen, zu vermelden des Weilers halb an der Tonaw, das ist vor jaren ain aigens geschlecht gewest und hat ain aigen adel gehapt, deren wappen drei schwarz morenköpf in ainem weisen feldt, uf dem helm ein schwarzer morenkopf. Iren sitz und wohnung gewest in ainem hohlen felsen ob dem Weiler an einer gehen wandt, das man mit mühe kann hinauf kommen." Im 12. Jh. gehört zur Höhlenburg Weiler die Burgsiedlung über der Donau. Deren Bezeichnung als Thiergarten entsteht, als Graf Wilhelm von Zimmern 1575 dort ein Wildgehege für seinen Wohnsitz auf der Burg Falkenstein anlegen lässt.

In der 1138 entstandenen Chronik des Klosters Zwiefalten schenkt ein „Huc de Wilare" dem Kloster ein Bauerngut in Vilsingen.

1367 Graf Eberhard von Württemberg belehnt den Edelknecht Peter von Weiler mit dem Zehnten von Gorheim. Die Höhlenburg ist vermutlich als Wohnsitz bereits aufgegeben.

1434 Ein Heinrich von Weiler verkauft einen Ertrag von Gütern in Ostdorf bei Balingen.

Anlage

Typus
Höhlenburg.

Anlagenmerkmale
Große Höhlenportalfrontmauer, Bruchstein, Quader, Balkenlager.

Beschreibung
Weiler steht als besonderes Beispiel für mehrere Höhlenburgen im Donautal. Eine erhöht über Donau und Straße gelegene große kubische Höhlennische sowie die daneben liegende Quellhöhle „Bröller" bilden den Burgplatz. Durch die südwestliche Ausrichtung erhielt die Frontmauer genügend Licht und Sonne, was zu einer guten Bewohnbarkeit geführt hat. Durch den Straßenbau und den breiten Schutthügel vor der Kernburg ist das Erscheinungsbild verändert. Außerdem trat die Donau näher an den Fuß der Burg. Der in die Donau reichende Felsen mit Tunnel stand ursprünglich frei und bot von der Südseite natürlichen Schutz. Somit konnte die Anlage ausschließlich über die Donau und von der Nordwestseite erreicht werden.

Hier ist eine Vorbefestigung anzunehmen, ein schmaler Weg führte dann zur **Kernburg**. Eingebunden war die Quellhöhle „Bröller" mit bronzezeitlicher Kulturschicht, in deren Bereich sich keine Bebauung mehr nachweisen lässt. Eine 5 bis 6 m hohe Felsstufe musste überwunden werden, um die Kernburg in der Nischenhöhle erreichen zu können. Vermittelnd zum Kernbau gab es eine Vorsatzmauer, die noch bis 1,5 m Höhe steht. Das Höhlenportal war gänzlich verschlossen, dessen 1,7 m starke Frontmauer im unteren Bereich massiv, im oberen vermutlich aus Ständer-Riegelbauweise mit Lehmausfachung bestand. Balkenlager, Aussparungen, Absätze und eine Felstreppe an der Felswand weisen auf einen dreigeschossigen Ausbau. Höhlenabmessung: Portalbreite 12 bis 13 m, Höhe ca. 20 m, Tiefe bis 15 m.

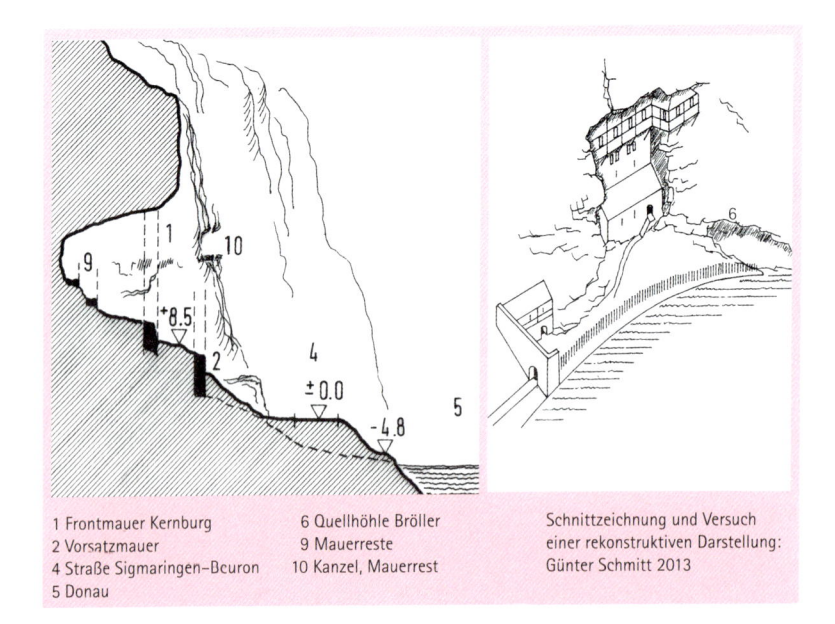

1 Frontmauer Kernburg
2 Vorsatzmauer
4 Straße Sigmaringen–Beuron
5 Donau
6 Quellhöhle Bröller
9 Mauerreste
10 Kanzel, Mauerrest

Schnittzeichnung und Versuch einer rekonstruktiven Darstellung: Günter Schmitt 2013

Oberfalkenstein

Beuron-Hausen im Tal-Thiergarten, Landkreis Sigmaringen, Baden-Württemberg
Meereshöhe: 743 m, Donau 591 m
Erhaltungszustand: Ruine mit bedeutenden Mauerresten, Bestand gesichert
Besitzer: Fürsten zu Fürstenberg
Besichtigung: Frei zugänglich, Grillstelle
Lage: TK 7920; GK. R 06 190, H 27 260; GPS 48° 5' 1" N, 9° 4' 57" O

Zwischen Hausen und Thiergarten liegt bei einer Donaustaustufe der Gasthof Neumühle. Auf der gegenüberliegenden Talseite zeigt ein markant am Talhang stehender Felsturm Mauerreste der ehem. Burg Unterfalkenstein. Etwa 100 m vom Bahnübergang in Richtung Hausen gibt es zwischen Bahnlinie und Straße Parkmöglichkeit. Man folgt dem bezeichneten Wanderweg beim Bahnwarthaus, zunächst am Waldrand und Bahngleis entlang, dann steil hoch zur Ruine, Parkplatz–Oberfalkenstein 900 m.

Bauphasen

I. Bauphase 13. Jh.
Bauherr: Herren von Falkenstein. Entstehung der oberen Burg Falkenstein mit Wohnturm.

II. Bauphase 1516–1525
Bauherr: Gottfried Werner Graf von Zimmern, *1484, †1554, Ehefrau: Apollonia von Henneberg. Weitgehender Abbruch der Burg. Neubau der neuzeitlichen Schloss-Festung mit befestigtem Wirtschaftshof und Umwehrung mit Vorwerk.

III. Bauphase 1528–1548
Bauherr: Johann Werner Graf von Zimmern, *1480, †1548, Bruder von Gottfried Werner, Ehefrau: Katharina von Erbach. Weitere Ausbau- und Erweiterungsmaßnahmen, Abschröpfen der Felsen.

Geschichte

Die namengebende Burg ist die westlich auf einer Felsnadel im 12. Jh. errichtete Burg Unterfalkenstein. Erschwert wird die Zuordnung der Herren von Falkenstein durch mehrere Burgen gleichen Namens. Gesichert für Donau-Falkenstein gilt:
1255 Gero von Falkenstein und 1257 Heinrich, genannt in Salemer Urkunden.
1318 In Besitz der Herren von Rosna.
1362 Albrecht von Magenbuch in Besitz als Lehen des Heinrich von Lupfen.
1390 Als Lehen an die Herren von Bubenhofen.
1480 Kapelle genannt.
1516 Wolf von Bubenhofen verkauft Falkenstein an Gottfried Werner Graf von Zimmern.
1525 Gottfried Werner verkauft Falkenstein an seinen Bruder Johann Werner.
1594 Als Erbe an die Grafen von Helfenstein.
1627 Übergang an die Fürsten zu Fürstenberg, Aufgabe als Wohnsitz.
1977–1989 Bestandssicherung durch die „Aktion Ruinenschutz Oberes Donautal" und LDA. 2006–2012 weitere Freilegungs- und Sicherungsmaßnahmen.

Anlage

Typus
Höhenschloss-Festung in Bergrückenlage, Renaissancebau, ehem. Burg.

Anlagenmerkmale
Dreiteilige Anlage, Kernanlage auf abgeschröpftem Felsblock, Geschützturm, Treppenrampe.

Beschreibung

Aus der Chronik der Grafen von Zimmern 1564 bis 1566: „Herr Gottfried war viel auf Schloss Falkenstein und erbaute es zum größten Teil so, wie es jetzt ist. Es hat auf der Kapelle einen hohen Turmb ... er sprang oben mit Holz und Fachwerk weit vor ... Gottfried Werner ließ den Turm aus Sicherheitsgründen abbrechen."

Oberfalkenstein wird unter Einbezug der Burg des 13. Jhs. als neuzeitliche Anlage erbaut. Architektonisch steht sie im Einklang mit der Neubaumaßnahme von Wildenstein. Sie unterscheidet sich damit ganz wesentlich von den Burgen des Umfeldes.

Drei Abschnitte kennzeichnen die Anlage: die äußere Abgrenzung mit Graben, ca. 5000 m². Der befestigte Wirtschaftshof von ca. 20 x 40 m und die Kernanlage auf erhöhtem Felsklotz.

Kernanlage

Der Zugang zur Kernanlage erfolgt heute über eine Stahlwendeltreppe anstelle eines zur Feldseite gerichteten Geschützturmes. Ursprünglich besaß Falkenstein ein bemerkenswertes Zugangssystem, das vom Vorhof aus über eine 2 m breite Treppenrampe erschlossen war und noch in Resten vorhanden ist. Diese folgte der südlichen Außenmauer und endete etwa 4 m vor dem Südturm. Die Überbrückung ist als Zug- oder Wippbrücke denkbar.

Mit ihrem 19 x 38 m umfassenden schiffsförmigen Grundriss, abgerundeten Mauerecken, der feldseitigen Spitze und dem nach Wildensteiner Manier bündig zur Ringmauer abgeschröpften Felsen wirkt die Kernanlage äußerst kompakt. Der Grundriss ist zweigeteilt: zur Ostseite der Obere Hof mit 2000 l fassender Zisterne und zur Westseite der ehemals dreigeschossige Wohnbau mit Wendelsteinturm. Vor der nördlichen Ringmauer steht ein Halbrundturm mit Maulscharten, eingemauerten Quadern und einem Buckelquader.

FALKENSTEIN

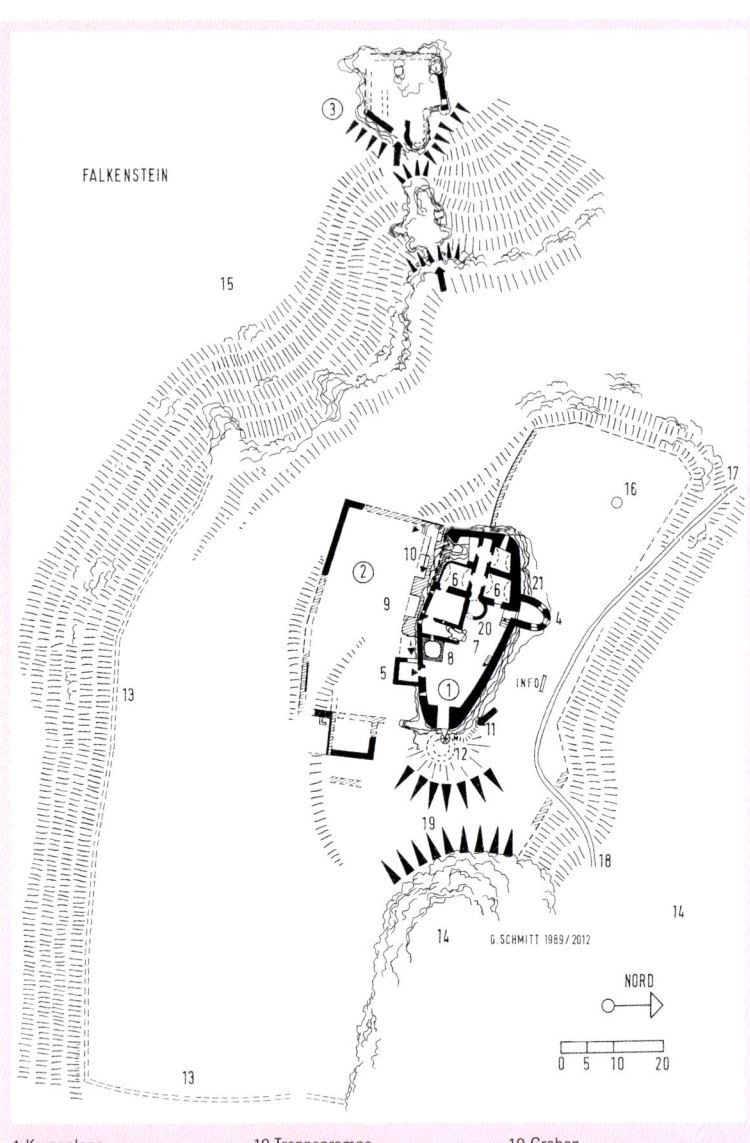

G. SCHMITT 1989/2012

NORD

0 5 10 20

1 Kernanlage
2 Vorhof – Wirtschaftshof
3 Unterfalkenstein
4 Nordturm
5 Südturm, Tor zur Kernanlage
6 Wohnbau
7 Oberer Hof
8 Zisterne
9 Unterer Hof
10 Treppenrampe
11 Neuer Zugang zur Kernanlage
12 Geschützturm, Ostturm
13 Äußere Abgrenzung
14 Felskopf
15 Donauseite
16 Grillstelle
17 Vom Schaufelsen
18 Von Thiergarten
19 Graben
20 Treppenturm des Wohnbaus
21 Reste Abortschacht

Übersichtsplan:
Günter Schmitt unter Verwendung von Plänen von Architekt Wilfried Pfefferkorn

388 Unterfalkenstein; Beuron-Hausen im Tal

Erhaltungszustand: Burgruine mit aufrecht stehendem Mauerwerk auf einem steilwandigen Felsturm. Zweiteilige Anlage, ursprünglich mit einer Brücke verbunden.
Besichtigung: Vorbereich zugänglich, Kernburg über Eisenklammern, z. Zt. Zutrittsverbot.
Lage: TK 7920; ca. 720 m, GK. R 06 150, H 72 260; 1,4 km westsüdwestlich von Thiergarten.
Typus: Höhenburg, Felsenburg.
Geschichte: Entstehung nach Fundkeramik 12. Jh., nach Dendrochronologie um 1100. Namengebende Burg der Herren von Falkenstein, 1255 Gero, 1257 Heinrich, Mitte 14. Jh. Aufgabe. Vorburg vermutlich bis um 1400 benutzt, Chr. Bizer; eigenständige Anlage mit eigenem Zubehör.

389 Auchtbühl; Beuron-Hausen im Tal

Erhaltungszustand: Burgstelle auf einem Umlaufberg der Donau. Wallgraben 70 m vor der 10 m erhöht liegenden Kernburg, S-förmiger und abgewinkelter Graben an der Ostseite der 18 x 40 m Anlage; Hohlziegel, geringer Mauerschutt.
Besichtigung: Frei zugänglich.
Lage: TK 7920; 691,4 m, GK. R 04 780, H 28 080; 650 m südsüdöstlich von Neidingen.
Typus: Höhenburg in Spornkuppenlage.
Geschichte: Entstehung und Besitzer nicht bekannt, Bestand 13./14. Jh.; nach H.-W. Heine 13.–15./16. Jh.; 1497 als Burgstall in Besitz der Herren von Hausen.

390 Höhlenburg Neidingen; Beuron-Hausen im Tal

Erhaltungszustand: Höhlenburg mit geringen Mauerresten am Felsen der „Im Fall" genannten Schlucht. Über einer Felsstufe 20 m breite und ca. 5 m hohe Felsgrotte, Mauerreste der Frontmauer in Bruchstein.
Besichtigung: Frei zugänglich.
Lage: TK 7920; 710 m, GK. R 04 060, H 28 750; 500 m nordwestlich von Neidingen.
Typus: Höhlenburg.
Geschichte: Entstehung 12. Jh., Aufgabe Mitte 13. Jh., Nachweis durch Fundkeramik, Chr. Bizer; Besitzer nicht bekannt, möglich die Herren von Hausen.

391 Heidenschloss Neidingen; Beuron-Hausen im Tal

Erhaltungszustand: Burgstelle mit geringen Mauerresten auf einer zum Reiftal abfallenden Bergecke. Abgewinkelter Doppelwallgraben, Kernburg ca. 10 x 13 m mit angenommenem Burghaus, Mauerreste, Buckelquader. Unterburg mit geringen Mauerresten. Lage des Wirtschaftshofes auf der Hochfläche.
Besichtigung: Frei zugänglich.
Lage: TK 7820; ca. 758 m, GK. R 04 080, H 29 040; 600 m nordwestlich von Neidingen.
Typus: Höhenburg in Spornlage.
Geschichte: Entstehung 2. Hälfte 12. Jh, Aufgabe um 1300/1. Hälfte 14. Jh., Nachweis durch Fundkeramik, Chr. Bizer; Besitzer nicht bekannt, vermutet die Burg Jagberg der Herren von Ramsberg.

Hausen 392

Beuron-Hausen im Tal, Landkreis Sigmaringen, Baden-Württemberg
Meereshöhe: ca. 792 m, Donau 593 m
Erhaltungszustand: Burg-Schlossruine mit aufrecht stehendem Mauerwerk
Besitzer: Dr. Christoph Graf Douglas
Besichtigung: Ruinenbereich frei zugänglich, AP
Lage: TK 7920; GK. R 02 630, H 27 980; GPS 48° 5' 21,6" N, 9° 2' 5,2" O

Östlich von Beuron im Donautal Richtung Sigmaringen liegt Hausen im Tal. Der vom Fremdenverkehr besuchte Ort mit Campingplatz und Bootsvermietung wird nordseitig von einem mächtigen Felsblock mit der Ruine Hausen überragt. In Ortsmitte zweigt eine Straße in Richtung Schwenningen ab. Nach Erreichen der Hochfläche dem Sträßchen rechts zum Parkplatz folgen. Ein bezeichneter Weg AV Dreieck führt zur Ruine. Parkplatz–Ruine Hausen 600 m.

Bauphasen

I. Bauphase
2. Hälfte 11. Jh. bis um 1100
Bauherr: Edelfreie von Hausen, möglicherweise Lampert von Hausen. Entstehung der Burg. Urkundennachweis und Fundkeramik, Chr. Bizer.

II. Bauphase um 1210–1250
Bauherr: Herren von Ramsberg, genannt von Hausen. Ausbau der Burg mit möglichem Frontturm und Wohnbau in Buckelquaderbauweise.

III. Bauphase 14./15. Jh.
Bauherr: Herren von Hausen. Aus- und Umbaumaßnahmen, 15. Jh. Neubau des äußeren Schlosses, 1470 durch Württemberg zerstört.

IV. Bauphase 16. Jh.
Bauherr: Freiherren von und zu Hausen. Neubau des Renaissancebaus im Bereich des mittelalterlichen Wohnbaus – jetzt Ruine mit Giebelwand.

Geschichte

1094 „Lantpreth de Husa" (Lampert) 1100 mit seinen Söhnen Lampert und Burkhart.
Um 1209 Als staufische Reichsburg an die niederadligen Herren von Ramsberg, die sich bis 1648 von Hausen nennen.
1648 An Bertold Stein von Klingenstein, 1655 an Habsburg-Österreich.
1669–1735 Grafen Fugger von Kirchberg und Weißenhorn.
1735–1756 Grafen Schenken von Castell.
1756–1802 Kloster Salem, Schlossrenovierung.
1802–1830 Markgraf Ludwig von Baden.
1813 Abbruch des Renaissanceschlosses.
1830–1872 Grafen von Langenstein.
Seit 1872 In Besitz der Grafen Douglas.
2007/ 2011 Bestandssicherung.

Anlage

Typus
Höhenburg-Schloss in Spornlage, Hochadelsburg, Renaissanceschloss.

Anlagenmerkmale
Abschnittsanlage, Buckelquader, Landschaftsprägender Giebel der Schlossruine.

Beschreibung
Markant steht die Ruine Hausen auf einem zum „Dobel" nach Süden gerichteten, dreiseitig steilwandigen Felsen. Die über mehrere Zeitabschnitte von der Hochadelsburg bis zu verschiedenen Schlossbauten reichende Anlage ist in vier Abschnitte zu unterscheiden.
Auf der Hochfläche steht das im 19. Jh. entstandene Forsthaus mit dem Bereich des ehemaligen Wirtschaftshofes. Südlich davon kennzeichnen im Dreieck zur Hochflächenkante umfangreiche Grundmauern die Lage der Schlossbauten des 15. Jhs. Hierzu gehörte ein mauerumfasster Garten mit 44 000 m^2. An der Südecke beginnt ein etwas tiefer liegender felsiger Sporn, den ein Graben mit anschließender **Vorbefestigung** von der Hochfläche trennt. Reste der Ringmauer und eines Gebäudes belegen ein Areal von ca. 18 x 22 m.
Kernburg: Der westseitig angelegte Weg zur Kernburg führt über einen 15 m tiefen Felsgraben, der ursprünglich mit einer Zugbrücke versehen war. Steilwandfelsen und Teile der Ringmauer begrenzten den folgenden Kernburgbereich von ca. 20 x 63 m. Am

Graben steht der Rest eines im 13. Jh. entstandenen Frontturmes in Buckelquaderbauweise oder aber einer abgewinkelten Schildmauer; innenseitig Kleinquaderverblendung, spätestens im 16. Jh. umgebaut. Von den Bauwerken unterschiedlicher Zeitstellung innerhalb der Kernburg gibt es lediglich noch Schuttriegel und Mulden. Nur der Südwestgiebel des Renaissancebaus des 16. Jhs. verblieb als markanter, die Landschaft prägender Baurest.

Etwa 200 m östlich der Anlage steht an der Talkante eine dreigeschossige, zur Anlage gehörende Rundturmruine unbekannter Nutzung.

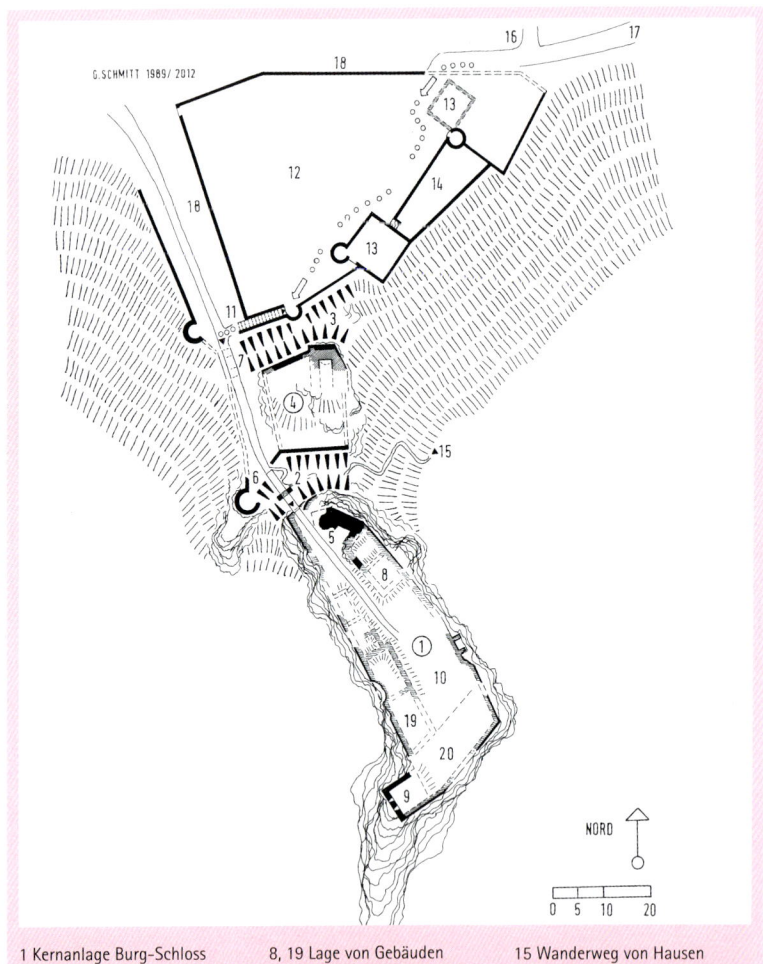

1 Kernanlage Burg-Schloss
2, 3 Abschnittsgräben
4 Vorbefestigung
5 Frontbau 13. Jh.
6 Ehem. Zugbrücke
7 Steinerne Bogenbrücke
8, 19 Lage von Gebäuden
9, 20 Ruine Renaissancebau
10 Hof
12, 14, 18 Ehem. Schlosshof, Garten, Ummauerung 15. Jh.
13 Ehem. Schlossbauten 15. Jh.
15 Wanderweg von Hausen
16 Vom Parkplatz
17 Weg zum Rundturm

Übersichtsplan:
Günter Schmitt 1989/2013

Werenwag

Beuron-Hausen im Tal, Landkreis Sigmaringen, Baden-Württemberg
Meereshöhe: 781 m, Donau 594 m
Erhaltungszustand: erhaltene, mehrfach erweiterte Burg-Schlossanlage
Besitzer: Fürsten zu Fürstenberg
Besichtigung: nicht zugänglich, von außen teilweise einsehbar
Lage: TK 7920; GK. R 01 280, H 26 320; GPS 48° 4' 34" N, 9° 0' 57" O

Zwischen Beuron und Hausen im Tal wirkt der Donautaldurchbruch mit seinen hohen Felswänden besonders eindrucksvoll. Nicht umsonst ist Werenwag ein häufig veröffentlichtes Bildmotiv.
An der Donautalstraße zwischen Langenbrunn und Talhof auf dem Parkplatz an der Straße parken. Ein bezeichneter Wanderweg AV Dreiblock führt steil hoch vor die weiträumige Anlage. Der Aufstieg lässt sich gut mit einer Rundwanderung über den AP Korbfelsen verbinden.

Bauphasen

I. Bauphase 2. Hälfte 12. Jh. /13. Jh.
Bauherr: Herren von Werenwag, Ministerialen der Grafen von Hohenberg-Haigerloch. Entstehung der Höhenburg, Nachweis durch Fundkeramik, Chr. Bizer; 13. Jh. Ausbau mit Bergfried, Wohnbau und Ringmauer in Buckelquaderbauweise.

II. Bauphase 15. /16. Jh.
Bauherr: Herren von Laubenberg. Ausbau und Erweiterung der Burg zum Schloss, Renaissanceausmalung der Schlossräume, Ausbau des Wirtschaftshofes, Bau des Stampfpumpwerks in Langenbrunn.

III. Bauphase 17. /18. Jh.
Bauherren: Haus Fürstenberg, ab 1702 Herren von Ulm-Erbach. Ausbau mit neuer Schlosskapelle, spätbarock-frühklassizistischer Ausbau, neue Öfen, Neubauten im Wirtschaftshof.

IV. Bauphase 19. Jh.
Bauherr: Fürsten zu Fürstenberg. Teilumbau im Sinne des Historismus, Bergfriedaufbau mit Stufengiebeln, weiterer Ausbau des Wirtschaftshofes.

Geschichte

Werenwag ist die namengebende Burg einer Ministerialenfamilie der Grafen von Hohenberg-Haigerloch. Aus dieser Familie stammt der bekannte Minnesänger Hugo von Werenwag *1220, †um 1284, dessen Lieder in der Großen Heidelberger Liederhandschrift Manesse aufgeführt sind.
1216 Albert I. von Werenwag, Zeuge für den Stauferkönig Heinrich VII., Herren von Werenwag bis um 1500 bei der Übersiedlung nach Reutlingen mehrfach genannt.
1381 Graf Rudolf III. von Hohenberg verkauft die Herrschaft Werenwag an Erzherzog Leopold III. von Österreich.
1392–1467 Herren von Hörnlingen, Pfandherren.
1467–1629 Herren von Laubenberg.
1629–1695 Egon Graf von Fürstenberg.
1702–1805 Freiherren von Ulm-Erbach.
1805–1830 Herzöge von Württemberg.
1830 Rückerwerb durch die Fürsten von Fürstenberg.
1891 Werenwag brennt, Instandsetzung. 1911 Schäden durch Erdbeben.

Anlage

Typus
Höhenburg-Schloss in Spornlage.

Anlagenmerkmale
Frontturm, Ringmauer, Buckelquader, Halsgraben, Schlossbauten 15.–19. Jh., umfangreiche Wirtschaftsbauten.

Beschreibung
Werenwag ist der augenscheinliche

Inbegriff eines Adelssitzes auf steilem Felsen. Unübersehbar wirken die markant gestaffelten Baukörper auf schmalem, in das Donautal hinein ragendem Sporn. Sieben Jahrhunderte prägen die Anlage. Hierzu gehört auch das mit gut 17 Gebäuden unterschiedlicher Zeitstellung bebaute Vorfeld des Wirtschaftshofes.

Schloss-Burganlage

Ein 16 m breiter, auf die Burg zurückreichender Halsgraben trennt den Wirtschaftshof vom Schloss. Noch zum Erscheinungsbild der Burg des 13. Jhs. gehört der am Grabenrand stehende Bergfried: ein Frontturm ca. 7 x 7 m mit Stufengiebeln des 19. Jhs., er besitzt Verblendungen aus Kalktuffbuckelquader und vereinzelt Kalksteineckbuckelquader. Aus gleicher oder ähnlicher Zeitstellung stammt der Unterbau des ehem. Flankierungsturmes sowie der Tor- und Ringmauer. Die Schlossbauten folgen der nordostseitigen Felskante bis zum Spornende. Barock, Klassizismus und Historismus bestimmen die unterschiedlichen Gebäude der etwa 25 x 45 m großen Anlage: dreigeschossiger Schlosshauptbau mit Satteldach, im Erdgeschoss Kreuzgrat- und Tonnengewölbe, die Schlosskapelle St. Waldburga mit Kapellenerker. Abschluss der Schlossbebauung bilden der Südosttrakt und der zweigeschossige Winkelbau.

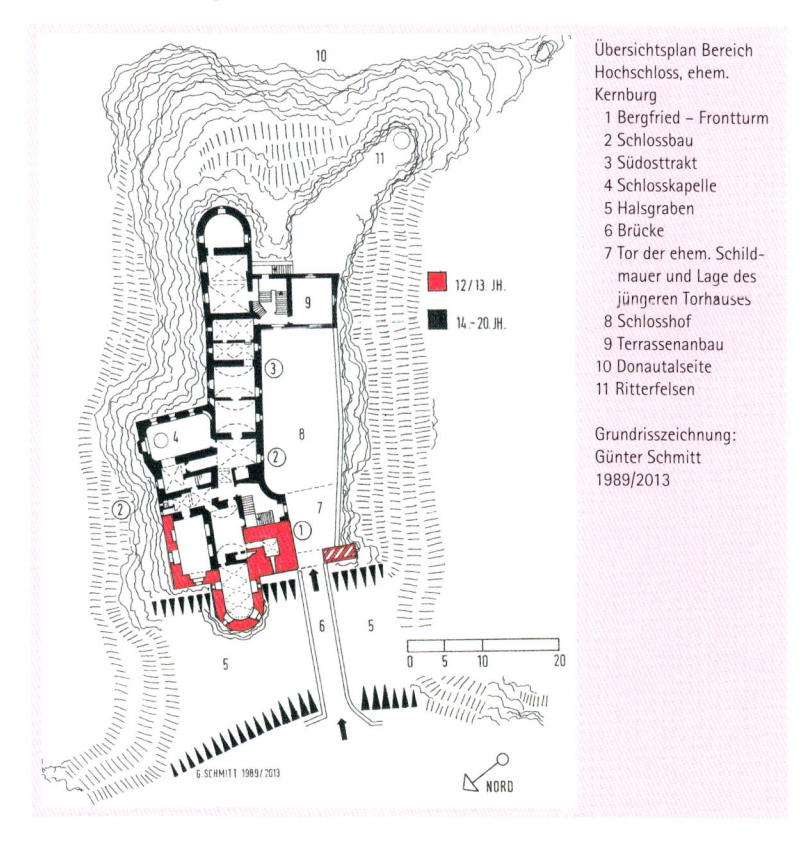

Übersichtsplan Bereich Hochschloss, ehem. Kernburg
1 Bergfried – Frontturm
2 Schlossbau
3 Südosttrakt
4 Schlosskapelle
5 Halsgraben
6 Brücke
7 Tor der ehem. Schildmauer und Lage des jüngeren Torhauses
8 Schlosshof
9 Terrassenanbau
10 Donautalseite
11 Ritterfelsen

Grundrisszeichnung:
Günter Schmitt
1989/2013

394 Lägelen-Wagenburg; Beuron-Hausen im Tal

Erhaltungszustand: Burgruine mit geringen Mauerresten auf einem markanten Steilwandfelsen am Talrand über der Donau. 2 Gräben, Vorbefestigung ca. 15 x 20 m, Halsgraben, Kernburgfelsen ca. 20 x 26 m, Schildmauerrest 3,3 m stark, 4 m hoch; Kleinquader grob, daneben Buckelquader mit unsicherer Bauzuweisung.
Besichtigung: Frei zugänglich, Trittsicherheit erforderlich, AP.
Lage: TK 7920; ca. 775 m, GK. R 03 160, H 27 140; 300 m südöstlich von Hausen.
Typus: Höhenburg in Bergkantenlage, Ministerialenburg.
Geschichte: Entstehung 2. Hälfte 12. Jh. Nachweis durch Fundkeramik, Chr. Bizer; 1243 Nordewinus miles de Lagelun, verm. Ministeriale der Hohenberger, 1277 Cunradus Bürger in Pfullendorf, um 1380 Burgstall.

395 Lengenfeld; Beuron-Hausen im Tal

Erhaltungszustand: Burgruine mit geringen Mauerresten auf einer Talkammklippe am Steilhang über dem Donautal gegenüber Werenwag. Felsgraben, Halsgraben, Kernburg ca. 16 x 16 m, verm. Wohnturm mit ca. 36 m². Kleinquader grob, Eckquader.
Besichtigung: Frei zugänglich, AP.
Lage: TK 7920; ca. 770 m, GK. R 01 200, H 25 540; 2,4 km südwestlich von Hausen.
Typus: Höhenburg in Talkammlage.
Geschichte: Entstehung und Besitzer nicht bekannt, möglicherweise Bezug zur Ortschaft Lengenfeld, Bestand verm. 12./13. Jh., H.-W. Heine.

396 Höhlenburg Petershöhle; Beuron

Erhaltungszustand: Höhle mit geringen Mauerresten in einem fast frei stehenden Felsen am Steilhang zur Donau. 5-6 m hohe Felsstufe, Höhle 25-26 m lang, 16 m breit, 9-10 m hoch. Reste der Frontmauer in Bruchstein.
Besichtigung: Frei zugänglich über Holztreppe.
Lage: TK 7919; 730 m, GK. R 98 450,

H 23 160; 850 m südöstlich von Beuron.
Typus: Fragliche Höhlenburg.
Geschichte: Benutzungszeitraum 11.–14. Jh. Nachweis durch Fundkeramik, Chr. Bizer; Zweifel an Nutzung als Adelssitz, eher zeitweise Zufluchtstätte des Klosters.

397 Pfannenstil; Beuron

Erhaltungszustand: Burgruine mit deutlich aufrecht stehendem Mauerwerk auf einer felsigen Bergkuppe über dem Bäratal. Kernburg zweiseitig durch Gräben und Voranlagen mit Wallgraben geschützt, Ringmauer, Burghof; an höchster Stelle rechteckiger Wohnturm oder Wohnbau 11,5 bzw. 12 x 23 m, bis 5,5 m hoch, lagenweise hammerrechtes Bruchsteinmauerwerk.
Besichtigung: Frei zugänglich.
Lage: TK 7919; 804 m, GK. R 95 610, H 23 190; 2,2 km westsüdwestlich von Beuron.
Typus: Höhenburg in Bergkuppenlage.
Geschichte: Adel von Pfannenstil nicht bekannt, Entstehung 2. Hälfte 13. Jh., Aufgabe 1. Hälfte 15. Jh.

Nachweis durch Fundkeramik, Chr. Bizer.

398 Kreidenstein; Beuron

Erhaltungszustand: Burgstelle westlich des Reinfelderhofs auf einem Höhensporn über dem Bäratal. Vorburg ca. 20 x 55 m auf einem Felssockel, Mauerreste eines Gebäudes, Bruchstein, Abschnittsgraben, Kernburg mit Resten eines ca. 5,5 x 8,6 m großen verm. Wohnturms, Mauerschutt.
Besichtigung: Frei zugänglich.
Lage: TK 7919; ca. 740 m, GK. R 95 180, H 23 470; 2,6 km westlich von Beuron.
Typus: Höhenburg in Spornlage.
Geschichte: Entstehung und Besitzer nicht bekannt, 1456/1469 Wilhelm von Kreidenstein, Propst in Beuron, Bestand 13.–15. Jh. H.-W. Heine.

399 Ortsburg Leibertingen; Leibertingen

Erhaltungszustand: Burgstelle am Ortsrand, Gewann „Bei der Burg", annähernd kreisrunder Hügel um einen Felsen, ca. 25 m Durchmesser, bis 4 m hoch, Ringgraben verebnet, Teile des Hügels durch Baumaßnahmen zerstört.
Besichtigung: Wiesengrundstück in Privatbesitz, eingeschränkt zugänglich.
Lage: TK 7920; ca. 750 m, GK. R 01 080, H 22 780; 150 m nordwestlich der Kirche.
Typus: Niederungsburg in Ortsrandlage, Turmhügelburg, Ministerialenburg.
Geschichte: Bestand 13. Jh. Nachweis durch Fundkeramik, H.-W. Heine, vermutete Burg der 1231, 1265 genannten Ministerialen von Leibertingen.

Feste Wildenstein 400

Leibertingen, Landkreis Sigmaringen, Baden-Württemberg
Meereshöhe: 810 m, Donautal 605 m
Erhaltungszustand: erhaltene frühneuzeitliche Festung
Besitzer: Deutsches Jugendherbergswerk Landesverband Baden-Württemberg e. V.
Besichtigung: Während der Öffnungszeiten der Jugendherberge in den Monaten März bis September: Vorburg, Toranlagen und Innenhof frei zugänglich, Burgschenke geöffnet 11 bis 17 Uhr, Montag Ruhetag; Besichtigung von Innenräumen und Kapelle auf Anfrage, Übernachtung, Info Telefon 07466 411, www.jugendherberge-burg-wildenstein.de. Vorburg barrierefrei, AP, Grill- und Spielplatz im Vorbereich
Lage: TK 7920; GK. R 00 120, H 24 180; GPS 48° 3' 20" N, 9° 0' 2,5" O

Im mittleren Bereich des Oberen Donautales liegt über mächtigen Felswänden die gut erhaltene Feste Wildenstein. Von der Donautalstraße führen bei Beuron Richtung Buchheim und bei Hausen im Tal Richtung Meßkirch jeweils Straßen zur auf der Hochfläche liegenden Ortschaft Leibertingen. Man folgt der Beschilderung bis zum Parkplatz nahe der Feste Wildenstein. Parkplatz–Wildenstein 250 m. Wildenstein ist über mehrere ausgewiesene Wanderwege zu erreichen.

Bauphasen

I. Bauphase
2. Hälfte 13. Jh./um 1300
Bauherr: Vermutlich der Edelfreie Anselm IV. von Justingen, nennt sich von Justingen-Wildenstein, Sohn des Anselm I., Reichshofmarschall Kaiser Friedrichs II. Entstehung der neuen Burg Wildenstein neben der älteren Burg Altwildenstein, Nachweis durch Fundkeramik, Chr. Bizer.

II. Bauphase ab 1441 bis um 1470
Bauherr: Werner der Jüngere von Zimmern, gen. 1423–1483, Ehefrau: Anna von Kirchberg. Ausbau der Burg, Errichtung eines Turmes, der später abgebrochen wird, Anlegung der großen Zisterne.

III. Bauphase 1514 bis um 1550
Bauherr: Gottfried Werner Graf von Zimmern, gen. 1484–1554, Ehefrau: Apollonia von Henneberg, †1548. Entscheidende Baumaßnahme: Um- und Ausbau der Burg zur frühen neuzeitlichen Festung. Gottfried baut auch Falkenstein aus.

Geschichte

Feste Wildenstein ist nicht die namengebende Stammburg der im 12. Jh. genannten Edelfreien von Wildenstein, sondern eine Nachfolgeanlage der umliegenden kleineren Felsenburgen. Die von Graf Froben Christof von Zimmern 1564 bis 1566 niedergeschriebene Chronik ist ein besonderer Glücksfall, denn sie ist ein außergewöhnliches Zeitdokument und enthält viele Hinweise zur Familien- und Baugeschichte.

1263 Anselm IV. von Justingen gelangt vermutlich durch Heirat der Erbtochter in den Wildensteiner Besitz.

1319 Erwerb durch Rudolf von Ramsberg.

Um 1390 Burkhard von Lichtenstein und Wilhelm Schenk von Stauffenberg werden Mitbesitzer.

1397/98 Johann der Ältere von Zimmern erhält von König Ruprecht I. von der Pfalz eine Hälfte der Burg als Mannlehen, die andere zur Verwal-

tung. 1415 erhält er die ganze Burg.
1462 Johann Werner der Ältere erhält Wildenstein „zu freiem und ungestörtem Genuss für sich und seine Erben".
1488 Reichsacht über Johann Werner den Älteren während der Werdenbergfehde, Treuhänder wird Graf von Werdenberg. Johann Werner versetzt mit Rückgaberecht Wildenstein an Graf Andreas von Sonnenberg. 1497 Rückkauf durch Gottfried von Zimmern.
1503 Rückeroberung des Besitzes, ab 1508 in gemeinsamem Besitz der Brüder Johann Werner des Jüngeren und Gottfried Werner. Beginn einer Fehde unter den Brüdern.
1514 Beilegung der Fehde. Johann Werner überlässt Gottfried Werner Wildenstein zum alleinigen Besitz. Beginn zum Festungsausbau.
1594 Mit dem Tod Wilhelms stirbt die Familie der Grafen von Zimmern im Mannesstamme aus. Die verbliebenen Schwestern verkaufen den Besitz an Graf Georg von Helfenstein-Gundelfingen, Ehemann der Apollonia von Zimmern.
1627–1971 In Besitz der Grafen und späteren Fürsten von Fürstenberg. Wildenstein kommt über Johanna Eleonora, die Tochter des letzten Helfensteiners, an Graf Wratislaus I. von Fürstenberg.
1642, 10. August Besetzung durch Hohentwieler und schwedische Truppen, 4. September bayerische Besatzung unter Oberstleutnant von Marmont.
1688–1694 Wechselnde Besatzung.
1704 Ein Feuergefecht zwischen französischen Soldaten und der kaiserlichen Besatzung bleibt ohne Folgen.
1744 Wildenstein wird württembergisches Staatsgefängnis, die Brücke brennt.

1804–1806 Instandsetzung.
1911 Erdbebenschäden.
1971 Prinzessin Theresa von Fürstenberg verkauft Wildenstein an das Deutsche Jugendherbergswerk.
1972–1977 Instandsetzung und Ausbau zur Jugendherberge um 4,7 Mio. DM unter Leitung von Architekt Romuald Wild aus Sigmaringen.

Anlage

Typus
Frühneuzeitliche Schlossfestung in Spornlage.

Anlagenmerkmale
Kompakte, in die Horizontale entwickelte Baukörper, Vorburg, Abschnittsgräben, Frontwerk, Ringmauer, Wohnbau, Kapellenbau, Brückenanlagen.

Beschreibung
Wildenstein ist ein außergewöhnlich gut erhaltenes und seltenes Beispiel einer frühneuzeitlichen kleinen Festung. Sie steht in der Übergangsphase von der mittelalterlichen Adelsburg zum Festungsbau. Ihr Erscheinungsbild ist eindeutig. Sämtliche Bauwerke liegen in der Horizontalen, um dem Beschuss möglichst wenig bauliche Substanz zu bieten. Natürlich, hier wohnt noch die Adelsfamilie wie zu Burgenzeiten in einem repräsentativ ausgestatteten Wohnbau und die Anlage besitzt wenig Möglichkeit, eine größere Besatzung längerfristig unterzubringen. Eben deswegen gehen die Begriffsbestimmungen, was Burg und Festung anbelangt, hier etwas durcheinander. Insgesamt ein Glücksfall, denn Wildenstein blieb unbeschädigt über gut 450 Jahre als baugeschichtliches Dokument der Nachwelt erhalten.

Vorwerk
Wie mit dem Lineal gezogen schützt das Vorwerk, auch als Vorburg bezeichnet, die Kernanlage. Eine 74 m lange und 3 m starke Frontmauer mit gedecktem Wehrgang liegt hinter dem Graben mit Kontereskarpe. Die Stirnseiten bilden jeweils halbrun-

Burghof mit Wohnbau.

de Türme. Im Westturm wohnte der Burgvogt, im etwas größeren Ostturm Wächter und Besatzung.

Kernanlage

Besonders beeindruckend wirkt der folgende, aus dem Felsen gebrochene 20 m breite Abschnittsgraben mit seinem gewaltigen, auf abgeschröpftem Felsen sitzenden **Frontbau**. Bauhistorisch unverwechselbar besteht er aus einem zusammenhängenden kompakten Bauwerk auf unregelmäßigem Grundriss mit östlichem Geschützturm, Torbau und **Kommandantenturm**. Die Feldseite mit mächtiger Mauerstärke bestimmen Maulscharten für Falkonetten und Hakenbüchsen, den Dachbereich Schießgauben. Kasematten, Pulver-, Waffen- und Vorratskammern, Verlies, Wachzimmer und eine Halle im offenen Dachstuhlbereich bilden die Innenräume. Im westseitigen Kommandantenturm gibt es noch Baureste des abgebrochenen Burgturmes, im 2. Obergeschoss befindet sich die ehem. Kapelle, darüber die Schreibstuben des Gottfried Werner von Zimmern mit reicher Grisailleausmalung. Mit seinem obersten Geschoss ragt das Bauwerk turmartig über die Traufe des Frontbaus.

Der Zutritt zur Kernanlage erfolgt über eine schmale Brücke mit ursprünglicher Schwungrutenzugbrücke und hohem Brückenpfeiler. Hinter dem anschließenden Tor führt ein abwärts gerichteter Torgang in den tiefer liegenden **Innenhof**. Ost- und Westseite begrenzen pultdachgedeckte Wehrgangsmauern und die Nordseite der Wohnbau mit 17 m davor liegender tiefer Zisterne.

Der **Renaissancewohnbau** ist neuzeitlich, aber durch sein schlicht massiv wirkendes Äußeres doch wiederum dem Burgenbau zugetan; ein Rechteckbau mit Satteldach ca. 15 x 22 m: zweigeschossig, teilunterkellert, westseitig die Burgschenke, darüber im Obergeschoss der Speise- und Rittersaal mit restaurierter Renaissanceausmalung der Wände von 1538/40 mit Rankenornamenten (Vögel und Putten), im Ostteil des Obergeschosses Darstellungen der Nibelungensage.

Der **Kapellenbau**, genannt 1536/37, ist mit möglicher älterer Bausubstanz in den Wehrgang Ost eingebunden. Er besitzt Dreiachtelschlussapsis, Netzgewölbe, Sakramentshäuschen, im Chor eine Kopie des Wildensteiner Altars: Das Original stammt vom „Meister von Meßkirch", ein Prunkstück der Fürstenbergischen Sammlung. Im Mittelteil Maria mit Jesuskind, umgeben von 14 Heiligen, linker Seitenflügel mit dem Bauherrn Gottfried Werner Graf von Zimmern, rechter Seitenflügel mit Gottfrieds Ehefrau Apollonia von Henneberg. Damit bleibt der Bauherr in Wildenstein zumindest bildlich stets anwesend.

Burgkapelle

Bauherr Gottfried Werner von Zimmern.

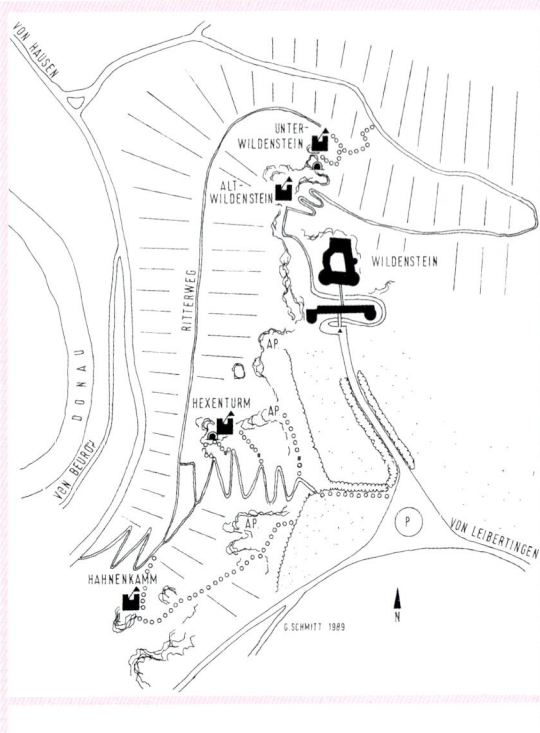

Übersichtslageplan Wildensteiner Burgen

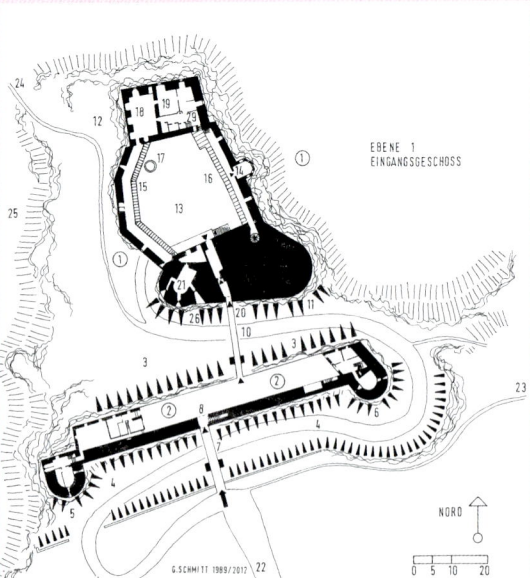

1 Kernanlage
2 Vorburg-Vorwerk
3 Abschnittsgraben
4 Äußerer Graben
5 Westturm
6 Ostturm
7 Äußere Brücke
8 Äußeres Tor
10 Brücke zur Kernanlage
11 Geschützturm
12 Wohnbau
13 Hof
14 Kapelle
15, 16 Wehrgang
17 Zisterne
18 Speisesaal
19 Küche
20 Tor
21 Kasematte
22 Vom Parkplatz
23 AV Wanderweg
24 Zur Burgruine Altwildenstein und Donautal
25 Donautalseite
26 Kommandantenturm

Grundriss:
Günter Schmitt 1989/2012
unter Verwendung von
Unterlagen von Architekt
Romuald Wild

Wildensteiner Burg Hexenturm   401

Leibertingen, Landkreis Sigmaringen, Baden-Württemberg
Meereshöhe: Obere Burg-Felsnadel ca. 770 m, Untere Burg ca. 710 m, Donautal 605 m
Erhaltungszustand: Burgruine in drei Abschnitten, Bestandssicherung erforderlich
Besitzer: Fürsten zu Fürstenberg
Besichtigung: Untere Burg und Vorburg frei zugänglich, Aufstieg zur Felsnadel der Oberen Burg mit Seilsicherung
Lage: TK 7919; GK. R 99 960, H 23 980; GPS 48° 3' 13,5" N, 8° 59' 56,3" O

Zwischen Beuron und Hausen im Tal prägen bizarr aufragende Felstürme die Talseite der Feste Wildenstein. Sie sind Standort von vier Felsenburgen, von denen der Hexenturm am markantesten erscheint.
Eine bezeichnete Straße führt von Leibertingen auf der Hochfläche zum Parkplatz bei der Feste Wildenstein. Der Zugang ist nicht bezeichnet. Vom Parkplatz am Rande des Wiesengrundstücks in westlicher Richtung abwärts zur Waldrandecke. Hier beginnt ein nicht unterhaltener Fußpfad, der in Kehren zum Donautal führt. In der fünften Kehre nach rechts weglos bis zum Felskamm des Vorburgbereichs hinter dem Hexenturm. Zur Unteren Burg den vorher begangenen Fußpfad zwei Kehren weiter abwärts zur Höhle und weitere zwei Kehren zum Plateau der Unteren Burg. Sh. Kartenskizze Feste Wildenstein.

Bauphasen

I. Bauphase 2. Hälfte 12. Jh.
Bauherr: Edelfreie Herren von Wildenstein. Entstehung der Unteren Burg, Nachweis durch Fundkeramik, Chr. Bizer. Ob der Felsturm mit Vorburg bereits in die Anlage einbezogen wird, ist nicht bekannt.

II. Bauphase 1. Hälfte 13. Jh.
Bauherr: Edelfreie von Wildenstein. Ausbau der Burg, Entstehung der Bereiche mit Buckelquadern auf der Felsnadel durch eine nicht bekannte Maßnahme.

III. Bauphase um 1300 bis 14. Jh.
Bauherr: Edelfreie von Wildenstein. Weiterer Ausbau: Entstehung der Turmburg auf der Felsnadel, Bruchsteinmauerwerk, Ausbau der Burghöhle mit Frontmauer.

Geschichte

Etwa zur gleichen Zeit entstehen auf ausgesetzten Felslagen vier Burgen in unmittelbarer Nachbarschaft. Nachdem die Feste Wildenstein erst später entsteht, kommen als Burgherren nur die Edelfreien Herren von Wildenstein infrage.
Zwischen 1168 und 1174 Nachweis des Friedrich von Wildenstein in einer Urkunde des Klosters Salem.
1263 Anselm IV. von Justingen gelangt vermutlich durch Heirat der Erbtochter in den Besitz der Wildensteiner Güter.
2. Hälfte 13. Jh., um 1300 Entstehung der neuen großen Burg Wildenstein. Wer die Felsenburgen nach dem Aussterben der Wildensteiner bewohnt, ist nicht bekannt.
Um 1400 Aufgabe der Burg, Nachweis durch Fundkeramik, Chr. Bizer.

Anlage

Typus
Felsenburg in Kammlage, Hochadelsburg.

Anlagenmerkmale
Dreiteilige Anlage auf und an einer Felsnadel, Buckelquader, Kleinquader, Bruchstein.

Beschreibung
Burg Hexenturm steht als außergewöhnliches Beispiel innerhalb einer Felsenburggruppe. Mit dem vorhandenen Baubestand lassen sich Baubezüge und durch Archäologie Zeitstellungen gut nachweisen. Gerade hier stellt sich aber auch die Frage nach dem Aufwand und dem Sinn einer Burg, die am Ende nur beschwerlich und beengt nutzbar war. Drei Bereiche sind zu unterscheiden: die Vorburg, die Bebauung auf der Felsnadel und die Untere Burg.
Die **Vorburg** oder Vorbefestigung beschränkt sich auf eine bis 8 m hohe Felsstufe, die bis zu einer Felskluft vor der Felsnadel reicht und eine kleine Geländeterrasse am Hang beinhaltet.
Am Ende steht die vom Kamm ca. 20 m hoch aufragende Felsnadel, die über eine waghalsige Felsstufentreppe mit schmalen und steilen Stufen auf der fast senkrechten Talseite erreichbar war. Die Oberseite der **Felsnadel** mit etwa 10 x 11 m Grundfläche entstand aus mindestens zwei Bauphasen: Futtermauern in Buckelquadern und Aufmauerung mit Bruchstein. In der letzten Bauphase stand auf der Felsspitze vermutlich ein die Oberkante umfassender polygonaler Turm, der einen Keller und eine Zisterne besaß. Auf dem massiven Unterbau ist ein Fachwerkbau denkbar, der möglicherweise nur zeitweise genutzt wurde.

Wohnbereich war die auf einer Felsterrasse am Fuße der Felsnadel situierte **Untere Burg**. Sie lag unterhalb der Felsnadelburg und war auf schmalem Geländeband von der Südseite aus zugänglich. Ein dreiseitiger Felsabsturz begrenzt eine Grundfläche von ca. 11 x 27 m. Mauerreste, Futter- und Kernmauerwerk lassen den Burghof und ein Gebäude am nördlichen Ende, in dessen Grundriss ein tiefer Felsschacht integriert war, noch erkennen. Zur Unterburg gehört eine ca. 30 m² große Höhle. Den Verschluss bildet eine verputzte Bruchsteinfrontmauer mit ehemals über eine hölzerne Plattform zu erreichendem erhöhtem Zugang; Balkenrest mit Dendronachweis 1346/47.

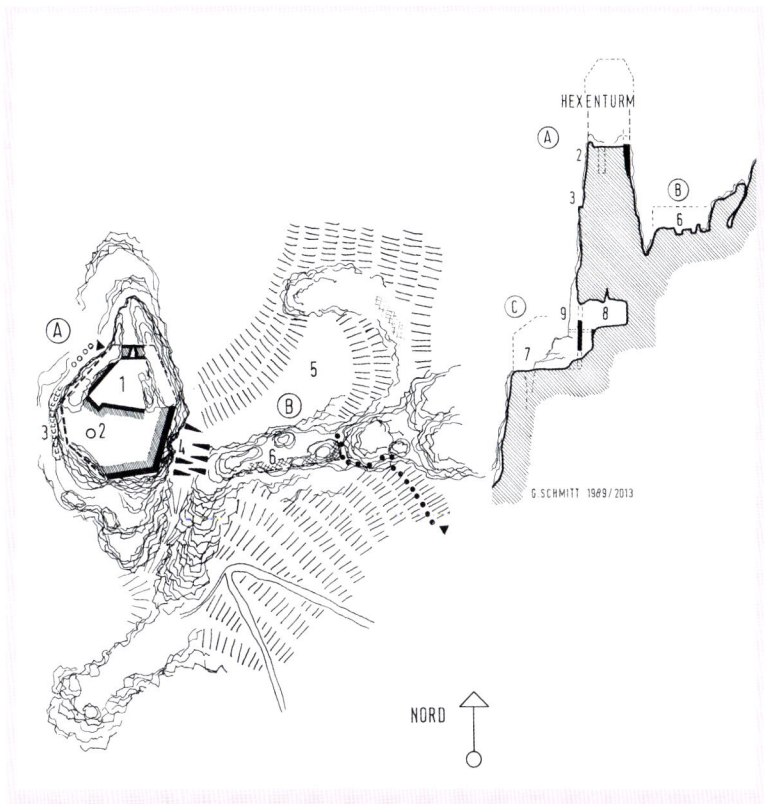

A Turmburg-Felsenturm
B Vorburg-Vorbefestigung
C Untere Wohnburg mit Burghöhle
1 Keller
2 Zisterne
3 Felsenstufen Aufgang
4 Felsspalte
5 Geländeterrasse
6 Felsrippe-Kamm, Mauerspuren
7 Burghof Untere Burg
8 Burghöhle
9 Frontmauer mit Zugang 1346/47
10 Burgfelsen-Felsnadel
11 Mauerschutt, vermutete Tormauer
12 Mauerreste
13 Felsstufe
14 Lage des angenommenen Wohnbaus
15 Felsschacht

Grundriss und Schnittzeichnung: Günter Schmitt 1989/2013

LANDKREIS SIGMARINGEN 417

402 Altwildenstein; Leibertingen

Erhaltungszustand: Burgruine mit geringen Mauerresten auf dem Steilwandfelsen eines Hangeckensporns über der Donau. Burg der Wildensteiner Burgengruppe. Halsgraben, Kernburg auf unterschiedlichen Ebenen ca. 16 x 25 m, Reste eines Wohnbaus oder Wohnturms ca. 8 x 14 m, Eckbuckelquader, Quader, weitere Mauerreste, Kleinquader, Bruchstein.
Besichtigung: Frei zugänglich.
Lage: TK 7920; ca. 780 m, GK. R 00 050, H 24 260; ca. 100 m nordnordwestlich der Feste Wildenstein.
Typus: Felsenburg in Spornlage, Hochadelsburg.
Geschichte: Entstehung 12. Jh., um 1300 Aufgabe, Nachweis durch Fundkeramik, Chr. Bizer; Burgerweiterung/Umbau 13. Jh. Edelfreie von Wildenstein, zwischen 1168-1174 Friedrich von Wildenstein in einer Urkunde des Klosters Salem.

403 Unterwildenstein; Leibertingen

Erhaltungszustand: Burgruine mit geringen Mauerresten am Steilhang unterhalb von Altwildenstein. Burg der Wildensteiner Burgengruppe. Abgewinkelte Mauer auf einem Felsen, hammerrechtes Mauerwerk; ehemals Bebauung über dem Felsspalt und am angrenzenden Hang, Spuren, ungeklärter Gebäudebestand; möglicher Einbezug der Höhle.
Besichtigung: Frei zugänglich, Trittsicherheit erforderlich.
Lage: TK 7920; ca. 730 m, GK. R 00 100, H 24 290; ca. 200 m nördlich der Feste Wildenstein.
Typus: Felsenburg in Steilhanglage, Hochadelsburg.
Geschichte: Bestand etwa Mitte 12. Jh. bis Ende 13. Jh., Nachweis durch Fundkeramik, Chr. Bizer; möglicherweise als Untere Burg zu Altwildenstein gehörend, Edelfreie von Wildenstein, mit Friedrich 1168-1174 genannt.

404 Wildensteiner Burg Hahnenkamm; Leibertingen

Erhaltungszustand: Burgruine mit geringen Mauerresten auf einem markanten Steilwandkammfelsen über der Donau. Burg der Wildensteiner Burgengruppe. Breiter Geländesattel, 23 m hoher Fels, talseitig 80 m hoch, Zugang über schmale Rampe mit Stufen, Baureste mehrerer Abschnitte auf verschiedenen Ebenen, hammerrechtes Mauerwerk, auf dem Kamm ca. 2 x 10 m langes Bauwerk.
Besichtigung: Frei zugänglich, Seilsicherung zu empfehlen.
Lage: TK 7919; ca. 760 m, GK. R 99 940, H 23 850; 400 m südsüdwestlich der Feste Wildenstein.
Typus: Felsenburg in Steilhanglage, Hochadelsburg.
Geschichte: Entstehung 12. Jh., Aufgabe Ende 12. Jh. Nachweis durch Fundkeramik, Chr. Bizer; Burg der Edelfreien von Wildenstein, zwischen 1168-1174 Friedrich in einer Urkunde des Klosters Salem.

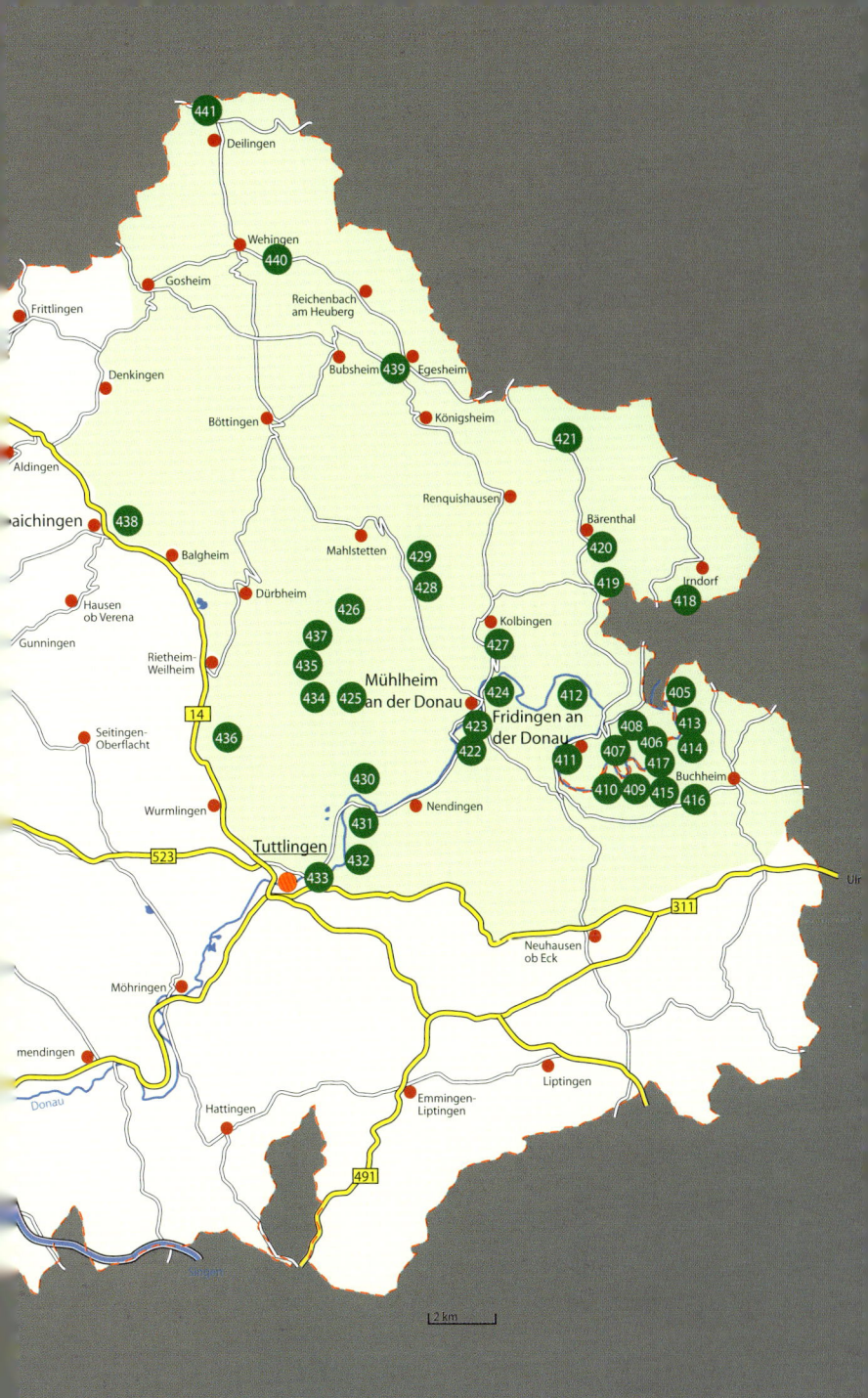

Landkreis Tuttlingen

Schloss Bronnen 405

Stadt Fridingen an der Donau, Landkreis Tuttlingen, Baden-Württemberg
Meereshöhe: 788 m, Donau 612 m
Erhaltungszustand: erhaltene Schlossanlage mit Bausubstanz der Burg
Besitzer: Freiherren von Enzberg
Besichtigung: Privatbesitz, nicht zugänglich, von außen einsehbar
Lage: TK 7919; GK. R 79 690, H 21 300; GPS 48° 1' 47 N, 8° 58' 4"

Besonders reizvoll zu erwandern ist der zwischen Beuron und Fridingen durch Autoverkehr freie Bereich der Donauversickerung. Auf einem die Landschaft prägenden steilen Felskamm liegt das ehemalige Jagdschlösschen Bronnen. Eine Straße führt von Beuron in Richtung Buchheim.

Nach der Abzweigung Leibertingen folgt man dem ersten Weg rechts bis zu einem kleinen Parkplatz oder weiter bis zum Bronner Hof. Ein bezeichneter empfohlener Wanderweg führt vom Gasthaus Jägerhaus im Tal über die Jägerhaushöhle hoch zum Schloss.

Bauphasen

I. Bauphase 1. Hälfte 12. Jh.
Bauherr: Edelfreie von Bronnen. Entstehung der Burg durch nicht bekannte Baumaßnahmen, Nachweis durch Fundkeramik, Chr. Bizer.

II. Bauphase 1. Hälfte 13. Jh.
Bauherr: Edelfreie von Bronnen. Entstehung des Wohnturms, Teile der Ringmauer und Baumaßnahmen im Bereich des späteren Jägerhauses, Buckelquaderbauweise.

III. Bauphase 14.–17. Jh.
Verschiedene Baumaßnahmen, die durch fehlende Bauforschung nicht genau einzuordnen sind.

IV. Bauphase 1731–1755
Bauherr: Nikolaus Friedrich XV. Freiherr von Enzberg, †1753, und dessen Mutter Maria Ursula Freifrau von Enzberg geb. Freifrau von Hallwil. Architekt überliefert: Johann Caspar Bagnato, Deutschordensbaumeister, Baudirektor, *1696, †1757 Mainau. Ausbau zum barocken Jagdschloss, Aufstockung des Wohnturms 1731, Treppenhausanbau, neue Schlosskapelle 1755.

Geschichte

1218 Die Edelfreie Liukardis, Tochter des Hugo von Bronnen, übergibt mit ihrem Ehemann Heinrich von Güttingen dem Kloster Salem Güter samt Eigenleuten von Buchheim, Bietingen und Walsburon.
1303 Friedrich Graf von Zollern verpfändet die Herrschaft Mühlheim mit der Burg Bronnen an den Bischof von Konstanz.
1380 Verpfändung an Swigger von Gundelfingen.
1391 Friedrich Graf von Zollern verkauft Mühlheim mit der Burg Bronnen an Konrad von Weitingen.
1409 Verkauf der Herrschaft mit Bronnen als bischöflich-konstanzisches Lehen an Friedrich und Engelhard von Enzberg. 1470 und 1509 Teilung der enzbergischen Herrschaft.
1857 König Wilhelm I. erklärt Bronnen zum freien Eigentum der Freiherren von Enzberg.

1936 Die Nationalsozialisten erzwingen einen Erbpachtvertrag für das Schloss als Sitz der Reichsfrauenführerin.
1945 Wieder in Besitz der Freiherren von Enzberg. **1946** Brandschaden im Wohnbau, Erneuerung des Dachstuhls.
1960 Verschüttung der zum Schloss gehörenden Bronner Mühle mit ihren Bewohnern durch Erdrutsch.

Anlage

Typus
Höhenburg-Schloss in Felskammlage, Hochadelsburg, dann Barockschloss.

Anlagenmerkmale
Wohnturm, historisierende Ringmauer und Toranlage, Felsenlage.

Beschreibung
Schloss Bronnen liegt auf einem steilwandigen Felskamm am Ende eines Höhensporns über der Donau. Die romantisch anmutende Anlage in prächtiger Landschaft hat im 19. Jh. zahlreiche Maler zu Ansichten inspiriert. Seitdem hat sich nichts verändert.
Eine schräg über den Halsgraben gelegte Holzbrücke führt zum Schlosstor. Über Treppen geht es zu einem weiteren Tor und anschließend unter dem **Wohnturm** hindurch zum Schloss-

hof. Der dreigeschossige Wohnturm auf rechteckigem Grundriss von 7,75 x 10,90 m ist das schlossbildprägende Bauwerk: Entstanden im 13. Jh. als Frontturm in Buckelquaderbauweise, dann 1731 um ein Geschoss mit Mansardendach erhöht, um einen südseitigen Treppenhausanbau erweitert und die Innenräume sowie den Saal im 2. Obergeschoss barock ausgestattet. Die im Schutze des Turmes folgende Anlage umfasst ein Areal von etwa 90 m Länge und 17 m Breite. Historisierende Umfassungsmauern, Buckelquader in Zweitverwendung, folgen den Kanten der Steilwandfelsen. An der südlichen Mauer steht die **Schlosskapelle** von 1755 mit Marienaltar, Walmdach und Dachreiter und am Ende der Kernanlage das mehrfach veränderte sog. **Jägerhaus**: ein abgewinkelter langer Rechteckbau mit massivem Unterbau, Riegelfachwerkobergeschoss, Satteldach und Buckelquader.

Unmittelbar am Fuße des Schlossfelsens liegt die frei zugängliche Jägerhaushöhle, eine der wichtigen mittelsteinzeitlichen Fundstellen Europas.

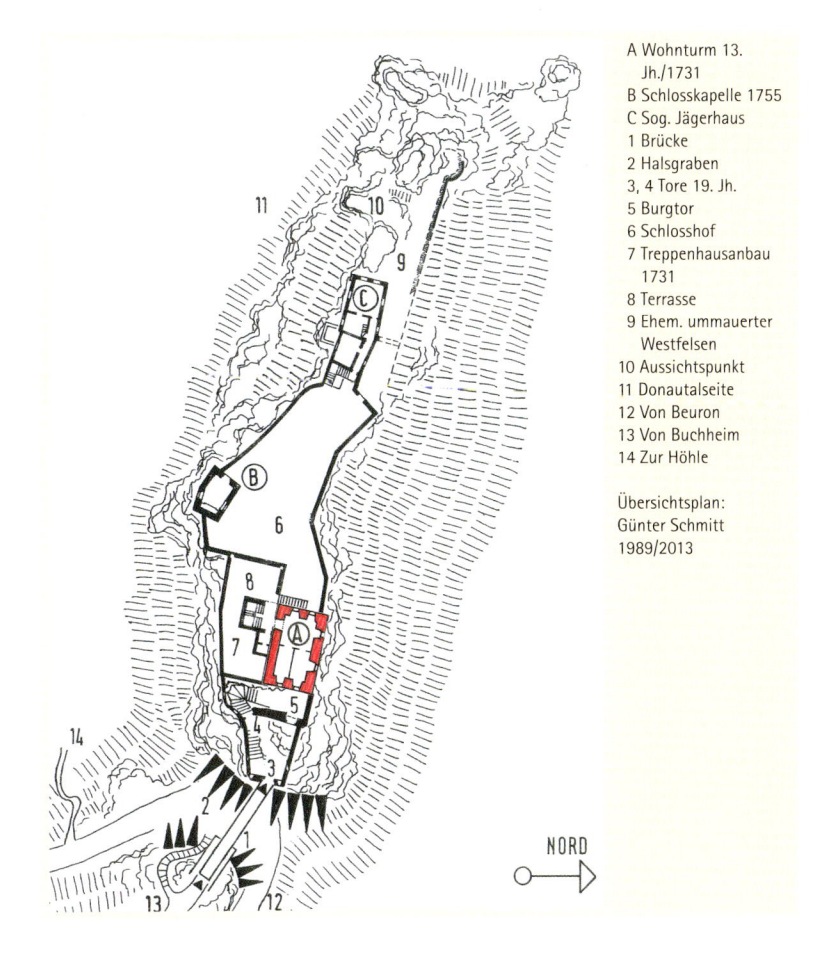

A Wohnturm 13. Jh./1731
B Schlosskapelle 1755
C Sog. Jägerhaus
1 Brücke
2 Halsgraben
3, 4 Tore 19. Jh.
5 Burgtor
6 Schlosshof
7 Treppenhausanbau 1731
8 Terrasse
9 Ehem. ummauerter Westfelsen
10 Aussichtspunkt
11 Donautalseite
12 Von Beuron
13 Von Buchheim
14 Zur Höhle

Übersichtsplan:
Günter Schmitt
1989/2013

406 Stiegelesfels; Stadt Fridingen an der Donau

Erhaltungszustand: Burgruine mit geringen Mauerresten auf und an einem ausgeprägten Steilwandfelsenkamm über der Donau. Anlage auf unterschiedlichen Ebenen. Zugang über Unterburg: Kleinquadermauer. Kernburg: vermuteter Wohnbau ca. 6,5 x 11 m, Felsschacht mit Durchgangshöhle, Felsstufen zum Felskamm, Mauerreste, Balkenlöcher. Dazugehörig vermutet die nahe liegende Grotte mit Mauerverschlussbefund aus Holz-Lehmbauweise.
Besichtigung: Naturschutzgebiet, entsprechend zugänglich, Trittsicherheit erforderlich.
Lage: TK 7919; ca. 730 m, GK: R 96 280, H 19 690; 1,3 km ostsüdöstlich von Fridingen.
Typus: Felsen-Höhlenburg.
Geschichte: Entstehung 2. Hälfte 12. Jh. als jüngste der Burgengruppe, Nachweis durch Fundkeramik, Chr. Bizer; Aufgabe um 1300, Besitzer nicht bekannt, möglich die 1089, 1095 gen. Edelfreien von Fridingen.

407 Burgstall Stain; Stadt Fridingen an der Donau

Erhaltungszustand: Burgruine auf einem vor der Bergkante stehenden Felsen über dem Donautal. Graben, Kernburg ca. 20 x 60 m, Reste Wohnbau und Bergfried: innen 2,50 x 3,03 m, Kleinquader; Ringmauerrest 32 m lang, bis 6 m hoch, Bruchstein.
Besichtigung: Naturschutzgebiet, entsprechend zugänglich.
Lage: TK 7919; ca. 760 m, GK. R 96 080, H 19 920; 1 km ostsüdöstlich von Fridingen.
Typus: Höhenburg in Hochflächenrandlage.
Geschichte: Entstehung 12. Jh., Aufgabe 2. Hälfte 13. Jh., Nachweis durch Fundkeramik, Chr. Bizer; Besitzer nicht bekannt, möglich die Edelfreien von Fridingen, 1409 Hans von Wildenfels erhält den Burgstall, genannt Stain, als Lehen, 16. Jh. der verarmte Wolf Sigmund vom Stain bewohnt das Fridinger Schloss, Zuordnungen jeweils unsicher.

408 Burgstallhöhlenburg; Stadt Fridingen an der Donau

Erhaltungszustand: Höhle am Fuße eines Felsens über der Donau zwischen Stiegelesfels und Burgstall Stain. Vorhöle, Höhlenhalle 8-10 m hoch und damit verbunden die obere Höhle; an der Felsstufe Verschluss mit ehem. Holz-Lehmbauwand: Balkenlager, Aussparung.
Besichtigung: Naturschutzgebiet, entsprechend zugänglich.
Lage: TK 7919; ca. 730 m, GK. R 96 210, H 19 860; 1,2 km ostsüdöstlich von Fridingen.
Typus: Höhlenburg.
Geschichte: Entstehung 11. Jh., 1. Hälfte 13. Jh., Nachweis durch Fundkeramik, Chr. Bizer; Besitzer nicht bekannt, möglicherweise die Edelfreien von Fridingen, 1089, 1095 die Brüder Folcmar und Reinhold.

409 Krinnerfels; Stadt Fridingen an der Donau

Erhaltungszustand: Burgstelle mit geringen Mauerresten auf einem Felsen über der Donau. Graben, Felsoberkante mit Schuttriegeln eines Steinbaus, zum Tal abfallender Felskamm in Stufen, Kleinquader, Bruchstein.
Besichtigung: Frei zugänglich.
Lage: TK 7919; 780 m, GK. R 95 890, H 18 980; 1,4 km südöstlich von Fridingen.
Typus: Höhenburg in Hochflächenrandlage.
Geschichte: Bestand 12. Jh./13. Jh., etwas Fundkeramik, Chr. Bizer; Besitzer nicht bekannt, 1446 verkaufen Burkhard von Balgheim und seine Ehefrau Berta von Nusplingen dem Kloster Beuron „unßer burgstal under fridingen genant krinnerfels".

410 Ziegelhöhlenburg; Stadt Fridingen an der Donau

Erhaltungszustand: Doppelhöhle am Fuß einer nordwestseitigen Felswand über der Donau. Vordere Höhle 24 m breit, 8-12 m tief, Reste Frontmauer in Bruchstein. Hintere Höhle über Felsstufe 15-18 m breit, geringer Mauerrest, Balkenlager, Felstreppe.
Besichtigung: Frei zugänglich.
Lage: TK 7919; 680 m, GK. R 95 920, H 19 10; 1,3 km südöstlich von Fridingen.
Typus: Höhlenburg.
Geschichte: Entstehung 12. Jh. Aufgabe 2. Hälfte 13. Jh., Nachweis durch Fundkeramik, Chr. Bizer; Bewohner nicht bekannt, möglich die Edelfreien von Fridingen oder von Buchheim.

Ifflinger Schloss Fridingen 411

Stadt Fridingen an der Donau, Landkreis Tuttlingen, Baden-Württemberg
Meereshöhe: 623 m Talniederung
Erhaltungszustand: erhaltener Südtrakt der Schlossanlage
Besitzer: Stadt Fridingen an der Donau
Besichtigung: Schloss-Innenbesichtigung, Museum Oberes Donautal – Ifflinger Schloss Fridingen: Sa, So und Feiertage (außer Pfingstmontag) Mai bis Oktober 14 bis 18 Uhr und nach Vereinbarung, Info Telefon 07463 837 28, während der Öffnungszeiten Telefon 07463 8474
Lage: TK 7919; GK. R 94 970, H 20 300; GPS 48° 1' N, 8° 56' O; Schlossgasse 20

Zwischen Beuron und Tuttlingen liegt nahe der Einmündung der Bära in die Donau Fridingen. Das Schloss befindet sich in der Schlossgasse am westlichen Rand der Altstadt. Parkmöglichkeit besteht auf ausgewiesenen Stellplätzen im Bereich des Schlosses.

Bauphasen

I. Bauphase um 1300/1330
Bauherr: Grafen von Hohenberg, vermutlich Rudolf I. Graf von Hohenberg. Im Zuge der Stadtgründung Fridingens Entstehung der Niederungsburg mit Wohnturm und eigener Ringmauer, genannt „Neu Hohenberg".

II. Bauphase 15.–16. Jh.
Bauherren: Herren von Balgheim, ab 1536 bis 1793 Freiherren von Ifflinger-Granegg. Schlossneubau. Verfüllung der Gräben, weiträumige Ringmauer, Überbauung des Bereiches zwischen ehem. Wohnturm und Ringmauer der Burg zu einem traufgleichen zusammenhängenden Renaissancebau mit Saal und Fachwerkaufbau, im äußeren Schlosshof Ökonomiebau 16./17. Jh., Gesindehaus 18. Jh.

III. Bauphase ab 1793
Bauherr: Stadt Fridingen. Abbruch Nordtrakt, Ringmauern und Schlossnebengebäuden. Mehrfachnutzung des verbliebenen Schlossbausüdtrakts.

Geschichte

Ein früh genannter Ortsadel erscheint 1089 und 1095 mit den freiadeligen Brüdern Folcmar und Reinold. Deren Familienangehörige könnten die Gründer der Burgen um den Stiegelesfelsen sein. Mit Stadt und Burg Fridingen haben sie nichts mehr zu tun. Um der Stadtgründungswelle der Zollerngrafen entgegenzuwirken gründen die Grafen von Hohenberg gegen das zollerische Mühlheim zunächst (Alt-)Fridingen dann ihre Burg und Stadt Fridingen. Damit erfolgt eine Rückverlegung der stadtartigen Burgsiedlung (Alt-)Fridingen an den Ort des alten Dorfes (C. Bumiller).
1334 Rudolf I. Graf von Hohenberg stellt seiner Schwiegertochter in Aussicht, einige Burgen und Städte zu versetzen, darunter Kallenberg und „unser vesti zu der Nuwen Hohenberg".
1381 Rudolf III. Graf von Hohenberg verkauft den Besitz Fridingen an Erzherzog Leopold von Österreich, Lehensbesitzer sind die Herren von Ebingen.
1394–1498 Herren von Balgheim Lehensbesitzer.

Stube im Obergeschoss.

1489–1536 Herren von Stain.
1536–1793 Freiherren von Ifflinger-Granegg, Erwerber ist Hieronymus von Ifflinger-Granegg, Ausbau zum Schloss, Sitz des Obervogts.
1793 Von Karl Alexander an Emanuel und Michael Levi verkauft.
1794 Erwerb durch die Stadt Fridingen, 1806 Ende der österreichischen Lehensherrschaft.
1942 Brandzerstörung von Obergeschoss und Dachstuhl.
1978 Instandsetzungs- und Umbaumaßnahmen, 1979 Stadtbibliothek, 1987 Heimatmuseum.
2012–2013 Außen- und Innenrenovation, neue Museumsdidaktik, bis 2015 erneute Maßnahmen zur Museumsdidaktik der Obergeschosse.

Anlage

Typus
Niederungsburg, Hochadelsburg, Renaissanceschloss, Stadtschloss.

Anlagenmerkmale
Viergeschossiger Schlossbau, Fachwerkaufbau, Stufengiebel, Dachreiter.

Beschreibung
Fridingen ist eine durch die Grafen von Hohenberg zwischen Donau und ansteigendem Berghang im Rechteck angelegte Stadt. An der Donauseite der Stadtummauerung entsteht die mit eigener Ringmauer und Graben versehene Burg. Durch den Ausbau zum Schloss ab dem 15./16. Jh. verändern sich Bauzustand und Erscheinungsbild. Mit dem Neubau des Südtrakts und dem Umbau des Wohnturms entsteht ein einheitlicher Rechteckbau. Die Ringmauer bleibt bestehen und wird mit einer äußeren Schlossmauer weiträumig umfasst. Von dieser Anlage bildet der erhaltene Südtrakt das heutige Schloss.
Seine Nordseite ist mit der ehem. Südwand des Wohnturmes und die Südseite mit der Ringmauer identisch. Sein Äußeres wirkt mit seinen

vier Geschossen, hochgezogenen Stufengiebeln, steilem Satteldach und Dachreiter turmartig. Kennzeichnend für die Fassade ist der dreigeschossige massive Basisbereich mit Fensterband, das 3. Obergeschoss, nach dem Brand rekonstruiert, ist eine in Rot gefasste Riegel-Ständerbauweise.

Innenbereich: Der Grundriss bildet ein unregelmäßiges Viereck von 12,10 x 14,15 m. Im Erdgeschoss westseitig der lang gezogene Kapellenraum mit Empore und Tonnengewölbe. Nutzung: Wechselausstellungen. 2. Obergeschoss mit neuen Zwischenwänden, ehemals Schlosssaal der Spätgotik-Frührenaissance, Fensterband mit farbig gefasster Säule, Wände mit Städtewappen der Grafschaft Hohenberg. Nutzung: Stadt-Schloss-Herrschaftsgeschichte, Burgruinen im Donautal. 3. Obergeschoss mit vor- und frühgeschichtlicher Abteilung, translozierte beachtliche Stube mit Wandvertäfelung, im DG Fridinger Narrengewänder und Larven.

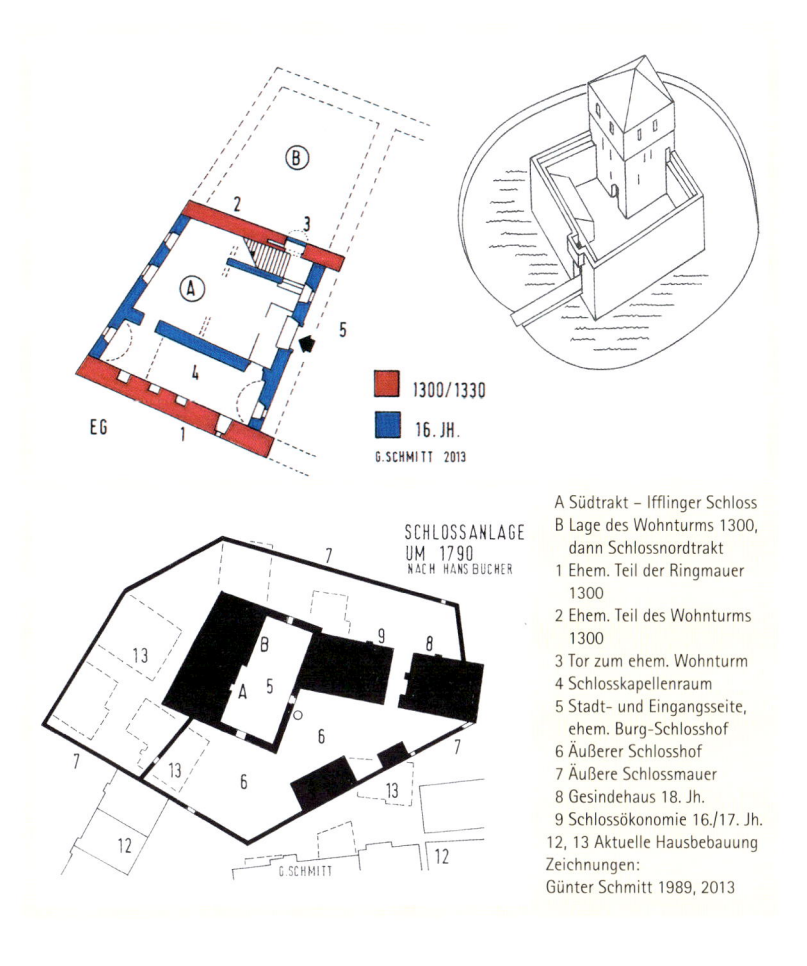

1300/1330
16. JH.
G.SCHMITT 2013

SCHLOSSANLAGE UM 1790
NACH HANS BUCHER

A Südtrakt – Ifflinger Schloss
B Lage des Wohnturms 1300, dann Schlossnordtrakt
1 Ehem. Teil der Ringmauer 1300
2 Ehem. Teil des Wohnturms 1300
3 Tor zum ehem. Wohnturm
4 Schlosskapellenraum
5 Stadt- und Eingangsseite, ehem. Burg-Schlosshof
6 Äußerer Schlosshof
7 Äußere Schlossmauer
8 Gesindehaus 18. Jh.
9 Schlossökonomie 16./17. Jh.
12, 13 Aktuelle Hausbebauung
Zeichnungen:
Günter Schmitt 1989, 2013

412 Altfridingen; Stadt Fridingen an der Donau

Erhaltungszustand: Burg-Burgsiedlungsstelle mit geringen Mauerresten auf einem längsovalen Rücken des Welschenbergs über der Donau, ca. 70 x 150 m. Schuttriegel, Mulden von Umfassungsmauer, Türmen und Häusern, Kernburg an höchster Stelle, Höhe 790,70 m, fehlender nordseitiger Befestigungsbereich. Vorgängeranlage zu Fridingen.
Besichtigung: Frei zugänglich.
Lage: TK 7919; 790,70 m, GK. R 93 830, H 21 310; 1,7 km nordwestlich von Fridingen.
Typus: Höhenburg mit Burgsiedlung, Hochadelsburg.
Geschichte: Entstehung nach LDA: 13. Jh., nach C. Bumiller 1255/60, durch die Grafen von Hohenberg als Gegenmaßnahme zur Stadtgründungspolitik der Zollern und somit zu Mühlheim. 1394 Hohenberger Lehen, von den Herren von Ebingen an Bertold von Balgheim, 1418 dessen Sohn Burkhard „burg Fridingen in der alten stat Fridingen" als Lehen Österreichs, Aufgabe nicht bekannt.

413 Rockenbusch; Buchheim

Erhaltungszustand: Burgstelle mit geringen Mauerresten auf einer Kuppe mit Felsabsturz zur Donau. Bogenförmiger Wallgraben 90 m lang, ansteigende ovale Kuppe ca. 13 x 21 m zwischen zwei kurzen Gräben, Spuren der Ringmauer, einzelne Buckelquader.
Besichtigung: Frei zugänglich, AP.
Lage: TK 7919; 745 m, GK. R 97 620, H 20 420; 2,1 km nordwestlich von Buchheim.
Typus: Höhenburg in Spornkuppenlage.
Geschichte: Vorgeschichtliche Besiedlung, Entstehung und Besitzer nicht bekannt, möglich im 11./12. Jh. Aufgabe noch im 13. Jh. Chr. Bizer; Buckelquaderphase 1. Hälfte 13. Jh.

414 Burgstall Bachtal; Buchheim

Erhaltungszustand: Mögliche Burgstelle am Talrand des Bachtales nahe der Einmündung in das Donautal. Verschliffener Graben, Bauforschung steht aus.
Besichtigung: Frei zugänglich.
Lage: TK 7919; ca. 730 m, GK. R 97, H 19; westlich von Buchheim.
Typus: Höhenburg in Talrandlage.
Geschichte: Besitzer, Entstehung und Aufgabe nicht bekannt.

415 Höhlenburg am Scheuerlehof; Buchheim

Erhaltungszustand: Höhle 20 m über Gelände in einer 60 m hohen Felswand. Höhlenportal ca. 20 m breit, bis 6 m tief, Reste Frontmauer, Bruchstein, Balkenaussparung und Lager, Zugang über schmale Felstreppe.
Besichtigung: Frei zugänglich, Trittsicherheit erforderlich.
Lage: TK 7919; ca. 750 m, GK. R 96 700, H 19 200; 2,4 km westlich von Buchheim.
Typus: Höhlenburg.
Geschichte: Entstehung 12. Jh. Aufgabe bereits um 1200, Nachweis durch Fundkeramik, Chr. Bizer; Besitzer nicht bekannt, möglicher Bezug zur Burg Kallenberg.

416 Schänzle; Buchheim

Erhaltungszustand: Mögliche Burgstelle ohne Mauerreste auf einer Bergkuppe innerhalb einer Donauschleife, Felsabsturz zur Westseite über der Donau.
Besichtigung: Frei zugänglich.
Lage: TK 7919; 677.40, GK. R 96 030, H 19 40; 3,1 km westnordwestlich von Buchheim.
Typus: Höhenburg in Bergkuppenlage.
Geschichte: Nicht erforschte mögliche Burgstelle, Entstehung, Abgang und Besitzer nicht bekannt. H.-W. Heine.

Kallenberg

Buchheim, Landkreis Tuttlingen, Baden-Württemberg
Meereshöhe: 776 m, Donau 613 m
Erhaltungszustand: Burgruine und Höhlenburg mit deutlich aufrecht stehendem Mauerwerk, Bestand gesichert
Besitzer: Landkreis Tuttlingen
Besichtigung: frei zugänglich, AP
Lage: TK 7919; GK. R 96 250, H 19 000; 48° 0' 32,7" N, 8° 56' 55,1" O

Kallenberg liegt im autofreien Bereich der an Felsen reichen Donauversickerung zwischen Beuron und Fridingen. Die Ruine mit beachtlichem Baubestand ist von Fridingen oder vom Wanderparkplatz Bergsteig auf dem Donautalwanderweg zu erwandern. 550 m nach dem Gasthof Ziegelhütte zweigt ein bezeichneter Weg in südlicher Richtung hoch zur Ruine ab, Ziegelhütte-Kallenberg 1,3 km.

Bauphasen

I. Bauphase 12. Jh.
Bauherr: Herren von Kallenberg, Ministerialen der Grafen von Hohenberg. Entstehung der Burg möglicherweise erst im späten 12. Jh. nach nicht bekannten Baumaßnahmen, Kleinquader, Nachweis durch Fundkeramik, Chr. Bizer.

II. Bauphase 1. Hälfte 13. Jh.
Bauherr: Herren von Kallenberg, Ministerialen der Grafen von Hohenberg und möglicherweise des Klosters Salem. Neubau der Burg mit Bergfried, Wohnbau, Ringmauer und der zur Burg gehörenden Höhlenburg.

III. nachfoldende Bauphasen ab 2. Hälfte 13. Jh.
Ausbau der Burg mit zeitlich nicht datierter Bergfrieder höhung, Nebengebäude, Umbaumaßnahmen am Wohnbau, Bruchsteinmauerwerk, Buckelquader in Zweitverwendung, Neubau Wirtschaftshof, Aufgabe der Höhlenburg Ende 13. Jh.

Geschichte

1221 Walter von Kallenberg der Ältere.
1224–1253 Die Brüder Heinrich, Walter, Rüdiger und Rudolf von Kallenberg erwähnt, 1253 „castrum Kallenberc".
1263 Heinrich Ministeriale der Grafen von Hohenberg. Herren von Kallenberg bis 1329 erwähnt.
1334 Kallenberg in Besitz der Grafen von Hohenberg.
1381 Rudolf III. Graf von Hohenberg verkauft Kallenberg und Fridingen an Erzherzog Leopold von Österreich, Lehensbesitzer die Herren von Bubenhofen.
1401–1695 Truchsessen von Waldburg Lehensbesitzer.
1702 An Freiherr Marquard von Ulm-Erbach, Kallenberg bereits nicht mehr bewohnt.
1903 Brandzerstörung des zur Burg gehörenden Oberhofs.
1907 An Freiherr Hans von Ow-Wachendorf.
1911 Einsturz des östlichen Turmgiebels durch Erdbeben.
1974 An den Landkreis Tuttlingen, Ruinensicherung.

Anlage

Typus
Höhenburg mit Burghöhle in Spornkuppenlage, Ministerialenburg.

Anlagenmerkmale
Bergfried, Ringmauer, Buckelquader.

Beschreibung
Kallenberg zeigt auch in ruinösem Zustand anschaulich das klassische

Beispiel einer kleinen hochmittelalterlichen Ministerialenburg in Höhenlage. Eingebunden in die Landschaft des Naturparks Obere Donau ist sie zudem beliebtes Ziel von Wanderungen.

Unübersehbar markiert der markante **Bergfried** die Kernburg an höchster Stelle der Spornkuppe. Aus der Ringmauer vorstehend ist er gleichzeitig Schutzturm des Tores, das noch ein Baudetail der Torleibung mit Bogenansatz zeigt. Der Turm ist auffallend gut erhalten, ist bis 14 m hoch und steht auf quadratischem Grundriss von 8 x 8 m. Trotz seiner unterschiedlichen Quaderaufbauten wirkt er homogen und ausgewogen. Die untere Hälfte zeigt geschlossene Buckelquaderflächen. Abmessung: Längen bis 110 cm, Breiten bis 60 cm, Höhen bis 58 cm. Darüber Tuffquaderbereiche mit Eckbuckelquadern und eingestreuten Buckelquadern, Zangenlöcher; zur Hofseite Bruchstein. Der jüngere Aufbau mit Giebeln besteht ebenfalls aus Bruchstein. Weitere Details sind der Hocheingang mit Schultersturz und Balkenaussparungen für die Eingangsplattform.

Mantelartig umschließt die polygonale **Ringmauer** in beachtlichen, bis zu 5 m hohen Resten die felsige Bergkuppe. Die Außenverblendung besitzt Buckelquader, Teilbereiche sind mit neuer Verblendung instand gesetzt. Innerhalb des Areals von ca. 20 x 24 m gibt es Hinweise zum in der Nordwestecke situierten Wohnbau, zu den Nebengebäuden an der Ringmauer und zur Zisterne. Nordwestseitig etwas unterhalb zeigt eine verebnete Fläche ohne Bauwerksnachweis die Lage der Vorburg.

Zur **Höhlenburg**, einem weiteren Bereich der Burg, führt ein Fußpfad durch den nordseitig gelegenen Graben. Über einer Felsstufe liegt das Höhlenportal: Breite bis 8,5 m, 6 m hoch, 11 m tief, Frontmauer aus hammerrechtem Bruchsteinmauerwerk mit Aussparung für den Riegelbalken des Eingangs.

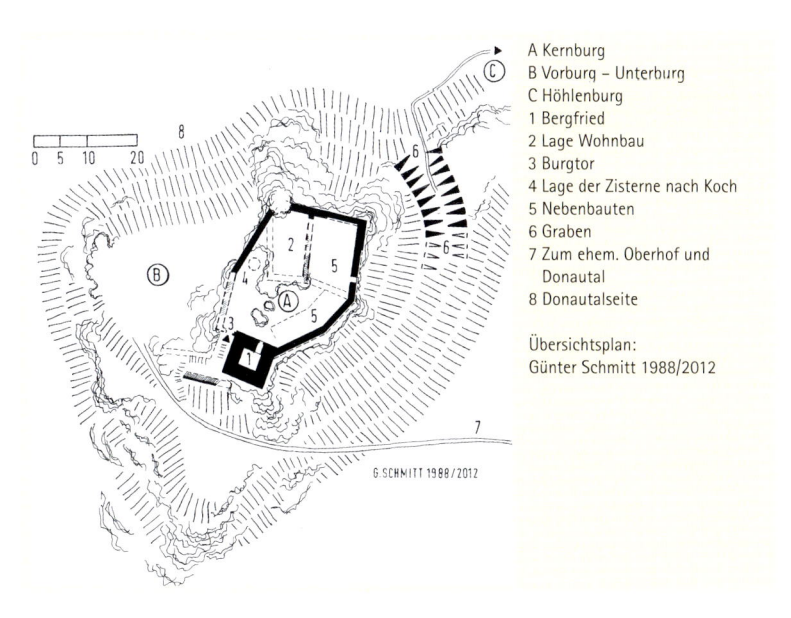

A Kernburg
B Vorburg – Unterburg
C Höhlenburg
1 Bergfried
2 Lage Wohnbau
3 Burgtor
4 Lage der Zisterne nach Koch
5 Nebenbauten
6 Graben
7 Zum ehem. Oberhof und Donautal
8 Donautalseite

Übersichtsplan:
Günter Schmitt 1988/2012

418 Spaltfels; Irndorf

Erhaltungszustand: Burgstelle am Ende einer Felsrippe über der Donau und dem Kloster Beuron, 20 m langer Felsgraben, mögliche Kernburg durch Felswände begrenzt ca. 35 x 60 m, kein Bauwerksnachweis.
Besichtigung: Frei zugänglich, AP.
Lage: TK 7919; 784,20 m, GK. R 98 200, H 24 150; 900 m südlich von Irndorf.
Typus: Mögliche Höhenburg in Spornfelsenlage.
Geschichte: Bestand und Besitzer nicht bekannt, Datierung 12./13. Jh. H.-W. Heine.

419 Lengenfels; Bärenthal

Erhaltungszustand: Burgstelle am Ende eines felsigen Höhensporns über dem Bäratal, 15 m breiter Felsgraben; Kernburg: 2 m hohe Schuttriegel eines Wohnbaus oder Wohnturms, trapezförmiger Grundriss ca. 10 x 14 m mit Trenn- und Quermauer; nach Süden 80 m langer Sporn, Mulden von Gebäuden, Durchgangshöhle mit Mauerrest.
Besichtigung: Frei zugänglich, AP.
Lage: TK 7919; ca. 805 m, GK. R 95 020, H 25 050; 1,2 km südsüdöstlich von Bärenthal.
Typus: Höhenburg in Spornlage.
Geschichte: Bestand und Besitzer nicht bekannt, möglicherweise der seit 1194 genannte Ortsadel von Irndorf, Datierung 12./13. Jh., H.-W. Heine.

420 Bärenthal

Erhaltungszustand: Burgstelle mit geringen Mauerresten auf einem Steilwandfelsen am Talhang über dem Bäratal. Kluft zum Talhang, Kernburg ca. 3–8 x 17 m, vereinzelt Buckel- und Tuffquader, vermuteter Turm, Verebnungen am Hang, Mauerrest.
Besichtigung: Frei zugänglich.
Lage: TK 7919; ca. 820 m, GK. R 95 160, H 26 910; 600 m ostsüdöstlich von der Ortschaft Bärenthal.
Typus: Höhenburg in Talhanglage.
Geschichte: Entstehung 12. Jh., Aufgabe nach Mitte 13. Jh., Nachweis durch Fundkeramik, Chr. Bizer; 1. Hälfte 13. Jh. Buckelquaderbau, Bauherr nicht bekannt, möglicherweise der seit 1194 genannte Ortsadel von Irndorf.

421 Ensisheim; Bärenthal

Erhaltungszustand: Durch Steinbruch ersatzlos abgebrochene Burg-Schlossanlage. Ehemals 10–15 m großer Bau auf einer Tuffsteinterrasse nördlich der Bära gelegen.
Lage: TK 7919; ca. 685 m, GK. R 93 900, H 28 420; 2,4 km nordnordwestlich von Bärenthal.
Typus: Burg, dann Schloss in Höhenlage.
Geschichte: Entstehung nicht bekannt, Datierung 13./14. Jh. H.-W. Heine; 1477 die Burg durch Verkauf des Klosters Beuron an Jos Niklas Graf von Zollern-Hechingen, 1596 an die Fürsten von Hohenzollern-Sigmaringen, Neubau als Jagdhaus, 1784 klassizistischer Ausbau zum Schloss, 1962–1963 Abbruch.

Vorderes Schloss Mühlheim

Stadt Mühlheim an der Donau, Landkreis Tuttlingen, Baden-Württemberg
Meereshöhe: 750 m, Donautal 630 m
Erhaltungszustand: erhaltener Schlossbau
Besitzer: Stadt Mühlheim an der Donau
Besichtigung: Innenbesichtigung: Museum Oberes Donautal – Museum im Vorderen Schloss Mühlheim, Öffnungszeiten: So 14 bis 17 Uhr und nach Vereinbarung, Info Telefon 07463 9940 16
Lage: TK 7919; GK. R 91 800, H 20 790; GPS 48° 2' N, 8° 53' O; nordwestliche Stadtmauerlage, Straße: Schloss 1

Mühlheim hat durch seine freie Lage auf einem Höhensporn über der Donau das Erscheinungsbild einer mittelalterlichen Stadt bewahren können. Besonders prägnant wirkt die Stadtsilhouette mit den beiden Schlossbauten. Die Donautalstraße führt von Tuttlingen in Richtung Beuron direkt am südlichen Ende der Altstadt vorbei. Parkmöglichkeit besteht vor dem Stadttor und innerhalb der Altstadt.

Bauphasen

I. Bauphase 1. Hälfte 15. Jh.
Wahrscheinliche, jedoch nicht sicher nachgewiesene Entstehung des „Vorderen Alten Schlosses" mit Mauer zur Stadt durch die Brüder Engelhard und Friedrich VI. von Enzberg.

II. Bauphase um 1650
Bauherr: Friedrich XII. von Enzberg, †1661. Behebung erheblicher Kriegsschäden im Zuge von Umbaumaßnahmen.

III. Bauphase 1. Hälfte 18. Jh.
Bauherr: Nikolaus Karl Freiherr von Enzberg, †1732, die Witwe Maria Ursula geb. Freifrau von Hallwil, der Sohn Nikolaus Friedrich XV., †1753. Architekt: Möglich Johann Caspar Bagnato, Deutschordensbaumeister, ab 1751 für den Neubau des „Hinteren Schlosses" und möglicherweise auch für Schloss Bronnen tätig. Grundlegender barocker Neubau mit Walmdach unter Verwendung vorhandener Bausubstanz, Innenausstattung.

IV. Bauphase 1989–1990
Bauherr: Stadt Mühlheim an der Donau. Architekt: Dipl.-Ing. Günter Hermann, Stuttgart/Tuttlingen. Umbau zum Städtischen Bürgerhaus mit Museum.

Geschichte

Mühlheim gehört um 1200 zu den zahlreichen Stadtgründungen der Grafen von Zollern, deren Burg in der nördlichsten Stadtecke, das heutige „Hintere Schloss" steht. Seit Beginn des 15. Jhs. bestimmen die Herren von Enzberg aus Enzberg an der Enz die Geschicke der Stadt.
1409 Konrad und Volz von Weitingen verkaufen den Besitz Mühlheim an ihre Vettern Friedrich VI. und Engelhard von Enzberg.

Beschreibung

Mühlheim besitzt zwei Schlösser, das auf die Burg zurückgehende, markant an der Nordwestecke sitzende „Neue Hintere Schloss" und das etwa 90 m südlich an der westlichen Stadtmauer situierte „Alte Vordere Schloss". Letzteres Schloss, der Stadt gehörend, ist als Bürgerhaus mit Museum öffentlich zugänglich, das „Hintere Schloss" ist Privatbesitz der Freiherren von Enzberg und nicht zugänglich.

Das „Vordere Schloss" geht auf eine eigenständige Anlage mit Mauer, Pfisterei, Badstube, Viehscheuer und Krautgarten zurück. Heute steht es mit dem Erscheinungsbild der Barockbauphase als Solitärbau im Stadt-

1470 Bei der Erbteilung erhält Friedrich VIII. das bestehende „Vordere Schloss", Hans I. das hintere „nuw Husß" – neue Schloss.
1478 Hans I. erwirbt von seinem Bruder das „Vordere Schloss".
1509 „Das vordere alte Schloss" erwähnt.
1632 Einnahme durch die Schweden, starke Beschädigung beider Schlösser, 1633 erneute Beschädigung durch Kaiserliche Truppen, 300 Schweden werden niedergemetzelt. Die Enzberger fliehen nach Rottweil.
1978 Erwerb durch die Stadt Mühlheim.

Anlage

Typus
Schloss in Stadtmauerlage, Barockschloss.

Anlagenmerkmale
Barocker Kompaktbau, Walmdach.

Großer Saal.

Treppenraum zum Großen Saal.

LANDKREIS TUTTLINGEN

mauerrandgefüge; ein dreigeschossiger Rechteckbau mit 16,90 x 20,60 m, Walmdach, Außenfassaden mit 3 zu 5 Achsen, Portale mit gemalter Pilasterrahmung, Eckquaderung und Aufzugshaus.

Innenräumlich ist das Schloss dreischiffig, besitzt in der Nordwestecke ein zweiläufiges Treppenhaus mit Balustergeländer an Doppelpfeilern, zur Talseite einen 17 m langen Keller mit Tonnengewölbe. Durch den Umbau zum Bürgerhaus gibt es bauliche Veränderungen, die zeitgemäß ablesbar in guter Architektursprache ausgeführt sind. Im 1. Obergeschoss befindet sich der große Saal, entstanden aus zwei Räumen und dem zur Südseite reichenden Korridor, genutzt für Sonderausstellungen, Veranstaltungen und Trauungen. Saal und stadtseitiges Sitzungszimmer besitzen Rahmenstuck und intarsierte Holzböden. Im 2. Obergeschoss Museumsausstattung: Stadt- und Herrschaftsgeschichte, Alemannen, Kirchliche Kunst. Im Dachgeschoss großräumige museale Nutzung für Handwerk und Kultur.

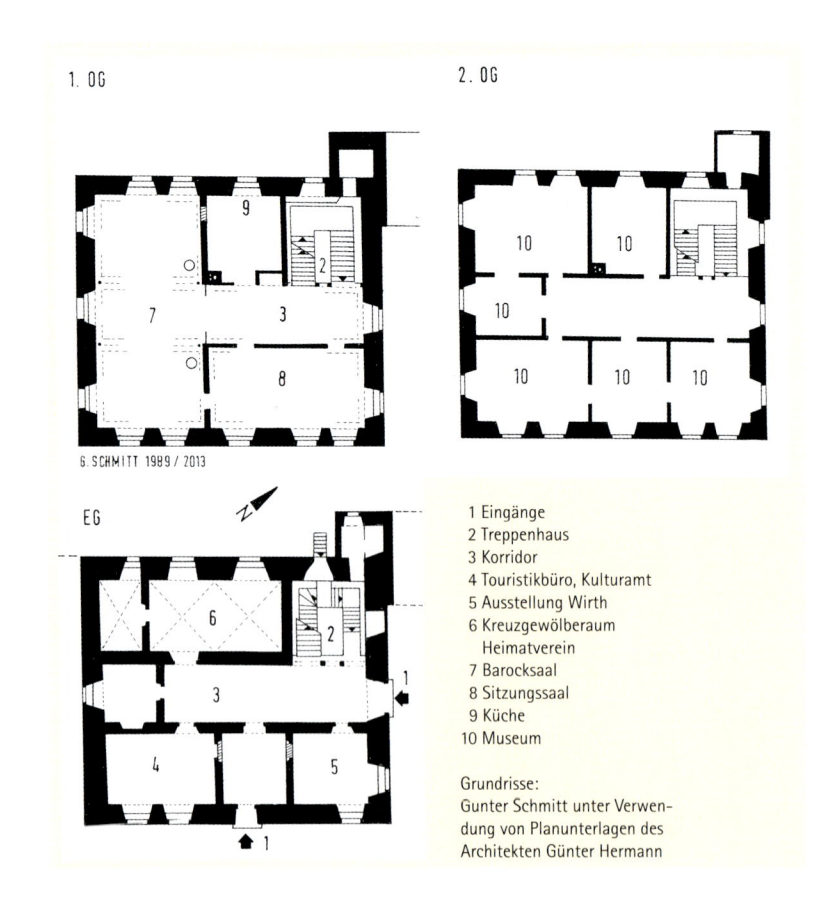

1. OG
2. OG

G. SCHMITT 1989 / 2013

EG

1 Eingänge
2 Treppenhaus
3 Korridor
4 Touristikbüro, Kulturamt
5 Ausstellung Wirth
6 Kreuzgewölberaum Heimatverein
7 Barocksaal
8 Sitzungssaal
9 Küche
10 Museum

Grundrisse:
Gunter Schmitt unter Verwendung von Planunterlagen des Architekten Günter Hermann

423 Hinteres Schloss Mühlheim; Stadt Mühlheim an der Donau

Erhaltungszustand: Stadt- und landschaftsbildprägende Barockschlossanlage über der Donau. Ehemals Burg mit rundem Frontturm, Graben zur Stadt. Zwingeranlage mit Tor. Schlossbau als Zweiflügelanlage mit Mansardendach, viergeschossiger Nordwestflügel-Giebelseite mit runden Ecktürmen, Zwiebeldächer. Der Südflügel dreigeschossig im Winkel mit Längsseite und Eingangsportal zur Stadt gerichtet. Pilasterportal mit Wappen derer von Enzberg und Hallwil. Inneres: Keller mit Tonnengewölbe, Raumausstattungen barock, stuckierte Decken, Kachelöfen, Schlosskapelle von 1752.
Besichtigung: Privatbesitz, nicht zugänglich, von außen einsehbar.
Lage: TK 7919; 750 m, GK. R 91 850, H 20 880; am nördlichsten Ende der Altstadt.
Typus: Höhenburg-Schloss, Stadtschloss, Barockschloss.
Geschichte: 1190/1200 mögliche Entstehung der Burg im Zuge der Stadtwerdung durch die Grafen von Zollern; 1241 burgum nostrum, 1255 oppidum, 1266 civitas; 1303 Verpfändung der Herrschaft mit der Veste an den Bischof von Konstanz, 1391 Verkauf an die Herren von Weitingen, 1409 an deren Vettern Friedrich VIII. und Engelhard von Enzberg; vor 1470 Umbau zum Schloss, 1632, 1633 Beschädigungen, Zwischenbau 1680; 1751–1753 barocker Umbau und Neubau Südflügel zur barocken Zweiflügelanlage durch die Witwe des Nikolaus Karl von Enzberg, Maria Ursula geb. Freifrau von Hallwil, und deren Sohn Nikolaus Friedrich, Architekt Johann Caspar Bagnato.

424 Espach; Stadt Mühlheim an der Donau

Erhaltungszustand: Burgstelle auf einem Felsen über der Donau am nördlichen Ende des Scheibenbühls. Bogenförmiger Wallgraben ca. 35 m lang, Außenwallrest; Kernburg ca. 25 x 30 m, keine Bauwerksspuren, kleine Schutthügel.
Besichtigung: Frei zugänglich, AP.
Lage: TK 7919; 678 m, GK. R 92 140, H 21 580; 900 m nordnordöstlich von Mühlheim an der Donau.
Typus: Höhenburg in Bergeckenlage.
Geschichte: Entstehung und Besitzer

nicht bekannt, Bezeichnung Flur Espach im Tal, mögliche Burg zur Herrschaftsabsicherung gegenüber der Hohenberger Burg Altfridingen.

425 Bräunisburg; Stadt Mühlheim an der Donau

Erhaltungszustand: Burgstelle am Ende eines Bergeckensporns über dem Ursental. Vorburg ca. 50 x 75 m mit bogenförmigem Steinwall, 110 m lang, bis 3,5 m hoch; Kernburg ca. 8 x 8 m, zum Halbkreis tendierender Wallgraben, möglicher Mauersockel.
Besichtigung: Frei zugänglich, AP.
Lage: TK 7918; 852 m, GK. R 87 400, H 21 310; 4,4 km westnordwestlich von Mühlheim an der Donau.
Typus: Höhenburg in Sporneckenlage.
Geschichte: Entstehung und Besitzer nicht bekannt, Flur „Schlosshof", Eigentum der Edelfreien von Wartenberg, somit mögliche Burg Neuwartenberg, 1394 Ruine, Datierung spätestens 13. Jh., H.-W. Heine.

426 Kraftstein; Stadt Mühlheim an der Donau

Erhaltungszustand: Burgruine auf einem Felsen am östlichen Steilhang des Ursentales. Hanggraben, Turmruine auf polygonalem Grundriss ca. 15 x 18 m, Westseite abgestürzt, innenseitig Kleinquader, außen Eckbossenquader, hammerrechtes Mauerwerk in Lagen bis 8 m hoch.
Besichtigung: Frei zugänglich.
Lage: TK 7918; 835 m, GK. R 87 400, H 23 330; 5,3 km nordwestlich von Mühlheim an der Donau.
Typus: Höhenburg in Talhanglage.
Geschichte: Entstehung 13. Jh., Bauherr nicht bekannt, 14. Jh. in Besitz der Edelfreien von Wartenberg, 1386/1387 Luggart die Ältere und Luggart die Jüngere von Wartenberg Verkauf an die Stadt Mühlheim, 1446 Burgstall.

427 Burghalde Kolbingen; Kolbingen

Erhaltungszustand: Wallanlage auf einem breiten Höhensporn über dem Wulfbachursprung. Ca. 70 m langer Doppelwallgraben bis 1,5 m hoch, dahinter trapezförmige Fläche ca. 80 x 85 m.
Besichtigung: Frei zugänglich.
Lage: TK 7719; 824, 1 m, GK. R 91 900, H 23 050; 900 m südlich von Kolbingen.
Typus: Frühmittelalterliche Befestigung in Höhenlage.
Geschichte: Befestigung-Wallanlage, Datierung 8.–11. Jh., H.-W. Heine.

428 Walterstein; Kolbingen

Erhaltungszustand: Burgstelle auf einem Felsenkamm über dem Lipbachtal. Natürliche breite Felsspalte als Graben, Schuttriegel und Wall am Fuß der Felsen; Kernburgfelsen ca. 4 x 6 m, geringe Mauerreste eines möglichen Wohnturmes.
Besichtigung: Frei zugänglich.
Lage: TK 7919; 850 m, GK. R 89 560,

H 23 340; 2,7 km nordwestlich von Kolbingen.
Typus: Höhenburg in Hochflächenrandlage, Ministerialenburg.
Geschichte: Angenommene Entstehung Anfang 13. Jh., 1239, 1267 Gerone von Waltinstein, Ministeriale der Herren von Wartenberg; 1283 Heinrich, um 1300 an die Gemeinde Kolbingen, bis um 1350 bewohnt, Burgenname eher Waltenstein.

429 Burgstall Kolbingen; Kolbingen

Erhaltungszustand: Vermutete Burg beim Flurname „Burgstall" an der Hochflächenkante eines Seitentales zum Lipbachtal. Standort bisher nicht festgestellt.
Besichtigung: Gelände frei zugänglich.
Lage: TK 7919; ca. 868 m, GK. R 90, H 25; 2,5 km nordnordwestlich von Kolbingen.
Typus: Mögliche Höhenburg in Hochflächenrandlage.
Geschichte: Entstehung und Besitzer nicht bekannt.

430 Schalkenberg; Tuttlingen-Nendingen

Erhaltungszustand: Vermutete Burgstelle am Ende eines Höhensporns über dem Donautal. Keine Bauwerksspuren, Geländeterrasse an der Spornspitze.
Besichtigung: Frei zugänglich.
Lage: TK 7919; 805 m, GK. R 97 950, H 19 850; 2 km nordwestlich von Nendingen.
Typus: Vermutete Höhenburg in Spornlage.
Geschichte: 1411/1435 überfällt Heinrich von Sunthausen den Brun von Lupfen „vor der Schalkenberg am Ursental"; nach Schindler: ehem. Fürstenbergischer Besitz, seit 1. Hälfte 15. Jh. in Lupfingischem Besitz; nach Heine: möglicher Namenszusammenhang Schalkenberg-Schallon.

431 Wasserburg; Stadt Tuttlingen

Erhaltungszustand: Burgruine an der Nordspitze des Leutenberges über der Donau. Ausgeprägte Rechteckanlage ca. 38 x 65 m, U-förmiger, bis 15 m breiter, 6 m tiefer Sohlgraben, geringe Reste Ringmauer, in der Südwestecke Kernburg ca. 25 x 37 m, 3 m hohe Schuttwälle.
Besichtigung: Frei zugänglich.
Lage: TK 7919; 720 m, GK. R 87 790, H 18 250; 2,4 km nordnordöstlich von Tuttlingen.
Typus: Höhenburg in Bergeckenlage.
Geschichte: Entstehung und Besitzer nicht bekannt, 1544 nicht mehr bewohnt, 1226 Reinhard von Wasserburg; fragliche Zuordnung, Burg nach Riezler vermutet Lichtwartenberg, diese 1411–1435 in fürstenbergischem Besitz.

432 Luginsfeld; Stadt Tuttlingen

Erhaltungszustand: Burgruine an der Südwestecke des Leuchtenberges. Winkelförmig angelegter Doppelwallgraben, Kernburg ca. 14 x 20 m, zentraler Turm: Seitenlängen 7,03 bis 7,12 m, lagenweise Kalksteinmauer bis 1,8 m hoch, 1,64 bis 1,80 m stark, geringe Mauerreste der Ringmauer.
Besichtigung: Frei zugänglich.
Lage: TK 8019; 785 m, GK. R 87 840; H 16 650; 1,5 km ostnordöstlich über der Stadtbebauung von Tuttlingen.
Typus: Höhenburg in Bergeckenlage, Turmburg.
Geschichte: Entstehung 11./12. Jh., Bodenfunde, Besitzer nicht bekannt.

Festung Honberg 433

Stadt Tuttlingen, Landkreis Tuttlingen, Baden-Württemberg
Meereshöhe: 795 m, Donautal 642 m
Erhaltungszustand: großräumige Festungsruine mit umfangreichen Bauwerksresten
Besitzer: Stadt Tuttlingen
Besichtigung: gesamter Ruinenbereich frei zugänglich, AP. jährlich Musikfestival Honberg-Sommer, Zinnenturm an Wochenenden bei gutem Wetter geöffnet.
Lage: TK 8018; GK. R 86 910, H 15 780; GPS 47° 58' 46" N, 8° 49' 27" O

An der Südwestseite der Schwäbischen Alb, dem Zugang zum Naturpark Obere Donau, liegt die Große Kreisstadt Tuttlingen. Sie wird im Osten vom Honberg mit den Türmen der markanten Festungsruine überragt. Zufahrt von der stadtauswärts führenden Stockacher Straße, beim Friedhof bezeichnet „Burg Honberg", auf den Bergrücken des Honbergs mit einem Parkplatz hinter der Ruine. Parkplatz Ruine-Honberg 250 m.

Bauphasen

I. Bauphase Baubeginn um 1460
Bauherr: Eberhard V. im Bart Graf von Württemberg, ab 1495 als Herzog Eberhard I., *1445, †1496, Ehefrau: Barbara Gonzaga von Mantua. Beginn der Bauarbeiten zur neuzeitlichen Festungsanlage mit Truppensammelplatz und Wohnschloss des württembergischen Obervogts, ausgestattet mit allen hohen und niederen Gerichtsbarkeiten.

II. Bauphase 1486
Nicht bekannte Baumaßnahmen unter dem Obervogt Wilhelm von Neuneck, nach einem dokumentierten, jedoch verloren gegangenen Baubericht an Graf Eberhard.

Geschichte

1376/1377 Tuttlingen kommt in württembergischen Besitz und gelangt dadurch in das territoriale Spannungsfeld zwischen dem habsburgischen Vorderösterreich und den Eidgenossen. Tuttlingen als wichtige Stadt an Handelswegen und Außenposten ist für den bei Regierungsantritt erst 14-jährigen Graf Eberhard V. von Bedeutung. Um 1460 beschließt Eberhard einen zeitgemäßen Festungsbau zur Sicherung des Herrschaftsbereiches und um militärische Präsenz zu bezeugen.

1479/1480 Honberg wird im Zuge der „Friedinger Fehde" Truppensammelplatz.

1499 Während des „Schweizer-Schwabenkriegs" zwischen dem Reich und der Schweiz um die Vorherrschaft im Grenzbereich wird Honberg Sammelplatz württembergischer Truppen, nach der verlorenen Schlacht bei Schwaderloh Lager für 2000 Soldaten.

1519–1534 Tuttlingen und Honberg sind österreichisch. Vergebliche Belagerung durch die Rottweiler.

1546–1548 Besatzung während des „Schmalkaldischen Krieges", der Honberg verliert gegenüber der württembergischen Festung Hohentwiel an Bedeutung.

Ab 1554 Honberg ohne Besatzung, das Schloss bewohnt nur noch ein bürgerlicher Burgvogt, Vernachlässigung der Festungsbauten.

1633 Tuttlingen von österreichischen Truppen besetzt, Rückeroberung durch Württemberg, Tuttlingen wird in Brand gesetzt.

1643 Schlacht bei Tuttlingen, ein Hauptereignis des Dreißigjährigen Krieges, bei dem die französischen Truppen eine schwere Niederlage hinnehmen müssen. Generalfeldmarschall Franz Freiherr de Mercy lässt die nicht mehr intakte Festung Honberg durch den kurbayerischen Obristen Georg Friedrich von Holtz angreifen und besetzen.

Enzbergkarte 1544.   Franz de Mercy.

Honberg wird nicht mehr benutzt und zerfällt.
1696 Entnahme von Baumaterial zum Bau des herzoglichen Hüttenwerks Ludwigstal.
1883 Sicherung der Ruine, Ausbau des nordwestlichen Eckturmes im Sinne der Romantik zum Zinnenturm, Haubenturm 1893.

Anlage

Typus
Frühneuzeitliche Höhenfestung, Württembergische Landesfestung.

Anlagenmerkmale
Weiträumige Rechteckanlage, Geschütztürme, spätgotischer Schlossbau mit Ecktürmen.

Beschreibung
Für die Baugeschichte ist die Festung Honberg als Neugründung die erste Festung auf württembergischem Territorium und die einzige Neuanlage des 15. Jhs. Ausdrücklich für militärische Zwecke und als Truppensammelplatz errichtet, hat sie mit dem Burgenbau nichts mehr zu tun. Ihre Bauweise ist auf die Horizontale gerichtet, die Türme für Feuerwaffen konzipiert und der repräsentative Wohnbau ist nicht der Wohnplatz der Burgherrenfamilie, sondern der des adeligen Obervogts. Er besitzt kein eigenes Burgzubehör, die Besoldung erfolgt durch die Herrschaft. Natürlich steht die Bauweise des Wohnschlosses mit seinem über die Mauer ragenden Baukörper und den Ecktürmen noch ganz in der Tradition herkömmlicher spätgotischer Herrschaftsbauten.

Die Ruine Honberg liegt auf einer Kuppe am Ende eines lang gezogenen Höhenrückens direkt über der Stadtbebauung. Durch ihren ruinenhaften Zustand sind die Baubereiche der Festung und des Wohnschlosses gut ablesbar.

Festungsbereich: Großräumige Rechteckanlage von ca. 70 x 130 m, ehem. mit Unterkunfts- und Wirtschaftsbauten. Umfassungsmauer mit Rechteckschalentürmen; Frontseite zur tiefer liegenden Bergseite mit Wallgraben und 2,35 m starker Frontmauer, flankiert mit 12 m hohen runden Geschütztürmen.

Wohnbaubereich – Schloss des Obervogts: Eigenständiger Abschnitt mit Graben zum Festungsbereich; Zwinger mit Schalenrundtürmen, ehemals mit Kegeldächern gedeckt. Ruine des

Schlossbaus mit noch zweigeschossigen Außenmauern eines Rechteckbaus von 16,5 x 30 m, an den Ecken Rundtürme, die stadtseitigen historisierend erhöht. Nach der Enzbergkarte 1544 und Merian 1643 ist dies ein dreigeschossiger Satteldachbau mit Stufengiebeln und Ecktürmen mit Kegeldächern. Ehemalige Nutzung: im EG Stallung und Lagerräume, 1.OG sog. Eichensaal und Verwaltungsräume, 2.OG Wohnbereich des Obervogts.

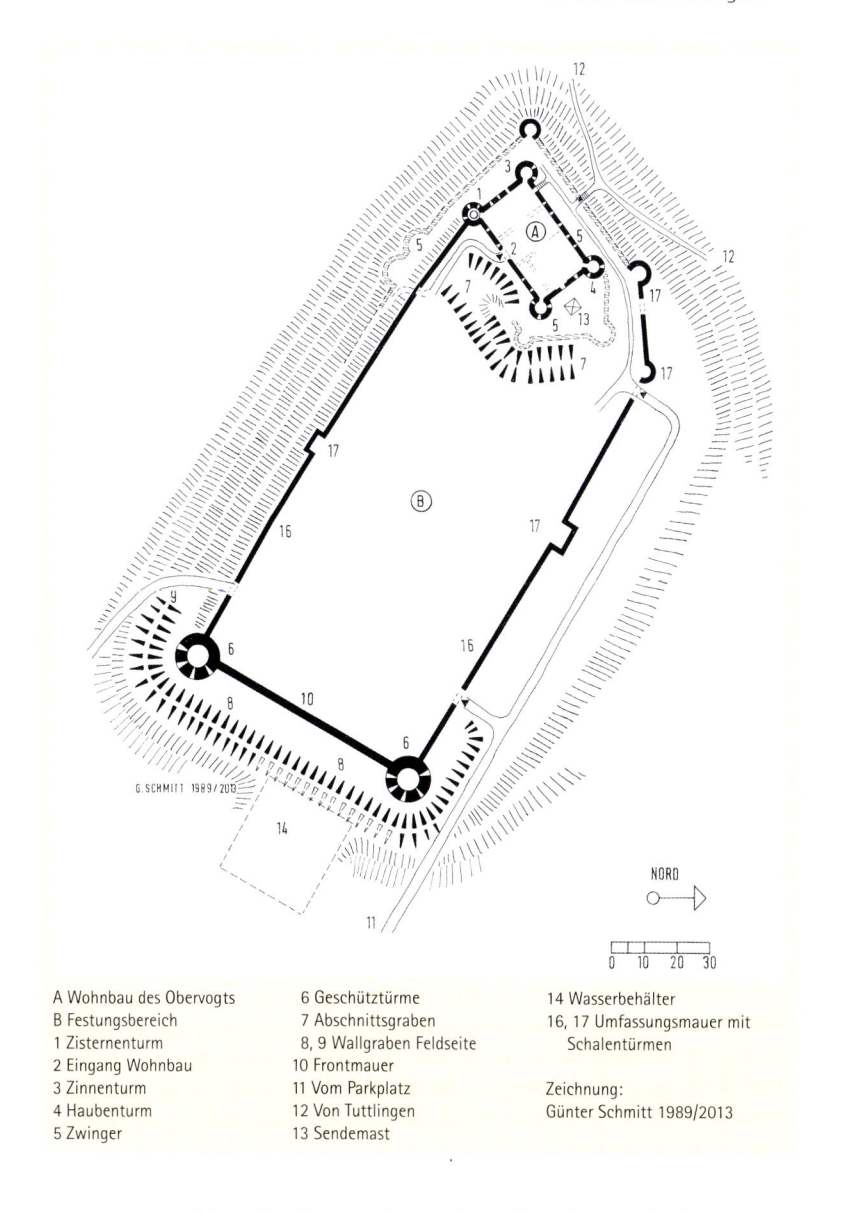

A Wohnbau des Obervogts
B Festungsbereich
1 Zisternenturm
2 Eingang Wohnbau
3 Zinnenturm
4 Haubenturm
5 Zwinger
6 Geschütztürme
7 Abschnittsgraben
8, 9 Wallgraben Feldseite
10 Frontmauer
11 Vom Parkplatz
12 Von Tuttlingen
13 Sendemast
14 Wasserbehälter
16, 17 Umfassungsmauer mit Schalentürmen

Zeichnung:
Günter Schmitt 1989/2013

434 Schallon; Wurmlingen

Erhaltungszustand: Mögliche Burgstelle im Waldteil „Burg" auf dem „Stierjörgenfels" über einem Seitental des Ursentals. Keine Bauwerksspuren, verflachter Graben, 1604 noch Mauerreste und Keller vorhanden.
Besichtigung: Frei zugänglich.
Lage: TK 7918; 836,7 m, GK. R 86 700, H 21 200; 4 km nordöstlich von Wurmlingen.
Typus: Mögliche Höhenburg in Sporneckenlage.
Geschichte: Entstehung und Besitzer nicht bekannt, möglich die Herren von Dürbheim oder von Rietheim, nach H.-W. Heine Bestand spätestens 13. Jh. Möglicher Namenszusammenhang mit Schalkenberg-Schallon.

435 Altrietheim; Rietheim-Weilheim

Erhaltungszustand: Burgstelle mit geringen Mauerresten an der Höhenkante eines Seitentales zum Ursental. Winkelförmiger Spitzgraben, Wallrest, Kernburg ca. 18 x 26 m, 2 m hoher Schutthügel eines Turmes, hammerrechtes Kalksteinmauerwerk.
Besichtigung: Frei zugänglich.
Lage: TK 7918; 843 m, GK. R 86 290, H 21 480, 2,6 km ostsüdöstlich von Rietheim.
Typus: Höhenburg in Hochflächenrandlage, Hochadelsburg.
Geschichte: Entstehung nicht bekannt, 13. Jh. erneuert, 1100 Siegebot von Rietheim, Zeuge einer Urkunde der Grafen von Nellenburg, 1160 bis 1312 Herren von Rietheim, danach an Lupfen, um 1400 Burgstall.

436 Fürstenstein; Rietheim-Weilheim

Erhaltungszustand: Burgstelle auf einem Felsen über dem Faulenbachtal. Winkelförmiger Sohlgraben, Kernburgfelsen ca. 25 x 30 m, Schutthügel Kernmauerwerk eines ca. 5 x 6-8 m großen Turmes, Kellermulde, Felsgrube.
Besichtigung: Frei zugänglich, AP.
Lage: TK 7918; 874,2 m, GK. R 84 360, H 20 620; 950 m östlich von Weilheim.
Typus: Höhenburg in Hochflächenrandlage.
Geschichte: Datierung 12./13. Jh., H.-W. Heine; Zuweisung unklar, nach Jäni-

chen Zweig der Fürsten von Hirscheck-Konzenberg, eher 1211 Bertholdus de Vuristinstein (vorderster Stein), Bruder des Reichenauer Abtes Heinrich von Hohenkarpfen, Aufgabe 14. Jh.

437 Wallenburg; Dürbheim

Erhaltungszustand: Burgstelle mit geringen Mauerresten auf einem Felsen am Ende eines Höhensporns über dem Ursental. Spitzwinkelige Geländeform, Vorburg ca. 20 x 50 m mit Wallgraben, Felsgraben; Kernburg mit Schutthügel eines Frontturmes, ca. 7 x 9 m, 2 Buckelquader, Mauerschutt eines weiteren Gebäudes.
Besichtigung: Frei zugänglich.
Lage: TK 7918; 840 m, GK. R 86 900, H 21 780; 3,4 km südöstlich von Dürbheim.
Typus: Höhenburg in Spornlage, Hochadelsburg.
Geschichte: Entstehung um 1100, 12. Jh., Nachweis durch Fundkeramik, Chr. Bizer; Ausbau 1. Hälfte 13. Jh. Aufgabe Ende 13. Jh., Besitzer verm. die 1084 bis 1328 genannten Edelfreien von Dürbheim, um 1500 „nobilis" Hildegard von Wallenburg.

438 Baldenberg; Stadt Spaichingen

Erhaltungszustand: Burgstelle am südlichen Ende des Dreifaltigkeitsberges, einer großräumigen vorgeschichtlichen Anlage über Spaichingen. Zweiteilige Anlage, äußerer Graben, Vorburg ca. 80 x 80 m, Wallgraben; Kernburg dreiecksförmig ca. 35 x 60 m mit Wallgraben am Spornende, keine Bauwerksspuren, 600 m nördlich ein mittelalterlicher Wallgraben im Bereich der vorgeschichtlichen Wälle.
Besichtigung: Frei zugänglich.
Lage: TK 7918; 850 m, GK. R 82 560, H 26 730; 2 km ostnordöstlich von Spaichingen.
Typus: Höhenburg in Spornlage.
Geschichte: Datierung nach Biel, Heine 8.–11. Jh. oder später; früh- und hochmittelalterliche Anlage, Besitzer nicht bekannt.

439 Michelstein; Egesheim

Erhaltungszustand: Burgruine mit deutlich aufrecht stehendem Mauerwerk auf einem Spornfelsen über dem Bäratal. Geländekanten der Vorburg, bogenförmiger Halsgraben; Kernburg ca. 20 x 60 m, Reste der bis 5 m hohen Ringmauer, 22 m hohe, 5-geschossige

Turmruine: Eckbuckelquader, Nordseite abgestürzt; im abfallenden Burggelände Felsschacht.
Besichtigung: Frei zugänglich, AP.
Lage: TK 7819; 920, 8 m, GK. R 88 620, H 30 620; 800 m westsüdwestlich von Egesheim.
Typus: Höhenburg in Spornlage.
Geschichte: Entstehung Ende 11./1. Hälfte 12. Jh., Aufgabe Mitte 14. Jh. Nachweis durch Fundkeramik, Chr. Bizer; 1266 bis 1305 Herren von Michelstein, 1188 bis um 1300 Ortsadel von Egesheim, Zuweisung unsicher, 1356 überlieferte Teilzerstörung durch Erdbeben.

440 Burgengruppe Wehingen

Erhaltungszustand: Burgstellen am Ende des Höhenrückens Schlosshalde über der Unteren Bära. Burgengruppe mit Abschnittsgräben: an der Spornspitze „Alt-Wehingen" ca. 11,6 x 22 m, Schuttriegel eines Kerngebäudes, Geländespuren. Angrenzend „Neu-Wehingen" ca. 14 x 34 m, Geländespuren, Schuttriegel, Reste Frontmauer in Quaderbauweise. Vorburgbereich mit Geländespuren, weitere Siedlungshinweise.

Besichtigung: Frei zugänglich.
Lage: TK 7818; 907 m, GK. R 86 730, H 34 360; 2,2 km östlich von Wehingen.
Typus: Höhenburg in Spornlage, Ministerialenburg.
Geschichte: Entstehung „Alt-Wehingen" 12. Jh., „Neu-Wehingen" 2. Hälfte 13. Jh. anstelle einer Vorgängeranlage aus der 1. Hälfte 13. Jh., Nachweis durch Fundkeramik, Chr. Bizer, Herren von Wehingen seit 1197 als Stammesverwandte der Werenwager bis 14. Jh. genannt, Ministerialen der Zollern und Hohenberger, 1475 Burgstall.

441 Heidenschlössle Deilingen

Erhaltungszustand: Burgstelle an einer Talecke über dem Mittelbachtal. Doppelgraben, dreiecksförmige Kernburg, 14 x 16 m, Schuttriegel, Unterburg.
Besichtigung: frei zugänglich.
Lage: TK 7818; 810 m, GK. R 83 580, H 38 240; 300 m nördlich von Deilingen. Kleinerer Grundstücksanteil Zollernalbkreis sh. dort.
Typus: Höhenburg in Spornlage.
Geschichte: Besitzer und Bestand nicht bekannt, möglicher Bezug zur Burg Hohenberg.

Grundlegende Literatur-Auswahl

- Christoph Bizer: Oberflächenfunde von Burgen der Schwäbischen Alb, in: Forschungen und Berichte der Archäologie des Mittelalters in Baden-Württemberg, Band 26, 2006.
- Christoph Bizer, Rolf Götz: Vergessene Burgen der Schwäbischen Alb, 1989.
- Casimir Bumiller: Geschichte der Schwäbischen Alb, 2008.
- Das Land Baden-Württemberg: Amtliche Beschreibung nach Kreisen und Gemeinden, Band IV. Regierungsbezirke Stuttgart und Ostwürttemberg, 1980; Band VI. Regierungsbezirk Freiburg; Band VII. Regierungsbezirk Tübingen, 1978.
- Georg Dehio: Handbuch der Deutschen Kunstdenkmäler, Baden-Württemberg, Regierungsbezirke Stuttgart und Karlsruhe, 1993; Baden-Württemberg II, Regierungsbezirke Freiburg und Tübingen, 1997; Bayern III, Schwaben, 1989.
- Roland Deigendesch, Christoph Morrisey: Kleine Geschichte der Schwäbischen Alb, 2008.
- Hans-Wilhelm Heine: Studien zu Wehranlagen zwischen junger Donau und westlichem Bodensee, in: Forschungen und Berichte der Archäologie des Mittelalters in Baden-Württemberg, Band 5, 1978.
- Günter Schmitt: Burgenführer Schwäbische Alb, 6 Bände 1988-1995.
- Günter Schmitt: Burgen, Schlösser und Ruinen im Zollernalbkreis, 2007.
- Stefan Uhl: Buckelquader an Burgen der Schwäbischen Alb, in: Zeitschrift für Hohenzollerische Geschichte, Band 26, 1990, S. 27-106.

Literatur zu den einzelnen Objekten

1 Hohenzollern
Willy Baur, Burg Hohenzollern, Burgenführer, 1965, weitere Auflagen – Bizer, Oberflächenfunde S. 210 – Rolf Bothe, Burg Hohenzollern, ausführliche Baugeschichte, 1979 – Dehio II, Kunstdenkmäler – Walter Genzmer, Burgenführer, mehrere Auflagen – G. Schmitt Burgenführer Bd. 5, S. 211-240 – G. Schmitt, Zollernalbkreis S. 105-118 – Wolfgang Felix Schmitt, Hohenzollern, in: Burgen und Schlösser Württemberg, S. 62-69 – Friedrich August Stüler, Die Burg Hohenzollern, Berlin 1866 – Zingeler/Buck, Zollerische Schlösser, S.1-13.

21 Straßberg
Otto Becker, Geschichte Straßbergs, in: Straßberg 1150 Jahre, S. 24-35 – Bizer, Oberflächenfunde, S. 258-261 – KDMH 2, S. 348-351 – Ralf Laschimke, Zur Entstehung der Burg Straßberg und der Herkunft des alten Ortsnamens „burc" in: Straßberg 1150 Jahre, S. 39-56 – G.Schmitt, Burgenführer Bd. 5, S. 245-258 – G.Schmitt, Zollernalbkreis, S. 292-305 – Uhl, Buckelquader – Zingeler/Buck, Zollerische Schlösser, S. 128-132.

28 Lautlingen
Peter Hoffmann, Claus Schenk Graf von Stauffenberg und seine Brüder, Stuttgart 1992 – G. Schmitt, Burgenführer Bd. 5, S. 283-292 – G. Schmitt, Zollernalbkreis, S. 57-65 – Gerd Wunder, Die Schenken von Stauffenberg, Eine Familiengeschichte, Schriften zur südwestdeutschen Landeskunde Bd. 11, 1972.

34 Schalksburg
Biel, Höhensiedlungen, S. 294-297 – Bizer, Oberflächenfunde, S. 182-188 – G. Schmitt, Burgenführer Bd. 5, S. 315-324 – G. Schmitt, Zollernalbkreis, S. 49-56 – Wilfried Schöntag, Der Kampf der Zollern und Hohenberger um die Herrschaft Schalksburg, in: Herrschaft Schalksburg, S. 43-67 – Stefan Uhl, Die Burgen der Grafen von Zollern in der Herrschaft Schalksburg, in: Herrschaft Schalksburg, S. 187-216.

53 Hohenmelchingen
Bizer, Oberflächenfunde, S. 243-247 – KDMH 1, S. 241 f. – Melchinger Heimatbuch 1972 – G. Schmitt, Burgenführer Bd. 5, S. 25-34 – G.Schmitt, Zollernalbkreis, S. 140-145 – Zingeler/Buck, Zollerische Schlösser, S. 116-120.

54 Hölnstein
Bizer, Oberflächenfunde, S. 239-242 – Bumiller, Zollern, S. 33 ff. – Johann Adam Kraus, Beiträge zur Ortsgeschichte, Hohenzollerische Jahreshefte 15, 1955, S. 75-112 – G. Schmitt, Burgenführer Bd. 5, S. 43-52 – G. Schmitt, Zollernalbkreis, S. 163-167 – Zingeler/Buck, Zollerische Schlösser, S. 94-96.

57 Achalm
Bizer, Oberflächenfunde, S. 128-134 – Hans Martin Maurer, Die Achalm und der mittelalterliche Burgenbau, in: Reutlingen aus der Geschichte einer Stadt, 1973 und „Reutlinger Geschichtsblätter" 6, 1968, S. 7-24 – G.Schmitt, Burgenführer Bd. 4, S. 275-286 – Theodor Schön, Die Burg Achalm, in: BISAV Nr. 6, 1984 mit Skizzen der Burg von Crusius 1587.

69 Lichtenstein
Bizer, Oberflächenfunde, S. 108-111 – Bizer, Götz, Vergessene Burgen, S. 47 f. – Dehio II. S. 419-420 – Albert Minzenmay, Schloss Lichtenstein, Schlossführer. G. Schmitt, Burgenführer Bd. 4, S. 315-322 – Frauke Steinhäuser, Burgen und Schlösser, Württemberg, S. 26-31.

76 Trochtelfingen
Die Kunstdenkmäler Hohenzollerns, 1948, S. 376–378 – G. Schmitt, Burgenführer Bd. 5, S. 59–70 – Zingeler/Buck, Zollerische Schlösser, S. 132–136.

81 Hohenstein
Bizer, Oberflächenfunde, S. 102–105 – Bizer, Götz, Pfefferkorn, Schmidt; Burguine Hohenstein, Die Burgen der Gemeinde Hohenstein, 1987 – G. Schmitt, Burgenführer Bd. 2, S. 301–306.

99 Derneck
Gunter Haug, Manfred Wassner; Im Tal der Burgen, S. 33–37 – Richard Meinel, Geschichte der Burgruine Derneck, in: BISAV Jg. 74, 1968 – W. Pfefferkorn, Derneck, in: Münsingen, S. 204–205 – G. Schmitt, Burgenführer Bd. 2, S. 193–200 – R. Deigendesch, S. Uhl, Ritter im Lautertal, S. 13–46 – Uhrle, Regesten.

100 Hohengundelfingen
Willy Baur, Hohengundelfingen, 1966 – Wilfried Pfefferkorn, Buckelquader an Burgen der Stauferzeit, in: „Burgen und Schlösser", 1977/I, S. 48–51 und Hohengundelfingen, in: Münsingen, S. 205–206 – R.Deigendesch, S. Uhl, Ritter im Lautertal, S. 13–45 – G. Schmitt, Burgenführer, Bd. 2 S. 183–192 – Stefan Uhl, Buckelquader, in ZHG, 26, 1990, S. 21–51 – Uhrle, Regesten.

102 Bichishausen
Gunter Haug, Manfred Wassner; Im Tal der Burgen, S. 60–65 – Wilfried Pfefferkorn, Buckelquader, in: Münsingen, S. 21–212 – R. Deigendesch; S. Uhl; Ritter im Lautertal, S. 13–45 – G. Schmitt, Burgenführer, Bd. 2, S. 167–174 – Stefan Uhl, Buckelquader, in: ZHG 26, 1990, S. 27–107 – Uhrle, Regesten.

104 Hohenhundersingen
Roland Deigendesch, Geschichte; Christoph Bizer, Archäologie; Stafan Uhl, Baubestand,Baugeschichte, in: Burg Hohenhundersingen, 2007 – Wilfried Pfefferkorn, Buckelquader an Burgen der Stauferzeit, in: „Burgen und Schlösser 1977/I, S. 48–51 – G. Schmitt, Burgenführer, Bd. 2, S. 161–166 – Stefan Uhl, Buckelquader, in: ZHG 29, 1990, S. 27–107.

109 Münsingen
Wilfried Pfefferkorn, Schloss Münsingen – die Stadtburg, in: Münsingen, S. 217–225 – G. Schmitt, Burgenführer, Bd. 4, S. 267–274.

119 Grafeneck
KDW – Kunst- und Altertumsdenkmale OA Münsingen 1912 – Karl Morlock: Wo bringt ihr uns hin? „Geheime Reichssache" Grafeneck, 1985 – Die Schlosskapelle, in: BISAV, Nr. 6, 1977 – Der Husarensprung, in: BISAV, Nr. 2, 1979 – G. Schmitt, Burgenführer Bd. 2, S. 133–142.

128 Hohenwittlingen
Alexander Antonow, Burgen des Südwestdeutschen Raumes, 1977, S. 278–280 – Bizer, Gradmann, Burgen, S. 55–56 – Konrad Albert Koch, Hohenwittlingen, in: BISAV, Nr. 4, 1915, S. 90–91 – G. Schmitt, Burgenführer, Bd. 4, S. 229–236.

129 Schloss Urach
Dehio II, S. 42–44. – Saskia Esser, Schloss Urach, Sonderheft von Schlösser Baden-Württemberg, 2000 – Klaus Merten, Schloss Urach, 1989 – G. Schmitt, Burgenführer, Bd. 4, S. 197–208 – Robert Uhland, 900 Jahre Haus Württemberg, 1985.

130 Hohenurach
Bizer, Gradmann; Burgen, S. 52–54 – Dehio, Bd. II, S. 46, 47 – Erwin Haas, Die Landesfestung Hohenurach, in: Schloss Urach, Sonderheft von Schlösser Baden-Württemberg, 200, S. 22–24 – Hans Martin Maurer, Hohenurach als Beispiel einer württembergischen Landesfestung, in: „Burgen und Schlösser", 1975/1, S. 1–9 – G. Schmitt, Burgenführer, Bd. 4, S. 209–224.

134 Hohenneuffen
Walter Bär, Der Hohenneuffen, 1992 – Gerhard Lauer, Der Hohen-Neuffen, Rundgang und Geschichte, 1984 – Hans Martin Maurer, Die hochadligen Herren von Neuffen und Sperberseck im 12. Jh. in: Zeitschrift für württembergische Landesgeschichte, 25, 1966, S. 59–130; Burgruinen im Landkreis Nürtingen, 1967, S. 113–162 – G. Schmitt, Burgenführer, Bd. 4, S. 177–196.

137 Sulzburg
Bizer, Götz, Burgen der Kirchheimer Alb, S. 157–163 – Kunst und Altertumsdenkmale in Württemberg, Donaukreis, 1924, S. 186–188 – Hans Martin Maurer, Burgruinen im Landkreis Nürtingen, 1967, S. 83–111 – G. Schmitt, Burgenführer, Bd. 4, S. 119–128.

138 Oberlenningen
Rolf Götz, Das „Schlössle" in Oberlenningen, Die Geschichte des Adelssitzes und seiner Bewohner, 1985 – G.Schmitt, Burgenführer, Bd. 4, S. 129–136.

139 Wielandsteiner Burgen
Bizer, Götz; Burgen der Kirchheimer Alb, S. 95–114 – Bizer, Götz; Vergessene Burgen, 1989, S. 30–33 – Christoph Bizer, Burgruine Wielandstein, in: Burgen und Schlösser, 1981/I, S. 11–63 – Rolf Götz, Die Geschichte der Burg Wielandstein, in: Burgen und Schlösser 1980/II, S. 74–91 – Wilfried Pfefferkorn, Burgruine Wielandstein, in: Burgen

und Schlösser, 1980/2, S. 91–108 – G. Schmitt, Burgenführer, Bd. 4. S. 137–152.

143 Untere Diepoldsburg Rauber
Bizer, Götz; Burgen der Kirchheimer Alb, S. 65–69 – Hans Martin Maurer; Rauber oder Diepoldsburg, in: Burgruinen im Landkreis Nürtingen, 1987, S. 63–80 – G. Schmitt, Burgenführer, Bd. 4, S. 109–118.

146 Teck
Bizer, Götz, Burgen der Kirchheimer Alb, S. 72–78 – Georg Fahrbach, Hrsg., Die Teck, 1955 – Rainer Kilian, u. a.: Die Teck, Berg, Burg und Wanderheim, 1987 – Hans-Martin Maurer, Die Teck, in: Burgruinen im Landkreis Nürtingen, 1967, S. 9–27 – G. Schmitt, Burgenführer Bd. 4, S. 95–108.

157 Reußenstein
Bizer, Götz, Burgen der Kirchheimer Alb, S. 132–136 – Hans Martin Maurer, Burgruinen im Landkreis Nürtingen, 1987 – G.Schmitt, Burgenführer Bd. 4, S. 33–46 – Paul Stierle, Der Reußenstein 1987.

158 Wiesensteig
Dehio, Bd. I, S. 858 – Heinrich Friedrich Kerler, Geschichte der Grafen von Helfenstein, 1840 – G. Schmitt, Burgenführer Bd. 4, S. 27–34 – Walter Ziegler, Wiesensteig Stadt und Schloss, 1986, S. 77–99.

166 Hiltenburg
Karlfriedrich Gruber, Die Geschichte der Hiltenburg, in: Hohenstaufen/Helfenstein 16, 2009, S. 9 ff. – Heinrich Friedrich Kerler, Geschichte der Grafen von Helfenstein, 1840 – G. Schmitt, Burgenführer Bd. 1, S. 287–296 – Reinhard Rademacher, Archäologische Ausgrabungen in Baden-Württemberg 2006, S. 258–261; 2007 S. 230–233; 2008, S. 287–290; 2009, S. 291–295; 2010, S. 291–293.

176 Helfenstein
Georg Burkhard, Vom Helfenstein, in: BISAV Nr. 1, 1934 u. Nr. 2, 1935, Ein Gang durch die Geschichte der Grafen von Helfenstein, in: „Geschichtliche Mitteilungen von Geislingen" Heft 12, 1949 – Hans Martin Maurer, Burgen und Adel, in: „Der Kreis Göppingen", 1985 – Heinrich Friedrich Kerler, Geschichte der Grafen von Helfenstein, 1840 – G. Schmitt, Burgenführer, Bd. 1, S. 229–250.

188 Weißenstein
Hans-Wolfgang Bächle, Das Adelsgeschlecht der Rechberger, in: Burgen und Schlösser, Kirchen, Kunstdenkmäler, 2005 – Dehio I, S. 849–850 – Erich Keyser, Württembergisches Städtebuch, 1962 – G. Schmitt, Burgenführer Bd. 1, S. 193–199 – Josef Seehofer, Stadt Lauterstein, 1981, S. 24–35, 75–77 – Walter Ziegler, Der Kreis Göppingen, 1985, S. 164 – Heinz Wember, Genealogie von Rechberg, www.heinz-wember.de/gen/rechberg.

189 Donzdorf
Dehio I, S. 143–144 – Emil Gemeinder, Die Donzdorfer Herren von Rechberg; Adolf Schahl, Das Schloss der Grafen von Rechberg und Rothenlöwen, in: Heimatbuch Donzdorf, 1976 – G. Schmitt, Burgenführer, Bd. 1, S. 149–156 – Heinz Wember, Genealogie von Rechberg, www.heinz-wember.de/g <http://www.heinz-wember.de/g> en/rechberg.

190 Scharfenberg
Dehio I, S. 144 – Johannes Illig, Die Herren von Scharfenberg, in: Geschichte von Göppingen und Umgebung, 1924 – Hans Martin Maurer, Scharfenberg, in: Der Kreis Göppingen, S. 137–138 – Franz Müller, Das Scharfenschloss und seine 800-jährige Geschichte, in: Stauferland, Mai 1956 – G. Schmitt, Burgenführer, Bd. 1, S. 157–168.

195 Staufeneck
Dehio I, S. 651 – Heribert Hummel, 700 Jahre Salach, Streifzug durch die Geschichte, 1975, S. 1–22; Die Herren von Staufeneck, in: Hohenstaufen, 10. Folge 1977 – Hans Martin Maurer, Staufeneck, in: Der Landkreis Göppingen, 1985, S. 142–144 – Johann Ottmar, Staufeneck, eine Burganlage der Stauferzeit – G. Schmitt, Burgenführer, Bd. 1, S. 113–140.

196 Hohenstaufen
Manfred Ackermann, Hohenstaufen im Land zwischen Fils und Rems, 1994; Hohenstaufen, Kunstführer, 1972 – Hans Martin Decker-Hauff, Das staufische Haus, in Band III, Die Zeit der Staufer, 1977 – Walter Lang, Archäologische Zeugnisse vom Hohenstaufen. Die Grabungen von 1935 bis 1938, Veröffentlichungen des Stadtarchivs Göppingen, Bd. 34, 1996 – Hans Martin Maurer, Der Hohenstaufen, Geschichte der Stammburg eines Kaiserhauses, 1977 – Karl-Heinz Rueß; Anton Hegele, Die Staufer, Ausstellung im Dokumentationsraum, 2001 – Claudia Sandtner, Hohenstaufen und das Stauferland, Kunstführer, 2011 – G. Schmitt, Burgenführer, Bd. 1, S. 95–112.

197 Wäscherburg
Isolde Dautel, Schloss Wäscherburg, Staatl. Schlösser u. Gärten Baden-Württemberg, 2002 – Paul und Elisabeth Kaißer, Wäscherschloss und Wäscherhof, Führer 1953; Ritter Konrad von Staufen, genannt Wascher – Josef Kleinknecht, Zur Geschichte des Rittergutes Wäscherbeuren, in: Heimatbuch Wäscherbeuren, 1979, S. 29–70 – Claudia Sandtner, Hohenstaufen und Stauferland, Kunstführer, S. 36–39 – G. Schmitt, Burgenführer, Bd. 1, S. 73–86.

198 Hohenrechberg
Anton Buck, Die Besitzer der Burg Hohenrechberg, in: Ortschronik von Waldstetten, 1960 – Emil Gemeinder, Die Burg Hohenrechberg und ihre Geschichte, 1980 – August Landgraf, Die Arkaden der Ruine Hohen-Rechberg. In: Burgen und Schlösser 1/1979, S. 15–21 – G. Schmitt, Burgenführer Bd. 1, S. 49–72 – Richard Strobel, Burgruine Hohenrechberg, in: Die Kunstdenkmäler der Stadt Schwäbisch Gmünd Bd. IV, Kirchen und Profanbauten außerhalb der Altstadt, 203, S. 401–424 – Die Burgruine Hohenrechberg, in: Burgen und Schlösser 3/2005, S. 162–175 – Heinz Wember, Genealogie von Rechberg, www.heinz-wember.de/gen/rechberg.

208 Rosenstein
Klaus Graf, Beiträge zur Adelsgeschichte des Heubacher Raums, in: Heubach und die Burg Rosenstein, 1984, S. 76–89 – Franz Keller, Auf dem Rosenstein, BISAV, 1902, Nr. 9 – G. Schmitt, Burgenführer, Bd. 1, S. 19–30 – Uhl, Buckelquader, S. 89.

217 Kapfenburg
August Gerlach, Chronik von Lauchheim, Geschichte der ehem. Deutschordenskommende Kapfenburg, 1907/1969 – Winfried Kießling und weitere Autoren, Die Kapfenburg, Vom Adelssitz zum Deutschordensschloss, Ausstellungskatalog 1990; Deutschordensburg Kapfenburg, Schnell Kunstführer Nr. 982, 1990 – Wofgang Felix Schmitt, Kapfenburg, in: Burgen und Schlösser, Bd.-Württemberg, S. 50–55, Weltbild 2005 – G. Schmitt, Burgenführer, Bd. 6, S. 217–236.

218 Flochberg
Bernhard Hildebrand, Ruine Flochberg in der Ortschaft Schlossberg, in: Frei/Krahe, Archäologische Wanderungen im Ries, 1988, S. 138–141 – G. Schmitt, Burgenführer, Bd. 5, S. 203–210 – Wilfried Sponsel, Hartmut Steger, Flochberg, in: Vergangene Burgen und Herrensitze, 2004, S. 82–91 – Günther Wieland, Ruine Flochberg, eine staufische Burganlage, in: Krause, Vom Ipf zum Goldberg, Führer zu archäologischen Denkmälern, 1992, S. 67–70.

222 Niederhaus
Elisabeth Grünewald, Burgen und Schlösser im Ries, in: Rieser Kulturtage, Dokumentation, Bd. III, 1980 – G. Schmitt, Burgenführer, Bd. 6, S. 167–176 – Otto Schneider, Elisabeth Grünewald, Niederhaus in: Frei, Krahe, Archäologische Wanderungen im Ries, S. 249–252 – Wilfried Sponsel, Hartmut Steger, Vergangene Burgen und Herrensitze, 2004, S. 46–61.

227 Harburg
Dehio Bayern III, S. 413–416 – Anton Diemand, Die Harburg im Ries, 1930, 250 Seiten – Adam Horn, Werner Meyer, Harburg, in: KDMB, Landkreis Donauwörth, S. 279–314 – Werner Meyer, Die Harburg im Ries, in: Der Daniel, Heft 4/1978 – G. Schmitt, Burgenführer, Bd. 6, S. 137–166 – Wolfgang Felix Schmitt, Harburg, in: Burgen und Schlösser, Bd. Bayerisch-Schwaben, Weltbild 2005, S. 72–79 – Uhl, Buckelquader, ZHG 1990, S. 73–74.

247 Katzenstein
Michael Hermann, Bauhistorische und Kulturgeschichtliche Untersuchung, 104 Seiten, LDA 2012 – Wilfried Sponsel, Burg Katzenstein, Geschichte der Burg, 2011 – G. Schmitt, Burgenführer Bd. 6, S. 77–88 – Heinrich Zirkel, Die Geschichte der Herren von Hürnheim, in: Der Daniel 2/1968, S. 6 ff. – Heinz Wember, Die Genealogie von Oettingen, http: gen.heinz.wember.de/oettingen/uebersicht.htm.

255 Taxis
Ursula Angelmaier, Die „untere Facade" von Schloß Taxis, in: Jahrbuch 1989/90 des Heimat- und Altertumsvereins Heidenheim; Die Umbenennung von Schloss Trugenhofen in Schloss Taxis, in: Jahrbuch 1999/2000; Carl Anselm Fürst von Thurn und Taxis und seine Sommerresidenz, in: Jahrbuch 2007/2008 – Dehio, I, S. 786 – G. Schmitt, Burgenführer Bd. 6, S. 47–56.

261 Hellenstein
Manfred Ackermann, Schloss Hellenstein, Schlossführer, 2006 – Heinz Bühler, Die Herrschaft Heidenheim, in: 75 Jahre Heimat- und Altertumsverein Heidenheim, 1976 – Dehio I, S. 333, 334 – Eugen Gradmann, Die Kunst- und Altertumsdenkmale im Königreich Württemberg, Jagstkreis, OA Heidenheim, 1913, S. 24–64 – Schmitt, Burgenführer, Bd. 6, S. 275–294 – Uhl, Buckelquader, ZHG 1990 – Helmut Weimert, Hermann Küchle, u. a. Heidenheim, Schloss Hellenstein, Geschichte, die Sanierung und die derzeitigen Nutzungen, 1987, S. 3–52.

275 Güssenberg
Heinz Bühler, Die Güssen – ein schwäbisches Niederadelsgeschlecht, in: Jahrbuch des Historischen Vereins Dillingen, 1982, S. 115–185 – Der Landkreis Heidenheim, Bd. II, 2000, S. 330–337 – G. Schmitt, Burgenführer, Bd. 6, S. 353–360.

280 Brenz
Karl Eberhard, Schloss Brenz, in: Brenz und seine Umgebung, 1973, S. 10–21 – Walter-Gerd Fleck, Museum und Kulturzentrum im Schloss Brenz, Bauhistorische Untersuchung, 2000, 15 Seiten – Eugen Gradmann, Kunst- und Altertumsdenkmale

im Königreich Württemberg, O. A. Heidenheim, 1913, S. 102 ff.

286 Kaltenburg
Max Hummel, Geschichte der Herrschaft Kaltenburg, in: Jahrbuch des Heimat- und Altertumsvereins Heidenheim" 1987/88, S. 82–112 – Hans Andreas Klaiber und Reinhard Wortmann, Die Kunstdenkmäler des ehem. Oberamts Ulm, 1978, S. 330–338 – G. Schmitt, Burgenführer, Bd. 6, S. 335–344.

315 Hohengerhausen
Der Alb-Donau-Kreis, Bd. 1, 1989, S. 645–674 – Immo Eberl, Blaubeurer Heimatbuch, 1950, S. 57–89 – G.Schmitt, Burgenführer, Bd. 2, S. 49–58 – Hartwig Zürn, Die vor- und frühgeschichtlichen Geländedenkmale und die mittelalterlichen Burgstellen der Kreise Göppingen und Ulm, S. 19.

325 Hohenschelklingen
Der Alb-Donau-Kreis, Bd. II, 1992, S. 858 ff. – G. Schmitt, Burgenführer, Bd. 2, S. 79–84 – Stefan Uhl, Die Burgruine Hohenschelklingen, in: Schelklinger Burgen, Schelklinger Hefte Nr. 18, 1991, S. 8–46.

337 Mochental
Dehio II, S. 345–347 – Der Alb-Donau-Kreis II, 1992, S. 164 – Alfons Kasper, Kunstwanderungen kreuz und quer der Donau IV, 1965, S. 81–85 – Kunstdenkmäler Württemberg, Donaukreis OA Ehingen, 1914, S. 92–99 – G. Schmitt, Burgenführer Bd. 2, S. 113–122.

338 Wartstein
Der Alb-Donau-Kreis, Bd. 2, 1992, S. 135–137 – Gunther Dohl, Die Grafen von Wartstein und ihre Burgen im Lautertal, 1991 – Konrad Albert Koch, Burgruine Wartstein, in: BISAV Jg. 38, 1926, S. 9–12 – G. Schmitt, Burgenführer, Bd. 2, S. 225–230.

344 Rechtenstein
Der Alb-Donau-Kreis, Bd. II, 1992, S. 820, 825–827 – Knupfer, Anton, Dehm, Mall, Siegfried, Festschrift Gemeinde Rechtenstein, 1982 – Konrad Albert Koch, Burgbeschreibung, in BISAV 28, 1916, S. 157–162 – Kunstdenkmäler Württemberg, Donaukreis I, 1914, S. 184–188 – G.Schmitt, Burgenführer, Bd. 2, S. 247–254.

350 Schatzberg
Bizer, Oberflächenfunde, S. 422–423 – Der Landkreis Biberach, Bd. II, 1990, S. 231–233 – G. Schmitt, Burgenführer, Bd. 2, S. 315–320 – Stefan Uhl, Burgruine Schatzberg, in: Wilflingen 900 Jahre Geschichte, 1989, S. 59–78; Burgruine Schatzberg, in: BC – Heimatkundliche Blätter, 1983/2, S. 12–15.

351 Gammertingen
Herbert Burkarth, Geschichte der Herrschaft Gammertingen-Hettingen, 1983, 224 Seiten – Kunstdenkmäler Hohenzollerns, 1984, S. 123–125 – Motte, Erdgrablege, Schlosskapelle, Bürgerkirche, Die Gammertinger St.-Michaels-Kapelle im Wandel der Zeiten, 2013 – G. Schmitt, Burgenführer Bd. 5, S. 81–90 – Stefan Uhl, Dokumentation T-3109, Ortsakten Bau- und Kunstgeschichte LDA, 2001 – Joseph Wiest, Geschichte der Stadt Gammertingen unter der Speth´schen Herrschaft 1524–1827, 1952, 290 Seiten.

359 Vorderlichtenstein
Bizer, Oberflächenfunde, S. 385–388 – Herbert Burkart, Geschichte der Herrschaft Gammertingen-Hettingen, 1997 – G. Schmitt, Burgenführer, Bd. 5, S. 137–148 – Stefan Uhl, Die Burgruinen Vorder- und Hinterlichtenstein, in: Zeitschrift für hohenzollerische Geschichte, Bd. 23, 1987, S. 187–197.

360 Hettingen
Bizer, Oberflächenfunde, S. 360–361 – Herbert Burkart, Geschichte der Herrschaft Gammertingen-Hettingen, 1983 – Dehio II, S. 302–304 – G. Schmitt, Burgenführer Bd. 5, S. 97–112 – Joseph Wiest, Geschichte der Stadt Gammertingen unter der Speth'schen Herrschaft 1524–1827, 1961 – www.hettingen.de.

361 Veringen
Bizer, Oberflächenfunde, S. 416–421 – Christof Bizer, Archäologie, Rolf Götz, Geschichte, Hans-Dieter Ingenhoff, Maler Strüb, Wilfried Pfefferkorn, Die Ruine, Erwin Zillenbiller, Stadtwerdung, in: Stadtwerdung im Landkreis Sigmaringen, Burg und Stadt Veringen, 1885 – Dehio II, S. 802–803 – G. Schmitt, Burgenführer Bd. 5, S. 113–124.

367 Hornstein
Bizer, Oberflächenfunde, S. 355–359 – Armin Heim, Die Herren von Hornstein, Die Schlosskapelle; Edgar Hellwig, Geschichte des Adelsgeschlechts; Edwin Ernst Weber, Die Ritterschaft Hornstein, Der Abriss von Schloss Hornstein 1873; Otto Becker, Die Zucht- und Strafanstalt Hornstein; Stefan Uhl, Baubestand und Baugeschichte; Christoph Bizer, Kleinfunde; Christoph Stauß, Restaurierungsarbeiten 1988–1997. In: Hornstein Beiträge zur Geschichte, 1997 – G. Schmitt, Burgenführer, Bd. 3, S. 9–16.

368 Sigmaringen
Dehio Bd. 2, S. 668–671 – Die Kunstdenkmäler Hohenzollerns, Bd. 2, Landkreis Sigmaringen, 1948,

S. 306-319 - Klaus Meyer, Schloss Sigmaringen, in: Burgen und Schlösser, Württemberg, 2005, S. 32-39 - Werner Kaufhold, Rudolf Seigel, Schloss Sigmaringen, Kunstführer, 1987 - Hubert Krins, Das Fürstenhaus Hohenzollern, 2013 - G.Schmitt, Burgenführer, Bd. 3, S. 43-62 - K.Th. Zingeler, Georg Buck, Zollerische Schlösser, Burgen und Burgruinen in Schwaben, 1906, S. 14-27.

373 Gebrochen Gutenstein
Bizer, Oberflächenfunde, S. 396-398 - Wilfried Pfefferkorn, Felsenburgen im Oberen Donautal, in: Burgen und Schlösser, 14/1974, S. 19-27 - G. Schmitt, Burgenführer, Bd. 3, S. 73-80 - Zingeler/Buck, Zollerische Schlösser, S. 84, 85.

386 Weiler Donautal
Bizer, Oberflächenfunde, S. 346-348 - Bizer, Götz, Vergessene Burgen der Schwäbischen Alb, S. 91-93 - G. Schmitt, Burgenführer Bd. 3 S. 115 120 - Stefan Uhl, Höhlenburgen und Höhlenbefestigungen im Donautal, in: BISAV, Nr. 1 1988, S.9-10.

387 Oberfalkenstein
Bizer, Götz, Vergessene Burgen, S.102 f. - Wilfried Pfefferkorn, Die Burgruine Falkenstein an der Donau, Sonderdruck aus Zeitschr. Hohenz. Geschichte Bd. 22, 1986, S. 1-32 - G. Schmitt, Burgenführer Bd. 3, S. 121-130 - Zingeler, Buck, Zollerische Schlösser, 1906, S. 76-80.

392 Hausen
Bizer, Oberflächenfunde, S. 335-337 - Konrad Albert Koch, Burg Hausen im Donautal, BISAV 22, 1910, S. 207-209 mit Zusatz von B. Edelmann - G. Schmitt, Burgenführer Bd. 3, S. 151-160 - Stefan Uhl, Buckelquader, 1984, S. 74.

393 Warenwag
Bizer, Oberflächenfunde, S. 333-334 - Elmar Blessing, Kolbingen und die Herrschaft Werenwag, 1999 - Kunstdenkmäler Badens I, 1887, S. 408-411 - Heinrich Stopper, Gemeinde Meßstetten, Heinstetten und die Herrschaft Werenwag, 2012 - G. Schmitt, Burgenführer Bd. 3, S. 165-176 - Uhl, Buckelquader, S. 94.

400 Wildenstein
Bizer, Oberflächenfunde, S. 364-366 - Gunter Haug, Heinrich Güntner, Burg Wildenstein, DRW 1993 - Kunstdenkmäler Badens I, 1887, S. 411-417 - G. Schmitt, Burgenführer Bd. 3, S. 181-200 - Anton Schlude, Geschichte der Burgfestung Wildenstein, 1856, 1977 - Die Chronik der Grafen von Zimmern, 1564-1566, Bd. 1-4.

401 Hexenturm
Bizer, Oberflächenfunde, S. 373-378 - Wilfried Pfefferkorn, Felsenburgen im Oberen Donautal, in: Burgen und Schlösser 1/1974, S. 26-27 - G. Schmitt, Burgenführer Bd. 3, S. 207-214.

405 Bronnen
Friedrich Bauser, Mühlheim an der Donau und die Herren von Enzberg, 1909 - Bizer, Oberflächenfunde, S. 315-318 - Elmar Blessing, Mühlheim an der Donau, Heimatbuch, 1985 - G. Schmitt, Burgenführer, Bd. 3, S. 225-234 - Zitrell, Das Rittergut Bronnen, in: BISAV 20, 1908, S. 267-274.

411 Fridingen Donau
Casimir Bumiller, Die Stadt Fridingen an der Donau im Mittelalter, Fridinger Heimatbuch, 2014 - Hans-Wilhelm Heine, Wehranlagen, S. 67 - Konrad Rothenhäusler, Geschichte der Freiherren von Ifflinger-Granegg, 1986 - G. Schmitt, Burgenführer Bd. 3, S. 265-274.

417 Kallenberg
Bizer, Oberflächenfunde, S. 278-283 - Hans-Wilhelm Heine Wehranlagen, S. 57 - Willi Hermann, Burg Kallenberg, in: Aufsätze zur Fridinger Geschichte, Bd. 10, 2001 - E. Nägele, Die Ruinen Pfannenstiel und Kallenberg, in BISAV 16, 1904, S. 226-228 - G. Schmitt, Burgenführer Bd. 3, S. 240-248 - Stefan Uhl, Buckelquader, S. 81-83.

422 Mühlheim Donau
Friedrich Bauser, Mühlheim und die Herren von Enzberg, 1909 - Elmar Blessing, Mühlheim an der Donau, Heimatbuch, 1995 - Konrad Albert Koch, Stadt und Schloss Mühlheim, in: BISAV 22, 1910, S. 67-73 - G. Schmitt, Burgenführer Bd. 3, S. 299-312.

433 Honberg
Kornelia Egger, Petra Riesemann, Rekonstruktion, Studienarbeit 2007, Internet, Honberg - Rainer Knoerle, Die Ruine Honberg, www.rainerknoerle.de/tuttlingen/honberg.html - Konrad Albert Koch, Burgruine Honberg, in: BISAV 18, 1906, S. 331-332 - Hans Martin Maurer, Die Landesherrliche Burg in Württemberg im 15. und 16. Jh. 1958 - G. Schmitt, Burgenführer Bd. 3, S. 345-353.

Glossar

Abschnittsgraben: Trennt die einzelnen Bereiche einer Burganlage.

Abschröpfung: Abschröpfen, steinmetzgerechtes Abarbeiten von Felsen, hier zur Angleichung an aufgehendes Mauerwerk.

Abtritt, Abort: Meist ein nach unten offener Aborterker an Außenwänden von Gebäuden oder ein in dicken Mauern ausgesparter Raum mit innen liegend abgehendem Schacht.

Baluster, Balustrade: Gedrungenes Stützglied aus Stein oder Holz mit profiliertem Schaft an einer Brüstung oder einem Geländer.

Bastion: Fünfeckiges frühneuzeitliches Befestigungswerk für Geschütze, flankierend vor den Außenmauern.

Bergfried: Hauptturm der Burg als fortifikatorisches und machtpolitisches Symbol, in der Regel unbewohnt im Gegensatz zum größeren, zur dauerhaften Nutzung eingerichteten Wohnturm. Sein Standort auf rundem, quadratischem oder polygonalem Grundriss in der Kernburg ist frei im Hof oder an angriffsgefährdeter Stelle, z. B. als Frontturm in Spornlage. Er besitzt einen erhöhten Eingang. Das meist mit wenigen Lichtscharten versehene untere Defensivgeschoss gilt vorrangig als Sicherheitszone und dient als Vorratsraum oder auch als Verlies, dessen Zugangsöffnung in der Decke weitläufig als Angstloch bezeichnet wird.

Bossenquader: Buckelquader ohne Randschlag.

Buckelquader: Natursteinquader, dessen Sichtseite meist einen kissenartig, prallförmig, seltener prismen- oder diamantartig vorstehenden Buckel aufweist. Die vierseitigen Quaderkanten sind mit einem glatten, oft scharrierten Randschlag versehen.

Burgstall: Burstel, Burgstelle, bevorzugte Bezeichnung für eine abgegangene Burg.

Corps de logis: Französische Bezeichnung bei Schlössern für das mittlere Hauptgebäude.

Cour d'honneur: Französisch, der von drei Flügeln umschlossene Ehrenhof des barocken Schlosses.

Defensivgeschoss: Unterstes ebenerdiges Geschoss als Sicherheitszone eines Bergfrieds, auch an Wohntürmen und festen Wohnbauten.

Dendrochronologie: Dendro, Baumringchronologie, Jahresringanalyse, Methode zur Datierung von Bauwerken aufgrund eingebauter Hölzer.

Enfilade: Französisch. Reihung von Räumen in einer Achse mit in einer Flucht liegenden Türen.

Epitaph: Gedächtnismal, Grabplatte für einen Verstorbenen, zum Teil mit reichhaltiger bildhauerischer Gestaltung in oder an Sakralbauten.

Erdhügelburg, Motte: Burg auf einem meist durch Grabenaushub künstlich aufgeschütteten Hügel. Nicht zu verwechseln mit der Turmhügelburg.

Erker: Nicht unterbauter, aus der Gebäudeflucht oder Ecke vorkragender Bauteil, als Wehrerker, Wurferker, an Wehrmauern, über dem Tor auch zur Kommunikation, fälschlicherweise auch als Gusserker bezeichnet.

Flankierungsturm: Viereckiger, polygonaler oder teilrunder Turm, aus der Wehrmauer nach außen vortretend, zur Ermöglichung des Flankenschutzes durch Beschuss.

Fresko: Fresco, italienisch, Freskomalerei, Auftragen in Wasser angeriebener Farben in frischen Kalkputz.

Fundkeramik: Gebräuchliche Terminologie der Archäologie zu Scherben der Geschirr- und Ofenkeramik. Hier zu unterscheiden für Zeitstufen der frühen, älteren, mittleren und jüngeren Albware, die einen Zeitraum vom 11. bis zum 14. Jh. abdecken.

Geschützturm: Verteidigungsturm für Geschütze, deren Höhe größer als deren Breite oder Durchmesser ist.

Graben: Künstliche oder natürliche Geländevertiefung: U-förmig als Sohlgraben oder V-förmig als Spitzgraben. Wirksamstes Annäherungshindernis vor der eigentlichen Befestigungsanlage in Verbindung mit Wall oder Mauer. Siehe Abschnittsgraben und Halsgraben.

Hakenbüchse: Handfeuerwaffe mit Haken zum Auflegen der Büchse. Am Bauwerk Schießscharten für Hakenbüchsen, häufig als Steigbügelscharte ausgebildet.

Halsgraben: Tiefer und breiter Graben, der die Burg in Spornlage vom angrenzenden Gelände trennt.

Kapitell: Kopf von Säulen, Pfeilern und Pilastern als vermittelndes Bindeglied zwischen Stütze und Last. Unterschiedlichste Formgebungen.

Kasematte: Überwölbter Schutzraum in Festungen für Besatzung, Waffen und Vorräte.

Kastell, Castell, Kastelltypus, Kastellburg: 1. Befestigtes, römisches Militärlager. 2. Burg im Mittelalter als regelmäßige, axialsymmetrische Burganlage mit oder ohne Flankierungstürmen, Weiterentwicklung im Festungsbau, im Schlossbau der Renaissance zur Vierflügelanlage.

Kernmauer: Mittlerer Bereich eines Zweischalenmauerwerks, das mit kalkgebundenem Steinmaterial als Verband- oder Füllmauerwerk hergestellt wird.

Kleinquader: Kleine bis mittelformatige Quadersteine, die von Hand versetzt werden können.

Laterne: Kleiner runder oder polygonaler durchbrochener Aufbau über einer Decken oder Gewölbeöffnung.

Marstall: Gebäude für Pferde, Wagen und Geschirr einer Hofhaltung.

Maschikuli: Wurfschacht-, Wurferkerreihung an Wehrmauern und Gebäuden, im deutschen Sprachraum eher selten errichtet.

Ministeriale, Ministerialenburg: Dienstmann, Niederadel, als Lehensnehmer einem höher gestellten Adeligen als Abhängiger verpflichtet.

Motte: Siehe Erdhügelburg.

Palas: Hauptwohngebäude der Burgherrenfamilie als mehrgeschossiger Repräsentativbau mit Saal.

Palisade: Schutzwand aus aneinandergereihten, oben zugespitzten Holzpfählen, regional an dessen Stelle oft als Flechtwerkwand oder Brettwand errichtet.

Polygon: Polygonal, Vieleck, viel- mehreckig.

Poterne: An Burgen Ausfall- oder Fluchtpforte zum Zwinger oder Graben, im Festungsbau Verbindungsgang innerhalb einer Festung.

Ringmauer: Bering, Umfassungsmauer, die ganze Burg ringartig umgebende wehrhafte Mauer.

Risalit: Gebäudeteil zur Fassadengliederung, schwach aus der Gebäudeflucht vorspringend – Mittel-, Seiten- und Eckrisalit.

Rondell: Vorwiegend gerundete, vor die Ringmauer gestellte Bauwerke von geringer Höhe zur Aufstellung von Geschützen, etwa seit um 1500 anstelle der vorangehenden höheren Geschütztürme.

Rustikaquader: Form der Buckelquader in der Renaissance.

Satellitenburg: Schutzburg im näheren Bereich einer Hochadelsburg mit rechtlicher Zuordnung. Meist kleinere Burg einer zugeordneten Ministerialenfamilie.

Schalenturm: Halbrund oder viereckig ausgeführter, vor der Wehrmauer stehender Halbturm, zur Burgseite offen oder mit einer Holzkonstruktion verschlossen.

Scharrierung: Oberflächenbehandlung von Steinmetzarbeiten mit einem Scharriereisen. Es entstehen schmale, meist schräg verlaufende parallele Rillen.

Scharte: Als Lichtscharte schmaler Mauerschlitz zur Belichtung von Räumen, als Schießscharte mit innenseitig entsprechender Ausführung, bei dicken Mauern mit Schießkammer, für den Einsatz von Bogen, Armbrust, später Feuerwaffen.

Schildmauer: Verstärkte überhöhte Mauer auf der Angriffsseite bei meist in Sporn- oder Hanglagen befindlichen Burgen.

Secco: Italienisch, Seccomalerei, im Gegensatz zur Freskomalerei eine auf die trockene Wandputzfläche aufgebrachte Malerei.

Sgraffito: Italienisch, einem dünnen, noch feuchten Deckputz wird mit Kratzeisen eine vorgegebene Zeichnung eingeritzt.

Steinmetzzeichen: Kennzeichen von Steinmetzen auf den von ihnen bearbeiteten Steinen.

Substruktion: Stützmauerartiger Mauerunterbau an Felsen oder Steilhängen als Basis für Wehrmauer- und Gebäudeaufbauten.

Turmhügelburg: Turmburg auf einem natürlichen Hügel, nicht zu verwechseln mit der Erdhügelburg.

Umfassungsmauer: Im Gegensatz zur Ringmauer, Bezeichnung für Teilummauerungen oder stark polygonale Ringmauern verwendet.

Volute: Schneckenförmiges Zierglied des Barock, meist an Giebeln oder Säulen.

Vorburg: Zur wirtschaftlichen Versorgung der Hauptburg vorgelagerter, meist eigenständiger

Burgbereich, mit Unterkünften für das Gesinde, Stallungen, Wirtschaftsgebäuden etc.

Wall: Erd- oder Steinaufschüttung als Verteidigungswerk, meist im Zusammenhang mit einem Graben.

Wehrgang: Verteidigungsgang auf einer Wehrmauer, auch in oder auf Gebäudeaußenmauern.

Wohnbau: Mehrgeschossiges Hauptwohngebäude der Burgherrenfamilie, im Gegensatz zum Palas ohne Saal.

Wohnturm: Hauptturm der Burg, im Gegensatz zum Bergfried dauerhaft bewohnt und wesentlich größer. Er vereint Wehr-, Wohn- und Repräsentationsnutzung, französisch: Donjon, englisch: Keep.

Dessen Höhe ist deutlich größer als die Seitenlänge oder der Durchmesser.

Zangenloch: Aussparung an den Vorderseiten von Quadern und Buckelquadern für die Hebezange.

Zinnen: Schild-, zahn-, auch schwalbenschwanz- oder zierförmige Aufmauerungen der Brustwehr von Wehrgängen, im Historismus auch dekorativ als Mauerbekrönung.

Zisterne, Filterzisterne: Sammelbecken für Regenwasser in unterschiedlicher Form, aus dem Fels gehauen oder gemauert, bei der Filterzisterne mit Steinpackung umschlossen.

Zwinger, Zwingermauer: Äußerer Schutzbereich vor der Ring- oder Umfassungsmauer.

Abbildungsnachweise

Brändle: S. 23; Rechberg'sches Stammbuch: S. 202; KDM O. A. Heidenheim: S. 292, 297; KDM O. A. Ulm: S. 312; Merianstich: S. 310; Schelklinger Heft 16: S. 328; Hornstein 145: S. 368; Schloss Sigmaringen: S. 374, 376; Freiherren von Enzberg: S. 442. Universitätsbibliothek Heidelberg: Abbildungen aus der Liederhandschrift „Manesse" Gottfried von Neuffen und Hugo von Werenwag.
S. 305 Germanisches Nationalmuseum Nürnberg.
Fotos: S. 377, 378, 379 Volker Strohmaier; S. 133, 395, 409 Franz Mock.
Alle weiteren Abbildungen, Fotos, Luftaufnahmen und Zeichnungen Günter Schmitt.

Abkürzungen

AV	Wanderwegbezeichnung mit weiterem Symbol des Schwäbischen Albvereins
BISAV	Blätter des Schwäbischen Albvereins
Dendro	Dendrochronologie
EG	Erdgeschoss
gen.	genannt
GK	Gauß-Krüger-Koordinaten der Topographischen Karte
KDM	Kunstdenkmäler
KDMH	Kunstdenkmäler Hohenzollerns 1939–1948
LBW	Das Land Baden-Württemberg, Amtliche Beschreibung der Staatlichen Archivverwaltung, die jeweiligen Bände
LDA	Landesdenkmalamt
OAB	Beschreibung des Oberamts
OG	Obergeschoss
reg.	regiert, mit Angaben des Zeitraumes
TK	Topographische Karte 1:25 000 der Landesvermessungsämter

Inhaltsverzeichnis alphabetisch

Achalm 57, S. 78
Affelstetten 363, S. 369
Agnesburg 216, S. 238
Aichelau Burghalde 86, S. 102
Aichelberg Burg 159, S. 186
Aichelberg Burg Turmberg 160, S. 186
Aichstetten Burgstall 87, S. 102
Albeck 290, S. 312
Alte Burg Demmingen 251, S. 277
Alte Bürg Holheim 221, S. 248
Alte Burg Reutlingen 58, S. 81
Altenberg 242, S. 266
Altenburg 355, S. 357
Altenstadter Berg 177, S. 198
Alt-Ehrenfels 94, S. 104
Altentierberg 29, S. 57
Alter Lichtenstein 70, S. 92
Alter Schlossberg Bollingen 304, S. 316
Altfridingen 412, S. 430
Alt-Monsberg 340, S. 341
Altrietheim 435, S. 446
Altsteußlingen 330, S. 331
Altsteußlingen „Bürgele" und „Burgstall" 331, S. 331
Altveringen 362, S. 369
Altwildenstein 402, S. 418
Amerdingen Stauffenberg-Schloss 232, S. 262
Andeck 55, S. 75
Arnegg 312, S. 318
Asselfinger Burgen 287, S. 311
Auchtbühl 389, S. 399
Auernheim 256, S. 283
Auf dem Wörth 202, S. 232
Aufhausen 264, S. 290
Aufhofen 51, S. 67
Azilun 40, S. 63

Baach Schlossberg 89, S. 102
Bachtal Burgstall 414, S. 430
Baierstein 213, S. 238
Baldeck 127, S. 131
Baldelauh 117, S. 125
Baldenberg 438, S. 447
Baldenstein 353, S. 357
Ballmertshofen 252, S. 277
Bärenthal 420, S. 434
Bargau 205, S. 233
Bemelbergisches Schlösschen 326, S. 329
Benzenberg 277, S. 297
Bergenweiler 279, S. 297
Berneck 168, S. 192
Bernstadt Burg 293, S. 313
Bernstadt Schloss 294, S. 313
Bertaburg Landsöhr 161, S. 186
Bichishausen Burg 103, S. 114
Bichishausen Turm 102, S. 113
Bindstein 268, S. 291

Bismarckhöhe 2, S. 43
Bissingen 233, S. 264
Bittelschieß Burg 364, S. 369
Bittelschieß Wallanlage 365, S. 370
Blankenhorn 125, S. 131
Blankenstein 118, S. 125
Blauenstein 318, S. 323
Bloßenstaufen 243, S. 266
Böhringen 173, S. 193
Bollingen Alter Schlossberg 304, S. 316
Bollstadt 231, S. 261
Böttingen Burggraben 112, S. 124
Bräunisburg 425, S. 440
Breitingen Burgstall 299, S. 314
Breitingen Schlössle 298, S. 314
Breitenbühl 297, S. 314
Brenz Schloss 280, S. 298
Brenz Schlösschen 281, S. 302
Bronnen Donautal 405, S. 420
Bronnen Laucherttal 356, S. 358
Bühringen 172, S. 193
Burgberg Schloss 273, S. 293
Burgbühl Obernheim 16, S. 46
Burgbühl Roßwangen 8, S. 44
Burghalde Aichelau 86, S. 102
Burghalde Kolbingen 427, S. 440
Burghalde Königsbronn 260, S. 283
Burghalde Mehrstetten 116, S. 125
Burghalde Weiler 203, S. 232
Bürgle Sonderbuch 319, S. 323
Burgmagerbein 237, S. 265
Burgstall Aichstetten 87, S. 102
Burgstall Altsteußlingen 331, S. 331
Burgstall Bachtal 414, S. 430
Burgstall Breitingen 299, S. 314
Burgstall Essingen 209, S. 237
Burgstall Genkingen 72, S. 92
Burgstall Gerhausen 316, S. 323
Burgstall Granheim 334, S. 332
Burgstall Hausen a.d. Fils 170, S. 192
Burgstall Hornstein 366, S. 370
Burgstall Kolbingen 429, S. 441
Burgstall Schlössle Meßstetten 20, S. 47
Burgstall Stain 407, S. 424
Burgstall zum Hag 300, S. 315
Burgstallhöhlenburg 408, S. 425
Burladingen Jagdschloss 41, S. 63
Burren 194, S. 210
Burzel Hausen 11, S. 45
Buttenhausen Burg 106, S. 120
Buttenhausen Schloss 108, S. 120
Buttenhausen Wasserburg 107, S. 120

Dattenhausen 241, S. 266
Degenfeld Höhenburg 199, S. 232
Degenfeld Ortsburg 200, S. 232
Deggingen 169, S. 192
Deilingen Heidenschlössle 14, 441, S. 448

Demmingen Alte Burg 251, S. 277
Derneck 99, S. 106
Diemantstein 238, S. 265
Diepoldsburg Obere 145, S. 169
Diepoldsburg Untere 143, S. 166
Dietfurt 380, S. 390
Ditzenbach 167, S. 192
Donzdorf 189, S. 204
Drackenstein 165, S. 187
Dunstelkingen 248, S. 276
Duttenstein 250, S. 276

Ebingen Stadtburg 25, S. 52
Ebingen Stadtschloss 26, S. 52
Eggenberg 214, S. 238
Eglingen-Dischingen 249, S. 276
Eglingen-Hohenstein 84, S. 101
Ehestetten Ebingen 24, S. 51
Ehestetten Hayingen 95, S. 104
Ehrenfels 93, S. 103
Ehrenstein 306, S. 317
Eineck 49, S. 66
Eisbühl Dischingen 254, S. 278
Ennabeuren 324, S. 325
Ensisheim 421, S. 434
Eppenburg 384, S. 391
Erpfingen Ortsburg 75, S. 93
Eselsburg 270, S. 292
Espach 424, S. 439
Essingen Burgstall 209, S. 237
Eybach Burg 180, S. 198
Eybach Schloss 179, S. 198

Falkenburg Große, 43, S. 64
Falkenburg Kleine, 44, S. 64
Falkenstein Eselsburger Tal 271, S. 292
Falkenstein Ober- 387, S. 395
Falkenstein Unter- 388, S. 399
Fischburg 124, S. 131
Flochberg 218, S. 245
Frazenhaas 45, S. 64
Fridingen Ifflinger Schloss 411, S. 426
Friedingen Schlossberg 348, S. 348
Friedrichstal 4, S. 43
Fronhofen 240, S. 265
Frundsburg 49, S. 66
Fürstenstein 436, S. 446
Furtheim 267, S. 291

Gammertingen Motte 352, S. 357
Gammertingen Schloss 351, S. 353
Gebrochen Gutenstein 373, S. 385
Geiselstein 178, S. 198
Geislingen Lindenhof 175, S. 193
Geislingen Stadtschloss 174, S. 193
Geislingen Steinhaus 175, S. 193
Genkingen Burgstall 72, S. 92
Genkingen Steinhaus 73, S. 93

Gerhausen Burgstall 316, S. 323
Gleißenburg 320, S. 324
Göllingen 236, S. 264
Gomadingen 120, S. 130
Grafeneck 119, S. 126
Granegg 206, S. 233
Granheim Burgstall 334, S. 332
Granheim Schloss 333, S. 331
Greifenstein 66, 67, S. 83
Großes Haus Neuffen 135, S. 154
Gruibingen 162, S. 186
Günzelburg 321, S. 324
Güssenberg, Güssenburg 275, S. 294
Gutenstein Burg 375, S. 388
Gutenstein Gebrochen 373, S. 385
Gutenstein Schloss 376, S. 388

Habsberg 349, S. 348
Hageln 245, S. 267
Hägle Holzkirch 300, S. 315
Hahnenkamm Teck 147, S. 175
Hahnenkamm Wildenstein 404, S. 418
Haideck 78, S. 97
Harburg 227, S. 254
Häringstein 27, S. 52
Harrassen 115, S. 125
Hasenfraz 45, S. 64
Hassenberg 347, S. 348
Hausen a.d.Fils, Schloss und Burgstall 170, S. 192
Hausen Donautal 392, S. 400
Hausener Kapf Azilun 40, S. 63
Hayingen Stadtburg 92, S. 103
Heersberg 33, S. 58
Heidenschloss Neidingen 391, S. 399
Heidenschlössle Weilen/Deilingen 14, 441, S. 46
Heimenstein 156, S. 177
Helfenstein 176, S. 194
Hellenstein 261, S. 284
Herdtlinsweiler 201, S. 232
Hermaringen 274, S. 293
Hertenstein 372, S. 384
Herwartstein 259, S. 283
Hettingen 360, S. 362
Heubelstein 32, S. 58
Hexenturm 401, S. 415
Heyliburch 20, S. 47
Hielock 80, S. 97
Hiltenburg 166, S. 188
Hinteres Schloss Mühlheim 423, S. 439
Hinterlichtenstein 358, S. 358
Hirschberg 9, S. 44
Hochbiedeck 65, S. 83
Hochburg Hundersingen 105, S. 120
Hochdorf 332, S. 331
Hochhaus 223, S. 253
Hochstein Burg 234, S. 264
Hochstein Schloss 235, S. 264
Hochwacht 42, S. 63

Hofen 133, S. 145
Hohenberg 15, S. 46
Hohenberger Schloss Ebingen 26, S. 52
Hohenburg 239, S. 265
Hohenerpfingen 74, S. 93
Hoheneybach 180, S. 198
Hohengenkingen 71, S. 92
Hohengerhausen Rusenschloss 315, S. 320
Hohengundelfingen 100, S. 110
Hohengutenberg 141, S. 165
Hohenhundersingen 104, S. 117
Hohenjungingen 38, S. 62
Hohenjustingen 329, S. 330
Hohenmelchingen 53, S. 68
Hohenneuffen 134, S. 148
Hohenrechberg 198, S. 226
Hohenringingen 48, S. 66
Hohenschelklingen 325, S. 326
Hohenstaufen 196, S. 214
Hohenstein 81, S. 98
Hohenstein-Altental 314, S. 319
Hohenstein Blaustein 310, S. 318
Hohenurach 130, S. 140
Hohenwittlingen 128, S. 132
Hohenzollern 1, S. 34
Hohgreutfels 140, S. 165
Hohlenstein 307, S. 317
Hohloch 111, S. 124
Holheim Alte Bürg 221, S. 248
Hölnstein 54, S. 71
Holzkirch Burg am Hägle 300, S. 315
Honberg 433, S. 442
Hörnle Bisingen 2, S. 43
Hörnle Urselberg 64, S. 82
Hornstein Burgstall 366, S. 370
Hornstein Ruine 367, S. 371
Hörschwag 52, S. 67
Hossingen 18, S. 47
Hundersingen Hochburg 105, S. 120
Hundsrücken 6, S. 44
Hunnenburg 182, S. 199
Hürben 272, S. 293
Hürgerstein 269, S. 292
Hurwang Furtheim 267, S. 291
Hustneck 354, S. 357

Ifflinger Schloss Fridingen 411, S. 426
Inzigkofen 378, S. 389
Irmannsweiler 257, S. 283
Isikofen 371, S. 383

Jungnau 369, S. 383

Kallenberg 417, S. 431
Kaltenburg 286, S. 304
Kapfenburg Schloss 217, S. 239
Katzenstein 247, S. 270
Killer Ortsburg 39, S. 63

Kirchen Bürgle 335, S. 332
Kirchen Schlossgarten 336, S. 332
Kiverlinsburg 355, S. 357
Klingenstein 305, S. 316
Knollenburg 253, S. 278
Kochenburg 211, S. 237
Kolbingen Burghalde 427, S. 440
Kolbingen Burgstall 429, S. 441
Königsbronn Burghalde 260, S. 283
Kraftstein 426, S. 440
Kreidenstein 398, S. 407
Krinnerfels 409, S. 425

Lägelen-Wagenburg 394, S. 406
Lägstein 46, S. 65
Landsöhr Bertaburg 161, S. 186
Lauterburg 210, S. 237
Lauterstein 311, S. 318
Lautlingen Schloss 28, S. 53
Leckstein 46, S. 65
Leibertingen 399, S. 407
Leimberg 163, S. 187
Lengenfeld 395, S. 406
Lengenfels 419, S. 434
Lenzenberg-Langenfels 377, S. 389
Lichteneck 149, S. 175
Lichtenstein Alter 70, S. 92
Lichtenstein Hinter- 358, S. 358
Lichtenstein Schloss 69, S. 84
Lichtenstein Vorder- 359, S. 359
Limburg 148, S. 175
Littstein 114, S. 124
Lonetaler Schlössle 296, S. 314
Luginsfeld 432, S. 441

Magolsheim 113, S. 124
Maisenburg 96, S. 104
Mauren Schlossberg 228, S. 261
Mehrstetten Burghalde 116, S. 125
Meidelstetter Burg 85, S. 101
Melchior-Jäger-Schloss Neuffen 136, S. 154
Messelstein 191, S. 210
Meßstetten 20, S. 47
Merkenberg 154, S. 177
Michelfeld Schlössle 220, S. 248
Michelstein Egesheim 439, S. 447
Michelstein im Stubental 258, S. 283
Mochental 337, S. 333
Monsberg 339, S. 341
Moropolis 262, S. 290
Mühlberg 226, S. 253
Mühlhausen 164, S. 187
Mühlheim Hinteres Schloss 423, S. 439
Mühlheim Vorderes Schloss 422, S. 435
Mündelstein 354, S. 357
Münsingen Stadtschloss 109, S. 121
Muschenwang 327, S. 329

Neidegg 313, S. 319
Neidingen Höhlenburg 390, S. 399
Neidingen Heidenschloss, 391, S. 399
Neidlingen Burg an der Lindich 153, S. 176
Neidlingen Burg „Im Hof" 152, S. 176
Neidlingen Wasserschloss 151, S. 176
Nellenburg 25, S. 52
Nenningen 187, S. 200
Neuburg 343, S. 342
Neuffen Großes Haus 135, S. 154
Neuffen Melchior-Jäger-Schloss 136, S. 154
Neufra 357, S. 358
Neu-Gutenstein 373, S. 385
Neusteußlingen 328, S. 330
Neuwartenberg 425, S. 440
Nickhof-Utkofen 379, S. 389
Niedergundelfingen 101, S. 113
Niederhaus 222, S. 250
Niederstotzingen Burgschloss 282, S. 302
Niederstotzingen Steinschloss 283, S. 302

Oberdigisheim 19, S. 47
Oberfalkenstein 387, S. 395
Oberlenningen Schlössle 138, S. 158
Oberer Berg, Tierberg 30, S. 57
Obere Burg Pfullingen 61, S. 81
Obergreifenstein 67, S. 83
Oberhausen 12, S. 45
Oberherrlingen 308, S. 317
Oberhohenberg 15, S. 46
Obernheim 16, S. 46
Oberstetten Steinhaus 83, S. 101
Oberstotzingen 284, S. 302
Ödenburg Oberstetten 82, S. 101
Ödenturm Helfenstein 176, S. 194
Oggenhausen Oberes Schloss 266, S. 291
Oggenhausen Unteres Schloss 265, S. 290
Onstmettingen 37, S. 62
Osterstetten 291, S. 312

Petershöhle 396, S. 406
Pfälen 132, S. 145
Pfannenstil 397, S. 407
Pfullingen Obere Burg 61, S. 81
Pfullingen Schloss 62, S. 82
Pfullingen Schlössle 63, S. 82
Plettenberg 13, S. 46

Rammingen 288, S. 311
Ramsberg 193, S. 210
Randeck 150, S. 176
Rauber 143, S. 166
Rauhhaus 224, S. 253
Ravensburg 278, S. 297
Ravenstein 186, S. 200
Rechbergle 207, S. 233
Rechtenstein 344, S. 343
Reichenau 110, S. 124

Reichenbach 215, S. 238
Reichenstein 342, S. 342
Reußenstein 157, S. 180
Reußenstein Schlössle 326, S. 329
Rieder Baach 90, S. 103
Riederburg Tanneck 17, S. 47
Ringelstein 47, S. 65
Ringingen 52, S. 67
Rockenbusch 413, S. 430
Rödenburg 289, S. 311
Roggenstein Hintere Burg 185, S. 200
Roggenstein Vordere Burg 184, S. 199
Rommental 183, S. 199
Ror 3, S. 43
Rosenstein 208, S. 234
Rösslesberg 60, S. 81
Ruck 317, S. 323
Rusenschloss Hohengerhausen 315, S. 320

Salmendingen 50, S. 66
Salzbühl 295, S. 313
Schallon 434, S. 446
Schalkenberg 430, S. 441
Schalksburg Laufen 34, S. 59
Schalksburg Oitringen 23, S. 51
Schänzle 416, S. 430
Scharfenberg 190, S. 207
Schatzberg 350, S. 349
Schauenburg 385, S. 391
Schelklingen Adelssitze 326, S. 329
Schenkenstein 219, S. 248
Scheuerlehof Höhlenburg 415, S. 430
Schiltau 370, S. 383
Schlossberg Baach 89, S. 102
Schlossberg Friedingen 348, S. 348
Schlossberg Mauren 228, S. 261
Schlossberg Sonderbuch 91, S. 103
Schlossberg Tailfingen 35, S. 62
Schlossberg Zähringen 302, S. 315
Schlossfels Ebingen 27, S. 52
Schlosshalde Weidach 309, S. 318
Schlössle Michelfeld 220, S. 248
Schmeien 374, S. 388
Schnaitheim 263, S. 290
Schnatren 74, S. 93
Schorren 126, S. 131
Schülzburg 97, S. 105
Schwarzhorn 207, S. 233
Seeburg 122, S. 130
Sigeberg 88, S. 102
Sigmaringen 368, S. 375
Sirgenstein 323, S. 325
Sonderbuch, Zwiefalten 91, S. 103
Sonderbuch Bürgle, Blaubeuren 319, S. 323
Spaltfels 418, S. 434
Sperberseck 144, S. 169
Spitzenberg 181, S. 199
Stahleck 68, S. 83

Stain Burgstall 407, S. 424
Starzeln 52, S. 67
Staufen 244, S. 267
Staufeneck 195, S. 211
Stauffenberg-Schloss Amerdingen 232, S. 262
Stauffenberg-Schloss Lautlingen 28, S. 53
Steingebronn 121, S. 130
Steinhaus Genkingen 73, S. 93
Steinhaus Oberstetten 83, S. 101
Steinhilben 79, S. 97
Steinhof Eggenberg 214, S. 238
Stetten am kalten Markt 381, S. 390
Stetten ob Lonetal 285, S. 303
Stiegelesfels 406, S. 424
Stöffeln 59, S. 81
Storzinger Schlössle 383, S. 391
Straßberg Burg 21, S. 48
Straßberg Neues Schloss 22, S. 51
Streichen 7, S. 44
Stronburg 276, S. 297
St. Ruprecht 341, S. 342
Stubenberg 204, S. 233
Sulzburg 137, S. 155

Tailfingen Burg 35, 37, S. 62
Talheim 56, S. 75
Tanneck 17, S. 47
Taubenfels 24, S. 51
Taxis 255, S. 279
Teck 146, S. 170
Thurneck Burg 229, S. 261
Thurneck Jagdschloss 230, S. 261
Tierberg 30, S. 57
Trochtelfingen Burg 77, S. 97
Trochtelfingen Schloss 76, S. 94
Truchtelfingen 37, S. 62
Trugenhofen 255, S. 279
Turmberg Aichelberg 160, S. 186

Überkingen 171, S. 192
Ufenloch 292, S. 312
Uhenfels 123, S. 130
Untere Diepoldsburg Rauber 143, S. 166
Unterfalkenstein 388, S. 399
Untergreifenstein 66, S. 83
Unterwildenstein 403, S. 418
Urach Schloss 129, S. 135
Urach Wasserburg 131, S. 145
Urselberg Hörnle 64, S. 82
Utkofen-Nickhof 379, S. 389

Venedigerloch 126, S. 131
Veringen 361, S. 366
Vogelfels 31, S. 57
Vorderes Schloss Mühlheim 422, S. 435
Vorderlichtenstein 359, S. 359

Wagenburg-Lägelen 394, S. 406

Wallenburg 437, S. 447
Walterstein 428, S. 440
Wartstein 338, S. 338
Wäscherschloss Burg 197, S. 220
Wasserburg 431, S. 441
Weckenstein 382, S. 390
Wehingen 440, S. 448
Weidach Schlosshalde 309, S. 318
Weidenstetten 301, S. 315
Weiherberg 225, S. 253
Weiler Burg, Hayingen 98, S. 105
Weiler Burghalde, Schwäbisch Gmünd 203, S. 232
Weiler Donautal 386, S. 392
Weiler in den Bergen 202, S. 232
Weiler Ortsburg, Blaubeuren 322, S. 324
Weilersburg 36, S. 62
Weißenstein 188, S. 201
Wenzelstein 10, S. 45
Werenwag 393, S. 403
Wernauisches Schlössle 326, S. 329
Westerstetten 303, S. 315
Wielandsteiner Burgen 139, S. 161
Wiesensteig Schloss 158, S. 183
Wildenstein 400, S. 408
Wildentierberg 32, S. 58
Windeck 155, S. 177
Winken 212, S. 237
Winzingen 192, S. 210
Wuelstein 142, S. 165

Zähringen Schlossberg 302, S. 315
Zell 5, S. 44
Ziegelhöhlenburg 410, S. 425
Zöschingen 246, S. 267
Zwiefaltendorf Burg 345, S. 347
Zwiefaltendorf Schloss 346, S. 347

Günter Schmitt

Geboren 1946 in Biberach/Riß.
Freier Architekt, Bauhistoriker, Buchautor.
Von 1975 bis 2008 selbstständig als Freier Architekt in Biberach tätig.
Mehrfache Prämierung durch die Architektenkammer für
vorbildliches Bauen, BDA-Auszeichnung, Denkmalschutzpreis.
Zahlreiche Veröffentlichungen als Buchautor und Referent.

Buchausgaben bei der Biberacher Verlagsdruckerei:
Burgenführer Schwäbische Alb Band 1–6;
Schlösser und Burgen am Bodensee Band 1–3;
Zeughausgasse 4 – Ein Biberacher Bürgerhaus von 1318;
Ritter, Grafen, Kirchenfürsten – Burgen und Schlösser am Bodensee

Impressum
Bibliografische Information der Deutschen Bibliothek.
Die Deutsche Bibliothek verzeichnet diese Publikation in der Deutschen Nationalbibliografie;
detaillierte bibliografische Daten sind im Internet über http://dnb.ddb.de abrufbar.

© 2014 by Biberacher Verlagsdruckerei GmbH & Co. KG

Herstellung und Verlag:
Biberacher Verlagsdruckerei GmbH & Co. KG,
88400 Biberach, Leipzigstraße 26

Alle Rechte einschließlich der Vervielfältigung, Verbreitung in Film, Funk und Fernsehen,
Speicherung in elektronischen Medien sowie Nachdruck, auch auszugsweise, vorbehalten.

1. Auflage · ISBN 978-3-943391-47-3